復刻版 婦人のこえ

第1巻

1953年10月～1954年12月
（第1巻第1号～第2巻第12号）

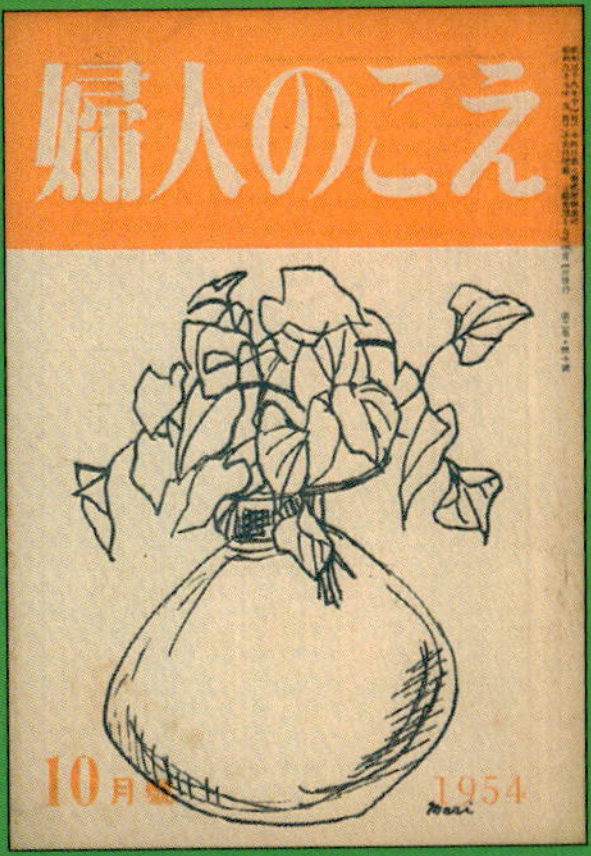

六花出版

復刻版『婦人のこえ』第1巻

刊行にあたって

一、本復刻版は、雑誌『婦人のこえ』（一九五三年一〇月〜一九六一年九月）を全8巻に分けて復刻するものである。

一、第1巻巻頭に鈴木裕子氏による解説を掲載した。
また、第8巻巻末に「総目次」のデジタルデータをCD－ROMに収録し付した。

一、本巻の原資料収集にあたっては、左記の機関及び個人のご協力を得た。改めて御礼を申し上げます。（順不同）
東京大学社会科学研究所、鈴木裕子氏

一、資料の中には、人権の視点から見て不適切な語句・表現・論もあるが、歴史的資料の復刻という性質上、そのまま収録した。

一、刊行にあたってはなるべく状態の良い原資料を使用するように努力したが、原本の状態や複写の環境等によって読みにくい箇所があることをお断りいたします。

（六花出版編集部）

［第1巻 目次］

解説 鈴木裕子

巻号数●発行年月日

第一巻第一号●一九五三・一〇・一

第一巻第二号●一九五三・一一・一

第一巻第三号●一九五三・一二・一

第二巻第一号●一九五四・一・一

第二巻第二号●一九五四・二・一

第二巻第三号●一九五四・三・一

第二巻第四号●一九五四・四・一

第二巻第五号●一九五四・五・一

第二巻第六号●一九五四・六・一

第二巻第七号●一九五四・七・一

第二巻第八号●一九五四・八・一

第二巻第九号●一九五四・九・一

第二巻第一〇号●一九五四・一〇・一

第二巻第一一号●一九五四・一一・一

第二巻第一二号●一九五四・一二・一

◉全巻収録内容

第1巻	一九五三年一〇月～一九五四年一二月	解説＝鈴木裕子
第2巻	一九五五年一月～一二月	
第3巻	一九五六年一月～一二月	
第4巻	一九五七年一月～一二月	
第5巻	一九五八年一月～一二月	
第6巻	一九五九年一月～一二月	
第7巻	一九六〇年一月～一二月	
第8巻	一九六一年一月～九月	

解説

鈴木裕子

『婦人のこえ』解説

鈴木裕子

はじめに

『婦人のこえ』は、一九五三年から六一年まで発刊された。山川菊栄は、敗戦後の一九四七年に日本社会党に入党するが社会党の左右分裂により、藤原道子ら左派社会党の女性たちの支援を受け、『婦人のこえ』を創刊したのであった。左派社会党婦人部や総評（日本労働組合総評議会）系の女性活動家たち（註1）に広く議論の場を提供し、同時に時局の動向・解説など自ら行うとともに、知友からの執筆をも得て、情報・知識の共有化に努めることに尽くした。執筆陣には藤原道子、田中寿美子、河崎なつ、神近市子ら常連執筆者に加え、岸輝子、杉村春子などの演劇・映画俳優や、芝木好子、円地文子などの作家も加わり、雑誌に多様性をもたらした。

一九五三年から六一年という時期は、対日講和（片面講和）によって、西側陣営のみと講和を結び、かつての植民地朝鮮や台湾、準植民地であった「満洲国」を含む中国、さらにソ連などを除外して締結されたものであった。日本は事実上、米国への従属のもとにおかれた。沖縄はなお、米軍の直接統治のもとにしかれ、極東における米国の戦略基地の要となった。

幣原喜重郎内閣、吉田茂自由党内閣は、ＧＨＱとの取引きで天皇の免責を図るとともに、基地の無制限使用を認めた。第二次世界大戦後の東西冷戦体制の下で、米国との従属関係を強化したのであった。天皇裕仁にあっては日米軍事同盟の強化にもっとも積極的であり、沖縄を五〇年以上あるいはそれ以上に米軍の直接統治下におくというメッセージを米国側に送っていた。いわゆる「沖縄メッセージ」であった。日本国憲法の規定を超えた違憲行為であった。

かつて本土決戦を遅らせるために、民間人多数を含む沖縄人を犠牲にしたうえ、さらにその反省もなしに自らと天皇制護持のために沖縄を米軍の核の傘下に入ることをいささかも躊躇せず、沖縄の人と土地を米軍に売り渡したといっても過言ではない。

山川菊栄と敗戦――来るべきものが来たという感懐

菊栄は、一九四五年八月の敗戦を、広島の芦品《あしな》郡の疎開先の親戚・高橋揆一宅で迎えた。広島で原爆に遭遇し、ぼろぼろとなった姿で帰宅する人の群れを目にした。幸い帰宅した人でも原爆症を発症し、亡くなった人も少なくなかった。枕崎台風で芦田川が氾濫し、寄寓先の高橋宅も浸水したが、危うく難を逃れた。このときの体験は、『婦人のこえ』一九五四年八月号の「火攻め・水ぜめ」に詳しく活写されている。一〇月、ようやく神奈川県藤沢の自宅に戻り、孫みづほの誕生を迎える。

夫の均が提唱した民主人民戦線運動に加わるが、四七年に至り、民主婦人協会の創立に参加、同年七月日本社会党に入党。九月新設の労働省婦人少年局に請われて初代局長に就任。およそ官僚らしからぬ人事を行い、地方職員室の主任にはすべて女性を任命した。「山川人事」といわれるゆえんである。これよりやや遡って敗戦直後の菊栄の言論活動のあらましを簡単に見ておく必要があろう。

敗戦の翌年一九四六年三月号の『評論』に発表した「近衛公の手記を読む」はかつて首相を歴任し、敗戦後、東久邇宮稔彦（天皇裕仁、皇后良子の叔父）内閣のもとで国務相となり、佐々木惣一京都大学教授を相談役に憲法改正の私案づくりに携わっていた近衛文麿が遺した手記にまつわる菊栄の感懐である。四五年一二月、戦犯容疑で出頭命令を受け、近衛は服毒自殺した。

これについて菊栄は、「藤原の朝臣近衛なにがしという貴族宰相が、軍帽長靴の山法師〔軍部──筆者〕に神輿を振られて、国を棒に振り、命を棒に振ったのは家伝来の因縁であろう」と皮肉り、さらに近衛批判にとどまらず、天皇・天皇制批判を論じた。菊栄一流の皮肉とレトリックを巧みに用い、近衛の手記を「亡び行く旧日本に対してみずから供した挽歌にほかならなかった」と容赦ない批判を加えた。

さらに同じ一文で、天皇・天皇制に対する批判的論及にも注目すべきである。「最後の断が天皇ひとりの意思にかかっていることは、天皇個人の思想、性格が一切を批判する独裁的権力を意味するもので、これほど大きな危険はない」。「天皇が平和を希望しつつ」、「時の首相すなわち軍閥代表の意思に従う危険もあれば、天皇自身軍国主義者である場合には進んで戦争を選ぶ危険もある」。「ポツダム宣言の承諾か、本土決戦かは天皇ひとりの意思によって決せられるので承諾の代わりに決戦を採ったならば、国民の運命はどうなったか」。「一人の主権者〔当時の天皇を指す〕によって決定されるところに、在来の制度〔天皇制〕の危険が潜んでいる」。「一人の意思を左右することに、相対立する政策の雌雄が決せられ、そこに国民の運命が賭けられているぐらい、危険な慣例はない」。

民主主義の対極に天皇制が位置すること、天皇制の存在は民主主義の原理にそぐわないことを示唆しているといえる。

菊栄の戦後思想の原点──自主・自立・自治・自決の強調

菊栄の戦後思想の出発点は、女性や民衆の内発的自主・自立の大切さを強調することにある。「自由に考え、自由に学ぶ」（敗戦後初期のものと推定される。戦後最初の著書『日本の民主化と女性』の巻頭論文、三興書林、一九四七年、所収）において、菊栄の民主主義論が展開されている。

「社会の進化をみとめない者ばかりか、原始時代から今日まで、そして　将来もなお、日本だけは不変の家族制度をもち、固定した国体（天皇制）をもちつづけていると思い込み、思い込ませようとしている」と支配エリートと商業・翼賛ジャーナリズムを批判しつつ、女性や民衆自身の自覚を訴える。「この無知は、みずから観察し、みずから考えようとしない怠惰と、常に学び、常に進もうとする謙虚な態度を欠くことからきている」と指摘する。

さらに菊栄の筆は、戦時中に威嚇《いかく》と強制をもって供出、供米を強いられた農村・農民の民主化に言及する。「無気力、無秩序、無相談、怠惰、これらはすべて八月十五日をもって亡びた旧日本の遺物である」。「自由をえた生産者は奴隷でなく、人間である。都市労働者と農民の、人間として、生産者としての自覚を求め、新しき日本の建設者としての誇りによって、強制によらず、威嚇によらず、自主的に労働する訓練と伝統を育てる組織こそ、国民が自分自身を救い、日本を救う唯一の道」（「食糧難と社会不安」『改造』四六年一月号）というように、戦前・戦中の国体思想や皇国民教育によって、自主性や自由を奪われていた日本人のありさまを見て右のような一文を綴ったものであった。

占領軍（ＧＨＱ）の民主化改革は一定の進歩性をもっていたものの、「上からの改革」「外からの改革」の側面が強く、間接統治とはいえ、ＧＨＱの最高司令官マッカーサーが絶大な権限を振るっていた。マッカーサーは米軍による日本占領を成功させるために、戦争の最高責任者であった裕仁天皇を戦犯対象から外し、「象徴天皇」へとつくりかえ、天皇制の存続を許した。天皇もまた生き残りのためにマッカーサーに全面的に協力した。当時は、なお国民の間には天皇への尊崇心は薄れず、これを利用してＧＨＱは占領統治の成就を目論んだのであった。裕仁天皇が何らの責任を履行しなかったことが、こののちも日本人総体に植民地支配や侵略戦争への加害性認識を欠落させ、いまも未解決の戦後賠償問題として残っている。

さればこそ菊栄は、日本民衆が「神国日本」「天皇現人神」の虚妄を剝ぎ、日本民衆がそれらから解放され、自由な精神を取り戻し、自主自決の精神で一人ひとりが新しい民主主義日本を築いていくことを意義づけたのであった。

菊栄は、上からの民主化であることから、それを真に成熟させる主体は日本の民衆、人民自身であることを再三にわたり主張した。「連合軍の圧力のもとに軍が解消し公職から追放されただけでは、そして猫も杓子も口に自由主義を唱え民主主義を書き散らすだけでは、日本の民主主義化は成就できない。それは黒一色の日本から、赤大根一色の日本への衣がえにすぎない」「感情も習慣も民主主義的なものが育てられ、自主的、自律的な社会的責任感が自動的に行為の上に作用してゆくように」(「民主主義の倫理」『朝日評論』四六年五月号)という。

敗戦後の菊栄は、以上にみたように女性と民衆の自我の覚醒、自主、自由、自決、自治、主体的な精神と行動、責任感が、皇国思想や国体観念を払拭し、新しい民主日本の基礎を築き、民主化の原動力となることを訴えた。

右のような自主を尊ぶ態度は、四六年四月、女性初の参政権が行使された戦後第一回総選挙でも遺憾なく発揮された(「解放の黎明に立ちて——歴史的総選挙と婦人参政権」『婦人公論』四六年四月再生号参照)。さらに四七年四月に菊栄が同志らと結成した民主婦人協会(のち民主婦人連盟)の性格にも深く刻印されている。同年九月労働省婦人少年局長就任に際し、協会は、作家の平林たい子を中心に運営され、講演会などの活動のほか機関誌『民主婦人』(のち『婦人解放』)を発行、支部活動も展開した。以上について詳しくは拙著『忘れられた思想家 山川菊栄 フェミニズムと戦時下の抵抗』(梨の木舎、二〇二二年)を参照されたい。

一九四七年から五一年六月にかけて務めた労働省婦人少年局長時代も、それまでの「社会運動の延長」のつもりで臨んだ。このために旧内務・厚生官僚上がりの労働省の男性高級官僚たちの顰蹙《ひんしゅく》を買い、局長たちの省議で槍玉に上がった。なお、労働省は四七年片山哲社会党首班連立内閣のときに、労働者のサービス省として設けられたものであった。

逆コースの始まり

この間、日本をめぐる情勢は、米軍の極東戦略体制下にあって、逆コースが始まり、まず一九四八年、公務員労働者から労働基本権の一部を奪う、政令二〇一号が発令され、ついで吉田茂保守反動政権の誕生、経済安定九原則発表、岸信介A級戦犯容疑者ら一九人の釈放発表、阪神教育事件（在日朝鮮人の民族学校への弾圧事件。朝鮮人少年が殺害される）、四九年に入ると、公務員労働者に対する解雇攻勢が強まった。団体等規正令が公布され、下山・三鷹・松川事件が起こり、闘争力を誇った国鉄労働者の気勢を削いだ。失業者が続出し、ことに子どもを抱えた日雇い女性労働者たちの「職寄こせ」運動が高揚した。

相前後して対日講和が米国のイニシャティブにより日程に上り、五〇年六月二一日、米国特使ダレス（のち国務長官）が来日、日本政府と交渉を重ねた。日本の「防衛」の米国による肩代わり、米軍への基地提供を協議し、ダレスは日本政府と別に裕仁天皇とも連絡を取り、天皇は吉田よりも積極的に米国による「防衛」、換言すれば、日米軍事同盟のさらなる強化を強く要望した（豊下楢彦『安保条約の成立――吉田外交と天皇外交』岩波新書、一九九六年）。これは明らかに新憲法を逸脱する政治行為であり、象徴天皇の権限外の違憲行為であった。

いわゆる西側陣営とのみの「片面講和」で、ソ連、中国、朝鮮は講和に加わっていない。ダレス来日直後の六月二五日に朝鮮戦争（韓国戦争）が勃発、東西冷戦体制の淵に立たされていた朝鮮半島で熱戦の火蓋が切られた。同族が相争い、米ソ東西冷戦のための代理戦争という側面と、かつての旧宗主国であった日本が敗戦に当たり、適切な戦後処理を怠ったために、民族の分断という悲劇に加え、朝鮮民衆はさらに戦争に見舞われ、多くの民間人を含む犠牲者を出した。五三年の休戦協定までの間、凄惨な戦争が展開された。

符節を合わせるように前年四九年に定員法・定数条例による公務員労働者の大量解雇、五〇年のレッドパージによる共産党員ならびにシンパの追放で戦争反対勢力の一掃を図った。

同年七月、マッカーサーは吉田首相に対し、警察予備隊の創設を指示し、八月一〇日、政令二〇六号を発令し、自衛隊の前身となる警察予備隊を発足させた。創設期の予備隊には旧日本軍の将校クラスが入隊し、その中核を形成した。

日本政府も天皇も米国の進める冷戦体制の再構築に積極的に加担し、日本はいわゆる「朝鮮特需」で一挙に景気を取り戻し、敗戦直後、解体されたはずの財閥・総資本が復活する。平和主義、戦争放棄はこの朝鮮戦争勃発を奇貨に反故と化した感があった。

五二年二月二八日、日米行政協定が調印され、さらに吉田首相は自衛のための戦力は違憲ではないと答弁、米軍の駐屯および自衛権を主張した。四月二八日、対日講和条約が発効し、占領統治が解かれたものの、沖縄は引き続き、米軍の施政権下に置かれ、米国の極東戦略の拠点基地と位置づけられた。第二の「琉球処分」ともいえる。同日、国共内戦で大陸を追われ、台湾に逃れた蒋介石国民党政権と日華平和条約を締結した。日本、韓国（南朝鮮）、台湾は、米国の極東戦略上の重要な地域となり、東西冷戦体制における東アジアの前進基地と位置づけられた。

危機的状況のなかで『婦人のこえ』の創刊

菊栄は、五一年婦人少年局長を辞任し、同年、英国政府に招聘され、一一月英国に渡り、労働党や労働組合の集まりに出席、女性労働や炭鉱労働の実地調査も行った。自主独立の社会主義建設に励む、チトーの指導するユーゴスラビアにも行き、共感を持った。「一挙手一投足、コミンフォルムの号令のままにあやつり人形のように動くものをコミュニストと呼ばず、コミンフォルミストと呼び、真のコミュニストは自分たちだ」（「西から東への旅」『世界』五二年一一月号）と、自主独立路線を志向するユーゴに対し、並々ならぬ関心を寄せた。

帰国後、逆コースの強まるなかで、菊栄は『婦人のこえ』を発刊する。逆コースについて、まず皇太子明仁

（現・上皇）の立太子礼に対し、吉田茂首相は祝辞のなかで「臣茂」といい、一つのデモンストレーションを行った。「自衛力増強の名で再軍備の実をあげている」こと、「臣〈臣下〉茂」といい、「国体」云々といい、決して偶然の失言ではなく、さらに「君が代」「君が代行進曲」「忠魂碑」も復活させ、「民主主義の前進よりも皇室中心主義への逆転」が感じられる（「『臣茂』と『君が代行進曲』」『地上』五三年二月号）と批判する。

軍事的緊張、軍備拡充に加え、国体思想や皇国民育成といった旧観念が支配エリートによって、唱えられるような風潮のなかで、並々ならぬ決意で山川菊栄は『婦人のこえ』を創刊したわけである。

右にみたように東アジアの冷戦、日本・韓国・台湾における米軍の駐屯による軍事的緊張下にあって、反戦平和・非武装中立を希求し、一方、女性・年少労働者の権利や保護を守り、庶民階級の主婦や子を初め社会的弱者とされる人びとの生活権・生存権を獲得するために『婦人のこえ』は強く主張する（「創刊のことば」）。

『婦人のこえ』の最初の編集委員は、菊栄をはじめ、左派社会党婦人対策部長の藤原道子、河崎なつ、榊原千代、三瓶孝子、鶴田勝子が加わり、編集長は、第一号のみは古市ふみ（フミ）で、第二号以降廃刊まで菅谷直子が務めた。『婦人のこえ』は発行された五三年から六一年までは戦後第二期の激動期であったといえる。菊栄が戦前以来のフェミニスト思想家の第一人者であり、とりわけマルクス主義フェミニストの先駆であったことは今日では周知されているが、この解説では紙幅の関係もあり、詳しくは拙著『忘れられた思想家　山川菊栄　フェミニズムと戦時下の抵抗』（梨の木舎、二〇二二年）に譲りたい。

先に述べたように講和発効後、保守政治のもとで反動政治は強まり、逆コースへの道はいっそう強化された。米国への軍事的・経済的従属は深まり、独占資本は多大の利潤を得た。「保安隊〈自衛隊の前身〉の維持費等が一人当り百万円……旧海軍の鎮守府に相当する警備隊地方総監部は既存の横須賀、舞鶴のほかに佐世保、大湊を新たに加えることとなる」「ミカドの代りにダレスの御名による陸海軍の復活」（「時のうごき」『婦人のこえ』創刊号）

であると、菊栄は再軍備の動きに注意を喚起する。

警察予備隊から保安隊への改組・発足（五二年一〇月）、日米軍事同盟を強化するＭＳＡ協定（相互防衛援助協定）の調印（五四年三月）。六月にはＭＳＡ協定等に伴う秘密保護法を公布し、防衛秘密の探知、収集、漏洩とその未遂、教唆、扇動などの処罰規定を盛り込んだ。教育の国家統制を目的とした教育二法の強行採決（五四年六月）など軍事化の進行の下、公然と平和と民主主義を踏みにじる動きが強まった。

右のような情勢のなかで、左派社会党、日教組や国鉄、全逓など総評傘下の女性たちの強い要請を受け、総評は婦人協議会を設置（五二年一〇月）、協議会は折からの吉田自由党の戦争政策への危惧の念を強め、「平和を守るたたかい」を全面に押し出し、戦争反対、軍事基地撤去の方針を打ち出し各単産婦人部ほかが推進していった。五四年三月から四月にかけ、総評婦人協議会を軸に第一回婦人月間運動が開始され、統一スローガン「すべての婦人は戦争に反対し、平和憲法を守りましょう」で女性運動の裾野を広げた。総評、社会党（左派）の女性運動の本格的始動でもあった。

ちなみに五六年の第三回婦人月間は、女性労働者八〇〇人が結集し、①事務・技術労働者の集い、②現場労働者の集い、③電信電話働く婦人の集い、④バス車掌の集い、⑤看護婦の集い、⑥サービス部門に働く婦人の集い、⑦日雇、付添、女中さんの集いの七部門の分散会にわかれて討論、折からの合理化攻撃のなかで賃金、労働条件、保育所問題等について話し合った。

『婦人のこえ』は、右のような女性労働者の問題をも重視した。彼女らによる座談会や投稿が相次いだ。菊栄の女性問題の原点は女性労働問題であり、女性労働者の投稿、座談会出席を重視した。

反動化の波は、家族制度復活などへの目論見と続く

反動化の波は、新憲法や改正民法などで謳われた民主的男女関係、対等な夫婦関係を改変する家制度復活を目

論む動きが保守政党内で俎上に上った。一九五四年一一月、自由党憲法調査会（会長はかつてのA級戦犯容疑の岸信介、のち首相）は、「日本国憲法改正案要綱」を発表し、「旧来の封建的家族制度の復活は否定」するといいつつも、「夫婦・親子を中心とする血族的共同体を保護尊重」し、「親の子に対する扶養及び教育の義務」、「子の親に対する孝養の義務」を規定することにより新たな家制度の創出を企図した。社会保障制度を実質上なきものとし、慈恵的な救済にとどめようとの魂胆が明らかであった。また「農地の相続につき家産制度」を取り入れるとして、この面でも旧家族制度、すなわち天皇制国家を根底で支えた旧家父長制の再現を狙ったものであった。が、この目論見は女性法律家や労組婦人部、広範な女性層の反対で挫折させた。

反動攻勢はなおも続き、「デートもできない警職法」といわれた警察官職務執行法反対闘争、教員の自主性・自由を統制するための勤務評定に対する反対闘争、各地で起こった軍事基地拡張の反対闘争に対しても、『婦人のこえ』は敏感に対応し、その様子を読者に伝えた。

この間、戦後の冷戦構造のなかで米国に追随する吉田保守政権は、かつてのアジア侵略戦争の被害国、民衆に対する責任不履行のまま、米国の戦争に協力・加担（五〇年勃発の朝鮮戦争）し、その結果、総資本は「軍需景気」「朝鮮特需」で、戦後復興を果たした。しかし、菊栄は、米軍への軍事基地提供と日本の再軍備は、自国の民衆の生活への圧迫、困窮化を招いている（「耐乏生活歓迎？」『婦人のこえ』五三年一一月号）として厳しく批判する。

同年（五三年）、一月に軍人であるアイゼンハワーが米国大統領に就任、二月にインドのネルー首相が「第三地域」の結集を提唱、四月に国連総会が「軍備の規制・制限・調和のとれた削減」決議を採択、直前の三月にスターリン死去を受けて、九月にソ連共産党第一書記にフルシチョフが就任、同月米国・スペイン間に経済・軍事協定が調印され、スペインは基地貸与と引き換えに四億五六〇〇ドルの経済援助を米国から得た。

菊栄は右のような事態を見据えて、「一九五四年への期待」（『婦人のこえ』五四年一月号）で、私たちはあくまで「軍備競争反対、自主中立の立場で平和を守り」、米ソ両国の軍備競争・覇権闘争に反対と明確に批判する。

五四年三月、米国による水爆実験で、日本の漁船第五福竜丸が被災し、乗組員に死傷者を出しながらも、吉田政権は一言の批判もしなかったことについて（「ビキニの波紋」『婦人のこえ』五四年五月号）、米国の言いなりになる同政権を批判。加速する水爆実験を世界中が恐れ、ネルー首相に至っては、犠牲者を深く悼むとともに、核実験中止を要求したことも伝えた。

「非武装・中立」こそ現実的な道

五四年一〇月、インドのパンジット前国連議長、中国の李徳全中国紅十字会代表が来日、一一月には東京で開催のアジア社会主義大会幹事会が予定され、アジア、東南アジア諸国から日本を訪れる人も増えるとし、近代の帝国日本が帝国主義と植民地主義の道を突進し、台湾、朝鮮、中国、東南アジア等の人びとをかつてなく苦しめ、時に殺害に至らしめたことについて「そのあやまち、その罪をよくかえりみてみずから戒めることは、今後日本がアジアの一国として生きかえる上に重要」なこととし、アジアへの事大主義を批判し、平等互恵の国際関係こそ世界の平和、人類の幸福をもたらすと主張した（「アジアのお客さまを迎えて」『婦人のこえ』五四年一一月号）。

菊栄の念頭には、かつて軍人と高級官僚が天皇を戴き、軍国主義により、他国の人びとはもとより自国の民衆をも塗炭の苦しみに陥れたこと、にもかかわらず、責任は少数の高級軍人のみならず、強制的に戦場に駆り出され、捕虜監視員として連行された朝鮮人軍属たちが「BC級戦犯」として極刑に処せられたことがあった。天皇を含む、支配エリートがそのまま居座り、冷戦体制下、米国の尻馬にのって、米国との軍事同盟を強化し、ついには再軍備へと急ぐ保守勢力に対し、菊栄には「非武装・自主中立」こそ、日本の生きる現実的な道との透徹した見方があった。本誌『婦人のこえ』にはそうした見解が多く披露されている。

一九五四年から五五年にかけ、吉田自由党政権下で右傾化・反動化、軍事化は進み、米国への従属がいっそう進んだ。五四年一月、自由党は防衛五か年計画を提示、三月には防衛庁設置法案、六月には防衛庁設置法、自衛隊法が公布された。保安隊改組で陸海空の三軍方式に拡大、敗戦後初めて「外敵」への防衛任務を規定、菊栄は「誰が見ても軍備は軍備であり、海外派兵の点も禁止を明文化してない点甚だ危険」、「この際何を苦しんで国民生活を犠牲にし、失業や病人をふやし」、「一利なきMSAは誰のためのものか。吉田内閣自身の一時的な延命策、日本資本主義のヒロポン注射にすぎない」と批判する（「時局によせて」『婦人のこえ』五四年四月号）。

五四年一一月自由党は分裂し、日本民主党が結成され、鳩山一郎が総裁に就任、一二月に至り吉田内閣は総辞職に追い込まれた。親米路線を一途に六年余の長期政権を誇ったが、後任内閣に鳩山民主党政権が発足した。

講和問題で左右二派に分かれた社会党にも合同問題が持ち上がった。五四年一月、左派社会党の第五回全国婦人対策部代表者会議は、憲法を守り、軍事基地に反対する闘いを推進し当面の闘いの目標として、一、生活を安定する、二、民主主義と自由を守る、三、平和と独立のための闘い、を定めた。また、具体的課題として、女性労働者は企業合理化による首切り、労働時間延長、労働強化に反対し、労働基準法の完全実施、職制の圧迫をはねのけ、職場の封建性、女性ゆえの差別待遇を廃止する、既婚者の職場の確保と保育所等厚生福利施設の確立、主婦は物価値上げに反対し、婦人会のボス支配の排除と民主的な女性組織を結成、町内会の民主化に努める、とした。

一方、農村の女性は、封建的家族制度復活への反対、凶作地の「人身売買」を防止するための保障、生産者米価を上げて生活の改善、凶作地児童の完全給食、学用品・教科書の無料配布、農業経営の改善・協同化に促進して女性を加重労働から解放すること、平和を守る闘いは国内に限らず、社会主義インターを通じ、アジア社会党会議を通して、全世界の志をともにする女性たちとも手を繋ぎ、力を合わせて闘う方向を進めていくことが重要というものであった（「婦人対等部代表者会議を見て」『婦人のこえ』五五年三月号）。

ちなみに左派社会党の組織として五一年一一月、くらしの会が結成され、生活の向上と住みよい社会の建設という趣旨のもとに生活指導、内職あっせん、時事問題の研究等を行い、他の民主的女性団体との協力を行う（「婦人団体論」『婦人のこえ』五七年七月号）こととした。

五五年に財界からの強い要請で保守合同が実現、同時に総評を軸に左右社会党の統一を求める動きが急ピッチになり、合同への動きが始まった。菊栄は、吉田内閣の汚職・疑獄により、女性層においても社会党の統一合同を希望する声が高まり、この声を無視できないといいつつも、「安易な統一合同はかえって、大衆の希望をふみにじる結果」を招き、「少なくとも革命政党である〔左派〕社会党」が、その方法や目標の一致なく、目の先の政策だけで統一すべきでないと主張した。無条件合同は、当然再分裂の結果をもたらす（前掲「婦人対策部代表者会議を見て」）と指摘。事実、その五年後、安保改定をめぐり、再び社会党は分裂し、右派の西尾末広を指導者とする民主社会党（のち民社党）が結成された。

菊栄は、「日本社会党」が英国労働党に学ぶことは、「末端まで組織的であること、財政的基礎と責任が固くかつ明白であること」と指摘し、日常闘争を活発化し、労働組合（ここでは総評を指す）から資金援助を受けるにしても「平等の同志としての尊敬と愛情」をもつものとしてであらねばならないと指摘した（「英国労働党に何をまなぶか」『婦人のこえ』五五年六月号及び前掲「婦人対策部代表者会議を見て」）。

五六年には第一回部落解放全国婦人大会が開催され、二重三重の差別に苦しむ被差別部落の女性が全国的に集い、画期的な集まりが持たれた。この年には総評を中心として、より良い賃金、明るい職場、女性の職業を拡充するために、未組織の女性労働者との連帯を求め、第一回働く婦人の中央大会が開催された。また「売春防止法」が公布され、第一条で「売春が人としての尊厳を害し、性道徳に反し、社会の善良の風俗がみだすものであることにかんがみ、売春を助長する行為等を処罰」するという戦前以来の「貞操道徳」ともいうべき意識がいかに浸透していたかが窺われる。菊栄は、売春女性の存在は性差別と貧困問題が根底にあって生まれることをすでに一九一〇年代半ばから認識していた（註2）。

五五年体制が成立し、翌五六年鳩山一郎内閣が退陣すると、新たにリベラル派の石橋湛山自民党内閣が誕生するが、石橋は病気になり、首相の座を自ら退いた。後任に岸信介が内閣を組閣、戦時中、東条英機軍閥内閣のもとで商工相を務め、戦争推進に邁進した岸内閣の登場は、戦争への危機感を強め、社会福祉や社会保障の後退を予測させるものであった。

一方、女性運動に限っていえば、五四年総評婦人協議会は、民主的女性運動の連帯を求めて日本婦人団体連合会（婦団連）、婦人民主クラブ、日本子どもを守る会、日本キリスト教婦人矯風会などに呼びかけ、三月八日の国際女性デーから四月の婦人週間を結ぶ「婦人月間運動」を提唱した。

婦人月間運動は、当時、全逓労働組合の活動家でのち婦人部長となる秋山（旧姓・坂本）咲子によれば、その頃「婦人の活動は、国際婦人デーと婦人週間行事が、それぞれ別個にバラバラな形でもたれており、労組婦人部と婦人団体の運動もあまり密接な結びつき」がなく、ときとして「対立するような状態もないとはいえ」ない中で、「みんなが団結して幅広い運動をすすめる」（秋山咲子「第八回婦人月間によせて」『婦人のこえ』六一年三月号）というのが趣旨であった。

第一回婦人月間は、「すべての婦人は戦争に反対し平和憲法を守りましょう」を統一スローガンに掲げ、以後六三年まで、女性の要求と連帯のつながりを図って推進される（婦人月間実行委員会編・刊『働く婦人十年のたたかい』六三年刊）。

五六年の第三回婦人月間は、八〇〇人が結集し、七つの分散会（その一つに「日雇・付添・女中さんの集い」があった）に分かれて討論、折からの合理化攻撃の中で賃金、労働条件、保育所問題について話しあった（日本労働組合総評議会婦人対策部編、日本労働組合総評議会刊、一九七六年『総評婦人二十五年の歴史』、実際の執筆者は山本まき子常任幹事・婦人部長）。

他方、岸首相は、安保条約の改定を策し、五七年に渡米、アイゼンハワー大統領と会談、日米新時代を強調し、安保検討の委員会設置の共同声明を発表した。帰国後、外相に財界の藤山愛一郎を就任させた。翌五八年に入ると、在日米軍基地への攻撃は、日本への侵略と衆議院で答弁、同年五月、防衛庁設置法、自衛隊法を改正公布し、隊員の増員、一混成団の新設、航空総隊、航空方面隊の編成を行い、九月に防衛庁は米国防総省に空対空誘導弾ミサイル一四発を発注、同月藤山・ダレス会談で日米安保の改定に同意、交渉に入った。岸首相は同じ月に米NBC放送で「憲法九条廃止の時」と明言した。翌五九年岸は自民党総裁に再選され、三月ミサイル攻撃に対して敵基地攻撃論もありうる、防禦用小型核兵器合憲、仮定の事態に備えて攻撃用兵器を持つことは憲法の趣旨に反しないと答弁し、「集団的自衛権」の思想が芽生えているといえた（集団的自衛権については、豊下楢彦『集団的自衛権とは何か』岩波新書、二〇〇七年、参照）。吉田茂首相時代よりいっそう米国との軍事的提携を強め、米軍基地が攻撃されれば日米共同で敵基地攻撃できるという内容に条約を変える気配が濃厚となった。ちなみに基地反対闘争では、町長を務めた山西きよ「基地闘争のむずかしさ」（『婦人のこえ』五八年九月号）が参考になる。

五九年から六〇年にかけ、右に述べたような岸首相の強引かつ極度に軍事緊張を高め、日米軍事同盟の強化を図る動きに対し、広範な安保条約改定反対運動が高揚する。五九年三月に総評・社会党を中心とする安保改定阻止国民会議が結成されると人権を守る婦人協議会など四一の女性団体も加わり、同年四月一五日に第一次統一行動から六〇年一〇月二〇日の第二三次統一行動まで粘り強く闘われた。

女性団体は、主婦連、ＹＷＣＡ、婦人平和協会、地婦連なども加わり、安保強行採決反対、岸首相退陣、国会解散要求など、ごくわずかの保守系女性団体を除きほとんどの女性団体が条約改定反対の意思表示を行った。この間、菊栄も安保反対の各地での集会に参加した。

さて、五九年一月、菊栄は第四回農協婦人部の全国大会に招かれ、分科会の助言者を務めた。会員三二〇万人を有する農協婦人部の構成員を規模別に示すと五反以下が二六・五％、一町五反以下が八〇％を占めていた。五七年頃から兼業農家が激増し、農業の担い手は主婦・老人に移るという現象を示した。このことは農家の女性の地位と自覚を高め、営農改善へと力が注がれることになった。この大会で山代巴原作の映画『荷車の歌』（筑摩書房、五六年）が上映（望月優子・三国連太郎主演）され、山代が描くところの「農婦」セキに遠からぬ多くの農村女性は心を打たれた（「第四回農協婦人大会を見て」『婦人のこえ』五九年三月号）。

大会は組織活動、生活改善、学習活動の三つに分かれ、討議を重ねた。菊栄は「年毎に問題が客観的、論理的に扱われ、会議の進め方と共に思想的に著しい進歩を感じ」、どの分科会でも農民の貧乏と貧富の格差が大きくなっていくこと、組織としては中立であっても個人としては自由であり、大いに政治意識を磨いていかねばならないという意見の出たことは「在来の大会に例を見なかったことで、それだけ生活と政治の密接な関係が痛感されてきたことを示すもので、大きな前進」と述べている（同右）。

一九六〇年、古希（七〇歳）を迎える菊栄にとって、老人問題はますます身近な問題となる。「老いぬれば」（『婦人のこえ』六〇年九月号）の一文は、ざっとみると次のような趣旨であった。老人の生存権の確保は、個人の篤志や慈善・善意に任せるのではなく、社会保障の一環として公共施設の利用、身体の養護、生活費の支給など、高齢者の人格を尊重し、人間として満足に暮らせる施策の実現や制度の運営が重要と訴えた。

さて、六二年に至り、四月に社会党系の単一の女性組織としての日本婦人会議（現・I女性会議）が結成され、議長団に松岡洋子、田中寿美子、高田なほ子ら、一〇月には共産党系の新日本婦人の会（代表委員平塚らいてう）が結成され、政党系列下の波が女性運動にも及んだ。

六四年に至り、婦人月間、働く婦人の中央集会は休止し、分裂状態に追い込まれた。同様に五五年に始まった母親大会においては、六六年、第一二回日本母親大会が、総評傘下の日教組婦人部や日本婦人会議が不参加のまま、新日本婦人の会、日本婦人団体連合によって単独開催された。

この間、婦人月間運動の事務局、総評を軸とする女性運動や母親運動を担ってきた原田清子（旧姓・渡部）は、次のように回顧する。「『生命を生む母親は生命を守り育てることを望みます』というスローガンは母親の感情に訴え、日本国民の平和への感情に訴えた」。「母親という名を振りかざさなければ一人前扱いもされず、社会的価値も認められない封建的思想と慣習のぬけない日本で、家に閉じこもった主婦を引き出すにはまたとない適切なアピールであった」としつつ、「母性を売りものにする時代はすぎ去った。女は一個の人間としての存在を主張し、その母性という特性を理由に差別されることなく、職場に働き、男性と対等に家庭を維持することを主張する時代である。また女自身の選択によって母性とならない自由もある』（原田清子「婦人運動、労働運動の高まりと反動」、田中寿美子編『女性解放の思想と行動』（下、時事通信社、七五年、所収）。

菊栄にとって、痛恨極まったのは、五八年三月、夫山川均が膵臓癌で死去したことである。『婦人のこえ』は、六一年九月、第九六号をもって廃刊の余儀なきに至った。詳しくは、協働者であった菅谷直子の『不屈の女性 山川菊栄の後半生』（海燕書房、八八年）や『来しかたに想う 山川菊栄に出会って』（私家版、二〇〇五年）を参照されたい。

『婦人のこえ』廃刊後、菊栄は女性問題の研究組織をつくることを思い立ち、親しい同志である田中寿美子、石井雪枝、菅谷直子、伊東すみ子、渡辺美恵に図って婦人問題懇話会（のち日本婦人問題懇話会）の創立へと導いた。菊栄の思想は自身が執筆した趣意書から明らかである。その一節を掲げておこう。「戦後、まじめな学術的研究と、実践的経験をつんだ婦人が多くの方面に進出してきましたが、そういう人々と婦人大衆の結びつきは十分でなく、ともすれば一方は象牙の塔にかくれ、他方はそういう専門家の知識、経験を活用し、その助言を得る機会をえられずにおります」。私たちは「及ばずながらいくらかでもそのすきまをうめて、私たちの生活、私たちの地位全体を左右する政治や社会制度の現実にもとづき、正確な知識を得て、ものごとを判断する基礎をつくり、婦人の政治、社会意識を高める上に役立ちたいと思います」と。

（註1）『婦人のこえ』には女性労働者出身の中大路まき子（東洋製缶婦人部長。大連生まれ。女学校卒業後、東洋製缶品川工場に入社、事務員として働く。四五年一一月日本社会党が結党されると翌年社会党に入党、組合活動に

邁進するが、周囲に押され、品川区議選挙に立候補、当選を重ねる。『婦人のこえ』のバックナンバーを見ると、寄稿や座談会出席が多く、一七回に及んでいる。組合活動から離れず、専従書記も兼ねた。満喜子ともいう。のち東京都議会議員をも務めた）、岩瀬ふみ子（片倉製糸大宮製作所で働き、『婦人のこえ』に投稿。蚕糸労連を経て、繊維労連役員。のち社会党熊谷市議となる）、丸沢美千代（国鉄婦人部長）、ほかに大阪の自治労井口容子などが投稿している。なお、秋山咲子が二回ほど寄稿している。

以上についてより詳しくは、下記の書を参照されたい。「平和・民主主義・政治変革をもとめて―民主婦人連盟、雑誌『婦人のこえ』の頃」おはなし　小沢美津子・岩瀬ふみ子・中大路まき子・四谷信子・清水澄子　司会筆者（山川菊栄生誕百年を記念する会編『現代フェミニズムと山川菊栄』（大和書房、一九九〇年）。また同書に収録の「戦後初期の女性労働運動と山川菊栄」は丸沢美千代・山下正子・岩瀬ふみ子・中大路まき子・添田包子　司会　秋山咲子」がある。「原田清子さん―女性運動・労働運動の『裏方』として」、「秋山咲子さん―全逓の女性労働者とともに」。なお、筆者の著『女たちの戦後労働運動史』（未来社、一九九四年）所収の「岩瀬ふみ子さん―戦後初期の繊維労働運動」、「中大路満喜子さん―民間労組の婦人部長から女性議員へ」参照）。

（註2）当事者の手記として、城田すず子「ある女の手記・転落から更生まで」『婦人のこえ』五六年三月号）が注目される。城田すず子（一九二一―一九九三年）は仮名。実家は東京下町でパン屋を営んでいた。母の死去で商売がうまくいかず、長女の城田が働きに出た。やがて遊廓に身を売ることになり、ついで借金の帳消しをしてもらうため、台湾、サイパンに渡り、「慰安婦」になった。戦場で朝鮮人「慰安婦」の苛酷な状態を見聞きし、帰国。身体はボロボロの状態で日本キリスト教婦人矯風会の慈愛寮に入り、受洗。やがて千葉県館山の「かにた婦人の村」に入寮。寮長の深津文雄牧師に懇願し、「慰安婦」を追悼する「ああ　従軍慰安婦」の建立を一九八六年に実現させた。

わたくしは九二年に山下英愛さんと三度ほど城田さんを訪ねた。ほとばしるような口調で体験談を聞かせていただいた。三度目は体調不調でお会いできなかった。同時期に韓国挺身隊問題対策協議会の尹貞玉初代共同代表が城田さんを訪ね、懇ろに対談されたと後日、尹貞玉代表からお聞きしたことがある。著書『マリヤの讃歌』（日本基督教団出版局、一九七一年）がある。

婦人のこえ

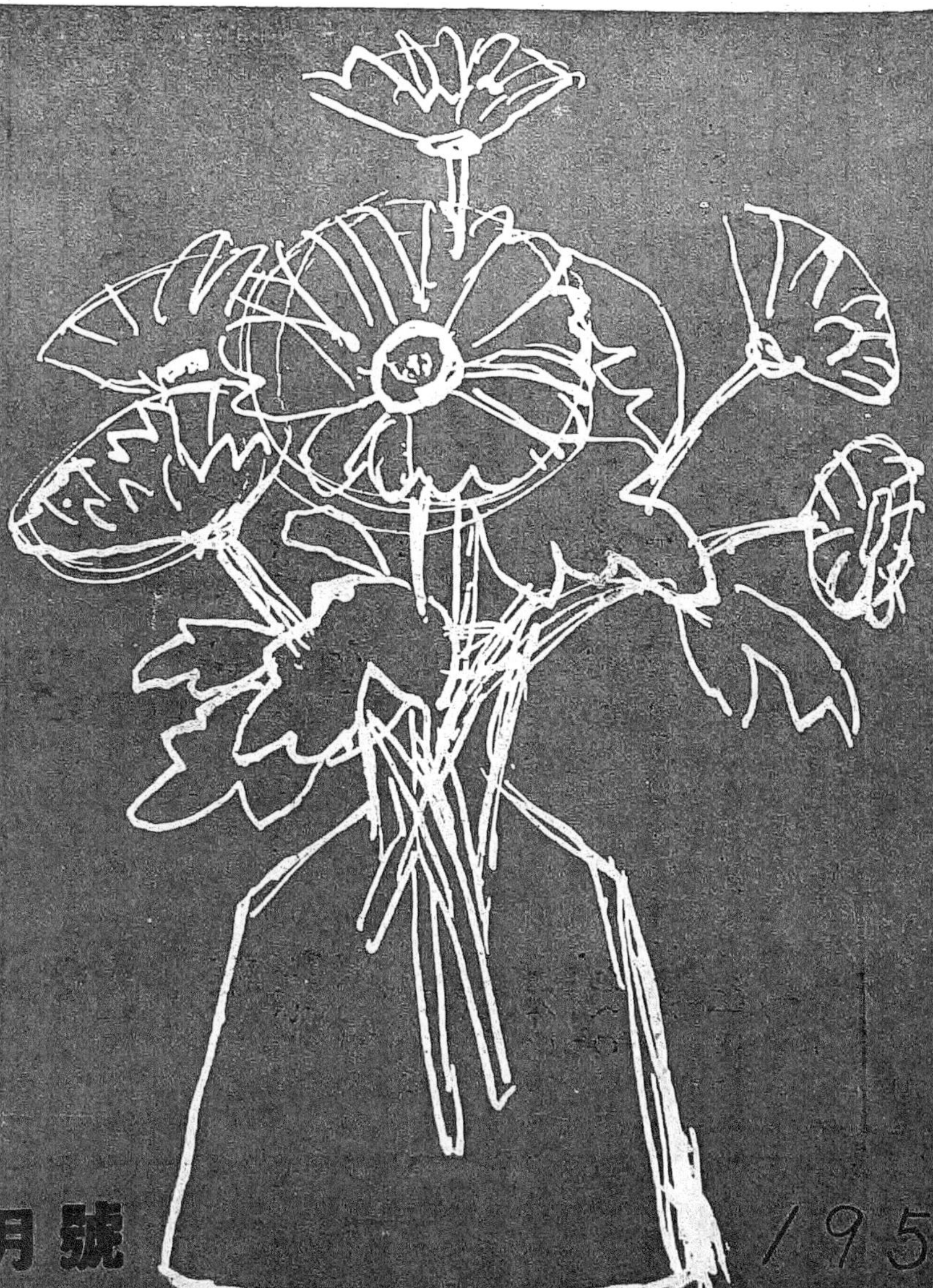

10月號　1953

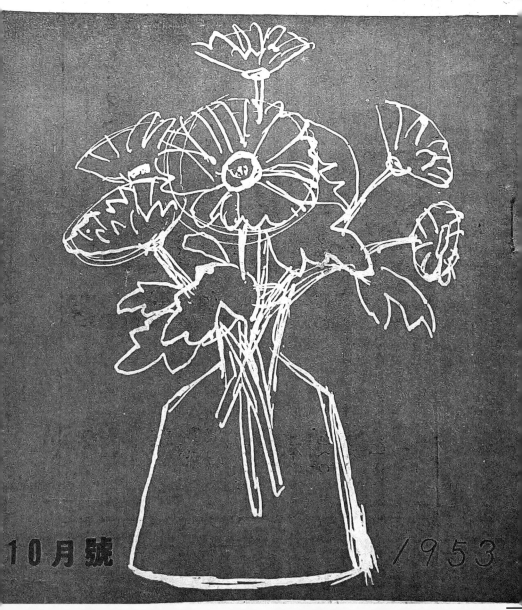

創刊のことば

惡夢のような戰爭が終つてまる八年、新しい憲法ができ、勞働基準法、改正民法、教育基本法、児童福祉法その他数えきれないほどの法律ができましたがそれが守られているでしようか。私たちの生活は安定したでしようか。日本はほんとに平和な文化國家への道をまつすぐに歩いているでしようか。せつかく參政權が與えられ、婦人が有權者の過半數を占めているのに選擧の度毎に總得票數に於ても議員數に於ても保守系に大多數を占められているではありませんか。相變らず働く者貧しい者を犠牲にして大資本と官僚の抱合政治が榮え、再軍備が强行されようとしているではありませんか。私たちは米ソいずれへの一邊倒をも排し、自主中立の立場から平和を確立し、婦人、児童、働く人の權利を守る、ほんとに民主的な社會、社會主義の社會を作るために働きたいのです。「婦人のこえ」はそのための手段です。皆さん手をとつて鬪いましよう。進みましよう。

婦人のこえ

昭和二十八年十月號

目次

創刊のことば
時のうごき……山川菊榮…(二)
子供は放り出されている…河崎なつ…(六)
人身賣買の問題……藤原道子…(八)
軍事豫算を下廻る教育費…榊原千代…(一〇)
恩給と社會保障……高橋芳子…(一三)

隨筆

外房の女たち……阿部艶子…(一四)
政治家への不滿……杉村春子…(一五)
畑の雑草……新居好子…(一六)
新居成る……淡谷のり子…(一七)

婦人界のうごき……菅谷直子…(一八)
MSA援助について……三瓶孝子…(一九)
(海外旅行記)アンネはここにも…山川菊榮…(二一)
沼の月(短歌)……長澤美津…(七)
能率給への疑問……岩瀨ふみ子…(二四)
短歌・俳句……(二三)
表紙・扉……小川マリ

時のうごき

山川菊栄

婦人參政權と國際平和

第十九世紀の終りから廿世紀の初めにかけて歐米で婦人參政權運動はなやかなりし頃、それに對する有力な反對論の一つは、男子には兵役の義務があるが女子にはそれがない、血を以て國を守る義務のない者に國政をあずかる權利はない、というのでした。これに對して婦人側では、婦人は人を殺す代りに生むことによつて國に寄與している。その上婦人は平和を愛する者だから、婦人が參政權をもてば、世界から戰爭をなくすことができると答えたものでした。

あれから二度の大戰を經、婦人參政權は當然のこととなり、婦人の議員も大臣も、大使も教授も、社長も技師も珍しいものではなくなりました。ロシア革命が始めて作つて世界の話題となつた女軍人も、今では問題にする者がないほど平凡な事實になつてしまいました。が戰爭はますます大規模に、いよいよ殘虐を極めるようになりました。これは婦人參政權の失敗ではなくて女も男と同じ人間であり、特に平和の天使として生れてくる譯でもなければ惡魔の使でもなく、その政治的意見は男子と同樣、經濟的、階級的な利害に支配されるので、男女いずれも戰爭の原因と戰うことなしに平和は望まれないという平凡な事實を證明したにすぎません。そして國と國、人と人との間に文化や生活水準の、つまり大きな貧富の隔りのあることが社會不安と國際不安の根本的な原因だということまで認められてそれを解決する方法が問題となつているわけです。一九四八年に成立した世界人權宣言は、人間の尊嚴、人種、性等による差別撤廢と共に次のような具體的條件を初めて取あげました。

『何人も食糧、衣料、住宅、醫療および社會的施設をふくみ、自己および家族の健康および福祉に適應した生活水準に對する權利、ならびに失業、疾病、不具、寡婦、老年またはその他自力の及ばぬ狀況における生活手段の欠如の場合における保障につき權利を有する母子は特別の保護をうける權利を有する。嫡出であると否とを問わず、一切の兒童は同一の社會的保護を享有する。』

何とすばらしい夢でしよう。しかし原爆水爆の競爭をやめ、軍備の代りに世界中の國々が經濟開發に力を入れたらこれも夢ではなくなる筈です。この夢を現實とするために私達は參政權を十二分に活用して、眞實このために役立つ組合と政黨を強くしましよう。

いよいよ再軍備

問題のMSAの正體がハッキリしてきました。久しい間その內容を、知らぬ存ぜぬの一點ばりで國民を欺き、アメリカと交渉に入つた後も議會で『防衞計畫の提示必要なし、保安隊は增員せず』と云いきつていた政府が、ケロリとして突然保安隊の增員をふくむ大きな防衞計畫を發表したのです。行きずりに大それた殺人强盜などをやりながら、良心の咎めどころか石ころ一つ蹴たほどにも感じないのがアプレゲールの犯罪青年の型だと言いますが、これなどはその典型的なものでしよう。防衞五カ年計畫の內容は――陸上部隊廿一萬、艦艇十四萬五千トン、航空機は千四百臺。保安隊來年度二萬を增强、廿九年度三億ドルのMSA援助必要。米側から强く要請しMSAで義務化、と新聞は報じています。

保安隊の維持費等が一人當り百萬圓で、廿九年度には二萬人ふやすとして保安廳費は二百億圓增となる。追て舊海軍の鎭守府に相當する警備隊地方總監部は既存の横須賀、舞鶴のほかに佐世保、大湊を新たに加えることとなる。何のことはない、ミカドの代りにダレスの御名による陸海軍の復活ではありませんか。アメリカの國務長官というより世界の帝王といつていい氣構えのダレス氏の唇の動き方一つで、憲法改正にもすぐのりだすにちがいない勢です。

ダレス氏は日本人は贅澤だもつと險約しろ、耐乏生活をしろという。舶來の紅白粉や社用族公用族の溫泉や待合遊びはもとよりよくないことですが、それは朝鮮の戰爭景氣のおこぼれであり、基地の駐留軍のまきちらしたあぶく錢が腐つて放つ臭氣ではありませんか。むだな消費を節約することは必要ですが、失業者は國に溢れ、物價は上り、食えない者がこの上食を節して軍事費につぎこむのでは、戰爭前の日本と同じことではありませんか。

吉田內閣は國民を欺いてきた赦すべからざる罪の上に、更に憲法を無視して他國のために再軍備の義務を負うという二重の裏切を敢てしようとしています。改進黨も鳩山自由黨も、どうすれば再軍備の功名をわがものとし、アメリカのより忠實なしもべとなつて利權にありつこうかということしか考えていない。人肉を争う饑の群のような利權あさりの合同劇が當分續くことでしよう。李政權が休戰に反對して反共捕虜を勝手に釋放するなどの傍若無人の行動もアメリカとなれあいか、とにかくその手には抑えきれず、今また竹島、李承晩ラインの問題などで日本を刺戟するのも、誰か糸をひいているのかどうか。再軍備論者にはおあつらえむきの芝居に見えます。單なる對內策かは知らず、とにかく李さんはころんでも只では起きない人物で、吉田さんよりはちと手のこんだ藝人のようです。

基地や駐留軍の評判の悪いことを知らぬアメリカではなく、それを引あげ、あとは日本に肩代りさせていざ鎌倉のその時は玄海灘をひと跨ぎ、アジア人にはアジア人を以てする奧の手を出そうというのでしよう。中共がインドシナに手をだしたら只ではおかぬというダレスさんのセリフの凄いこと。早くも日本刀をひきつけて腕をさすつている倭寇の子孫がその姿に見えるような右翼や舊軍人もそろそろ穴からはいだしてきています。イギリスは、蔣介石と云い李承晩と云い、アメリカが最も腐敗した、國民に見放された反動政權ばかり支持する愚かさに眉をひそめています。勞働黨左派を支持するコール教授は、勞働黨が戰後保守黨と外交政策を共にせず、ヨーロッパに第三勢力を作るべきだつたのにそれをしなかつたのは失敗だつたといつていますが、老獪なイギリスはアメリカを利用するだけはしても利用されることは許さず、いかに反動のチャーチルとてもダレスの靴の先をなめるほどにもうろくはしておらず、アメリカがうしろをむけた中共を疾の昔に承認し、せつせと商買をして稼いでいるのです。昨年私がイギリスにいた頃は軍需生産のためのチンバ景氣で、物價はドンドン上り、社會不安の色が濃くなつていました。バーミンガム市で問題児の監護に當る司法保護司の主任の話をきいた時に、不良化の一つの原因が年少勞働者の懐が温かすぎて浪費癖を作ることだということでした。が、その後、ロンドンから汽車で卅分ばかりはなれたロイヤル・アーセナルという兵器廠の町の協同組合婦人ギルドを訪うた時、そこの婦人もその工廠が大景氣で年少勞働者の收入がよすぎる所から墮落して困るという話で、ちょうど日本の戰時中を想わせました。が、この軍需生産のために輸出工業を犧牲にし、經濟不安が募つた所からチャーチルが一足とびに勞働黨左派のベヴァンの主張に學び、再軍備三カ年計畫を五カ年に延長して資材と勞働力を輸出産業へふり向け、貿易振興に努めて自立經濟の確立へ向つたのです。

日本に荒された東南洋諸國はまだ日本への信用を取戻してはいません。再軍備は彼らの猜疑と不信用を増すばかり。今ここで日本が賠償の問題も解決せず、輸出産業と貿易への努力を棒にふつてアメリカの飼犬となり、その鎖につながれることは、民族獨立と社會革命の意氣にもえている東南洋諸國の友情と信頼を裏切り、孤獨の道をゆくことに外なりません。

朝鮮戰爭のおこぼれで息をつき、その注射がきれそうになるとMSAのヒロポンでまた一時の興奮を求める。何と危い日本の經濟ではありませんか。そして一方では合理化强行で大量的な首きりを行い、臨時工の採用、勞働强化、つまり勞働者の奴隷化によつてコストを切下げ、組合の分裂と御用化、無力化によつてしぼれるだけしぼる建前なのです。東京の一流の會社に勤めている私の友人はちょうど今日こんな手紙をよこしました。

『目下この會社は無線有線等を扱つています。無線關係は朝鮮戰線の特需品で相當多忙だつたらしいです。この秋からはレーダー等の新種目も加わり、ますますもつて再軍備に拍車をかけるような仕事に轉化されているのが現況です。……今年は集團健康診斷では新しい結核患者が相當ふえているそうです。現場に働く勞働者は日增に勞働强化が加わつていつております。最近の傾向としては本採用は余りせず、補充は殆んどアルバイトです。勞働組合の力は弱まりつつあります。特に婦人の組合活動は一切見られません。婦人對策部は名ばかりで、これもみな男子のかたが兼任の形でやつており、婦人勞働者の組合意識の低いのには全く驚くような狀態にあります。從つて仕事の點でもその八、九割までがお茶汲み、男の人へのサーヴィスばかり。この會社に二十年からの勤續で年は四十にもなる婦人が相變らずお茶汲みだとこぼしていました。……勤務狀態についても官廳とは雲泥のちがい。生産會社だけに病氣をして缺席すれば給料はその日からとまり、傷病手當金に變り、六〇%しか出ないのです。また生活に困窮している勞働者は結核等が相當進行していても病をかくして倒れるまで働いています。しかしこの會社の場合は厚生施設、健保等の活動があるのにこんな狀態なのですから、他の中小企業等に於ては言語に絶するのではないかと思つております。も一つ生理休暇などは大抵とらないようです。婦人少年局などで婦人の地位の向上といろいろ宣傳していますが、現實はどこ吹く風というように、ただ食うためにあくせく働いているようです。』

これが朝鮮景氣で社用族が豪華な宴會に飽き、身のほど知らぬ奢りの沙汰とダレスのお叱りをうける蔭にうごめく勞働者の姿です。

MSAはこの對照を一層甚しくすることでしょう。

トリエステの取引

トリエステの問題が昨今新聞を賑わしていますが、昨年の春、私がロンドンにいた時もそうでした。そしてトリエステ問題について連合國に抗議した或日のティトーの議會演説は皮肉とユーモアに富んだ名演説で、傍聴していた列國大使は、自分たちがやっつけられたにもかかわらず、腹をたてる代りにユーゴの議員と一所に笑ってしまったということでした。私はその記事を見るとその演説の內容が知りたくて、見ず知らずの間ながらロンドンのユーゴ大使館を訪い、その演説の英譯を貰ってきました。そして日本へ歸る途中、ローマからトリエステを經てユーゴへはいったのでした。

ユーゴは南スラブ系の諸民族から成り、十五世紀から四百年間一部はトルコに奪われ、他の部分はオースタリーの屬領だった國で、第一次大戰で、オースタリーが敗けたために東北地方だけ獨立したのでした。ウイルソンの民族自決の原則によれば當然のこととして西部のトリエステもその中にはいるべきだったのです。ところが三國同盟の一員としてドイツ、オースタリーと行動を共にする筈だったイタリーが最初は中立を守り、後には連合國側に立って戰った裏面にはトリエステという餌が匂っていたのです。第二次大戰でアメリカが千島をまるで自分のもののように氣前よくロシア參戰の餌になげてやったように、第一次大戰の時には連合國がトリエステと土着のユーゴ人とを氣前よくイタリーの鼻先になげてやったのです。それでもまだ餌がたりなかったとみえて平和克復後ファシスト詩人ダヌンチオが軍艦でユーゴに屬するフューメ及びその附近の島々にのりつけ、かってに占領した事件は余りにも有名です。ムソリニは政略的にトリエステ市にどしどしイタリーの移民を送り込み、第二次大戰までには土着のユーゴ人の方が少數になってしまったが、B地區即ち周邊の農村は昔のままに專らユーゴ民族が住んで今に至りました。第二次大戰でユーゴを侵略したイタリー軍は四年の後敗退し、一時トリエステもユーゴの占領する所となり、連合軍の要請で一應明け渡したものの、これを侵略者イタリーに與えることは絕對に承知しない。イタリーはまた共產黨も左右社會黨もカトリック黨も復活したファシストもその他數えきれぬ群小政黨も法皇も、猫も杓子も、トリエステとさえいえば一團になって首相の尻押をするので、國內の雲行のあやしい時は、いつもおまじない代りにトリエステがかつぎ出されるのです。こんども總選擧後まもなくで新內閣の足もとがぐらついているため、このよくきくおまじないをもちだしたのではないでしょうか。

第二次大戰の終りに近く、チャーチルとスターリンとの間に同盟國であるユーゴを後日兩國で分割統治する密約の成立したことがアメリカのスティムソン國務長官の手記によって公表され、これは二人とも否定していないので事實と認められています。大國が小國や少數民族を虫けら同樣に扱い、住民におかまいなしにその領土をやりとりすることはもうおしまいにすべきです。それには小國みずからいかなる大國にも屈せず、いかなる小國をも侮らず、あくまで自主獨立でどこの國とも對等の友交關係を保つ努力が必要でしょう。

子供は放り出されている

河崎なつ

このあいだ東京都の近郊にある、清瀬村の結核療養所にいつた。結核者の天國といわれるだけに、都立の、國立の、クリスト敎立のといろいろの療養所があるが、中に小兒（ここでは少年もふくむ）結核療養所が一つある。そこへ私は行つたのである。

ここでは百五十のベットに、今中・小の學童八十人、幼兒五十人、生後三カ月から二歳までの赤ちやん達二十人が、可愛らしい病身を休めている。時間毎に藥や、食事を世話したり、汚れものの洗濯もしてやる。「付添いお斷り」で五人の小兒結核專門醫と三十五人の看護婦さん、六人の保姆さんとで、しん身に一切を世話している。

入院料は一日四百圓、月一萬二千圓ときいて、一寸ギクとしたが半數は生活保護法の、殘りも大かた健康保險によつての入院で安心だが自費の十人の子は大ていつゞかなくなつて、早めに退院してゆくときいて心が暗くなる。が、何にしても此所こそはまさしく、結核を病む兒童のための天國だといえる。ただ、殘念なことは、この天國まことに手狹で、日本にたつたここ一カ所といふのである。都內だけでも、入院させたい小兒結核者は、一萬人ちかいというから、まさに、燒け石に水、これはこどもの病人ばかりでなく、都內にはいま、十三萬人ほどの結核者がいるが、公私病院の一切の病床あわせて一萬八千人分だとはまだいい方で、全國的には、推定百五十萬人の患者に、十五萬人分のベットだから、入院を申し込んでも、早くて三カ月、六カ月から一カ年も待たねばはいれない。その間に病狀が進んだり、待ち切れずにあの世に轉出するのが、いつわらぬ實情であることは、全國二百に近い結核療養所できけば明白である。

それはあまりに結核が多すぎるからだ。それは國民が衞生思想が足らぬからだ、それは……と保守黨旦那衆はうそぶくが、なぜ多いか、なぜ衞生の考えがないかが先決の問題である。

こんな事實を否定できないであろう。川崎市の保健所の保健婦さんの話である。管內屆出の結核者二五九三人は、どんな住宅に療養しているかを調べて、患者が一戶に一人だといふのは、一八〇六軒で、二人以上居る家は、三四四軒で、七八七人もねているのです。

それがどうでしよう。二人世帶で二人とも病人だというのが、十二世帶もあるのです。三人世帶で三人とものが七世帶、五人世帶で四人のが九世帶、六人世帶で四人または五人が患者、八人家內で、四人五人の病人をかかえ、九人家內で九人とも、十人世帶で九人ともという、世にも悲慘な狀態です。しかも、この人たちの住む廣さは、一疊―四疊が八二・二%で、なかでも、一疊―三疊のものが六一・二%といふ氣の毒なことで、想像も出來ない、この狹い中に、二人あるひは三人、四人の患者がねているのであり、五人、六人の患者のねているのが、二世帶もありました」と語るのであつた。

川崎市がとくにひどいわけでは無論ない。これに近くとも遠くないような住宅の實情が、いまの日本の庶民の住宅難を語つている。

これでは病氣がなおりがたいばかりか、家內傳染するのを、どうすることも出來ない。一七%は家內ですと、保健婦さんの話である。

こうした中での兒童の生活はどうであろう。小兒結核が年々に增えてゆくのに、大人の結核に追われて、親も世間も國家も、まずは百五十人をあつかる公立施設を清瀬村に一カ所で、申わけをしていることになつている。

これでは人々の衞生思想の低さがどうの、患者が多すぎるのどうのと、いつていられた義理でない。それよりも、國民から税金をとりながら、こんなところに住ませ、これぱッかしの醫療施設しかしないで、いたずらに病人を呻らせておく政治というものをこそ反省すべきであり、民衆はまた、遠慮なく批判すべきではなかろうか。

英國は社會黨も、保守黨も、醫療の國營を政治している。スエーデンの社會黨政府は、醫療の國營はもちろんのこと、住宅の公營へと政治の方向をむけて、庶民のために、保健衞生的な能率的な文化的な施設を心掛けた住宅――どの家にもスチームがとおり、水洗便所で、臺所には、電氣調理所と電氣冷藏庫が取り付けてある。個々の借家の集團に附屬して、保育所と機械洗濯所と日用品賣場と郵便局とを設けて、庶民の日常生活を快適にと考えられた公營住宅が國の豫算の二割も計上して、都市から農村にも、すでにゆきわたりおおせている政治！

沼の月

長澤美津

古生層《こせいそう》つらぬき噴《ふ》きし日は遠し燧《ひうち》ケ岳《だけ》に雨はらむ雲

湖《みづうみ》の水のたたふる蒼さのなかに空よりとどきし光ひろがる

横切りてきしあと見れば原一面湖底となる日をいつと惜しまむ

秋草の殘花《ざんくわ》となりし淡きいろ逆光うけて子とわれとたつ

水のうへ夜が迫りくるひたすらに今宵の沼は月を沈ます

峠路を越え來しこともおぼつかなふり捨てがたき生きものの聲

生活政治とでもいう政治の手が、日に日にされているのと少しは比べてみねばならない。

個人の庭は部屋の窓々で各家好みの草花でかざられている。家というものの美しさ、建物と建物の間の庭というものは、共同のもので芝生と花壇が、住宅經營の一部とされ、そのあいだにブランコやシーソーやテニスコートやバレーの網が張られた遊び場で少年、幼兒はだれでも嬉々として遊んでいる。主婦は編み物しながら、それをみて、わらつている――これが、庶民―運轉手のおかみさんであり、工場の門番、工員さん、小學校の先生のおかみさん――達とその子供の生活姿態であるのです。

十二人萬の保安隊を今年は十五萬人に、近き將來は二十五萬人にまで増し、國の豫算の二割〜三割をつかつてもよいという政治、そのためには增税もいとわず、一方教育兒童保護施設、醫療施設への國家の責任の費用を、なしくずしに削つていとわないという二方法を、敢えて押し進めてゆく日本の政治と、何という相異であろう。

社會黨は、ことに左派は、これに眞向から反對して、國民の生活を守りぬく政治、次代をつぐ子供の生活を守りぬく政治をと闘つている姿は涙くまじくさえ思われます。

人身賣買の問題

藤原道子

人身賣買という人間を品物扱いにした悪へイは、そのみなもとを遠く奴隷制度にもとめることができるが、その名殘りが二十世紀の今日まで延々として、續いているのは誠に驚くべきことであり、この事實の前にはどう抗辯しようと、〃民主々義國家でございます〃などと大きな顔はできない。勿論近代國家としての體裁をそなえるために、大變結構で、立派な法律があることはある。子供の憲法とも云うべき兒童憲章には「兒童は人として尊ばれる」「兒童は社會の一員として重んぜられる」「兒童はよい環境のなかで育てられる」とうたわれているし、そのほかにも兒童福祉法、勞働基準法、職業安定法、等々によつて兒童はすこやかに正しく育てられるように規定され、人身賣買は固く禁じられているが、いぜんとして法の網をくぐつて行われている。ということはどこかにもつと大きな原因があり、その根源であるウミをとり除かないで、表面にだけ薬をぬつているのではないかとの疑問がでてくるのである。

そこで人身賣買がどういう形でその名殘りをとどめているかをみると、例えば栃木縣では、貧農の子供が口べらしのために、富農のところへ一定の年限をきり働きに行くのを桂庵子僧、年期つ子、國者などゝいわれているし、又青森縣では借子制度といつて、前借で契約を結んで、酷いたべものを與え、牛馬のように働かせていたことが、勞働基準局の調査で明らかにされたことがある。更には山形縣酒田市から海上二〇浬はなれた飛島という島では南京小僧という男の子の養子制度がある。この名前の由來は南京袋に入れて子供をつれてきたからとか、或は南京袋でつくつた前掛をしていたからといわれているが、この子供達は漁業の勞働不足を補うために雇われたもので、昭和二十五年にはこの島に五十五名の子供達が働いていたことがわかつている。これらはいずれもわずかの前借金によつて契約を結び、ロクに學校にも行かされず、動物のような生活を強いられていたとのことである。

この外にも毎度新聞紙上にみるように、悪質な仲介者の甘言にのつて、子供を賣春婦にされた事例は數多く、しかも減少するどころか、增加の傾向をたどつている。即ち昭和二十七年七月に國警で發表された數字によると滿十八才以上を含めて昭和二十六年中一年間に、七、二五五名發見され、昭和二十七年上半期までに、すでに七、六五三名となり、前年度一年間よりすでに上廻つている。しかもこの數字は表面にキャッチされたものだけでヤミからヤミにほおむり去られているものを數えるならば、この數字はもつと〱上まわるものと考えられる。

それではこの人身賣買の根本的解決の目やすをつけるために、どういう動機によつて人身賣買が行われたかをしらべてみると、婦人少年局が昭和二十五年七月から昭和二十八年六月まで行つた調査報告では、

身賣りの直接動機	實數	%
貧困	二四四	三七・一
求職中甘言により誘惑	一三三	二〇・二
家出	四一	六・二
兩親の依頼	一六	二・四
本人の希望	一三	二・〇
その他	七	一・一
不明	二〇四	三一・〇
計	六五八	一〇〇・〇

となつていて、一番大きな原因は貧困のためである。次の表の家元の職業は、これを充分裏がきしている。

親元の職業	人數	%
農業	一六五	二九・七
無職	九七	一七・五
日雇人夫	八八	一五・八
工員	三六	六・五
抗夫	二八	五・〇
商店	一八	三・三
かつぎ屋	一三	二・三
製炭業	九	一・六
修繕業	七	一・三
その他	九五	一七・〇
計	五五六	100・0

これでみると農業が一番多く、ついで無職や日雇人夫、かつぎ屋、修繕屋とかで、働く口がなくて、せつぱづまつてのものや、不安定な職業でしかも收入があつても、最低生活すら維持できないものなどが多いのである。この數字にはつきり問題の所在が浮び上つてきている。それは單に取締法規のみで人身賣買は減少するものではないことを示している。どんなに愛情のない親でも自分の子供を身賣りさせるのは、よく〳〵のことであろうし、それより當場をしのぐ方法がないということは身を切られるような辛い思いをして手離したことであろう。生活の不安定これこそ根本的な原因であり、これを解決することなくして、いたずらに法律をつくつてみても單なる空文にすぎない。

又この表によると、戰後農地改革によつて自作農になつたにもかゝわらず、昔通り相變らず農村が一番多く人身賣買が發生していることは一寸奇異に思うけれど、實態をみたならば成程とうなづけるものがある。例えば折角農地を得たとは云え肥料が高い、しかも硫安は國内では一俵九百三十圓のものが、外國向けでは六百十八圓という安價で輸出しており、その反對に外米は一石一萬四千圓で輸入し、國内では一石七千五百圓で買上げるという不合理なやり方をしてその差額は凡て農村の肩にかける方法をとつている。又昔の地主に對する高率小作料を拂わないかわりに、所得税や、固定資産税が、確實に吸い上げられるし、自作農とは云え猫のヒタイの様な土地に、昔通りのクワとスキによる耕作方法をとつているのでは、決して余裕のある生活は望むべくもない。しかも都會で失業した人々は農村に歸省して、年々人口は增加する、生活が苦しいのに人口が增えるのであるから、一人でも二人でも食べる口を減らそうと思うのは當然のことで、それに農村にはまだ〳〵封建的な因習が根強く殘つており、親のために或は家のために、泣く〳〵女中とか子守とかの名目で、わずかの前借金で賣られることになる。このような農村の窮乏につけ込むのが悪質な仲介者で、口先で親の安心しそうなこと子供の喜びそうなことを云つて、まんまと多額の仲介手數料をとり、都會へ連れ出しては特殊飲食店等に賣りとばしてしまうという行爲が跡をたゝない。

前借金としては大體一萬圓から三萬圓位が多く、契約期間は、一年から五年位が多い、稀には十年というのもある。しかも働いているうちにこの前借金がなか〳〵消えず、或は着物を買つてやつたから、或は親が無心にきたからなどの理由でかえつて增えるものすらある狀態である。

これ等の被害者の就業々務を、やはり勞働省婦人少年局が二十七年に調査したものによると、次に見るとおりである。

この表でわかるのはその大部分が接客婦、賣春婦、酌婦、等々であつて、人身賣買をさ

	18才未滿	18才以上	計
接客婦	297	360	657
賣春婦	326	227	553
酌婦	201	89	290
藝妓	31	10	41
女給	48	49	97
作男	106	67	173
作女	77	46	123
子守	22	2	24
女中	165	84	249
紡績女工	80	118	198
工員徒弟	30	13	43
商店	55	18	73
サーカス	3		3
行商	19	2	21
乞食	4		4
土建業	1	54	55
採炭婦		1	1
劇團	1		1
人夫	1		1
不明	44	14	54
計	1,511	1,154	2,665

れた子供達の行く途はほとんどこのように暗い慘めな狀態に轉落していくのである。

しかも今年は各地で未曾有の風水害で田地を荒され、或は冷害が豫想されて、平年作を下廻るだろうといわれている。こうして農村がヒヘイするとそれに比例して子供の身賣は增えてくるであろうことを、私は一番おそれるのである。そして、一日も早くだれでもが充分生活でき、健康な働く場所を與えられる世の中にすることに尙一層努力しなければならないことを痛感するのである。

軍事豫算を下廻る
教育費

榊原千代

大連で生れ、大連で育ち、今度始めて大連を離れて第二興安丸で家族とゝもに歸國し、現在日本女子大に通學している一人の女學生が「日本では全くといつていゝ程あちらの實情が知らされていないようです。よしあしは兎も角私はありのまゝをいろ〳〵な機會に話したいと思います」と、新中國について話した一節に次のようなことがある。

「向うの大學と、こちらの大學とくらべて經濟的にも授業の內容、方法、勉强の態度、學生の服裝等いろんな點で違いますが、例えばこちらでは何をするにも金がかゝるんです。月謝は勿論プリント一枚に至るまで金がかゝります。向うでは月謝は誰でも全部いらないし、教科書からいろ〳〵な用紙もたゞ、皆宿舍制で食費も舍費も無償で、結局何も入りません。だから誰でも能力さえあれば學校にいけるわけです。」

かつて日本に亡命して來た中國の一要人が我國の教育の普及されているのに驚き、中國では今教育を受けることの出來るのは二百五十人に一人に過ぎないが、もし中國全土に教育が行き渡つたらその力は素晴しいであろうと、歸國後漢字を略して易しい文字を案出し文盲をなくす運動を起したのは、つい數十年前のことのように記憶しているのに、今日の中國は大學に至る教育迄無償全額國庫負擔と聞いては、今度はこちらが驚嘆せざるを得ない。

我國の教育基本法の前文にはこう書かれている。「われらは日本國憲法を確定し、民主的で文化的な國家を建設して、世界の平和と人類の福祉に貢献しようとする決意を示した。この理想の實現は根本に於て教育の力にまつべきものである。」吉田首相は施政演說毎に教育の重要性を說き、文教政策に最重要點を置くかのような印象を與えようとする。然し私たちはそれを額面通り信じていいのであろうか。

試みに我國の總豫算を見ると左の通りである。

昭和28年度國の予算

國の予算總額　9654億圓
文部省所管の予算總額　986億圓
{義務教育費國庫負擔金　540億圓
{その他文教費　446億圓

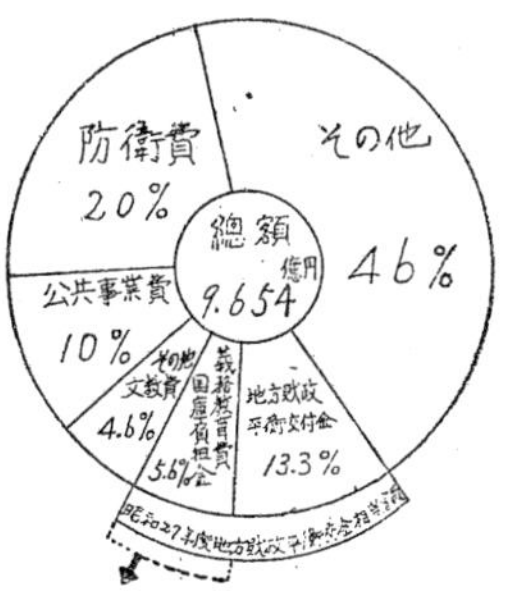

昭和二十七年度地方財政平衡交付金中に含まれていた義務教育費相當額

政府は文教費は五・六パーセント增額したと誇示しているけれど、實は義務教育費國庫負擔金はもと〳〵去年迄地方平衡交付金に含まれていたもので、それを今年からは地方自治體に支拂わないで、國家豫算に組み入れたに過ぎない。だから、實は何ら增額になつていない。誠にインチキなやり方で國民を欺まんし、同時に教育の中央集權化をねらつているもので、やがては再軍備への道を徐々に準備する方向に向つているのではないかと不安な氣がする。（公共事業費 10% は 10.5% の誤り）

日教組が教育の理想を追つて科學的に算出した全額國庫負擔金は義務教育費だけでも五千億で、それから考えれば十分の一に過ぎない豫算額である。教師の定員は小學校に於ては六學級について七人、中學に於ては六學級について九人の割合で、教職員の中に姙產婦があつたり、病人が出たりすれば、生徒は忽ちその犠牲になつて、充分な勉學も出來ないで放置され、教師も休んでいる同僚の空席を埋めようとして、どうしても過勞に陷り、やがては結核などに犯される危險があり、また實際にこのような狀況が非常に多いということである。

教材費は十九億圓見こまれていて、一人當りの單價は左の通りである。

教材費　國庫負擔金では總額十九億圓が組まれている

五〇人までの學校	生徒一人當單價	三八〇圓
一〇〇人 〃	〃	一九〇圓
二〇〇人 〃	〃	一四五圓
三〇〇人 〃	〃	一三〇圓
六〇〇人 〃	〃	一〇〇圓
一、〇〇〇人 〃	〃	七四圓
一、二〇〇人 〃	〃	六七圓
一、五〇〇人 〃	〃	五八圓
二、〇〇〇人 〃	〃	四八圓
二、五〇〇人 〃	〃	四三圓
三、〇〇〇人 〃	〃	三九圓

③　ＰＴＡ負擔金＝學校經費總額に對し約三五〜四〇％

これではピアノは愚か、オルガンもラジオも映寫機も、顯微鏡も買えつこはない。事實何も出來ないというのが實狀だという。そこで學校は止むを得ずＰＴＡに話しかける。心ならずも子供可愛さの親の弱點を利用するという結果になる。親は學校からの申出で、殊にＰＴＡの決定とあれば、度々のことに時には心に不平をもつても、應じないわけにはいかない。しかも充分な寄附が出來なかつたりする場合には氣の小さい親などは、そうしてまた子供もいわれのない引け目を感じたりする。誠に不合理なことである。こうして敎材費の三十五〜四十パーセントをＰＴＡが負擔することになり、そこでいつか學校を陰に陽に支配するボスが現われたりする。そうしてこのような事態に惱んでいる學校も父兄も相當數ある樣子である。

校舍にいたつては危險で使用禁止令が出ているもの四十八萬七千坪、それに對して二十八年度豫算で建築するものは、その四分の一の十二萬一千坪、二十二億圓に過ぎない。あとの四分の三以上の三十六萬六千坪の校舍はどうするのであろうか、兒童は危害にさらされながら、やはりその今にもつぶれそうな校舍で勉强するのであろうか。程度の差こそあれ、危險校舍と見なされているものは二百十三萬坪、この坪數の敎室で勉强している生徒數は約二百萬人、更に四十年以上を經過した老朽校舍は二百五十一萬七千坪、この兩者を合わせて敎室數にすると約八萬敎室で、暴風雨や地震で、否それ程でもない出來事でも二階の天井がぬけたり、硝子障子が吹き飛ばされたり、屋根が落ちたり建物が倒れたりして憐れな犧牲になるかも知れない運命に、またその危險にさらされている生徒は實に四百萬以上を數えている。私たちはこのような事實の前にどう考え、どう行動したらいゝのであろうか。その貴い幼い生命を、どうしたら守れるであろうか。

國家豫算に現われた表向の數字は、文敎豫算に比較して軍事豫算は約二倍の國家總豫算の二十パーセントである。然しあちこち掘り返してみたり、つつき廻わしてみたり、じつくり腰を落ちつけて眞劍に豫算と取組んでみれば、豫算の半分も軍事費につぶす動亂の韓國、國民政府とほゞ同額に近い軍事費が探し出せるのではないか、という人がある。兎に角豫算外契約として兵器購入のためには恐らく返せる見込みもないのではないかと危ぶまれる借金をも敢て積み重ねていこうとしている政府の無理强いんな行き方に、私たちはどうしても納得することの出來ない、寧ろ恐しさをさえ感じる。戰爭放棄の大理想をかゝげて世界の前に立ち、文化國家として再出發、再建されようとしている我が日本國が再軍備のためには、國民の眼をくらましてもその實現を期している。そうして「個人の尊嚴を重んじ眞理と平和を希求する人間の育成を期する敎育」などは、ふみにじつて意としないかのようである。

（二〇頁下段より）

兵器生産も彈丸や小銃程度のうちは大したことはないようですが、重兵器を作るようになりますと資本も大きくなり、工場設備も大きくなります。そうした大きな工場を損をしないように經營をつづけるには益々多くの兵器を作らねばならなくなります。使はない兵器は兵器になりません。作れば使用したくなります。使用したらどうなるでしようか。考えただけでもおそろしいことです。

法政大學總長の大内兵衞先生が、先日仙臺で開かれた第四回全國統計大會の講演の中で云われました。

朝鮮動亂が滿洲事變なら、ＭＳＡは蘆溝橋事件であると。

蘆溝橋事變の擴大の結果が今日の日本ですＭＳＡ援助をうけるか否か、うけるとしたらどんな形でうけるかは、日本の生命を左右する大きな問題と思います。（八月十五日）

恩給と社會保障

高橋　芳子

私の親しい人で六十をこした老婦人がある。既に三十年前に主人を失い二人の男の子と三人の女の子を育てゝきた人である。死んだ主人は現役の陸軍少佐であつたが、一時賜金と扶助料とで生活をすることが出來た。乳呑兒もあつた程であるが、兎に角そういう收入で子供達を一應學校にも入れ、卒業させることも出來たのである。終戰と同時にこの扶助料はもらえなくなつたがその時分には、子供達はみな成人していたので打擊にも感じないできてしまつた。もつともあのようなインフレではそれまでの扶助料などは、それこそお燈明代にも足りないくらいであつたろうけれども。

こんどの國會で恩給法の改正が行われ、いままでもらえなかつた軍人や遺族の恩給が復活することになるという話である。私の知り合いの老婦人がまた戰前のように扶助料をもらえるようになるのかどうか知らないが、もしそうなるとして一體これはよろこぶべきことなのだろうか。

その老人は、今は子供達からの仕送りで生活しているらしいが、まともな仕事をしている人々の常として、子供さん達もそんなに餘裕があるわけではないらしい。その老人の生活や話などから、そういうことがそれとなく感じられる。こういうところへ扶助料が復活されゝば、この老婦人にとつても、子供さん達にとつても、結構なことでありよろこぶべきことであるのは云うまでもない。新聞によると恩給法改正によつて利益をうける人が二百萬人をこえるそうである。これは、世帶の數ではないにしても、世帶員の數でもないだろうから、間接に利益をうける人までも含めたら、もつと多くの人數になるであろう。それだけます〳〵結構でありよろこばしいということになるわけであるが、果してそうであろうか。

もし今の日本で生活に困つている人が右にあげた人々だけであるならばお話はこれでおしまいである。しかし實際はそんなことはない筈である。空襲や戰火で生活の基礎を失つた人々がある筈だし、それに關係ない人々でも同じような境遇にある人がいる筈である。そしてこれらの人々については特殊な場合をのぞいて、國家は何の面倒もみていない筈である。

軍關係の人々が路頭に迷つてもかまわないというくつは成り立たないかもしれないが、然しこれらの人々が他の人々よりも優先的にあつかわれなければならない根據はない筈である。どんな理由からにせよ生活的に惠まれない人に對しては、社會が全體として、その生活を保障すべきである。しかもこの社會保障の制度は今日では珍らしいものとか、紙上の議論とかいう段階ではなくて、多くの國で現實に行われているのである。

日本はさきごろの戰爭と敗戰によつて生れかわつた筈であるが恩給法改正のことなどをきくとそうではなくて昔の日本に歸つてきつつあるようである。これも逆コースの一つかもしれないが、心ある人々がみんなで力を合せることにより國家から保障をうける人がうしろめたい氣持を持たずにいられるような日がくるように、そして當然保障をうくべき人が、それを與えられないでいることのないような日がくるようにしたいものだと思う。

随筆

外房の女たち

阿部艶子

私は小さい時から毎年夏と冬を、外房の御宿という海岸で過して來た。戰爭中もそこに疎開していたし、その後も度々行つている。東京に生れた私にとつては故郷のような町である。

それで、御宿には親しいおばあさんやおつかさん達が澤山いる。子供の頃一緒に遊んだ人が今ではいゝおつかさんになり、息子に嫁を貰う話をしているし、その頃おつかさんだつた人は、今では七、八十のお婆さんになつている。

此の土地のおばあさん達は、概して體格がよく、年とつてもしやんとしている人が多い。それに、嫁姑の問題も、勿論或る程度は他所の農村や漁村のように（それは都會と云えども同じことかも知れないが）封建的なことも殘つてはいるけれど、割合に明るく、うまく行つているように見える。東北や中國地方の山の中の話によくきくような、辛い「嫁の立場」というものの話はあんまりきいたことがない。

西洋のお婆さんのように、胸を張つた立派なお婆さんをよく見かけるし、若いお嫁さんや中年のおつかさん達は、みんな明るい性質で、お喋り好きだ。隣近所の噂話もするにはするが、此頃はもう少し活潑で、どうすればもう少し暮しよくなるか、というようなことについて、論じ合いながらお八つのお茶を飲んだりもしている。お喋りというよりは、話上手とでもいうのが當つている。それがこの邊一帶の氣風である。

これは何故かというと、體格がいゝのは、何と云つても魚がとれるところで、山奥にくらべたら長い間には隨分榮養が違うのだろう。地引綱というのがあつて、誰でも簡單に三時間ほどの輕い勞働で、お魚を貰うことが出來る。この地引綱の收入の分け高や、勞働方法などは昔ながらののんきな、或は不合理な形式を、そのまゝに傳承しているらしいけれど、とにかく、おかみさんでも若い娘でも極く簡單にその日のお魚をかせぐことが出來るのは事實なのだ。だからどんな貧しい家の女の人でもお魚を一月に一度も食べないなどという人はないし、氣候がいゝから野菜もらくに食べられる。

おつかさんと云われる人達が、元氣がいゝのも、此の海の仕事が夏冬あつて、簡單な日雇いに出かけることは、此の邊の習慣になつている。誰でも家にじつとしているということはなく、船からお魚をあげる手傳い、海草をほす手傳い、そういうことで、お金をとつている。

× × ×

房州女はよく働く、と云われるが、東北あたりの農村では、過重な勞働に堪えても、その結果がはつきり目に見えない。夫の仕事か妻の仕事かどうという譯には行かないことが多い。ところが、房州の方では海の仕事が多いので、主婦が三時間地引きの手つだいをしてお菜をとつて來、海草の人夫にやとわれて金錢を持つて來る。目に見えた收入を、夫とどつちが多いかと云う位、持つて來るのである。そんなことから自然と、「何事も男の云うまゝ」などにはなつていず、云いたいことはぽんぽん云えるような性質になつているのではないかと思うのだ。

「今日は子安講（主婦達が集つて一月に一度喋り合う日）だよ」とか「これから婦人會の會合に行くよ」とおかみさんが云えば「さうかい」と御亭主はせつせとかまどの下に薪をくべて留守番をしている、そんな光景は御宿ではよく見ることだ。

　榮養の問題と、女性の依頼心の問題、それを無意識のうちにさつさと解決している、おつかさん達を見て、私は教えられるところが多い氣がするのである。

政治への不滿

杉村春子

　私たちの仲間が集つて雜談してるときでも其の他のときでもあまり政治向きの話は出て來ません。それではみんな無關心なのかしらと思うとなかなかそうでなく、何かのときにずいぶん辛辣なことを口にしたりします、世の中に生きて行くにも仕事をするにも政治を離れては何も考えられないのはあたりまえのことですけど、殊に私たちの芝居の仕事は世の中の動きをより敏感に感じなければいゝ仕事は出來ないことはわかりきつた話です。だのになぜ私たちの直接の問題として政治が話題にならないのでしよう。それはもうどこででも云われているように、皆さんのための政治家という口實は選擧のときだけであとはまるで私たちと無縁の議會の中で、日常生活では明るみに出しては恥しいこととされてる一切が堂々と行われて、取引され決められて行く政治だからということです。

　そうして決められたことには私たちはどんなに不滿でも從わなければならないのです。勿論議會というものがある以上不滿でもなんでも決定された事に從うのはわかりきつた話ですけど、何故、もつとあれほど私たちに割り切れないものを殘すようなことをしないで誰れのため何んのためにこう決めるということをはつきりわからせてくれないんでしよう。國際間の重大な條約上の取引きや、再軍備の問題等を考えるだけでも、むしやくしやしてしまいます。そうしてどこにあるかわからない大きな勢力の前には小さな反抗なんか無駄だということがわかると、政治の話などするのもバカバカしくなつてしまいます。

　でも私たちもこれでいゝとは思つていません。いくら輕蔑したくなる多くのものを持つている國でも私たちは嫌になつて外國へ行つて暮してしまうほんの少數の人を除いてはこの國で生きて死んで、そして子孫がまたそれをつゞけて行かなければならないんですから出來るだけいゝ國になつてほしい。誇りに思う國になつてほしいとは誰れでも思つていることでしよう。女の人が世間に出て何か云えるようになつてから、まだ僅かの時しかたつていませんけど、私たちの仕事の面からだけ考えても、私の仕事をはじめた頃、そして戰爭中、敗戰、現在とその違いは大變なものだと思います。いゝ面も、またわるい面も隨分若い人達のことは云われますけど、私は今の若い人達にそのいゝ面で、とても期待をかけています。戰爭の實態、不合理、その他身を持つて得た數々の貴重な體驗は、その人たちが社會の中心になつて働く時にいろいろの面で花を咲かせるでしよう。そのときには、私たちも大いに政治論でもしたいと思つています。

　ということは、今はすべてをあきらめてるというなさけない狀態だということです。

× × × ×

畑の離草

新居好子

五月、丁度雑草を掩り取らなければならない時期に、手傳いの娘はどこが悪いともなく寢込み、母は右肩が神經痛で無理が出來なくなり、そして私は、急にその必要もなかつたのにすすめられるまゝ齒の治療を受けることになつたら、意外に時間もとり氣分的にも落付かない日を送るようになつてしまつた。

新潟の農家出の娘は、お嫁に行くため、五月一杯で暇をとることになつていたが、神經痛が出る前に母が買つて來たトマトや胡瓜や茄子その他の苗を、これも寢込む前に、その娘が上手に支柱をし、下肥を施してくれた。娘は診療の結果十二指腸虫による極度の貧血と判つて、二週間の靜養と四百瓦の輸血とで、迎えの弟に助けられて辛じて歸つてはいつたが、さて、私と母は、知人友人に注意されるまゝ、畑に入るのが恐ろしくなつてしまつた。六十四坪の空地の三分の二を畑にしているが、下肥を施したトマトや胡瓜その他には、枯れてもよいつもりで强度の殺虫劑を撒布した。農林省の友人は、十二指腸虫の卵はガホーという狀態になるとどんな殺虫劑でも死滅しないと敎えてくれた。彼女の居た部屋を消害殺虫しなくてもいいだろうか、と近所の藥局できくと、その必要はないと答えて長野ですか山梨ですかと質された。十二指腸虫は、信州越後に多く、あの邊りでは、所謂「田疲れ」と稱してブラ〳〵休息しているらしい。卵が田んぼの土から皮膚に浸入する點、普通の回虫が口から染傳するのとは違つているし、十二指腸壁に喰いついて血液を吸收する點も、不氣味で恐ろしい。

そんなことから、畑に一カ月半入らなかつたら、畑の雑草は、見事に生い茂り、落花生は勿論、人參も、里芋も、とうもろこしまで全然その姿を沒してしまつた。殺虫劑のために枯れたものは枯れたが、下肥のかゝらない生き殘つた畑ものは、雑草の逞ましい生長で、押しつぶされていた。

雑草でも、廣い山野で風に白い葉裏をみせている竹煮草は、非常に立派で美しいと思う。汽車で旅行する線路ぎわに叢生した電信草の小さい白い花もきれいだと思う。又、照りつけられた庭のかたい土にカタバミがいまにもはじけそうな實をもつていたり、庭ほこりというのが大變涼しそうなや、紫色帶びた穗をちら〳〵させていると、拔くのが惜しいようで、そのまゝそつと置いておくが、芝とかヒエの種類でメヒジワと云うのらしいが、これが、横になつて莖から根が出來、どん〳〵その邊りに茂つてしまうと、もう手のつけようがない。まるで細い綱の目のように地中にはびこつてしまつて、私は、八十センチ位の密生を力一杯拔いて、大抵は殘つてしまう根を鍬で起してゆく。からまれた里芋や落花生の根は、そのためゆらゆらと倒れかかる。しかし、雑草を取り除かれたあとは、ホッとしたように、ぐん〳〵目に見えて生長してゆく。

こんな比喩は大變申し譯ないが、私は、國會に於ける代議士たちの罵詈亂鬪を知ると、むやみに逞ましくて迷惑で、まるで眞夏の畑の雑草のように思われてならない。この野蕃な雑草は、解散してもなお逞ましく根を張ろうとする。私たち善良な里芋は、榮養をとられ、押しつぶされて我慢している。サイ費がそう、議會開けの避暑避寒旅行がそう。官公吏も大同小異の場合がある。私たちは、まだあらゆるお役所で、威張られてばかりいる。

新居成る

淡谷のり子

戰火に焼かれて八年、今年ようやく頭を入れる程の家が建てられた。

臺所と應接間と私の小さな居間、それ丈けのささやかな間取りながら、應接間には小さいヴェランダもつけて、バーゴラもつくつた。

焼ける前の庭には古い樹もあつた。その樹の深い陰影にふさわしかつた石燈籠も殘つているのだが、焼かれて傾いたその殘骸が、バーゴラのすぐ前にあるのが何ともみじめで、私の大きらいな戰爭を憶い出させるので、そのうちに取片附けて、靑々とやわらかい芝生にでもしてやろうかと思つている。

バーゴラには葡萄を這わせたらいいというのはお隣りの園藝腕自慢の御主人、藤にしましようというのは、古いむかしの趣味の失せ切らない老母、白い蔓ばらを一ぱいにというのは妹――私はそんなのもいゝけれど、葡萄にせよ、藤にせよ、ばらにせよ、毛蟲がつくからみんな嫌だ、日除けには赤と白と靑とフランスの旗みたいな天幕か、よし簀でも張つて置けばと云つたら、皆に叱られた。

でも私はあの毛蟲つていうもの、どうしても好きにはなれない、さわればいたさうな毛をむくむくと振りながら、無氣味に歩きまわるのは思い出した丈けで、ぞつと身體に粟が立つ。女學校時代に遠足のとき、友達に毛虫をつけるとふざけられて卒倒した記憶がある。その癖が今だになくならない。

私は醜いものが嫌いだ、亂暴なものが嫌いだ、白木屋で廣島原爆の畫の展覽會があるから一度は見て置きなさいとすすめられながらとても見る勇氣が出ない。仕事に出かける前の、一寸の暇を、新調のフランス色ビロードの腰掛にかけて植えるものの何とも定らないバーゴラのあらはな骨組を眺めながら、私は飛行機の爆音を頭の上に聽いた。

こんな小さな家でも、建てるのが容易な苦勞ではなかつた。戰爭中、いつ焼かれるか知れないと脅えながら、私は疎開したり、物を運んだりするのも臆劫で、そのまんまにして置いたのが、名古屋で公演中に、家もピアノも記念のフランス人形も肖像畫も、そつくり焼かれて了つた。その時の防空壕が庭の眞中にまだ口をひらいて「あわや」という目じるしも消えていない。その目じるしのついた防空壕で老母や妹やの死骸を見つけないで濟んだことはまだしも幸せだつたが、戰爭は嫌だなあ！

りんご園から始めて代議士に出て來た叔父が來たので、バーゴラのことを話したら、

「DDTをぶつかけてやれば、毛虫などすぐ居なくなるよ」と云つた。

「戰爭がまた起りはしない？」つてきいたら默つている。

「戰爭にも、DDTぶつかけてやるわけに行かないの」ときいたら、「うん、なあ」と云つたまま、煙草を吹いていた、笑いもしなかつた。

綾子

帶干せばすゝきの方に吹かれたり

秋夜の波近ければ又遠ければ

婦人界の動き

菅谷直子

一、賣春防止のための運動

「婦人界の動き」というテーマに當てはまるかどうか疑問だが、今、婦人問題を取り上げるとすれば、勞働省婦人少年局及び各都道府縣婦人室が、八、九兩月に亘つて實施した「賣春防止運動」をまず上げなければならないだろう。その運動の概略は次のようなものであつた。

この活動の中心は、賣春問題を理論と實體の上から檢討して、賣春問題について正しい考え方を啓發し、これが防止對策を考究してその實施を促進するというものであつた。そして各地に講演會、懇談會、研究會を開き、新聞、ラジオ等によつてその宣傳をし、資材の作成、發行なども行つた。またこの運動には各種の婦人團體、政黨婦人部などが參加し、次の議會に賣春取締法を提出させる準備活動をも兼ねたものである。

少くも文化とか、ヒューマニズムとかを口にするほどの者なら、いかなる見地から見ても肯定出來ないこの賣春行爲が最近の不況とともに益々著しくなつて來たということは考えさせられる。もとよりこれは日本經濟の變則性と、政治のあり方と、また日本人の心の奧深くに巣食つている人間性無視の封建思想などの諸原因から來ているもので、從つてこの種のお役所仕事がどれ程の效果をあげられるか疑わしいものである、しかしこれを一時的のものとせず、世論を喚起し、地域團體等に呼びかけて日常鬪爭とすれば或る程度の成果は期待できよう。

二、馘首の對象とされる職場婦人

朝鮮動亂が休戰となり、平和を願う人々が愁眉を開くと同時に、產業界には不況の聲が早くも上り、炭鑛の大量馘首を皮切りに、各種產業に事業縮少、企業合理化等による人員整理の動きが起つている。こうした場合、まつ先に整理の對象とされるのは婦人勤勞者である。既にある職場では、有夫の婦人を整理の第一對象に決定したところもあるということである。また、この前あやうく廢止されそうになつた勞働省婦人少年局が今度の行政整理で再び狙われはじめ、地方婦人室に移されそうだという噂もある。

單に女性なるが故に整理の對象とするのは男女の平等が認められている今日、全く意味のないことである。道義の昻揚から修身科の復活、つづいて女は女らしく、その次が「婦人よ家庭に歸れ」となるコースを警戒しなければならない。

また近頃の婦人雜誌に見掛ける「結婚と職業は兩立するか」などという問題も注意を要する傾向であろう。權力の代辯者がおためごかしの巧言令色で何を言い出すかを看破する叡智がほしい。經濟的自立は婦人解放の第一條件で、時の權力の御都合次第で左右される性質のものではないはずだ。一般の婦人にとつては、思いがけない不勞所得だつた敗戰による日本の女性解放はこれからいよ〳〵實力による基礎付けの段階に入つて行くことになろう。その意味からも、今ポツ〳〵起つている婦人の職場追放に對しては組織的にも個人的にもしつかりしたレジスタンスをなさなければならないだろう。

MSA援助について

三瓶孝子

MSA援助とは相互安全保證法による援助ということで、簡單に云えば、米國を中心として自由諸國が、相互に安全を保證することに對して米國が援助するということです。もつとハツキリ云えば、MSA援助の目的は自由諸國の防衞力强化であり、具體的には軍事援助を主眼としているものです。MSAの長官は米大統領に直屬して、次のようなMSAの活動を監督しています。

一、米國の軍事援助をうける國の軍事力强化計畫を促進發展させること。

一、相互防衞計畫を遂行するために必要な設備、資材を供給し、金融技術などの援助を與えること。

これをみてもわかるようにMSA援助とは援助をうける國の軍事力の强化のための、いろいろの援助をするということです。

MSA援助は一九五二年までに約五十億ドルを出していますが、いままでの分は殆んどがヨーロッパに向けられていました。朝鮮や印度方面の情勢がおだやかでなくなつたのでMSA援助も極東方面を重視するようになつたのです。

MSA援助も被援助國の如何によつては、防衞の增進というような軍事援助を重くする場合と、純然たる經濟援助、技術協力援助の場合と二つがありますが、ヨーロッパでは、オーストリヤ、スペインだけが經濟援助で、その他は軍事、經濟、技術援助です。中南米（ブラジル、チリ、ペルー等）は軍事及技術援助でアフリカは技術援助です。軍事援助をうけている國はみな軍事的に重要な地域の國です。

太平洋諸國の援助は次のようです。

太平洋における
MSA被援助國

臺灣	軍技
ラオス	軍技
フイリツピン	軍技
タイ	軍技
朝鮮	經
アフガニスタン	技
インド	技
パキスタン	技
ネパール	技
ビルマ	技
インドネシヤ	技

日本でMSA援助をうけるとすれば、技術經濟、軍事のうち、どれが主なるものとなるか、についてずいぶん新聞を賑わしました。外務省あたりは先ごろ大へん甘くみましてこんな考でありました。

朝鮮休戰になると、いままで朝鮮動亂のおかげで日本が每年うけていた。注文（特需）のうち二十八年度は約二億ドルが減るが、MSAの援助をうければ、この二億ドルの穴うめができるという考えです。財界なども援助をドルで貰い不況をきり抜けようというような希望的な觀測をしていましたし政府も日本の場合は經濟援助であつて軍事援助ではない、海外派兵はあり得ない、というような、援助をうける側にとつて都合のよいように解譯していました。

私達はMSA援助の基礎たる相互安全保障法第五百十一條、被援助側の資格についての次の規定のあることを忘れてはなりません。

一、米國と相手國との多角的あるいは双務的協定に基く軍事的義務を遂行すること。

一、被援助國の政治的、經濟的安定度に應じ、自國及び自由世界の防衞力の維持發展のため、その人力、資源、施設および一般的經濟條件の許す限り全面的寄與を行うこと。

これでわかるように、ＭＳＡ援助は、被援助國の、自由世界のためにする防衛の努力に對して與えられるものです。とすれば日本の場合、再軍備の方向に向うことも考えられ、そこに憲法違反という問題も生じるわけです。

去る七月一日、日本側のＭＳＡ受諾交渉開始申入に對し、米國側から受諾の回答がよせられ、七月十五日から交渉が開始されて、目下繼續中です。

日本政府の從來の態度からして、ＭＳＡ援助は恐らく受けいれることになるでしよう。うけ入れた場合のことを想像してみればＭＳＡが果して日本の自立や國民生活安定にプラスになるかどうかがハッキリするでしよう。

ＭＳＡ援助は前にも述べた通り、「自由世界の防衛の維持發展のため、人力、資源、施設および一般的經濟條件の許す限り全面的寄與を行うこと」がうける側の條件でありまし、また日本の地理的條件が、アリューシャンからフィリッピンに至るアメリカの對ソ防衛の前線の一部であることから考えるならば日本に對するＭＳＡ援助は、自由世界の防衛に役立つような軍備が日本にあること、その軍備の程度に應じて更に防衛を强めるために軍事的經濟的技術的に援助するものであることは誰でもすぐ氣のつくことです。

ダレス長官が吉田首相と會談した際に、日本の保安隊の增强に責任を持つように言われたと報道されてますが、これは、日本はＭＳＡ援助をうけたいならば、もつと保安隊を增强しなければならないという意味です。

アメリカは朝鮮戰線で、第二次大戰で損失したよりも大きな兵力を消耗しました。このことを思い出す時、保安隊增强を要求する意味がわかるようです。保安隊を增强するためには、國民の税金からなつている國家の經費のうち、日本の自立や國民生活安定のための政策に費す金がそれだけ少くなるわけです。保安隊は軍隊と同じですから、それに費した金は物を生產しません。國民經濟にプラスすると云うことは出來ません。更に保安隊が軍隊になつた結果はどうであるか、私達は言わなくとも十分知りぬいています。

では經濟援助はどんなものかを考えてみましよう。經濟援助といつても日本の不況を切り抜け、自立するための慈雨ではありません。自由世界、結局はアメリカの防衛のための兵器廠となることです。日本の火薬や砲彈や銃などを作る會社は一時的には仕事がうけられてうるおうでしようが、そうした兵器產業と他の平和產業との間に大きな差が出來るし國民生活は益々苦しい生活に追いやられることになります。何故かというと、日本の少ない資源や資本を兵器產業につぎ込めば、それだけ平和產業は壓迫されるからです。兵器製造は、最後に煙と灰とを殘すだけで國民生活を豐にする何も生產しないからです。

海外から原料をもつてきて日本の技術と勞働力とを提供することも考えられます。この方は日本の資源は消費されないかも知れませんが、資本が兵器產業に向けられることは同じで、國土開發や自立經濟政策が放つたらかされるから、結局に於て國民生活の壓迫となります。

どんな援助でも援助は一時的なものです。日本がこうした援助にたより、一時的に困難を切り拔けるような生き方をする事は、綱渡りのようなもので、手をはずせば大變です。援助する側の考え一つで殺しも生かしも出來ることになります。結局のところ、アメリカの經濟力によつて七重八重に縛られて、動けなることです。自由諸國の中にいながら不自由國となるとは何という皮肉でしよう。

アンネはここにも

—海外旅行記（1）—

山川菊榮

ベルグラードから汽車で二時間坦々たる綠の平野を走つてハンガリー及びブルガリアに接する國境地帶の農村につく。通譯兼案内役のマリアノウィチ夫人はユーゴ協同組合同盟の國際部の人、四五カ國語を自由に語り、本職は辯護士で至つて氣さくな四十ばかりの婦人。ユーゴスラヴつまり南スラヴ族のこの國は總人口千七百萬、主要な種族六つがセルビア、クロアト、スロヴェニア、マセドニア、モンテグロの五つの共和國を成し、なおこまかにわければ全部で二十族に達し、トルコ人十萬、イタリー人九萬、ジプシー七萬そのほかロシア人、ギリシア等それぞれ何萬の少數民族が含まれている。いま私の來たこのヴォイヴォディナ州は全國のハンガリー人五十萬のうち四十萬が定住しているほか、別にルーマニア、ブルガリア、モンゴリア、その他いろいろの人種の展覽會のような地方だ。

一九四一年三月、舊ユーゴ國王の政府がヒトラー、ムソリニの壓力のもとに樞軸同盟に加入するや、ベルグラードでは反對大デモが起り、內閣はつぶれ、新內閣は條約破棄をよぎなくされた。忽ちにして首府ベルグラードはドイツ軍の空襲により市の三分の一を廢墟とし、二萬の死傷者を出した。その頃はヒトラーの衞星國で、今はソ連の衞星國である周邊の國々から潮のような大軍が國境をこえてなだれ込んだ。イタリー、ドイツの兵をも合せ三年半にわたり百萬近い侵略軍に占領され、貧農の子で工場勞働者だつたティトーのもとに勞働者農民、男女老幼のパルティザンが戰いぬいて敵を追い、同時に社會主義革命を達成した國。今ここではほかのことにふれている暇がないので、人種問題だけ書くことにするが、ヒトラーの人種的偏見のために、この州では戰前二萬五千人だつたユダヤ人のうち約二萬余が虐殺され、戰後は七分一、即ち三千五百人にへつていた。

村の道路は幅十間余もあろうか、中央は廣い車道、左右兩側はれんがをたたんだ步道で、車道との境には果樹の並木。その下に所々据付のベンチがあり、お婆さんが腰かけて羊の毛をほぐしていたり、編物をしたりしているのもあれば、野ら歸りのお百姓がタバコを吸つて笑いながら喋つているのもある。兩側の步道に沿うて赤瓦白壁のお伽話の家みたいなお揃いの農家が軒を並べている。何しろ三年半侵略軍と戰つた國だから戰後の荒廢は甚しく文字通り家なき民が何百萬もあつたのを住宅なくして人心の安定なしというスローガンのもとに、復興の手始めに住宅をとりあげ、男女老幼、パルティザンと戰つたと同じ意氣で力を合せて滿二年間全國何百の都市農村の住宅の新築修繕をやつたという。道理で都市には空襲や戰禍のあともなく、美しい公園や新しいアパートが目を樂しませ、農家も白壁赤瓦で一見別莊のよう。全國的な大衆的婦人團體『婦人反ファシスト戰線』が住宅改善の音頭とりになり『壁を白くぬりましょう』という運動をやり、田舍の隅々の戰災を免れた家まで全部壁を白く塗つたのだそうで、綠の中に點々としている白壁赤屋根の家々は汽車の窓から見ても飛行機の上から見ても誠に美しく樂しい眺めだつた。家はれんが造りで、木造藁屋根の建物は腐りかけた納屋のほか見られなかつた。

時は六月の夕方、果樹の並木の緑の木蔭を行くうちに若い娘とすれ違う。長い黒い髪を二筋の三つ組にしてうしろに垂れ、日にやけた顔に黒いひとみ、丈も高くなく、鼻が高く口もとのしまりのいい點を除けば日本にもありそうな顔だち。ヒダの多い古風な服に、花もようや赤い縞のはいつたはでな大きな前掛を腰のまわり一杯にめぐらしていた。今のはジプシーとマリさんがささやく。小説や映畫で見たほどロマンティックでなく、あまり清潔でもない無智な感じだつた。

翌日、耕作する農民だけが作つている勤勞農業協同組合の委員長イワン氏という至つて親切な、雲つくばかりの巨人と、パルティザンの勇士で松葉杖の青年敎師、それにマリさんと私の四人は、村の青年同盟のリーダーの若い農民の驅る馬車で果樹園や耕地や牧場や赤屋根白壁の大きな畜舎をもつ廣い廣い農場を一周した。『あの遠い端に見える黒い森、あの下にダニューブ川が流れている。あそこがハンガリーとの國境ですよ。あそこまではいかれない、すぐポンポンとやられる』などとおどかされながら行くうち、道のそばに例の赤屋根白壁、ヴエランダ付の小ぎれいな住宅が十軒ばかり、一と團まりになつている所がある。『これが皆ジプシーの家ですよ』というので私は

『ジプシーはやはり歌つたり踊つたり盗んでばかりいるんですか』と本でよんだままの印象をぶちまけてきいた。

『ところがジプシーにも革命がきたのです。この戰爭の間、彼らは吾々と協力しなければ生きていかれなかつた。彼らは吾々と一所に戰い一所に働いた。でなければ生きられなかつた。ドイツ人に殺されるほかなかつた。奇蹟が起つたんです。ジプシーがその間に働くことを覺えた。今では堅氣な百姓です。もう盗みません。それ所か、此間はこんな物をここへ出しておくと盗まれるよつてジプシーに注意されちやつた』とイワン氏は愉快そうに高笑いした。ここの數軒のほかはジプシーも村の中に家をたてて全く一般の農民と無差別に暮していると、遠く木蔭にちらつく白壁の家々を指さした。

第一次大戰の口火をきつたオースタリー皇太子夫婦の暗殺で有名なボスニア共和國の首府サラエヴォでは、廿七才のユダヤ人の青年が通譯として私に毎日つれだつてくれた。靑年は戰前上述のヴォイヴォディナにおり兩親弟妹の揃つた樂しい一家だつたが、ただユダヤ人だというそれだけのことで家族全部ドイツ人に慘殺されたという。『私だけはドイツへつれてゆかれ強制勞働に使われました。

食物なんか飢死しないのがふしぎで、よく生きていたと思う位、今でも健康がよくありません』という通り、凄いほど蒼白い顔だつた。そういう勞働に堪えない者は珠數つなぎにしてドイツやイタリー兵が墓地へつれてゆき、自分たちで墓穴を掘らせてその中に立たせポンポンと撃つたかと思うとドッと土や石をなげかけて埋めてしまつたという。この地方はトルコ人の多い地區でこの青年の奥さんも回敎徒、郵便局の事務員で赤ちやんを託兒所にあずけて勤めに出ている。青年は文學者志願だが英語が達者でその方の仕事をしている。

クロエシア共和國の首府ザグレブでは四十ばかりで十二三の娘の母である女流作家を訪う。今書いているのは人種的偏見つまり戰時中、ドイツ、イタリーの侵略者がユダヤ人とジプシーに加えた暴虐行爲をテーマにした長篇だと語つた。この近處にも戰後ユダヤ人は姿を消し、ジプシーも六十人ばかりいたのが一人殘らず殺されたという。『光ほのかに』のアンネの運命はこの國の人々には日常の經驗でなおユダヤ人やジプシー以外の人々でも同じ運命にさらされた者は多く、總數百七十萬、九人に一人の割合で戰爭犧牲者を出している。『光ほのかに』が日本で廣く讀まれていることをロンドンで知りあつたオランダの婦人に書き送つたら、アンネの運命は特別な出來事ではなく、戰爭中普通のことでした、何と恐ろしい、愚かな戰爭、そして人種的偏見でしよう！　と書いてきた。

短歌

神吉妙子選

保科香壽子

いさゝかの愛情もなき税務署の督促狀ぞ掌に載せて見る

歌會の菓子いささかを持ち歸る母我を待つ子のためにとて

桶谷ツチ子

母子寮の貧しきわれを對象に戰爭未亡人等慰めとなさむ

ミシン踏む暇さへなし未亡人調査と云ふが度々もきて

岩崎武

疲れはてゝ座席にねむる引揚の人らにやすき明日をあらしめ

俳句

星野立子選

田中千里

海に虹たつとて子等の一列に

中野貞子

夫おそしつぎ足す炭のすぐ盡きて

河邊しづの

ばら押して娘の部屋らしく片附いて

川上明子

家計簿を開きしままに足袋つづる

熊谷こう

親と子の二頭の牛で耕せり

能率給への疑問

岩瀬ふみ子

　製糸工場に労組ができてから今日で八年にもなるのに、まだ中小企業労組の中では労働時間八時間制が完全に實施されていないところが多いのです。製糸の仕事には準備時間に十分〜十五分後片付に同じく十五分位かかります。そしため八時間フルに機械が廻轉していれば準備、片付時間をふくめば八時間半位の労働をしているのです。そしてその分は勿論專ら會社へのサービスという具合で行われているのです。

　私たちの工場では小枠の廻轉時間を七時間四十五分にし、準備片付時間も當然八時間内に入れるということを過去七年間鬪争しつゞけてて、やつとこのことが下部に徹底してきましたが、こうなるまでには實働時間の問題を、折ある毎に説き廻り又休憩できる椅子等の設置要求運動を起したのでした。しかしこの仕事は仲々大變なことでした。休憩時間のベルがなると仕事を一せいに休むのですが、十分間の休憩もろくにとらない、便所に立つのが關の山で、後は又廻轉のとまつた機械の前にたつて、もくもくと糸屑の整理や、糸口をつける仕事をやるのです。職制も始めは休憩時間は休むようにといつて歩いても、毎度のことなので、遂にはみて見流しとなりがちです。勿論その裏には仕事を少しでも長く働いてもらつた方がよいからです。職制が組合の役員でもその人が積極的に階級意識にめざめていない限り休めとは言わず、また、職制に望むのは土臺無理なことなのです。

　なぜ疲れている彼女達が尊い休憩時間に仕事をするかというと、それは工場毎に能率給というものがあつて、K會社全體の能率給の枠はきまつて、その額を成績のよい工場の順に配分するからです。工場の職制も自分の工場は成績をあげたいのでそう無暗に注意しないわけです。こうした能率給が又さらに個人の成績差によつて支給されるのですから、自然と競争せざるを得ないのです。從つて、根本は能率給にあるので能率給制度を廢止しない限りこのことはくり返されるのです。

　また最近こういうこともありました。仕事が二交替になつたので、自分は前番で仕事が終つて歸れるのに、後番のところへきて、始めは、はなしをしながら輕い氣持で手傳つていたのが、遂には本格的になり、自分が反對番になつたときには前に手傳つてやつたAさんが手傳いにくると、こういうことが常習になつてしまう。このことを職制もみてみないふりをする。ひどい場合にはその手傳いも加えた翌月の生産計畫をたてるといつたことさえ現實にあつたのです

　一體この責任は根本的には能率給にあるのですが、それとても、みんな一せいに休むことをきめてしまえば競争なんておきないわけなのですが、いくら一工場だけがこれを守つても他のところが守らなければ結局又競争になつてしまうのです。本當に労働者の一人一人が階級意識にめざめてくればこのことは一掃できます。それと同時にこの問題は労働協約鬪争の團體交渉によつて、はつきりと労働時間を労使の力關係において勝とらなければなりません。近ごろはこの傾向は中小企業の未組織のところに多くみられるのです。こんなわけで他産業で適法鬪争というとふしぎですが蠶糸業にはふしぎでないのが現狀です。この問題こそ製糸労働者の責任において解決しなければならない大きな問題です。

本誌社友

（五十音順）

淡谷のり子　阿部艶子
阿部キミ子　磯野富士子
石垣綾子　圓地ふみ子
大谷藤子　小川マリ
大内節子　川上喜久子
小倉麗子　桑原小枝子
神近市子　木村光江
久米愛　久保まち子
三瓶孝子　榊原千代
清水慶子　芝木好子
菅谷直子　杉村春子
田邊繁子　田所芙美子
高田なほ子　鶴田勝子
長岡輝子　西尾くに子
新居好子　萩元たけ子
福田昌子　宮崎白蓮
三岸節子　米山ヒサ

日本勞働組合總評議會傘下各勞働組合婦人部

全國産業別勞働組合連合傘下各勞働組合婦人部

原稿募集

◇働く者　主婦の立場からの自由なご意見をおよせ下さい。

四百字詰原稿用紙　七枚以内

◇短歌・俳句

送り先　「婦人のこえ」社編集部

編集後記

雑誌「婦人のこえ」が革新陣營各方面の方々のなみなみならぬ御厚情と御助力のもとにようやく誕生いたしましたことを深く感謝申上げます。

かねて私共は今日の社會で、一番弱い立場におかれている、婦人や兒童の權利を守り、ほんとうに正しい、民主的な社會を作り出すために、自由に意見を發表し、主婦生活の實體、職場の實體等を具體的に知り合つて是正すべきことはお互の協力によつて正し、主張すべき事は敢然と主張してゆく事の出來る連絡の機關をほしいと念願していましたが、今日この「婦人のこえ」を發刊し、その成長發展によつて、この念願を幾分でも達成してまいりたいと存じます。

皆さまの御後援、御協力をぜひお願いいたします。

×　×　×

編集委員（五十音順）

山川菊榮　河崎なつ　榊原千代　三瓶孝子　鶴田勝子　藤原道子

婦人のこえ　十月號

定價三〇圓　送料共

半年分　百八十圓

一年分　三百六十圓

昭和二十八年九月二十五日印刷

昭和二十八年十月一日發行

編集發行人　古市ふみ子

東京都文京區富坂一ノ一

印刷者　加藤新

發行所　婦人のこえ社

東京都文京區春日町三ノ二ノ一

振替口座東京貳壹壹參四番

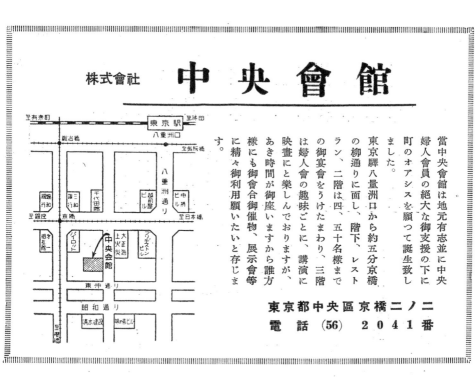

婦人のこえ

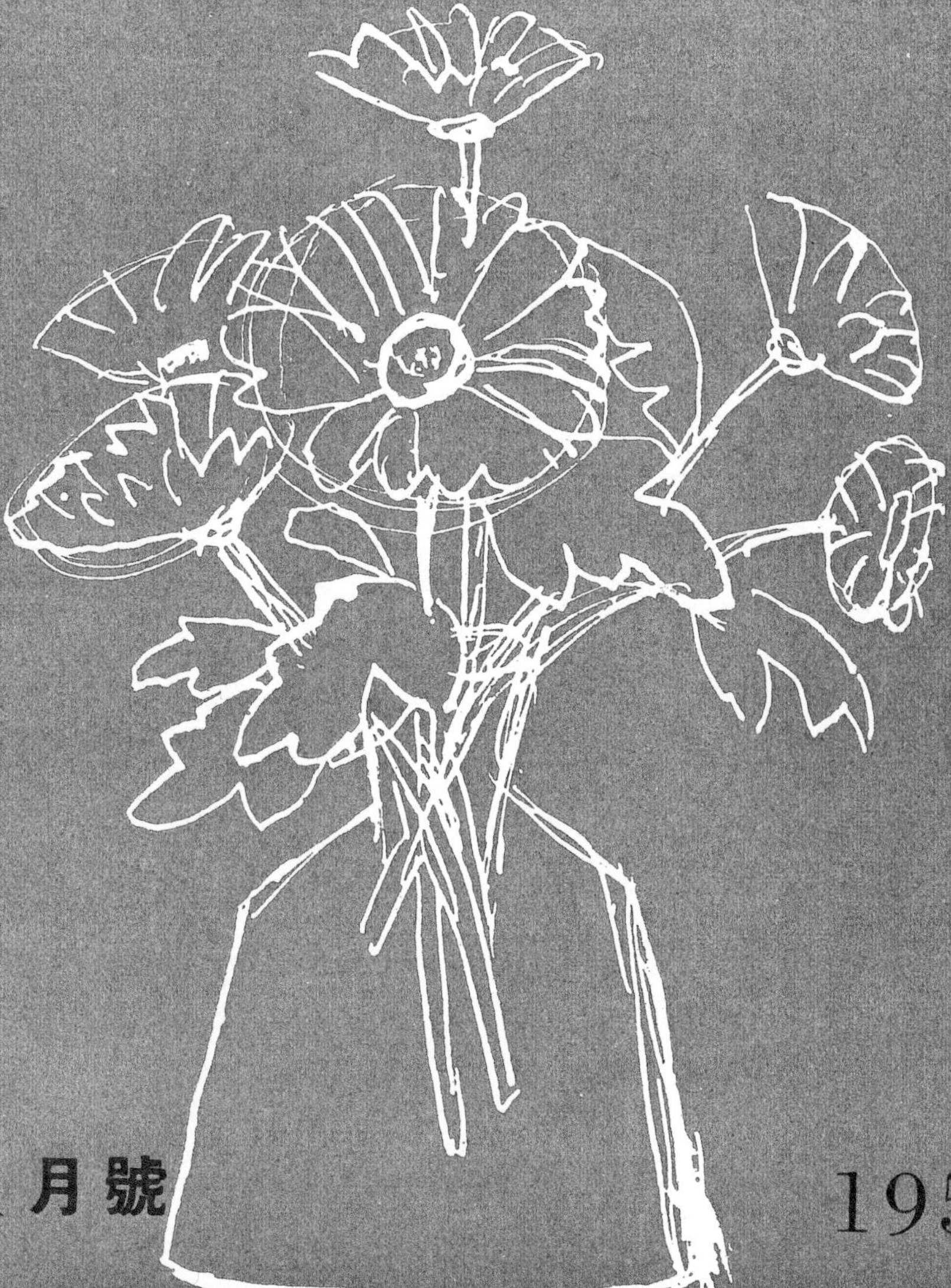

11月號

1953

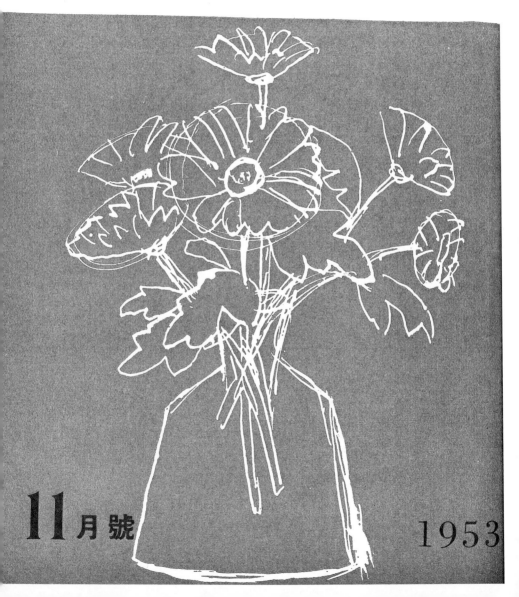

婦人のこえ

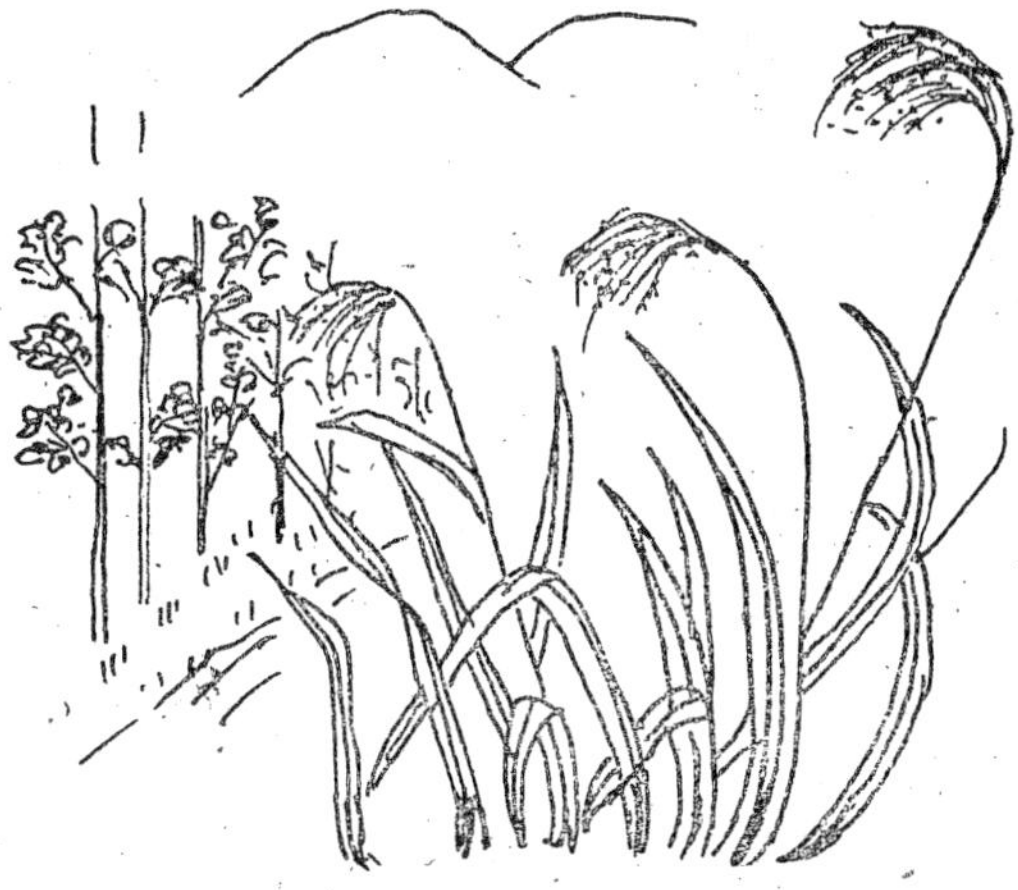

昭和二十八年

十一月號　目次

耐乏生活歓迎？……山川菊榮…(二)
食卓の上はあわれ淋し……榊原千代…(六)
天災と政災……神近市子…(九)
子供は放り出されている(二)……河崎なつ…(一一)
随筆
本箱のなか……石井桃子…(一三)
満足……磯野富士子…(二一)
ヨーロッパの旅から……高田なほ子…(一四)
婦人のこえ
電柱と凶作……田所芙美子…(一六)
職場で思う……中大路まき子…(一七)
最近の労働問題……佐藤紀奴…(一九)
國鐵の家族組合……丸澤美千代…(一八)
基地の母……須田エン…(二三)
花嫁の貸衣裳……山野ちか子…(八)
農村の若い女性にお願い……早川久子…(二二)
婦人界　スポット・ライト……菅谷直子…(二四)
短歌……萩元たけ子選…(八)
表紙……小川マリ
カット……寶井燒子

耐乏生活歡迎？

山川菊榮

ＭＳＡを受入れるために耐乏生活を覺悟せよとしきりにいわれます。吉田首相もそういえば、福永官房長官も英國の耐乏生活は大に見習うべきだといつたとラジオは傳えました。

イギリスの耐乏生活！　それをきいて日本人ならたべる物もたべず、寢る間も寢ず、鉢卷でてつ夜の受驗勉强をしている學生の、靑白く目をつりあげてヒステリックにきん張した姿を想像するかも知れません。けれども私の目にはちと違つてうつつたので、それをご報告しましよう。

日本から海外へ渡航する人の中には金持や、自腹でなくともごちそうをたべあきたか、又はそういう顏つきをしたがる社用族、公用族が多いので、イギリス人ときたら、日本人なんかふりむく氣にもならぬカスみたいなものばかりたべてるようにふきまくります。なるほど食糧の半分を輸入に頼つている國ですから窮窟なことは事實です。というのは金次第でどんなごちそうでもたべるというわけにはいかないという意味で、國民がお腹をすかせ、榮養失調に陷つているという意味ではありません。永年イギリスにいた在留邦人の話では、戰時中戰後を通じて配給食糧の遲配缺配は只の一度もなく、パンは自由販賣で不自由しなかつたそうです。肉類、バタ、砂糖、玉子等は配給ですから上下にかかわりなく同じだけ手に入ります。私のいた下宿でも朝食にベーコン、玉子、バタ、トースト、牛乳は誰にも同樣に供せられました。日本では肉や玉子は贅澤品で病人の榮養品か特別のごちそうと考えられがちですが、それが誰にも共通の常食である國では、少ければ少いなりに平等にわけられなければならず、イギリスではそれが嚴正に行われている。金の力でこつそり手に入れてひとの分までたべる者もない代り、貧乏人も金持と同じわけ前にあずかつているのです。イギリスには闇がないということは、國民が法を守ると同時に、政府みずから法を守り、公約を守つて、一度でも遲配缺配で國民に迷惑をかけたことがなく、人民を飢えさせて、役人や軍人金持ばかりたらふく飮み食いすることがない、という意味であることを覺えていましよう。日本では金持や權力者が肉やお酒に飽きている間に正直者は飢え死にをしたり、現に戰時中私のいる町で、父を失つた貧しい家に待つ幼い子らのために葱ひとにぎり、芋少しばかりを農家から買つて歸る途中、驛で闇買の人を調べてその品物をとりあげる警官の姿におびえ、あわてて逃げようとして汽車にひかれて死んだ母もありました。しかしその傍の料理屋では毎日毎夜藝者相手にはでな酒宴がつづいていたのです。また今日でも學校の先生の調べでは毎日三食とも漬物のほかにおかずのない農家があり、御飯にお醬油をかけてすます家庭さえあるのです。脂肪、ダンパク質、ヴィタミン等について、日本國民が平均して英國人だけの榮養をとつているかどうか、思い半ばにすぐるものがありましよう。昨年の夏、東大農學部の一教授は日本人の牛乳消費量はヨーロッパ人の百分一、牛肉は四十分一、玉子は十分一とラジオで放送されましたが、今の英國がその半分くらいにおちたと假定しても、平均して日本人の榮養攝取量は、英國人の耐乏生活を憐むどころか、そのあべこべといつていいでしよう。

衣食住ありのまま

「搖籃から墓場まで」という社會保障のモットーの通り、兩親のある子は第一子のほか、生れるとすぐから十五歳まで國家から一週八シル（邦貨四百圓）の家族手當をうける。更に五歳までは牛乳、果汁等を殆んど無料同様、特に低所得の家庭では全く無料で支給される。義務教育は五歳から十年間で、その間學齡兒童は毎日一合餘の牛乳を無料で與えられる。學校給食の質についてはお晝の一度分でその日の榮養が充分とれるように科學的な考慮が拂われている。食堂のない職場はなく、そこも安くて、榮養價の豊富な食事が提供されるので、主婦はお辨當に頭を惱ます必要がない。イギリス醫師協會が十三の工業都市で最も低所得の勞働者の家庭の食事を調査した結果、それは戰前の中產階級の食事よりよかつたということを發表しています。また最も食糧事情の惡かつた一九三九―四九年の十年間に、ロンドンの學童が平均身長二センチ、體重〇・八キロの增加を見ていることも右の事實を裏書するものと見ていいでしよう。工場にも事務所にもすべての職場に食堂の設備があり、榮養價の豊富な食事が安く供せられ、お辨當をもつ必要はありません。これは戰時中婦人を働かせながら、榮養を保つためにできた一般的な制度です。

さて食の次に衣の生活をとりあげて見ましよう。戰時中からユティリティ・グーズといつて無税の實用品がいろいろ出た中に、衣類は大量生產の既成品が安く賣出されました。既成品といつても日本のそれのようにすぐほころびたり、雨の二つぶか三つぶもかかれば縮んで子供の借着みたいになつたりする恐れはありません。

このユティリティ商品に昨年から保守黨が一割の税をかけました。勞働黨左派のベヴァン夫人、鑛夫の娘で教員、記者を經て議員になつたジェニー・リーは年は五十をこえながらまだ四十としか見えない若々しい健康美に溢れた人ですが、私の話してる間に、緋のオーヴァの裾を裏にも同じ色のクレープのついたのをちよいとひつぱつて見せて、「これ、ユティリティですよ」といつたあたり、いかにも日本の女友達のような氣がしましたが、そんな風によほど贅澤な人でなければ、男女ともユティリティを着るのが普通です。靴にもこれがあります。紳士服の仕立代一着分邦貨四萬圓もするそうで、注文で仕立てさせるのはよほどの金持か、とびきりのおしやれだけとか。タオル等も白無地のユティリティ商品は無税で安く、從つてみなそれを使います。色ものや模様入りは輸出向けで、上等で美しいだけ――原價が高い上に六六％の税がつくので誰も買わない。

一般にむやみに贈答をしない習慣でもあり、日本にはいくらでもある化粧箱につめた贈答用のタオルなどは見たくも見られませんでした。陶器はお得意の國ですが食器類もお粗末な白無地のものばかり、私は食物よりも食器の殺風景なのをわびしく思つたくらいです。

住宅は勞働黨内閣が、一年に二十萬戸分ずつ新築し、二十年後には、都市農村を通じて不良住宅を一掃する計畫を實行していましたが、保守黨もこれをひきついでいます。その最初の規格は一家族當り五十坪で、寢室三、居間、臺所、浴室等一定の設備も規定されていました。勞働黨政府はこれを安い家賃で貸付ける政策をとつていた所、保守黨になつてから、金のある者に拂下げることをやり始めたので、勞働黨は猛烈に抗議し、これが昨春の地方選擧を勞働黨の勝利に導いた一つの原因でした。住宅は單に都市ばかりでなく、鑛山や農村にも新しいよいものを建てています。鑛夫や農民のような重要な產業に從う生產者をその居住地におちつかせ、安心して働かせるには住み心地のよい住宅を與えることが缺くことのできぬ條件であるという見地から、勞働黨內閣はその住宅政策の中にこれを加え、かつ建築を統制して、資材や勞働力や資本が不急不用の建築に流れることを許さなかつたのです。世界を通じて日本のように待合料理屋、映畫館劇場その他享樂的な方面に惜しげなく人と物とを使い、終戰後八年餘の今なお燒トタンの掘立小屋やバラックに雨露を凌ぐ者の多い國はどこにもありますまい。家賃統制令という法律の廢止された話はまだきかないのに、三疊や四疊半一室に何萬の權利金、疊一場に千圓の家賃を貪る貸家貸間の札が到るところの周施屋の軒下に公然所狹しとはり出されているではありませんか。闇米が飲食店で公然賣られているのと同樣、政府みずから法の權威を無視している點でも日本はたしかに世界一のようです。

さて英國の耐乏生活の衣食住に現れた所は大體以上のようなものですが、なお忘れてならないのは完全雇用と醫療國營です。勞働能力のある者には必ず職を與えて收入と心のおちつきを與える方針のもとに、政府は責任をもつて就職の世話をします。從つて失業者とはいつでも短期間にすぎず、八週間以上失業しているものはあまりないとのことです。日本のように萬年失業者、失業そのものが本職になつてしまつたようなニコヨン軍の如きはもちろん探してもないのです。無職の未亡人は最初の十三週間は生活費を與えられ、五十歲以上で十年以上結婚生活をしていた者でなければ本人にまでそれ以上生活費は出ません。但しこの場合は第一子でも、家族手當が國から出ますし、哺育所も多く、母親が働きよいようになつています。

女子六〇歲、男子六五歲以上は退職すれば國家から養老年金が出る。なお女子六五歲、男子七〇歲まで働けば年金に割增がつき、それ以上働いていれば、勞働による所得の上に養老年金のつく特典があります。

醫療は國營となつており、特に有料を望む人にはそれもできますが、九割以上の國民は無料の方に登錄してその恩典に浴しています お產も無料でき、產婦は子供の生れる每に四ポンド(邦貨四千圓)の一時手當のほかに、有職者ならば、產前六週間をこめて一三週間の間は一週約千八百圓、家庭婦人の場合は一週千圓の給付が出ます。どんな手術もすべて只、義手義足も只ですが、めがね、いれ齒は勞働黨內閣の時代左派の反對をおしきつて右派が半額をとることにし更に保守黨が初診料をとることにしましたが、今の勞働黨は左派に從い、他日政權に歸つたならば、全部無料の昔に返すと公約しています。さて最後にこの世にさよならをする時には死亡給付が出るので、葬式も出せるわけ、「搖籃から墓場まで」の約束がこれで果されることになります。

この僅かな紙面の中にイギリスの社會保障をくわしく語ることは不可能ですが、とにかくこんな風で、一應飢や住む家のない生活からは誰しも守られているわけです。もちろんこれで充分というのではなく、勞働黨政府の五カ年はほんの辷り出しで、まだ大に改良發展の餘地のあることはいうまでもありません。第一子と一人子にも家族手當を與えることもその一つで、これをやると年額一千百二十億圓の豫算を必要とするので未決定です。社會保障制度はイギリス國民所得の一七%、年間豫算の約四〇%を占め、勞働黨はもつと擴充しようとし、保守黨は今でも贅澤だといつて不滿です。

公營住宅の拂下げ、教育豫算の削減、醫料の部分的有料化、ユティリティ商品への課税、國有産業（製鋼、陸上運輸）の私有化など保守黨は勞働黨の政策をぶちこわしている。現在では社會保障費の四六%が國民の掛金、五四%が税金で賄われていますが、二十年後には六四%まで税で賄われる豫定です。このため累進所得税で金持ほど税負擔が重く、相續税が高くて、大財産は維持できず、この點にも保守派の不滿は著しい。一方私の會つた限りの勞働者は殆んどみな勞働黨の支持者で、自分たちが子供の頃はこんな食物はたべられなかつた、こんな家には住めなかつた、今の子供のように長く學校にはいかれなかつたと述懷して、イギリスの將來のために、この平和革命を一層力強く推し進める決意を明らかにしていました。

最低生活の保障

八五年の歴史をもつTUC（勞働組合會議―全國勞組の連合體）は八百萬の組合員を擁していますが、所屬組合は職別又は産業別の横斷組合で、最低賃金も最長勞働時間も、各産業別に經營者代表と組合とで協定しています。一週四八時間が法定の最長時間ですが、纎維は四五時間、鐵道は四三時間、機械金屬は四二時間、鑛夫は三六時間という風で、一般に土、日が休日。週末休暇は金曜から始まるのです。最低賃金は一週五ポンド（邦貨約五千圓）。一番高いのが鑛夫でその最高が一五ポンド。物價や生活樣式が違うので、日本との生活水準の比較はむつかしく、經濟專門家の見方もまちまちですが一九四九年國民一人當り實質國民所得を比べるとイギリス七七三ドルに對し、日本は一〇〇ドル。一人當りの租税負擔額はイギリス二九六ドルで國民所得の三七%、日本の税負擔額は二〇・三ドル、二一・一%でした。（數字は有澤廣已氏著「世界經濟圖説」による）イギリスの税負擔額は大きいのですが、それが社會保障費として國民に歸つてくるので、生活はずつとらくなわけです。

先日の朝日新聞に某資本家がイギリスでは、賃上げ要求もストライキも組合が控えているとほめていましたが、TUCの保守性は定評のあるところ、内部にも相當批判があるのでいつまでこれで行くか分りませんが、生活の安定という點からは、英國と日本の勞働者とどういう違いがあるか、上にのべた、ごく大ざつぱなあらましによつてもうかがうことができましよう。といつて今のイギリスは保守黨のいうような怠け者の天國ではありません。誰もかれも大に働かねばならず、それ故にこそ、勞働者が安心して心持よく働けるように生活環境が改善され、社會保障がととのえられねばならぬと勞働黨は考え、かつ實行したのです。かれとわれとまるでちがう他の一切の條件をぬきにして、賃金鬪爭やストライキの有無だけを比べることがどんなに非科學的な、片手おちな、滑稽なことであるかを思わずにはいられません。

早い話がロンドンのバスの乘務員を見ましよう。運轉手はバスの客席とは往き來できないガラス張りの運轉臺におさまつて運轉だけしていればいいのです。乘客ののる所は座席が一杯になるのが滿員で、二三人も立てば車掌が入口で手をふつてあとはのせません。朝晩のラッシュアワーを除けば立つ人はなく、また道路がよくて車がいいので座つていてゆつくり新聞がよめるくらい動搖しない。客席がすいてると車掌も腰をかけ、口笛をふいたり歌をうたつたり、餘裕シャクシャクです。日本のように滿員すしづめのバスや電車に半狂亂で先を爭う乘客、叱つたりどなつたりする車掌、どちらも神經衰弱にならずにはすまないのとは、まさに地獄と極樂のちがい！私は食物、體格、住宅、その他勞働及び生活環境からくる疲勞度を比べれば、日本人の勞働時間はイギリス人のそれの半分か三分一くらいでいい筈だと思いました。吉田內閣は果して私たちにああいう耐乏生活を約束するつもりでしょうか。

食卓の上はあわれ淋し
―人造米のうら―

榊原千代

「御飯ですよ」用意された食卓の上はまたサンマの鹽燒と味噌汁、それに香のもの少々。集つて來る家族の顏には食慾を誘うような喜びの色もまた樂しそうな樣子もない。生きていくために仕方なしに食べようとしているような味氣ない表情だ。母が家事に沒頭して働かなくても不安のないような家庭の經濟ならまた次から次とボロつぎや、金のやりくりでガツ〳〵と薄暗くなる迄稼がなくても追いついていけるくらいの貧乏なら、お彼岸や節句のようなご馳走は毎日していられないにしても、少しは同じ材料でも變つた料理もしてやられるだろうけれど。だが子供よ、へき地の子供のもつてくるお辨當を見ると、來る日も來る日も菜漬けや梅干ばかりだという。新聞を見ていたら「耐乏生活要望、マア、レディー・ファーストだつて――主婦」なんていうのがあつたが、こう生活がきゅうくつになつてくると、また女はご馳走は子供に、そうして自分はたくあんでがまんするというふうにならないかしら。

子供には食べ物をけつして儉約にしてはいけない。できるだけ豐富にご馳走してやれば絶對不良にはならないという。誠にほんとうだと思う。戰後の話である。友人の家へやつて來た大學生がとても浮かない顏をしている。「どうしたのよ、そんな顏していて」というと、學生さんいよ〳〵泣きそうな顏していうことには「今日銀座でアメ兵の腕にブラ下つてくる娘に會つたので、すれちがいざま『恥をしれ』といつたら、その娘途端にキッと立ち止つて『およそ四等國の靑年なんかに興味ないワ』といゝ返した」というのである。戰爭戰後ロクな食べものもなくガツ〳〵と育つた娘にしてみれば、今まで見たこともないチヨコレートなどくれるアメ兵はまことに尊敬に値する上等國民に見えたのだろう。今の若いものには民族意識がないなんてボヤいてみたつてどんなものか。燈下で妻子とゝもに圍んだ食卓で「米の闇値がまた上つたたワ、肉や野菜までもよ」という妻の暗い顏を見ると勤めから歸つて樂しかるべき夕食も胸につかえるのである、という夫たちは、つい歸る足も重くなつて居酒屋などにしけこんで十一時十二時になつて歸つてくる。おそくまで待つてる主婦はいよ〳〵疲れてしまう。

貧乏人は麥を食えといわれたとおり、麥を入れているけれど、自分達の行けそうもない食堂や料理屋には外食券なしで白米がいつも用意されていて、高級官吏や政治ボス財閥公用社用族がそれら待合や料亭で、米をつぶして造つた特級酒をあおり、ぜいたくざんまいしているのを見ると政治のむじゆんをマザマザ見せつけられる思いだ、とある主婦が憤りに赤くなつた顏で話していた。

米價の消費價格のハネ上りなど大して氣にならない種族はごく少數で、ちよつとの値上がりにもやりくりに頭を惱まさなければならない人々がこの國の大部分をしめているので此の頃の新聞雜誌には毎日のように主食の問題が顏をだしている。ことに主食のとう貴は他物價にハネ返り、インフレを促進するというので、値上げ反對の署名運動などが盛んである。貧乏人は麥を食えという人世觀に立つた政治は、食糧政策をいよ〳〵貧困にする。人造米というのはそこから押し出された政策である。米をどうしても食べたいというのだから人造米でも與えておけば、それで澤あん漬と梅干で我慢するだろうというのである。

だが私達は何とか人造米は拒否したいと思う。厚生省が調査書を出して人造米には榮養が少いと言明したら、吉田首相はカン〳〵になつて怒つたということである。なぜ怒らなければならなかつただろう。人造米には影がある。暗さがある。國民はそれを直觀している。キューバの砂糖の輸入を斷り切れないで政府は國内の澱粉の處理に困つている。砂糖があるから澱粉で水飴など造えても賣れつこはない。そこへもつてきてMSA援助の一つとして、アメリカから豊作で過剩で困つている小麥を國際價格を上廻つた値で買い入れようとしている。——その小麥は我々が知らずに食べている中に、いつの間にか我々の夫や息子が兵隊に變つていくという恐しい代物なのだが——。だから人造米とは政府にとつては、時にとつて救いの神のようなものである。暗い影はそればかりではない。人造米を主食並みに取り扱うという口實の下に、補給金を出して獨占資本家を援助し、やがてそれで政治獻金を誘うとしている。殊にひどいといつて憤慨している人の話ではサシをぼう大な米袋の一部にお義理にちよつとさしてみて黄變している、くず米だといつて買つた十分の一にも足りない價格で、その外米を氣前よくそれら業者に拂い下げているというのである。

ビルマのお友達にあつた時「ビルマ米つてまずいのね」と言つたところが、その人は、「飛んでもない！　ビルマ米は實においしいのよ、日本へ持つてくるのは何年も積んだままであちらでは買手もないようなのや、ハキステのようなのを日本商人が安く買つて、それをこちらで十倍も高く値をつけて賣つているのよ」という答えであつた。そういう莫大な利益の一部も勿論政黨獻金になるということだが。國民の大切な〳〵主食について次々とこのような噂を聞くことは胸が痛くなる。

供出後の自由販賣ということもどんなに富農やヤミ商人を太らせたことか、ヤミ米を出廻わらせたことか。そうして一日二合七勺という配給規準は都市にあつては、いつの間にか外米をも混ぜて月十五日分ということにすりかえてしまつた。だから政府の藏には今迄になく大量な米がしまわれているというのに冷害不作という掛聲で人造米の奬勵ときた。

人造米は吉田首相のお聲がかりもあつて政府で普及に本腰を入れることになつたが、業者がいゝ加減な製造を行つた場合、消費者が中毒を起したり、まぎれこんだ耐熱性細菌のため病氣になるおそれがあるので、また惡德業者が量をますために異物を混入することも考えられるので厚生省では生產品を取りよせ國立衞生試驗所でよく檢査するそうだけれど榮養價は低いし、氣味惡いみたようである。

そんなに迄して人造米を食べる必要はどこにあろう。貧乏人は麥を食えという政策のためである。何といつても米が一番安い。粉食は高くつく、と主婦達はいう。パン自體が高い上に、パンに味噌汁では全くあわない。ヨーロッパを歩いてみて食物にそう階級差はない。政府は何故貧乏人にもご馳走を食べさせるくふうをしないか。國民の食卓を豊富にするためにこそ補給金を出すべきだ。GHQの保健課はかつて日本の兒童について十歳になるまで毎日牛乳二合飲ませよと勸告した。せめて一合の牛乳でもすべての兒童に行き渡るよう、そうして豊富なでん粉で水飴が安くできるより菜種油や鯨油で質のよいマーガリンがどん〳〵できてパン食が普及するよう、粗雜な食物で胃擴張になるようなことがなく、食卓に上る子供達の樂しそうな顏の見られるのはいつの日か。

短歌

萩元たけ子選

さりげなく言葉合はせて間をたもつ古き仕來りに異議を持ちつゝ　加藤千恵子

洗濯とお料理にのみいたづらに過ぎゆく日々を娘は非難しぬ
母われに高きを求む娘の言葉鋭くつきて胸あふれくる　小川千代

批判の眼きびしく子にも見られをり十字架背負ひわが道を行かん
十日目にくぐりし門のわが茶の間ここが一番よしとくつろぐ　古茂田君子

花嫁の貸衣裳

山野ちか子

私は戦時中田舎にそ開し、そのまま村の小學校の一教員として働いている者です。

戦後、農村の食生活、臺所、主婦生活の改善等、いろいろの改善が叫ばれてきた中に、花嫁貸衣裳のことがありました。これが最近ようやく實現されかかつてまいりましたというのは、先日婦人會と青年團の共催で映畫會がもようされ、純益の一萬數千圓でそれをこう入するというだんどりになつたわけです。

しかしそれだけの費用では全部はそろいますまいから、あと何回か同じことをやるのではないかとも思いますが、たしかに日本の婚禮といえば、ある場合は身分不相應にかざり立てたり、結婚式はもちろんその前後においては兩婚家ともずいぶんむりをし、むだな出費が多く、りつぱにあげればあげるほど、その後の生活にマイナスが殘る場合がおうおうあつたのではないかと思いますから、その點で貸衣しようですませようとするのは一つの進歩でありましよう。

しかしもう一歩進んで考えて見ますと、なにも借りてまでも盛大に見せかける必要はないのではないでしようか。ここにもまた古いものにわずらわされてそれからぬけきれないでいる中途半端なものを見るような氣がします。

眞の結婚は、家とかそのけん族とか、その周圍の人達とかとするものではなく、あくまで當人同志のことだと思いますし、従つてなにも借りてまでかざる必要もなし、ごく自然の姿で、形で、自分達の力に應じた、例えば現在持つている衣しようの中で、一番氣に入つたものか、一番いいものとかを着て、人生の輝かしい、意義深い式典を、ささやかにしかも誠心をこめてあげ、披露の場合でも、これ見よがしに招待するのではなく、心から祝福をして下さる人々の集いだけで結構なのではないかと思います。ましてや日本の現在の國情から考え、いつそうそんな氣がいたしました。

（宮城縣・小學校教員）

天災と政災

神近市子

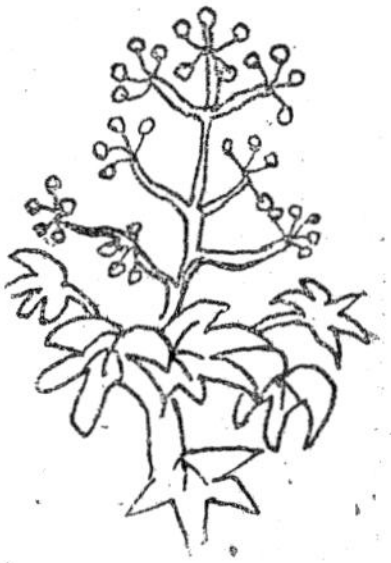

今年は夏いらい地方をあるくことが多く、冷害水害に會うことも珍しくなかつた。九月六日には奈良に出る途中、汽車が不通になつたことを知らずに行つて、バス連絡があるときいてそのまゝ强行してしまつた。そしてスシ詰めのバスで木津川地方を通つてその慘害に眼をそむけた。けれど、ほんとに、

――これは大變だ、と思つたのは九月下旬に山梨縣に行つた時だつた。

甲府盆地はそれほどには思はなかつた。六割は確實に出來ているようだと思つて、標高四五〇メートルという山間の村に入つた。野之瀬という村で、こゝで凶作對策大會がひらかれることになつていた。

――まず、ひと通り見て貰うかな。

開會の時間はとくに過ぎているのに、早く集つた人たちが七八人で會場の近くの田圃を案内して下さつた。農家の人たちは動作が鈍いので、會の時間が過ぎているのにと、私は少し心で不滿だつた。

けれど田圃に出てみると、そんな不滿もケシとんで――なるほど、これは大變なことだと考えた。

立派に出來上つていると見えた稲田が、そばに行くとまるで白けているのである。穂首をチョンと折つてしまつて、手にとつてみると、一二粒モノになりそうなのも皮をはいでみると容量のない青米なのである。

――この田なんか、三日前までは村一番の出來ばえと思つていたんだけどなあ。

同行の村人は皆が口を揃えて嘆いている。

――やはり、イモチですか？

――そうですよ。

――それはそんなに急に出るのですか？

――そうです。まだハッパの時に、穂の出るところにイモチの菌ができます。日照がつよいとその菌が死ぬのですが、こんなに雨だの曇天がつゞくと、そこから勢よく出る穂茎について伸びるわけです。そしてそれが茎を喰うので、ちようど實がいらうという時に、ガクンと穂がやられるわけです。全くもつて惜しいことだ。

農民達はあきらめ切れないという風に一本づつ抜いては實の入り工合を確かめていた。

――これで全滅？

――まず、そうだね。これで一反はありま

しようが、屑米が二升か三升とれゝばよい方だな。年々六七俵はとれる良い田だに。この持主は、村でも一二という篤農であすよ。今年は篤農家は全滅だな。

――どうしてゞすか？篤農家だから、いくらか助かるというのでなければ、平仄（ヒョウソク）が合わないでしよう。

農家の人たちは、それだから部外者は困るというように、ちよつと首をすぐめた。

――そら、これがいわば怠け者の田ですよ。この方はまず四割は助かつているな。これは人手が少なかつたり、他に仕事が多かつたりして、田圃に精出すことができない人たちの田ですよ。この方がイモチに強いというわけです。

私が何とも納得のゆかない顔をするので、Fさんが說明にあたつてくれた。

今年は、この部落では自信のある農家は、みな農林四八號という新種に走つたのだそうである。四八號は稲は弱いが多收穫の品種で皆澤山收穫したい一念でこれを作つた。ところが、これが莖の弱い缺點があつて、熱心な人は七八回も農藥を散布したのに、この狀態に陥つたのだそうである。人手のない家ではそんな冒險ができないので、收穫は少いが確實にとれる在來種か災害に強い品種を作るので、今年はそれが當つたというわけである。

――氣の毒だな。

――そうですよ、何ともなぐさめる言葉がねえてわけですよ。

定刻を二時間も過ぎて始つた大會は、農民で一杯だつた。私共はすぐにも召集されそうな國會での見通しと、協力を約束するほかに何もいえることはなかつた。

一年一回の收穫にたよる農民には、何としてももつと徹底した災害保險制度をとらせるより他はないことが今では强力に感じられた。農民は元來が警戒心がつよく、奬勵されないと、新種になんか仲々手を出さないと聞かされていた。その人たちが、今年のようにこぞつて新種に集中したというのは、多收穫という誘惑に堪えられぬ魅力をかんじたからであろう。農民本來の警戒心からいえば、少くも半々位は確實な品種をえらびそうに思われるのである。

結局は、政府の農村政策というものが成つていないので、農村自身が窮乏を自分たちの手で何とか切り抜けようという足搔きが、こうした慘めさを生み出したといえるだろう。これが政災というものだろう。

それにしても、超過供出をして來た人たちが一轉して受配給農家に轉落したのであるから、今年の窮乏は思いやられるのである。

來春の養蠶までどうしてこぎつけるのか、私共にして上げえられることは何なのか、考えると暗たんとせずにはいられない。

（衆議院議員・評論家）

（二十頁よりつづく）

このような賃金格差は、企業別組織が壓倒的な割合を占めている日本の勞働組合の成りたちと切りはなして考えることが出來ません。したがつて組合が企業の枠內でのみ闘おうとする限り、會社の「支拂能力」や「合理化」理論を肯定せざるをえないし、そこに民勞連的なあるいは日經連的な勞使協調の線が打出され勞働戰線の統一が阻まれ組合員を犧牲にしたボス取引が生れるのは當然です。

炭鑛の人員整理反對闘爭を突破口として合理化反對と賃上要求を主軸とする秋の勞働攻勢が、總評傘下の組合を中心に動き出そうとしている現在、統一の氣運を小さな組合にまで浸透させ、その勞働者意識をよびさますことは大きな組合に課せられた責任です。それと同時に生活の直接の擔い手である主婦がそれぞれの體驗を通して炭勞の主婦たちのように團結して生活を守る戰列に加わるならば、日本の勞働戰線はもつと根本から強くなれるのではないでしようか。

こどもは放り出されている（二）

河崎なつ

ことしの豫算が、いかに、民生安定をぎせいにして、組まれているかを、前號で、榊原さんが、かたられたしだいでした。民生安定の大柱の一本のこども――次代の荷い手――の教育費が、再軍備費のぎせいになつているあはれな姿が、手にとるように、かたられているのでした。

ところで、その教育の場へもかよえないこども――六歳〜十八歳――が義務教育だけでも六十萬人餘もあり、それをまた何ら手がうたれていない、放り出されかたであることをここで私はかたりたいのです。

日本は義務教育への就學率が九九・三％で戰前のドイツとともに、世界の首位であつたことは事實です、しかしそれは小學校のことで、終戰後、三年の中學教育が、義務教育にのばされた、その中學校に、六十萬人にちかい、長期缺席のこどもがあるのです。ことにそれは、三分二までは女の子であるところにまた他のひとつの問題をもつています。

法律では、こどもの義務教育を怠つたものは、千圓の罰金にきまつていますが、それに氣にひかれてはおられないほど事實が押し迫つているのでした。こどもらは登校したいのですが、生活がゆるしません。こどもたちも、その小さい手にできることをして生活を支えなければならないのです。そんな結果の長期缺席者が六十萬人もあることは大きな問題でないといえるでしょうか。

街では男の子は靴みがきをし女の子は花束うり、辻占うり、弟妹の守り、親の内職の手傳いなど、農漁村では、農耕の手傳い、炭燒、干魚の手傳、女の子はその上に弟妹のもり、家事の手傳い等々、學校に上る友達に目をそむけながら、心では羨望の情をときめかして田植時の苗はこび、落穗拾い、燒き上つた炭運びをしている、小さな姿や、淋しい心が、國分一太郎氏編の綴り方風土記に到るところでみられます。

親はこうして、必しも安心しているのではないが仕方がないと一時しのぎをしている中でも「まあ女の子は……」とつらい心も幾分輕いらしく全體の三分の二まで女の子に長期缺席をさせているところに、女の子をあとまわしにするかなしい封建性の濃さが、日本の親を支配していることであります。

友だちが誘いにいつたり、受持教師が家庭訪問して出席勸誘につとめたり、生活保護を受けている家庭の子女には、月ごく僅かな義務教育費が出される……という位の手しかいまの日本では打たれていないのです。

義務教育でさえこのとおりであるから、萬事父兄もちの高等學校――十八歳までの三カ年教育――になると、おどろくなかれ、放り出されているこども（十八歳までの兒童）は平均八〇％なのであります。

都會では、男の子は中學卒業の四〇％から五〇％、女の子は、三〇％が高等學校へ進學を希望し、またそれに近く入學するが、地方町村では、わけても農村では男の子は一〇％から一五％、女の子は五％位で、全國平均男二五％位、女性は八％の進學の率だと報ぜられています。

それでいて文部厚生兩省とも、第一に高等學校卒業を資格とし、ここを出發點として何年の修業と定めています。保姆、保健婦、産婆、看護婦、榮養士、速記者、圖書館司書、工場衞生管理者はもちろん美容師、洋裁師の認定にも、この學歷が嚴とものを言つています。

してみれば、日本の年少子女の八〇％までは、職業街道への本道から國家の制度で、事實上、閉め出しをくつているわけである。

しかも閉め出された中卒だけの少年少女たち——毎年中卒百五十萬人の八〇%の百二十萬人、うち少年は五十六萬人、少女六十九萬人もの十三、四歳の紅顔の年少子女たちは、僅かな生活力で、資本がすべてを決定する、今日の社會に立つて、冷風に吹きさらされがちなのは必然です。

少年は商工店に工員徒弟として或は銀行會社に給仕としての晝の働きの疲れに負げず、夜學で高等科を修了せんとし、少女は、會社銀行に給仕として百貨店その他にサービス係となり、玩具造花の內職に家計を助ける都市の働きに比べて、農村では、農耕の手傳い、筵織、繩ない、草履作りの副業も手についてきたと思うと、紡織製糸への女工生活に入るのですが、おもえば日本の重要產業は、まずこの小さい勞働力の集積によつていることはいなめません。

厚生省は今度、七〇〇の保健所を中心に保健婦兒童委員を動員して、幼兒と少年少女の心身を正常に補導してすでに陷ちている百萬人に近い犯罪兒への轉落から、これらの年少子女を守るのだと言つている。

まことに結構なことではあるが、そのまえにまず、すべての年少者に、十八歳までは柱みがきの教育をして生活能力を持たせての上と言いたい。

イギリス、スエーデン、ノルエーの社會黨政府の國は言うまでもなく、南米のウルグワイでも「朝日」の報道員は小學から大學まで一切國家のふたんで教育されている年少者の潑溂とした姿態を語つていたのは近頃明るいニュースであつた。私たちは、こういう政治を望んで止まない。

農村の若い女性にお願い

早川久子

私は戰爭中に疎開して、そのまま農村に住みついた一人の主婦でございます。この度長男が小學校へ入學しましたので、はじめてP・T・A・の會員になり、度々會合に出席するようになりました。そうして氣付きましたのは、何かにつけての發言が常に一部の人に限られていて、若い女性の意見がほとんど出ないという事です。その一部の人というのは古い家柄とか現在村政にたずさわつているとか、又は財產家等、いわゆる村の有力者の奧さんで大體四十歲以上の人で、それ以外の人つまり中流以下とか若い人々は沈默していいます。これは婦人會でも同樣です。

一體農村には地主とか小作とか、本家とか分家とかちよつとよそから來て表面を見た丈ではわからない昔からの網が張られていて、上の人の言う事に逆つたり、新しい意見を出したりすれば生意氣だと思われ何かにつけて意地惡をされて結局損なので默つているのが無難ですからこうした事になるのでしよう。

私共のように都會から來た者は、そうしたつながりがないので一見自由の樣に見えますが、いざとなると「よそ者」の一言で片付けられ、良い場合はとにかく、都合の惡い場合はたとい正論であつても有力者、無力者？双方の敵を受けて、村八分に類したきゆう地に追い込まれる事が少くありません。

そうした場合、敢然私共の意見に贊成し、利害打算を超越して强力に援護してくれたのは主として村の男子の靑年達でした。

私の良人は「新制中學、高校の卒業生が主婦になる日が來れば、正論を支持する女子も出てくるよ」と申しますが、現在でも若い女性は決して意見がないわけではないと思うのです。ただやはり古い考えに押されて、思うことを言わないだけではないでしようか。

たとい迫害を受けたとしても、よく〳〵の場合でなければ私達「よそ者」とちがい、村八分等にはならないと思いますから、あらゆる會合の席上で、はばかるところなく自分の意見を述べて下さるよう、お若い方々に特にお願い致します。（やまなし・主婦）

随筆

本箱のなか

石井桃子

近い知りあいの家に、ひとり問題児がいていろいろ相談をかけられる。その子は、戦後のごたごたの時代に大きくなつた。そして、あるときのこと、母親がP・T・Aの會にゆくと、その子が、しばらく學校にいつていないということがわかつた。どうして學校で、それを早く家庭へ知らさなかつたのかふしぎだが、そのころは、世のなかがまだごたごたしていたから、病氣で無斷缺席しているとでも思つたのかもしれない。

とにかく、それから家では大さわぎして、そのわけをききだしたが、ちえのまわるお友だちといつしよにヤミ市へいつて、何かたべさしてもらつたということにすぎないらしい。しかし、それ以來、その子には學校がにが手になり、おちついて勉强もしないし、成績もわるいし、上級學校へもあがる見こみがなさそうだというので、父母の心配のたねになつている。

相談をうけて、話してみると、その子は一向へんてつもない、かわいい子である。一時間や二時間話していたのでは、母親の話が大げさなので、ヒステリーでもおこしているのではあるまいかという氣になる。けれども、一月、二月いつしよにいてみると、なるほどということがわかつてくる。第一に、考えること、することに一貫性がない。しよつちゆうふらふらしている。約束が守れない。そこで、うそをつく。それが重さなつて、こつちが氣がついたときには、さんざんホンロウされたあげくのはてということになる。

ひとりの子どもが、こういう狀態になるというのには、遺傳的な原因があるのかもしれない。また、みんながひもじい思いをしなければならなかつたという社會的な事情も大きな影響があるだろう。けれど、私は、何度かその家にいつたり、泊つたりしているうちにその家のなかが、いかにも殺風景なことに氣がついた。生活にこまつているというほどではないから、みすぼらしいというのではない。けれども、何かがたりない。つみ重ねたものがなく、うるおいがない。そして、本箱には本がない。

その家の本箱にあるのは、よれよれになつた子どもの教科書の古、父親が大學時代に買つたらしい法學全集(?)という種類、婦人雑誌の附錄。

私は、じぶんが出版關係の仕事をしているから、我田引水的な物の見かたになつてはいけないと、かたく自戒しながら、その家の生活を觀察しているのだが、その母親が結婚したとき、私は私の愛讀書を一册贈つたおぼえがある。その本はなくなつている。もつとも戰爭中に三度も轉々とした家だから、それもむりもないかも知れない。けれど、もう戰爭がおわつて八年になる。その間に、これという本も讀んだことがないのだろうか。

一家だんらんのとき、一ばんたのしげに父と子が話しあうのは、野球の話である。あとはラジオをかけて笑つている。親子ともに、どこにも精神的なツッカイ棒のない感じである。先日讀んだアメリカの大學の先生の隨筆のなかに新入生と話してくると、家庭で小さい時に讀書の習慣をつけられた子どもはすぐわかるし、大學教育をほんとに身につけることのできるのは、そういう家庭の子どもであると書いてあつた。私は、自分の得心のためにもこれから、本棚とその家の子どもという關係に氣をつけて見ようと思う。(童話作家)

ヨーロッパの旅から

高田なほ子

デンマークのコペンハーゲンで開かれる世界婦人會議に日本代表十名の團長として、六月八日午前三時羽田空港を出發した。教員組合の代表や、婦人團體、そして家族達の姿が低く、小さく消えていつた時、旅券交付までの苦しいだが、力强い團結の鬪いを今更の樣に思い出されたのだつた。

當初、旅券を出さない方針をとつた外務省と、分り合うまで話し合いをつゞけ、立ち上ろうとしている日本の婦人の聲を、どうしても世界の婦人達に知つてもらおうという熱意を示しつゞけた苦しさが今更のように思い出され、とめどのない涙にくれた。

午前六時十分、今は日本の權外にある朝の沖繩に着く。ひたすら子供達の教育を守り拔く沖繩教員組合に鉛筆の走りがきで、メッセージを托し、マニラに向う。酷暑のマニラ飛行場に眞赤に咲き亂れていた、カンナの花に無慘な太平洋戰爭の血しほの香りが、感ぜられ、再び戰場にしてはならない、させてはならないと祈らせざるを得なかつた。

天候惡しきために、方向を變えて地中海のマルタ島に不時着をしたりしたので、會議に間に合うかという心配で一ぱいになりながらたくさんの軍用機の並んでいる飛行場に、焦燥にかられながら數時間程休憩。かくてローマから積雲の中を縫つてロンドンに入つた。

ロンドン郊外の空港には、朝から晝食もせず私たちを待つたミス・レスターが來ておられた。彼女は昨年、日本にも來訪した平和主義者で、絕えず我が日本社會黨の鈴木茂三郎委員長のために祈つているのだということを聞いたが、初對面の私に、まるで百年の知己の樣に、深い愛情を示してくれた。ナイチンゲールの鳴くサリーの森の中を共に平和を誓いつゝ步いた事は、一生私の忘れ得ない印象であろう。

セルスダーンパークホテルに一泊、ロンドンからコペンハーゲンに着いたのは、十一日の夕方である。十二日までの會議であつたが會議を短縮した爲、ついに私たちは、世界の七十カ國の待ちに待つた本會議には間に合うことができなかつた。しかし私たちより一日前に、出發した赤松俊子氏が幸に代表として出席することができたのは、何よりの幸せであつた。幸に、コペンハーゲンのバルチックホテルには、各參加國の代表が宿泊していたので、イングランド、フランス、ドイツ、カナダ、中國、アメリカ、フィリッピン、ビルマ、インドネシヤジャメーカ等の代表達と個個のグループで話し合う機會を持つことができた。

デンマークの婦人代表たちは、遲れた日本代表達のために、會議全般のニュースを見せてくれた。七三名の代表と、オブザーバーを加える數千人の參加を見たこの會議は、正に世界的であり、特殊な政治的興味を持たぬ婦人の權利の確立の爲の會合であつただけに、會議全體の雰圍氣は、眞劍、そして純粹なものであり、和氣あいあいたるものがあつた。白人も黃色人も、黑人も一堂に會し、世界の人類の半數を占める婦人達の手でおそろしい戰爭を、世界からなくそうという聲は、期せずして一致した所で、もはや婦人の手で平和が來てしまつた樣な錯覺さえ持たされた。

とりわけ、中國の婦人代表は、アジアの友という立場から、日本代表に對しては、特別の好意と友情を示してくれた。かつて、テン足と、五號夫人の立場に屈していた支那の婦人に對する觀念から見ると、今日の中國婦人は素晴らしい。彼女たちの知性と、豊かさとそしてくつたくのない態度は、現在の中國の生活水準を如實に示しているといつてさしつかえはないと思う。私はとくに過去の誤つた戰爭によつて與えたいくたの損害を心からわびたのだが、彼女たちはこれに對しては、目をしばたゝきながら〃それは日本の一握りの指導者の罪で一言の發言權をさえ持たなかつた婦人たちに、何の罪がありましよう。どうぞ過去を忘れ、新しい中國の私たちと手をとり合つて、過ちをくり返さず、婦人や子供の幸福のために鬪いましよう〃とはげましてくれるのであつた。

　デンマークの婦人團體は、私たちのために案内役を買つてくれ、養老院、學校、托兒所、其他の公共施設を見せてくれた。靜かさと淸潔さとそして花に埋もれたデンマークの老人は、いつでも天國のような老人ホームに無償で入れるし、働く母の爲には、明るい托兒所が用意され、陽射しの明るいガラスの室で子供達はスク〳〵と育つている。電車は乳母車ごと赤ちゃんを入れることができるし、自動車も自轉車も音一つ出さず走つているし、街の輕音などは何一つないのだから、年から年中、街頭騷音になやまされている國から行つた私たちは、すーつと精神の安らぎを感じるのであつた。そして誰もが生きられ、また明るく生きられるという、社會主義政策の行われているこの國に私は私の夢の實現を發見した。それは現實日本社會黨の主張が單なる觀念的理想主義でないのを裏付けするものでもある。

　つゞいて英國に入つたが、婦人達の服裝は淸潔で落ちつき、傳統的な巨大な建物の林立するロンドン市中は、東京の樣な植民地的風俗とは、その趣きを異にしている。

　勞働黨と英國敎員組合の組織は、フルに私たちに羨しい社會施設のいろ〳〵を見せてくれた。とくに、めつたに人と會わないという勞働黨のベヴァン氏に面會することが出來た。巨大な體格と童顏のほころびるベヴァン氏は私たちの手を、まるでグローブのような大きな手で握つて、ひどく喜んでくれた。彼は、世界の情勢を說き、私たちが戰爭を怖れると同じくらいに平和を怖れる資本家階級との今後の鬪いを說き、ドイツの統一問題と、世界の軍備縮少と平和恐慌に對する具體的對策などを、テームス河の河風の流れる英國議會のロビンで夕方まで話してくれた。

　醫療が國營化され、年金制度の確立した英國の人達は、完全雇傭で守られているから表情が明かるいし、ロンドンの女敎師達は、產前六週、產後十三週の休暇を心配なく取つてもいる。結局、賃金問題の前提として考えられる失業對策と、社會保障制度は、英國人の常識となつているのだ。

　ある小學校で學童給食室に働いている婦人に〃あなたは何黨を支持するか〃と聞いたら目を丸くして〃私は働いています、私の支持する政策は、たつた一つ、社會主義政策で私は、勞働黨員である〃とハツキリ答えている。卽ち今日の勞働黨の半數は實に婦人黨員であり、本年の鬪いの目標は、敎育費の獲得であるとあきらかに答えている。卽ち英國敎員組合が、敎育費確立のために起ち、勞働黨婦人部は、これを大きくバックアップ（後盾）している。英議會の傍聽者の半數が婦人であつたことから察しても、社會保障制度確立の裏に、婦人の鬪いの大きかつたことが、強く肯かれたのであつた。

（參議院議員）

○高田なほ子氏、千葉千代世両氏は日敎組前、及び現婦人部長。ソ連及び衞星諸國婦人團體主催にかかる世界婦人會議に、日本社會黨及び日敎組の代表としてではなく單に個人として出席されました。

臺所のこえ

電柱と凶作

田所芙美子

「三鷹でも吉祥寺でも米を賣つていないそうですよ。値が上るのを見こしてださないらしいんです。まつたく困りますね配給の外米がこんどはひどくてふるいにかけなくては食べられないんですよ、外米をとらなくていい人達にはえんのないことでしょうが私達のような貧乏じよたいでは米はとても買えないし、まつたく弱い者いじめもここまできますとね」

手傳えのおばさんの話です。

ほんとうにこれは日本の主婦の切實な聲ではないかと思いながら今日も朝から降りだした雨足を窓から眺めていて玄關前の電信柱がまたしても氣になりだした。いくらなおしてくれとお百度をふんでもきてくれない電信柱の根元の腐りをみつめながらおばさんの話と前後して怒りがこみ上げてくるのをおさえられなかつた。

「だからさ、こんな外米はとれないつて不滿をぶちまけるのよ。こういう聲が廣まれば政府だつて少しは反省するでしようし——。まつたく日本の政治家つていつまでも女を馬鹿にしている。あの厭な戰爭中だつてみじめな食糧事情でお國のためだ〳〵なんてがまんさせられてさ、今だつてちつとも變つちやいないじやないの、日本の女性つてよほど忍耐強いのだろうけれど、そこに悪い政治家達がつけいるのだと思うんだけど、だから、主婦達がかたまつて不滿をぶちまけてこんな外米はとれないつて文句の一つも云えればねえ」

こんなやりとりがあつてしみ〴〵思つた。

今年は凶作だから外米を食べろ、粉食にせよ——とか宣傳している。いやそれどころではなく米にたよりすぎていたから、も少しその點主婦が考えるべきだと云つて、まるつきり責任問題のように新聞にラジオに粉食のしようれいをやつている。粉食も悪いとはけつして思わない、むしろ日本人の榮養價より量でこいというふうなことから起る胃袋過重勞働に對しても、これは大いにやるべきだと思うし、經濟事情から考えても高い闇米を買つてまで米を食べる必要はないことだと思う。しかし、問題はそこにあるのではなく、凶作だということになると手の裏を返したように米にたよりすぎていたのがばかだと云わんばかりの口裏で粉食對策に乘りだすことが何にか苦るしい目に合わされた戰爭時代の食糧對策を思いだし、日本の女性はどうにでもなるといつたふうな爲政者とそのお先棒をかつぐ一部の人々が問題をそのことだけにとどめようとするための對策として考えられることは私ひとりのひがめであろうか。しかし私はだまされるものかと思う。闇米の上る原因はたしかに凶作にあり、そしてこの凶作の原因は先頃の風水害である。これは天災であろうかそうは思えない。政災だという人々の說がほんとうであろうと思う。

國民の血税で組む豫算をどこに集注して使つているであろうか。高い武器を誰れの金で誰れのために仕入れるというのであろう。アメリカの手先になるための戰爭にそのアメリカから高い金を出して武器を仕入れる、まつたく馬鹿らしく腹の立つことである。

そして、國民のために現實に電信柱一本なおせない日本の政府が治山治水に何の對策も立てないことはうなづける。

粉食對策をさも〳〵主婦の責任問題のように取り上げる一部の人々をにくみ、もつと、主婦の方々が根本原因を考えてすべてにわたつて吉田政府のやるギマン政策にのらないよう心して團結しなくてはならないと思う。

（本誌・社友・主婦）

職場のこえ

職場で思う

中大路まき子

わたくしの職場は製罐工場です。ここでは、ミルクや魚の罐詰の容器であるブリキ製の空罐が始めから終りまで一貫した流れ作業でつくられています。中には一分間に三〇〇個以上もの罐ができる機械があり、まるで機關銃をうつように製品がはき出され、それがみぞをころがつたり、ベルトにのつて流れたり、めまぐるしい程です。その上機械の音や罐が觸れ合う金屬性の高い音が入りまじつて騷々しいことゝいつたらありません。ですから一日機械の側に立つているだけでもずいぶんくたびれます。しかも現在この工場ではぎりぎりいつぱいの人員ですから非常に勞働强化で誰か缺勤者でもあるとそこはもう「便所へも行けない」狀態になつてしもうことすらあります。こんな工合ですから私たちの勞働組合では勞働協約や賃上の要求の他にもう一つ「從業員を增やせ」という要求を常にくり返しているのですけど經營者は「社會の變動のはげしい今はそう簡單に人は增やせない」とか「もつと機械を整備し工場をさらに機械化して無駄を省きたいから」といつて一向に從業員を雇わず、どうしても人が足りなくて機械を動かせない部分には臨時工でおぎのうのです。しかし臨時工は仕事になれるまでは私たちが氣を配らなければならないし、やつとなれた頃にはもういなくなつてしまいます。また機械を整備改良した場合は生産能率があがるうえに、今まで三人で受けもつていた場所も二人になりかえつて忙しく問題の解決にはなりません。

出勤の途中この工場のすぐ近くにある職業安定所の前を通ると、そこには職を求める人たちが眞劍な面持で列をつくつています。この人たちの何人かがうちの職場で働けたらお互どんなに助かるかと思うのに「資本主義」の横暴はそれを許さないのです。

もう一つ職場で問題になつていることに住宅のことがあります。職場で住宅難になやんでいる人が相當あるので組合はこれをとり上げて、從業員に社宅を與えるよう、その他の方法で住居が確保できるように社と交渉をつづけてきました。會社もこれまではある程度その要求に應じてきましたが、この頃では、「社宅をつくるにも、限度があるし、もつと生産的な面に金をつかいたい」といつて社宅をつくるのは轉勤者用のみにするということになつたのです。私たちの所では轉勤があるのは課長や一部の限られた社員だけですから現場で働く工員や婦人たちはこの轉勤者のための社宅など緣のないものなのです。經營者に云わせれば從業員の住宅の心配までしてやる義務はないのだから今後はどんなに組合で要求しても應じないと思います。不自由な同居生活の人、結婚しようとしても家のない若い人たちのなやみは深刻です。安い賃金では家を建てるどころか高い權利金や間代に苦勞します。この住宅のことや勞働强化のことを通じて、これらはもうたんに私たちの職場だけの問題ではなく、もつと廣い社會の問題、政治の問題であるとつくづく思うのです、私たちはむずかしい理くつはともかく、不合理を無くし、働きたい人は働けて、働く者が樂しく安心した生活が送られる社會が欲しいのです。そのためにこそ、勞働組合をつくり、本も讀み、政治への關心を深めようと努力をしているのです。永い〳〵歴史の中で社會はその方向へ進んで行くということ、何時かはそうした日がくると云うことが私たちに希望を與えるのです。（東洋製罐勞組執行委員）

國鐵の家族組合

丸澤美千代

外國の勞働組合とはちがつた形で出發した日本の勞働組合はいろ〳〵な困難をともなつている。その一つは組合員自身が、まだほんとうに組合の意義を理解していないものがあるということである。これをねらつて、組合を分れつさせ、その力を弱めようという働きがます〳〵ひどくなつてきた。これに對するにはまずなによりも組合の結束をかためなければならない、それにはまた家族の理解と協力が必要となる。

家族組合はこういう意圖から作られたもので、組合と連絡をとり、その働きを知つて、後援すること、つまり勞働者の家族として組合に協力するというのが主旨となつているのであるが、これと並んで、生活改善と階級的な婦人開放を目ざし、婦人の地位を高める運動をもかねている。

國鐵の家族組合は昭和二十六年四月、濱松工場支部に、組合員二二一名によつてモデルケースとしてはじめて作られたのであるが、三年後の今日では全國の主だつた都市にひろまり、現在組合員一萬八千を數えるほどにひやく的な發展をとげている。家族組合が短日月の間にどうしてこんなに大發展したかというと、それはいうまでもなく實生活に結びついた運動で、この組合に加入することによつて、いろ〳〵な利益や便益を得、個人々々にとつてはむずかしい問題も團結の力によつて解決できるという多くの實績を上げているからであろうと思う。

例えば札幌地方本部内では、組合の力によつてミシン税をてつぱいさせたし、またある地方の家族組合は地方税の引下げを實現させ、その他幼稚園を經營したり、物資のれん賣を行つたり、また内職のあつせん——國鐵から民家に拂下げる仕事を直接組合が引受けて中間さく取をなくし高い賃金を得らせるようにする——等實際にいろ〳〵な實益を得ている。

また組合との連絡を絶えずとつているので夫の職場のことも自然分つてくるし、從つてこれまでは「あなたまかせ」であつたものが、積極的になり、自信をもつようになつたのはなんと言つても大きな進歩であろう。

その好例として、この前の選擧のときなど家族組合のあるところはいずれも組合代表に投票しているが、組合のないところは上からの使命で動いているのである。つまり勤勞者の家族として階級意識に目ざめ、團結の力を知つたわけである。

賃金鬪爭の場合においても、國鐵の場合、すべて賃金は國會で決められるので國會に陳情に出かけたりして必然政治的に動くわけである。しかし日本の場合、組合がしつかりしていないとたちまち反動勢力に握られるおそれがあるので常にスライドや紙芝居などを使つて政治けいもうにつとめている。

おもしろいことには、夫が非組合員であるにもかゝわらず妻が家族組合に入り、「おとうちやん」をべんたつしている婦人も少くないのである。

これまで國鐵の家族組合は主として公舍を中心に結成されてきたが、これからは分散居宅にもしんとうさせてゆきたいと思つている。また他産業の組合にも呼びかけて、これによつて婦人運動の强化をもはかりたいと願つている。

（國鐵勞組婦人部長）

最近の勞働問題

佐藤紀奴

臺所をあずかつている主婦は、この夏から秋にかけての生活費の膨張を腹立たしく見送つています。闇米は東京ですでに一升三百圓をこえているといわれ、肉も魚も野菜も、それを追つかけるように急調子で上りはじめました。だからたゞでさえ苦しい家計をこれ以上ふくらせて赤字をつくるまいとする一人一人の主婦の氣苦勞は並大低でありません。

當面は一日に二度食べていた米を一度に減らし、白米を麥飯にかえ、肉の代りにサンマで我慢してもつぱら消費切詰めでやりくりするとしても、働くものゝ家計は賃金でも引上げられない限り、インフレの波にさらわれてますます苦しくなることは目に見えています。その上めつきり値打ちのなくなつた何枚かの千圓札を千切つてでも使いたいとおもいながらようやく一月食いつないだとしても、合理化だ、賃上停止だ、首切りだとしよつ中おどかされる昨今の世情では、次の一月を辻褄合せて暮してゆけるとは誰が保證してくれるでしよう。

さいきんある大きな製鐵所で、會社の厚生課が音頭取りで「新生活運動」をはじめ、社宅の奥さんたちに產兒制限をしきりに說いているという話を聞きました。組合の最低賃金や賃上の要求にはそつぽを向いておきながら、生活が苦しいのは子供を生みすぎるからだなどと說教しているのは、低賃金をごまかす會社のずるがしこい手です。それはちようど吉田政府が資本家のお先棒をかついで、再軍備だ、合理化だとおどかしながら國民に耐乏生活を強いているのと似通つています。

米の闇値が上るのは凶作だから仕方がない、天災には勝てない、と逃げをうつ氣かもしれませんが、それでは病虫害にしても水害にしても早ばつにしても、政府はこの災難を未然に防ぐためにどれだけのことをしてきたでしようか。アメリカには辭を低うしておべつかをつかい、七百をこえる基地を提供し、保安隊を育て再軍備をうながすためには惜しみなく國民の稅金に手をつけながら、國土を豊かにし、働くものを仕合せにするためにどんな手を打つてきたでしようか。あの洪水の國であつた中國で、新しい政治がとうとう水の勢に打勝つたのとはおそろしいほどの違いです。

朝鮮動亂の一時的なブームで、しばらく忘れられていた「合理化」という言葉が、さいきん日本の產業に徐々に浸透してきた不況とおりしもアメリカの下請化をもとめられているMSAをめぐつてしきりにもてはやされるようになりました。まことに體裁のよいこの言葉を傳家の寶刀とする日本の大資本家たちは、その片棒をかつぐ日本政府を手先にしてアメリカ獨占資本の御意のまゝに勞働者を眠らそうとしています。新しい機械を入れて勞働の生產性を高めることはそのこと自體まことに結構な話だけれど、日本で合理化という言葉が使われる場合は、何よりもまず冷酷に首切り、產業豫備軍を增やし、賃金を切下げ、勞働を強化し、權利をはぎとつて勞働者を骨拔きにすることに相場がきまつています。新しい機械の採用という近代的な粧いのうらには、血も汗も淚もしぼろうとするたこ部屋の殘忍さがひそんでいます。資本の責任においておこなわれるはずの合理化が、こうして勞働者に轉嫁されるのです。企業の支拂能力を理由にして勞働者に低賃金をおしつけ、最大限の利潤をむさぼりとろうとする獨占資本の本質はこゝにも貫ぬかれています。

すでに炭鑛では夏以來大手十三社が合理化と生產制限を理由に約二萬名の人員整理を行つてきました。鐵鋼や化學等の產業部門でも首切りの兆が見えているし、政府もこんどこそはと行政整理に手ぐすねひいています。そして各會社のこゝ二三年來の求人傾向には、必要がなくなれば容赦なく首を切り、なるべく新規採用を控えて手持ちの勞働力を引延ばして使い、もしどうしても雇入れなければならないときは本工とせずに臨時工で差別待遇し、意識の高い近代的な勞働者をきらつてもつぱら緣故募集で會社に忠誠をちかうものを選ぶ、というやり方が一般化しています。

合理化をめぐる資本の勞働者對策とならんで注目されるのは、さいきん政府が獨占資本の大鼓もちをますます露骨にやりはじめてきたことです。勞働省は勞働運動彈壓のスト規正法をつくり、通產省は財閥再編成の獨禁法改正をはかつています。開發銀行や輸出銀行はもとより大銀行の資金はもつぱら獨占資本に貸出され、補給金の代りに利子補給の道がひらかれ、税率は大資本につねに有利です。電力は大口になるほど安いし、國家の財產も捨値で拂下げられます。講和・安保の兩條約、行政協定、通商航海條約等の公の取極めをはじめ、借款や資本提携等のさまざまなきずなでアメリカ獨占資本に從屬しているわが國の大資本は、折しもMSA問題に直面して、いまこそ不況を乘切ろうと狂ほんしているのです。カルテルや生產協定も徐々に復活してきました。

しかしその結果、鐵鋼では一貫メーカーとその他のメーカー、紡績十社と新紡、新々紡、石炭の大手筋と中小炭鑛等々のあいだに烈しい對立が生れるとともに、資本の集中、獨占は筋書き通り急速にすゝみ、中小資本は徐々に沒落するか大資本に從屬させられようとしています。だから人員整理で追出された大資本の勞働者のみならず中小企業からあぶれた勞働者も、失業者として路頭に迷い一部は農村にかえつて潛在失業化せざるをえません。石炭過剩による中小炭鑛の整理、倒產はこの著しい例ですが、農村の二三男問題、人身賣買問題、賣春問題をはじめ、連日のように新聞紙上をにぎわしている殺人、强盜、心中は、末期的な資本主義の不安を物語るものでしょう。學校を出ても就職できず、婦人は職場からしめ出される時代がふたゝび訪れようとしています。

こゝで勞働者の賃金についてすこしふれてみましよう。勞働省の統計によれば、製造業の名目賃金の上昇率は、昨年に比べてかなり鈍くなつてはいるものゝ、平均すれば依然として上昇傾向をつゞけています。たゞこれは從業員三〇人以上を雇用する事業所を對象とする官廳統計から言えることで、零細企業が壓倒的な比重をもつわが國の勞働者の賃金動向をたゞちに物語つていると考えるのは危險です。たしかに賃上闘爭が活潑に行われたり企業の採算が好調である產業部門の比較的大きな事業所では、勞働者の要求がかなり容れられていますが、主婦の內職や家內工業のお話にならぬ低賃金を底邊とするピラミッド型の賃金構造が實際には日本の產業の支えになつていることも無視できません。三〇人以上の事業所だけをとつてみても、五〇〇人以上を一〇〇として一〇〇人―四九九人までが約八〇、三〇人―九九人までが約六〇という賃金のひらきを示しているのですから三〇人以下の小事業所の賃金動向はおして知るべきでしよう。（一〇頁へつづく）

随筆

滿足

磯野富士子

この春、婦人公論三月號にのつた「吉田首相を圍んでの午後」という座談會は、吉屋信子女史の「シコノミタテ」論でしばらく新聞をにぎわしましたが、やはりあの座談會で、吉田首相は「しかし日本の女性がいちばん滿足していやしませんか」といつています。

私はこれまで、吉田さんと意見が會つたことなどは、めつたにないのですが「日本の女性がいちばん滿足している――少くとも、これまではそうだつた」という點では、私は吉田さんのお說に全く同感でした。

思えばたつた十年ほど前までは「生めよふやせよ」の早婚奬勵時代。親達は男子不足の結婚難の中で、何とか「うちの娘」だけは早く片付けたいと、血まなこになつていたものです。運悪く、私もそんな時代にお嫁さん候補者でした。結婚してからも勉强を續けたいなどという大それた望みはともかく、「せめて、一日に一ページ位は本が讀みたいわ」と、ある日自分ではいともささやかなつもりの願いを口にしたところが、母は急に心配げな顔付になつて、

「本を讀みたいなどと、なまじ思つていれば讀めない時には不平がでるけれど、初めからそんな氣を起さなければ、讀めなくても不滿に思わないからねえ」

こういうふうに教え訓されたのは、私だけではなかつたはずです。そしてまた、私などとちがつて、やさしく素直な孝行娘たちは、自分の頭で判斷しようなどという「女らしくない」考えを起さず、お姑樣やダンナ樣のお氣に入ることを第一の（むしろ唯一の）目的とする花嫁修業にいそしんだものでした。

もちろん、お嫁さんはツライものとされてはいましたが、よいお嫁さんになるには、辛いことを我慢するだけでは足りず、辛いことも辛いと感じなくなるように修養しなければなりませんでした。それに、お嫁さん自身、お姑さんに叱られたり、寢る時間が少かつたりするのを辛いとは思つても、嫁が人間として藻拔けの殼になつてまで姑や夫に仕えなければならない態勢そのものには、疑を持たなかつたのではないでしょうか。「嫁にも人間として生きる權利がある」などという氣を起そうものなら、それこそ「お嫁さん失格」でした。

こうして見ると「やさしい嫁が鬼のような姑になる」というのも「江戸の敵を長崎で討つ」というような單純なことだけではなく、「嫁の地位」を素直に受入れた嫁は、姑になつた時も、今度は姑の立場から、そういう態勢を少しも不都合と感じないのかも知れません。

吉田さんの日本女性禮讚の理由が、どんな扱いをされてもそれに滿足している美德にあることは、どうも私のヒガメだけではなさそうです。そうとなると、農村婦人・働く婦人・未亡人などをふくむ日本女性が、現在のこの狀態にありながら、「いちばん滿足している」ことに滿足している人物が、アジアにおける民主陣營のチャンピオンをもつて自任していることに、私はどうしても滿足しかねるのです。これに「滿足しかねる」などといえば、吉田さんの讚える日本女性の數には、とうてい入れては貰えません。

せつかく吉田首相と意見の一致を見たと思つたら、最後は「吉田さんの民主國家首相失格か、こちらの日本女性失格か」というところへ到着してしまいましたがこれで、讀者の方々に御滿足いただけますかどうか。

（本誌・社友・主婦）

基地の母

須田エン

毎日、九萬五千人餘りの乘降客を數えるというこの立川驛にしばらく立つていると、休戰後に來る複雜な苦惱をたたえた、基地勞務者の列、物價高に苦しむこの街の主婦が、無理に時間を生み出して、新宿、八王子方面に買い出しに行く姿や、月收十五萬圓以上と稱するダンサーが赤いハイヒールをひゞかせてゆく。一もうけはないものかと色眼鏡の中年男の顏、横濱あたりから來ると云うドル買いのあんちやん、この基地の子の教育に專念しておられる〇〇先生のしよげた後姿。まだ十八歳にもならないような娘が、二倍も背の高いアメリカ兵にぶらさがつて行く。一日の勤めを終えて歸るサラリーマンの顏々。こうした列が絶え間なくつゞいている。

基地立川はこうした人々がまんぜんと複雜な國際情勢下にひしめき合つて生きている。たしかに、日本の敗戰の苦惱が集約されて表現される街である。人口五萬六千人のこの街には産業とてとり立てゝ紹介するものもなく大正十二年頃日本の空軍聯隊が置かれて以來、そうしたものに經濟は依存して生きて來た街である。敗戰とともに日本軍に變つてアメリカ軍が進駐し、獨立した現在なお、アメリカの空軍基地として寄生的、植民地的潮風は日に〳〵強くなつている。

發育盛りの四兒を抱え、基地生活七年の體驗は、餘りにも不幸な想い出のみ多く、今となつては、「立川の娘では……」と就職、入學、結婚にまで暗い影響が出て來ていると母親たちは歎いている。精神的のいこいの場所を新興宗教に求め、或町會の大部分の主婦は朝から一時間もかゝる教會に出かけてしまつて子供たちが留守を守つているようなところもある。又性道德低下の爲か、情婦殺し、未青年が少女を姙娠させた話題などが、街を賑わしている。受驗勉強を深夜まで續ける長男は午前二時頃までキャバレーの騒音に惱まされ、とう〳〵近くの町の親戚に疎開させたこともある。その長男の友人が今春立川の高校を出てから相次いで三人も自殺を計つた事件がある。最後に亡くなつた青年の遺書に「世の中が餘り騒々しくて、僕の樣に氣の弱い者には耐えて行けないから、もつと靜かな世界へ行き度い……」と書いてあつた。もちろん複雜な事情もあろうが、物質的には惠ぐまれていたこの友人達が相次いで死をえらばなければならなくなつた心境には、確かに社會の重壓が大きな影響であつたことは考えられる。現在の「日本の息子たち」の苦惱を想う時、本當に「今日は人の子」「明日は我が子」の思いで、こうした年頃の子どもを抱えた母親たちは何とか子どもたちに、精神的な支柱を見出させてやり度いと日夜心を痛めている若い青年たちと話し合う時など、基地にいると戀愛觀もゆがめられ、大人も社會も餘りにも信頼出來なくなつてしまつて、幼い頃の鄕愁に誘われ、ただ孤獨になりたくなると云つている。明日の日本をつくつてくれる、子どもたちの置かれている環境はこれでよいのだろうか。母親として私も隨分今まで努力して見たのであるが、今まではこうした環境下で子どもたちをすこやかに成長させてゆく自信も勇氣も失いつつある。立川の一人々々の足許にまで危機は迫つていると思うのであるけれど、今でも尚「アメリカの爲に街は潤つている……」と云う甘言に醉つているのか、母親たちも靑年たちも、民族の獨立のためになか〳〵立ち上つてはくれない。業者はただ「日本の子どもがどうなろうと、アメリカの靑年がだらくしようと、もうけるのは今だ……」とばかり日增しにその營業方法は俗惡な强烈さを加えている、殊に市會議員の二三までも置屋をしていると云うようなことは一たいどんな考え方なのだろうか。母親の立場として、日本のためにも、アメリカのためにもほんとうに悲しいことと思う。さらに、アメリカは「持てる者の悲劇」を一日も早くさとつてほしいと思う。

終戰當時の立川市民の感情は現在とは相當の變化があるように感じられる。それに市民生活の中に入つて來る、アメリカの若い軍服を着た靑年たちの一部に國際理解が不充分の爲か、日本の女性に對する感覺のあやまりか、基地に起るそれ等の數々の問題は、いたく市民の感情をゆさぶり、その反感は、反米感情までに擴がつている。この感情は、單なるイデオロギーから生れたものでなく、そぼくな市民の生活の中から芽ばえた反感で、非常に深刻で根强いものがあると思う。

街には、アメリカドルが一ヵ月二億圓も落ちるそうだから、たしかにある一部の業者は相當潤つているだろうが、一般の市民の生活はなか〳〵大變である。市民税にしても立川市は地方税法第二項を適用している。この税法は貧困の町村に適用されるもので、近くの三鷹市や八王子市よりはるかに高い税率の市民税を拂つている。又立川基地の如く擴大な土地をもし日本の平和產業に切り換えたならそこから生れる固定資產税の收入だけでも相當額に上り、又日本の勞務者も、安定した職場を得られることになると思う。特需々々と云うけれど、日本の業者の出血受注の穴うめに、日本人の生活用品にかけられていることも知らなくてはならない。この外防衞分擔金や安全保障費等國の大きな負擔も私達の血のにじむような税金からまかなわれている。こうして考えて見ると一概に「アメリカの爲に潤つている〳〵」と安心してはいられないはずだと思う。

生活の貧困は、日本中の人々に理性も勇氣も恥も失わせた面が多いと思うけれど、私達はここで靜かに考えて見度い。私は日本の女性として、「日本の女性の貞操を賣つて」國際收支のバランスを採つているような政治の在り方については强く抗議を申上げ度い。

立川には現在「長いものにはまかれろ……」と云う人々と「齒をくいしばつても……」と云う人々が相對しているようであるが、後者は日一日とその數を少くしている。今となつては、日本中、世界中の人々にこの實態を强く訴えて限りない温い援助の手をさしのばしていたゞく外はないと思う。よく考えて見ればパン〳〵も、ドル買いも、ポン引も、迷信に走る主婦連も、命を絶つた靑年たちも、誰かゞ演出している悲しい一幕の役者にしかすぎないだろう。私たちはその「演出者は誰か」を見屆けて、國民の總力によつて、この壓力をとりのぞかない限り、基地の不幸は限りなく續くと思う。私はもう一人でもこうした不幸に日本人を引入れ度くないと希つている。全國七百餘りの基地の人々は私たちのようにその土地各〻の特殊性に生きる基地と云う動物の爲に、複雜な國際情勢下でケロイドの樣な痛手を負つて、日夜心を痛めていられると思う。どうか日本中の人々が一人でも多くこのつたない訴えをおきゝ下さつて、民族獨立の爲に限りない御援助のほどを切に御願い致す次第である。

（立川市在住・主婦）

スポット・ライト

菅谷直子

増えた日傭勞務者とサーヴィス業者

柿の實が赤くなると共に貧乏人は青くなるということわざどおり、貧しいものにとつてはまつたく冬の來るのは恐しい。燃料がいる衣類がいる、寒空に空き腹はたえがたい。そのうえ最近は米の闇値とともに諸物價も上つている。物價に追付けない收入を眺めて、働くものはますます青くなるばかりである。

ところで婦人の勞働狀態はどうであろうか。勞働省婦人少年局の本年六月の調査によると全國女子勤勞者數は四百五萬、そのうち他に雇われているもの二五%、あとは家族勞働者として家業に從事しているわけである。そして昨年來の傾向として、日傭勞務者とサーヴィス業從業員が増加し、製造業等生産面に働く女子勞働者數が減つて來ている。すなわち、日傭勞務者の數は昨年の三十五萬に對して、本年は五十一萬に達しているのである。

恒常的な安定した職場が狹まり、臨時的な仕事や不生産的なサーヴィス業從業員が増えているということは何を意味するのであろうか。アメリカ一邊倒の吉田自由黨内閣がもたらしたこの現象を、アメリカに依存しなければ國が立たないと說く人々は何んと說明するのだろうか。そして、これらの人々の言う國を立てるということはどんな意味においてであろうか？　聞かなくとも分るような氣がするのだが。

賣春問題と權力

久しく論議のまととなつていた「賣春處罰法案」がいよいよ次の國會に提出されるはこびになつたようである。

はじめこの法案を提唱した人々やあるいはこれに賛成した人たちにかなりロコツな強迫や壓迫が加えられたということはすでにジャーナリズムで報じたところである。しかもそれが直接業者から防害されたというのならまだうなずける。しかし聞捨てならないのはそれが堂々たる政府の要人から隱に陽に迫害があり、壓迫があつたということである。うわさによればそれは一人で年間千七百萬圓の所得稅を收める東京都某區の業者が金にものを言わせた結果である、ということである。これは單なる巷說であろうか？　何か大きな問題が起きるときまつていまわしいうわさがつきまどうとはなんという不幸なことであろう。そしてさらに不幸なことはこうした權力のなす不正に對して國民が不感症になつているということである。

なお小さな例として、去る九月栃木の婦人少年室で催された「賣春問題懇談會」に十九になる少女が訴えた話を紹介しよう。彼女はあざむかれて青森基地の特飲街へ賣られて賣春を强要され、おまけに店から與えられたものはヒロポンと三度の食事だけ。四回逃走を企てたが、そのつど見つかつて連戻され、また警察にも逃げこんだことがあるが警察側は業者の要請に應じて引渡していたという。最後にやつと實家に逃げ歸つたが、今だに三萬圓の貸しがあると業者からの强迫はつゞいている、というのである。

こんな話を全國的に拾つたらおそらく數えきれないほどあるだろう。一體、これでは誰が弱い、善良な國民を守つてくれるのだろうか、と現在の國家權力に對して不信を新たにさせられる。こんなありさまでは自衞隊を作つたところで決して國民大衆を守る性質のものとはならない、と斷言してもよさそうである。

本誌社友（五十音順）

淡谷のり子　阿部艶子
安部キミ子　磯野富士子
石垣綾子　圓地文子
大谷藤子　小川マリ
大内節子　川上喜久子
小倉麗子　桑原小枝子
神近市子　木村光江
久米愛　久保まち子
芝木好子　清水慶子
杉村春子　菅谷直子
田所芙美子　田邊繁子
高田なほ子　長岡輝子
新居好子　西清子
萩元たけ子　深尾須磨子
古市ふみ子　福田昌子
宮崎白蓮　三岸節子
米山ヒサ

日本勞働組合總評議會傘下各勞働組合婦人部
全國產業別勞働組合連合傘下各勞働組合婦人部

原稿募集

◇**働く者 主婦** の立場からの自由なご意見をおよせ下さい。
四百字詰原稿用紙　七枚以內
◇**短歌・俳句**
送り先
「婦人のこえ」社編集部

お知らせ

假事務所のため皆さまに大變御不自由をかけておりましたが、こんど左記に移轉いたしましたからよろしくお願いいたします

東京都新宿區四谷ノ二
婦人のこえ社
電話四谷(35)〇八八九

編集後記

革新陣營の皆さまの絶大な御援助のもとに第一歩をふみ出しました「婦人のこえ」はおかげさまで創刊號發賣早々品ぎれとなり、相つぐご注文をありがたく承りながらせつかくのお志に添いかねましたことをおわび申上げますと共に編集部一同感激一號ごとにご期待に添うようにとはりきつております。

＊

實のところ資金調達に自信滿滿とは申かねる者ばかりなので最初は表紙なし八ページで出發するつもりのところ、計畫を進めるうちに、十六ページとなり最後に大ふんぱつで廿四ページに發展したわけでした。がいよいよでき上つてみるとこれではいかにも物たりないので、誌代すえおきのまま、卅二ページにしたいものと苦心中ですが、それも愛讀者の方々のお力次第ですから奮つて前金お拂込み、かつ讀者御勸誘のほど願上げます

＊

本誌上各國の婦人團體、民主的社會主義政黨や組合における婦人の活動も追々ご紹介する豫定です。

編集委員（五十音順）

河崎なつ
榊原千代
三瓶孝子
鶴田勝子
藤原道子
山川菊榮

婦人のこえ　十一月號
定價三〇圓（送料共）
半年分　百八十圓
一年分　三百六十圓
昭和二八年十月二十五日印刷
昭和二八年十一月一日發行
編集發行人　菅谷直子
東京都千代田區神田三崎町二ノ三
印刷者　堀內文治郎
東京都新宿區四谷一ノ二
發行所　婦人のこえ社
電話四谷（35）〇八八九番
振替口座東京貳壹壹參四番

婦人のこえ

昭和二十八年十一月二十五日印刷　昭和二十八年十二月一日發行　第一卷・第三號

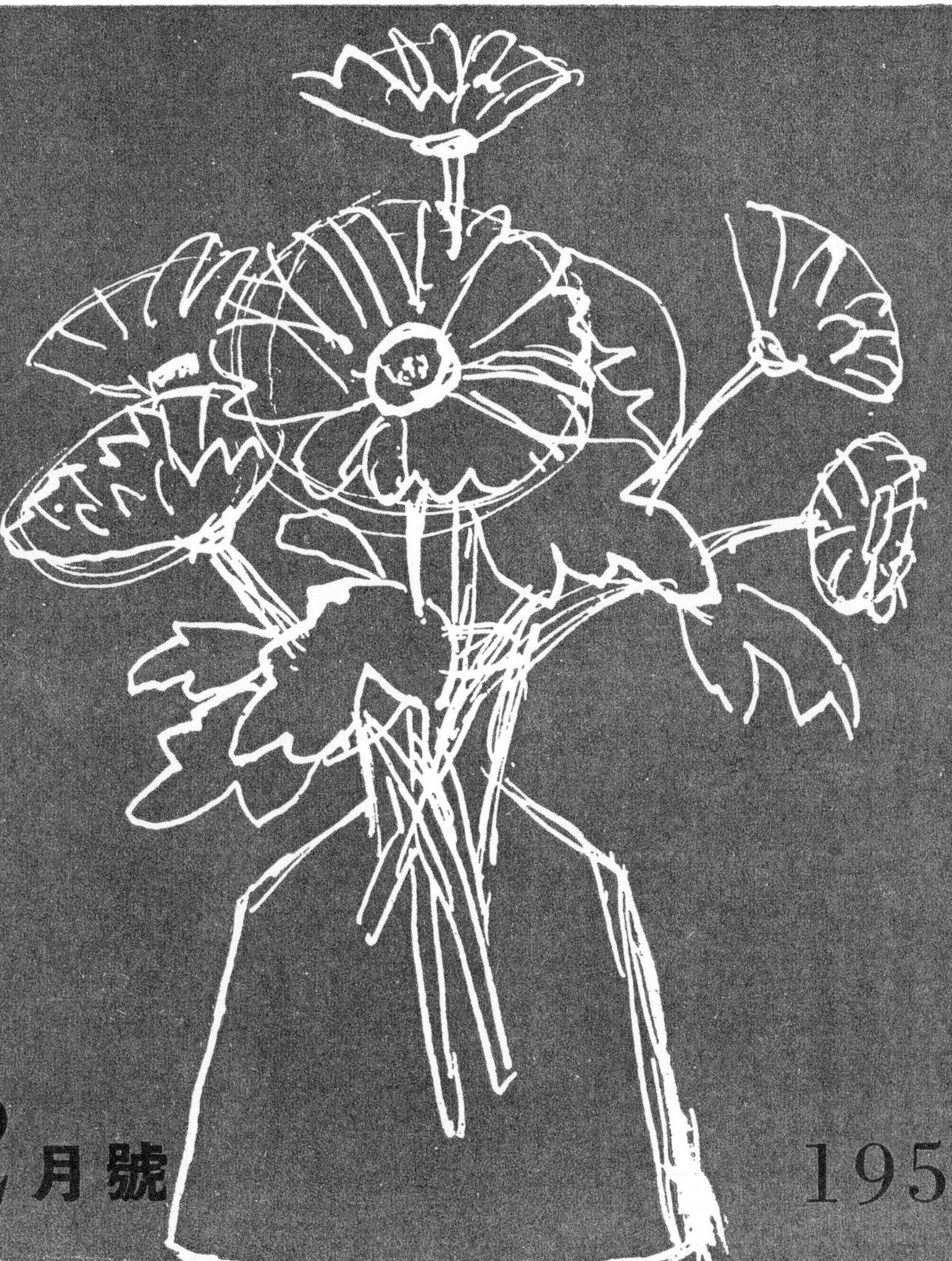

12月號

1953

婦人のこえ

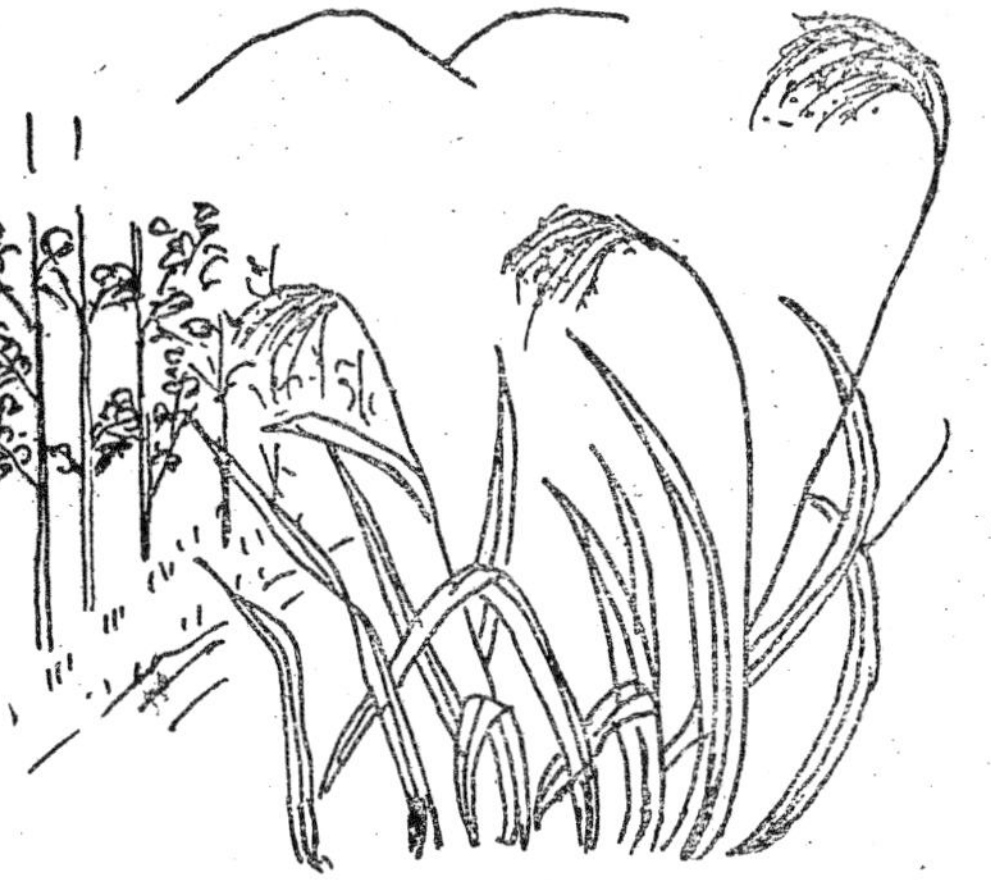

昭和二十八年

十二月號 目次

勤勞者はお人よし？……山川菊榮…(二)
物價と生計費……三瓶孝子…(六)
臨時國會報告記……藤原道子…(八)
隨筆
暴力……圓地文子…(一〇)
銀座の夕ぐれ……芝木好子…(一一)
松川事件所觀……久米愛…(一七)
醫者の立場から……西尾くに子…(一五)
婦人のこえ
人造米奨勵に抗議する……渡邊とく子…(二〇)
まず身近なところから……渡邊きし子…(二一)
沖繩戰跡めぐり……福田昌子…(一三)
農村婦人の生活……高坂タミ…(二三)
炭婦協を語る……北幸子…(二二)
勞組婦人部のうごき……(表紙三)
短歌……萩元たけ子…(一九)
俳句……星野立子…(一九)
表紙……小川マリ
カット……寶井暎子

勤勞者はお人よし？

山川菊榮

無い中のむだつくし

一九五三年も殘り少くなり、町には早くも婦人や子供雜誌の新年號が書店を飾り、はでな表紙や口繪、凄いほど部厚な附錄が人目を驚せています。毎朝新聞を開くとパラパラおちる商店の廣告も幾枚か。デパートの包み紙も昔にかえつておしげなく使われています。ちり紙一枚自由にならず、包み紙をもたなければ物を賣つてもらえなかつたツイ數年前とは何というちがいでしよう。パルプの原料の產地カラフトを失い、內地の原料が不足している事情は今もその頃と變らない筈です。どうやらまにあつているのは苦しい思いをしての輸入原料のおかげなので、金儲けのためにこう惜しげもなく使いすてられていいものでしようか。

新聞もページがふえて賑かにはなりましたが服飾や流行の記事、小說がよみきれないほどふえ、代價は高くなるばかり。この上また增ページ、値上げの話があるそうですが、消費者の立場から、米と同樣の必需品となつている新聞料金の引上げには反對の聲を高くしたいものです。料金の一部で下らぬ附錄やお茶碗手拭などの景品を頂くことはご辭退として。

各新聞が婦人の問題に紙面をさくのは結構なようでいて、實のところ、新聞をよむひますらない婦人のためには、內職などしなくても新聞代ぐらい氣にせずにすむように、ページは少くても、良い、やすい新聞を提供してもらいたいものです。いろいろの角度からの意見を知るために數紙の併讀もしやすいように大新聞が協力してどうしたら安い新聞を作れるか、讀者のために努力してほしいものです。

新聞をひろげると七五三にむだなみえをはるな、という忠告はほんの申譯で、各デパートの七五三の衣裝その他の廣告がその何十倍か、しかも連日くり返されている。その廣告料も消費者のふところから出ているのです。例の保全經濟會が店をしめた時、それ見たことか、いわぬことではないというようなことをどの新聞もかきたてましたが、その大げさな廣告を扱かつた責任は知らん顏、ただ一つ、ある有力紙がその廣告をことわつたといいますが。これは紙の浪費が有用な利用にまで發展した例にすぎません。

飲食店、たべもの屋の多いことも、日本は度をはずれているようです。銀座裏、新橋、新宿、澁谷、上野、淺草その他類似の町々は軒並のたべものやで埋まつている。どの店も一杯の人です。そしてお米を作る農村には、今から缺食兒童が出ており、端境期はどうなることかと思われています。しかも七五三の次はクリスマス、忘年會、次いでお正月、新年宴會と遊ぶことが續き、この忙しい中に外人スポーツ千圓とか二千圓とかの入場券も終始賣切れ、映畫館も音樂會も連日滿員だといいます。貧乏人なんて、日本のどこにいるんだ、顯微鏡でさがしてこいとでもいわれそうです。口を開けばアメリカ人を罵る人々の中にはでなお化粧、キラキラしたアクセサリ、寒中火の氣のない日本で素足同樣のナイロンの靴下をはくなどアメリカ人そのままの恰好をしている女達の氣持もふしぎです。アメリカと違つて古風なロンドンでも日本ほど寒い部屋はないのに、冬は毛やもめんの溫い靴下をはいています。

　イギリスでもフランスでも土曜日曜の週末休暇は、ほんとの安息日として家で休む者が多く、汽車の回數は平日より半減するので、それを知らずに出た私は日曜の交通が不便なのに驚きました。けれども車室はがらんとして、日本のように命がけでのりおりする冒險はしないですみました。

「クリスマスの買物に田舍の人が出ているのでこんなに人ごみで」とクリスマスの二三日前、ロンドンの銀座のような所で人のいうのを聞きましたが、それでも日本の銀座や新宿の平生の人出ほどのことはないようでした。日本ほどさかんな飲食店の繁昌、奧さんや娘さんたちのはでな買物ぶりも見られませんでした。そこらがいわゆる耐乏生活の面目であり、社會保障制度を發達させた底力でもありましよう。

　渇水期の停電シーズンに入りましたが去年は電產のストライキと重なつて、經營者はまるで停電のすべてがストライキの罪でもあるような錯覺を起させるに成功したものですが、今年はあいにくストライキがないので、電力事情をその罪にするわけにもいきません。電氣利用のどんな便利な道具もこれではおあずけです。

　戰時中から濫伐を續けてきた山はもうすつかり丸坊主、苗をうえてもその年から水を防ぎ、薪を用立て、木材を提供する力はないのですから、いよいよ燃料難も切迫してきました。農林省生活改善課の努力したカマドの改良は生活改善よりも燃料節約の意味で歡迎され普及するという有樣、中にはカマドの改善をとびこして石油コンロを使用し始めた村々さえ、石油の出る秋田や山形その他に出てきたほどです。この夏私は島根縣に行きましたが、美しい景色と傳說に富むばかりで、何ら近代的產業の見るべきものをもたない地方で中國山脈から出る薪炭が重要な產物ながら、それすら年々伐り出す一方で、六七年後には盡きてしまうだろうとのこと。それではそれに代る產物や燃料の計畫は？　と聞きましたら、今のところ手をつかねている有樣とのことでした。

　石油コンロがさかんに廣告され、これで電力の不足、薪炭の缺乏等燃料の行詰りが打開できるかと思えば、忽ち石油の品ぎれで、高いコンロを內職の收入でやつと買つたまま、呆然としてしまつた奧さん方も多いことでしよう。ダムは方々にできても電力が產業と家庭とに充分出まわることはいつの日かわかりません。

　この中で料理屋、待合、溫泉旅館その他の享樂機關に多量の燃料が無制限に使われているのは大きな問題ではありませんか。おそまきながら町のネオンは消えるそうですが、外食券食堂や職場附屬及び類似のもののほか、米と同に燃料は統制して、不必要な使途を抑え家庭にまわすべきではありませんか。

　パルプも石油も石炭も、食糧もなくてならないものは輸入するほかない。けれどもその血の出るような大切な品が國民の命をつなぎ健康を守り、大事な生産のためにむだなく利用されるか、むだなどころか、有害でさえある享樂と金もうけのために使われるか、そこに問題があるのです。それを監視するのは國民自身でなければなりません。よい政治は人だのみでなく、私たち自身、參政權を通じてやるのです。どこの國でも國民がぐちをいい、政府や資本家の手にのり、目先きの線香花火的な、デコボコ景氣に醉つている間は、いい政治の行われようはないのです。

月給袋はなぜ輕い？

どこの會社でも賃金は出し惜むくせに春秋の觀光シーズン、海水浴、温泉めぐり等には温情主義を發揮し、貸切バスにのせ、ふるまい酒で從業員を煙にまく。只ほど高いものはないというように、只でごちそうになつていると思うと大まちがい、實は當然賃金として支拂らうべきものがおなさけ、おめぐみの形をとつた大盤ふるまいとなり、月給袋が輕いのをごまかされているのです。まるで狐にばかされてとんだごちそうになり、肝心の折詰をスラれたようなものです。昔、封建時代には下女下男、丁稚手代は一定の賃金をもらわず、盆暮のお仕着せと不定の小遣だけで年期奉公をし、年があけると女なら嫁入仕度、男ならのれんをわけるか多少の志をもらうだけで、いずれも技術の習得をおみやげに滿足して暇をとつたものです。盆暮の決算期は節季として社會的にも極めて重要でありました。けれども今日では原則として給料は月拂い、個人的な買物は現金に限られ、月末でさえも曾てのように重要でなくなり、盆暮まで支拂を待つてくれる寛大な債權者はカネ太鼓でもさがせなくなりました。ところが日本では盆暮のお仕着せ、中元御歳暮の慣例が、曾ての經濟的意義は失われたにかかわらずもつぱら購買力をあおる商業資本の利益のために維持されており、それが働く人々の意識を混亂させ、盆暮の手當や會社もちの宴會遊覽などで、低賃金の實質をごまかされてしまうのです。

終戰直後、纖維工場の女子勞働者の勤續期間が平均半年にたりなかつた頃、三年勤めた方にはこれをさしあげますと、嫁入仕度の美しい夜具一組を重ねて見せていた會社があり、東京都下の機業地の業者たちは、現物給與、つまり盆暮のお仕着せが不合理だといつても、それを約束しなければ雇用契約ができません。たぶん賃金は家に入れなければならず、着物だけは身につくもので殘るからでしょう、といつていました。

これをたいへんおくれた例として笑う方もあるでしょう。しかしいろいろの名儀の金一封、結婚資金、忘年會のお酒や温泉めぐりは、結局この娘たちのもろうたんものや夜具と本質的に變りはないのです。先進資本主義國にこんな例はないので、これは明らかに封建的遺習の一つであり、日本の勞働者の個人的獨立、階級意識の未成熟を示す例でしょう。外國にもクリスマスはあり、その時は親しい者同士、同じ一家の中でも心をこめた贈物をするのですが、それは各個人の收入の中から任意に支出されるので、雇主とは全く無關係であり、クリスマスの買物のための賃金鬪爭やストライキというものはありません。毎年クリスマスがすんだ時から次のクリスマスのためにめいめい貯金をし、その中から兩親や兄弟姉妹、愛人友人に心をこめた贈物をするのを樂しみにしているので、全く私的な、個人的なものにすぎません。組合が企業單位に組織されている結果として日本のように結婚資金というものが雇主との契約の中にはいつているのも、外國では例のないことで、雇主の外遊だの還暦だのといつては雇主からお祝酒や記念品が出たり、從業員側からお祝品贈呈、祝詞言上と、まるで昔の殿さまと家中の士民の關係みたいなものもあり、ひいてはそういう組合を足場に殿さまが立候補し、一族郎黨草履取ともいうべき從業員が犬馬の勞をとり、時には選擧違反の犧牲を拂つてまで忠勤をぬきんでる忠臣まで出てくるわけです。

結婚、趣味、旅行その他勞働者の個人的支出の一々に雇主のふところをあてにすべきではなく、それら一切の生活費をふくめた賃金を確保すべきなのです。何とか闘爭と名をつけて年中のべつ小きざみに雇主からはした金をせびる今の日本の勞働運動は、裏店の子供が親に買ぐいの小遣をねだり、紙芝居の小錢をねだるやり方を思わせます。そういう子供はいつも餓えて營養不足です。こういう小きざみの、のべつ幕なしの運動に精力を集中し消耗し、しかも勞働者の個人的、經濟的獨立を不可能にして、封建的な奉公人のように、半ば雇主に個人的に依存することは勞働者の階級的成長を阻みます。

先進國の勞働運動は理論的には階級闘爭を否定している場合でも實踐の上では、深刻な階級對立の事實と階級意識とがハッキリしているので、日本の企業組合に多い溫情主義、勞資協調主義は發達しえず、勞働者の個人的な獨立の意識も發達しています。それ故にこそ議會を通じていろいろの改革がおこなわれるので、その點、理論的に極めて革命的、闘爭的でありながら、實踐的には溫情主義、協調主義の傳統からはなれきらず、年末年始の宴會や溫泉行きを會社の經費でやつてもらい、高級社員と組合幹部がさしつ押えつというような光景の見られる日本は、勞働者の地位が低いのもやむをえないのです。賞與だの、能率給だの、見舞金だの、金一封の志だの、名儀はちがつても實際は賃金の一部なので、日本の賃金形體ほど複雜怪奇なものはなく、勞働者自身、特に女子や年少者には勞働時間と賃金との關係がどうなつているか、簡單に算出できないようになつているところにからくりがあるのです。そして本給がやすく、他の名儀の一時的なものや現物給與(行樂接待をもふくめて)などは、雇主側の好意の贈物と考えられ、感謝するばかりで、それがチャンと正當に支拂わるべき賃金の中からさしひかれていることには氣がつかないのです。

土曜日毎に行樂地向けの汽車電車は滿員で多くは社用族です。「もつたいないのよ、あの一と晩の費用の半分でも四半分でも毎月の收入に加えてくれたら助かるんだけれど」と、或若い會計係りの婦人がつぶやきました。それをかげでつぶやく代りに公然の要求としようではありませんか。働く婦人も家庭婦人も會社もちの宴會や溫泉歩きの費用などがどんな意味をもつかを考え、人間にふさわしい生活のできる給與體系を確立する勞働運動を强化しましよう。

泣いても笑つても大みそかといいますが、ニクソン大統領までやつてきていよいよMSAの大みそかも迫つたようです。保守政權の安定を要求されて吉田鳩山の會談となつたのでしようし、アメリカの下請工場たらんとする業者の得意顏、その搾取を容易にするために基準法の改惡の企てもきこえ、それによつて女子年少者の保護は名實共に亡ぼされようとしています。この際日本を救うものは反帝國主義、自主中立への眞劍な努力よりほかにはありません。私たちの日本はアメリカの力でもなく、ソ連の力でもなく、私たち自身の力でしか維持できないのです。

《けいざいのはなし》

物價と生計費

―収入は増えていながらどうして生活水準は低いでしょう―

三瓶孝子

物價がまた上る、インフレになりそうだという聲を聞くたびに、この聲は電氣のようにピリッと私達にはひびき、そして反射的に生活費のことを考えさせられます。實際にまた電氣も瓦斯も上る氣配を示しています。米價についても消費者からみれば上げられては困りますが、凡ての犧牲を生産者たる農民に負わせることはできませんから、これについては最善の政治を望んでやみません。

戰前にも物價は上下しましたが大正七年の米騒動の年を除いてはこんにちほど物價と生計費が私達の生活に大きな問題となつたことはないようです。それは以前には物價と收入とが一應つり合がとれていたからです。

戰後の物價の上り方の激しさは一錢單位が十圓單位になつたことでもわかりますが、それに對して收入の方も同じ比例で上つたでしようか。物價の方は收入を追いこして、いつも先へ先へと上りました。總理府統計局の調査によりますと、戰前昭和九―一一年の物價を一とすると昨二十八年の消費者物價は平均して二六六・二ですから、昭和九―一一年の二六六・二倍に上つたのです。しかしこの二六六・二倍という計算は必ずしも正しいとは言えません。三百乃至三百五十倍になつたという計算もありますし、ものによつては千倍にもなつたし、百倍のもありまして、普通は三百倍といわれています。それに對して勞働者の名目賃金（これはお金で受け取る賃金）は、おなじく九―一一年に對し二十七年平均では二七七・二倍になつています。この二七七・二倍は前の消費者物價の二六六・二倍より上り方が多いようですが、賃金として受取つた金で生活必需品を購入した場合の物の面からみた實質賃金をみますと昭和九―一一年の一〇二・二倍にしかなつていません。物價を三百倍に計算しますと一〇二・三倍よりずつと低くなります。これは賃金を多く受取つてもお金の値打が下つたために、このお金で買い得る量は少くなつたからです。いまこのことを一つの表にして示しますと次のようです。

戰前基準比數、指數

賃金と物價

	消費者物價	名目賃金	實質賃金
昭和9—11年	1.0	1.0	1.0
22年	109.1	32.9	30.2
25	220.0	187.9	85.4
27	266.2	277.2	102.3

この表は勤勞者のうち製造工業の生産勞働者の平均賃金についてでありますから、産業によつても差はありますが、一般の傾向はこれで解るこ

とと思います。また製造工業には勞働者を五〇〇人以上も使用する大經營もあれば、十人未滿のれい細經營もありますから、その規模によつて賃金の上り方の差は相當大きいのです。消費者物價は誰にでもおなじですから、小經營の賃金の低い人達に取つては物價の上り方は右の表以上に大きな壓迫となるわけです。以上は賃金と物價とを戰前戰後について比較したのですが、また別な面から考えましよう。

私達の生計費は百圓單位になりまして、戰前からみますと、ずつと多くの費用がかかつていますが實際の生活內容をみた時はどうでしようか、生活費の金額に比べて戰前よりずつと貧しいものです。この貧しさを見る一つの目やすとしてエンゲル系數という言葉が用いられています。これは最も簡單に云えば、生活費のうち食糧に支出する金額の比率は收入が多くなるに從つて低くなるということです。貧乏であればある程食料以外に支出する部分が少なくなるからです。このエンゲル系數は、生活費の中に占める食費の割合をもつて示されています。

我國では昭和九―一一年にはエンゲル系數が二九パーセントでしたが、昭和二十七年八月には四八パーセント、二十八年八月には四五パーセントを示しています。理想は三〇パーセントですから、まだまだ戰前にはほど遠いことです。それだけに私達の生活は食うことに追われていることを示しています。

先日經濟審議廳で出した經濟白書によりますと、國民所得は一人當昭和九―一一年を一〇〇としますと二十六年は九〇、二十八年は九九に回復したことになつています。それに對して消費水準は、おなじく九―一一年一〇〇に對して二十六年は八三、二十八年は九六まで回復したと發表しています。これを都會と農村とを別々に見ますと次のようになります。

消費水準

昭和9—11年＝100

	東京	農村
27年平均	80	120
28年1月	81	125
2	82	137
3	84	130
4	83	132
5	84	118

ここで次のことに注意しなければなりません。農村は都會(東京)より消費狀態が多く回復しているように見えますが、これは昭和九―一一年に比較してのことでありますし、昭和九―一一年は農村が凶作で、非常な不況に見舞われ、娘を四十圓で賣つたという事實のあつた年ですから、その年を標準にして二〇パーセント程上つたところで、實際には都市の消費水準以下であることは、農村の實際をみればわかることです。

經濟審議廳の發表のように私達の實際の生活は果して二十八年に戰前の九六パーセントに回復したでしようか。回復していないことは私達自ら知つているはずです。それは、消費水準と生活水準との相違から來るものです。消費水準とは物を購入した面からだけ(卽ち家計簿の上からだけ)見たものですが、實際の私達の生活はその月、その年に購入したものだけでなしに、簞笥の中の衣類を始め、いろいろの耐久品のストックもありまして、それがその月の金錢支出に現われないが、生活を豊にしてくれます。ですから消費水準が回復しても、簞笥の中が空つぽになつては生活水準は以前より低くなつたことになります。第一に住居です。住居の不足は生活水準の回復しないことを示しています。一應は屋根の下に住んでいますが、戰前よりはるかにみすぼらしい住宅に住む人達が非常に多いだけに生活水準は低いのです。

物價が安定し、その物價で食えるような收入になつて初めて憲法でいう文化的な生活はできるのです。そのためには政治を國民のために眞劍に考えてくれる人がほしいものです。

―一九五三・一一・七―

臨時國會報告記

藤原道子

十一月下旬私は、岩手、秋田兩縣下へ冷害に依る生活保護、人身賣買の實態調査に派遣された。冷害が部分的である事と、いくらかの備蓄があるので缺食兒童や長期缺席、生活保護もいまはそれ程目立たないが來年三四月の頃を思うと全く心が暗くなる、と縣當局は語つていた。現在既に小學校で缺食七百名、長缺中學千九百名（四萬八千名中）小學千百名と云う數字が出ている。單作地帶貧困農家はそれだけでは濟まない。收入皆無を補うには牛馬を賣るか、子供を賣るか、これ以外に方法はない。牛馬は百姓の生命、失つては仕事ができない、そこを付込んで悪周旋人の暗躍とたり、結局娘を賣る結果になる。

學校給食も田舍では補助がない。兒童福祉法には、兒童が心身共に健やかに生れ、かつ、育成されるように努めなければならない、と第一章總則に書かれている。兒童憲章の制定には吉田總理が會長であつたはず。その兒童が現在登校に當つて辨當もなく、友の辨當を盗み食う子あり、その上長期缺席兒童あり、それのみか肉體さえ賣られる現狀を世人はどう判斷するだろうか。生活保護法はありながら、一家心中の記事が毎日の新聞に後を絶たず讀む人の心を暗くしている。その一方日米會談、ニクソン談話、防衞問題、保守黨の合同劇が大々的に紙面を賑わし、個人の悲劇は小さく片附けられている。これでよいのか？私は雪の中の視察に疲れた體を久しぶりの床に横えながら深い想いに沈んだ。

ラジオの放送討論會は國會は、國民の輿論を代表しているか？を放送していた。小澤自由黨代議士は代表していると云う。果して代表しているかどうか、私は救農國會と銘打つた第十七國會をふりかえつて見たい。

六月に起つた九州の大水害に續く和歌山始め三十餘縣に涉る災害、冷害、十三號台風の被害は共に未曾有の被害をもたらした。九州近畿の災害當時十六回國會は開會されていた。直ちに衆議院に、災害緊急對策特別委員會が持たれ、政府また現地に災害對策本部を設けてその對策に萬全を期する事を聲明した。

左派社會黨は、この災害の一日も放置できない事と、併せて人事院の勸告もあり、中裁委員會の裁定も出ているし、且つ年の瀬を控えて中小企業に對する融資對策、失業者の年末救濟、またMSA等重要問題山積の折柄九月下旬臨時國會召集を要求し政府に迫つたが應ぜず、一ヵ月を經て、シブシブ國會召集とはなつたが、一さいの國民的要求を無視して災害對策に限定した會期一週間の救農國會と名乘つたのが十七臨時國會であつた。

今回の災害は十三號台風まで入れると委員會調査では二千三百乃至二千五百億が各黨一致の決論であるにもかかわらず、政府は水増しがあるとて千八百億と査定し、これを大藏省がまた削減して千六百五十億、從來の例として初年度三、次年度五、次次年度二の割合で施行するのであるから、この例に依つても五百四十億は必要である。ところがこれが僅かに三百億に削られてしまつたのである。冷害にしても同様である、各縣知事會議、農業關係者は終戰後かつて見ざる今回の冷害として最低ぎりぎりの線で百六十億を要求し、自由黨の議員迄が賛成し、國會委員會超黨派決定も最低百十億は必要と云つているのに補正では七十億の雀の涙で國民の悲願をじゆうりんしてしまつた。この外に農業災害保險へのくり入れ百三十億、アマミ大島復歸費用として十億を計上してあるが、アマミ十億ではどうする事もできないであろう。

またこの財源が問題である。租税增收專賣益金等の大衆負擔と、公共事業費、食糧增産費、住宅公庫から二十二億削減と云う無爲無能な暴擧に依つてこれに當ている。

この樣に財源に四苦八苦している政府がMSAの援助にすがつて、池田特使なるものを米に使させあべこべに防衞力三十五萬を要求されて靑くなり、財界からは災害復興費はインフレ要因となるからやたらに出すな、議員の人氣取りで國民經濟のためにはならないとブレーキをかけられ、これをうのみにして宣傳し、世論の分裂をはかり切實な要求をはぐらかそうとする卑怯なやり方だ。それでいて防衞費關係の使用殘については一言もふれていない。しかもこの豫算は自由、改進黨が豫算委員會の審議を無視して樂屋裏の取引で決定した事を國民は銘記すべきである。私たち左派社會黨はこれに對して組替案を以つて鬪つた。

バターと大砲は兩立しないことは災害豫算を見ても明らかである。そこで軍事關係費を削つてこれに當る。即ち、保安廳費は今まで昨年分を使つて本年度分は手をつけていないから、それをそのまま引上げて冷害對策、人事院勸告の完全實施、生産米價一萬二千圓、消費者米價据置、諸物價の値上げ防止に使用するという案である。

なおこの歳入には現在日銀の地下室に眠つている戰爭中獻納させられた貴金屬の代價を當てることである。保守派議員はこれを性名の分つている分は元の持主に返す、分らない分は貴金屬商と結托して不正な拂下げを企んでいることが判つたので行政監察委員會で取調べ目下大藏委員會でその處方が論議されている。國民大衆が戰爭被害を蒙り、またこんどの風水害、冷害で住むに家なく、食に餓え、子供を賣る悲劇が繰りひろげられている時、これら金銀を元の持主に返すなどは斷じて許されることではない。占領管理中に米國マレー大佐は、歸國の際、ダイヤを持ち歸えり、ポケットから轉り出して問題となつたなど、米・日兩國人の私腹を相當私肥しているが、それでも現在千三百—四百億は確實と云う。これを全額國家のものとし、そのうち六百五十億を緊急災害對策費に計上し、他を社會保障費に當てること、その他米の輸入を麥に切替え、外貨を節約し、工事の不正を監理する等の案である。

これによつて災害二千億の四割八百億、冷害百六十億、農業災害保障百四十億、米價一萬二千圓、消費者價格据置の國家負擔金今年度分三百億となり、公務員の給與、その他は現政府の豫算半年使用後であつて一萬八千圓ベースは實現出來ないが、人事院勸告は七月實施の線でやむを得なかつたわけである。

國民を飢させておきながら、首相自身、しないと再三言明している再軍備に狂奔し、僞瞞と詭辯とごまかしで幕となつた國會、以上が第十七國會のあらましであつた。

最後に政治とは衣食住を解決するもので、政治を離れては生活のないことを私共は眞劔に考えたい。その政治はすべて主權者國民が行うのである。自分の選良がなにをなし、何を主張するか一人一人が見極めたい。

憲法改正もいよいよ目前に迫る問題となつてきた。議會は平和勢力三分の一に充たない現狀である。國民の直接選擧が最後の決定となる時國民過半數を占める婦人こそ眞に祖國の平和を守り、家庭を守るカギとなる。お互いに勇氣を出して自らの生活を守りたい。

随筆

暴力

圓地文子

大分前のことです。

夜になつて、須田町から上野の方へ來る都電に乘りましたら、割にすいていて、立つている客は二三人でした。

坐席は大體ふさがつていましたが、その中に一人大きめな――しかし大して重そうではない風呂敷包みを自分の席の脇に置いて腰かけている中年の女の人がありました。食物店にでも勤めているような下町のお上さん風の人でしたが、二三人にもせよ立つている客があるのに、荷物を膝に乘せず席をふさげているのは都會人にしては無神經な感じがしました。

するとあとから乘つて來た、瘦せこけて、何となく眼つきの惡い中年の男が、その女の人の前に立つたと思うと、すぐに、文句を言い初めました。

「ひとの立つているのが、眼に見えねえのか荷物なんぞ置きやがつて……膝は何のためにあるんだ……」

そういう毒のある調子で前の釣革にぶらさがつたまま、ゆするようにぐずぐず言うのです。女の人も氣味が惡くなつたらしく、默つて、荷物を膝の上に乘せましたが、男は隣へ腰かけようとはしません。

「おれは自分が腰かけたくつていうんじやあない、立つている奴があるのに荷物で腰かけをふさげてしやあしやあしてやがるその根性がよくねえというんだ」

あやまらそうとでも思つているのか同じことをくどくど何度となくいつて、女の人を睨んでいます。理は男の方にあるのですが、その言い方や態度がいかにもあくどく、意地わるくて、きいている方が不愉快になりました。言われている相手が女だけに一層不愉快なのでしたが、私と同じような氣持ちだつたとみえて、傍に立つていた赤いウールの和服コートを着たきかん氣らしい若い女の人が

「まあいいじやありませんか、荷物は膝にのせたのですもの、話はそれですんでるじやありませんか」

と男に聲をかけました。男はその若い女をじろりと見て、

「何だと……」

と眼の色を變え、今度はその人の方へ凄じい見幕で怒り出しました。

折よく別の男客が仲へ入つてぐつぐつ言つている男を車掌臺の方へつれて行つてなだめましたが、そうでなかつたら、あの男は仲裁に入つた若い女の頬をきつとなぐりつけぐらいしたでしよう。暴力というものの理不盡さをその時しみじみ感じました。

そうしてこういう事柄は電車の中だけでなく、いろいろな社會にあるのだと思われました。(本誌・社友、作家)

短歌

高木光

緋カンナと黒揚羽蝶と白痴の子ある日路上のかなしき構圖

兒童福祉の聲は高けれいくばくの施設のありや蝶追う白痴

銀座の夕暮

芝木好子

ある夕方、所用があつて銀座裏を歩いていると、丁度會社や官廳の退け時とみえて、有樂町や新橋の邊から勤め歸りの人々があとからあとからと、銀座に向けてぞろぞろ歩いてくるのに出會つた。大抵は男女二人づれで、仕事から解放されたあとの一刻を、散歩や、食事やお茶をたのしみに、街の中へ出てきたようにみえた。その人達が、たのしげに、自由な感じで歩いているのを、私はしばし立停つて見送つた。

その人達の全部が戀人ではないかもしれないし、同僚やお友達同志かもしれないが、世間へ氣兼をすることなしに、堂々と歩いているのはいいと思つた。戰爭中だつたが、知合のお孃さんが許婚者の海軍士官を驛まで見送りに行つたところ、すれちごう人に非國民呼ばわりされたそうで、憤慨したという話があつた。若い男女が歩いてさえすれば、ただもう軟弱と見なした偏狭な時代と合せて、隔世の感があると思う。

若い人達が一杯の珈琲を飲みながら、映畫や書物の批評をし合つたり、人生論を語り合つたりするのは、見ていてもすがすがしいものである。私は人の流れに添つて歩きながら、けれどもふつとつまずくものがあつた。ちようどその頃、ある野球監督の娘である女性が、同じ職場の上役でまた妻子のある愛人でもある人を、刺した事件を思い出したからである。ある雜誌社の人から聞いたところによると、こうした關係はデータによると職場でたいへんなパーセンテージを占めているそうである。そのことを思い合すと、私は二人づれの人々を、なんとなく呑氣に見過すことも出來なくなつた。

私は家へ若い未婚の青年が訪ねてくると、話の折によくその結婚觀を聞いてみる。結婚して子供が出來ても、手傳いの人を置くことにして、妻には仕事をつづけさせたい、それくらい確かりした仕事の出來る人と結婚したいと云う人もある。そうかと思うと、妻は家の中にしまつておきますという人もあるからおもしろい。私は色々な人があつてよいと思つている。百萬人の青年が、一律な性格や意見を持合すことは有り得ないからである。同時に女性の側にとつても、外へ發展してゆく質の人と、内にこもることの好きな型とがあるのは、當然だろう。

ただ私は、若い女性は一度は社會に出て働くのがいいと思う。結婚して家庭に入るにしろ、社會というものをこの目で見、この腕でかち取つた生活の力というものは、そこに幻滅があつても、貴重な經驗だと思う。家庭に入つて育兒や雜事にかまけるようになつても、自分が社會に繋る一員だということの意識は、失なつてはならないからである。

銀座の宵の一ときを過す人達に、健全な姿を眺めながら、べつの複雜な人間關係を臆測するのは、私が小説を書いている人間だからであろう。人生には幸福ばかりは存在しないけれど、一日の勤勞のあとの解放感をたのしむ人達に、未來を忘れないで、この一ときをおたのしみなさいと、私は言葉をかけたい氣がした。（本誌・社友、作家）

沖縄戰跡めぐり

《沖縄の素描》

福田　昌子

去る八月私は沖縄の婦人會の招きにより約半月ばかりをかの地にあつて親しく戰跡等を訪う機會を持つことができた。

ある日沖縄婦人連合會の人達が姫百合の塔健兒の塔等の戰跡を案内してくれた。

この戰跡は沖縄本島南部の果にあるが、那覇市から車で往復三〜四時間の距離、沿道には夏草が茂り、かれんな少年少女の悲劇もじゆうぶんにしのぶべくもないが四、五年前までは至るところに白骨が一ぱい散らばつていたという。姫百合の塔の近くを走りながら婦人會員の一人は當時の模樣をつぎのように語つてくれた。

「あの當時（終戰直前昭和廿年五月頃）私はこの南部地方のあちこちに避難しておりましたが、ここらの沿道には艦砲射擊でやられた人や、飢えて疲れはて道端の草を食べながら死んでいつた老人等で一ぱいでしたよ。私のところに手傳いにきていた女の子もここの近くでやられました。その二間とはなれていない處に私はおりましたが……

しまいには私など着のみ着のままで洗たくもできませんでした。女の人でも腰に手拭をあてたきりの裸の人もだんだんできてきました。ちよつとでも射擊の遠のいた時などには皆着物のしらみをとつたものです。首すじでもちよつと手を入れると大きなしらみが、一二匹すぐとれました。中には射擊でやられた傷口の蛆虫を取つている人もおりました。

あの姫百合の塔の映畫はよく出來ておりますけど、實際の十分の一も語られておりません。

おそらく十年語り續けても盡きないような氣がします……」と。

私どもは姫百合の塔にお詣りした。

それから健兒の塔に向つた。車で約十五分。沿道のマブニ海岸の山肌には今なおありありと艦砲射擊のあとが見える。この海邊の繁みの中が沖縄師範の若人が散つた跡であり、ここに健兒の塔が建てられている。

私どもはそれからさらに中島中將、島田知事のお墓參りをした。皆近くにある。

あれから歲月は流れて八年――。まことに感無量であつた。

沖縄は風光明媚で、夏は相當暑いが冬などは十度を下らず、名物のたい風さえなければ實に住よい島である。手入れをよくすれば米は二回收穫できるし、甘諸は放つておいてもできるくらいでこれが年中常食となる。だからどんな貧困な人でも飢えはしのげる。全くそういう意味でこの地方では政治がなくとも露命はつなげる。餓死する者は一人もなく乞食もない。だが乞食がないという事は大衆の生活が安定し、社會保障制度が不要であるということの逆說にはならない。

沖縄ではどこまでいつても戰爭の思い出がつきまとう。町も村も戰爭の慘げきをこうむらなかつた處はほとんどないといつてよかろう。

しかしそれ程の沖縄が日本の內地の人には餘り知られていない。ことに沖縄の未亡人が慘めな生活をしながらもその辛さにたえていることは淚ぐましい。今日全島約八十萬の人口の中六萬以上の未亡人があり、その中二萬數千は戰爭未亡人であるという。

全島が軍地基地となつているような沖縄ではもちろんパンパンがはんじようしていて約

六～七千人はいるといわれているが、このパンパンの中には未亡人も大勢あると聞く。これらの未亡人も遂に生活に窮しやるだけのことはやり盡して、やむなくパンパンになつたに違いない。

沖縄の女性は古くから男性の横暴に馴されていて日本の内地以上に慘めな立場を强いられて來ただけに主張すべき事も主張せず、生活の苦しさもただただ働けば何とか解決してゆくのだと考えている。

最近沖縄に仕事にきているたくさんの日本の土建業者には現地妻というのがあるらしいが、彼女達は至れり盡せりのサービスをしながらこの土建業者が内地に引揚げる場合にはたんたんとして別れるそうである。これ等も沖縄の女性がこれまで男性からもてあそばれてきた名殘りの一つであろう。

しかし最近の沖縄女性の中には男子をしのぐしつかりした人がたくさんでて、女醫や事業で成功している女性も案外多い。

沖縄は過去において同じ大和民族でありながらその地理的な影響もあつて久しい間民族として自主性のない、時には日支兩屬の生活を送ることを餘儀なくされた。今新しい沖縄が生れかわろうとしている時、アメリカ軍の基地が作られ、沖縄の政治經濟は今なお民族のための自主性を持ち得ない。

全島が基地化しつつあるために、この基地と米軍家族の住宅を中心にして二〇～三〇メートルの高速度道路が縱横に發達していて、舗裝道路を見れば、基地のありかがわかるほどである。沖縄にはまた高級自動車が多く沖縄本島だけでトラックも含めて約五千臺、その過半數が那覇市にある。この那覇市は沖縄第一の都會で現在人口約六～七萬、近郊からの通勤者も多く、最近では高級車がひきりなしに通り商店街はあたかもお祭のごとくえんしんを極めている。人口と車の密度は東京以上といわれる。しかしこの街は終戰後おそく解放され今なお都市計畫が實施中なので、狹いデコボコ道は玩具箱をひつくり返したように雜然としている。

このように表面えんしんを極めた那覇であるが、その内容をうかがえば殆んど商業資本の廻轉であつて、そこには何らの生産の增大なく軍の特需によつてもたらされた商業經濟による繁榮で、決して堅實な自立經濟の姿ではない。歡樂街もなかなかはんじようしており、一部の業者は非常にもうけているらしいが、一方町の眞中に崩れかかつたかやぶきの家がたくさんあり、芋かゆをすすつている大衆も大勢ある。高速度道路に面して並んでいる豚小舍同然の住宅はアンバランス（不釣合）もはなはだしい。

ことに、沖縄の農村のひへえははなはだしい。漁場は制限されるし、從來から乏しかつた耕地の三分の一は軍事基地として取り上げられ、僅かに殘された三分の二の貴重な土地さえも肥料が高く、賣る米は安いため手つ取り早い軍作業に行つた方が好いというような事から男も女も老も若きも最寄りの軍作業に出かけて放置され、草ぼうぼうの處が多い。從つて沖縄全土としても必要食糧の三分の二を高いドルを支拂つて輸入にあおぐというようなことで、農村政策は相變らず貧困である。

沖縄はこんにち、ある意味に於て東南アジアの貿易のルートともいえるのであるが、沖縄のドル收支は極めて情ない姿にある。輸出一に對して輸入八の割合で輸出はもつぱら日本向けだけで、輸入はアメリカや香港、台灣等からで消費材の輸入がもつぱらである。

沖縄は全島が基地化しているため特殊婦人や混血兒も内地以上に多い。基地がありパンパンが多い處ではりつぱな特飲街ができている。

收入は彼女と店が切半の場合が多く、彼女等の中には相當の現金貯金をしている者もあると聞く。もちろん混血兒を產んでいる者も多い。この混血兒は多く無籍か私生兒である。特殊婦人に大島の人が多く、中には親子姉妹で、甚しい例になると生活のために夫公認のパンパンをやつている人がある。

このようにパンパンが多いので基地附近の教育には困難な事態が多く、基地教育の危機を深く考えさせられる。コザの八重島の特飲街等には毎日夜ともなれば小學生、中學生の少女が頭にリボン等をつけて特殊婦人も顏負けするような秋波を送つたり、キッスをしてチューインガムやチョコレートを押し賣りするようなアルバイトがつづけられているという。政府もこの基地教育の危機には深刻に惱んでいるようである。

戰前は非常に教育熱心な沖繩であつたが、戰爭は學校校舍をほとんど破かいした。今では教育はないがしろに取り扱われ校舍も驚くほどお粗末である。那覇市でさえ約半數はまだかやぶきの豚小舍同樣の校舍であり、農村ともなればこれが大部分で、中には兩側の板壁さえないひどい校舍もある。もちろん黑板もない教室があり、机や椅子のお粗末なのは申すまでもない。だんだん永久校舍と稱する瓦屋根の教室に建てかえられつつあるが今のところ必要量の三十パーセントにも滿たない。このような校舍で兒童は風雨にさらされながら學んでいる。

沖繩の人達はこのような學校に、そしてひどく貧乏な未亡人家庭でも昔からの傳統でよく子供を學校に通わせる。今では未就學兒童は小學校約二十五パーセント中學校七パーセントといわれている。琉球政府も昨年四月、群島政府から切りかえられて發足したばかりで、しかも軍政下にあるために、好意的に考えればまだ何もかも手が廻らぬというところだろう。

しかしどこよりも一ばん必要とする沖繩に社會福祉政策なるものは殆んどない。わずかに生活保護法があるだけでその生活保護法にしたところがお粗末で保護家族の中には榮養失調のあまり、ついに目が見えなくなつたという老人や子供が澤山あるそうである。母子福祉法等まだ考えられてもいない。未亡人の生活の苦しさなどは見殺しである。

最近兒童福祉法や勞働三法が立法院を通過したが、その勞働三法にしても、この地方では米軍關係勞務者が大部分で民間勞働者との比率は六對一の優勢であるがその軍關係勞務者にはこれは適用されない。從つて勞働者の七分の一にこの勞働三法が適用されたとしても沖繩の勤勞者の生活權が保障されたことにはならない。給與ベースは政府職員が三千七百圓ベース(沖繩圓)、ボーナスはない。民間事業では事務系統で四千三百三十一圓ベース、ボーナスもあるし、ことに保險、金融機關の勤務者は最高である。軍作業は主に肉體勞働で時間給月收平均男二千五百七十九圓、女千七百七十圓平均である。沖繩では島民に對して差別的な賃金制がしかれており、同一勞働に對しても內地の日本人の三分の一、フイリッピン人の五分の一、アメリカ人の十二分の一の賃金しか貰つていないといわれる。

物價は、ことに生活必需品は日本の內地より一〜二割高めで給料取りの生活はなかなか辛い。

終戰後の二、三年は諦觀からなかなか親米的でさえあつた。しかし最近は官民總じて日本復歸を願つている。

こんにちの沖繩を考えて見れば、いわば日本が受けるであつたろう慘劇を一手に受けとめてくれ、そのため沖繩は一木一草までも焦土と化し、多くの傳統と舊蹟と財産を失つた。そしてそのために今日の如く多くの未亡人ができ、生活苦にあいでいるのである。

しかも吾々日本の內地の人たちはこの沖繩の慘劇をまだじゆうぶんに知つていない。私たちは沖繩の同胞をこのままで見殺しにしてはならない。(本誌・社友、衆議院議員)

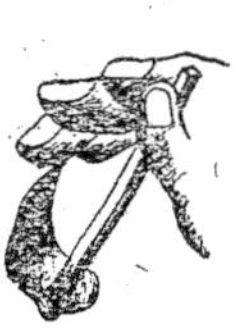

醫者の立場から

★★生活が苦しいのは人間が ★★多過ぎるからではない

西尾くに子

私の知っている青年で晝間働き夜間大學に通う學生が或時こんな事を云った。「日本にはあんまり人間が多過ぎる。原爆を落してもらってもっと人間の數を減らした方がよさそうだ、ついでに自分も消える方の仲間に入ってもよい」と。私は危い！　と叫びたいようなものを感じました。この絶望的な青年の言葉を思い出すにつけ、尊い生命の維持と發展のために働かねばならない醫者として深く考えさせられました。そしてこんにちの日本では働く人々を病氣から護る醫療制度の完備することを許さないような社會經濟的缺陷があると思わないわけにはいきません。

結核にしても精神病にしても患者の中の極く小部分しか收容できない病院施設の貧弱さです。私どものような町の開業醫が健康保險によってなし得る治療にしても充分な治療ができないような制限が色々あります。多數勤勞者のための公共福祉は極めて貧弱だという事情は醫療に限ったことではありません。交通機關でも住居でもそうです。ラッシュアワーの交通地獄は年中のことで、たまにレクレエーションに出かけてみたいと思っても乘物の苦しさで樂しさは消えてしまうでしょう。衣食にしても結構なもの、欲しいものは憶面もなくみせびらかされています。みているだけの者は憂鬱になるばかりです。希望も樂しさもないため前途ある青年が暗い失望からさらに危險な絶望的な考えになるのは思慮が淺いためばかりでなく理由のあることです。

しよせん資本主義の世の中は小數富者と多數貧者の二つの要素から構成された世の中であり、後者が多數いて、働くことをよぎなくされていなくては前者が我が世の春をうたうことはできない、というからくりになっているに相違ありません。しかし何事も同一狀態で永久不變というものはこの世の中にはありません。とりわけ人の世は移り變りが忙しい。早い話がつい先だってまでは一カ月もかかっててくてく歩いた東海道五十三次が、今日では東海道どころか全世界をあっという間に一まわりするようになり、まるで地球は小さな球體になったような變りかたです。資本主義そのものがもう明日の存在もあやしいものになってしまったばかりでなく、資本主義の社會の中でも働く者の地位は日進月歩の改善がなされ、事柄によっては正反對になっているものさえあります。例えば私共の仕事の範圍でも現在の健康保險の地位は私共の若い頃に比べるとまるで狀態が變りました。昭和十五六年頃までは町の開業醫は健康保險を輕蔑し患者に對しても尊大、横柄嬌慢な態度で臨んでいたように思います。從って患者も何となく肩身のせまい思いで診療を受けていたようです。ところが今では健康保險の患者を大切にしなければ醫者は生活ができなくなるような狀態になっています。産婦人科、性病科などを除いて一般に今日醫者の取扱う患者の八十―九十パーセントは健康保險で收入の大部分は健康保險が占めることになりました。當然こんにちの醫者は健康保險大歡迎で健康保險の患者を大切にし、極力その數を多くすることに熱心です。健康保險制度は醫者の米びつを征服し、醫者と健康保險の關係がまさに正反對のものになつたわけで、たつた十年か十五年くらいの間にこのような變り方です。しかし現在の健康保險制度が申し分のない結構なものだなどという者はないでしよう。醫者の立場からも被保險者の側からも不滿なことは山ほどありましよう。殊に國家の負擔が少いからもつと多く、英國の保險制度のように國庫負擔を大きくして貰つたら醫者も患者も滿足できる治療ができるでしよう。

もう一つあの憂鬱な學生の言つていた人口問題について考えてみたいのです。あの絶望的な氣持になつている青年は人口過剰の壓迫を痛烈に感じ、人口が多過ぎるから失業と生活苦がくるという考えから原爆歡迎論者となり生き殘つた少數のものが良い生活をしたらさぞよかろうと云つたわけでしようが、この考えの前提になつている過剰人口という判斷は誤つています。原因結果の關係は正に逆で失業から生活苦が起り、それ故に人口が多過ぎるという外觀が現れるのだと思います。ちようどラッシュアワーの電車にギュウギュウ詰めになるとこれは人間が多過ぎると感ずるのですが、車が少ないことに氣がつかない、經營上の利益からわざと少くしてあるかも知れないことに氣がつかないでいるのと同じでしよう。失業は資本主義の國には例外なくあるもので、人口が減少する社會でも資本主義が存する限り失業は不可避です。そうしないと資本は利潤をあげることはできません。誰が惡いというのでなくそれが資本主義の法則です。

日本の人口は明治維新の頃三千萬位で、その人口は德川時代數百年間あまり增減がなかつたようです。昔の人間は現代人より姙娠率が少なかつたと考えられる根據はありません。昔は死亡率が殊に小兒の死亡率が高くその他に墮胎や嬰兒殺しなどがあつて人口增大を阻止していたものと推測できます。

ところで敗戰後は戰前とうつて變つて政府もアメリカも子供を產むな產むなと一生懸命宣傳しています。領土が全部なくなつた、食糧が不足だ、土地が狹いというのです。この領土への欲望を合理化する過剰人口論はまことに危い侵略思想につながるものです。あの憂鬱な青年の氣分はこの危い心理狀態にあるものといえましよう。危いというのは他國を侵略して過剰人口を解決するという考のことであつて資本主義の世の中では當面の失業と生活苦に對して產兒制限をして育兒の負擔を輕減するのはむしろ必要なことだと思います。あの廣大な國土に僅かな人口しかないアメリカで產兒制限の先達者サンガー夫人が現れたのはアメリカの領土が小さいからではなく、アメリカの資本主義のために生起する相對的過剰人口が夫人の頭に育兒の負擔を輕減する必要を感じさせたのに相違ないと思います。

また日本の國土は德川時代もこんにちも、廣くも狹くもなつたわけではないのに明治以來急激に人口が增加したのは、初期資本主義の產業が急に擴大したから、それに應じて人口が增加したと考える外はありません。それが末期資本主義の段階にふみ込んだ現在人口が過剰だと感じるのは產業の擴大が止つたからでしよう。このような變化はアメリカも日本も同樣です。この解決のために資本主義は今も昔も、東洋でも西洋でも侵略と戰爭をやつて來ました。そしてこれからもそれをやろうとしているのです。戰爭をやらせないで、失業と過剰人口を解決したいという現代人の心からの願いは人々が資本主義を肯定している限り、望みはないに相違ありません。社會主義勢力が强大になり私達の一人一人が、政治的に目ざめて、どうすればこの人類に對して有害物となつた社會制度を廢止して住みよい社會を作ることができるか勉强しなければならないと思います。（本誌・社友、女醫）

松川事件所観

久米愛

國家權力によつて基本的人權が犯されるか、守られるか、松川事件の第一審判決は、今日の日本を象徴する。

　松川事件については、既に種々批判がこころみられており、門外漢の私が、之に關する乏しい知識で、所見を述べる必要も價値もないように思われるが、松川事件は今や國際的に關心を集めている事件であり、國家權力により基本的人權がおかされるか、守られるかの重大な問題を含んでいるように思うので、この事件を通じて、刑事訴訟一般に理解を深めて頂くことも意味のない事ではないと思います。また私は、辯護士として本事件には全く無關係ではあるが、第一審判決に納得のゆかぬ點があるので筆を採ることを承諾した次第である。

　簡單に事件を紹介ずる。昭和二十四年八月十七日午前三時、東北線松川驛北方で、上り列車が脫線てん覆し、機關士機關助手三名が卽死した。事件直後現場を調べた結果、レールの繼目板犬釘がはずされており、すぐ附近から、繼目板をはずすのに用いられたらしいパールとスパナーが發見せられ、何人かが、列車てん覆を故意に惹起させたものであることが分つた。

　間もなく元國鐵職員であつた赤間勝美が逮捕せられ、赤間の自白に基いて國鐵及び東芝兩勞働組合の左翼分子と目されている十九名が次々に檢擧、福島地方裁判所に起訴され、第一審の裁判に於て、この二十名が前記の列車てん覆を謀議實行したものであるとして、昭和二十五年十二月六日死刑五名、無期懲役五名、懲役十五年一名、同十二年二名、同十年二名、同七年三名、同三年六月一名という重い判決が言渡された。

　無罪を主張する被告等は直ちに控訴し、仙臺高等裁判所で審理が再開せられ、審理を重ねること二年半餘、近く第二審の判決が言渡されることになつている。

　第一審判決の認定した事實によれば、昭和二十四年八月當時、國鐵勞働組合は、國會に對し、國鐵豫算の增額並に人員整理取止を要求して組合運動をやつていた右組合員の或者は、當時警察當局が、勞働者並に勞働組合を不當に彈壓すると考え、行政整理に對する報復手段と警察當局に對する反擊として、かく首された不滿分子をせん動して列車てん覆を計畫し、その頃かく首反對鬪爭中で、勞組に對する警察當局の干涉をおそれていた東芝松川勞働組合員をこの計畫に引き込み、兩組合員の或者卽ち本件被告人等が前記の列車てんぷくを謀議し、實行したものであるというのである。

　右の事實認定の基礎となつた證據は、謀議と實行行爲に關する赤間勝美の自白調書と、其他六被告の謀議、實行行爲並びにパール、スパナー盜み出しに關する自白調書であつて他の證據は凡てこの自白から出されたものであつた。

　この第一審判決の弱點は、事實認定の基礎を専ら自白に置いた事である。「やつた人間が自分でやつたというのだから、これ程確かな事はあるまい」という事は、何等拘束されない自由な立場にある人間にあてはまる事であつて、人間が、殊に精神力の特に強くない人間が、長い拘禁中に、拷問、脅迫、强要、甘言等種々な手段による訊問の末爲した自白程當てにならぬものはない事は、長い經驗の實證するところである。何故やりもしない事をやつたと云うのだろうという疑問は、そういう目にあつた事のない人の思う事である。

さらば今日の刑事訴訟に於て證據としての自白の價値は以前のように認められなくなつた。捜査の段階に於ても、また裁判に於ても犯罪事實は、自白のあるなしにかかわらず、科學的客觀的方法により集められた證據によつて認定さるべき事が要求されるのである。基本的人權が保障されている近代の國家に於ては、何が何でもどんな方法を以てしても、自白をさせれば、犯罪が證明せられたのだという事は許されない。憲法三十八條も「何人も自己に不利益な供述を强制されない。强制拷問若くは脅迫による自白又は不當に長く抑留若くは拘禁された後の自白は、これを證據とすることが出來ない。何人も、自己に不利益な唯一の證據が本人の自白である場合には有罪とされ、又は刑罰を科せられない」と規定している。成程、松川事件に於ては、自白の外に種々な證據はあろう。しかしそれ等は凡て、自白を基にして導き出されたものである。被告人等が、やつたという動かせない證據の上に自白がなされたのではないのである。自白を基礎にして證據を集めたもので、これは犯罪の捜査としては、最も拙劣な幼稚なやりかたといわねばならない。

　自白は以上のように現在の刑事訴訟法では證據力が弱いのであるが、更に松川事件に於て注意すべき事は、公判廷に於て全部が自白をくつがえしており、警察並に檢察廳に於ける自白は强制によつたものであることを述べている事と、自白の內容と犯罪の事實とが、そごしている事である。自白と事實のそごの著しい例は、赤間被告の自白によれば、レールの繼目板は一ヵ所兩面合計二枚外したというのであるが、現場檢調によれば、事實は繼目板は二ヵ所合計四枚はずされていたのである。これ程重要な事に關してどうして自白と事實が喰違うのか、しかも檢事は、事實を自白に符合させる爲に、第一審に於ては、繼目板二枚のみを證據として提出し、第二審に至て止むなく他の二枚も提出せざるを得なくなつたという經緯は、自白が何かしら無理なものであつた事を思わせるのである。こういう不確實な自白はなおさら證據となし得ないのではあるまいか。また被告人の一人高橋が、數年前大怪我をした結果、步行機能障害があるために、檢察側が主張するように、眞夜中の山道二里二八丁を一時間五十分若くは二時間で步行する事は不可能であるという事を主張したのに對し、裁判官はこれを單に措信しがたいとして一しゆうしたのである。この主張に對してはこれだけの重大な事件に於て裁判所は當然鑑定を命ぜねばならぬにもかかわらず、その措置に出でなかつたのみならず、理解に苦しむことは、裁判所が秘かに、高橋被告が以前に入院した病院に、受傷程度や步行機能障害について照會を發し、長途の步行には堪えないものと推定するという意味の回答に接していながら、その回答書を握りつぶしてしまつた事である。

　その外、檢察側の主張する時間內に、證據として出されたスパナーを以て、本件の破壞行爲を完了し得るかどうかという事件の致命的な點についても、第一審判決は納得の行く科學的審理を盡していないのである。

その外にも第一審裁判には裁判官が、公正な態度で、何等の豫斷も偏見も抱かず審理に臨み、嚴正な證據調べによつて裁判をしたかどうかを疑わしめる樣な點が色々あるが、最後に、不可解なことは、昭和二十五年九月に審理が終了し、同年十二月六日に判決言渡があつた際に判決文が出來上つていなかつたという事である、翌二十六年一月十二日になつてやつと判決文が出來上つたという事は、之だけの大事件について、とうてい我々の理解し得ないところである。

私は以上簡單に第一審判決に對する疑問を述べた。刑事裁判の目的は、實體的眞實の發見である。有罪の判決を爲すには公判廷に於て、證據によつて過去の事實が再現されなければならない。その爲に、裁判官が事件に對し豫斷を抱くことは嚴重にいましめねばならぬ。本件に關し、裁判官は何故に科學的審理をさけ後に覆えされた當初の自白に、しかも幾多の點に於て、事實とそごする自白に重きを置いたのであろうか？　もし裁判官が、當時の流言に影響され、この事件は左翼系の人間がたくらんだに相違ないというような豫斷を抱いて裁判に臨んだとすれば、民主主義國家に於て、人權を守る最後の堡壘である裁判官たるの資格なきものと云わねばならぬ。裁判官も人間である以上、また現在の資本主義國家に奉仕する官吏である以上、中立の立場に立つという事は困難な事かも知れぬ。しかし事實の認定にやつたのだろうという樣な豫斷を持つ事は絶對に許されない。

「何人も有罪の判決を受けるまでは無罪である」「疑わしきは被告の利益とする」「百人の罪人を逃しても一人の無辜を罰してはならぬ」等は刑事訴訟に於て古くからの原則であり要請である。刑事訴訟に於ては、やらないという事がはつきりしたから無罪の判決を受けるのではなくて、やつたという事が證據により百パーセント確實にならなければ、有罪の判決は受けないのである。松川事件の第一審の裁判に於ては、之等の刑事訴訟の要請が、全く忘れられた觀がある事は、基本的人權の尊さを知るものにとつてまことに遺憾な事である何人も納得する第二審判決を心から待つ。

（本誌・社友、辯護士）

短歌　萩元たけ子選

ドア開けば室毎の機械夫々のリズムを持ちて廻轉つづく（紡績）
矢内　富子

梳《くしけず》られ梳られて棉の實は一すぢの白き糸となりゆく

殉國の美名にまたも殺し相ふ悲しき運命吾子に待つなり
清水　薊

俳句　星野立子選

振向きもせざりし汗の一女工　魚崎　高木石子

天爪粉打れをるまもよく眠り　市川　青木治子

夜すすぎに九時か十時か打ちにけり　八幡濱　宮崎シゲ

買うて來てすぐひろげ裁ち子のゆかた　備前　大瀧久香

縫物をひざにおくさへ暑くるし　三河　山本百合

臺所のこえ

人造米奬勵に抗議する

渡邊とく子

　政府は、とかく問題の多い「人造米」の普及に本腰を入れ、特許權借上げを名目に、業者に對し三千七百萬圓も支拂うと云うことで、國會の問題となつた新聞記事をみまして、私ども主婦はびつくりいたしました。

　本年は殊の外の凶作で、國民の食生活は大層不安な狀態にありますのでやむを得ずとられた方策と存じますが、それにしても政府の食糧政策は、首尾一貫せず、確固たる信念に缺けるものと思われます。

　私ども主婦は、戰前戰後を通じ、物資不足の困難な時代を、食べ盛りの大勢の子供達を抱えて、とにもかくにも堪え忍び生き永えてきました。今考えてみますと、よくも生き拔いて來たと不思議に思うほどであります。そうして何千年も米食で慣れて來ました「みずほ」の國の國民が、今粉食に變り既に十數年を經過してまいりました。

　戰後は學校給食の奬勵により、子供達もすつかりパン食に慣れ、もう大人も子供も粉食に慣れ、どこの家庭に於ても三食の中、二食はパンとか麵類で過し、私どもの胃袋はそれが當然のようになつてきております。

　もし政府が、この事實を知り、國民の保健、體位の向上、國家の將來をよく考えて下さるなら、この現實の事實を無視して、いかなる他の方策もたて得ないと存じます。

　ところが今、「人造米」の奬勵をしようとするに及んでは、どうも政府の方策は、どこに基そをおかれているのか疑わざるをえません。聞くところによれば、「人造米」の元はやはり米であつて、いわゆる屑米を元にして單に加工したにすぎないものだそうですが、これで果して凶作によるお米の絶對量の不足を補い、國民の食生活の改善、體位の向上という、大きな根本的問題の解決に、どれだけ寄與するところがあるのでしようか。

　お酒の場合のように、お米で造る清酒の代りに、化學製品としての合成酒でカバーするというように、絶對量がそれだけ增加するなら話はわかりますが、「人造米」の場合は私ども主婦には納得がまいりません。

　凶作の報が傳わりますと、遲配缺配を豫想する各家庭の不安につけこんで、闇米の値はうなぎ上りに上り、一升三百圓にもなりました。その上配給は量質共に低下し、圓滑を缺き、まずくて食べ切れない外米量が多くなり無駄が大變多くなつてきました。また一般家庭で買うパンも量質共に低下したように思われます。ところが反對に高級な洋菓子或はパンケーキのような贅澤なものが多くなり、食パンなどは品不足の感があります。例えばいろいろな用事でちよつとでも時刻が遲れて買いに行くと、品切れとなり、もしあつたとしても、固くてボロボロするまずいパンだけが殘り、高級品だけが山ほどあつて、私どもの家庭では到低手が屆きそうもありません。

　パンやめん類を每日の食糧とするためには、いろいろと副食物のことも考えなければなりません。牛乳とかバターとか、肉類などいつも買うことの出來る、お金持の御家庭ならいざ知らず、そんな贅澤な物を每日副食物に供え得る御家庭は多くはありません。せめてカン詰程度の物でも安く入手できるようになりますれば、もつと粉食が徹底し、國民の食生活も安定して來るのではないでしようか。

　政府はもつと、このような點まで暖かい思いやりをもつて諸物價の値上りを抑制し、主婦の臺所經濟の惱みを解決していただきたいものです。

　今更「人造米」などの奬勵に浮身をやつすような場當り的な、方策をとらず、國民が折角慣れて來た粉食奬勵にもつと力を注ぐべきだと考えます。もしも「人造米」などに意を注ぐとすれば、政府は「人造米」を國民に食べさせて「何か」を喰うのではないかと疑わざるを得ません。最も食糧問題に關心を持つ主婦として、今こそ政府の食糧政策について、重大な警告を發する時ではないかと思います。（目黑區・主婦）

職場のこえ

まず身近なところから

ー社會の矛盾に向うー

渡邊きし子

「この頃お机の上が大分亂雜になつております。書類保ごの上からも、私達のお掃除の點からも、整頓したほうがよいと思います」

「毎月皆樣がたから三十圓あてくらいきよ出していただき、お部屋へお花を飾りたいと思います」

というような回覽が社内を廻つたことがあります。もちろん婦人部の提案なのです。回覽を見せられた男子社員はびつくりしたらしいのです。お机の整頓など、あんまりひどくなればたれか女の子が、やつてくれるだろう、またやらなければ氣がきかない、くらいに思つていたものが、堂々と回覽になつて廻つているのですから。それでもしばらくの間は少しずつ片付けてゆく人が増え、目に見えてきれいになつてゆきました。またお花も一週間に一回活けかえられ、これもずいぶんお部屋の中を明るくしました。その上今までは女だからお部屋のお掃除をやるのは當然だとしていたものが、これによつて少しでも考えさせられ、疑問をもち、私達に協力してくれるかたちになつてきました。

私達はいろいろな點で社會の矛盾を感じ、自然と逃避的な氣持にさせられることが多々あります。がやつぱり一日も早くこのような社會の矛盾をなくすように、まず身近なことから一歩一歩築き上げてゆけたらと思います。そして職場の中では、女性としての特質を生かし、男子社員の氣の付かない點を指摘し、積極的に進みたいと思います。最近の勞働省婦人少年局の調べで、婦人の特性が事業にいかされてよいとか、仕事に對する態度がよい、として例をあげ、

神經がせんさいなため、作業が高級度になる。また責任感が強いので、最後まで安心して任せられる。

涉外關係を擔當し極めて圓滑性を有する。

執務態度がえんぎんであり、ち密である。

まじめで、實直であるから、マスターされた仕事は安心して任せられる。

男子とちがい、仕事にごまかしがなく、き帳面で能率が、非常によい。

等率直に認めており、またその他の意見として、

舊來の風習は女子について、一般に男子よりも、いわゆる業務能力は劣るものであるとの觀念を與えているため、相手に輕視せられ、あるいは自らも、劣等感を抱く等の傾向が少くない。

個人的感情に左右され、公正な判斷に缺ける。

ともいつております。私達もこのような意見を參考とし、各職場のふん圍氣を常に明るく樂しくするように惡い面の因習は早く驅逐し組合關係はもちろん、職務上のことでも自分の責任を必ず果し喜んで仕事をやつてゆけるような人間でありたいと念じています。近頃若い女性の職業に對する態度が非難され、時には苛酷な批判の對象になることを多く聞きますが、これは若い人達だけの責任ではなく、同時に經營者や、指導者も頭を切り替えなければならないと思います。

かえりみて、私達はよく人の批判をいたします。が、また自己の反省もしているでしょう。……

人を批判することはたやすいことですがそれは感情的な意地の惡い行動になつてはいないと思います。すくなくとも忠告となつて現われて、始めて正しい批判と云えましよう。

私達婦人は視野を廣く、お互を理解しあい、なおかつ責任のある行動をとりたいと思います。(合成化學勞組、婦人・青年部長)

炭婦協を語る

北　幸子

幾十年か前炭礦を開いた當初から、終戰迄の炭礦（ヤマ）の勞働者は實に慘めな奴隷的生活に閉じ込められていた。經營者はさく取的利じゅん追及に狂奔して「炭礦があるからお前達は生活ができるんだ」と云う溫情的な美名に礦員をぎまんして來たのである。そして職制の壓迫は「オイ・コラッ」式のごうまんで封建的そのままであつた。殊に戰事中は軍需生産の强制で石炭の大量生産でかり立て、終戰後は荒れ果てた炭礦の整理に礦員を追いまくつて來た。こうした環境における礦員は生活權の獲得も人權の尊重も保健に對する留意も地位の向上もなく、ただ金力と權力のとりことなつて浮び上ることすら出來なかつた。従つて、主婦達も結局「働けばよいのだ、子供の手足が伸びて行けばよいのだ」と云う一種のあきらめを持つていた。

加えて職場は地下幾千尺の深部で勞働條件は他産業に比べて著しく悪く、保安設備はあるものの完全ではもとよりなく、危險は多く勞働者は宿命的な考えをもつようになつてしもう。つまり資本家の番犬で犧牲は大きかつた。

一九四六年勞働組合の發足と共に戰災や引揚のために文化人の就勞者が多くなるに從い勞働者は質的に向上して民主主義への切替を認識し、「我々は身體と力で産業人としての使命を果し、資本家は金を提供する、相互の勞資關係だ」と考えるに至つた。そして「低賃金も勞働强化も不合理だ」と云う新しい觀念が漸次强調され「合法的な闘いで安定した生活を確立し、再び慘酷な戰爭に卷き込まれないよう、平和産業への切替だ」と叫んで組合の團結を强めていつた。

こうして雰圍氣の中にある私たち主婦はいつとはなしに「團結の力を組合に提供すべきだ」と云う氣持に自然となり、組合と共に闘うことを話し合つているうち、地域的に婦人會の組織が盛り上つて來た。この行動は當初は幼稚つたが、毎年繰り返される各種の闘爭を目のあたりに見ている主婦達は、「男のみにお任せする問題ではない。私たちの力をより强く、そして大きな結びつきで」と聲を大きくして組織を廣めることに努め、一九五二年九月全國を一本化した「日本炭礦主婦協議會」が約十萬の會員をもつて結成された。以來大同團結の威力をもつて、經營者に抗議して來た。その一つは昨年の六十三日に亘るストライキへの協力であつた。「私達は臺所から悲鳴は上げない、淚を呑んで妥結したとは云わないで下さい」と組合員を激勵し、經營者には誠意の表示を迫つた。當時の私たちの困窮生活は一擧に社會の關心を高め、總評傘下の組合はもちろん、一般國民からまでも大きな援助と激勵を戴いたことは今なお感謝に堪えない。この闘爭意欲は今年の秋季首切反對闘爭にも實にはつきりした態度となつて現れているが、その代表的なものは三井系統の主婦たちであろう。

この首切反對闘爭に十月以降は新賃金闘爭がからみ、また期末闘爭が追つかけてきたので、先般、炭婦協幹事會を中央に開き共闘の態勢を決議し、私達の任務についての具體案を和氣あいあいの裡にまとめたのである。

私共の結成當初のスローガンである生活の合理化、地位の向上、婦人の權利の獲得には私たちの代表を國會に送り、院内外の共闘によつてMSAをはね返し、アメリカのお先棒をかつぐ戰爭政策を紛碎しなければならない。それには各婦人層と提携して世界の女性が叫ぶ平和の實現に努めなければならない。再び原爆の惡魔にさらされないよう、しつかりスクラムを組むことであろう。これが今後に殘された炭婦協の大きな問題である。

（日本炭礦主婦議會會長）

農村婦人の生活

高坂タミ

都市の勞働者は勞働基準法というものによつて、ふじゆうぶんながら守られているのに、農村にはそれさえありません。

八月はじめに、私達の郡で調査したところによると、一ばん農耕作業のない時期であるにもかかわらず、平均九時間の農業勞働をしており、中には十二時間というのもありました。これが農繁期になりますと十數時間も働かねばならない現狀です。ある村では農繁期の前後に體重を調べたところ、平均五百匁減つているということがわかりました。家族の職業調査をしたところ主人は農業であるのに妻や嫁は無職となつております。この無職の婦人が十數時間のただ働きの勞働者で、しかもその仕事の內容は殆ど男と同質同量で、牛馬の使役をまぬかれているに過ぎません。十二時間も働く人の生活を調べましたところ、朝は四時に起きて、朝食まで二時間仕事をしております。午前午後あわせて十時間日がとつぷり暮れるまで働きつづけます。この人の家庭は、田畑あわせて二町歩、しゆうと姑もおり割合家事勞働が少くてすむのですが耕地面積があまり多くない農家では、農繁期以外は男は大抵出稼ぎをしなければ、生活が出來ない狀態ですから、そのような家庭や、しゆうとめのいない家庭では、妻が何もかもしなければなりません。近頃の娘たちは耕地面積の多い家には、嫁に行きたくないと申します。土地が多ければ多い程、嫁はこき使われるからです。男と同じ程度の勞働をした婦人が、家に歸れば家事勞働が待つております。季節的な仕事や臨時の仕事はいくらか男の人も手傳つてくれますが、毎日の家事などは、男の威げんが下るとでも思つているか、或は仕事としての價値がないものとみているかで、全然知らん顏をしています。

休養の問題については、ここでは、産後の休養は普通五週間か七週間くらいは、とつておりますが、農繁期にかかつた場合は、三週間くらいたてば、水に入らない限り、かなりあてにされて、休んでおれないようです。生理休暇などという言葉もおそらく聞いたことがないのではないでしようか。姙娠中働かないと、お腹が大きくなりすぎて、お産の時になんぎをするからとて、どんなにつわりで苦しい時でも休んではおられません。調査によりますと、九十五パーセントの人が、お産の前日まで田畑に出ております。雨の日は雨の日で衣類の整理、補習、子供の世話などで、ほとんど休むことができません。彼女たちに何が一ばんたのしみかと聞いてみましたところ、お祭もお盆もお正月も、婚家においてはかえつてくるしみになる、實家にかえつて、のびのびと寢ることだといつていました。こうした毎日を送りむかえしている人達は落ちついて、子供を育てるという氣持になることはないと、申しております。授乳は、三度三度のごはんを食べながらという人が六十パーセント、しかもるす番が、いないのに乳兒だけ家に置いていくという人も十パーセントあり四十パーセントの人は田畑につれて行くということです。農繁期に子供の病氣が多いということも、うなずけるような氣がします。

育兒上最も保護を要する時期でさえ、この狀態なのですから、一人で遊ぶようになればもう全然かえりみられないで、子供は、母親が家に入らない中に、きたない手足をしたまま、ゴロ寢をしていることは珍らしくありません。ではどうしてこのように、婦人が勞働過重になり、しかもそのために、地位の向上、修養などは、思いもよらない生活となるか、ということを考えて見ますと、その一ばん大きな原因は、農事經營の缺陷と、封建性の問題にあると考えられます。

この地方は丸五ヵ月も雪にとじこめられ、米作一本の單作地帶であること、零細農家が多く、いろいろな機械が、できても、それを購入するだけの經濟力がないこと、男が出稼ぎをしなければ、生活が維持されないことです。もう一つには、日本の家族制度が、家というものを非常に重んずるところから、何事も家中心に考えられ、家のためには、喜んで犧牲になることが、美風とされた傳統、その家自體が、大なり小なり、一個の生産團體であり、同時に、消費團體なのですから、個人を尊重していれば、團體生活が、なりたたないというところからおきてくるのだと思います。これに半ば婦人のあきらめが加わつて大きな壁になつているのでありましょう。

次に婦人團體の様子についてのべて見ましよう。私の村では終戰の翌年、二、三の婦人が先になつて、婦人會をつくりました。それには、年齢五十歳以下という制限をつけたために、戰時中の婦人會の幹部は、しめ出された形になりました。そこで、その人達は、反ぱつ的に佛教婦人會を組織しました。そしてその間に始終、感情的な問題がからんでいました。例えば、婦人會が、生活改善で冠婚葬祭費の節約を規定しますと、若いものの決めたことを守れるか、というので、わざとその反對を實行するのです。昭和二十四年に農協婦人部が生れました。その結成當時、佛教婦人會が主として募集にあたり、「婦人會は、會費が年に三十圓いるが、婦人部は、村の農協に屬して、會費はいらないから」と申しました。こうして、婦人部は、老人のもの、婦人會は若いものの會ということになつてしまいました。それが、種々の場合に、あつれきをうんで、次第に深刻になつていきました。二十五年何とかして、このあつれきを、なくそうというので、あつせんするものがあつて、やつと一本になりました。これで一段落ついたように思いますが、姑と嫁の二人が會員である場合は、まだ嫁の出る幕ではないと嫁は會に出られないのです。

したがつて運營には、計畫性などはほとんどなく、役場でなんとかしてくれるだろうとか、自分たちでできない時は、男の人にたのめばいいというふうに、自主性のない態度は、至るところに見られます。

娯樂などは、ほとんどなく、どこの町村にも、からまつ樣の會があつて、七十パーセントの人が月に一回、或は二月に一回順番にのみくいの會をしています。神樣はほんのだしで、おがみもしないところが多いようです。婦人會も年に一回の總會はまず餘興の競演というところです。このような婦人團體を我我女教師は、何とかして少しずつでも指導して行かなければならないと痛切に感じております。しかしなやみは、女教師自身、勞働過重で、如何にしてこの時間をうみ出して行くかにあります。

これらの解決には農業經營の缺陷を改めること、例えば機械の共同購入で時間をうみ、酪農など、ほかの副業で、經濟的にゆとりをもつことが、まず第一の問題ではないかと思います。また社會施設として公立の保育所をつくり、安心して働けるようになつたら、どんなによいかと思われます。

農村婦人の幸福になる道は、政治の中にあるということを彼女らに氣づかせるために、私達は、身のまわりの小さいことをみつめながら、勇氣と努力をもつてこの指導に當り、中央の議會に於ても眞劒な問題としてとり上げていただきたいと思います。

（秋田縣・中學校教員）

勞組婦人部のうごき

輸出の不振、朝鮮事變の休戰による特需の打切りなどから産業界は停滯し、不況の聲が高いにもかかわらず、一方政府の本格的再軍備着手を見越して物價は次第に上つている、という奇妙な世情に勞働界は烈しい資本攻勢と物價高にあい、いずれの組合にも首切・賃金抑壓・勞働强化等の諸問題が起つております。殊にこの風當りは逆コースの風潮と相俟つて婦人勞働者に强く、既得權まで侵されつつある現狀で、もはや勞組婦人部單獨では解決されない、というところまできております。こうした各勞組婦人部の要請によつて左派社會黨婦人對策部では七月以來、都下勞組婦人部の代表者と度々懇談會を持つてその對策を考究しておりました。

その結果、これらの勤勞婦人が當面している共通の惱みを、

一、合理化と婦人の立場
二、職場の封建性について
三、母體保護について

の三つに分け、十一月七日、參議院會館會議室に分科會を開き、（一）については敎育大講師松尾均氏、（二）については島津千利世氏、（三）には福田昌子氏等の各々の專門家を招いて、理論的な說明を開き、後一室に會して質疑應答の形で活潑な質問や意見が交わされました。

なお、この會合は今後も繼續し、「働く婦人の權利を守るため互に手を取り合つて鬪おう」ということになりました。

原稿募集

◇婦人のこえ　働く者、主婦の立場から、具體的に問題をとらえて建設的なご意見をおよせ下さい。

四百字詰原稿用紙　三枚半以内

◇短歌・俳句　生活の歌を歡迎いたします。ご希望の方には選者に添削添削していただきます（返信料を添えること）

送り先「婦人のこえ」編集部

お知らせ

讀者のご便宜を計つて左の二書を本社でお取次いたしております。部數が限られておりますから、ご希望の方はなるべく早く御申込み下さい。

A・ベヴァン著　山川菊榮譯
恐怖に代えて　岩波書店刊
定價二〇〇圓・〒三〇圓

醫博 佐々木守夫著
日赤產院 菅井正朝共著　三一書房刊
無痛分娩法の理論と實際
定價三五〇圓・〒三〇圓

編集後記

世の中に三號雜誌はあり餘るのにまた一つお仲間をふやすのかと笑われた本誌も、これで第三號、皆さまの力强いご支持によつて將來の見透しも明くなつてきたことは感謝、感謝に堪えない次第です。

＊

もつとむつかしいものを、もつとやさしいものを、一つ記事にもつと紙面をたつぷり、說明を充分にといろいろの御注意、ご注文、御厚意ありがたく、何とか紙面をふやしてご希望に添いたく存じます。毎號とはお約束できませんが新年號は三二ページとし內容も充實させます。記事が多くて本號にはのせられませんでした山川の「海外旅行記」菅谷の「婦人界一九五三年の足あと」、その他も新年號に讓りました。男の方に執筆してほしいというご希望をよせられた方もありますが、今の世の中で男は發表の機關に事を缺かず、女にはそれが足りないから出した雜誌のことですし、追々漸進の有力な婦人が執筆陣に加わつて下さる筈ですから「婦人のこえ」は婦人自からの聲で充たしたいと考えております。

婦人のこえ　十二月號
定價三〇圓（〒五圓）
半年分　一八〇圓（送共）
一年分　三六〇圓（送共）
昭和廿八年十一月廿五日印刷
昭和廿八年十二月一日發行
編集發行人　菅谷直子
東京都千代田區神田三崎町二ノ三
印刷者　堀內文治郎
東京都新宿區四谷一ノ二
發行所　婦人のこえ社
電話四谷（35）〇八八九番
振替口座東京貳壹壹參四番

昭和二十八年十一月二十四日第三種郵便物認可
昭和二十八年十二月一日發行（毎月一回一日發行）

婦人のこえ

（第一卷・第三號）

定價三〇圓

婦人のこえ

1月號

1954

賀正

衆議院議員（五十音順）

大石ヨシヱ　社會黨右派
神近市子　社會黨左派
堤ツルヨ　社會黨右派
戸叶里子　社會黨右派
中山マサ　自由黨
萩元たけ子　社會黨左派
福田昌子　社會黨左派
山口シズヱ　社會黨右派

參議院議員

赤松常子　社會黨右派
安部キミ子　社會黨左派
市川房枝　無諸屬
奥むめお　綠風會
加藤シズヱ　社會黨右派
高良とみ　綠風會
紅露みつ　改進黨

高田なほ子　社會黨左派
西岡はる　自由黨
最上英子　改進黨
横山フク　自由黨
宮城タマヨ　綠風會
深川タマヱ　改進黨
長谷部ひろ　無諸屬
藤原道子　社會黨左派

婦人のこえ

1954年

1月號

目次

一九五四年への期待……山川菊榮…(二)

運命をひらく……榊原千代…(六)

ニクソン夫人はほめたが……河崎なつ…(八)

新しき年への希い……諸家…(一三)

随筆 今日の問題……川上喜久子…(一〇)

「泉への道」によせて…大内節子…(一一)

内灘でひろつた話……田島信惠…(一三)

PTA活動の中から……桑原小枝子…(一九)

女教師のこえ……川崎良子…(二六)

婦人のこえ 現實を直視して…大野はる…(一六)

共稼ぎの臺所…曾我妙子…(一七)

授産所について……横井みつる…(二三)

民生委員推せんの實態……小畑マサエ…(三〇)

農村の離婚風景……丹治千惠…(二五)

纖維の婦人……岩瀬ふみ子…(二八)

一療養者の訴え……渡邊幸子…(三一)

兵庫縣職場婦人懇談會の發足……川俣はる…(三三)

婦人界・一九五三年をかえりみて…菅谷直子…(三二)

金森博士への進言……北村杉子…(二八)

短歌……萩元たけ子選…(七)

俳句……星野立子選…(一八)

表紙……小川マリ　カット……寶井曉子

一九五四年への期待

山川菊榮

平和はくるか

軍人大統領アイクの登場で幕のあいた一九五三年はスターリンの死とソ連の内外政策の變更、これをうけたチャーチルの平和演說、朝鮮休戰の成立、ソ連が頑强に主張してきた中共を交えての五ヵ國會談の要望を讓つて四國外相會談を受諾したこと、インドシナで話しあいに入りたそうなけわい、アメリカ側の原子力國際管理提案にソ連の同調しそうな空氣など、ともかくも血と硝煙のにおいがいささか遠のいた感じの中に幕をとじようとしています。いずれ多くの波瀾曲折の後、中共の國連加盟までこぎつけることでしようが、朝鮮や日本の非武裝中立の承認までこぎつける日が來ないともいえますまい。

第二次大戰のあとの世界には、人類が過去の時代からうけついだ軍備競爭という厄介な遺産と、未來の幸福を約束する生活水準の向上と、この二つが競爭してきた形です。軍備競爭はいうまでもなく米ソが兩横綱で、どちらも大砲かバターかというようなケチなことは問題にせず、バターも、大砲も、そのほか何もかも、いくらでも同時に作つてみせると力みかえり、原爆なりと水爆なりとお好み次第と氣焔をあげて、平和という言葉まで奪いあう有樣。しかし地球をわがもの顔にかつてに二分して危機をかもすそういう不自然な勢力圏の設定とがむしやらな軍備競爭に反對し、各國が平和のうちに進步と繁榮を許さるべきだと考えた國々も多いことでした。アジアではインドを始め、米ソいずれとも對立せず、同時にどちらにもくみせず、どこの國とも友交關係を保ちながら獨自の平和的立場をまもる第三勢力論が力をえており、ヨーロッパでも英國勞働黨左派がこの立場をとつて、アメリカへの追隨外交に反對し、今では右派もこれに同調し、左右の間に外交政策についての話しあいができました。チャーチルさえもこの線を心にとめて米國をリードしようとする立場をとつています。マッカーサーをやめさせたのは英國なのだが、日本人はそれを知つてるか、と滞英中、私はいろいろの人からいわれました。朝鮮戰爭を滿州までもちこもうというマッカーサーの政策は第三次大戦の危険をはらむものとして英國勞働黨政府の强硬な反對にであい、遂に罷免にまで發展したので、これは英國人の自慢話でした。

左派のベヴァン氏はヒトラーを英雄にしたものはドイツの失業問題で、失業が下火になつた時は、ヒトラーの人氣も下火になりかけていたといつています。失業者を多く作る政治は國際的にも、國內的にも混亂をひきおこし、戰爭や內亂の種子をまいているのです。

經濟的にも軍事的にも微力な東洋の後進國でも、力を合せて聲をあげれば强大國もむりにおしきることはできないところまで、曲りなりにも世界は進んできているのですから、私たちはあくまで軍備競爭反對、自主中立の立場で平和を守りたいと思います。いまソ連も平和產業へ力をいれて國民の生活水準引上げに向つたということは、アメリカ以上の强力な原爆水爆を誇るより、ソ連民衆のため、國際平和のためにはるかにかしこい政策です。アメリカもまた戰爭準備のために、人類共有の富である貴重な資源を浪費せず、もつと誠意をもつて後進國の經濟開發策にその技術や富を提供したなら、尨大な生產力を抱いて恐慌をおそれるにも當らず、感謝はされても憎まれることはないのです。

いかに强大な國々とはいえ、アメリカもロシアも國內にまだ改善すべきものが無數に殘されており、誰もがバターにあきているわけではありません。英國とても同じことで、社會保障制度が一應でき上つたものの、まだいつぱい問題をかかえている。東洋とは比べものにならないヨーロッパの先進國でさえそれですから、後進國は猶更のこと。今は世界中戰爭どころか、國內の改革、生活水準の向上に專ぱら努力すべき時です。そうして經濟狀態がよくなるにつれて、外國の物を買う餘裕もできるので、お互に貿易が發展し、狹い市場の奪いあいで戰爭する危險もなくなるわけです。

どこの國でも生活水準が高くなり、敎育、文化の水準が高くなるに從つて否應なしに民主化が進み、從つて戰爭を避け、平和を求める傾向が强くなります。昔、婦人參政權運動がまだ盛んな反對や迫害と戰つていたころ、その先頭にたつた英米の婦人たちは、「男女同權だといつても女は兵隊になれないじやないか」と嘲られたものです。その頃、婦人たちは、「なるほど私たちは兵隊にはなれない。が兵隊になつて人を殺す代りに人を生みます。そして婦人が政治に參加すれば戰爭をなくします」と答えたものです。ところが皮肉にも第一次大戰のあとには革命ロシアに世界最初の女軍人ができて世界の話題となり、婦人參政權はできても戰爭を防ぐどころか、第二次大戰には、他の諸國でも女軍人のない國はなくなりました。しかしこれは人類の社會がほんとに平和な、高い文明の段階に進む間の過渡期の一時的變則的な現象であつて、永久の姿ではない筈です。女のみならず、男でも軍人などの必要でない世界にするのが私たちの參政權のほんとの任務です。原子力が平和產業のために利用され、世界中の國々が力をあわせて生產の向上、貧乏の克服に努めたなら地上の樂園も夢ではなくなります。文明というのはそういう狀態のことで、物のあり餘る國民が恐慌におののき、軍備競爭に活路を求めるかと思えば、飢えた國民が土を耕す農具や機械に事を缺くという不合理は、人類がまだ野蠻時代をぬけきらない證據です。私たちはまず第一に自國のこういう野蠻不合理を改める努力から始めましよう。

ソ連の政策變更をうまくとらえて、ヨーロッパ諸國はアメリカのきずなをのがれ、これをけん制して國際緊張をほぐそうする一方、アメリカ國内でも共和黨のあぶない武力外交とヒステリックなマッカーシズムは歡迎される一方ではないらしく、最近の知事選擧は民主黨の勝利に終りました。民衆の批判とその良識が手綱をとつて、この國の巨大な富と能力とを、人類を亡ぼす代りに、それを榮えさせるために使つてほしいものです。その望みは決してないとはいわれませんし、ソ連についても同じことが考えられます。そこに私は一九五四年の希望を感じているのです。

黒水引のお年玉

ヨーロッパの空はいくらか明るくなりそうな氣がするのに、ますます暗くなる一方なのは日本の國内です。一九五四年のお年玉としてMSAの調印、憲法改正、勞働諸法の改惡が傳えられているではありませんか。何と不吉な、黒水引のお年玉ばかり揃つたことでしよう。自由の死を葬うにはこれがふさわしいとばかりに。すでに吉田黨は憲法改正のためにぬけめなく準備をととのえ、積極的な再軍備論の鳩山派と手をにぎり、改進黨とも一つになろうとしています。改進黨のわざとらしい政府批判は黨員の身代金をせりあげる工作としかきこえず、いずれ遠からず値がきまつて手がうたれることでしよう。これが日本の政治なのです。こうしてMSAは調印され、再軍備は進行し、貧乏な日本が世界一金持のアメリカからそのもてあましている小麥を國際價格より高く賣つけられ、他の國々から安く買うことを許されないとか、日本で作る武器を韓國、インドシナへ輸出してヒロポン注射で空腹をごまかそうとしている樣子は毎日ラジオや新聞でうるさいほど傳えられている通りです。

一萬田日銀總裁は健全財政確立のためには失業者を出すのもやむをえないと傲語し、占領中の勞働諸法は健全財政を妨害するものと稱して、再び無制限の奴隷勞働を主張し、小坂勞相は、基準法改正はチープレーバーの悪評あるわが國にとつて不利であるからとしてこれに手をふれず、議會に關係なく省内で自由に改廢できる施行規則を動かして女子年少者の保護を改廢しようとしています。また吉田首相は再軍備にからんで青少年の精神作興を主張し、ふるい歴史地理教育の復活を說いています。新民法の規定した「家」の廢止、家族制度の改正も、一度昔に返すとか。

日教組の政治活動禁止は、昔に歸つて教員を政治的盲目に止め、保守勢力の支柱にしようという企てにほかなりません。曾ての治安警察法は教師、僧侶、婦人の政治活動を禁止したものでしたが、いまそれが復活されつつある思いです。これは教員の人權問題たるに留まらず、その政治的關心を彈壓することによつて、未來の國民を政治的白痴にする恐れがある。何のための戰いか、譯もわからずに特攻隊にかりだす教師、かりだされる生徒を、も一度日本は必要とするのでしようか。

政府はしきりに耐乏生活を唱えますが、國民は現に耐乏生活をやつているのです。そしてその一方どうして手にはいるのか、あぶく錢をつかんだ者だけもしくは公用族社用族その一黨のみが浪費にふけつているのです。脫税のために宴會や溫泉ゆきに金を使う會社を取締るだけでも國庫の收入はうんとふえる筈です。さもなくてさえ食うや食わずの者が多いのに、この上物價は上り、失業者を無限に出して犯罪や病氣や自殺や賣淫をふやし、その仕末に多額の國費を使うことが何で健全財政といえるでしよう。完全雇用や社會保障と、世界の先進國も後進國もきそつて勤勞大衆の生活の安定とその地位向上に努め、健康で能率的で教養の高い良心的な働き手を作ることによつて生産をあげ、國を經濟的にも政治的にも安定させ、發展させようとしているのに、日本の行き方はまさにその逆です。こういう政策に對する反抗を抑えるために、敗戰後の進歩的立法を改廢し、亡國の原因となつた時代おくれの反動政策に歸ろうとしているのです。しかしこういう政府を作つたのは國民自身の投票だつたのです。これを改めるのはわれわれ國民の責任です。參政權を通じあらゆる機會を利用して、憲法、民法、勞働諸法をまもりましよう。先進諸國の婦人たちは一つ一つの權利のために何十年も戰い、英國の場合でさえ、入獄や死を賭してやらなければならなかつた。私たちはすでに得ている權利を守る戰いで始めてこれを本當に自分のものとすることができるのです。敗戰より二十年前、新しくできた無產政黨の綱領の中に、戸主制度の廢止、一切の男女不平等法案の撤廢、同一勞働同一賃金、公娼廢止等が私たち婦人の要求でかかげられ、勞働組合の方では八時間勞働、夜業危險作業の禁止、產前產後各八週間の有給休暇がこれまた婦人側からの要望でかかげられていました。婦人の熱心な活動によつて昭和五年には地方公民權が衆議院を通過し戰爭さえ防がれたなら、少くとも法律上の婦人解放は日本人自身の手で行われたにちがいないのです。これが敗戰のため外人の手で行われたのは殘念この上もありませんが、しかし進歩的な日本の男女の意見によつてまとめられたのであり、婦人や勞働者保護の立法に關する限り、一がいに占領時代の天降りとはいえないのです。私たちはそれを單なる法律に留めず、現在の事實とする戰いを今まで同樣この後も續けなければならず、これらの法律を守ることによつてほんとうにそれを自分たちのものとすることができるのです。

女教員は無用か

終戰後新しく婦人の進出した智的な職場が再び奪われようとするきざしも露骨になつてきました。私はここ一兩年あちこちの事業場で、官民いずれをとわず、比較的責任のある地位についた婦人が「私がここをやめるとあとに婦人をもつてこないのは分つているのでうつかりやめられません」とか「やめられては困ると女仲間にとめられて」とかいう話を方々で耳にします。某會社で女子の停年を廿五歳としたそうですが、大學で學んだ專門の技術や知識では雇われる機會が少く、少女同樣お茶汲み取次に使われたあげく、廿五歳で停年となつては、婦人職業の將來も明るいとはいえません。幸運にめぐまれてよい口にありついた人は、自分は優秀だからこの通り望み通りの所に就職した。鈍才は落伍するのが當然だというかもしれません。しかし問題は個人的なものではなく、全體として、社會的見地から見た勞働力の利用調節の原則がこれでよいかどうかにあるのです。男子以上に深刻な有識婦人の大量的就職難、失業問題が婦人解放と社會の民主化にどんな影響をもつかという點が問題なのです。

女教員は卅五歳にもなれば安心して勤めていられません、という訴えも聞きましたが、今全國的に中年女教員の間では希望退職の強要が問題となつています。これは教育豫算不足のため教員が足りなくて困るのを長年勤めて功勞のある女教師をやめさせ、給料の安い青年にふりかえて手をふやすためです。中年の女教師はいかに優秀でも、子をかかえた未亡人でも、多くの子女をかかえた共稼ぎの主婦でもただ女なるが故に豫算不足の犠牲となり、子供らは熟練したよい先生を奪われてしまうのです。來る三月の異動期にはこういう犠牲が相當多かろうといわれます。教員組合もPTAも女教師の人として勤勞者としての權利を守るために戰い、教育委員も教育そのもののためにこれに同調して頂きたい。そして教育豫算の充實によつてこういう不合理を防ぎましよう。子供と教師を犠牲にしてただ軍隊をふやし、大砲を作つて國が安全となるでしようか。軍事豫算をやめて教育や生活保障にまわすべきです。危い日本！　吉田内閣に任せておいては日本は破滅です。國民の生活を安定させる意味での健全財政を方針とし、實行する社會主義の勢力を強くしましよう。

訂正　十一月號十五頁、千葉千代世氏が世界婦人會議の**個人として**出席した、とあるのは誤り、**日教組の代表として**行かれました。

運命をひらく

榊原千代

冬が過ぎてまた春がくる、という時の流れに特別な區切りはないはずだけど、年改まる新年はやはり何かけじめのある思いで、氣も改まり、生活の凡てが新しくなることが希われる。壁につき當つていた困難が克服され、行きづまつていた道が開かれ、前途に光明がのぞまれてこの年こそはこの自分にも、家にも、國にも幸福が訪れてくれるようにと、何となし期待がかけられる。こういう心理にのつて神社などでは開運のお札が飛ぶように賣れる。

だが一體どうしたら人の運は開けてくるでしようか。

先月號の「婦人のこえ」の中で圓地文子さんが電車の中の出來事について興味深い一文を寄せられた。電車や汽車にのることはこの頃の私達にとつては日常生活の一つなので、その中から、いろいろな人生が經驗されていろいろな問題が考えられる。つり革にブラ下つて立つていなければならない人が多勢いるなかで、他人の座席まで占領して自分の坐つた横へ大きな荷物を置いて濟しているような乘り方、それはまわりの多くの人を不愉快にしそれと同時に自分もそれらの人の非難の視線を浴びなければならない。お互に不幸なことである。そうしてそれが暴力やけんかの原因になつたりしたとすればほんとに悲しいことである。ある日の新聞に一人の主婦がやはり電車の中の經驗を書いて嘆いていたのを讀んだことがある。それは六つばかりの一人の子供を連れた母親が乘りこんできたが見廻わして腰かける席がなかつたので、子供は「坐るところがない」といつてわめき立て、母親は誰も立つて席をあけてくれないのにアリアリと不滿な色を浮べて子供をなだめていた、というのである。そのありさまに我がままな無禮な態度にヒドク反感をあおられたが、他の人々も自分と同じような思いであつたか、皆知らぬ顔をしていて誰一人として席をゆずるものがなかつたそうである。後向きに腰かけて窓から外を眺めている子が邊り構わずドロ靴をふり廻わしていたり、いたずら盛りの子供に席を與えて自分は側に立つている母親をみることはしばしばである。長い間家の中に閉じこめられていて家族だけを後生大事に社會を知らないで生きてきた女の不幸をここに見る。そうしてまたそのような母に育てられる子の不幸を思う。子供は元氣なもの、だから自分は立つていても、疲れ易い大人を腰かけさせてやらなければならない、外の景色を見たくても席がなければ我まんしていなければならない、病人や弱いものが入つてきたら自分のかけている席をゆづらければならない、という風に社會の中に生きていく方法、殊に他を思いやる、仲よく樂しく暮していく生き方を訓練されたら、その子供はどんなに幸福であろう。

今日の日本の電車の中のようにヨボヨボな老人や重い荷物をもつた婦人がころびそうにして立つていて、逞しい青年が悠々と座席にフンゾリ返つていたりするという光景は野蠻である。

自分さえ都合よければ人の迷惑は百年も辛抱するというような横暴な生活態度、そうして萬人から嫌われるような不幸な人生を送らなければならないということは悲劇である。そうしてまた馱々をこねる子供のように自分の思う通りにならないと不平で堪らない人というのも、周圍の人にとつてたまらないものである。

きのうネッスルミルクの會社員がきての話に、自分の會社のネッスコーヒーの瓶に僞せものが詰められてそこら中で賣られているということ、そうしておよそ名の通つた輸入品はほとんどそうした被害を受けている、といつていた。儲かりさえすれば買い手がどんな損害を被ろうとかまわないといつたような商賣は長續きするものでなはい。結局繁盛することはできないで、首が廻わらなくなる。そうした利己的な生活態度がどんなに世の中を混亂と暗闇におとし入れているか、低賃銀で勞働者をしぼつて傲奢な生活を樂しむ事業家戰爭を招く軍需産業をも敢えて歡迎する金融資本家、大衆をふみ臺にして名利を漁る政治家、目先の利益に投票權を賣る民衆など、人間としての値打ち、眞實の幸福というものを犧牲にして自らも社會をも悲慘の壁につき當らせる。

子供の將來の長い生涯にいずれは社會の中に自分の運命を開拓していかなければならない運命にある子供に、その運命の扉を開く鍵を用意しなければならない母は、社會を正しく認識し、仕合わせに生きる道をわきまえなければならない。

× ×

× ×

短歌

萩元たけ子選

今日も又麥八分の飯だけれど子等の辨當に山と入れやる　北原喜代

氣にかかる麥播き終へて痛き腰さすりて立ちぬ夕茜空　青柳茂美

父の手にたわむれ騷ぐ子等を見て吾が幸せのありかをぞ知る　三澤妙子

ニクソン夫人はほめたが

＊＊俳句に現れた庶民の母＊＊

河崎なつ

滞在六日の忙しい日程を終つた、米副大統領ニクソン氏夫人は、在京婦人記者たちに日本婦人の印象を次ぎのように語つたと十一月二十一日の「毎日」は報じている。

「子供を負つたお母さんたちを街でみて、ほんとうに、母親として、日本婦人は立派だ、という氣がした」「私の五つの子供も、これをみたら、きつと、おぶつてほしいというでしよう」

これを讀んで、日本の母親たち、やがては母親になる若い勤勞婦人たちは、何をニクソン夫人から學びとつたであろうか。

私をしていわしむれば、これは正しく、次の日本婦人の態度を裏付けるものである。

「私は子供が多かつたので、つぎつぎに負つて、田植へも、稲刈りも、麥こぎもしました。だから、今、子供たちは、お母さんお母さんといつて、大事にしてくれます」

といつた福井縣の或る婦人會長の婦人大會での感想に連つて、子供は母親が負つておればよいのだと、ますます押し付けてゆくばかりである。

だが、夫人は決して、日本の婦人が、

「負うた子に髪なぶらるる暑さかな」のその女の夏の苦熱を知らないのであり、

「背の子の泣けば泣くや毛糸あむ」で内職の終日にも、立つて、編まねばならぬ子を負うた内職婦人の棒立ちの足の痛さを夫人は、決して知らないであろう。

いわんや

「やがて子をくくりつけたる菜漬かな」

の、笑えぬ母の工夫など、夫人の思いもかけぬことであろう。しかも

「炭負うて、やや子（赤坊のこと）を前にくくりつけ」

の奈良縣山村農婦のいたましい工夫や、また

「吉備歌をうたひ子を負うて繭を返す」

の岡山縣吉備地方の米と繭の二毛作地帯の農婦の涙ぐましい姿は、全歐米のどの國の婦人の上に、今日、見うるであろうか。

さらにいわんや、

「寝られねば水を盗みに子を背負ひ」は、日本の農業の技術と經營組織の低劣さと、いまなお色濃い女への（妻への）男の（夫の）封建的重壓とに、打ちひしがれて、主婦は我家だけよくなればよいと、水盗みの罪をあえて犯そうとし、妻は子がさめての泣聲に夫の小言をおそれ、子への母のいとしさから、いま熟睡のただ中であろう子を背に負うて、ソッと田に出かける日本の農婦の何というかなし

いむごたらしさであろう。

日本の多くの婦人がこんな勞苦に心とからだをすりへらしながら、子を負うているのをただ「立派だ」と手放しでほめたたえておくだけでよいであろうか。

そして職場婦人はなおさら、子を抱えては雇つて貰えぬばかりか、子を抱えては職場にゆけぬので、仕方なしに家に子を負うて男の低賃金にすがつて生命だけ、やつとつないでいるのである。

むしろ、この人たちはニクソン夫人の、子を負う形ちの上での、立派さよりも、子を施設にあずけて、身輕に職場で社會人として働き、強い經濟力と人間完成の力で、その子を十二分に育てる母の姿を、むしろ、より立派だと望んでいることを、私は夫人にお知らせしよう。

にもかかわらず、現實はどうであるか。厚生省はこの夏の調べに、卽刻何等かの手を差し延ねばならぬ兒童(〇歳―十八歳のこども)はいま日本に七十三萬餘人いるという。親の勞働または病氣のために保育に缺けるこどもが何と二十六萬餘人、身體不自由兒が十三萬人、薄のろの兒が八萬人ちかく、からだの弱い兒十一萬人、もはやすでに不良化している兒が四萬千百人等々と胸のつぶれる事ばかり。すでに今までにも兒童への保護福祉の施設は

	施設數	人員
保育所	五、五一三	五三八、二一四
養護院	五〇〇	二八、七九九
肢體不自由兒施設	七	三一七
敎護院	五六	四、五九四

その他このうえに、明日にさし迫つたこれ等七十三萬餘人への何等かの措置である。

それはいうまでもなく、政治の手を第一にする。にもかかわらず日本の吉田内閣は、その手をますますぬこうとしているのである。早い話が、一番人數のよけいいる保育兒に對して、三年前には、國家が半分、縣が四分一、地元が四分一の經費負擔であつたのが今日は國、縣、地元三分一づつの負擔に切替えて、新設數も始の頃の年間四百―三百から、今年は百二十カ所に減してきた。

といつて生きているこどもや保姆費を、三分一には切り捨てられぬ。しよせんは三月卒業は卒業しても新しい兒はあずかれぬことになるのが分つているから、新しい二十六萬餘人が、どうして預れよう、と施設の話。子供を抱えた勤勞婦人や母親はどうしていればよいのであろうか。

しかもこうして創りためた經費のだんごはみんな再軍備への吉備團子、バズーカ砲やブリゲー艦となり、戰力なき軍隊とやらの養い扶持につかわれる、吉田内閣であつてみれば今度のニクソン夫人の讃辭はまこと日本婦人の眞摯な姿を稱えるのではなくて、それは婦人に過勞を强いることであり、かつまた兒童をますます放りぱなしにさせる結果となり、さらに、吉田内閣の反動性、非民主性、非人道性を合理的に裏付し、しかも、その再軍備への費用かせぎに利用されるだけであることにおいて、ニクソン夫人の讃辭を私はつつしんで返上したいと思う。

新しき年への希い

萩元たけ子

私はいつもこう思うのです「次の世代を負うて下さる青年はこの過渡期の不幸にまけずきつと強く生長してくれる」と、そして「私達婦人こそは眞に平和を要求するものである」と。また大切なことはひとりの眞實な叫びをどうして集めるか、大きく反映させるか、ということではないでしょうか。私は新しき年の希いをその眞實な平和への叫びを廣く、まず「婦人の聲」に結集することに掛けたいと思うのです。

幾十里馳せ來て平和憲法の
擁護結成に吾れも盟ひぬ
（信州にて）

随筆

今日の感想

川上喜久子

いま私の机の上に、届いたばかりのフィリピン友の會の會報が、おいてある。先頃四つの團體で、對比國民感謝大會を催した、その記事が紙面の大部分を占めている。

キリノ大統領の日本人戰犯に對する特赦減刑は、同氏が夫人と愛兒三人を日本兵に殺された悲痛な經驗を持つ人であるが故に、發表當時も私たちは一層深く感動したものだが、この記事を讀む間も、始終そのことが頭にあつて、涙を感じどおしだつた。

およそ自分等の國が他國の戰場になることほど迷惑な話はあるまい。マニラに次ぐ都市のイロイロやバコロッドの、戰禍を受けた光景は、十八年春訪れて目のあたり見て來たが、その頃は美しかつたマニラ市も、後に焦土と化したようだ。またいつかの會報によれば比島人は十七人に一人の割で死んでいるという。肉親の死に遭つた人が、キリノ氏の外にもたくさんあつたわけだ。

私たちの滯在した當時でも、政府の要人のほかは、住宅や車を徴用されたり、大學生がカロマタの馭者になつたり、配給の列を作つたりしているのを見聞きしたが、そういう不自由の中で、息子が戰爭に出ている不安や、女中のいなくなつた不便に耐えながら、私たちを歡待してくれた人々の心遣いを、日本へ歸つて自分も苦勞するようになつて、痛いほど思いやることができた。

しかし破壞された町は復興するであろうし、失われた物はまた返ることもあろう。何ものを以てしても償い難いのは、戰爭の犧牲となつた人命である。平和が還つて、親しんだ人たちの安否をたずねる機會もつてもあるのだが、たしかめるのが怖い氣がして、私はいまだに知らないままでいる。わずかに新聞で、上院議員のオシアス夫妻の來日を知つて、まあ無事だつたかとほつとしたり、ジュラン氏が新夫人を伴つて來日とあると、さてはあの美しい夫人は死なれたとみえる、どういう死であつたか、戰爭のためでなければよいがとひとりで胸をいためたりするばかりだ。

友の會では以前も、償いの念願の一つの現れとしてのよい事業を行うために、シールを賣り出したことがあつた。ところが、一枚拾圓のシールが賣れにくい感じであつた。日本人には比島人の不幸がほんとうには理解されていないのだな、と私は思つた。

遺族、戰犯、未歸還の人々のことで、國民が苦勞するのは當然であるけれど、同時に日本軍のために災禍を受けた他國の人々のことを忘れないようにしたいと思う。

對比國民感謝大會などは非常によい催しだつた。向うの國民にもよい感じで受け取られることであろう。私みたいにつらいと思つて引込んでいるような、消極的な態度は、無關心であるよりはいいかもしれぬが、あまりほめた態度ではない。せめて自分の國が二度と戰爭を起す罪を犯さないように、努力するのがほんとうである。

（本誌・社友、作家）

隨筆

「泉への道」によせて

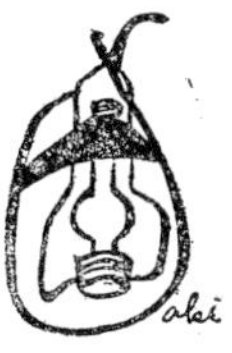

大内節子

いま朝日新聞の朝刊に、「泉への道」という小説が連載されている。その京子という主人公が、婦人雑誌の記者として様々な経驗を積みかさねながら、その中から自己の人間的な成長を汲みとつてゆく、というのがこの小説のあら筋である。京子は感情的であるよりは理知的で、おそらく社會正義的な感覺をも身につけているのであろう。しかしその感覺は、かなり本能的なものであつて、社會科學の素養を身につけたうえでのものではない。こういう京子が、たまたま婦人雜誌の身上相談への投書から、ウメという彼女とは別世界の女性に出おう。ウメは、一部の人々にはたかだかはした金とも考えられる四千圓の借金のために、もしかしたら身を賣らなければならないような破目にあり、京子がない中から苦心して贈つた洋服も、その四千圓の利子として流されてしまうという有樣だ。京子はそれを默つてみてはいられない。何とかして、月給の大半を前借りしてでも、ウメを救つてやりたいと思う。他方、このような京子の態度をお孃さんの感傷だ、といつて批評するのが、同じ社にでている金澤である。彼はいう――ウメは單數ではない、世の中には複數のウメがいるのだ、ウメ一人を救つてみても、世の中にはもつと悲慘な境遇にいる人々が數えきれないほどいるではないか、と。

この場合、金澤の側にも京子の側にも、それぞれそう主張するだけの正當性があるように思われる。その正當性のどちらを作者が支持するかは、小說がまだ半ばであるために分つていない。しかしこの矛盾の解決を私達で考えるとしたら、一體どうしたらいいであろうか。今ここで私と一緒に考えている人々のなかには「京子」もいるかもしれないし、「ウメ」もいるかもしれない。その場合、もし京子であつたならば、その場その場の感傷におぼれていては自分にも限度があるのだから、こういう貧しい人々を社會からなくすにはどのような手段をとつたらよいかを、もつと理性的に考えるべきであろう。ウメであつたなら、これは運命だとあきらめる前に、自分達のような貧しい人々がなぜこの社會に多數存在するのだろうか、と考えるべきであろう。そうすれば、金澤がいうようにウメは複數なのであり、それは社會における貧しい人々の存在という問題に直結することはすぐ明らかになるし、したがつてこれは個人の問題ではなく社會の問題であることも、社會の問題だから個人的には解決がつかないことも、分つてくるであろう。それゆえいくら有閑婦人が貧しい人にはした金を惠んでみても、それだけでは問題の解決にはならないのである。いな、このような個人的な慈善ばかりではない、たとえば「赤い羽根」運動のように、慈善を社會的な運動にもり上げてみても、それが本質的に慈善であるかぎり、貧乏の根源を根だやしにすることはできないし、かえつて社會の基本的な矛盾から人々の目をそらしてしまうおそれさえ多いのである。むしろ人々の社會的な運動が

内灘でひろつた話

田島信恵

新聞にも、ラジオにも内灘の名がさわがれなくなりました。しかし内灘の火は消えたのではない。あの半歳にわたる激烈な反對運動に先頭を切つて闘つた婦人たちは、村政の刷新、村の民主化の旗を掲げて、内灘村革新協議會を結成しました。そしてこの協議會が掲げる綱領が、婦人達の手で推進されているのです。どうしてこんな力が内灘のおかか（主婦）たちに湧いたか、その過程を書くと隨分長い文章になりますので、現地で見た事、聞いた話を一、二ひろい上げて、その片りんを示したいと思います。

一、權現森を追いだされて

九月二十八日、武裝警官隊三百名が動員されて、小高い砂丘に入るたつた一つの入口を閉ざされてしまいました。朝早くから權現森の坐り込み小屋へ行こうとするおかか達の目の前に、棍棒と、ピストルのいかめしい警官がたちふさがつていたのです。おかか達の胸の內に、いいようのない怒りがこみ上げてきました。

「ダラケ（馬鹿）おどらあ（お前達）アメリカの犬か」

「バラ（私）の濱をとつて、バラに死ねというのか」「吉田の手先!!」

心の底からの憤りの言葉でした。試射場の柵の向うの砂原には、坐つて何にかじよう談を云いあつている長い警官の列。笑い聲が列の中から起りました。

慈善ではなく貧乏の眞の原因の除去をめざすとき、はじめて京子とウメの問題も解決の端緒を見出すであろう。もちろんそうはいつても、京子や金澤がすぐ社會主義運動をすべきだとは私も思わない。しかしそういう一見個人的な問題が、じつは資本主義の基本的な矛盾につながつていることを知らなくては、いたずらに京子は感傷的になり、金澤は絶望的になる以外にはなさそうである。ところで作者の廣津氏は、果してそういう資本主義の問題として、この登場人物の悩みを處理するだろうか。それが一寸樂しみである。（社友）

新しい年への希い

諸家（到着順）

三瓶孝子

一、戰爭がおきないように、みんなで平和を守りたいと思います。戰爭の慘禍を忘れた人が出てくるようでは困ります。

「笑つている、人が死ぬか生きるかというのに!!」

「おどら日本人か!! バラ達から濱をとりあげて、それでも足りずに再軍備する吉田の子分になつて、おど恥しくないのか!!」

主婦たちは潮燒した頰に泪が流れのをぬぐおうともせずに、

「戰爭で息子を殺されて、その上濱をとられたら、バラどうして生て行くんだ!!」

この血を吐くような絶叫も、警官隊の鐵帽ピストルをつる白い房の前には、むなしい。

でも顏を眞蒼にしてくちびるをかみしめながら、うつむいて列から離れ行く二、三の警官の姿もありました。その時、日本山妙法寺の西本上人が柵を起えて試射場の内に入りました。

「あっ! ぼんさんが入つた」と、おかか達はバラバラと驅け寄りましたが、結局、警官によつてたかつて追だされてしまいました。

「内灘は貴方達の暴力によつて奪われた、しかし我々は必ず取り返しますぞ。我々の代でだめならその子供が 孫が、この政府の暴力を絶對に忘れず、必らず取返す!!」

西本上人の聲は泪で震えていました、村のおかか達の氣持を察し、これを代つて云つたのに過ぎないのです。「そうや、そうや」と、村のおかかは、頰かむりをした手ぬぐいの端をぎりぎりと嚙みながら、泪でしやくりあげていました。するとフラッシュがたかれました。

「あつ新聞社だ!」

「ウソ許り書く新聞に寫眞なぞ取らせるな」

若い新聞記者はもみくちやにされました。

政府にウラ切られ、警察に、新聞に、全ての者にウラ切られ續けてきた人間の悲しい抵抗でした。

或る地方新聞は信仰化した權現森のすわりこみ、とまで書いた。強大な權力に對する少さな抵抗も、六月十五日よりの細く長い抵抗もついに警官によつて終止符を打たれました。

海によつて生きてきた人々が、海をとられ自分の海でなく、手の屆きそうな所にあつてもそれは異國の海になつてしまつたのです。

二、少さな抗議

九月十日頃のことでした。村の中學校で修學旅行を計畫しました。しかし、六月以來の反對運動によつて村民の家庭生活が苦しくなつていました。村の反對實行委員會副委員長のHさんが、

丸澤美千代

一、冷たい平和でなく、眞の平和の確立、そのための平和憲法を守り、再軍備豫算をうち破ること。
二、勞働者・農民・婦人・子供の人權と生活を守ること。そのため勞働運動の强化と婦人・農民の力を結集する。
三、以上のことを實現するため吉田政權を退陣させること。

高橋 芳子

白い米の配給があるのに黒い米だということにされ、それを白くするためということなどでモノや金をかすめられ私達主婦が目を白黒ばかりしていないですむような社會になつてもらい度いものです、日本だけでなく、全世界の人々のことも含めて。

岩瀬ふみ子

『婦人のこえ』が非常に困難な中から生れ、しかも四號を數えるようになつたことは、働く婦人にとつて一つのよりどころができたことで大變うれしいことです。三日坊主ということがありますが、雜誌の場合も三號雜誌と

「この反對運動を必死になつて續て來たのは村の人の生活を守るためなのだ。修學旅行に餘分な金は使えん。村の實行委員會から、中學校の校長に修學旅行を中止してくれるよう申し入れる」

このことを聞いたHさんの長女F子さん、その他の中學三年生は、オカッパ頭やイガ栗頭を集めて何事か相談していましたが、やがて實行委員である黒津船部落の區長Iさんの家へ可愛いデモを掛けました。そしてIさんを中心にして中學生達は車座になり、口々に

「區長さん　どして私達が修學旅行に行つてはいけないんですか」

「反對運動をしているのは、大人の人達ばつかりではないでしよう。僕達だつて何回も座りこみに行つてるんですよ」

「お金がかかるというげど、修學旅行のお金は今年の四月から貯金しているんです。そん事はゴマカシです。政府と同じだわ」

人の好いI區長さんは、たじたじでした。次々に少さなくちびるから出る抗議の聲に頭を抱えています。丁度その時區長さんの家の前を通つた村の人があまりの騒がしさに

「どうしたんだね、Iさん」

と頭を抱えているIさんに呼びかけました。

Iさんは困つたような苦笑するような表情のいり交じつたおかしな顔で

「うん、弱つてしまうわい、この子たちにつるしがきにおうて」………

その翌日、地方新聞の二面に、政治的ないやがらせか反對派が修學旅行中止の申入れ、とか中學生の少さな抗議とかでかでかと報道されました。村の人々(他の部落)はこの新聞を見て、「ほう、大したもんや、中學生が抗議にいくとは、村も大分民主化されたなあ」と日頃の暗い氣持から救われたように、靜かな笑聲があがりました。

黒津船部落の中學生たちはそんな大人の世界におかまいなく、修學旅行へ行けることになつたので、嬉しそうに明るい聲が漁船が浮ぶ河北潟の面てに快よくひびいています。

一つ　日の丸むしろ旗
二つ　船小屋にすわりこみ
　ほや(そうだ)ほーや(そうだ)
三つ　皆んなで反對すれば
四つ　吉田はんも困るやろ
　ほーや　ほーや

三、彈道の畑で

權現森は奪られ、反對派・賛成派の殺氣立

いつて後がつづかないことが多いようです。近ごろの私達の身のまわりには既得權すらはがされかけてきております。基本的人權を守るため『婦人のこえ』がお互の公共の廣場として、なやみを訴え、よろこびを交換し合うことのできる本となりますように、さらに職場の私共の身のまわりに山積するなやみを解決する一つのメドになつて下さいますよう祈つてやみません。

田所芙美子

選擧があれば革新政黨をたくさん出したいこと。そうなればすべてにわたつて今よりはよくなることは確かだと思うからです。

渡邊きし子

私達青年婦人の團結による平和への歩みが出來たらと思います。

新居　好子

停留所毎に金融機關、銀行の立派な建物が立ならんでいるのに、裏通りの小學校がボロボロなのは政治の焦點がちがつているせいでフンガイに堪えません。今年は、女性と子供のためによい政治が行われるように期待して

つた空氣もない平和な村に歸えると思つたのに、アメリカ軍の砲彈の音が前よりも大きくなつていきました。私は或る日、もう何時この鐵線をめぐらした柵の中へ入れるのかと、激しかつた過去の感がいにふけりながら、びゆんと音を立てる彈道にそつて北へ歩いていきました。うねうねとうねる砂丘、アカシヤの林がところどころにかたまり、九月末とは云え、太陽の光がぎらぎらと砂原に反射してまぶしいほどです。

　權現森を越え、着彈點に近い場所に來ました。柵の近くまで耕やされている畑の片隅に、じつと彈が炸烈するのを見つめている二人のおかか達の姿がありました。ぱつと鋭い火が一瞬きらめき、入道雲のような灰色がつた煙がゆつくり空へ舞いあがります。するとにぶい大地を引裂くような音がして、靜かな空氣がびりびりとうなり、砂地を通して足から震動が頭の先までずーんとひびきます。

「御苦勞さま。とうとう權現森を越えて射たれてしまいましたね」

　と二人のおかか達に聲をかけました。はつとして振り返つたおかか達の頰に泪の滴が二つ三つとどまつています。一人のおかかは、泣いていた顏を見られたのを恥かしげにいそいでアカシヤの茂みの蔭に走り去つて行きました。

「ほんとに おとろ（恐ろ）しいこつちや。いまも話し合つていたが、ダラなことをしたものだ。中山（村長）のダラスケ（馬鹿者）が、アメリカに濱を賣つて」

　砂丘と砂丘の間から、青い波紋をえがいた海がのぞき、その果に薄く煙のように能登半島が霞んで見えます。

「あっーまた射つた。彈が音を立てると、おとろしくて、おとろしくて一人で畑にはこられん」

　砲彈の音に畑仕事が手につかない。家にいてもガラスがびりびりとふるえ、家の白壁が落ちる。子供の癇がたかぶる。と云つた切實な惱みを、まるですがるような口振りで話してくれます。この苦惱が試射場のある限り內灘村には消えません。これに對する反撥、權力に對する憎惡が、革新協議會を組織させたともいえましょう。基地に伴う深刻な苦惱からのがれようとするための團結、私たちはこの小さな團結のために、力強く勵まし、助け合う責任があるのではないのでしょうか。

＊　＊

います。

大野はる

私は來年の日本の動きが日本國民というより、その中で最も抵抗力の弱い、子供、婦人病弱者、老人等にどう幸せを與えてくれるかと考えている。

　それなのに「戰力なき軍備」で隨分不幸にあつた人々が一九五四年には憲法改正案が正面きつて出され、再軍備が强化されれば、不幸も增すだろうとおそろしい。私は戰爭で兄を失い、その悲しみは今もつて家族の人々の中から忘れ去らないことをおもえば理窟なしに戰爭はのろわしい。私と同じ氣持の人々は隨分多いと思う。だから私はこれらの人々と共に、みんなの幸せと私の幸せを求めて共に苦しみ、悲しみ、共によろこんで、强く、たくましく生きてみたい。

榊原千代

再軍備を計畫する政府政黨がつぶれる事。
軍備に使われる金が經濟の自立、國民の福祉のために使われるようになる事。
兒童憲章の理想が實現する事。
官廳などの建築が後まわしにされて、國民の住宅がどんどん建てられる事。

職場のこえ

現實を直視して

「婦人こそみんなが起ち上るとき 自覺―組織化―實踐こそ急務」

大野はる

近頃の新聞には必ず殺人や自殺が掲載されている。或日、一戰爭未亡人は新聞を見ながら泣いていた。私はそつとそばへ寄つてみたら新聞には「母に逃げられ、病父と弟妹を養う力が盡きて自殺した十五歳の少年が寫眞入りでのつていた」彼女はいう。この「少年も可哀想だつたけれども生活力のない女が病人と子供を抱えて生き拔かなければならない心境は人ごととは考えられない」と。

それは生活に疲れ果てて逃避したとしてもその苦しみは更に増大するばかりなのにそうせずにはいられないぎりぎりの心境が彼女の環境とある共通點があつて彼女の涙となつたのだ。また私が或日、ＰＸの前を通つた時高級車が道路狹いまでに並んでいる間を縫つて男達が靴磨きの箱を抱えたり、カンバスを片手に米兵の似顏書きの仕事をねだつている光景が今以つて忘れられない。

ある職場懇談會では若い人々が結婚したいが結婚の爲に職場を失うことを怖れている。それは再軍備熱の高まりつつある昨今、戰後のみじめな未亡人の人生をくりかえしたくないという。また八王子へ行く省線に乘合せた華美な服裝の婦人三人と混血の可愛いい子供が人目をひいた。あの無邪氣な子供の心は成長と共に痛めつけられるであろうと思うと私は心秘かにその前途の幸せを希わずにはいられなかつた。

こうした不幸や苦惱や矛盾が至るところに山積しており、それが日増しに多くなるのは何故だろうか。

私一人だけでなくみんながみんなの立場で惱んでいるのにその解決の方法を知らずにおり、ある人々は半ばあきらめ、または現實にマヒしていると思う。

けれどもこの中で「もう默つてはいられない」と起ち上りつつある人々も漸増している。私は職場や家庭の婦人が起ち上るのをみた。そして素晴らしい力を持つていることを知らされてうれしかつた。

それは夫が首を切られ、明日からの生活を死守する主婦の叫びであり、理由なくして首を切られた幹部への憤りをこめた職場婦人の團結ある鬪う姿等であつた。

こんなに素晴らしく組織化出來るのに何故數多くの人々が放りつぱなしになつているのだろうか。どこの職場にも階層にも幹部と名のつく指導者が澤山いるのに……。

本當に一人一人の生活を高め、人間を高める爲に各人に創意と自覺を與え、自分自身が問題解決者としての指導者が少いからだと思う。みんなと共に問題ととりくんで行ける實踐者が少いからだと思う。そして苦惱の解決が婦人全體、人間全體の幸福への道と一致することを自覺させながらその間の矛盾を解明し、解決する實踐者が少いからだと思う。私達は先ず一人一人の小さい問題からとりあげてそれと共通する問題をもつ澤山の集り、つまりグループ組織をつくり、そこで問題を解決する運動とある共通點で統一し、活動して行く運動に缺けていると思う。そのためには個々の利害關係、社會的地位、家柄等について拘束されず、實踐活動に入れることが大切かと考えられる。

私達は現在の社會惡に浸つている自分自身に目覺め、その是正に努力しながら婦人の幸せを求めて強くたくましくみんなと共に希望をもつて進んで行くことだと思う。

二八、一二、七　（全日通勞組婦人部長）

臺所のこえ

共稼ぎの臺所

――夫の協力が必要――

曾我妙子

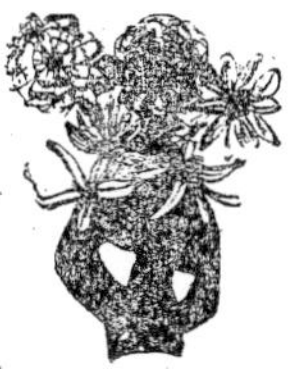

どこの家庭でも生活の合理化ということには一段と關心をもつていると思います。西歐諸國などのように立派な電機冷藏庫に洗濯器たやすく調理の出來るガスレンジといつた文明の利器が完備されていて、朝出がけにテンピに肉を入れて仕かけておけば歸る時分には程好く燒上つているといつた便利さは到底望んでも叶わないところです。獨立した一軒の家をもつか、或は比較的設備のよい都營アパートにでも入れればよい方で、生活力のあまりない若夫婦では間借りの一部屋で、しかも臺所は共同で使用するといつた狀態が多いのではないかと思われます。私もその例に洩れず廊下に出て料理をし、でき上つたものを部屋まで運ぶ手間に堪えている現狀です。「働き易く科學的なお臺所の設計」などと理想を云つてみたところで始まらないのです。この限られた經濟と住居の條件の中で、どうすれば食生活を簡略に、而も充分よいものにできるか、また主婦の時間を生み出してゆけるかということに、職場をもつ私としては殊さら問題があるわけです。

工夫と云える程のものではないのですが、私の家でここ何年間か習慣化していることとして、夫に協力して手傳つてもらうこととパン食になじむようにしていること、の二つをあげてみましよう。

私の家では朝寢床を出る時から同時に行動が始まります。一緒に起出て夫々に朝の仕事の分擔に入るわけです。私が食事の用意をする間、夫は床を上げテーブルに食器を並べる洋服にブラシをあて靴を磨いて出しておく……といつた具合に用事を分け合います。よそのお宅のように一時間も早く主婦が起きて、すつかり食事の整つてからおもむろにだんな樣が起上つてくる、ちよつと身體を動かせば取れるものでも奧さんの手を煩わさなければ氣のすまないだんな樣を持つたら、共稼ぎはスムースにゆきかねるでしよう。たまには買物カゴをさげて八百屋さんに行つて貰わなければならないことだつてあります。そのように手傳つても、女の方がしなければならない雜用が餘程澤山あつて荷は過重なのですから。私どもは、最初からこの調子でスタートしてきたので、夫も「やらなくてはならないもの」と觀念しているらしく、別に澁い顏もせず手を出してくれます。

「家の用は女がすべきもの、男が臺所に出入りするなんてみつともない、むしろ知らん顏をするのが男らしいことだ」ときめている世のだんな樣方はすべからず考えを改めて欲しいものです。實際には男の不馴れな手助けは、してもらつても却つて世話がやけるという結果もありますが、要は協力してくれる思いやりが貴重なのだと思います。

それから私の家では闇米のべらぼうに上つて來る以前から、あまりすきではなかつたパン食に食生活を變えてみました。パン食も軌道にのせるまでは、何かと資本がかかりました。先ず道具としてトースターとジューサーを揃えるところから始まつたのです。バター、ジャムの類を備えておけば、前の晩のひき肉と野菜を炊める程度の支度でよく、時間も御飯に味噌汁の半分ですみます。電氣ミキサーには手が屆かないので思案した結果、最近市販されたハンド・ジューサー（一千八百圓）を買い、ミカンの一つ二つを皮のまま絞つてホット・ジュースにして飲物を搾えます。經濟的にはパン食の方が安いかどうかの結論はまだ出てないのですが（むしろ何かと道具で出費した位ですが）身體の調子はいいような氣がします。後二、三ヵ月續けてみれば家計のトータルも出てくるでしよう。ともかく晝間働きに出ているのですから、手間のかからない食事、しかも榮養には遜色がないということが私の第一條件になつているので、その點では成功しているはずです。

女が仕事を捨てず、家庭生活と兩立させたいという願いは現在の狀態では至極困難なことですが、夫の思いやりと積極的な援助、そして主婦の食生活改善工夫によつて、不可能ではないと信じています。

（豊島區・職場をもつ主婦）

×　○　○　×

俳句

星野立子選

片隅に火鉢押しやり衣をたつ　　前橋　花山たま

年の瀬や東西するストの波　　東京　市川はな

かす汁や來合せて姪たすきがけ　　大阪　村島みき

パンやきて根深汁吸ふ日のつゞき　　神戸　中井ゆり

葉を切れば蕪むきむきにころがりて　　福岡　田中くに

大山の肩に富士あり麥を蒔く　　神奈川　大月たま

PTA活動の中から

區の教育豫算をめぐつて

桑原小枝子

創刊號に榊原さんが、國の教育豫算についてお書きになつたのを讀んで、私は現在住んでいる某區の實情を、皆樣にお知らせしたくなりました。

榊原さんは、PTAで負たんする金額は、學校經營費の三五〜四〇パーセントと書いていらつしやいましたが、私には、それはどこかのゆう福な、もしくは理解ある區や市町村の話としか思えません。私が現在委員をしている某中學（生徒數千人）へ區から來る經營費は、人件費を別にして、年にたつた二十三萬圓にすぎません。ですからPTAは百餘萬圓の豫算の中、七十八萬圓を學校後援費に使つています。これは學校經營費の七割八分に當りますが、なおこの他に、別會計になつている校友會費、圖書館費を加えるならば、金額にして百二十八萬圓が父兄の肩にかかることになり割合にすれば八割五分になります。

その上プールや圖書館をつくつたり、グラウンドを舗裝したりする時は、三十萬圓を區に寄附するのが常識になつています。ところがプールやグラウンドは三十萬圓ですみますが圖書館となるとそれだけではすみません。圖書館の場合三十萬圓と云うのは、丁度內部の設備費にあたりますが、それでは建物の方はどうかというと、區で建ててくれるのは二十二坪で、普通教室に廊下をつけたものにすぎません。

皆樣、現在の普通教室には六十人前後の子供達が、ぎつしりとつめこまれています。この一方に廊下の分だけの廣さをつけたしたとしても、どれだけたしになるでしよう。圖書館にはまわりに書架をおかなければならず、カウンターもいります。それだけのものをいれて、その上に六十人もの机と椅子をいれたら、子供達は恐らく、身動きもできないでしよう。その上に作業室もないので圖書の整理をする時は一々圖書館をしめなければなりません。ですから區の規格の二十二坪と云う廣さは實質的には圖書館の用をなしません。けれどもそれ以上大きいものがほしいと思うと坪數增加分として多額の寄附を、區に對ししなければならないのが現狀です。

區は何かと言えばお金がないと言うのですがそれでは本當にお金がないのでしようか。いえいえそんなことはありません。區には相當な含み豫算があると言われております。これは都と區の財政調整の技術から生れるのだとか、區民の昇給による自然增收だとか言われています。區がこの頃しきりに造つているいくつかの夏季施設や、公會堂はここから費用がでていると思われます。夏季施設や公會堂もいいかも知れませんが、東京都隨一といわれる汚い校舍、惡い設備のこの區の學校のことを考えるとき、私達父兄としては教育のためのお金を片はしからむだづかいされ、あげくの果て、ないないと言われているようで、全く納得がいきません。

それから區長や區議の退職金も問題です。前回は相當な不評判だつたにもかかわらず、再選者まで全部ふところにいれましたが、今回はもつと金額をふやして區長は百二十萬圓區議一人十五、六萬圓で四十人で六百萬圓ばかり、合せて七百二十萬圓程を、今年あたりからボツボツ豫算の中にしのびこませるのだそうです。消息通の話では、豫算を洗えば五百萬や六百萬はどこからか出てくるのだそうでこれを區内の學校に分けると、一校あたりに二十萬圓程になります。

それでは教育豫算はどうしてこんなに虐待されるのでしよう。昔から文部大臣は伴食大臣といわれましたが、その流れはずつと下々にまで及んで、何處の市區町村でも、教育關係者には人材が乏しいようです。私の區では昨年度にくらべて學校へ來る經費が一校あたり十二、三萬圓少いのですが、その理由を或校長が當局にただしましたところ「學校も、もう設備が充實していらないからへらした」と云う返事だつたそうで、足りない教室、汚い校舍、貧しい設備を思い、それをきいた委員一同、あいた口がふさがりませんでした。

このように教育に對して、愛情や識見はもとより、事實認識すらない當局者の手で組まれる教育豫算は、すでに原案において、どんなにみじめな待遇がされているか想像にあまりあります。

それを審議する議員の方は、澤山のお金をかけて出た以上、もうけ仕事ばかりに熱心で教育費などには至つて冷淡ですし、一般の人達も、身近な區政に對してすら無關心ですから、豫算なども一部の人達でいいようにされてしまい勝なのではないでしようか。

ではどうしたら教育豫算をふやすことが出來るでしよう。第一にＰＴＡを強化したいものです。現在のＰＴＡの多くはＢＴＡであり教育豫算の少いことを當り前にして、ＰＴＡは學校に對して財政的な援助さえすればよいと思つています。また一般會員は幹部と全然遊離しており、ＰＴＡが何をしているか殆ど知りません。これではいけないので、もつと一般會員に働きかけて、ＰＴＡの意義を理解してもらい、大勢のよき意志によつて、しつかりした幹部を選び、その人達によつて構成される地區の連合會を強化しなければなりません。そうしてその地區の議會や當局に働きかけて教育豫算をふやすようにしたいと思います。そしてだんだんに組織を擴大強化して、強力な全國協議會（現在のような天下りでないもの）をつくり、教員組合にも協力して運動すれば、國の教育豫算だつて、もつとふやすことができるでしよう。

もう一つは國から市町村に至るまで、いい議員を選ぶこと。これも言うは易く行うは難いわけですが、私達が常日頃議員の言動に注意していれば、かなりの程度まではできましよう。これについてはジャーナリズムの協力がもつともつとほしいものです。

けれどもう一歩進んで、進歩的なグループで積極的にいい人を推し、みんなで費用や勞力を持ちよつて議會に送ることが出來ればなおよいと思います。國會議員などではそう簡單には行きますまいが、地區の議員や教育委員の選擧に成功した例はいくつもあります。

そうして本當の自分達の代表を得て、その人達と連絡をとつて活動すれば、教育豫算の問題も、おいおいよい方へ向くのではないでしようか。

同じ東京の區の中でも、一校あたり百萬圓もの費用を出す區もありますし、地方の都市の中でも教育に理解のある市長のもとでは、經費はすべて市から出て、ＰＴＡはわずかな運營費だけですむ所もあります。要するに教育費の問題は、ＭＳＡや保安隊までは言わなくとも、當局者や議員のほんのちよつとした頭の切り替によつて、解決する部分が多いと思われます。

全國のＰＴＡの皆様、私達の可愛い子供達のため、日本の將來のため、教育豫算をふやすために努力致しましよう。（ＰＴＡ委員）

私は結核で入院中の一療養者です。私共のおります病院には、病氣が古くてどう處置することもできない慢性の結核患者がおおぜいおります。その中には體力も相當あるのですが、菌が出るために引取つてくれる家もなく、ただ無意義に餘生を病床で送つているという人々も多く見受けられます。この人々は世間から見れば「あのように元氣になつたのに働かないで食べられる療養所にすつかり住みついてしまつている。ほんとうにしようのない人々だ」と思われがちで、ことにその人々の中には生活保護法を受けている患者が多いものですから、なお更このような聲が高いことと思います。しかし當の人々の身になつてみますと、今の生活を満足に思つている人は殆どないようです。皆申合せたように「社會に出て働きたいけれど、菌が出るからどうしようもない」というのです。自分が社會の迷惑にこそなつていても何一つ役に立つていないということは、ほんとうに辛い悲しいことなのです。菌が出るばかりでなく、そのためにいつ爆發するかわからないという停止狀態の病狀ですから、外見は元氣そうでも一人前の働きはできません。

こうして巷に結核患者があふれている折にもかかわらず、これらの人々はこの貴重な病床を一人前に占領して、空虚な日々を送つているのです。

一方、幸にして治療適應の時期に病氣が發見されても、病床不足の現在、直に入院がで來なかつたために病狀悪化した例も澤山にありますし、重病人がせまい家で子供等と同居していてみすみす感染の危險にさらされている家もずい分ありましょう。そしてこれらの人々を一日も早く入院させてあげたいと思わぬ人はないでしょう。

一療養者の訴え

結核排菌者の收容施設を望む

渡邊 幸子

また一方、現在社會で働いている人々の中には、慢性結核症で排菌している人々も相當いるのではないかと思われます。こういう處置のできない病人はこの頃はどの療養所でも入所が難しくなつています。そのためやむをえず健康者の中に交つて働いているのです。

こういう人々と前に申しました入院中の處置なし患者を何處かに一纏にして輕作業をさせる施設を作つたらどうかと思います。

ただ今政府で結核病床增設に豫算を使つていることは大賛成ですが、この施設建設に力を入れるのは、より有意義なことではないかと思われます。アフター・ケヤーといつて輕快した人のための施設は着々と作られているそうですが、これは無菌の回復者が社會に出る準備をするための施設であつて、處置なし排菌者のことは忘れられているようです。然し輕作業といつても菌を出すので、療養所用の仕事をするようにしたらよろしく、全額自給自足は體力が許さないので、一部を國庫で負擔するようにしたらいかがでしょう。また毎年集める共同募金を運用させることも一つの方法かと思います。

この施設を作ることによつて少くも次の四つの利があると思います。つまり一、病床回轉の助けになること。二、社會より排菌者をある程度隔離することができること。三、現在入院中の氣の毒な人々の精神的な負損を輕くし、意義ある餘生を送らせられること。四、極く輕症者ばかりですから醫療設備も簡單でよく、從つて經費も少くてすみます。

健康者の皆樣、かわいらしい御子樣方を結核より防ぐためにもこの運動に御協力下さつて、一日も早くこの事が實現されますように大きな輿論を作つて頂きたいと思います。

（淨風園療養者）

《生活の知識》

授産所について

―授産所事業法案(假稱)上提に際して―

横井みつる

泉山三六氏が大臣の時、授産所設備費の國庫負擔額について說明を聞いたとき、「ああ、お產のことか、その方は諸君によろしくまかせよう」と言われたという話は私たち授產事業施設に働く者の笑い草になつています。當時の大臣でさえこんなふうですから、關係のない國民が授產所について知らないのも決して不思議ではありません。

こんど、全國授產事業連盟と、全國社會福祉協議會施設部の提案で、「授產所事業法案」(假稱)が次の國會に提出されることになりました。この機會に授產所についての知識を一般の方にも持つて頂きたいと思います。

終戰後、多くの戰災者、引揚者、遺家族、浮浪兒等、いろいろな面で保護を必要とする人々が巷にあふれていた時、憲法を改正して民主國家として出發した日本は、この憲法によつて國民の生活を保障しなければならないことになりました。そこで生れたのが保護法であります。

授產所には二種あつて、一つは保護法による授產所であります。これは働こうにも仕事のない人、保護を受けても足りない人に手に職をつけたり、仕事の世話をしたりして働けるようにするのを目的としています。

授產所はその設置場所によつて仕事も多種多樣ですが、主にミシン、編物、洗濯、玩具造り、竹細工、造花、傘、うちわ等であります。これらの仕事をするのに必要な建物、器具、ミシン、編物器などの資本のかかるもの

兵庫職場婦人懇談會の發足

川俣はる

昭和二十八年十一月十五日神戸市每日會館で兵庫職場婦人懇談會が發足しました。會員百名たらずのささやかなもので創立の總會に集つたのも六十名くらい。夜しか自由な時間のない職場婦人にとつて共通の自由な晝の時間をとることはむづかしく、この日も日曜ながら東神戸地帶の電休振替のため出席できなかつた會員も相當ありました。

集つた人々はみずから進んで大事な日曜を捧げ、乏しい給料をさいて自腹で會費を出してきたくらいですから熱情あふれ、希望と創意に滿ちている者ばかりで、終始熱心に討議が續けられました。選擧の結果、會長川俣はる(日本ダンロップゴム)副會長田中豊子(縣職務研支部)小河せつの(全電通)書記松井えつ(市職)がきまり、外に運營委員五名、會計一名、會計監査三名が決定。事務所は兵

の費用は全部國が二分の一、縣が四分の一、それを設置する市町村が四分の一という割合で負擔してすべて無料で貸しています。經營主體は地方自治體で、指導と事務は地方自治體が行い、國はそれに對して稼働人員數によつて一人一日いくらという事務費を負擔しています。

この施設を利用することによつて水平線以下の人たちも、水平線上に浮びあがれ、少しでも生活の上にうるおいをつけてゆけるのですから大變よい施設なのですが、殘念ながら保護を受けている家庭の人たちは、じゆうぶんこれを利用しておりますん。(その原因はおいおい述べることにいたしましよう。)

このように授産所も社會保障の一端であり純然たる社會事業であります。

また所によつては内職あつせん所もあります。内職あつせん所は、もつと巾が廣く、俸給生活者が俸給のみではまかないきれない家計を少しでも補うために、主婦や、その家族がほんの手間仕事にする賃仕事のあつせんを地方自治體がするところです。

これも社會事業の一つと見なされておりますから、内職の工賃も、授産所で得る工賃も税は掛けないことになつています。

また勞働基準法にも關係はなく、主婦が家事のいつさいをしてなお時間と働ける力があつて、俸給だけでは足りない場合、あまつた力によつて、その家庭の生活が補われてゆくのは主婦の自由意志であり、またそれほど努力しなければその家庭生活を營むことが困難であるからです。

前に述べましたように授産所や、内職あつせん所の指導員や職員の俸給は國と地方自治體が支拂いますから、働いた者は働いただけの工賃が得られ、税もなければ、また夫の俸給と共に受ける家族手當にも關係ありません。

家庭の都合で一ヵ月満足に働かない月もあります、會社や工場と違つて、自由就業ですから、午前中だけで歸つても、午後から來ても休みが多くても、その人に勞働を強制することはできません。

以上の外に社會福祉法人による授産業があります。民間人の經營になるもので、法人としての屆をしているものです。ここでは授産所自體が受注發注、賣買等の利潤によつて事務費や指導員の俸給を支拂つています。

前者を保護法による授産所といい、後者を

庫縣勞働金庫組合長の好意で二階の一室がお借りでき、費用は會費と厚生物資を動かすことでまかなうつもりです。

ことのおこりは今年の婦人週間に神戸で兵庫婦人會議がもたれた時その中の職場部門に會議員として集つた十三名の職場婦人がお互の悩みとこれを克服する途について話しあつたことからです。職場婦人共通の廣場をお互の手でもとうではないかというその時の強い念願が準備委員會として結實し、數十回にわたつて、夜仕事が終つてから集つては相談しあいました。その間婦人に特有な家庭の雜事から出てこられない人が必ず二三人はできるし、組合の男の幹部に理解を求めるのに苦勞はするし、複雜な困難が思いもかけず續出しましたがお互にねばり強くこれを克服してゆきました。

會が發足する前からもうこの會のしなければならないことは矢次ばやに起りました。八月中突然神戸に米軍慰安休養所設置の問題がおこり私たちの準備會はこの反對運動に地域婦人團體と共闘しました。十一月に神戸では市長選擧があり、前市長が再選されましたが私達はすぐ新市長をかこんで市政の方針をきき私達の希望を述べようとしております。職社會事業法による授産所といつています。

今回國會に提出する法案はこれを一つにして資格者の認定範圍を廣げて、たくさんの人が利用できるようにしたものです。

今までの授産所は保護を受けているものとそれに近いものだけという、小さいわくをはめておりました。保護家庭がたくさんあつても、保護を受けるような人たちは家庭が健全でないため、肉體的にも精神的にも不健全な人が多く、從つて働く能力は低いし、利用者も少なかつたわけです。

それと現在の制度の盲點は、働けば働いただけ保護費から引かれてしまうので、それなら働かないで保護費を受けた方が樂だ、という考を持たれがちでした。

例えば、三人の子供を抱えた未亡人が五千圓の保護費を受けているとしますと、授産所で三千圓の收入があつた場合、授産所で働くために要する交通費、消耗費その他實費等を五百圓と計算して「これを三千圓から差引き、二千五百圓の收入があると見て、五千圓から引いたものを給付されます。これではよほど割のいい仕事でもないと働きません。授産所の使命は、獨立・再起・更生のできるようにするのを目的としているのですが、實際はほど遠いものであります。

せつかく理想的な施設でありながら、また實際において授産所を利用したいという人はたくさんありながら資格の問題、給付の問題で利用されないという實狀にあります。

これを今回の法案では、保護家庭が働いた場合でも全部差引かないで、その工賃の何割とか、あるいは何千圓とかに限定しています。もつとゆとりのある算出をしてやること、生業扶助の場合も七百圓の基準を二千圓くらいに引上げて、もつと澤山の人が利用できるように考えられています。

このように法律を制定して、授産所利用者の資格を擴張すれば、利用價値も多くなり、國民生活も大いにうるおうことになり、授産所の意義も生きるわけであります。

その上、内職あつせんをふくめて、よりよい授産と技術を國民に得させようという法律を作ろうというので骨子となつています。

授産所とはどんなところか、一人でも多くの人に知つて頂いて、困つている人がほんとうに救われるところとなるように、一日も早くこの法律化の促進を願つてやみません。

（浦和市授産所長）

場は結婚までの腰かけだといわれながら現實には結婚しても子供をもつても職場を去らぬ婦人がふえ、私達の身近に托兒施設の必要が聲となつて出てきているのです。托兒施設を作ることの出來る側と必要を切望する側と意志を通じ合うこともこの會ならばできるはずです。しかし私たちはまだ物を學ばねばならぬ時期であることを忘れてはいけない。はでな活動に足をさらわれ、大衆から浮くことのないようにと戒めあつています。この會の强みは一人か二人の指導者がいて何もかもお膳立てしてくれた所へ職場の肩書のついた個人が形式的に名前を重ねているというものではなく、職場に働く婦人にはどうしても共通の廣場が必要だというおさえられぬ願をもつた同じくらいの能力の者が、ほんとに自主的に集つて手さぐりでここまでもつて來たことだと思います。戰後の日本の組合は企業別組織が多く、從つて勞働者同士他の企業、他の産業に働く仲間と横のつながりのないのが缺點ですが、私たちはこの會でその機會をもち始めました。そして月二回會合し、一回は有識者をかこんで智識を得、他の一回は各職場の問題につき話しあい、できればそれを解決します。

（日本ダンロップゴム婦人部長）

家庭裁判所に見る

農村の離婚風景

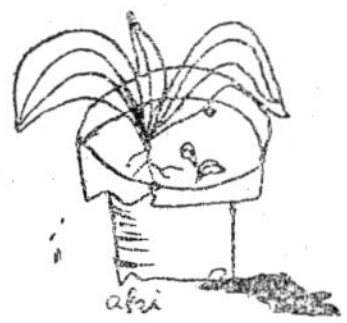

丹治千恵

A子二十八歳は三年前同じ村の舊家の次男から仲人をとおして求婚され婚約した。秋の收穫の多忙な時土地の風習である、いわゆる『足入れ』と稱して式を擧げずに婚家に入り同棲生活が始められた。婚家は舊家と云いながら先代の頃大半の資産を失い、加えて農地改革により中流の自作農となつた農業に養蠶を經營して舅と夫とA子の勞働によるが特に養蠶はA子の勞働が主體となる。

A子の實家は戰後の農地改革により自作農となりさらに乳牛を數頭飼い、その外に乳牛の仲買業をやるというふうに現金收入も多く村の新興階級である。沒落地主の婚家は生活も切りつめ三度の食事すら遠慮勝ちの嫁には足らないとい狀態で、空腹に堪えかねては畑からこつそり自家で食べてくることがあるので見兼ねた實父は米を婚家にとどけさせたりすることが再々である。ところが夫は舊家としての誇を傷つけられた感を持ち、その都度A子を叱り、特に軍隊生活をした彼は云うより先に手を上げてなぐることが多く、或る時は一週間の治療を要するような傷を與えたこともあつた。その内A子は長男を分娩し、はじめて入籍された。田畑の仕事、山の木伐り、養蠶、炊事、育兒と過酷な勞働の中で、夜中空腹のあまり彼女は臺所のサツマ芋をソット食べた。それが舅姑に發見され盜癖があるという理由で、實家に歸され、しばらく預かつておいてくれと夫が賴んでいつた。實家は兩親の外長男夫婦に四兒があり、子連れの出もどりの身のいたたまれず隣町の二羽重工場に子を背負つて機織女工となつて働いている。

其間婚家からは何の話もなく、しかも夫は時々訪ねて來るうち、また姙娠、長女が生まれた。遂に間に入る人があつて幾度か兩家の間で話をすすめたが話はもつれるばかり、一方は『わがまま嫁だ』といえ、一方は『盜人呼ばわりまでされて追出れた』とますます感情がもつれ、遂にA子が申立人として辯護士を立て、二子は夫が引取ること、慰籍料拾五萬圓請求という條件の離婚調停が家庭裁判所に提出された。

私は調停委員としてその委員會に出席し、双方の言分を聞えたが、離婚の理由としては餘りにも薄弱である。二子のためにも何とかして圓滿にまとめたいものと極力說得した。特に授乳中はお腹一杯食べるように家族はいたわつてやるべきこと、また嫁を牛馬のようになぐることを強く戒めて復緣を奬めたが家族達が反對だからと双方とも離婚の決意が固い。それで双方の親を呼んで第二回委員會を開いたが、驚いたことには慰籍料の金額など

女教師のこえ

教育は危機にさらされている

川崎良子

現在の定員では良心的な教師ほど勞働強化を自ら作つてしまいますが、おしつけられた勞働强化も目にあまるものがあります。最近各種の研究發表と稱されるものがものすごく多い。それがほんとうに子供を愛し、正しい教育への研究のため止むにやまれぬ超過勞働ならいたし方もなく、その中から勞働の合理化も進められていきますが、現在行われていますものの大部分はその中味をうかがうと校長や副校長、それに次いで並べられた教師の出世のための教委及び世間への見世物とあつては子供のためどころではありません。子供も大部分の教師もギセイにされてしまいます。また父兄の負擔もギセイになりますが得るところといえばこの學校が認められるならというので父兄の負擔によつてできる學校設備くらいなものであります。父兄負擔なので色々な矛盾をはらみつつ押し進められています。

そのため病氣になつて行く教師の數も見のがせません。結核療養所の病棟はいつも足りません。せまい住宅に自家療養を止むなくされたものも少くありません。

ある教科を發表すればその教科に過剩時間をかけ、他教科が稀薄になるという不合理も少くありません。そしてこうした研究校では目標にされた教科に對しては相當な研究もでき、意識も上つて來ましようが一方にらみの研究で現在の教育界にのしかかつている社會科解體とか教科書採定制度の改惡等々……の大きな問題には一向無關心の近視眼的教師の多いことであります。

また私の學校のように組合意識がやや保たれて勞働條件の合理化等のいくらか考えられている學校では研究指定校なんていうものはひきうけませんが、ここにも缺陥は免れません。大部分の教師はただ教科書を進めるだけ

はA子に相談なく實父と辯護士の間で決められたことで、だんだん双方の話をきくとこれは若夫婦の離婚問題を通じて、沒落地主と新興農家の間の對立となつた感がある。しかもこれが同じ村內のこととて双方にそれぞれ聲援を送る者ができて双方とも後に引かれぬ立場となり、あくまで本裁判にかけてもといきり立つているのである。

調停委員會としては新しい民法を基盤として當事者やその子供のために圓滿に解決するように努力するのであるが、農村の强固な家族制度のもとでは息子も娘も隷屬的な立場にいるために當人の意志など最初から無視されているのである。娘のために拾五萬圓の慰籍料を取つてやろうというくらいの親が赤坊を背負つたまま機織女工となつている娘を默つて見ているのである。息子にしても一年中勞働をしながらその收穫はみな世帶主のものとなる農家では、勞働の代價など一文もなく、一册の雜誌すら思うままに買えないのである。この息子が慰籍料を拂う力などあるはずがなく、凡て親と親との交涉となる。そうなると過去の村內のあらゆる場合の種々な關係や確執や感情がまつわりついて波亂はおさまりつかないものとなる。

新民法よどこに行くといいたくなる農村の離婚風景である。（福島家庭裁判所調停委員）

をこととし、――低學年の教師は個人々々では相當の研究もあり、悩みもあることでしょうがふれ合う機會がありません――時間にゆとりのあるところではひまさえあれば成績物に○×ばかりつけているというようなことがめだち、それこそ社會の動向、教育の動向はおろか、一つの教科についてさえ關心をもたないという低調さでここにも子供の幸福は望まれそうもありません。

今の教育界の矛盾は政治の力なくしてはとても改善できません。

いま横濱六角橋近くに大規模の基地が移轉されそうになっています。米軍で十萬坪を要求しているところ、八萬坪しかないのであと二萬坪が買收できればすぐにも契約が出來ることになっています。この八萬坪を今度一時に買收したのなら農民から相當反對がでたのでしょうが、内五萬坪は戰時中護國神社の敷地豫定で買收ずみのところを護國神社とグラウンドは三澤に作つたのでここは農民でない地元民の人たちが食糧不足のため耕作していたので、この計畫がもれた時、いくらかの問題にはしたが何しろ本職でなく、また食糧事情もそれ程でなくなつたので、まあ來年の春は蒔きつけて補障金でもとろうというようなことでいるということです。

移轉する部隊は横濱で一番大きいモータープールとその他もここにまとめられるとか。そうなると近邊の交通量が增大し危險、風紀問題と現在高射砲陣地がありますので、演習でもされれば危險等被害は地元民には切々でありますが、まだいっこう問題になつていません。學校も三百米のところに六中が移轉の豫定、五百米位に神橋小、千米以内には白幡小二ッ谷小、栗田谷中、神奈川工業、神奈川大學捜眞女學校と多數ありますが早く調査に手をつけたのは神大の社會硏究部でそちらからと現在耕作している人から事情をききました。

市民の中には、いつかの子安の大口の鳩家のように町の發展になるなんて個人的な利益を考える人々とPTAの顔役や市教委等の壓力をおもんばかつて子供のために教育のために立ち上ることのできない教育家たち、こんなところに問題が低迷しているのではないでしょうか。（神奈川・教員）

金森博士への進言

北村杉子

かつて平和憲法制定の立役者だつた、現國會圖書館長、金森德次郎博士が近頃憲法改正論を唱えている。意見の變化について博士は「……不明を謝すると共に他面では世界の情勢の冷嚴な變化に心を痛めている。それゆえにほおかぶりをしないで私の不明を謝しあえて過去の見解を補正する……」（十二月十五日、朝日新聞夕刊）と再軍備の必要について、かなり一方的な意見を述べている。「君子はヒョウ變する」という古言もあるし、またそれが聰明な人間の態度と言うものかも知れないが、私はうべなえかねる。問題は不明を謝すだけで濟む性質のものであるか、否かという點である。恐らく東條大將も敗戰を知つた時は心から國民に不明を謝したことであろう。しかし彼がその責任を負つて死刑になつても、幾百萬の戰爭犧牲者がよみがえつて來たろうか。失われた財産が戻つて來たろうか。支配者は自分一人の命を賭けて悔はないかも知れないが、必ずしも彼等と同じ意見ではない國民がその不明のギセイとされては堪らない。

私は思う。少くも過去の不明を悟る人間にして、もし良心があり、責任感を持つなら、その問題に關する限り、積極的な言動は愼しむべきではないか、と。「ごめんなさい」という言葉は責任ある地位にあるものがみだりに使うべき言葉ではない、と。

〃繊維の婦人〃

岩瀬ふみ子

婦人の多い繊維の組合で常に問題になるのは、關心のうすい婦人組合員にどのように關心をもたせるか、又その聲なき下ずみの聲をどう執行部に反映させるか、ということである。

婦人の職場は近頃擴大されてき八割近くが女子である。一番古い婦人の職場繊維は、女工哀史の名を未だに過去のものと云いきれぬ弱さをもつている。一般に勤續年數が短い、平均年令が低い、家計補助程度の勞働としか考えていない、大部分が遠い地方から働きに出ているので寄宿舍生活をしている。だから結婚後も働く職場として考えていないところに多くの問題を含んでいる。この中でなんとか婦人の聲を盛上げようとか、婦人を役員に送り出そうとか、微力ながら抵抗をこころみているが、ややもするとサイの河原の石つみになろうとしている。

最近地方をまわる機會があつたので、夫々の組合で次の四項目にわたつてグループ・デスカッションを行つた。① なぜ發言ができないのか、又しないのか？ ② 日頃の苦情がなぜ組合に出ないのか？ ③ なぜ男子の代表を私たちは選んでいるのだろうか？ ④ 婦人組合員はなぜ組合に關心がうすいのか？ 等である。各項目の中で自分たちで解決しなければならないものと、組合で特に教宣活動の上で、解決されなければならない問題の二つに大別された。

まず『なぜ發言ができないのか、又しないのか？』という問題では、勇氣がない。言葉にまとまらない。誰か發言してくれると思う依頼心がある。はずかしい。再質問されたときに再びたつて答えるだけの心の準備も勇氣もない。男の人がいると發言ができない。等があげられ、しやべることについても人の前で自分の意志を表現する能力にかけている。この點については自分で人前でしやべる努力をし、勇氣を出してゆかなければならない。組合で解決しなければならないものとして、發言をするとみんなから注目され笑われるから。發言した後で批判される。とくに職場に歸つてから職制からいやがらせをいわれる。小人數なら發言ができるが會議が、かたくるしくむつかしいから。女子が發言すると生意氣だとか、のぼせているという男子の見方がある。こういう男子の封建性をなくさなければいけないということがあげられている。これから組合として考えなければならないことは、はなす内容もできるだけくだいてわかりやすくするとか、發言が氣樂な雰圍氣で、できるように常に組合幹部は考えなくてはいけないし、できるだけ少人數で會合をもたせ、その意見を綜合させるとか、男子の女子に對する考え方、つまり活潑に物申す女子を、いみきろうという態度をかえてもらわなければならない。

第二に『日頃の苦情がなぜ組合に出ないのか？』という問題については、ここでも前項のなぜ發言ができないのかと同じようなことがいわれたが、變つたものとしては自分の職場に組合幹部がいるのでいえない。というのがある。これは繊維の組合の特色ともいうべきもので、職制が組合幹部におさまつているという事實を端的に物語つている。

職場の問題をとりあげる場合にしても、發言した内容についての改善策が構じられる前に誰がどんな發言をしたか、誰々は、けしからんという、せん策の方にばかり發展しがちで、肝心の問題の解決が進まない。

こう考えてゆくと、それならなぜそういう代表を役員に選出するのかということになつてくるが、或る程度の批判はもつても、役員改選となると悲しいかな、又同じような役員を選んでしまつているのが現状である。この點については誰が本當に自分たちの代表であるかを見極める力をぜひつける努力をすべきだと考える。

組合として、考えなければならない點として、苦情をいうと役員ににくまれるとか、幹部組合員と一般組合員とに差があり親しみがない。職制上自分で苦勞する。職場の苦情をいつたときに無言の壓力がくわわる。英雄的に發言したつもりでも後で、みんなから白眼視される。自分が不利な立場におかれる。というようなことがあげられた。このように一般組合員と幹部との間に溝のあることも事實だし、お互のために勇氣を振つて闘つてくれる人に對する支持というか、團結の力の缺けていることもみのがすことができない。

第三に『なぜ男子の代表を私たちは選んでいるのだろうか?』という問題については、男子の方が勤續年數が長く、常識が豊かである。女子は代表に選ばれても問題を、とことんまで追及する意欲にかけている。女子を出そうと思つても女同志が批判する。女子は多くて誰を選んだらよいかわからないので、自然少數の男子の中から選ぶ。ということがあげられており、女子側にも責任の點で缺けるものがあり、又シツト心から同性を選ばず異性を出す傾向もうかがえる。組合として考えなければならない點として、男子は作業中にも比較的餘裕があり、その例として、理髪屋等にゆく暇もあるが、女子の場合は一たん作業についたら作業が終了するまで、非常に緊張した勤務であるので、組合の仕事までやりきれない。中央に役員を送る場合でも男子の方が仕事面からも、生活面からも出やすい等のことがいわれているので、この點の機會均等につとめ、できるだけ女子が仕事の負擔を感ぜずに、組合の會合に出られるようにしなければならない。

第四に『婦人組合員はなぜ組合に關心がうすいのか?』という問題については勤續年數が短くすぐやめるのだという觀念がある。二交替作業のため何事も人まかせになる。女子自身が一家の支柱という立場ではなく、いわば家計補助程度にしか考えていないので賃闘をやつても積極的な氣持がない。裁縫・編物などけいこごとが多すぎる。組合活動が、今後の私たちの生活に直接ひびいて來ないから、ということがあげられ、組合活動も日常生活をきりはなして考える傾向が強い。二交替作業のためなんでも人まかせになるという點では、勞働强化のためにその意欲がおきないのか、それとも從來の寄宿舍生活の惰性からやる氣力がかけているのか、ということになるが、この場合兩者についていえるのではないかと考えられる。

組合側では二交替作業における勞働强化の點、特に機械化に伴う人員減のため一人當りの勞働量を檢討しなければならない。

更に組合活動と日常活動、とくに退社後の生活に組合運動が關係がないという近視眼的な考え方でなく、勞働運動を通じて社會人を育成して行くのだという觀點に立つた指導がなされなければならない。

以上を綜合して考えると、纎維産業の組合の特殊性として職場の主任クラスのものが、組合の幹部に今なおおさまつている現狀を改め、一般工員に進出すること。多數の女子組合員の上に職制をかさにきた組合役員がアグラをかいている現狀を變えなければならないし、その方法として組合活動がもつと日常生活に根を下さなければならない。組合運動というと、賃闘とか協約闘爭、退職金闘爭という闘爭にのみその使命があるのでなく、組合運動とは私たちの生活を豊かにするために、あらゆる手段を講じることである。というその根本にふれない限り、多くを望むことはできない。何を發言してよいのかわからない層もまだ澤山あるという現實に立脚して、あくまでも地道な大衆に根をおろした活動をつづけなければならない。

更に女子の多い職場として、たんなる女性同士のいがみあいの代りにその力を女性向上の方向にむけるべきであり、同時に考え方の古い男性にも反省してもらいたい。また女性自ら補助勞働という立場の勞働にのみ甘んぜず、一日も早く經濟的な裏付けをもつように努力しなければならない。そうすることによつて組合が特に婦人のための會合とかいうものをつくらせないでもよいときがくるのである。

（片倉製紙勞組・婦人部長）

民生委員

推せんの實態

小畑マサエ

民生委員法の改正によつて、昨年十二月一日付で全國の民生委員が總改選されました。法の改正の要點は從來保護の實施機關に對して任意の協力をすればよかつたのが、積極的に協力するように義務づけられたことで、生活保護や醫療保護の實施にあたつて、民生委員の發言力が强化されました。

今度の改選は占領當時から引續いて任期二年が獨立後の法の改正などで一年遲れて、まる三年目に行われたのですが、占領中、總司令部の制ちゆうを受けていたボス的勢力が、根强く頭を持ちあげてきている市町村の實際の狀態の中で、私達は次の三つの點を各市町村推せん會に申入れましたが、推せんの經過については一般から見逃されている點がありますのでここで觸れてみることにした。

第一は婦人の推せんを重視すること

今度の場合婦人の民生委員は各市區町村とも最低三分の一、多いところは半數近くとることができて相當の成果を收めました。これは各都道府縣が事前に定員の三分の一程度婦人を選ぶことを各市區町村宛通牒したことにもよります。しかし婦人の進出の中にも各種の募金に熱心な人や地廻りのボスの使い走りをやらされるような人達も多く出ていることは事實で、人數だけ澤山出したことは決して實質的に良い結果を意味するとは限らないのです。

第二は市區町村會議員の兼職を認めぬこと

議員の兼職を認めるといろいろの弊害があります。それは生活保護や醫療保護の仕事が選擧運動目あてだけに行われるからです。改選直前の保護額は改選後の保護額の倍額になつていることによつても判ります。ところがこの兼職は相當數出てしまいました。それは今迄司令部によつて公然と認められなかつたのが今回は野放しになつたからです。

第三は過去、現在において風評の惡いものは選ばぬこと

風評の惡いもの、これは情實、いんねんで保護を行つたり、人格的にも社會福祉關係の仕事に適さない人を選ばぬことが必要です。ところが、風評はあつても、町の權力者につながつていたり、土地に古くからいて、町の世話役として巾をきかしていたりすると、無言の壓力で出張所への發言力を持つ結果になり、この種の人も多く出ています。

さて實際にはどんな人がどのようにして推せんされたかを東京都の或る區の實例で云えば民生委員に推せんされる人たちは區內の出張所(舊町會五乃至六の統合されたもの)單位に、その出張所の運營に參加している小グループ(運營委員會又は協力會と呼ばれているところもある)の顏ききの人達が持ち寄つた、それ等の人達の繩張りに限られた人選が行われます。つまり、自分達の利害を代表してくれる保守黨の議員や、それ等の人の選擧の足になる人達、それから仕事に熱心でなくても、お神輿や白い羽根、赤い羽根、その他

いつさいの町の寄附金をよけい出している人、舊町會の役員をしたことのある人、等を區の推せん會に推せんします。

區の推せん會は都の推せん會に推せんして都知事の承認を得て厚生大臣の任命で最後に決定されたのですが、この場合一番かんじんなのは出張所で行われる人選になるわけで、法律的には、區の推せん會は公平に社會施設や社會福祉團體、教育關係、學識經驗者などで構成されていても、澤山な人數の中から選ぶ場合はそれ等の人達が、どんな公平な人達であつても自分の眼の屆く範圍は極く限られたもので結局推せん會の中は議會側から選ばれている少數の議員達の獨壇場になつてしまいます。それは議員達が自派の横の組織をもつて地域的に一勢に押し出してくるからです。

私の住んでいる區では、ほとんど推せん會にかけられる前に出張所の運營委員會で人選が決定されてしまつて、運營委員以外の人から推せんされた人は出張所で受付を拒否された事實があります。また私の町の出張所では、七名の定員の中で、事業を澤山持つて議會の出席率でさえ疑わられるような保守黨の區會議員一名、完全に保守系の選擧の足に使われている割合に暇のある婦人が二名、保守黨の落選議員一名、商店街に顔のきく信用組合の役員一名、他二名の割合で選ばれています。私の町は人口の密集度は都内で二位といわれる程の貧困者の多いところで從つて被保護者の數も多く、その人達の立場で、親身になつて世話しようとする人が少くて、世話してやつているのだという特權意識を以て仕事をする人を多く出したことは、非常に殘念ですが、こんな人達を推せんする、現在の出張所は政府の最下部の權力機構ですから、當然このような結果が出てくるのです。

婦人界

一九五三年をかえりみて

菅谷直子

戰後日本婦人の間には革命が行われている——という言葉は多分にジャーナリスティクで、必ずしも良い意味にばかり使われているものではない。たしかに從來の習慣やモラルを勇敢に投うつてめざましい轉換をとげた婦人はある。しかしそれは何時の時代にも多かれ、少なかれあることで、未曾有の現象とは云えないし、またそれを以つて全體を律することも出來ない。しかし一般的に言つて戰後婦人の著しい特長は自主性を持つて來たことであろうと思う。昨年四月に行われた勞働省婦人少年局主催の第五回婦人週間のモットーは、「のばしましよう、自分で考え、行動する力」であつたが、これは計らずもある程度の實現を見る機會があつた。というのはちようど同時期に行われた衆參兩院議員選擧において多くの婦人票が、青年層のそれと共に革新派に入れられたということはその一端を示したものと見ても誤りではないだろう。反動評論家はこれを、「婦人よ、可愛いわが子を、愛する夫を戰場に送るな!」というある革新黨の呼びかけが素朴な女の感情をキャッチしたまでだ、とくさしていたし、事實、感傷的本能的なもののもないとは言えないだろうけれど、大半は「見そこなつては困ります」と言いたいものである。つまり日本の女性は戦爭には腹の底からコリコリしているのだ。どうぞして再びあの悲慘な戦爭が起らないように、という希いは、おのずと婦人を政治に目ざめさせ、國際問題への關心を持たせずにはおかないのである。これは單なる女の感傷ではない。むしろ經驗から得た貴重な英知とも言うべきものであろう。そしてどの政黨が平和への道を進み自分たちの期待に答えてくれるか、自ら判斷した結果であると見るのもひいき目とばかりは言えない。だから夫は保守黨に入れたが、私は革新派だつたという妻が少くなかつたのである。

× ×

日本知的交流委員會の招きで、五月二十二日來日した元アメリカ大統領夫人、エリノア・ルーズヴェルト女史への日本女性の期待が大きかつたのも、また平和への希念の現れであつたろう。日本を植民地化し、再軍備を強制しようとしているアメリカ政府の對日政策に不安と不滿を抱えている多くの日本女性は同性という立場からも、また國連の人權委員であり、かつアメリカの良心と言われているル夫人だけは少くとも日本婦人の苦悶が解つて貰えるものと思つていた。ところが原爆使用も止むを得なかつた、とまるで前大統領の言葉そのままの挨拶にこの期待は見事に裏切られてしまつたようである。しよせん資本主義國家でもてはやされている、海の彼方から來たお客様でしかなかつたわけである。

× ×

婦人週間には四月十二日芝虎ノ門共濟會館で「全國婦人會議」が、十三日日比谷公會堂で「婦人週間中央大會」が開かれ、「婦人會議」において全國から選ばれた六十名の婦人によつて婦人生活の現狀報告があつた。

六月二日からデンマークのコペンハーゲンで開かれた「第一回婦人大會」に日本代表を送るため、五月二十三、四日の二日にわたつて共濟會館で各種婦人團體共催による「日本婦人大會」が催され、日本からは高田なほ子、千葉千世代氏らが出席された。

婦人と教育の問題を中心とし、併せて國際理解をたかめるという主旨のもとに十一月十一日には東京都教育委員會及び東京都各種婦人團體共催の「東京婦人大會」が日比谷公堂で開かれた。この會においては、各種民間婦人團體の會長をメンバーとし、白石つぎ氏司會のもとに「今日の婦人の問題」について公開討論が行われた。

全日本婦人團體連合會、日本子どもを守る會及び總評主催の「日本婦人大會」は十二月五六、七日の三日間、芝公會堂第三會場で「平和を守る分科會」、「子どもの幸福を守る分科會」、「權利と生活を守る分科會」に分れて開かれ、各々の運動について討論された。參會者は全國各地から集まつた勞組、婦人團體、保育所關係の婦人など約千五百名であつた。

この外、前號でお知らせした社會黨左派婦人對策部の勞組婦人部を對象とした繼續的な勤勞婦人の權利を守る研究會など、勞組婦人及び、主婦連合會を始め各地民間團體、その他基地問題、賣春問題等における地域婦人の活動はかなり活潑であつた。一通り資料は集めてみたが、何分にもこのスペースでは盛り切れない。割愛せざるを得なかつた。

以上はごくずさんな管見にすぎないが、とにかく婦人が政治の面にも生活の面にも眞劍に積極的にとり組んでいる、ということがうかがわれて力強く思われた。

今年はどんな業績を積み、どんな特色を發揮するだろうか。再軍備問題や憲法改正問題に眞正面から對決を迫られるであろう一九五四年、人口の半數を占め、政治的發言權を持つ婦人の動きは大きくものを言うことであろう婦人の良識によつてこの國が直面している危難を回避しうるよう、民主主義國家への推進力となるよう、心から祈らずにはおられない。

本誌・社友（五十音順）

淡谷のり子　阿部艶子
安部キミ子　磯野富士子
石垣綾子　圓地文子
大谷藤子　小川マリ
大内節子　川上喜久子
小倉麗子　桑原小枝子
神近市子　木村光江
久米愛　久保まち子
芝木好子　清水慶子
杉村春子　菅谷直子
田所芙美子　田邊繁子
高田なほ子　長岡輝子
新居好子　西清子
西尾くに子　萩元たけ子
深尾須磨子　古市ふみ子
福田昌子　宮崎白蓮
三岸節子　米山ヒサ

日本勞働組合總評議會傘下各勞働組合婦人部
全國產業別勞働組合（新產別）連合傘下各勞働組合婦人部

原稿募集

◇**婦人のこえ** 働く者、主婦の立場から、具體的に問題をとらえて建設的なご意見をおよせ下さい。

四百字詰原稿用紙　三枚半以內

◇**短歌・俳句** 生活の歌を歡迎いたします。ご希望の方には選者が添削してお返しいたしますから返信料を添えてお申込み願います。

送り先「婦人のこえ」編集部

編集後記

○新春のお喜び申し上げます。皆さまのお力で四號までこぎつけましたがこの上とも嵐をのりきつて進むにはますます力强い御支援を願わなければなりません。どうかよろしく願います。

○水害、凶作と苦しいことづくめの一九五三年を送つたと思うと五四年は平和憲法のみか「家の廢止」を廢止するとやら、基準法その他の勞働立法を改廢するとやら、再軍備と共に大嵐をもつてくる樣子。長い闇からやつとめざめた東洋の夜明けというに、今からまつくらな寢べやの萬年床にもぐり込もうとする吉田內閣に早くさよならして、明るい世の中で新しい日本の國を作りにかかりましよう。

○吉田首相や福永長官やその他の人々がお手本のようにいつていた英國で、戰後初めて國有鐵道の賃あげストが起つたと新聞は報じています。勞働黨內閣の時代には抑えられていた物價が保守黨になつてドンドン上り、配給さえとれない人がふえたとのことですから、いくら社會保障制度が完備した國でもがまんできなくなつたとみえます。

婦人のこえ 一月號
定價三〇圓（〒五圓）
半年分　一八〇圓（送共）
一年分　三六〇圓（送共）
昭和廿八年十二月廿五日印刷
昭和廿九年　一月　一日發行
編集發行人　菅谷直子
東京都千代田區神田三崎町二ノ三
印刷者　堀內文治郎
東京都新宿區四谷一ノ二
發行所　婦人のこえ社
電話四谷（35）〇八八九番
振替口座東京貳壹壹參四番

婦人のこえ

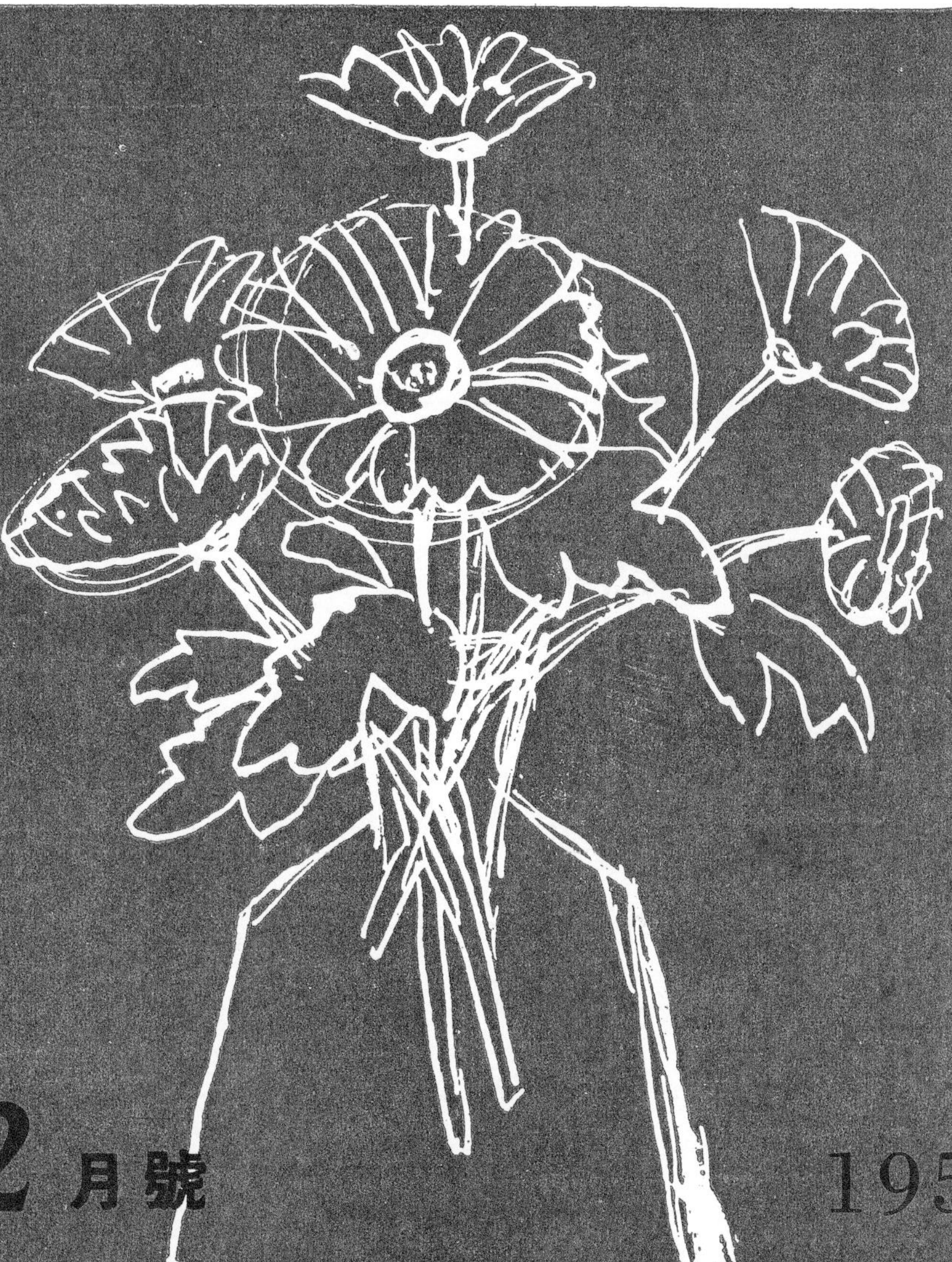

2月號　1954

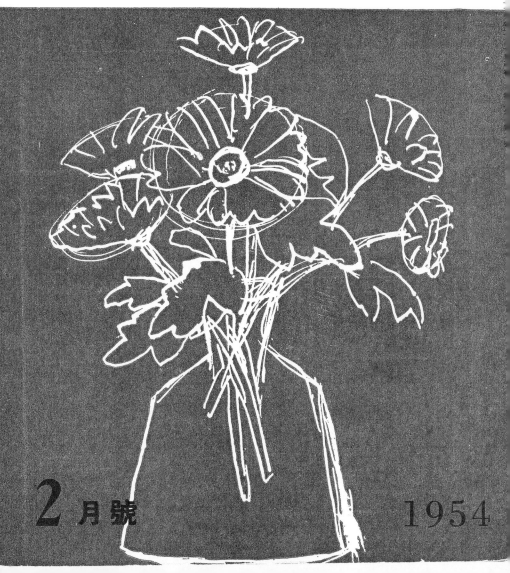

婦人のこえ

1954年

2月號

目次

一家心中はしたくない……藤原道子…(二)

むごたらしい顔……河崎なつ…(五)

婦人のこえ

ぼろ船の修繕はあきらめましょう…芹澤よし子…(八)

灰色の青春悲し……中川秋子…(九)

勞働黨とその婦人部の活動…山川菊榮…(一一)

婦人部はなぜ必要か……メァリ・サザランド…(一五)

婦人部書記は何をすべきか…コンスタンス・ケイ…(一三)

國連で活躍している婦人達……(二〇)

讀者欄

女性の力で平和を……清水蔚…(一八)

勤勞者の妻は訴える……山本靜子…(一九)

經濟の知識……三瓶孝子…(一〇)

新職業案内・病院ハウス・キーパー…近藤貴美…(七)

國民の幸福のために……北村杉子…(二三)

教員の政治活動禁止に反對……(二四)

短歌……萩元たけ子選…(二二)

俳句……星野立子選…(五)

表紙……小川マリ　カット……寶井曉子

一家心中はしたくない

☆☆二十九年度豫算案の檢討☆☆

藤《ふじ》原《わら》道《みち》子

一兆億緊縮豫算なるものの發表を見て、其の餘りにも露骨な大膽きわまる再軍備豫算に、驚ろいた。いかに吉田内閣でもこれ程の度きようがあるとは、全く以つて目茶苦茶である。世界各國に比べてはずかしい位わずかな社會保障費を削つてこれを防衛費に當てるとは、私達の常識ではとうてい考えられないことである。いよいよバターと大砲の兩立しないことをこの豫算に依つて告白したと云うことでもある。緊縮豫算、インフレ抑壓豫算だと云つてゴマカしても今回こそ國民は吉田内閣の本質を知つたことと思う。與黨自由黨に於いてさえ黨内がおさまらないので、一月十二日に議員總會を開いて吉田總理から頼むと一言で押えつけようとしたがプログラム通りには行かなかつたようだ。「農村を見棄てれば自由黨が農村から見棄てられる」「貧乏人のことを考えずに保安隊を增强しても、それでは不安隊が增强するばかりだ」「黨の重要政策を總べて防衛增强にスリ替えるものだ」「これ以上貧乏人に緊縮は求められない」果ては法律違反論まで飛び出して、「黨利や選擧の事を考えずに、火中の栗を拾う氣持ちで緊縮豫算に協力せよ」と發言したのは唯一人であつたと云う。かくて遂いに幹部の說得も効かず、黨の基本方針をねりなおせ、この豫算案で議員を束縛するなと云う意見も出てまとまらず、黨役員一任に持つて行こうとしたネライははずれてしまい、强引に諒承へ持つて行つて散會せざると得なかつたと云う。いかに非人道的殺人豫算であるかはこれを以つても明かであろう。

社會福祉事業關係者は東京に緊急全國大會を開催、學識者も、勞組も、婦人團體もこぞつて社會保障費削減反對のために起ち上つている。新聞の論調も筆を揃えて政府に反省を求めている。失業對策費大巾削減に反對して「われ等は一家心中はしたくない」と悲痛なプラカードを先頭に日雇勞働者は大擧して關係各省に、總理官邸に押し寄せ豫算復元を要求している。社會不安は日一日と增大している時、赤旗とプラカード、ニコヨン男女の悲痛な叫びにとりかこまれた總理官邸内だは、民生豫算削減に反對し、復活要求中の山縣厚生大臣の首はパッサリと切られてしまつた。餘りにもアッサリと。

全國知事會議　市町村長會議　農業團體等々あげての反對を押切つて押つけようとしている二十九年度豫算案のアラマシをザット取り上げて検討しよう。

一、MSA援助受入れによつて强制的に押しつけられた傭兵再軍備の爲め防衛費は增加し、そのためのしわよせを經濟再建と國民生活安定の爲めの經費を削減して埋め合せようとする、非人道的豫算である。

しかも減税をしないで歳入見込みを壓縮していることは將來補正等に依つて防衛費增加の下心であることを見逃がしてはならない。

一、MSA再軍備に依つて必然的に日本經濟はアメリカへのレイ屬を强化する。産業の合理化で勞働者は首切られ、中小企業は倒産し、三四月頃の社會情勢は思うだに肌えに粟を生じさせる。打つづく冷水害等に依つて地方財政は救い難いまでに窮迫している時政府は社會保障費を削つて地方財政に押つけ總べての犧牲を大衆に轉嫁しようとしている。

一　防衛關係費、一六三〇億圓、（前年度比約四〇〇億增）舊軍人恩給六三八億圓（前年度比一八八億增）合計二二六八億。

一、社會保障費

社會保險費、十九億削減され、國民健康保險醫療費二割國庫負擔を一割五分に減少し、健康保險組合事務費全額國庫負擔を五割減じ厚生年金法改正に伴う國庫負擔の增額を認めていない。

一、生活保護費は國が八割負擔を五割に引下げ前年度に比し、九二億の減、兒童保護費も同じく現行八割から五割とし、一四億八千萬圓の減額。

一、失業對策費の一七億減、失業者增大の一途を辿る時餘りにも暴擧である。

一、住宅對策費、三五、〇〇〇萬減で一五、〇〇〇戸減。

一、食糧增産費削除、農地改良、擴張、耕種改善、飼料增産、增産奬勵、保溫苗代等々は全額削除。

一、公共事業費、新規事業は認めず、二十八年度豫算と從來五割との公約を無視して三分の一に壓縮し百萬圓以下のものは切りすてとなる。

一、敎育豫算、公立學校施設費二割減（二十八年度六十億が四十九億）危險校舍改善費、二二億を一四億に削減、小學校低學年敎科書無償配給が廢止、公民館、博物館、圖書運營費等、社會敎育費全額削除、避地敎育、特種學級、等々枕を並べての總倒れである。

以上は全く一部分の豫算であり詳しく堀り下げて行けばまだ限りなくそのムジュンは露呈されるが紙面の都合で省略する。

私は第十六回國會で吉田總理に法律は作文なりやと質問したところ吉田總理は顔面朱を注いで、「法律は作文ではない」と怒氣スルドク答えたが、この豫算を以つてしても果して總理はあの答えを繰りかえし得るであろうか。

憲法は九條に於いて戰爭放棄と戰力不保持を規定し、二十五條で「國民は總べて健康にして文化的なる最低限度の生活を營む權利を有する」と生存權を保障している。だが警察豫備隊は保安隊となりいかにかくしても戰力なき軍隊論が飛び出す現狀に、國民の一人と云えども吉田總理の「再軍備はいたしません」と云う言葉を信じている者はないであろう。既に、アメリカ製の日本軍は生れているのだ。明かに憲法違反を犯しながら、その上MSA援助に依りて、日本經濟の樹立どころか、逆に軍擴を强要され、ずるずると防衞增加一邊倒に目がくらんでしまい、抵抗の弱い、貧乏人、子供、病人、失業者等ぎりぎりいつぱいの最低線にあえぐ人々の生命の綱、二十五條の精神から生れた生活保護費まではぎ取つて防衞費にまわす。政府は五割を地方負擔とする事はラン救を防ぐ爲めであり、且つ平衡交付金、稅の移讓等で却つて四〇數億の增加となつているとうそぶいている。これこそ法の精神を踏みにじつているのであつて、生活保護法はあくまで國の責任において最低生活を保障すると規定してあるし、又豫算も不足を生じた場合は追加しなければならないことになつているはずである。兒童福祉法においても「いかなる環境の下に生れた兒童もひとしく愛護育成されなければならない」とハッキリ規定している法律も憲法をも明かにじゆうりんし、民の生活を無視し、その聲に耳を掩うてひたすらに再軍備の亡靈に取りつかれたような吉田さん。日本人として日本の首相として、眞實の日本の姿を、日本の人口の四分の一にも達する生活困窮者の、病んで醫療も受け得ない人々の、そして可愛い、子供達の平和な生活と外國に支配されない日本の獨立を求めている聲に耳をかし、今日までのあやまつた政治の跡をふりかえつて見て貰いたい。主權者として國民一人一人が、政治が、國の豫算が自分の生活に直接に結びついていることを考えてほしい。今回の反動再軍備豫算粉碎のために日本社會黨婦人對策部は、いち早やくこれを取り上げ政府に抗議すると共に、支援團體「くらしの會」が中心になつて反對署名運動を行つている。又勞組との協議、諸團體との懇談を通じて强力な反對運動を展開し必ず國民と共に豫算の復元と社會保障制度の擴充に依つて、母と子を守り、再軍備に反對し斷じて、憲法を守り拔くための戰を進めている。

尙二十八年度生活保護費が四十八億、兒童保護費十一億七千萬圓不足を生じ各都道府縣は現在厚生省に至急交付方要求中。その見通しもつかぬ現狀で社會問題化せんとしている事を付記しておく。

社會保障關係重要經費一覽　（單位千圓）

事項	昭和二九年度査定額（A）	昭和二八年度豫算額（B）	差引增減△額（A－B）
1 住宅對策費	一三、三五五、〇六一	一三、七〇六、一七四	△ 三五一、一一三
2 生活保護費	一七、四五七、〇〇〇	二六、六九三、二九三	△ 九、二三六、二九三
3 兒童保護費	三、七八三、二四三	五、二二三、二七三	△ 一、四四〇、〇三九
4 社會保險費	七、五九〇、七六九	九、五〇五、八三五	△ 一、九一五、〇六六
5 結・核對策費	一三、七六四、一四八	一三、六八八、〇九一	七六、〇五七
6 失業對策費	一七、七五八、〇〇〇	一九、四七九、五七〇	△ 一、七二一、五七〇
7 還家族等援護費	三、二六三、〇〇〇	二、八四二、三七三	四二〇、六二七
8 留守家族等援護費	一、八一〇、五一六	二、〇九七、六二八	△ 二八七、一一二
9 舊軍人遺家族等恩給費	六三、八一八、七〇〇	四五、〇〇〇、〇〇〇	一八、八一八、七〇〇
10 文官等恩給費	一四、七一六、八九一	一一、五一三、五四六	三、二〇三、三四五
11 育英事業費	三、八六八、九四九	三、四四五、四〇〇	四二三、五四九
12 住宅金融公庫出資	五、〇〇〇、〇〇〇	五、八〇〇、〇〇〇	△ 八〇〇、〇〇〇
計	一六五、一九六、二九七	一五八、〇三四、二〇〇	七、一六二、〇九七
雜計	三一、三二九、一八九	三二、六〇七、六六七	△ 一、二七八、四七八
合計	一九六、五二五、四八六	一九〇、六四一、八六七	五、八八三、六一九

むごたらしい顔

——母子手帖の廢止は何をもたらすか——

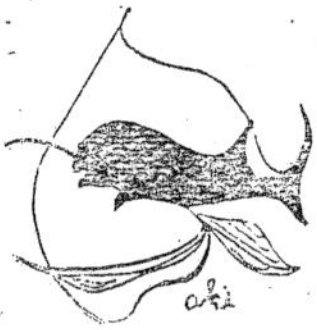

河《かわ》崎《さき》なつ

顔で物を言う、顔で押し切る、というように、世の中にはいろんな顔がある。たいてい不愉快な顔であるが、なかでも吉田政府の顔くらい國民には譯のわからぬ、不愉快な顏はない。

正月早々の二重橋慘禍事件にしてからが日頃は總評などの勞組のデモ隊一萬人に對しては千五百人の警官を動員しているのに參賀の日には三十八萬人もの人出にたつた二百九十人の警官を送つているだけである。一方は初手から暴壓しようとの顏であり、一方は自由主義の假面をかぶつたどうなろうが放りぱなしの顏である。

新聞が撮つている事故寸前の寫眞が示すように、あの廣場の大衆が二重橋という唯一の口へ送られてゆこうというじようごの口許の危險は、誰でも想像できることである。それを一回の打合せもせずそれこそ文字どおりのたつた二百九十人の無勢で、三十八萬人の多勢にあたらせたのだから、あの不慮の出來事には一とたまりもなく年寄、女、子供の力弱い人達を押しつぶさせてしまつたのであつた。

それこそ正眞正銘純良な國民大衆である。あの日の三十八萬人は決して進んで暴動に走ることはないが、豫期しうる不慮の出來ごとはありうる。そこから護りぬく責任を、なぜ講じようとはしなかつたのか。人の手もたつぷりあるものを、ここに國民には冷酷な政府の顏が覗かれる。私はそれが厭なのである。

しかし、それは眞向からの出來事であつたために各方面の批判となり、當事者の反省を促し、責者の引責辭任にまでなつた。このことに關する限りこれらは愼重に熟慮して再び過ちを犯さぬようにつとめることであろう。

ところで、悪いことには、ジリジリとなしくずしに、冷酷な顏を向けて國民を追い込んでいるむごたらしい陰險な政府の顏がある。そのために人民のしあわせがはぎ取られてゆくのだけれど誰もみんなだまつている。何というむごたらしい事であろう。

母子手帳の廢止がその陰謀の一つである。軍事費捻出のため、行政改革をうたい上げて母子手帳の印刷費八百十九萬圓と乳兒母性の審査補助費二千五百三十二萬圓計三千三百五十一萬圓を鬼が島への團子にしようというのである。

一兆の豫算に對して母子手帳の三千三百萬圓は三萬三千三百三十三分の一にしか當らない。このはした金をもかきあつめて再軍備への狂奔はむしろ、あわれにさえ思えるが、この手帳が母子の保健衞生を守りぬき、築き上げてゆくために大きな手掛りの基礎資料となつている重要なものであることはまだあまり知られていない。

満四ヵ月前後の乳兒の健康狀態から、小學校入學の健康狀態までを記入する外、姙婦の心得や育兒の心得など、文字どおり母と子の健康記錄簿である。

何しろ年間二百萬の姙婦が利用しているので三年前から、日本乳兒死亡率がグンと減つて、昭和十五年の三十八・七人という世界の見ものが、一昨年は二十七・一人、昨年は二十五・五人といういちじるしい減り方はこの結果である。

また手帳によつて姙婦の梅毒血清反應が手がけられている。全國の集計がなくて殘念だが神奈川縣の保健所の克明な報告から押しても、四・八五％の陽性が知られる年々二〇〇萬人の日本の出生兒から一〇萬人の梅毒の子を防ぎ守れるのであり、姙婦尿蛋白陽性の五・一％を知つて姙娠腎臓を早めに手當をして子癇への轉落の途を遮つて十萬人の乳兒を安産せしめるのである。

ましてや、日本の乳兒死亡の高率の三大因の先天性弱質と、下痢腸炎、肺炎の二つまでは手帳による育兒教育が若き母親に泌み込んだ結果下がつたからだと認められている。

こうしたきざしがこれから一歩一歩きづかれてゆこうというのを、こつそりはぎ取ろうとしているのが政府の民衆をみる顏である。民衆の體質低下、民族の弱體にかかわることを誰れよりも一番よく知つていながら民衆の氣付かぬのをよいことにしてじわじわと押しつぶしてゆく官僚のむごたらしい顏の一つを、私等母子手帖の廢止をとおして如實にみるのである。

俳句

星野立子選

屠蘇空ゆすりジェット機のとぶ明けの春　濱松　國井房江

アメリカの飛機我がかほに明けの春　國立　大林はじめ

注連飾おとしてバスの曲りゆく　川越　中西小梅

まりとんとつきひとまはりしてとんと　東京　大江しかの

騎初めや馬場一とまはり子ものせて　東京　佐藤たみ

二こ四んの人も七草はやしをり　大阪　佐竹はな

霜柱鳥屋の玉子をとりにゆく　千葉　大久保とめ

どの窓も夜具干してアパート冬うらら。　名古屋　島きよし

―新職業案内―

病院ハウス・キーパー

近《こん》藤《どう》貴《き》美《み》

現在東京都に於いて三十人餘、地方では數人が病院ハウス・キーパーという女性の職場をもち近代的病院管理の面に大きい役割をもつて働いていることを御存じの方は少いのではないかと存じます。一家に主婦があつて家族のため細かい注意をはらい、家の管理に大きい力となつているそれを、病院という特別な場所におきかえたといつたらよろしいでしようか。女ならではの細かい心づかいを病院管理の面に生かして患者さんが安心して療養されるためのよい看護業務への一つの役割をもつものと云いうると思います。具體的に申しまして、まず大きい受持部門は淸掃です。病院内外の淸掃についての指圖監督を、洗濯及びリネン類の部門に於いては患者の被服、寢具、カーテン、おむつ、再生ガーゼ等についての一切を。施設等の營繕に關しては業者をわずらわす必要のない程度のものの修理のあれこれを。電氣、ガス、水道等についての科學的な管理を等々。

但し個々の病院により方針も異りましようから一概には申せませんが大體こういう仕事に責任をもつことがその主なものと云えます。ですからこれらの部門に働く人達へのよき指導者であると共に安心して仕事にはげんで貰うためのよい世話人でもあらねばなりません。暑くなれば蚊も出る、倉庫に鼠の被害はないか、そんな事にもぬけめなく注意をはらい、處置を行わなければならないし、看護婦さん達との協力によつて患者さんへのよいサービスがなされるよう常に心がける必要があります。

建物施設は容赦なく故障をおこしますし、横の連絡として人との接衝もなかなか骨の折れることがありますがよい處理によつてすべての故障をとりのぞき、すべてがなめらかに運營されることに大きな喜びを持つものです。ささいなやりくりも病院經濟に役立つ事もあるもの、椽の下の力となる私たちの仕事ではあつてもそれに大きい張合を感じるのであります。

外國に於ける、また特に設備の充分な病院ではその任務も自ら違い、病室及びリネン類の管理を主としているようですから以上のべましたような私達のしている仕事は少々越境的ともいえましようが、こういう在り方は今の日本の病院にとり色々な點にプラスするものであるとして當然ではないかと考えます。

病院ハウス・キーパーは病院という特殊な職場として前記のような科學的な管理や色彩調節に、洗濯等に關する科學的知識をもつために過般、病院協會主催、都衞生局後援により斯界の權威の先生方に講師となつて頂き講習會も開かれ、その修了によつてハウス・キーパーのあり方について裏づけされる機會をもつことができました。

病院ハウス・キーパーのすべてが未亡人であり年配人であるとは云えませんが、常識あり理解あり、仕事に自信をもつてうち込める方ならば、働く婦人のよい職場であると思います。全國の病院當事者がこの仕事に關心を持つて下さつて採用されますならば、年配の婦人にまた病院のために喜ぶべき事と存じます。ハウス・キーパーができてから病院はよくなつたと云われるならば、それは私達にとつて本當に嬉しいことであります。(都立廣尾病院・ハウス・キーパー)

台所のこえ

ボロ船の修繕は「あきらめましょう」

芹《せり》澤《ざわ》よし子

日本銀行總裁の一万田というえらい人の話では、日本の經濟を舟にたとえると、舟底に大穴が開いているそうである。しかも船客は船室を飾り宴會にうつつを拔かしている有樣で、放つて置けば、このままズブズブ沈んで、皆死んでしまうだろう。溺死したくなかつたら早く宴會を切りあげて船客が力を併せて舟底を塡め水を汲み出さなければならないと。

私はこの話を讀んでひどくびつくりした。敗戰以來、私達主婦は一家を守るために骨身を惜しまず働いて來た。娯樂らしい娯樂もなく家計の切り盛りに沒頭して、下着一枚だつて思うにまかせぬ有樣だ。してみると、どうやら舟の沈みかかつているのに船室を飾り立ててお酒を呑んでいるのは男性の方ではあるまいかと考えた。してみれば、舟底の穴を埋めこれを汲み出すのは世の旦那樣方の協力こそ最も必要ではないかと。

正月の雜煮を祝いながらこの感懷を述べたところ新聞を讀んでいた主人が「一體一万田さんのいう宴會に熱中している船客とは誰のことかね？」とやり返えされた。「舟を走らせているのは船員だろう。船客は船員のおかげでのんびりと宴會に夢中になつているのだ。船客は資本家達で、船員は勤勞階級だと考えたらどんなことになるかね。ものの例にしても、船員のことに一言もふれないで船客の贅澤ばかり云つている一万田さんの立場が問題だろう。日銀總裁なんて特等のお客だからね。」「だから」と私は云つた。「一等であろうが特等であろうが穴埋めに協力しないと大變なことになると警告しているのでしよ。日本という舟が沈みそうだとしたら、ありのままを船客にも知らせて船客、船員一體になつて沈沒を喰いとめなければ私達も一しよに溺れ死なければならないでしよう。」と。「たしかにね喰いとめられればね。しかし考えて見給え、一万田は國民に船底の大穴を埋めて水を汲み出すのに協力せよと言いながら、重たい大砲だの、彈丸だのどんどん甲板に積み込み始めているじやないか。大體君達は、一万田さんのいう汽船がどんな船だか考えて見たかね。それは日本資本主義というボロ船だよ。いくら船客が宴會をやめて手傳つたところで、穴のうまらないうちに大砲の重さで沈んでしまうよ、君がよくやつてるボロこそくりと同じことさ。」こう云われて見るとピンとくる。「それよりも小さくてもガッチリした新しい船を造つてそれに乘りうつるより外の方法はないよ。新しい船には宴會氣狂いや大砲氣狂いの一等船客なんか乘せないことにするんだ。」「それはたしかにいい。しかしそんなむづかしい手傳いが私達に出來るかしら、そうだ。選擧權というものがあつたつけ。私達が本當に明るい生活をたのしむには、新しい船を造る大工さんに投票することがまず第一の仕事であることに氣がついた。しかしその大工さんにだつて惡いけれど全部信頼は出來ないから各家庭の主婦はしつかり紐を付けて手綱を引しめ監視を怠らぬように。誰かが言つた、旦那樣は猿で、奥樣は猿廻しだと。

（文京區・主婦）

職場のこえ

灰色の青春悲し

―交換手の現状―

中《なか》川《がわ》秋《あき》子

市外電話局が中央電話局と呼ばれていた頃交換手として入局したのは、今から數年前のこと、「交換手」という職業が輕視よりは むしろ侮蔑さえされていた時代。いかに職業に上下はないと割り切つてはいても、實際は友人から「お務めどちら」と聞かれるのがたまらなく厭で「交換手」と答える辛さ、今にして思えば實に馬鹿々々しくさえなる。

格子なき牢獄と呼んだ職場。その頃はこの言葉通りに、廊下はもとより室内すらうす暗く、十代二十代の青春を灰色と化していた。遠い上に、雜音の入る市外線、指先の痛くなる程ダイアルを廻しても接がらない中繼線。朝申し込んだ通話が、深夜迄殘ることもめづらしくなく、質の悪い鉛筆、感度の悪いプレスト良く仕事ができたものである。人間業とは思えない。しかも市外電話を加入者に接いでやるのだという考えすら、持つていた時代である。坐ればワラがスカート一ぱいにつく疊、食時中にネズミのかけまわる食堂、宿直者用の夜具は臭く、布と綿はそれぞれ勝手な行動をとるに至つては、一日も早く辭めたいと希つた過去があながち無理とは思えない。

年がたち、日がうつり電通省から電々公社になつてはみたもののさすがにネズミの食堂は姿を消しはしたが、お辨當を持つて食事中の人が濟むのを待たなければならない食堂はいかに美しくしたとはいえ　まだまだである。市外線が增え、加入者の待ち時間が短縮されたとは云つても、施設に對するだけの人員がなく、ただいたずらに仕事量ばかり增えていつている現狀。デコボコのフトンは平らになり、敷布その他が貸與されてはいるが、假眠時間は一時間短縮された。また終戰直後三日有給で與えられていた生理休暇は、二日となり現在は一日の線すら滿足には保たれない、昨年十月十二日より母體保護運動なるものを推進し、生理休暇の完全獲得を目指した。が、全員完全とまではゆかなかつた。だが、かなりの成果を上げ得たことと信じている。

人員不足に對しては、臨時制をやとい、いつでも首の切れる狀態の者が增え、それと同時に、私達の全電通組織には入れず、共に苦しい苦しい立場におかれている。

交換手としての誇を心の底から持つことのできる世の中は、私達交換手自身が努力するとともに、公社當局も、公社に働く者が職員としての誇を持ち得るように、その職場施設の改善と、給與の引き上げに努力してはと思う。何回か新人が入局したが、入局當時は誰も一ように局の內部にあるところの、目にみえぬあるものに反撥を感じ、その排除を希うが、いつの間にか、從來からある、いわゆる墮性に抗しきれず、ずるずるとそまつてしまう。向上したくとも相變らず短い休憩時間には、何もする氣力なく、屋上に行つて小鳥を眺めるくらいである。悲しいとは思いつつも、これらの人々を、一偏にすくい上げる能力はなく、また施設なく、ただ人間機械となつて、電話交換をするのみである。

十年一日の如くと迄行かぬが、十代、廿代の青春が灰色となつて行く事實は同じである。一日も早く明るい青春を謳歌できる電話局となり「私達は交換手」と胸を張つてあるける樣にしたいと希つている。

（全電通労組・婦人部長）

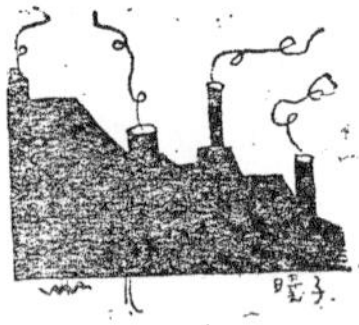

經濟の知識

三《さん》瓶《ぺい》孝《たか》子

經濟という言葉はどんな婦人でも知つていますし、また、日常使つています。では經濟とはどういうことかと問われると、さてと頭をひねつてしまいます。普通、家庭の婦人達が、經濟とか經濟的とかいうときは、家計のやりくりの意味か、または節約のことなど、金錢上の儉約に用いられています。

もともと經濟という言葉は、初めは家の暮しをゆたかにする家政を意味していたのです。日本で經濟という言葉が用いられるようになつたのは德川時代のことで、大體は儉約のことでありました。この時代の經濟學者の說いたところの多くは勤儉貯蓄であつて、積極的に產業を起すことを含めて經濟を說いた人は少ないようです。

しかし、經濟とは勤儉貯蓄だけではありません。昔から「入ると計つて出づるを制す」と言われていますが、この言葉は廣く、積極的に生產を發達させることをも含んでいると思います。それですから、經濟とは生產と消費との複雜な關係になります。如何にして、何を、どれだけ生產し、何を、如何に消費するかということです。

世の中の經濟的發達とは、より多くものを生產し、最も無駄なく、有効にものを使つて、凡ての人の幸福を增進させることであります。

だから、物の生產の量を增さないで、使う分だけを儉約しただけでは發達になりません。また生產を增大させないで、消費の方だけ多くしたのでは、赤字になつて、行きつまつてしまいます。十のものを生產し、消費する方を五から三に儉約しても貯蓄は多くなりますが、全體の生產の量（これを富といいます）はいつでも十に止まつています。それは發展でありません。どうしたら十五のもの、二十のものが生產できるかそれをよく考えて生產を增大させながら消費を增大させ、貯蓄をも多くしてこそ初めて國全體が富んで行き、發達して行くことができるのです。これが經濟的發達です。

日本は昨二十八年は消費景氣と言われました。高級自動車はじめ、いろいろの外國品までずいぶん賣れたようです。もつとも、こうしたことは私のような低い收入の者には緣のない夢のような話ですが、その結果はどうかといいますと、日本貿易は凡そ十億ドルの輸出に對して凡そ二十億ドルを輸入してしまつたのです。差引十億ドルの赤字です。この赤字を、前に貯めておいた外國のお金で支拂わなければならないのです。これは前に言つたように自分の國で十しか生產しないのに、二十も消費したことです。こんな經濟のやり方では日本の國の將來はあぶないことです。最近耐乏生活と言われているのはこのためです。しかし耐乏生活は、まず高給所得者からやつてもらいたいと思います。

このくらいで經濟という言葉の意味はおわかりと思います。

次に、ものを生産したり、消費したりすることを何と云うかといいますと、それを經濟行爲といゝます。經濟行爲というものは、出來るだけ無駄な勞力を少くして、最も多く成果をあげることでなければなりません、イギリスの十八世紀末の有名な經濟學者のシーニョァという人は、このことを經濟學上の一つの原則として「最少の勞働をもつて最大効果をうる」といつたことは有名であります。經濟學上の原則というと大變むづかしいことのようですが、廣くあらゆる場合にあてはまる原則というものは、日常ありふれた行爲の中にも見られるものです。戰時中私達がやつたバケツの水運びがそうです。一人で、バケツの水を運ぶよりは、一列になつて、順おくりに運んだ方が、少ない勞力でで澤山の水を、しかも早く目的地に運ぶことができます。アダム・スミスという有名な經濟學者はこのことを分業となづけました。

先にのべた經濟の意義をさらに詳しくいうならば、「最少の勞力をもつて最大の効果をあげるよう」に生産し、消費するにはどうしたらよいか、ということまで經濟の中にはいります。普通これを經濟的といわれています。ただ目的も計畫なしに、必要以上の勞働を使つて生産したり、無駄にものを使いはたすことは經濟的でないことです。

經濟の含む範圍もいろいろに分けられます。狹い意味では家庭經濟です。廣い意味では世界經濟があります。家庭經濟が一戸の家の中だけですんだのは、必要なものを何でも自分の家で作つた昔のことです。今日のように何でも買つて使う時代には、家庭經濟は社會や國家の經濟から切り離して考えられません。例えば昨年秋のように風水害で米が不作になり、不足するであろうという風説が立つと、お金のある人は買溜をします。その人の家では經濟的と考えて買つたのかも知れませんが、そのために米價をドンドン上らせることになります。社會や國家からみるならば、米の需給計畫を亂し、一般の消費を不公平にし、貧しい人を益々困らせることになります。だから今日では、個人個人の經濟行爲は社會や國家と密接に結びついています。

私達の日常かくことのできない木綿について考えてみましょう。綿織物を生産するには、紡績會社が設備をし、勞働者を雇い、石炭や電力を消費しなければならないし綿花を輸入しなければなりません。紡績會社はそのために資本を集め、機械を買入れ、炭山では勞働者が石炭を掘り、米國から綿花代金を借入れたりしなければなりません。つまり私達のゆかた一枚をつくるためには石炭業、紡績業、ハタ織を初め、農業その他あらゆる産業の活動が必要なのです。それですから木綿の浴衣を着ることによつて、凡ゆる産業の活動する大きな經濟の運動の中にはいつたことになります。綿花は輸入ですから、アメリカの綿作經濟と結びつくわけです。

こう考えると、今日の經濟では、一一の家庭經濟も、國民經濟、更に國際經濟の中の一一であることがわかります。個々の家計は極小さな經濟單位でその上に大きな國家經濟があり、さらに國際經濟があり、それらの大きな齒車で動く、小さい小さい齒車にすぎません。

戰時戰後の必要から、婦人達も、國の經濟の動きに注意するようになりました。一度開いた眼をとぢることなく、これからも家の經濟についてばかりでもく世の中の經濟の動に注意して行くようにありたいものです。社會の動も、國と國との間の動も煎じつめれば經濟の動なのです。明治時代の先覺者福澤諭吉先生は「新女大學」の中で、「法律と經濟の思想」を學ぶことは婦人解放の武器であると言われました。これは何も法律學や經濟學のむつかしい學問をせよと云われたことではなく日常の生活、ものの考え方、判斷の基礎に法律や經濟の知識が必要であるということと私は思います。よい言葉といつも思つています。

—一九五四・一・五—

勞働黨とその婦人部の活動

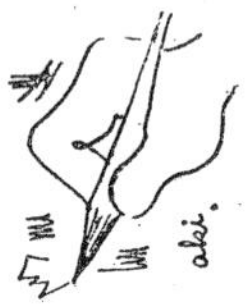

山《やま》川《かわ》菊《きく》榮《え》

十九世紀の英國勞働組合は

全國的な總連合TUCを結成し、强大な勢力をもちながらも、まだ勞働階級獨自の政黨をもつ必要を認めず、社會主義を毛ぎらいし自由黨の中の進歩的な議員にたよつて、かれらを通じて勞働者に有利な立法を實現することに滿足していた。一方、社會主義者の團體としての獨立勞働黨及びフェビアン協會は一握の知識分子の集まりで大衆的な背景を欺いていた。この中で坑夫出身のケヤ・ハーディらを中心とする熱心な先驅者が兩者の緊密な連絡提携に努め、一九〇〇年、これを打つて一丸として勞働代表委員會を組織した。一體英國の組合は、高賃金の男子熟練者――いわゆる勞働貴族が集まつてその特權的地位を守る運動として出發した初期の傾向が長く續き低賃金の女子年少者、不熟練者の加入を認めず、女子は十九世紀の末まで、女子ばかりの組合を作つていたような有樣だつた。が年と共に資本の壓力に抵抗する必要上、こういう狹いしきりは破られて組合は階級的なものにひろがつていつた。更にこの年、南アフリカの豊富な金鑛をねらづて起された植民地――侵略戰爭は、世界の非難と共に、國内でも進

婦人部書記は何をすべきか

勞働黨婦人部組織者 コンスタンス・ケイ

婦人部の運營は必らず計畫的に行わるべきであり、從つて各地方婦人部は向う三カ月、六カ月又はそれ以上の期間にわたる事業計畫をたてなければなりません。婦人部がなるべく多くの人をひきつけておくには、種々さまざまの面白い勉强や活動の計畫をたてることが何よりも大事なことです。けれども會合がいつでも必ずちゃんとした計畫のもとに開かれ、能率的に進められることもまた、それに劣らず大事なことです。

すべて事務的に

勞働黨は、その黨員が日常どういう風にふ

歩的な自由主義者と勞働階級のはげしい反對をよび起した。そしてこれが勞働者政黨結成への強い刺戟となつたのだつた。この時結成された勞働代表委員會の勢力は勞働組合五十四萬、社會主義團體三萬、合せて五十七萬人たらずで、全國組合員の約半數、勞働者總數の一部にすぎなかつた。この年の選擧には勞働議員の當選者僅か二名。そのうちの一人ケヤ・ハーディは明治四十年夏日本を訪い、堺利彦氏の家に一泊して日本の社會主義者と語り、また神田で公開講演會に臨んだ。彼は勞働黨の礎石をおいた歴史的人物としてその名は誰にも親しまれている。

一九〇六年に右の委員會は始めて勞働黨と名のつたが、この六年間に加盟團體の人數は倍加した。當時はまだ個人加入を認めなかつたので、獨立勞働黨や勞働組合の婦人は婦人勞働同盟というのを組織して、これに加盟した。婦人同盟は會員僅かに數千にすぎなかつたものの、その宣傳や調査や教育活動は黨の社會的政策に影響を留めた。古い記錄を見れば學校給食、學童の健康管理、子持ちの寡婦のための年金制度、苦汗勞働の取締、勞働委員會の設置、老人ホームの增設、炭坑の浴場設置、姙産婦の保護など、今日もなお時代おくれではない問題についての調査や報告が載つている。一九一八年に勞働黨は始めて社會主義を標榜し、ウェッブの起草による綱領をとりあげた。それから內閣を組織すること三たび、最後に一九四五年、下院の絶對多數をえて社會保障制度等を實施したが、一九五一年の總選擧にやぶれた。この半世紀の間にTUCの組織勞働者は八百萬にのぼり、(公務員の組合及び教員組合は參加していない)そのうち年六ペンス(邦貨約二五圓)の勞働黨政治基金を負擔する間接黨員(團體加入の者)約五百萬人、直接に黨支部に加入して月額六ペンスの黨費を支拂う個人黨員百十萬をもつている。婦人の個人黨員は約四十萬。黨婦人部長ミス・メァリ・サザランドはスコットランド出身、父は小農。エディンバラ大學で歴史を專攻。卒業後スコットランド農業勞働者組合の書記として働き、一九二八年以來本部の婦人部長となる。併せて黨の役員たること三十年に餘る。年は五十餘り、堂々たる體軀の持主で組織者として極めて練達している。勞働黨では、書記長以下黨の役員は專任であつて議員の兼職を許さず、役員が立候補して當選すれば解任される。黨の專門部は國際、調査、婦人の三つにすぎず、婦人部は極めて

るまうか、その會合でどんな風に自分たちの行爲を統御するか、というように、黨員のやり方次第で黨のねうちをきめられます。婦人部が能率的で事務的であればあるだけ、黨の內外におけるその影響力が大きくなります。

婦人部の集會がうまく運ばないと、多くの有望な婦人が興味を失い、黨にあいそをつかして會に出なくなつてしまいます。

そこで集會が面白くて魅力があるようにするためには、よい役員を選ぶことが非常に大切なのです。婦人部のできたての時代には、私たちは婦人部を作りはしたが無經驗な婦人たちに、議長はどうすればよいのか、書記は會計はという風に一々手をとるようにして教えなければなりませんでした。今でも新しい役員には何かと手をかしてあげる必要があります。私は一九四六年に、勞働黨の組織の全然ない村に始めて婦人部を作つた時、新しい書記が「議事錄なんて私ちつとも知りませんわ」といつたのを覺えています。

或黨員が始めて役員になる時には、立派な學歴をもつていても義務教育をうけただけの人でも、最初は勝手が分らず、どうすればよ

重要な地位をしめている。本部の婦人部には部長のほかに三人の專任役員があり、私は何度も會つたがいずれも實に親しみやすく行屆いて親切な有能な婦人たちという印象をうけた。

こういう役員のほかに、執行委員卅七名の中に左派議員バーバラ・キャスル夫人、TUC代表のミス・ホランは特に婦人としてでなく選出されているわけだが、別に前保健大臣サマスキル夫人以下五名が、規約により特に婦人代表として選出されている。但し現行の規約は意識水準の高い個人黨員から成る選擧區勞働黨に不利で、保守的傾向の强い團體加入の組合の比重が重きにすぎ、そこに不合理を認める黨內左派からの改正の要求が高まつている。選擧區勞働黨、協同組合、社會主義團體等各加盟團體は組合と同じく、黨員一名につき、一年六ペンスの加盟費を本部に拂い込む。

次に紹介するのは婦人部の活動狀況で、日本でも黨婦人部に限らず、婦人團體でも似たり寄つたりのことをしてはいるものの、これが、半世紀にわたり、根氣よく熱心に續けられて來た經驗と効驗は大に參考としてよかろう。また婦人部書記への注意事項などは、戰後日本でもだいぶ馴れては來たものの、まだ決して十分に實行されてはおらず、半世紀の經驗と四十萬の婦人黨員をもつ勞働黨でさえ最近の機關誌に婦人部運營上の心得としてこういう記事が每號連載されていることを思えば、日本で「それしきのこと」と鼻であしらつていいものとは思えないので、紹介することにした。これは黨や婦人部に限つたことではなく、どんな團體にも共通の原則なので、私たちの婦人がこの原則をのみこむことは、家庭や國全體の民主的運營を大に進めることとなろう。

黨の專任役員は全國で三百名。黨員三千七百名につき一名の割合で、特に大都市に少く地方小都市及び農業地帶に多くなつている。これは大都市ほど無給の任意勞務者、即ち時間や交通費を犧牲にして業務につとめる獻身的な人が多く、地方にそれが少いからであろう。黨費を集めるコレクター（集金人）は同時に組織者の仕事をしていることが多く、これにも有給もあるが無給が多い。中には交通費だけ支給されるのもある。組合の場合も同じく、日本のような組合費天引の例はなく、一人のコレクターが何百人と受持の組合員の組合費を集め、出さない者には戶別訪問までして、納得づくで出して貰うので、最も末端の、しかも最も重要な仕事である。

いかを學ばなければならない點は同じことなのです。仕事をちやんとやるためには、手始めに、多少面倒を思いをしても損はありません。仕事を事務的に進める方法を固く守るならば、途中でまごついたり、行違いが起つたりすることは大抵さけられるものです。そこで役員たる者はみなその義務をしつかりと心得ていなければなりません。

書記の任務

書記はカナメの役割をする者で、婦人部の仕事の大きな部分がその肩にかかります。集會が面白いか詰らないかは多く書記次第できまるのです。

書記はいろいろの事務の細目を整理して常に議事日程を作らなければならない。書記は會の始まる前に日程を議長（又は部長）に渡しておきます。また預め部員にもそれを送つておけば、その議事のためにちやんと用意をして出席するから會合が活氣づいて面白くなります。

書記は前回の會合議事錄を讀み、他からの通信を發表し、部員の意見をまとめてそれに

婦人部はなぜ必要か

勞働黨婦人部長

メァリ・サザランド

婦人部の機能

勞働黨婦人部の歴史は一九〇六年にまでさかのぼります。この年有志の婦人メァリ・マッカーサー、ボンド・フィールド、マリオン・フィリップスらが中心となつて、勞働婦人同盟を作つて黨に加盟したのですが、一九一八年、黨規約が根本的に改正され、選擧區勞働黨が結成され、個人加入が認められるに及んで、同盟は解消し、婦人は新たに個人黨員として參加しました。同盟の支部はそれぞれの地方の婦人部となり、その書記長であつたマリオン・フィリップス女史が黨の婦人部長となり、同じ一九一八年に各地區における婦人組識者が任命されました。

今日では勞働黨の組織單位になつている全國十一地區に一名づつの責任組織者がおかれそれらが黨婦人部長に對して責任を負うています。この婦人組織者はその地區の男子組織者と平等の同僚であり、婦人の組織を發達させ、監督する任務をもつています。これは特殊な仕事の分野で、單に諸地方の婦人部とだけでなく、地方の黨支部とも密接な連絡を保つのです。

或地方支部の黨員たるすべての婦人は同時に婦人部員となる。婦人部は黨の組織の構成單位であつて、地方勞働黨の運營委員會に代表者を出す資格があり、地方及び下院の選擧に際し、候補者の指名及び選擇にあずかる權利があります。

婦人部は規則的な集會を、通則として一回又は二週間に一回開く。各婦人部は通例向う三ヵ月又は六ヵ月間の事業計畫をたてます。その計畫は種々雜多な個人黨員の各層に適するように幅の廣いもので、例えば、講演、討論、研究會、事務的會合、社會施設や工場の見學、黨員募集運動、募金、催し物等さまざまでです。黨は男女をとわず、勞働黨の綱領規

返事を出します。書記は折々その婦人部の仕事についての報告を地方勞働黨に提出しなければならず、また黨の委員會に婦人部を代表して參加している者は、その婦人部の活動狀況をよく知つていなければなりません。

書記は會合に必要なものを、すべて用意しておく。婦人部の書類を一ヵ所にまとめておく。會合の時、黨からの書簡、回狀等を第一に讀みあげ、長いものは要點だけ紹介すること。

議事錄は簡にして要を得るように、その會合でどういう事務が運ばれたかがハッキリ分りさえすればよく、會の進行中、書記がとつておいたノートをあとでまとめて議事錄の中に書きこめばいいのです。決議やその修正が行われる時は、必ずその提案者と、その支持者との名、及びその決定を正確に記錄しなければなりません。

そういう決定にもとづいて手紙を出す必要のある時は、會が終つた後、なるべく早く出すこと。特に大會等に派遣する代表者を決定した場合には、期日をまたず、その氏名を至急本部に報告すること。幾人出席するかが早

約にてらして、黨の加盟團體たるに足りないと認められるものに加入している個人の入黨は認めない。（例えば共產黨、ファシスト團體の如き。）

勞働黨婦人諮問評議會は多くの選擧區、時には一郡全體にわたつて諸地方婦人部の連絡をとるもので、個々の婦人部以上の大きな仕事をします。婦人評議會は黨の主催する合宿學校の先鞭をつけた。一九二四年婦人評議會が最初の夏期學校を開いてこの方、この方面における婦人の仕事は著しい發展を示しました。一九四六年には英國全土にわたつて合宿講習會が三十ヵ所に開かれ、千八百人の婦人が參加し、その後年々ますます多くの講習會等が開かれています。

婦人部は黨を强化擴大する

曾て婦人部とは、政治的に無經驗な新しい婦人有權者のための幼稚園のようなものだと思われていたこともあり、實際初めのうちはそういう役割も勤めていたのです。がもしそれだけに終つたならば、婦人部は疾の昔になくなつていた筈でした。ところが昔とちがつて男女が政治問題についても、黨の問題についても同等の知識をもち、對等にものがいえるようになつた今日、婦人部は黨組織の中の堅く動かぬ强大な單位となり、その活動はますます盛んとなり、その部員はどんどんふえてきたのです。

婦人部の存在に對して折々おこる反對に對して、この事實が何より雄辯に答えています。そういう反對論は、黨內に特に婦人部を設けることは、婦人の劣等な地位を意味するものにほかならず、今や婦人はすでに男子と平等の政治的權利をもつているのだから、黨の一般的會合で男子と共に政治を語ればよく、特に婦人部という別のグループをもつ必要はないというのです。こういう見解は政治組織の目的、黨の構造、及びその內部における婦人部の位置を正しく理解していないことから起つてくるのです。

もし黨組織が單に政治を論ずるだけのものに留まるならば、特に婦人の會合の必要はないというのも尤もでしよう。けれども私たちの黨組織が、ただそれだけのものに留まつたならば、勞働黨の政府は斷じてできなかつた筈です。

選擧區勞働黨及びその支部は能率的な選擧機構を作り、勞働黨に對する最大限度の支持を動員し下院及び地方議會の內外にわたり、黨の目的と政策とを達成する活動を行い反對黨の策動をうちくだかねばならないのです。

婦人部は、それが役に立つ組織を作りあげたかどうかでその價値を判斷され、位置をきめられます。ところでわが婦人部は黨組織の全面的な能率を高め、一般的及び特殊的な宣傳に寄與し、黨の仕事や公共的な任務のために役立つよう何千何萬の婦人を訓練してきま

く分るほど、大會の準備がはかどつて萬事好都合に運びます。

黨員名簿―書記は必ず出席者の氏名を記錄し、その婦人部の管轄區域の婦人黨員名簿をも作つておくこと。婦人部にはいつた新入者の名は必ず黨支部に通告すること。黨支部もまたそこに登錄した新入婦人黨員の名を必ず婦人部に通告しなければなりません。そして支部一般の會合と婦人部の會合と、どちらの通知も洩れなく發送されなければなりません。大きい婦人部では黨員の登錄及び黨費集金を扱う專門の役員をおいて、書記の負擔をへらしています。

書記の心得―**一**、すべての會合には必ず、かつ定刻までに出席すること、**二**、會場には議事錄、通信及び豫め用意された日程表を持參すること、**三**、會合の前に議長と日程につき打合せること、**四**、議長の指名を待ち議事錄をよむこと。それが正確な記錄として承認された後、議長の署名をえておくこと、**五**、議長の指名を待ち、通信を發表すること。それぞれの通信を洩れなく報告すること、返事が必要な際はその要點をかきとめること。**六**、重要な決議についてはその字句を誤らず、正確に記錄すること。その提案者と支持者との氏名を議事錄に留めること。修正案についても同じ。採決をおこなつた時は贊否の票數を

した。また政治教育のためにいろいろの便宜を提供し、地方勞働黨の財政を强化したのです。

よい婦人部はよい黨をつくる

地方勞働黨や選擧區の支部がその任務をはたすためには黨員が必要です。活動的で事情に明るい黨員、選擧の時にも、また平生でも年中盡きることのない、あらゆる仕事に慣れている黨員が必要です。黨が必要とするサーヴィスにいつでも喜んで服そうとする黨員は婦人部がある場合には、數もふえ、質も向上しているのです。

私は婦人部の仕事は黨のための仕事であることを力說しなければなりません。婦人部に反對する人々はこの點をわざと見落し、かつ婦人部は黨からはなれた別のもので、婦人のためにしかならない何かはんぱな仕事をしているかのように云います。が、婦人部の仕事は黨の仕事であり、それは黨の他の部分で行う一般的な活動を補足し、更にそれにつけ加えるものであり、特に積極的、活動的な黨員を增加する任務をはたしているのです。もちろん婦人黨員は一般的な黨の活動にも參加しており、婦人部のしつかりしている所ほど、黨支部に婦人黨員も多く、かつ運動も盛んなのです。

婦人部は、婦人が特に興味をもち、專門家として役に立つような問題にその注意を集中することができるようにしてきました。男子と同樣、婦人も自分の仕事を中心にした角度から政治を考えます。そして大多數の婦人にとつて一生のうちの大きな部分をしめる問題は家庭と家族です。社會の中でも、わが婦人部の中でも、主婦と母親との數は他の仕事に從う婦人よりも遙かに多いのです。ある意味では婦人部は母親や主婦たちの勞働組合であり、そこで一所に働くことに、かの女たちは深い、そしてしんそこからの滿足を感じているのです。これは金錢ずくでない任意のサーヴィスの上に築かれた運動が忘れることのできない事實です。婦人は黨支部の他の一般的な仕事と同樣、自分たち自身のものである婦人部が好きなのです。そうでなかつたなら婦人部は存在しないでしよう。そしてわが黨はすでに、多くの黨員の政治的關心を高め、かれらを感激させ、かつ手辨當で献身的なサーヴィスをする婦人部の組織形體を續けることが、どんなに大切なことかということを認めているのです。

婦人の中には一般的な黨活動だけに滿足している人もあり、他の部門の會合と婦人部の會合と二重に出席できない人もありましよう。中には女のお相手はまつぴらという人もありましようがこんなのはフロイドの研究材料にすぎません。

過去の經驗は、婦人部に對する婦人の要求が眞劍なものであることを證明しています。とりわけ政治上の男女平等を當然のこととしている若い婦人黨員が、婦人部の仕事に熱中しその中に感激と魅力とを感じていることは黨の將來のために何という光明に充ちた兆候でしよう。

記録すること。七、出席者の數、寄附金、茶菓その他の賣上代金等を記入すること。八、會の終りには講演者への謝禮を拂うこと。九、必要に應じ地方新聞に會合の報告を送ること會の終了後、できるだけ早く議事錄に書入すること。それはごく簡單な記事でよい。一々の發言や長い講演を逐一書くには及ばない。（中略）一二、次回の講演者を早く賴むこと一三、次の半年間の計畫をきめたら、早く講演者の都合を問合せてその氏名を發表できるようにすること。一四、返信の必要な場合は必ず切手かハガキ封入で發信すること一五婦人部のために使つた費用はすべて明記すること。書記は會計係から少額ずつ金を受取りその收支を示して次の金を受とること。一六規則をよく心得ておくこと、規則を嚴守すること。

ごく普通な會合の議事日程の一例

一、部長あいさつ　二、缺席の辯解　三、前回の會合の議事錄報告　四、議事錄から起る問題の說明　五、通信の發表　六、講師×夫人。演題「市議會の仕事について」　七、質疑應答　八、感謝決議―提案者A、同意者B　九、報告　一〇、お知らせ、次の集會日時、講師某、題「われら勞働黨について」一一、他の用件等。

婦人の力で……平和を

清《し》水《みず》薊《あざみ》

新聞にラジオにこんにちの日本の悲しい運命を知らされ、明日はどうなることかとただはらはらして家計簿と取組み、わが子を考えて、かつての戰爭での苦悩と悲惨な月日を悲しく想い出すだけで、どうしたら良いかということを知らない、寂しくやり切れない生活です。

こんにちこそ私達の力、母性愛の勇氣をふるい起してわが子の未來の幸福に、將來の世界の平和に世界の婦人は固く手を握つて好戰主義者と鬪いたいと思います。

戰爭の美名に隠れて人を殺しあい、文化の發展を破壞するために私達母は子を生み育てゝいるのではないはずです。物を盗んだり、人を殺したりする新聞の記事を讀んでだれでも暗い氣持になります。そして犯人を憎らしいとも思います。それなのに戰爭でわが子が、わが夫が、人を殺し合うことを悲しまずにいられるとしたら、その人は戰爭という言葉の魔術にかけられて良心を失つてしまつた人達ではないでしょうか。

滿洲事變、支那事變、太平洋戰爭等での敵味方の多くの死傷者、また、モンテンルパでマヌスで戰犯生活の苦悶をした人々を、今もう一度思いだして、私達婦人は、主婦は、女は聲を高く平和を呼ぶ時ではないでしょうか。

昔、京都の本願寺の棟上げに梁が重過ぎてどんな丈夫な太い綱でも途中で切れてどうしても棟上のできなかつた時に、女の髪の毛を寄進させて黒髪の綱で引きあげたらさしもの大きな重い梁もやすやすと揚げることができたと傳えられております。科學的な說明はほかにあるでしょうが當時は心をこめた女の信念であると言われていたそうです。二十世紀のこんにちも、私達婦人の信念の團結で世界に平和の棟上げをしなければならないと考えます。

毎日臺所のすみで不安や焦慮の愚痴ばかりをこぼしていないで、勇氣を出して平和を守る團結を作り、聲を高く世界の平和を、人類の平和を呼ぼうではありませんか。

私利私慾に迷い易い男子を婦人の智性と正しい愛情で救うのがこんにちの婦人の任務で有ると思います。私はそのためにも〝婦人のこえ〟がもつともつと廣く世の人々に讀まれるようになつて欲しいと願います。

明治時代に福澤諭吉先生は『婦人に政治と經濟が解れば、婦人の力は男子にも優ることになるであろう』といわれています。〝婦人のこえ〟にも政治と經濟をやさしく解說した啓蒙教育の記事が加えられることを切に希みます。私達の衣食住の總てのどんな細な事柄も政治と經濟を無視しては日常生活がなり立たないのですから、婦人は新聞の政治經濟の記事を讀めるくらいの知識を養わねばならないと思います。そして戰爭の歷史が經濟戰から侵略の武力戰に連がつていること、各國の經濟が圓滑に進行しているときには世界は平和が保たれていることを考えて、常に社會の動きに注意し、わが子や夫を戰爭にかり出されないよう、世界の平和を築くために勇氣を出して叫ばなければならない時ではないでしょうか。再軍備と憲法改行の年と言われる今年こそその阻止のために婦人のこえを高くひびかせましょう、世界の平和を！　人類の平和を！　そして平和憲法の固守を！

（茨城・主婦）

勤勞者の妻は……訴える

山《やま》本《もと》靜《しず》子

私は國鐵職員を夫にもつ一主婦でございます。私は現在の世の中について思つたままのことを訴えたいと思います。

人間らしい生活、それは憲法で認められている文化的最低生活のことをいうのではないでしようか。今の世の中を見ますと、地位の高い人や金持だけが我が世の春とばかりぜいたくな生活をしています。それにひきかえ私たち勤勞階級の生活はどうでしようか。このお正月も子供に新しい衣料一枚買うこともできませんでした。いやお正月だけではありません。お祭でも、七五三のお祝いでも子供の晴衣一枚買うこともできません。

衣料はとにかく、食生活はどうでしようか。吉田政府の元大藏大臣は、國民に向つて貧乏人は麥を食えと言われました。しかしあの人たちは一體私たちが何を食べているか御存知でしようか。人間らしい食物どころか、漬物さえ思うようには漬けられない有様です。家畜に等しい粗食です。いや働いていればこの豚のような食物にもありつけます。しかし現在の世の中では働きたくとも職がない人が大ぜいいるのです。パンを求めて必死になつている人が巷にあふれているのです。

このような國民の不幸をよそに、政府はもつぱら再軍備に狂奔しているようです。そのために邪魔になることはドシドシ法律を作つて取締ろうとしているようです。一體今頃また再軍備をして私たち國民が安心して生活できるものでしようか。國民の血の出るような生活費の中からしぼり出した税金で、再び人と人の殺し合いに使う兵器を、それもアメリカの古ぼけた兵器なんか買うために使つていいものか、どうか私は疑います。

日本國民は誰でも平和を願つていると私は思います。戰爭をしなくとも戰爭を招くような危險な武器をなぜたくさん買入れなくてはならないでしよう。私は憲法により軍備を放棄した日本にほこりを持つておりました。しかし私たちのそのほこりも今は何處かえふきとばされようとしています。現在のような政治のやり方で國民の願つている眞の平和な國日本になるとは思われません。なんとかこの憲法を守り抜きたい、そして一日も早く誠の平和な國日本に建て直して欲しいのです。

戰爭も終り八年餘りもたつた今日までこのような哀れな生活に堪えている私たちを、再軍備によつてさらに窮乏と不安の中におとし入れようとする現在の政府に、私たちは主婦の立場から反對せずにはおられません。正直のところもうがまんが出來ないのです。貧乏なら貧乏なりに納得のゆく政治であつて欲しいと思います。働いたら働き甲斐のある生活をさせて欲しいと思います。貧乏世帶のやりくりに身を粉にして働いて、そのむくいが今月も赤字、來月も赤字で、赤字が家計簿より消える月はない。增すものは借金で、消え去るものは米びつの米と財布の中のお札ではつくづくと厭になります。

現在私のように生活に惱まされている方々はたくさんいるに違いないのに、どうしてこのような人々の中から、不滿の聲がたくさんでないのでしよう。私たち主婦の日常の苦しみをなぜ世の中に訴えないのでしよう。

全國の主婦のみなさん、私たちは目を見開いて現在の政治を見詰めようではありませんか。そして私たちはなぜこのような慘めな生活をつずけなければならないのか考えようではありませんか。

（三重・主婦）

□　□

國連で活躍している婦人たち

國連における
パンジット夫人

ザー・クリスチャン・
サィエンス・モニター紙
――一九五三・一〇・二六――

この二年の間に婦人達の國連における地位は確立し、世界的な問題の解決に、また「平和を作る工場」―國連―の雰圍氣の緩和に大いに貢獻している。

國連に於ては各部門に大勢の婦人委員達がいるので一々列擧するのは困難である。第八總會に於ては十三名の婦人委員とその他になお十三名の委員がいるが、これはちようど二年前の約二倍に當る。

アラブ・アジア・ブロックの指導者

政治委員會で重要な地位を占めている**パンジット夫人**はアラブ・アジア圏の指導者であるが、その地位からアメリカ及びソ連の兩國に推されて九月十五日（一九五三年）に一足飛びに議長に推せんされた。

パンジット夫人は議長に就任したとき「この指名はインドの名譽でもあり、また私が女であるということは婦人の向上に大いに役立つであろう」と言つた。夫人は數世紀間貴族政治の下に生きて來たカシミリ・ブラーミン族の出身で、ヒンヅー教徒の未亡人であり、ネール首相の妹で、また三人の娘の母で、四人の孫を持つている。

モスコーやワシントンの大使であつた時代に比べると、二大强國間の緊張が輕減され、各國の熱望によつて協力と善意が、疑惑と恐怖に代ろうとしているとき、國連の指導者格に選ばれたことは夫人にとつて幸福である。

國連に於ける婦人ヴェテランの一人にドミニカ共和國の**ミネルバ・ベルナルジノ孃**がいる。彼女は第八總會の初頭に、婦人の權利について二、三の權利を得ている。その一つは發聲投票によつて第三委員會の副議長に選ばれたことであり、その二は、この委員會において、婦人の權利を保護向上させるように各國を援助するために實際の技術的援助計畫を作つたことである。

一九四八年パリーにおける第三總會以來、國連の花形として活躍している女性に**ライシミ・N・メノン夫人**がいる。彼の女は華やかなサーリー（インド婦人の布巻）を身につけ「フエミニスト」と呼ばれることを大して氣に掛けない。夫人はインドの上院議員であり、外務大臣所屬の議會書記である。またパトナの大學副總長夫人でもある。メノン夫人は「水銀の思考」（變り易い考い）と勇敢な演說で有名である。しかし彼の女は「私は自分の信ずることを云うにすぎない。人は常に自分の主張を發表し、これを堅持しなければならない」と言つている。

アイゼンハウアー政府は第八總會に二人のアメリカ婦人を送つた。一人はオハイオ州出身の**フランセス・P・ボルトン夫人**で、第八回目のU・S議會に選出され、下院所屬の母子會の最高メンバーである。彼女は總會が國連國際兒童救濟基金（U.N. International Childrens Emergency Fund）を却下しようとしたのに對して最後まで勇敢に頑張つた。

合衆國委員會の他の一人の女性は**オスワルド・B・ロード夫人**である。彼の女はすでに國連ではユニセフの合衆國委員會の委員長として受けがよかつた。第三委員會ではルーズベルト夫人と同席し、第四委員會ではボルトン夫人と机を並べて受託事項の處理に當つた。

鐵のカーテンの彼方からは第二回目としてバイロ・ロシアから**フェイナ・A・ノヴィコヴア夫人**が來ている。ソ連からは今回は全然婦人は出席していないが、ウクライナは**E・N・コール・コール夫人**を送つている。彼女は大學教授であり、また最高ソヴエト議會のメンバーとなつている。委員會ではどんな質問にもハッキリした拒否をするので、どこか神祕的な婦人と言つた感じがする。

激しい氣性の**ジェルトリュード・スカニノヴア・クルトヴア博士**は一九五二年政治委員會を作る際パンジット夫人の側についていた唯一の婦人である。

本年（五三年）は國連に見えなかつたが、ポーランドは**ソフィア・ワジルコフスカ夫人**を送つている。彼女はナチ占領下で恐怖と鬪い、十二歳の愛息と共に肉體勞働を强制された經驗がある。これが夫人に平和に貢獻する仕事につくこと決意させるに至つたのである。どこの國にとつても平和への道はただ一つであるから、國際間の緊張を馳めるようにしなければならないと夫人は信じている。そして、「ポーランド婦人は世界各國の婦人達と親しく手をつないで前進することを望んでいる」と言つている。彼女はポーランド最高裁判所の判事であり、議員でもある。ワルソーではポーランド婦人連盟の副議長として、また共産主義者平和運動者として社會的に大いに活躍している。

ユーゴーの委員**ミトラ・ミトロヴィック夫人**は若々しい活氣に溢れたセルビア生れの女性で、國内においては國民議會の議員として社會主義同盟の指導者として、またユーゴ全學校制度の近代化委員會の一人として多忙を極めている。

國連に於ける最初のギリシア婦人は第三十代ギリシア大統領の未亡人**ハナヨチス・ツアルダリス**である。ツ夫人はギリシア福祉機關の首長として國連に派遣されたものである。

なお夫人は、「ギリシア婦人は現在、完全參政權を得て、ヘレンスコウラス夫人、サロニカ辯護士が國民議會に選出された」と報告した。

このほか一九五三年の國連總會に活躍した優れた婦人には次のような人々がいる。

イギリスの**T・A・エメット夫人**、保守黨婦人部の指導者。

フランスの**ポール・バスティド夫人**、前リヨン大學行政法の敎授、第一回國連行政裁判所の副議長。

コペンハーゲンの控訴院の裁判官**カレン・ジョンセン嬢**。

一九一〇年、イングランドからカナダに移

住したA・L・**コールドウェル夫人**。この婦人はサスカチヴァンで公共事業に活躍し、現在自由婦人國民連盟の副議長である。

スエーデンの**ブリタエルメン孃**、同國の議員。

インドネシアが最初に外國へ派遣した婦人**マルタチ・S・マルツキ夫人**。

スエーデンの**ウルラ・リントシュトルム夫人**。議員。

オランダの**ジヤネツト・C・H・H・ドウルンク博士**。ユトレヒト市會議員及びオランダ下院議員、オランダ婦人同盟の國民首席。

フランスの**メール・エレヌ・ラ・フオシユー夫人**、ナチスに對するレジスタンスの指導者として有名。

イラクの**バジヤ・アフナン**夫人。イスラエルの**ゼナ・ハルマン夫人**及びノルウエィの**アーゼ・リオネース夫人**。以上の婦人達は國連では既に多くの經驗を積んでいる。

ウルグァイの**セーラ・イサベル・ピント・ド・ヴィダル女史**は國連憲章の權利平等の項の實際の起草者である。彼の女は溫和な指導者で、大學創立者で、また現職は辯護士で、國連に於ける國家委員會の最初の婦人委員である。

國連總會に於ける婦人達のうちで他の部門に働いている女性にイギリスの**ステラ・ジエブ**がいる。ゴールドウイン卿の娘で、ダラダラした委員會に於て、巧みに父の仕事を助け社交的な手腕を發揮している。數多の團體において國際關係の中に生活して來た彼の女は次の世代へ平和と自由の松火を運ぶ役割を果している。

このことはまた、パンジット夫人が國連總會で最初の婦人指導者として現在この光を失つた世界に希望の光を高くかゝげていることについても同じである。

短歌

萩元たけ子選

積み終へて汗を拭き居りオレンヂの夕雲が靜かに漂ひ來る

薪負ひて肩にめりこむ荷の重み踏みしめて朝の林道くだる

近藤泉

あんよあんよ出來たり吾子祟る全身の力こゝに集めて

時々は母居ることをたじかめて何を遊ぶか一途なる子よ

宮澤君子

蠶繭の山とつまれてトラックは峽の村里どよもして發つ

菅沼愛子

國民の幸福のために

北《きた》村《むら》杉《すぎ》子

昨年の暮、朝日新聞が「ひととき」欄の投稿者に「新年に想う」という感想を求めたところ、回答者三八八名のうち平和への希願が壓倒的に多かつたという。日本の婦人がどんなに平和を希つているかという現れに違いないが、それと共に平和に對する危機感が深刻に女性の胸を壓している證據と見ることも出來よう。

ところで、この人たちに再軍備や憲法改正の可否を問うたらどうであろうか。必ずしも同じ結果は見られないではないかと思う。それは言うまでもなく平和維持に對する見解の相違からであろう。

私は二つの理由から、再軍備と憲法改正には徹底的に反對しなければならないと信じている。

理由の一つはこと改めて述べるまでもないが日本の再軍備が世界の平和を脅かし、國内の民生を壓迫すると思われるからである。これまで米・ソ二大勢力のバランスの上に保たれてきた日本の非武裝平和である。米・ソ兩國が世界の平和について話し合う、という氣運が濃くなつて來た折も折、何故このバランスを壞すような行動を採る必要があるだろうか。むしろこのバランスを保たせるように努めることが日本の唯一の活路だと私は信じて疑わない。

民生の壓迫は早く二十九年の豫算編成に現われている。一月七日、四谷驛の附近は朝から棍棒を持つた警官で物々しく固められていた。生活保護費や失業對策費の大巾削減に對し全都日傭統一會議と全日勞連が「失業對策費と社會保障費の豫算削減反對」を大藏省に陳情しているのを警戒しているとの事であつた。本年度の豫算によると、失業對策は大打擊を蒙り、生活保護は最低保障も困難になり、結核長期療養者も自費でしなければならなくなる、というはなしである。しかも金融引き締めにより中小商工業にはかなり例産者が現われ失業者は増える見込みだという。昨年の豫算が本年度の豫算より多かつたわけではないのにどうしてこういう事態が起るのだろうか。言うまでもなく防衛費が多くなるからである。しかもインフレを防ぐために豫算を壓えようとすれば、そのシワ寄せは必然最も弱い階層にかゝつて來る。まだ隱し子に過ぎない小規模の自衞隊においてすらこうである。憲法を改正して正面切つて本格的な再軍備となつたら一體國民の生活はどうなるだろうか、考えただけでも身の毛がよだつ。

第二の理由は現在の狀態における再軍備は日本の民主主義の發達を阻害すると考えるからである。國民大衆の生活を壓迫し、大くの反對を押切つて再軍備を強行しようとすれば、必然權力によつて種々な干涉、壓迫を加えなければならないだろう。こゝ二、三年來の政治の動きを見れば自ら明らかなものがあろう。破防法、重要産業のスト禁止、レッド・パージ、學生選擧權の問題、また最近問題になつている警察法の改行、教員の政治活動禁止、「家」の復活、吉田首相の知事公選說。數え上げればきりがない。これが民主主義の推進に逆行しないものと言えるかどうか。國民の口を塞ぎ手足を押えて一定の方向に持つて行こうとする下準備でなくてなんであろう。

とにかく、今年は再軍備と憲法改正の年と言われる。後になつて「こんなはずではなかつた」と悔んでも追付かない。これを阻止出來るか、否かで日本の運命は決まるだろう。

修正の効かない、この人生に生涯の悔を殘さないように、この一年を送りたい。

主張

教員の政治活動禁止に反對

政府は教育の中立という錦のみ旗をかかげて、教員の政治活動の自由を制限する法案を議會に出そうとしています。まだ具體的な制限事項は分りませんが、今でも教員はその選擧區では選擧運動ができないのですが、これを一般公務員と同樣、選擧運動を全然禁止するつもりかも知れません。まさか選擧權を奪うことはできないにしても、事實上教員はそれに近い狀態におかれることになりはしないでしょうか。

また教室で社會科や歴史などの話をする時、いつたいどの程度のことが「政治的中立」と認められるのか認められないのか、具體的な問題になると甚だむつかしいことです。もちろん教員の一部の人々の、私たちの常識をこえた極左的一邊倒的傾向を子供に傳えることは、曾ての萬世一系的一邊倒の詰込教育と同じまちがいですが、それは全體の一部にすぎず、五十萬教員の良識で是正されてゆく見込みが十分あるのです。

部分的なまちがいや行すぎを口實にして全面的に教員の政治的自由を奪うことは、日本の教育のため、デモクラシーのため、實に恐るべき結果となります。教室で先生の言つた言葉が子供により、又は他の人々によつて或は正解されず、更にそれが惡意ある大人のために曲解されて眞に子供を愛する教員がその地位を奪われ無氣力不勉强、ただ上長に迎合することしか知らない者のみがその地位に留まるとしたら、日本の將來はどうなるでしょうか。これは教員だけ、日教組だけの問題ではなく、日本國民全體の身にふりかかる火の粉です。憲法が保障する人權の名に於て、言論自由の名に於て私たちはこの案に絕對に反對し、日教組の健全な發達のためにその粉碎を期するものであります。

第三回教育研究大會及び婦人教育研究大會を前にして全國の先生方の熱心な教育活動に敬意を拂うと共に、こういう貴重な大會を年毎にますます効果あらしめるよう、一般の勤勞婦人、お母さんのご協力を希望してやみません。

本誌・社友（五十音順）

淡谷のり子　阿部艶子
安部キミ子　磯野富士子
石井桃子　石垣綾子
圓地文子　大谷藤子
小川マリ　大内節子
川上喜久子　小倉麗子
桑原小枝子　神近市子
木村光江　久米愛
久保まち子　芝木好子
清水慶子　杉村春子
菅谷直子　田所芙美子
田邊繁子　高田なほ子
長岡輝子　新居好子
西清子　西尾くに子
萩元たけ子　深尾須磨子
古市ふみ子　福田昌子
宮崎白蓮　三岸節子
米山ヒサ

日本勞働組合總評議會傘下各勞働組合婦人部
全國産業別勞働組合（新産別）連合傘下各勞働組合婦人部

原稿募集

◇婦人のこえ　働く者、主婦の立場から、具體的に問題をとらえて建設的なご意見をおよせ下さい。
四百字詰原稿用紙　三枚半以内

◇短歌・俳句　生活の歌を歡迎いたします。ご希望の方には選者が添削してお返しいたしますから返信料を添えてお申込み願います。
送り先「婦人のこえ」編集部

「くらしの會」の活動

豊島區「くらしの會」（責任者岡田喜久代氏）では社會保障費削減反對運動の手始めとしてまず一月十八日午後一時から池袋驛前で署名運動を行うはず。

編集後記

日教組に限らず、日本では、とかく、勞働組合の政治的偏向ということが問題になります。これは政黨が弱く、當然果すべき機能をはたさないことも一つの原因です。昔から、社會黨が禁壓されていたので、組合を政黨の代用品にした習慣もまだ殘つているのです。も一つ政黨といえば惡いもの汚いもの偏つたものときめてしまつて國民の信用を失わせて議會否定のファシスト的傾向と、政黨員自身の不德にもよるところです。

しかし、正しい信頼すべき政黨を發達させて組合には本來の任務に專心させ、必要以上の負擔をかけないようにすることがほんとうに日本を民主的に改造しようとする者の任務です。政黨を毛嫌いせず、進んでその中にはいつてそれを健全に發達させるだけの誠意と勇氣とをもつ者が多くならなければなりません。

○英國勞働黨及びTUC等の婦人大會の記事は紙面の都合で次號に讓りました。

編集委員（五十音順）
河崎なつ
榊原千代
三瓶孝子
鶴田勝子
藤原道子
山川菊榮

婦人のこえ　二月號
定價三〇圓（〒五圓）
半年分　一八〇圓（送共）
一年分　三六〇圓（送共）
昭和廿九年一月廿五日印刷
昭和廿九年二月一日發行
編集發行人　菅谷直子
東京都千代田區神田三崎町二ノ三
印刷者　堀内文治郎
東京都新宿區四谷一ノ二
發行所　婦人のこえ社
電話四谷（35）〇八八九番
振替口座東京貳壹壹參四番

昭和二十八年十一月二十四日第三種郵便物認可
昭和二十九年二月一日發行（毎月一回一日發行）

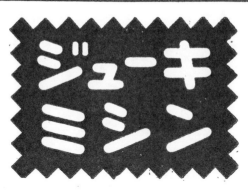

（第二卷・第二號）

定價三〇圓

婦人のこえ

3月號

1954

婦人のこえ

1954年

3月號

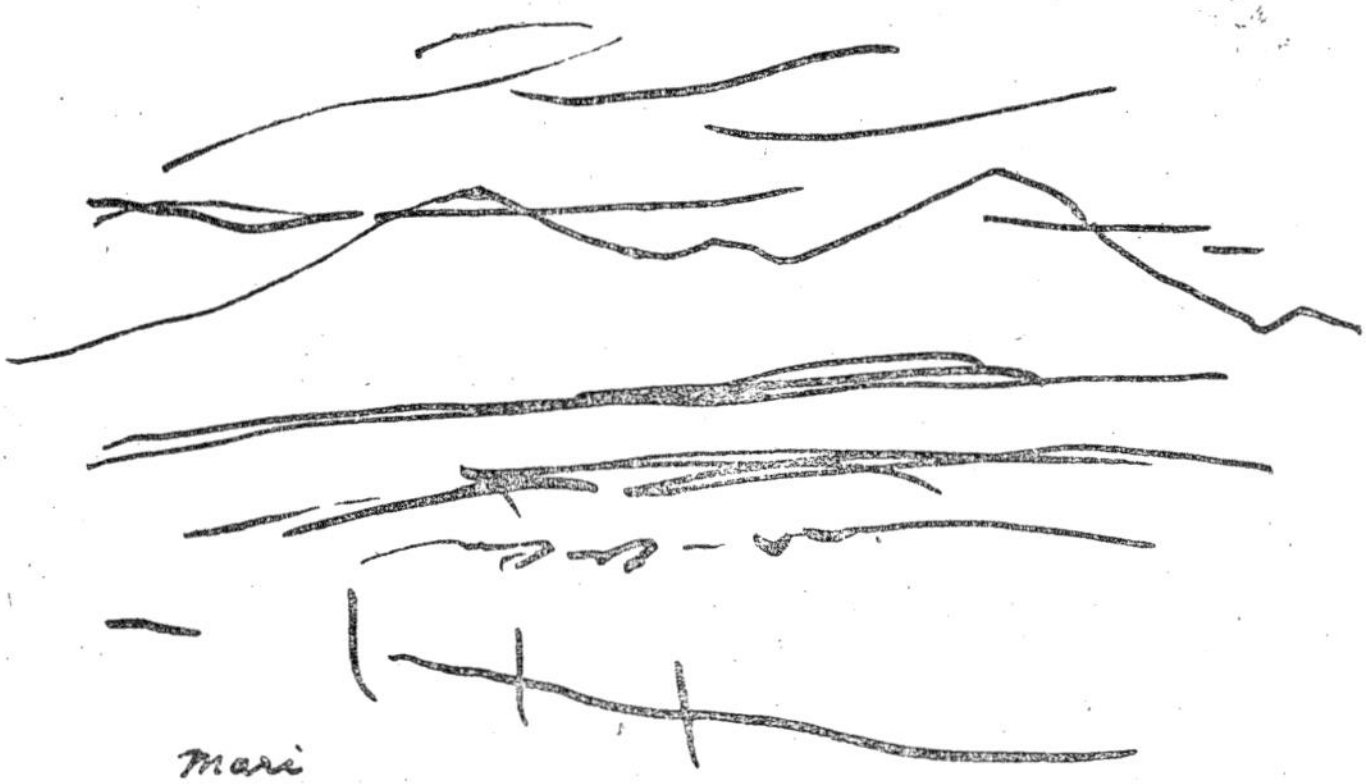

目次

國家豫算の重壓に
きしむ國民生活……榊原千代…（二）
原爆の孤兒……清水慶子…（八）
隨筆 東北の旅……大谷藤子…（七）
ひとり殘らず働く團體へ
……レーボア・ウーマン誌…（一六）
婦人の日を省みて……山川菊榮…（一三）
婦人のこえ
もつとほしい養護學園…桑原小枝子…（一〇）
平和への道を信じて…井の元惠子…（一一）
町内淨化に立上つた主婦たち…編集部…（一八）
地域婦人會のゆくえ…大野繁子…（二一）
授産所に通う婦人たち…横井みつる…（二〇）
成長した製糸の婦人……（一三）
見學と見はりと……（一五）
「社會黨第五回全國代表者會議」報告……（一八）
「こえなきこえ」……（二三）
短歌……萩元たけ子選…（九）
俳句……星野立子選…（二二）
表紙・扉……小川マリ
カット……寶井曉子

國家豫算の重壓にきしむ國民生活

榊《さかき》原《ばら》千《ち》代《よ》

二十九年度豫算の全貌が現われた時、國民はかつてない異常な關心を示して、鋭く批判したり、或は想像以上の根強い反撃に出たりして既にいくつか修正しなければならない立場に政府を追いつめている。

この豫算はデフレ豫算、或は緊縮豫算といわれ、補正豫算も含めた二十八年度に比べて、二七三億圓の減少であり、更に特別會計の財政投融資の豫算をふくめて五百六十億圓の減少になつているが、このような緊縮豫算を組まなければならなかつた事情というのは一體何であつたか。

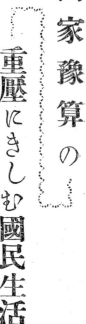

エコノミスト誌はこういつている。「アメリカは過去三年間に日本で三十五億ドル使つた。この援助のおかげで、日本は一九五三年に洪水のようにゼイタク品を輸入することができた」と。日本が獨立して自主的に豫算を組みだしてからずつとインフレーションの傾向を辿つてきている。それは日本の政治經濟がアメリカによりかかつて自分で立とうと努力せず、ただ自分で立つているような見せかけな格好をしていたに過ぎない。そうして政府は資本家の要求するままに、事業が成り立たなければ救濟融資を出し企業家は眞劍に生産を高めて利潤をまそうとするよりも、インフレーションによつてもうけようとし、物價が高くなつて輸出が困難になれば補給金、或は二重價格という安易な道をえらぶ。こうした他力本願のやり方にアメリカが強い不滿をもつて、インフレでない安定した經濟狀態をつくり出さなくては何事も出來ないではないかと强力に警告してきたことは疑いない。池田自由黨幹事長もアメリカでいわれ、一万田日銀總裁もノーランドやニクソンが來た時强くいわれ、吉田總理もいわれたに違いない。

然しアメリカに注意されるまでもなく、日本の經濟はいままで通りの豫算をくみ、このままのやり方で進んでいつたら恐らく大きな危局におちいり、永久にひとり立ちすることはできないというのが人々の見透しである。すでに輸入超過はつづき保有外貨は八億ドル程度になり、今年末には三億ドル、或は五億ドルくらいへりはしないかといわれている。手持ち外貨を使いはたしてしまつては、棉花、羊毛、米、鐵鑛石など重要資料の輸入も決濟がつかないために澁滞することになり、その影響は國內經濟全般に及んで、生産が落ち、物價が上るということになり、我々國民生活にも重大な結果を來すことになる。

そこで貿易を圓滑にする運轉資金を三億ドルなり五億ドルなりどうしてももつていなければならない。それには輸出をもつと盛んにして國際收支のバランスを計らなければならない。ところが國際水準に比べて日本の品物はコスト高で、國際市場での競爭に堪えない。だからどうしても國內物價をひき下げる必要がある。物價は高い高いといつても買手が多ければその値段を維持し、或は更に上つていくものなので、日本の現狀では物價はむしろ少しづつ上り氣味で、輸入も一昨年より昨年はふえている。棉花など輸入をふやしても國內消費に廻わつてしまう方が多くて、輸出はふえない。

このような旺盛な購買力を抑えるためには金融財政をひきしめなくてはならないという立場からくまれたのが今年度の豫算であり、世論の一部に强い支持を受けているのである。

大藏省がこの豫算を編成するに當つて五つの目標をもつたといわれる。卽ち第一、我國の通貨、圓に對する國際信用を高めること。第二、國際收支の均衡を確保すること。第三、自國の防衞は自らの手で行う體制に一歩進めること、卽ち自衞力漸增の方向へ進めること。第四、賠償を解決し、東南アジアとの友交的經濟關係を打ち立てること。第五、經濟の合理化、國民生活の健全性、輸出の增進、經濟自立體制を促進すること。

私たちは第一の目標、圓の信用を高めるということについては是非そうしなくてはならないと思うし、第二の國際收支の均衡を確保するということも非常に重大であると考える。第四の賠償を解決して東南アジア諸國との友好的關係を復活するということについては、たとえ國民はある程度の犧牲をはらつても苦しめた人たちに償いをする誠意を披れきしなければならないと思うし、第五の經濟の合理化、國民生活の安定、經濟の自立體制を促進するということは極めて當り前なことだと思う。しかし第三の自衞力漸增については大きな疑問を持つ。私たちはインドシナや朝鮮のようなみじめな狀態になることは眞平である。獨立國として自衞力をもたなければ獨立國日本の體面に關わる。自國の防衞は自國の手でというような考え方は原子力發見以前に屬する。

日本の自衞體制について下榮韓國外相は日韓記者團會見で米政府の日本再軍備政策を非難している。「日本は變らぬ侵略的野心にもえて兵器を望んでいる。アメリカは日本を助けて世界平和確立に寄與しようとしているが、再軍備によつて日本が眞に目論んでいるものは侵略である……アメリカはこのような日本の野心を放棄しておくべきではない。さもなければ日本の『變らない侵略的野心』で近い將來紛爭が生じるであろう」と。

――京城一月廿六日發ＵＰ――共同――。

オーストラリヤの人々も日本再軍備については非常な恐怖を公然と表明している。元對日理事會の英國代表だつたマクマホン・ボール氏（現在オーストラリア・メルボルン大學教授）は最近の英文毎日紙上に「今日の世界危機と日本の將來」と題する一文を寄せ「日本は中立的立場を目ざして努力することが日本の利益であろう」と述べ、「今日の日米關係を考察する場合に大事なことは、アメリカの軍事基地が日本に必要かどうか、あるいは中共禁輸の是非ではなく、これらが日本の利益のためか、それともアメリカの利益のために行われているかという點である。日本が今日のように完全にアメリカに依存しきつている經濟關係は不自然で不健全なものである。この關係は今日の政治的、軍事的緊迫から生じたものであり、日本を軍事同盟國にしておこうとするアメリカの希望から生れている。日本の永續的繁榮は中共を含めたアジア諸國との貿易にあるのだ。軍備については、日本は軍備をもつたとしても、それは他國を挑發するには十分だが、防衛するには不十分なものでしかないことはつきりしている。……」と。

イギリスの前外相ベヴァンも日本が世界に貢献する道は中立を守ることであると指摘している。

日本はＭＳＡ援助を受けることによつて今日アメリカから五カ年間に卅五萬の兵をつくれと要請されている。そこで日本の政治經濟は再軍備への道を大またに歩み出している。吉田首相にしても再軍備はしない、戰力なき軍隊など苦しい答辯をしているのは再軍備政策に必ずしも確信をもつているのではなくてアメリカとアメリカ資本に結びつく國內資本家に引きづられているのである。アメリカの要望を拒否してアメリカの援助がなくなつたら一大事だとばかりそのことを最も恐れているのではなかろうか。御無理御もつともよりかかつてさえいれば何とか面倒みてくれるだろうというような安易安逸な考えに立つているのではなかろうか。

そこでくまれた二十九年度豫算がバランスをかいて、大藏省の第三目標にたつ防衛費がドッカと大きくあぐらをかいて第一、第二、第四、第五の目標が無殘にその下に踏みにじられているような格好になつたのではないだろうか。大砲がバターを押しのけて居座つた豫算が出來たのではなかろうか。その大砲の重みで國民生活はきしみ出し、今にも破壞されつぶされそうになつている。

試みにこの豫算を圖表にしてみてご覽なさい。二十八年度豫算に比べて生活保護費にちよつぴり增額が認められるほかには、ニヨキニヨキとびぬけて傲然と頭を出してきたのは防衛關係費、舊軍人恩給費など再軍備の費用ばかり、卽ち保安廳經費など廣義の防衛費をふくめると、ざつと五百五十億圓見當の增加という景氣だ。防衛費は今までも多過ぎるくらいな、ところへ、また大幅の增額、しかも今年の分が使いきれないで相當額あまつている上に更に五百億から一千億みこまれている自然增收がその方の費用に廻わされるものとみられるので、軍需產業に花が咲き、一にぎりの少數資本家に資產が集中する。

これは何という矛盾であろう。財政支出を引きしめて消費購買力を抑え、物價を下げて輸出を增加し、日本經濟を再建するという建前とどう結びつくのだろうか。防衛費は結局生産的なものではなく、明りように消費的支出である。軍人恩給も尨大なものだがそれは生活保護費的性格でなく購買力を生む消費的なものである。このような大きな矛盾は結局國民生活にシワよせされている。

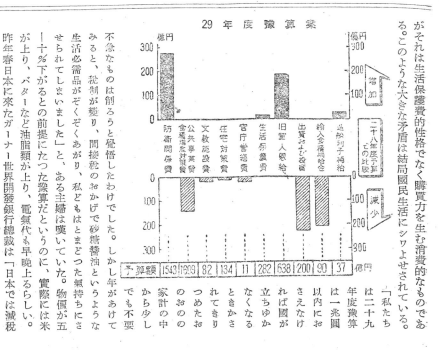

29年度豫算案

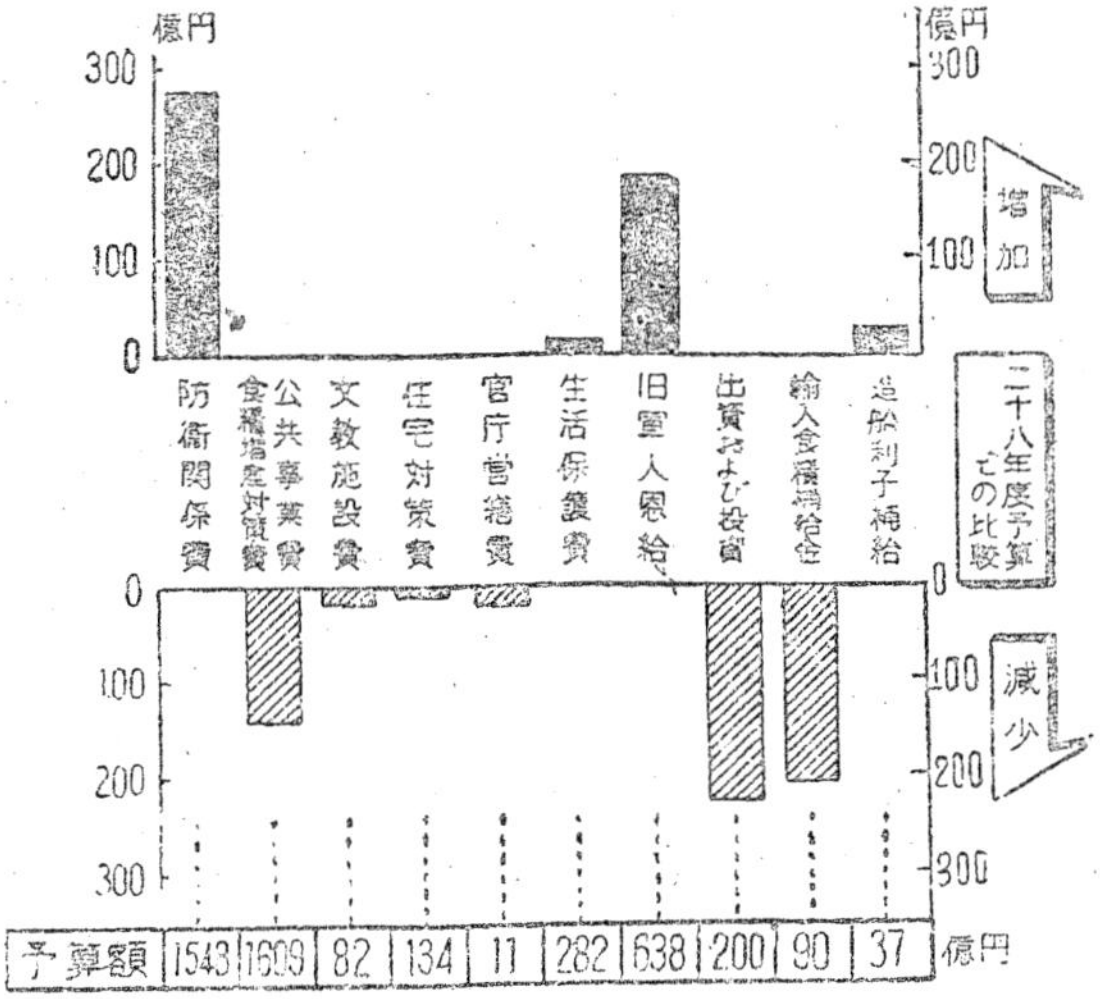

「私たちは二十九年度豫算は一兆圓以内におさえなければ國が立ちゆかなくなるときかされてきりつめたおのおのの家計の中から少しでも不要不急なものは削ろうと覺悟したわけでした。しかし年があけてみると、税制が變り、間接税のおかげで砂糖醤油というような生活必需品がぞくぞくあがり、私どもはとまどつた氣持ちにさせられてしまいました」と、ある主婦は嘆いていた。物價が五ー十%下がるとの前提にたつた豫算だというのに、實際には米が上り、バターなど油脂類が上り、電氣代も早晩上るらしい。

昨年春日本に來たガーナー世界開發銀行總裁は「日本では減税は消費生活をあおるだけで經濟的には何らのプラスにならない」と今でもいつているとか。「減税をして低額所得者の所得をふやすと使つてしまうから困るが、高額所得者は貯蓄をして資本に役立つから、減税をしてもいい」というのが税制改革の時のシャウプ博士の意見だつた。初め二十九年度に於て七百億圓の減税を考え、その時低額所得の負擔を相當に輕くする意向だつた政府はガーナーたちと同じような考え方で、減税をするとその分だけ消費がふえる。消費力をおさえるために七百億圓の減税は取りやめ、わずかに調整減税にとどめた。卽ち低額所得者の基礎控除が少しばかり引上げられることになつた。その代り繊維消費税、タバコ消費税、酒税、砂糖消費税、印紙税など新たにとつたり、引き上げたりしてその穴うめをしている。だが由來間接税は税の大衆轉嫁の最も安易な道で、損をするのは貧乏人だ。

とにかく生活必需品に大衆課税をかけるということは全く問題で、砂糖だつてその消費量は外國に比べたら非常に少いし、食糧全般についても日本の榮養水準は低いので、殊に低額所得者の所得をふやすように考えなければ生活は荒れはてて、家庭からは、不良兒が跡をたたないであろう。今度の一般會計の豫算では食糧輸入の外貨割當が減つて、米も一四五萬トンの豫定が一一〇トンに減るというし、砂糖の輸入もおそらく減るに違いない。それに食糧輸入の補給金も削つて米を麥にかえるというから、貧乏人はいよいよ麥を食えということになる。

アメリカの支配者が考える程國民大部分の生活は樂ではない。殊に低額所得者は未だ戰前の生活水準に達していない。東京葛飾區の小學校三年のある兒童は「お父さん」というつづり方の中で、「私のお父さんは二五〇圓しか持つてこないので、母ちやんにいつでも二〇〇圓あげます。父ちやんがお金たんとないから給食たべるんじやあないよといいました。だからあたしは給食たべないのです」と書いたとか。

文敎費も少くて新しい給食法による豫算はとれないので、こういう子供たちの完全給食など思いもよらない。そうして新入學兒童に國からおくる敎科書の豫算も全額カットされたので、ニコヨンの母親などあいにく學校へ本屋が店を出す日に金がなければ、仕事を休んで遠くの本屋まで買いにいかなければならないこともあるという。また施設費がけずられたので敎室などの新設が出來ず、小、中學で約百萬人も增加する學童を收容しきれないで、二部教授どころか三部教授もやらなくてはならないし、中學校などでは敎員室も化學の實驗室もとれなくて、グルグル廻つて移動敎室にするということだ。先生は三萬人くらいふえなければならないところへ、定員制によつて減らされる傾向がある、過勞で敎育は低下する心配がある。

大藏省が第一の目標に揭げた圓の信用を高めるということは、卽ち國の信用が高まることで、國民の文化水準が高まり、國民生活が充實し國としての實力をつけることだと思う。それだのに敎育はこんなにみじめで、殊に均衡豫算の名の下に外國からの書籍はもう買うことが出來ない。食糧增産對策費は殆どといつていいくらい前年比一四一億打ちきられ、住宅對策費も極めて不充分だし、金融財政引しめによつて平和産業、中小企業は倒れて失業者は行政整理によるものも合せて相當數巷に放り出されると思うのに、失業對策費も生活保護費もそれら社會增による增額を見こんでいない。世論に叩かれて復活したとみせかけた社會保償費は、裏のからくりをみれば相當額の減額で、やがて社會不安は募るばかりであろう。

私たち主婦はこの豫算に對して希う。幸にも世界の努力が相互の理解と友情を深めて人類の長い間の希望である世界の平和實現に向つて動き出している時、日本國民私たちはその榮ある憲法が揭げているように諸國民の信義に信頼して武力を棄てて物價を引下げて國民生活の安定と水準を高めるように切り換えて貰いたい、そうして家庭生活が豊かになつて夫婦親子の關係が樂しく親しみ深いものになるように。從つて夫や子供がパチンコや飲屋にしけこむ必要がないように。と同時に飲屋横丁や一種の賣淫を伴う靑線區域などが到るところにあつて、無駄な金や時をだらしなく使う商賣の仕組みがなくなるように。殊に一家の中心である主婦が世帶づかれの過勞からヒステリーや不健康になつて家庭を暗くすることのないように、充分眠りたい。牛乳を主婦がのめるようになりたい、電氣洗濯機を買いたい、病氣の時安心してねていられるように氣輕に頼めるお手傳いが欲しいというような、極めてつつましい希いがどの主婦にも實現することが出來るように。私たちは正直に納める税金が行え不明になつたり、ゆがめて使われたりすることにもつと銳い監視の眼を向け、そういうことが起る原因や機構をつきとめたいと思う。

……随　　筆……

東北の旅

大《おお》谷《たに》藤《ふじ》子

昨年の年末、もう東京ではあわただしい歳末の空氣があふれているころ、私は東北方面へ旅立つた。凶作にからまる人身賣買の實狀を知りたいためだつた。たつた一人の旅だつたし、知らない土地で大晦日を迎えることも豫想され、そんなことは私にとつて初めてのことだつた。

きつと大晦日には歸つてくると、東京を發つとき私は言つた。しかし、うまくいつても歸京の汽車の中で除夜の鐘が鳴り、元日の朝上野へ着くくらいのことしか考えられなかつた。

そして實際、山形の田舍の赤倉というところで元日を迎えることになつた。そこは、ひなびた温泉地で、聞けば正月は舊暦の習慣なので、たのしみにしていたお雜煮も出ない。それなのに宿の女中さんたちは、髮だけは日本髮に結つていた。私の部屋を受け持つている女中さんなど、大きな丸髷で、こちらが氣恥ずかしくなるほどだつた。

お正月の髮ですか、と言うと、はい三ヵ日だけね、と笑顔をする。結婚していらつしやるの、とたずねると、一度結婚したけれど別れたとのことだつた。

私の部屋は、奥の離れみたいなところで、その二階だつた。階下には毎晩、連れこみ客がやつてきて、惡ふざけをしていた。一度、若夫婦らしい客があつたが、それも村の男女で、別に結婚している間柄ではなかつたらしい。御夫婦ではありませんようで、と女中さんが言つた。

私は、その宿に、四晩とまつたが、いつもそんな客で滿員だつた。しかも外へ出ると、凶作の話、娘たちの身賣りの話、子供たちが前借で奉公に出される話なのだ。

こうした二つの事柄は、どこに連絡があるのだろう。そんな温泉旅館に、女づれで泊りこんで酒は飲み放題といつた連中だつて、同じ土地の人たちなのだ。マントの下に大きな袋を背負い、雪の道を暗い表情で歩いて行く百姓たちの地味な姿には、うちのめされたようなものが感じられる。この地味な人たちこそが、いまの社會で大切な人たちなのに、忘れられているといつた感じなのだ。この人たちは、どんなに惠まれた生活におかれても、温泉旅館で亂痴氣騒ぎをしようなんて考えることさえない人たちなのだ。

さすが本場だけあつて、米は上等で、なんともいえない味だつた。米の產地だから、米を各地に送り出すのは當然だが、その米がとれなくて窮乏に陷ると、子供や娘たちを送り出すというのが、いまの東北地方の有樣である。特飲街にあふれている女たちは、こうして送られてきたというなら、特飲街だけを問題にしないで、どこから彼女たちが賣られてくるか突きとめる必要がある。

雪が一尺も降り、東北の農村は、しだいに雪に埋もれて、冬ごもりの生活にはいつて行こうとしていた。雪におおわれた山の美しさ、汽車の中にはスキー客も多かつた。しかし、農家は絶望の中で、雪に埋もれて行くのである。（作家・本誌社友）

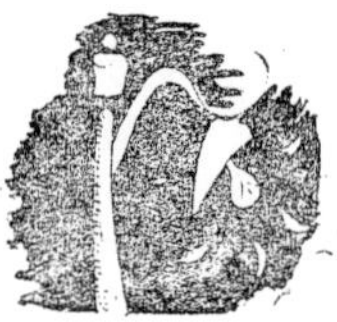

原爆の孤兒

清《し》水《みず》慶《けい》子
（日本子どもを守る會・常任理事）

朝の郵便物の中に、廣島の哲雄ちゃんの手紙がある。私は、眞先にそれを取上げて封を切つた。「おやつ、病氣らしい」と、思わず大きな聲で言うと、「え、なに、病氣?」と、夫と娘がそばから手紙をのぞき込んだ。鉛筆の幼い文字で「ぼくはながい間病氣をしていてお手紙がかけませんでした。うまれてはじめておいしやにかかりました、ねていてラジオで東京の大雪をききました……」と書いてある。「原爆症かしら」と娘が不安そうに言う。「まさか。哲雄ちゃんは、あの時、疎開していた筈よ」と私は言つた。とにかく、すぐに皆で手紙を書こう。何か、喜びそうなものを送つてあげよう、ということになつた。

廣島の哲雄ちゃん。これは、昨年の四月から、私たちの精神養子になつた十歳になる原爆孤兒である。まだ會つていないが、私の机の上には、彼の寫眞がある。燒あとのバラックを背景にして、秋の陽を浴びて立つている。てれたような顏をして、白い歯を出して笑つている。だが、思いなしかその手足は細い。

精神養子斡旋團體である「廣島子供を守る會」から送つてきた書類には、哲雄ちゃんの境遇を次のように記してある。廣島市大手町に住んでいた父と母は、まだ卅代の若さで、原爆死、當時二歳の哲雄ちゃんは、七歳の兄、四歳の姉、祖父母と疎開していたので助かつた。現在は燒あとのバラックで七十を越した祖父母がどうにか孫たちのめんどうを見ている。復員した叔父が近所に床屋をはじめたが、病身であり、三人の子があつて生活は樂でない。しかし、この無收入の家族のために五千圓ぐらいを出している。この叔父のあるために、市の補助は、貰らうことができない云云と。

一瞬にして卅萬近い人命を奪つた原爆のために、當時の廣島市には、六千五百名の孤兒ができた。その後、全國にちりぢりになつたが、まだざつと二千名が收容所や、市內の親戚知人のところにいる。その大部分が、精神的にも物質的にも、實に氣の毒な狀態にある。戰後間もなくパール・バック女史などの提唱で原爆孤兒の精神養子運動が起り、約三百五十人が、米國人の精神養子になり、毎月二ドル五十セントを送られた。孤兒の悲惨な狀態を米國人が見るに忍びなかつたに違いない。しかし、この問題を、このように、米國人の好意だけに任せておいてよいのだろうか。

原爆の孤兒たちを救い、なぐさめ、はげますのは日本國民の手でなすべきだ。社會保障で孤兒を守るのが正しい道筋である。國民は、みんな力を合せて、この根本的救濟の方向へ政治を推進させるように努力しなければならない。だが、現實は政府の怠慢や、私たち國民の壓力の足りぬために、社會保障は手の屆かぬ彼方にあり、二千の原爆孤兒たちの生活は、どうにもならぬみじめな狀態に打ち棄てられている。とすれば、原爆孤兒の目から、つらい涙をなくすためにも、理くつよりも何よりも、とにかく今すぐ私たちにできることは何であろうか。

こうした反省から、昨年、日本人の手による原爆孤兒精神養子運動が始められたのである。養親になつたものは月額千圓ぐらいを孤兒に送り、常に文通し合い、その健かな成長をはげまそうというのだ。一人で親になつても、數人で親になつてもよいのである。廣島子供を守る會の呼びかけに應じて、私たちは直ちに申込んだ。そして哲雄ちゃんが私たちの養子になつた。だが、この呼びかけはまだまだ全國的にゆきわたつていない。縁組の成立した數も少いようで國民運動という狙いからは、はるかに遠いことは、殘念である。

哲雄ちゃんからの、手紙は、もう廿通近く來ている。幼い手に鉛筆をにぎつて、東京のお父さん、お母さん、と呼びかけてくる。その手紙を讀む度に、私たちは、ふたたび原爆の子を作らぬ決意、平和への決意を新たにする。

平和を願う政黨も、勞働組合も婦人團體も、どうぞ、原爆孤兒の上に思いをつないでもらいたいものだ。そして、孤兒たちに心身の糧を與え、彼等を勵ます運動の推進力になつてもらいたい。原爆孤兒を忘れ、その目の涙に無關心であつて、ただ、口に平和を叫び、社會革命を說く事は、一つのナンセンスである。(本誌・社友)

短歌　萩元たけ子選

竹内　はつ
まどろめば刈らねばならぬ被災田が脅迫感となりて壓しくる

矢内　富子
寮母われ勤務を終へし午前零時の長き廊下をひとり渡りゆく

神吉外茂子
植林の鍬の音空に澄み透り明日につながるわれの期待は

清水　薊
次代への十字架を負ひ起つ子らは言葉鋭く社會を批判す
(ラジオ新年子供大會)

秀島羽次子
一日の勤めを終へてこゝろよく椅子より立つをならはしとする

主婦のこえ

もつとほしい養護學園

——弱い子を持つ母は想う——

桑《くわ》原《ばら》小《さ》枝《え》子

皆様はお子様の呼吸器疾患でなやまれた御經驗はないでしようか。私の宅では今五年生の長男が、入學の一年程前に肺浸潤と分り、未だに人なみに通學できない狀態です。何分子供なので養生する氣は全然なく、薬はまだ何もなかつた頃なので、安靜と榮養にはずい分骨を折りましたが、はかばかしくなおりませんでした。病院に暫く入院したこともありますが、もう入院する程惡くはない、いろいろの薬ももうきかない程なおつている。けれど通學すると熱が出る、と云う狀態が長ぐつづき、ほとほと閉口致しました。

昨年ふとしたことから都立の養護學園のあることを知り、思いきつて其處にお願いしてみました。場所は療養所のある清瀨の驛から南へ十五分位、武藏野らしい雜木林の中にあります。都の教育廳の經營で月に賄費千八百圓の外は何もいりません。小學校三年から中學二年までの呼吸器疾患の子供達で、或程度の勉學に耐えられるものを選び、百五十人を限度として入園させています。そしてその子の健康度に應じた、勉强と安靜の時間割に從つて、生活するわけです。寮には一人の保母さんが居り、大きい子と小さい子と適當に組合わせて十五人位を一寮として、皆で協力して生活しています。そうした寮が十くらいあります。

親元をはなれている淋しさはありますが、此處にいれば、自分だけが病氣でつまらないと云う意識もなく、學校にも行けず友達もなかつたものが、大勢の友達にかこまれて、學校にも行けるし、遊ぶことも出來る、栗ひろいのような此處だけの樂しみもあつて、結構あかるく樂しく暮しています。

生活は規則正しく、食事も我儘はできませんから、此處に來ると、子供達は目立つて顔色がよくなり、體重がふえ、どんどん健康になつて行きます。うちでは親達がどんなに骨を折つても、費用をかけても、とてもこれだけの効果は上らないでしよう。

こうした養護學園も都立のものはここしかありません。（もう一つの片濱養護學園は結核性以外の虚弱兒のため）ですから入園希望者が多く、希望したらすべて入れるとは限りません。あとがつまつているために療養に充分時間をかけられない惱みもあります。

この頃はいろいろな薬ができてよくなつたとは言え、結核という病氣はやはり、時間とお金と勞力のかかる厄介な病氣には違いありません、殊に子供の場合は當人に鬪病の意志がない場合が多いので餘計大變です。親にしてもお金をかけても、骨を折つても、わりに効果が上りません。また子供にしてみれば、健康な家族の中で自分だけが病人あつかいをされては、どんなに味氣なく、又暗い氣持になることでしよう。こうした施設にいれば、そんな思いもせずにすみ、健康度が上るという希望もあるわけです。こう云う施設がどしどし出來て、發病まで行かない陽轉した子供達まで入園できたら、どんなによいでしょう。
そう云うと、丈夫な子供達でさえ二部授業なのに、そんな病氣の子供のために使うお金はないと言う人もあるかも知れません。けれど弱い子供達こそ氣の毒で、餘計保護を必要とするのだとも云えましょう。

廿七年度の會計檢査報告によれば、十三億もの國費が不當に使われたと言われていますが、實はそれは氷山の一角で、實際はその十倍もの不正支出があるそうです。保安隊の經費にしても、年度末に二百億もの使い殘りができて、大あわてでいらない物を買い込むと云うような使い方は、たとい再軍備論者だつて贊成ではないでしょう。要は政治の愛情と良心の問題ではないでしょうか。

（中野區・主婦、本誌・社友）

職場のこえ

平和への道を信じて

――バス車掌の職場――

井《い》の元《もと》惠《けい》子

私の職場はちよつとのひまもなく動いている。「お待たせいたしました。この車は東京驛へまいります、おつかまり下さい、發車いたします、オーライ！」と云つて働いているのが私の職場です。自分の感情をおさえて常に乘客に不快をいだかせないようにして笑顔をみせている。寒い冬、冷たくひえる手足かじかんだ手で切る切符、そしてしやべり續ける。また暑い夏、眠くなるようなうららかな春と、そして街路樹の木の葉が道路をうめつくす中を走る秋と、私たちの職場は常に氣候にびんかんである。またその四季を通じての一年間には實にいろいろな問題がある。乘客には十人十色であるからほめてくれる人もあるが小言を云う人も多い。乘客は車掌が口返答をすると車掌のくせにと云つたような考え方で生意氣だと云う。また酒氣を帶びておおぜいの乘客の前で車掌をからかう。新米車掌は口惜しがる。それも二年三年と年月が立つにつれて接客にもなれてくるので乘客とのトラブルも少くなる。車掌という職務はまた非常な肉體勞働でそのためにややもすれば勉强不足になつてしまう。それを無理して勉强をしようとすれば身體が持たない。そのために病に倒れてしまう。このようなあらゆる困難な中で現在までの都バスを作るためにまた私

たちの先ぱいは女子の勞働條件の獲得に闘われたのである。都バスは一月十八日で創業三十周年を迎えた。その三十年の歴史の中でバス事業を遂行するには私達の存在は缺くことが出來ない。が昔はバスガールと云う呼名であつた。何にか世間からけいべつを受けていたように感ずる。私はこの職場に入る前に世間の人は、私のことをなんと云うだろう、そして友達からどのように非なんをされるだろうと心秘そかに心配をした。しかし職業に貴賤はないのだと強く自分に云い聞かせながら入局したものだつた。現在では私はすこしもはずかしくないりつぱな職業であると自負している。

他の職場からみると比かく的惠まれている勞働條件である。その勞働條件を獲得するまでに數限りない闘爭を續けた婦人部である。一、二、を記すならば女子になくてはならぬ生理休暇獲得闘爭、そして外套貸與せよと婦人部が先頭に立つて、坐り込みをしたことなぞ、すべて私たちが現在あたえられている既得權である。ところが今反動政府は私達の職場をおびやかし既得權の侵害にとその歩を進めつつある。企業の合理化と云う美名はややともすれば婦人を首切りの對象としまた勞働強化というしわよせによつて表現させてくる。それは現在政府の行つている政策すなわち國鐵勞組の首切り、日教組の政治活動禁止など政府の魔手は延び始めた。その手の延しついでとばかりにMSAの受入れを行い、再軍備へと世界の平和への進行に逆行して戰爭政策へ戰爭政策へと歩を早めて進行している私達勞組の婦人は再び東京を燒野原にし、父や息子や兄弟を戰爭に送り、暗い生活をお國のため、また大和撫子の最大の榮譽と云つたようなぎぜん的考えを捨てて新しい世界平和に寄與すべく努力しまた私たちの職場を守るために日常の活動が大切だと思います。

庭に梅の蕾のほころびるのを見る時日本の國も決してこのままではいない、私たちの職場には若い人がたくさんいるのだ、梅の花と同じように風雪にも負けずかならず平和のために、また私達の生活の向上のために闘い抜けると確信しています。やがて櫻の咲く時が來るように平和なおちついた安定した國土の中を私たちの職場は明るい希望に乘つて走ることでしよう。

（東交勞組婦人部長）

《今月の記念日》

國際婦人デー（三月八日）

一九〇四年（明治三七）アメリカのニューヨーク市イースト・エンドの勞働者街で勤勞婦人たちが參政權を要求する集りを催した。この集りはかなりの反響を呼び、世論の支持を得て急速に世界中に廣まつた。そしてそれから六年後の一九一〇年（明治四三）コペンハーゲンで開かれた國際社會主義婦人會議でドイツ代表のクララ・ツエトキン女史の提案により、この日を婦人の政治經濟社會的一切の不平等をなくするため、また世界平和と戰爭反對のための闘爭日とすることに決定、「國際婦人デー」としたものである。

なおアメリカで婦人參政權がみとめられたのは一九二〇年（大正九）、イギリスでは一九一八年に三十歳以上の婦人に選擧權が與えられ、男女平等の選擧權を得たのは一九二八年（昭和三）で、フランスは一九四五年、（昭和二〇）、ドイツ、スエーデンは一九一九年（大正八）にそれぞれ男女平等の選擧權が與えられた。

婦人の日を省みて

山《やま》川《かわ》菊《きく》榮《え》

昭和廿一年四月十日私たち日本の婦人は始めて參政權を行使しました。その時から何とかこれを全日本婦人の共通の祝日として同時に前進の道標として記念したいという聲が一部婦人の間にあり、それがやがて二十二年に結成された民主婦人連盟（平林たい子、神近市子、山川菊榮）で始めてとりあげられ、新日本婦人同盟（市川房枝―婦人有權者同盟）との共同提唱となり、各政黨、勞組、婦人團體の賛成を得て新しい國家的祝日の中に「婦人の日」を加える運動に發展したのでした。昭和廿三年三月、衆議院の委員會では僅か一票の差で、參議院では十六票の差で否決されました。が、この年始めて民間の各種婦人團體共同の大きな婦人大會が催されました。但し共産黨及び産別婦人部、並び婦人民主クラブはロシアの三月革命の記念日で、一九二一年來國際共産主義婦人デーとして各國共産黨及びその同調者の婦人デーである三月八日を日本の婦人の日として採用すべきであるという意見で、議會運動にも別行動をとり、大會にも參加しませんでした。が翌年から方針を改めて參加することになりました。しかし共

成長した製糸の婦人

一月廿四日から三日間、片倉勞組の女子代表者會議が東京の全造船會館で開かれたいうまでもなく片倉は蠶業界のボスだがその從業員は全國を通じ一萬八千あつたのをこの數年間に一萬二千にへらした。これは機械化の進行等いわゆる「合理化」の結果で、そのため現場の勞働過重となりながら賃金は安く、食事や厚生施設も改善されない。從業員のうち女子八割、しかし役職員は殆んど男子の獨占で本部職員十二名中女子は只一人。こういう狀態を女子みずから檢討し對策を講ずるために開かれたのがこの代表者會議です。第一分科會は勞働條件を中心とし、現在八時間制といいながら實は始業及び終業の前後に時間外の仕事をしていながらそれを無視されていたのを改める完全八時間制、生理休暇その他。第二分科學會は生活條件を課題とし、工場給食や寄宿・設備の改善等。第三分科會は婦人問題で、家庭及び職場における男女差とそれ

産黨から社會黨（當時は分裂以前）地域婦人團體までもふくめた極めて幅の廣い婦人大會をもつためには、努めて個々の團體の個性と特色とを抑え、互いにできるだけ讓りあつてごく一般的な共通のスローガンに限定せねばならず、それに伴う技術的困難のために準備會は年々難コースを續けました。それでも婦人團體協會（婦團協）が一應できていたものの、何分それぞれの立場がちがうので年一回の婦人の日を共同でやること以外に協力はむつかしく、それすら廿六年以後は不可能となりました。同年には準備會における共産系の荒れ方が甚しく、屢々決裂の危機にひんしつつ、辛うじてその日を共にすることになりました。最後に折合つた條件として、會後のデモ行進には、會旗をもたぬ一般婦人團體の要望を入れ、黨旗、組合旗を持參せぬこと、共同のものとして認められたもの以外のスローガンをプラカードにしたためぬこと、共同できめた歌以外のものは歌わぬこと、ということが認められました。ところが當日日比谷公會堂で開かれた大會の會場の前方の座席は第三國人の男子によつて占められ、共産系の婦人には拍手聲援を送り、他の團體代表を罵倒し妨害する等極めて非民主的な荒々しい空氣に滿たされていたそうで、他の團體の人々は甚しく不快な思いを抑えつつ、行進に移ろうとしました。が約束は破られて共産系の人々は團體旗をかかげ、準備會で承認されなかつたスローガンを書いたプラカードをもち、好きな歌を歌つて進み出したので、他の團體の人々はその違約をなじり、きかれないのを見て解散してしまいました。當時産別系の一組合の婦人部長として參加した人の經驗談に、その日自分は約束を守つたのに、自分の組合の青年が無斷で赤旗をかかげて行列に割込んだので大に憤つて責めたということでした。とにかく二十五年を最後としてすべての婦人團體の共同主催による婦人の日はもはや絶望となり、それ以後は各々獨自の立場でそれほど規模の大きくない會合をするなり、勞働省婦人少年局主催の會合に同調するなりという傾向が強くなりました。

　私は今日の情勢下で漠然と抽象的に婦人解放を說くことは無意味で、自主中立の立場を堅持し、生活に卽した具體的な政策の實行を

がいかに資本家に有利に、勞働者に不利に働くか、などの檢討。第三日めには各分科會の報告とそれをまとめ、會社に對する要求、組合への要望などをまとめて將來の方針をたてた。會社に對しては全蠶勞連として女子日給平均二五〇圓とする賃金改訂鬪爭に入ることとなつた。代表者として出席した人々は廿二三の若い人が殆んどであつたが三四年ないし七八年の熟練者で教婦級の人が多かつた。

　この會議終了後、廿六日夜は片倉、郡是兩社の婦人の合同會議が開かれた。

　日本では勞働者の會議がともすれば獨斷的、感情的、英雄的な空氣に壓倒されて、じみな意見は機會をえず、肝心の問題の焦點がぼやけたり歪められたりしがちであるのに、この日の二つの會議は、どちらも直接かつ具體的な問題を中心として、一人でもマトをそれた發言をしたり、むだな氣焰をあげる者がなく、終始冷靜に客觀的に討議が進められ、從つて會議がだれず、しい時間が有效に使われた點、足がしつかり地についている感じであつた。絲下女子組合員大衆の一層の成長とその鬪爭の勝利とを心から願わずにはいられない。（山川）

促進することをさしおいて婦人の解放される道はないと考えます。日本では何かにつけ鳴物入りのはでな行事がはやりますが、實際の民衆の組織は甚しくおくれており、それ故にこそ底なしの沼のような物凄い疑獄事件も起れば教員の政治活動禁止、警察法改正、事實上の再軍備などのような一連の反動政策が臆する色もなく大手をふつて議會を通りぬけようとしているのです。私たちは婦人の日を記念するにもこれらの事實を前にして、そういう勢力と戰う立場を明らかにし、小さくとも實質のある集會、一人でも誠實な同志を獲得することを心がけたいと考えます。日本のデモクラシーを、やけとたんや板ぎれのよせ集めだつた戰後のバラックから、鐵筋コンクリートの本建築にたてなおす工事にかかろうではありませんか。

外國の婦人デー

三月八日の國際婦人デー、世界婦人大會と國連とどんな關係があるかという讀者のおたずねがありましたが、兩者の間には何の關係もありません。國際婦人デーはロシアの帝政を倒した三月革命の記念日をとり一九二二年から共産黨インタナショナル婦人書記局の發意で行われ、ロシア及び共産系諸國に共通の記念日であつて、國連ではそういう日をもつていません。社會主義インタナショナルの婦入部では婦人の日をやることは必要だが、各國共通の日をきめることはむつかしいとして思い思いにやることになっています。英國では勞働黨が毎年六月中の或一週間を婦人週間としていろいろの行事をやり、黨の宣傳と組織の促進とのために相當の效果をあげているようです。なお國際的な婦人の會議もいろいろ多いことですが、これについては他日に讓ります。

見學と見はりと

日本でも婦人團體の見學は行われますが、基準法の話をきいておいて工場を見、また勞働組合の人たちと座談會をするとか、兒童福祉法關係の話を聞いておいて育兒院などを見るとか、國や縣や市町村の豫算の中でそういう方面にどれだけのお金がわりあてられているか、それが正しく使われているかを調べてもみたいものです。

また靜岡の競輪場の問題では、その近所の主婦たちが赤ちゃんをおぶつて毎日市會を監視に出かけても夜中まで本會議を開かず、流會にしたり、傍聽人が席をはずした隙をねらつて會議を開き、バタバタと片つけるという話しでしたが、それはボスの支配するどこの地方議會でもやる手です。婦人團體は二人でも三人でも、代表者を交替で缺かさず傍聽に送り、議員の發言や行狀をノートして歸り、會員に報告する例を作り、まじめなよい議員を選出する參考にしたいものです。

ひとり殘らず

働く團體へ

イギリス勞働黨機關誌

レーボア・ウーマン誌より

前月號に英國勞働黨婦人部の運營と書記の任務について紹介したがこれは勞働黨に限らず、どこの國、どんな團體にも共通の民主々義の成長のためには缺くことのできぬ原則である。どんな團體でも議長、書記、會計の三役を選んで責任のある所を明らかにし、議事法も守り、事務が正確に速く進行するようにしなければならぬ。同時に會員各自の能を活かしそれをひきつけてはなさぬ工夫も必要で、十年にわたる勞働黨婦人部の組織活動のやり方は、一般婦人團體の參考にもなると思い、今月もまた續いてその紹介を試みることとした。（編集部）

一定の目標をもつ計畫を

婦人部の運營には六ヵ月ないし一年間にわたる仕事の豫定を作ること、一定の目的をもつて計畫を作ることが大事です。講師の名簿を作つて能事終れりとするようなことではいけません。その婦人部は次の六ヵ月には何をするかどういう問題を學ぶか、どういう種類の會合や活動をしたら、會員が一人殘らず進んでその會の仕事に參加する氣になるか、ということをよく考えてきめなければなりません。どんな日でも、いつでも政治を論ずることのすきな人ばかりでなく、討論は不得手だが、運動のために役に立つほかの才能のある人たとえば音樂ができるとか、手先が器用だとか、實際的な組織的手腕をもつとかいう人もある筈です。

よくバランスのとれたプログラムは、一人殘らずの才能を活かすようにくみたてられなければなりません。そのプログラムの中には社交的な娛樂の夕べもあれば、募金運動、手藝のつどい、一般的な藝術文化などについて話しあうこともあつていい筈です。そういう活動は政治的でないという理由でそれを排斥する人々が少しでもあつたなら、そういうのは政治的の思い上りというもので、政治的思い上りも他の一切の思い上りと同樣、感心したものではありません。たとえば一夕近代的な或小説を中心に話しあうなりして人間性というものを新しく發足したり理解したりする會合は、私たちの間の同志的な感じを高めるものです。社交的な、レクリエーションの夕べなども、もつとまじめな教育的な仕事に一層の熱意と味とを添える役割を演ずるものです。

もちろん教程の精髓となるものは、用意周到に案出された政治的、教育的プログラムでなければなりません。たとえば黨の歷史、黨の組織、黨の政策、地方自治體、社會問題、一般的問題（旅行、文學等）見學などです。

毎週一回定期の會合を開くとして、一回を黨の歴史とか構造とか、政策とかいう種類のものにあてるならば、ほかのは目先を變えて、上に擧げたほかの項目についての話にした方がいいでしよう。

事務的集會

議事録や手紙をよみあげるというような事務はできるだけ會合の度ごとに片づけることです。また月のうち一回の會合は大會や、その婦人部が屬する選擧區勞働黨（勞働黨は選擧區單位で組織され、選擧區勞働黨が集まつて全國的な勞働黨を作つている）や、一地方にいくつもある婦人部の代表者で構成されている婦人評議會の會議へ派遣された代表者の報告にあてなければなりません。そんな場合短いディスカッションの時間もありましょうが、月一回の事務的な會合は、時々婦人黨員の增減、組織、その活動狀態についての反省や討議にあてられることも必要です。

定期の會合は休まずに

定期的集會の日はできるだけキチンと守り、どんなに有用なことにもせよ、ほかの仕事のために、時に會員全部が參加できる場合でない限り、豫定を變更してはいけません。發電所、工場、老人ホームなどを見學するのは面白くて有益でもありますが家庭の事情や時間の都合その他で一所に行かれない人がでます。が、そういう人たちは定期の集會には必ず出ている熱心なまじめな人たちなのです。ですからそういう人たちを犧牲にしないように定期の會合はきちんと開き、見學はほかの日にした方がいいのです。

見學やもつと大きなレクリエーションの會合などのためには、規定的な集會日を避け、いつもの集會には顏を出せないような人が一人でも多く出られるような日を選びましょう。

ひとり殘らずに仕事を

レクリエーションやその他息ぬきの行事をする時も手をぬかず、政治運動や事務や教育上の集會の時と同樣あくまで準備に念をいれましよう。教育や政治的集會の際には申分ない腕を見せる職員が、茶話會。レクリエーションの會などにまるで役にたたないことがあるものです。社交的な集會をやる時はそれにむいた人を集めて四五人の小さな委員會を作つてはどうですか。何なりと仕事をあてがわれる會員が多ければ多いだけ、その婦人部はうまくいくのです。黨員の病氣見舞にいつたり、病人と連絡をとるのを仕事とする人を何人かきめている婦人部もあります。また毎週の定期集會の度毎に代りあつてお茶の當番をする人々をきめている所もあります。

新しい會員ができた時には、その人は何が得意かを知り、その能を婦人部のために發揮する機會を與えるようにしてごらんなさい。たとえば、社交の夕べに樂器をひくとか歌をうたうとか、手藝品の展示會をするとか、婦人の會議の時にパンフレットやリーフレットの賣店をうけもつとか、不用品交換會にせり賣りの役をやつてのけるとかいつた工合に。

婦人部の最良のプログラムは、一人一人の會員を元氣づけてそれぞれの役割をはたさせ、その人にできる仕事を上手にやらせること、それをしとげた後、黨の力全體の上に、しなくてはならない貢獻をしたという感じを與えることなのです。

ルポルタージュ

町内淨化に立上つた主婦たち

◆競輪場外車券賣場を移轉させる◆

◆靜岡市泉町婦人會◆

「……こんどというこんどは政治というものがどんなに大事なものであるか、はつきりと分りました……」と、靜岡市泉町の婦人會の人々は誰れもが申し合わせたように言う。

選擧ごとに、婦人は婦人に、できるだけ地元候補にというナイーヴな考えで投票して來たこの婦人たちが、どうしてこのような政治的自覺を持つようになつたのであろうか。

▽………△

昨年十一月の半ばすぎ、泉町の眞中にある百八十餘坪の空地に伊東競輪場外車券賣場が出來るという噂がどこからともなく町中に傳わつて來た。この街は人家の密集した商店街で、交通もはげしく、子供たちの適當な遊び場所もない。そのため問題の空地は自然子供の遊び場になつていたわけである。不安にかられたお母さんたちは誰れが誘うともなく漆原會長宅に集まつた。そして早速眞僞のほどを確めたところ、既に萬端の準備は整い、市會で可決され次第開場の捗びとなつている、ということが明らかになつた。がく然として町内の婦人たちは即日（十一月二十三日）反對運動に立上つた。子供を守るため、町内淨化のため、連日連夜の市會への陳情、關係方面への歎願に、家事を放り出して早朝から走り廻り、なれないペンを取つて請願書を作るためには寒夜の一時二時になることも稀れではなかつたという。それでも始めのうちは地元選出の市議と、この市唯一人の婦人市議に一縷の望みをかけていた。よもや地元出身議員が町内の不爲になるようなことに賛成はしまい、婦議は同じ母の立場から、自分たちの苦痛が分つて貰えるだろうと、という考えを誰れしも抱いていたのである。しかしこの希望は美事に裏切られ、業者側についたこれらの市議たちは、力になつてくれるどころか、

日本社會黨婦人對策部

「第五回全國代表者會議」報告

日本社會黨（左派）婦人對策部では去る一月二十日午前十一時より參議院會館第一會議室で「第五回全國婦人對策部代表者會議」を開いた。

出席者は藤原婦對部長、衆參兩院同黨婦人議員及び全國から集つた代表者六十餘名。野溝書記長、岡田青年婦人部長、八百板參議院議員等の祝詞、激勵があり、左のような五四年度の對策方針が各提案者から説明され、後各地代表から活潑な質問、希望が述べられ八時盛會裡に終つた。

總體的對策方針（提案者神近市子氏）の大要は左の通り。

まず鬪爭目標は凡ての問題の根源となつている吉田政府のアメリカ一邊倒政策に反對して、憲法を守り、軍事基地に反對する鬪いを

「そんなばかばかしい騷ぎはやめて、もつとりこうに立廻つてはどうか」と暗に悪を利用することをすすめるという有様であつた。

一方、毎日二百名の會員が食事もせずに傍聽に詰め切つていた市會は何故か公開議會を開こうとはせず、祕密會、流會をつづけ、とうとう議會最終日の十二月二日になつてしまつた。そして止むなく議會を二日延長して四日の夜に至つて遂に二十五對八、白票一という壓倒的な數で、設置許可となつたのであつた。その瞬間、悲憤が最高潮に達したときの現象か、傍聽席からは一つのしわぶきさえも上らなかつた、という。肅然と退場した婦人たちは一歩廊下に出るや互に抱き合つて泣きくずれてしまつたという。

こうした町の怒りと歎きをよそに、豫定通りまたたく間に車券賣場は建設され、ラウドスピーカーは遠慮會釈もなく、がなり立て景氣づけの卑俗なレコードの騷音は街を掻き亂すようになつた。遊び場を失つた子供たちは、この賭博町通いの風體のよくない人種におびえて表に出ようとはしない。

しかし婦人會の人々はこれに落膽して運動を中止するようなことはしなかつた。むしろ以前より更に强力な運動を續け、飽くまで移轉を叫んで止まない。

「そんなに永い間お家のことを放り出していてお家の方はなんにも仰言らないのですか」と聞けば、「正しいことは最後まで頑張らなければいけないと家内中協力してくれましてお正月のお料理一つ作らなくても誰も不平を言うものはありませんでした。子供もまた、お母さん正しいお行いはきつと勝つんだね、と言つています、ここで負けたら、子供のこの信念を裏切ることにもなりますから」と決意のほどを示している。

業者側からは種々なデマが流されている。商賣敵の靜岡競輪から相當な軍資金が出ているとまことしやかな噂が流布されている。

しかし、あの婦人たちの思い詰めた顔に、全會員二百六十名の水も漏さぬ固い結束にどこにそんな不明朗な蔭が見出せようか。

なお、この婦人會の熱意は、現在(一月末)他に適當な場所が見つかり次第六ヵ月以内に移轉する、というところまで業者側を折れさせた。ただ問題はその後この空地がどういう方面に使われるようになるかということである。もし、靜岡市の市會が幸にして世論に耳を傾けるなら、子供たちのために有益な施設を作るように盡力すべきであろう。ぜひそうなることを祈らずにはおられない。(菅谷記)

推進めて行くことで、當面の闘いの目標は平和四原則の立場に立つて

❶ 生活を安定させる闘い
❷ 民主主義と自由を守る闘い
❸ 平和と獨立のための闘い

その具體的な諸問題としては

……働く婦人は……

企業合理化による首切り、勞働時間延長、勞働强化反對
勞働基準法の完全實施
職制の壓迫をはねかえす
職場の封建性、女なるが故の差別待遇を是正する、
既婚者の職場を確保し、そのため保育所等厚生福祉施設の確立

……主婦は……

○ 諸物價の値上げに反對する
○ 婦人會のボス支配を排除し、民主的な婦人組織をつくる、又町内會等の民主化に努力する

……農村婦人は……

○ 封建的な家族制度復活に反對する
○ 凶作地の人身賣買を防ぐための生活保障を要求する

授産所に通う婦人たち

横《よこ》井《い》みつる

一口に授産所といつてもその内容作業状況はさまざまで一律にはいえず、Aの授産所は玩具ばかり、Bは竹籠ばかり、Cは傘作業場しかないという工合です。また作業員の稼働能力も多種多様で、従つて賃金も多くの段階に分れています。八割までは生活保護者、身體障害者、老人、子澤山の家庭の主婦、失業者で、中には縫製は嫌だといつてこない者、袋はりのような仕事は自分にはむかないという人、いろいろの難問題が出てきます。浦和授産所の場合をいうと、縫製のできる人は勿論縫製に、和裁のできる人は和裁に従事して頂きます。しかしできなくても初歩からでも縫製がやりたい人には指導員が本人の希望に任せて指導して行きます。中には子供が多く、夫の収入ではどうしてもたりないので何かさせてくれ、といつてこられても今まで何一つこれという仕事を身につけていない、ミシンもふんだことがないというような場合、さつそくミシンふみの練習をさせます。三日くらい來ても何一つ縫い上らない、第一まつすぐにぬえない。雑巾も満足にできない。それでいて練習をめんどうがり、もう一週間もくれば縫えるのにと思つても四五日でやめてしまう人もある。また根氣よく通いつづけて初歩から始めて三ヵ月で洋服のぬえるようになつた人も四五人あります。一週間の間、なんとしてもミシンが逆廻りして何一つぬえない。指導員も呆れてもうよしなさいと言つても、せつせと來る。一心というものはえらい

○生産者米價を上げて生活を豊かにし、日常生活を改善する

○凶作地の小・中學兒童には完全給食、學用品、教科書の無料配布、PTA費學級費の免除

○農業經營の改善と協同化を促進して、婦人を過重勞働から解放する

……**學生は**……

○女子に對する差別教育への反對

○就職の機會均等を要求する

○學內の自治會活動の自由を要求する

……**兒童は**……

○七十四萬にのぼる養護兒童のために社會施設をつくる

○小・中學生の國庫による完全給食を要求する

○年少勞働者保護規定の撤廢反對

……**凡ての婦人に共通して**……

○平和憲法を守る鬪い

○軍事基地反對の鬪い

○賣春等取締法の制定をはかる

○生活安定のための社會保障制度の確立

○競輪等とばく及びタイハイ的享樂施設に反對し、健全な文化的娯樂を發展させる

ものでは、十日ほどして、サロン前掛を渡したら、それが、縫えたのです。それから半年、今では、洋服がとても上手に縫えます。驚いたことに一年も來ている人より上手に手際よくできるのです。

又或る作業員の中で、精神薄弱者で、年令は三十二歳の婦人ですが、一年たつても、他の人の十分の一しかできず、仕事は下手、それかといつて、働かなければ邪魔者扱いされて家に居づらいし、こんな狀態で、指導員も困つていましたが、近頃では、上達して、一日に普通人の二分の一にまで成積が擧るようになつたのもあります。

そういうことを頭にいれてこの工賃成績表を見て頂くと、授産所の內容に深くふれて頂けると存じます。

精薄者、老人、普通人と分類すればよろしいのですが、とりあえず全部をまとめた上の標準を表にして見ました。皆平均率です。

種目	一日	一人初歩	一人中位	一人熟練者
縫製	〃	四〇	一八〇	五五〇
袋貼	〃	二〇	五〇	一二〇
編物	〃	四〇	一五〇	三〇〇
手袋刺繡	〃	三〇	五〇	一二〇
ビーズ編	〃	三〇	六〇	九〇
和裁	〃	五〇	七〇	一二〇
造花	〃	二〇	五〇	五〇

（浦和授産所長）

地域婦人會のゆくえ

大《おお》野《の》繁《しげ》子

全村の主婦を網羅した地域婦人會が婦人向上のため戰後出發しました。その出發は大方が縣市町村社會教育の一環としてそれらの呼びかけに應じて誕生したものであります。誕生當時は世話人も役員も國防婦人會の再現をいといい大抵目的の中に「社會の民主化」「婦人の地位の向上」とかいう文句があつたように思います。ところが會の構成メンバーが國

○ 母子保護豫算の削減に反對する（母子手帳の廢止の傾向など）

このような具體的な問題を日常のたたかいのなかでとり上げ、そしてこの一つ一つの問題を解決して行く過程で、平和を守り憲法改正に反對するための、大きな力を、抵抗組織をつくつて行く。この平和を守る闘いは、勿論國內だけではなく、社會主義インターを通じ、又アジア社會黨會議を通じて、全世界の志ざしを同じくする婦人達とも手をつなぎ、共に力を合せて闘う方向へ進めて行くことが大切である。

なおこの會議において次の四つの決議が行われた。

一、賣春處罰法制定促進の件
一、電力料金値上げ反對
一、婦人少年局の縮少、並に勞働基準法施行規則改廢反對
一、教員の政治活動制限反對

訂正　二月號「短歌」中宮澤君子さんの歌に、誤植がありましたから左の通りに訂正いたします。

あんよあんよあんよ
出來たり吾子崇子
全身の力こゝに集めて

防婦人會そのままでありこれを運營する役職員も大同小異である上に、長い間、上から支配されることに慣らされている婦人は自分の手でこれを運營することに不慣れであり、とくに大きな力にたよろうとする依存性が會の民主化をはばみ更に權力に支配され易い諸要素を始めから持つていました。

大都市ではこのような婦人團體はあまり生れませんが、それが農漁村に生れるところにもこの問題を分析する一つの鍵があると思います。しかしこのように大きな組織が一人一人の自覺によつてなされていないところにこの會の脆弱性もある代り、旗の振り方次第では大きな力ともなります。昨今のように政府が再び國民に「よらしむべし、知らしむべからず」といつた政治體制をととのえて來ると、權力は町や村のボスと結托して人々をだんだん啞にします。「惡貨は良貨を驅逐する」と申しますが特に民主化されていない日本の農漁村ではこのことが容易であり、時の權力を無視しては生活もろくろくできません。

先般二月號の文藝春秋だつたと思いますが下請工場の勞働組合があまりの低賃金と過重勞働に耐えかねてストライキをやつたところ工場主はその父兄に打電してスト破りをやらせた記事が出ていましたが、このことは農漁村の實態を如實に示めすものとして悲しい氣がいたしました。何が自分たちの幸福をはばむものかを知らない人人、農漁村こそ日本民主化のブレーキであります。まだ封建遺性の濃厚な中に民主々義の意義も知らず討論と喧嘩をごつちやにしている農漁村に於て、これら地域婦人會が今後どのような役割を演ずるか考えると恐ろしい日もあります。この問題をどう解剖しどう處理すべきか誌友の皆様にも眞劍に考えて頂きたいと思います。

（松江市・市會議員）

俳句

星野立子選

雪の驛手打ち生そばの灯のみゆる　大阪　岸田掬江

乳母車冬菜も入れて押してゆく　大森　三宅百合子

霜焼けの指の痛さの靴をはく　東京　高友けい

息白く口笛犬に吹くは兄　福島　遠藤くに

雪まろげ大きくなりてこわくなり　東京　河西はま

毛糸編む一と目一と目に喜色あり　大阪　横谷力

あちこちにあちこち向いて麥を踏む　神奈川　大友イツ

「こえなきこえ」

組合の分裂を策して作られた新自治會強制加入に反對して闘う日紡高田工場の女工さんたちの叫び

餌でつくられる魚は死ぬ

私は入社以來約二年八ヵ月という年月をただ寮生活で過してきた。故郷を離れ卒業以來社會人となつた私には社會のあり方が何にもわからなかつた。入社以來始めての經驗、十一月八日大會においての問題は大きな出來ごとであつた。

淺田支部長の問題で時間は過ぎ去つた。あの林副支部長の退場後の講堂での大騷ぎ、私には何が何だかわからなかつた。或る一部分の人々が退場と共に「お前らはどうして出ないのだ戰爭を起したいのか」とどなりこんで來た。私は不思議でならなかつた。それ以來職場、あらゆる場所に於ての壓迫と言つたらどうしようもなかつた。職場あらゆる場所の壓迫にもかかわらず何百人かの人々がただただ今日まで頑張つてきた。私もこれはどうなるのかと心配した。

寮においても自治會が二つに分れ、口には出さぬが冷い憎み合いをしている。多くの人人が工務責任者からせめられて毎日苦しんでいた。おもに見廻りなど、日々いやな行いが續いた。泣く人もいた。

寮生においてもデマが飛び私もこれはと思つた。思い切つて入つてしまおうかと思い片足をいれかけた時もあつた。でも私にはできない。私は思つた。人生とは何のために働いて何のために闘つているのだ。人間一人々人が幸せに暮したいため。ここで私たちが折れたらどうなるであろう。

私たちは團結して皆が共に自分一人でもという考えで闘かわねばいけない。團結、どんなに力强い言葉でしよう。以前と變らぬ寮生となるにはどうすればよいでしよう。短氣を起さず、むこうがその氣ならと思つたり氣をあせらず時節を待ち自分の正しいと思う道を間違いなく進んで行くことだ。

大會後のこの一週間という毎日は本當につらい日々であつた。四十人からの人々が上役の言葉で入つた。

このような出來事には誰をせめて誰を憎めるでしよう。寮においても勞務事務所に行きにくかつた。新自治會に入ると本當に良くしてくれた。寮生係など何かにつけて皮肉に答える。

あのような態度を取らねばならない、また職場においてもせめなければならない人々、上には上がある。そのような立場におかされている人々もどんなに苦しいでしよう。

レッドパージ以後約三年目にふりかかつた私たちの悲劇、もうこれ以上何年過ぎようが私達組合員は立派に職場を守り、小さな行いが國家的問題とつながることを知らねばならない。

私たちはあらゆるデマにまよわされず自分の生き方に自信を持つて經驗した問題を二度とくり返えさないよう、身のため國のために立派な態度で闘いましよう。何にしても團結を忘れず、二度とくり返したくない、昔の〃女工哀史〃を……

自由な立場において生活を守り仕事にはげんで立派な社會人となりましよう。

それにはまず〃團結〃であります。川の魚にしろ餌でつれた魚は死ぬ。殘る魚はゆうゆうと自由を求めて生きる。あのように私たちも餌につられぬように自由な立場を求めて生きましよう。最後まで殘つた私たちは今二人三脚である。一人がころんでも遅れても早くすすめない。皆が一致團結してあるかねばいけない。

高田支部として最後まで頑張りましよう。

三月櫻の花のように一人がえらいのでは目立たない。どんなきれいな花にしろ一花だけでは人目をひかない。あの花のように皆ともに勇氣をだして高田支部を守りましよう。

團結！

最後まで皆さんと共に頑張りましよう。

支部をツブスために第二自治會つくつた會社

十一月八日の大會は今だかつてない大會でした。議事は三つ子があるくように進行はしていましたがその間の雰圍氣というものは何とも表現できません。

そこでどうこうしているうちに彼らは民主的とか、自分たちの考えにそわない者はほんとうの勞働者の考え方でないようなでたらめを云つて退場した。その興奮といつたら、私には氣違いのように感じられました。

その夜、徹夜をして「自分たちはなぜ退場しなければならなかつたか」ということを研究したそうです。

理由もないのに退場し、組織をかきみだそうとする裏には何があるでしよう。組合を骨拔きにしてしぼり取ろうとするたくらみ、退場した男の人が自治會脱退を左右し私たちが思いもつかない結果がどんどん生れています。先も考えず會社の云いなりにおどつている人の氣がしれません。私たちをだしにして自分の顏を立てようとする工務責任者の人間性の乏しさ。新自治會に入つた人は臺持から日給にし今まで日給だつた人を臺に追込み、見えすいたことをするにもほどがあります。

寮では二つの組織があるのでお互がいつも白い目をむき合つているような有様です。

寮を渡すにしても、出なかつた者は處分すると大きなことを云つておきながら新自治會の人が出ないのは何とも云いません。私達のことは力を入れて悪い方にこじつけようとし、第二自治會の人のすることは何でもお手やわらかにみているのです。このようなやり方でも勞務は平等にやつていると云うのです。

勞務の後押の自治會は公平な自治會とは云えません。

職場でいやいやながら新組織に押込まれ、やれ民主的で明るいとか、お互が助け合うと云う言葉はただの飾りに過ぎないでしよう。

私たちは私たちの力でよりよいものを築き上げ、どのような嵐が吹こうと團結の力で頑張り抜きましよう。

× × ×

本誌・社友（五十音順）

淡谷のり子　阿部艶子
安部キミ子　磯野富士子
石井桃子　石垣綾子
圓地文子　大谷藤子
小川マリ　大内節子
川上喜久子　小倉麗子
桑原小枝子　神近市子
木村光江　久米愛
久保まち子　芝木好子
清水慶子　杉村春子
菅谷直子　田所芙美子
田邊繁子　高田なほ子
長岡輝子　新居好子
西清子　西尾くに子
萩元たけ子　深尾須磨子
古市ふみ子　福田昌子
宮崎白蓮　三岸節子
米山ヒサ

日本勞働組合總評議會傘下
各勞働組合婦人部
全國產業別勞働組合（新產別）
連合傘下各勞働組合婦人部

原稿募集

◇**婦人のこえ**　働く者、主婦の立場から、具體的に問題をとらえて建設的なご意見をおよせ下さい。

四百字詰原稿用紙　三枚半以內

◇**短歌・俳句**　生活の歌を歡迎いたします。ご希望の方には選者が添削してお返しいたしますから返信料を添えてお申込み願います。

送り先　「婦人のこえ」編集部

「**原爆の孤兒**」の記事に關連して、精神養子についての問合せは
廣島市基町市立兒童圖書館內
廣島子供を守る會事務局宛

編集後記

吉田首相は一月廿九日長期經濟計畫なんてできるか、そんなものは共產黨のことだと議會でタンカをきりました。

共產黨でなくとも現に社會黨兩派とも經濟五カ年計畫をたてています。が資本主義は無計畫經濟のめくら生產、めくら消費が原則で、そのために物すごい生產力をもちながら恐慌に突入し、あり餘る食物を腐らせながら餓死者を出すのをさけられない、という意味では吉田首相のいう通り、經濟計畫なんかできるもんかというのは當つているのです。だから資本主義はもう時代後れで退陣しなければならないのです。

婦人のこえ　三月號
定價三〇圓（〒五圓）
半年分　一八〇圓（送共）
一年分　三六〇圓（送共）

昭和廿九年二月廿五日印刷
昭和廿九年三月一日發行

編集發行人　菅谷直子
東京都千代田區神田三崎町二ノ三
印刷者　堀內文治郎
東京都新宿區四谷一ノ二
發行所　婦人のこえ社
電話四谷（35）〇八八九番
振替口座東京貳壹壹參四番

昭和二十八年十一月二十四日第三種郵便物認可
昭和二十九年三月一日發行（毎月一回一日發行）
婦人のこえ（第二巻・第三號）
定價三〇圓

婦人のこえ

昭和二十九年三月二十五日印刷

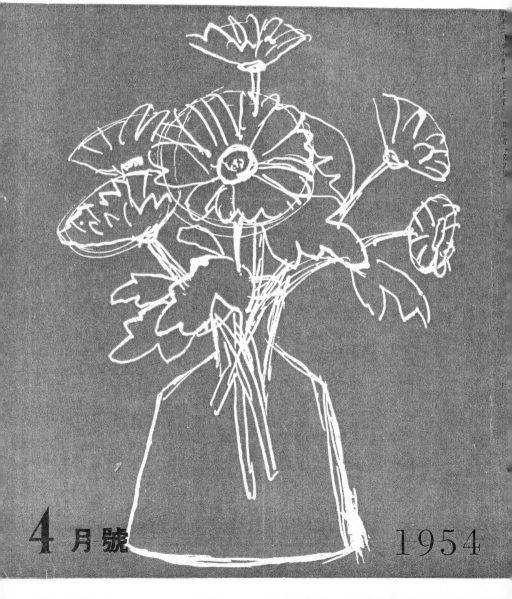

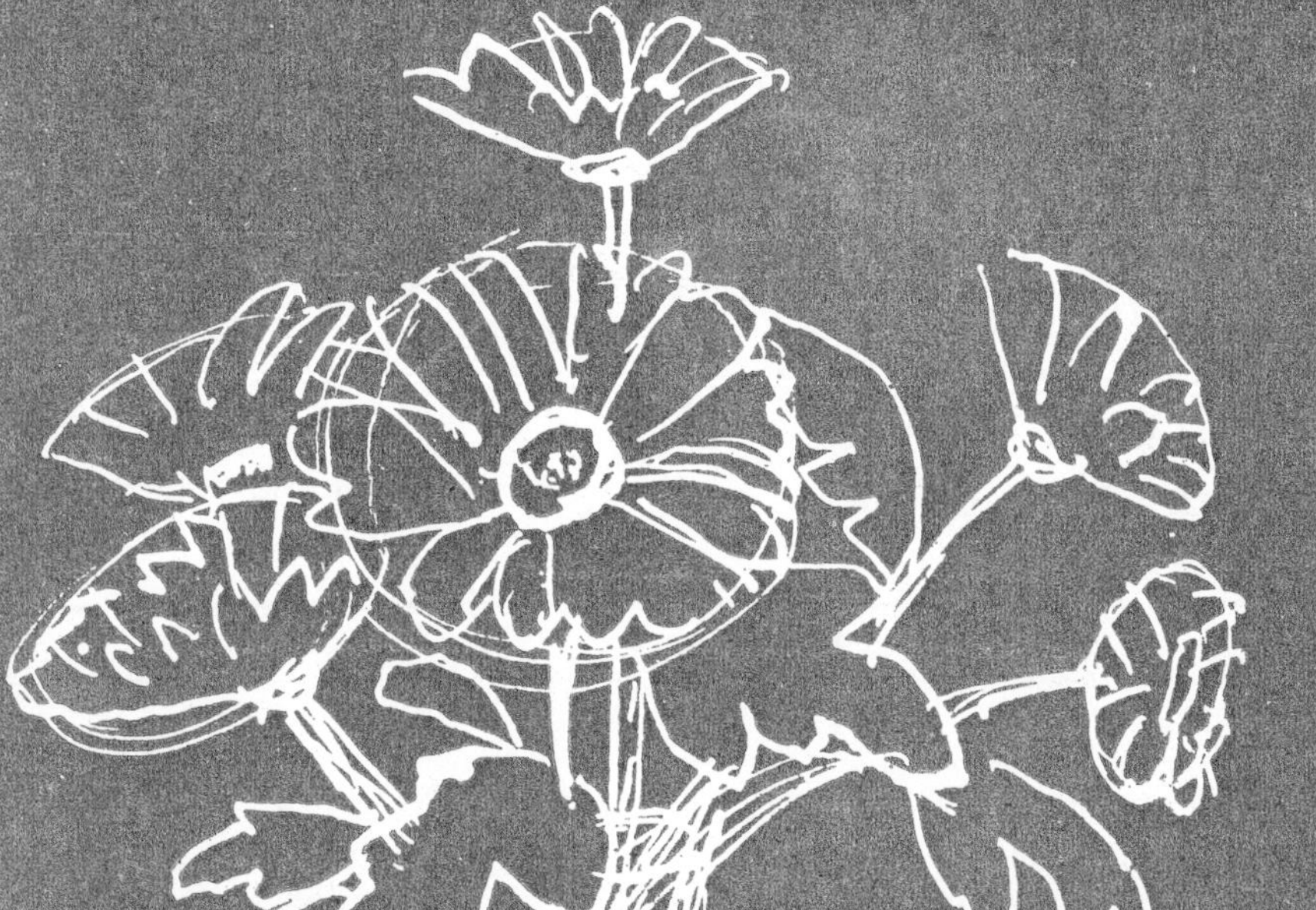

4月號

1954

婦人のこえ

1954年

4月號

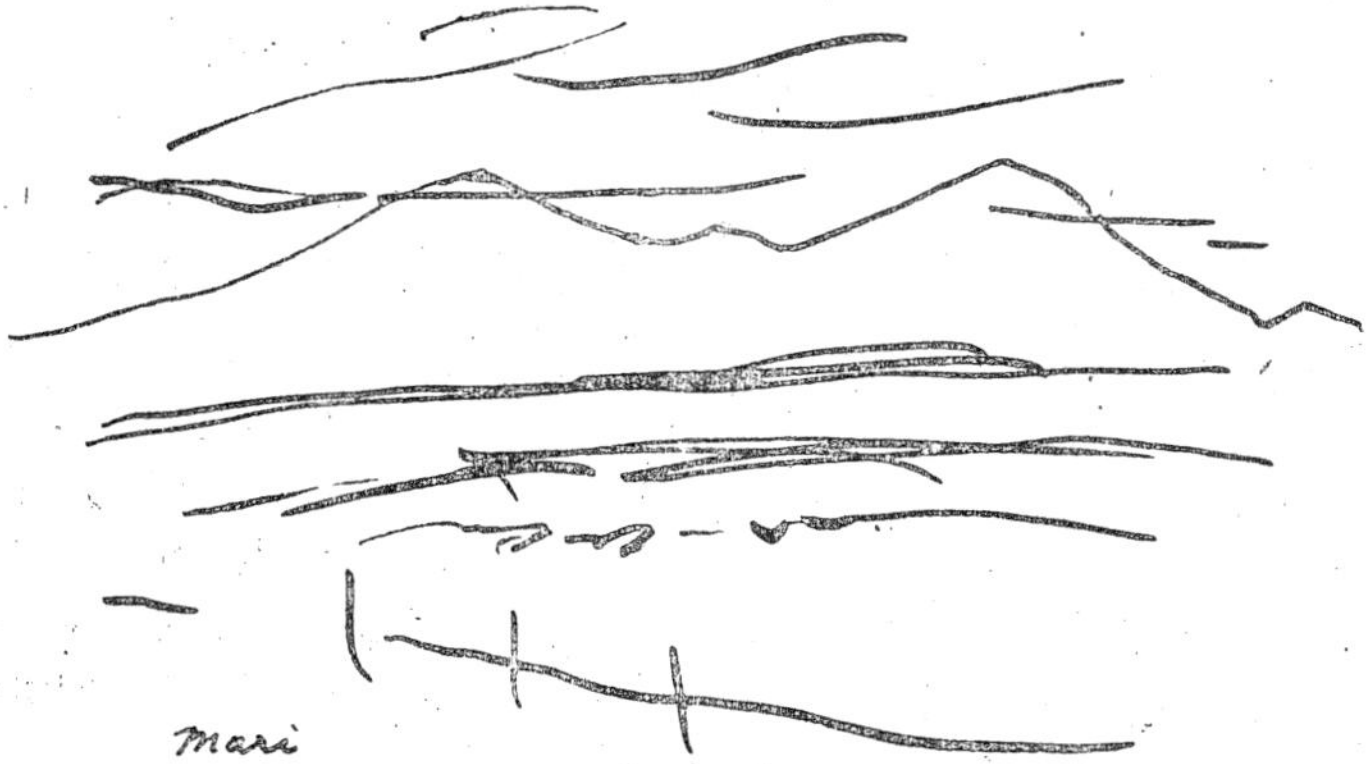

目次

婦人週間にちなんで……田中壽美子…(二)

時局によせて……山川菊榮…(四)

離婚……田邊繁子…(七)

隨筆 ともかせぎの家庭……阿部艶子…(三)

新版井戸ばた會議……芹澤よし子…(八)

汚職事件に思う……中大路まき子…(三)

婦人のこえ 私は思います……原田初代…(一四)

婦人のこえ 看護婦の勞働條件……今長久…(一五)

婦人職業史(一)……三瓶孝子…(一〇)

よいくらしのために……末松壽子…(一六)

いわゆる教育治安維持法への不安……桑原小枝子…(二五)

ストは物價をつりあげるか……座談會…(二七)

農民よ目をさませ……大野繁子…(二二)

國際婦人團體の活動……編集部…(一九)

保健婦のなやみとその答え……時田滿子 山口誠子…(二三)

選擧權はなんのため……(二四)

短歌……萩元たけ子選…(二一)

俳句……星野立子選…(二〇)

表紙・扉……小川マリ

カット……田所芙美子

婦人週間にちなんで

經濟的に實力ある婦人になろう

田《た》中《なか》壽《す》美《み》子《こ》
（勞働省婦人少年局婦人課長）

第六回目の婦人週間がくる。昭和二十一年四月十日、日本の婦人ははじめて選擧權をつかつて投票した。この日は日本の婦人の解放史では特筆大書すべきである。婦人はこの日を婦人の日として記念した。それが組織的に全國の婦人の力を結集して、婦人の地位向上をはかるための週間とすることを婦人少年局が提唱したのは、山川菊榮氏が局長でいられたときの、二十三年の四月であつた。それ以來、官廳の私たちの呼びかけにこたえて日本中の婦人がこの週間の運動に參加し、年を逐つて廣汎な活動を展開するようになつた。私たちは、民間の婦人の運動を指導するような立場をとることは自然となくしてゆきたいと念じている。それこそ、昨年の婦人週間の目標であつたところの、「婦人の自主權の確立」の實現をのぞむからである。にもかかわらず、毎年婦人週間よりずつと前から「今年の婦人週間の目標は何ですか？」という問いあわせが瀕々と私たちのところへ來る。私たちは婦人週間行事の主唱者という立場から引いてしまうべきではないかと考えたが、そんなことをしてもらつては婦人の運動はしにくゝてしようがない、官廳からのお聲がかりがなければ婦人會も動きにくいし、事業場でも會合一つひらけない、まだまだ、おくれた層のひきあげの役は行政機關にたのまらねばならない段階だという反駁がいつもくる。こういうわけで私たちはやはり婦人週間を主唱している。しかし、こういう状態はいつかやめられねばならないだろう。婦人の自主性のために……。なぜなら、私たちが昨年も、「延ばしましよう、自分で考え行動する力」というスローガンをたてたら、日本全國どこへいつても週間中は、このことばをおうむがえしにくりかえし、自分自身の眞に自主的なプランがない場合がずい分あつたようで、こういう具合ではいつまでたつても自主性はそだたないからである。

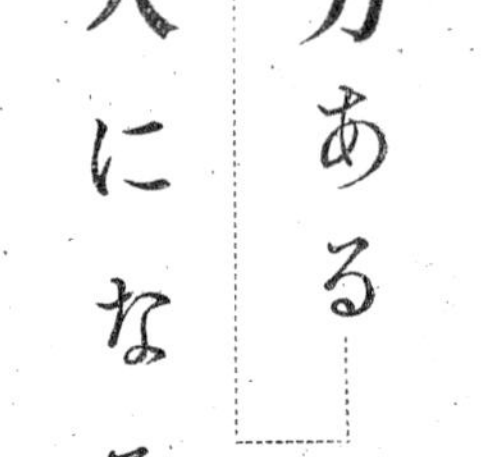

ところで、自主性の基礎は婦人の實力にあり、實力の基礎は何といつても經濟力である。だから、經濟生活において實力ある婦人になることがすべての問題の解決をもたらすものであろう。そこで今年の婦人週間のスローガンは、「婦人の實力をそだてましよう」ということにし、とくに經濟生活における實力の涵養を主な目標としている。經濟生活で實力をもつといえば、生產においても、消費においても、流通の面でも、有能となることを意味しているが、なかでも、積極的に經濟的獨立のできる力、つまり生產者としての力をやしなうことが最も大切であることはもちろんである。婦人はいまでは、職業人として職場に働き、自營業者として商店や工場を經營し家族從業者として農業や商業にしたがつている。あるいは家庭の主婦も、家計の補助のため內職でかせいでいる。これらの經濟活動において、一體どのような力をもつたら自立できるだろうか？　また、直接所得を伴わない、家事勞働という生產活動をしている家庭の主婦は婦人のなかの多數をしめているが、これらの主婦の働きは、一體どう評價されるべきものだろうか？　そして、これらの主婦の獨立人としての能力を高めるにはどうしたらよいものだろうか？　私たちは、この週間に檢討し、婦人の向うべき道を見出したいものと思つている。

この他に、消費經濟の合理化、効率化ももつと眞けんに考えられるべきであるし、また、無視されやすい經濟活動に流通における活動がある。婦人は、物の賣買や金錢の貸借や讓渡などにもつと知識と能力とをやしなわねばならないと思う。以上の經濟活動において婦人が力をそなえるためには他面、社會の制度や環境や機會がもつともつと整備されねばならないこともわすれてはならない。すべての經濟生活の面で、實力ある婦人になりたいものである。

短歌

萩《はぎ》元《もと》たけ子選

早發ちの夫の朝餉の寒卵清く圓きを選びてすすむる　藤野千代子

子の賀狀皇居前の慘事みのがさず書き綴りをりやすらぎもたず　師岡ふみ

庭淨めからから枯れし菊焚けば菊の香ぞする燻ゆる煙は　星野せい

濕り田に麥蒔き終へぬ作切りの畦だて高し土黑々と　南　美洋子

落ちて來し雪空見上げ客足の絕えし大戸を重く閉ざせり　常田三千代

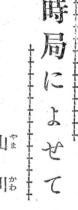

時局によせて

山《やま》川《かわ》菊《きく》榮《え》

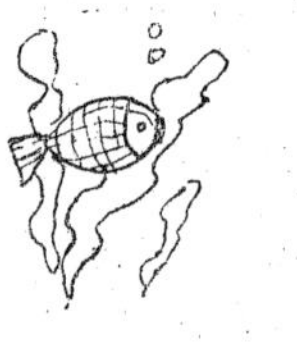

保全經濟會から幕のあいた汚職事件は底なしの泥沼のよう。議員、現高官、前大臣等にかかる疑獄事件は正直に働き、正直に税を納めることしか知らぬ國民を絶望させるばかり。しかし彼らを議會に送り、內閣を組織させたのはもともと國民自身なのです。大臣だから、社長だから、新聞によく名が出るからというだけでかれらに投票した人はないでしようか。私のいる選擧區では有名な選擧違反事件の岡崎外相の立候補に對し、立會演說ではヤジが多くて話ができず、一票もむつかしく思われたのにチャンと當選。そういう會に出てこない人々が先代からの地盤をなし、自由黨でないと道路工事一つお裾わけにあずかれぬという乞食根性もあるという話。投票が金と情實に左右される限り日本の前途は暗です。昨年の總選擧でも革新勢力の得票數は總得票數の三割にしか達せず、少數派の悲しさ、泣いても笑つても保守派の横車を防ぎようがないのです。敎育費、生活保障費を犧牲にして軍事費のふくれ上つた豫算はすでに衆議院を通りました。

あれほど批判されたMSA、ヒモつきの軍事援助ではなく、單なる經濟援助だなどと初めはごまかし、もはやごまかしきれぬようになつてもまだ憲法に違反せぬとそらうそぶいて調印されたMSA、中立の名に於て敎員の市民的自由を奪う敎育破壞の二法案、警察政治の再來を促す警察法改正、曾ての軍機保護法にもまさる機秘保護法等の恐るべき反動立法が次々と惡魔の笑いをうかべながら、無力な革新派の上をふみこえ、のりこえて通りすぎます。MSAについての議會の質問はこれほど公然の事實上の陸海空軍の設置は憲法に違反するのではないか、海外派兵の義務を負うのではないかという點に集中しており、國民が最も懸念するのもまた實にこの二點にあります。政府はあくまで否定しているものの、誰が見ても軍備は軍備であり、海外派兵の點も禁止を明文化してない點甚だ危險です。今までの政府のやり口はその場その場のごまかしと逃げ口上ばかりで何らの誠意がなく、いつなんどき、しよいなげをくわされるか知れないという點で誰しも深刻な不安を抱かずにはいられません。日本に隣接する二大强國ソ連と中國が軍備の充實よりも平和的建設に向おうとし、世界の緊張がやや緩みかけている傾向は吉田內閣でさえ認めているところで、この際何を苦しんで國民生活を犧牲にし、失業や病人をふやし、敎育と文化を棒にふつて再軍備を急ぎ社會不安と國際的緊張を招こうとするのか。百害あつて一利なきMSAは誰のためのものか。吉田內閣自身の一時的な延命策、日本資本主義のヒロポン注射にすぎないのではありませんか。

汚職事件の發展次第では吉田內閣の運命も迫つています。一時保守連合でつなぎ、社會黨の進出を阻むにしてもおそかれ早かれ、總選擧はまぬかれますまい。いつ選擧が來てもあわてないように保守派は七十年來の地盤を固めている。それに對して革新派は景氣のいい演說やデモだけで戰うことはできません。緣の下の力もちに甘んじ、コツコツと目に見えぬ努力をつみあげ、がつちりとした組織を育てるほか保守黨に對抗する道はないのです。社會黨は漠然たる人氣を負いながらその組織の弱さ、いつどこへ流れるか分らぬ浮動票にたよるばかりでは平和革命も何もあつたものではありません。平和のうちに大きな改革をしようとすればするほど、議會の絶對多數を必要とし、また議會外の國民大衆の信頼と支持を必要とします。高い理想をもつと共に、道德的にもあくまで純潔で政治的節操が固く、政治、經濟、外交のどの面でも大膽で徹底した、適切な改革を行う能力をもつ政黨を私たちは育てていかなければなりません。改革とはどの道大きな手術をすることなのですから强い意思の力と巧みな技術を必要とし、皆が氣を揃えてやる必要があり、世の中がタナボタ式に寢ているひまにひとりでに極樂に變つているようなわけにはいかないことを覺悟しなければなりません。日本のように資源の乏しい、食糧すらも自給できない國で極左極右いずれにせよ、血を流す變革が起つたならその破壞的影響は恐るべきものがあり、結局飢や寒さを免れるために外國の援助を必要とし、そうなれば相手が何國であろうともどんなに屈辱的な隷從を伴うか想像以上のものがあります。過去の植民地侵略が、國內の內紛や對立を巧みに利用しておこなわれたことはいうに及ばず、今日でも直接手を下さず、形はちがつてもその恐れのあることは變りません。謂ゆる間接侵略はそれです。

それを避けるためには內治外交共に健全な平和的な改革を進められるだけに强力な社會主義政權を育てるよりほかに道がありません。外相は「海外派兵はMSA協定と無關係でわが國が獨自にきめる問題である」から協定文の中に特に書かないと議會で左社伊東好道氏の質問に答えていますが、萬一の際、派兵か否かを決定する政權擔當者の重大な責任が思われ、一日も早く自主中立をとる社會主義政黨に政權をわたさなければ安心ができません。私たちは國の主權者なのですから、參政權を通じて主權を行使し、あくまで憲法と共に東洋の平和を守りましょう。

アジアは日本に期待する

一九五三年五月、ロンドンからパリへとんだ私はそこで出會つた藤原道子さんと一緒にフランス社會黨國際部長を訪いました。何年越しのインドシナ戰爭の火の手がもえさかり、いつしずまるとも見當のつかない最中です。「あなた方は植民地をどうするつもりですか」とあいさつもそこそこ、藤原さんは通譯を介して質問する。まだ四十前後かと思う國際部長は着古したワイシャツ一枚の至つてむぞうさな姿、小さな室に粗末な机、奧さんと二人で仕事をやつてるそうでしたがこの時は一人だけ。「吾々は植民地は一日も早く解放することを主張している。英國のベヴァン氏と同じです。從つて今の政府のやり方には大に不滿だ。インドシナなども一日おくれれば一日おくれるだけフランスのためにもあちらの民族のためにもならぬ。解決がのびるだけむだな犧牲が多くなるだけです」

あれから二年、フランスの政情は安定せずインドシナの戰爭は不利となり、そうなればなるだけ、フランス側のあせりは强く、アメリカの助けをかりて金と人とを惜しげなくつぎこみながら、ますます事態の解決をむつかしくしていきました。本來インドネシアにおけるオランダ、インドシナにおけるフランスは橫暴な侵略者であり搾取者であつたのが、日本軍の侵入のためにその力を失つたので、現地の民族としては、日本の敗退を機として數百年來始めて自分たち自身の政府をもち、幾たびか企てて成らなかつた獨立をかち得た瞬間、再びふるい主人が歸つてきてふるい政權を續けようとしたのだから承知しません。勞働黨政府はインド、ビルマを手放しましたが、それに學ばなかつたインドシナ、インドネシアでは戰爭が起り、後者ではオランダが讓つて一應獨立を認めたものの、經濟的實權を握つているので納まらず、現政府は共產黨と手を握つてオランダ勢力の一掃を目ざしています。インドシナのホーチミン政權も本來は單なる民族獨立の要求にすぎなかつたのが、フランス側の壓迫がはげしくなるにつれ、背に腹はかえられず、初めは心ならずも中共の援助を求め、交戰八年の今日ではますますその結びつきを固くした樣子です。

フランスはカイライにすぎぬバオダイ政權に見せかけばかりの獨立を與えているもののこの政權はその民族からは浮いていて全く支持がなく、高い給料でかり集めた外國の雇兵は戰意なく、五ヵ年の期限が來るのを待つて契約を更新する者はないそうです。高い給料のほかにスペイン美人を集めた贅澤な慰安施設等、さんざんむだな金を使つた上にフランス青年の血を流して、得るものはただ東洋民族の恨みと共產勢力の增大あるのみです。さすがのフランスも今では何とか恰好をつけて兵をおさめるためにホーチミンの背後にある中共と取引するつもりらしい。

來るべきジュネーヴ會議では東洋平和の問題が四大國を主として討議される筈で、朝鮮と共にインドシナの問題も日程に上る樣子です。フランスは中共の承認とその國連加入をも認めることを取引の條件として承諾するものと考えられています。どの道アジア、アラブに對する西歐資本主義の支配はもはや時間の問題となりました。黑かろうと黃いろかろうと、次の半世紀の間にどの民族も自治を許され、その經濟や文化の水準は白人のそれに大に近ずき、次の世紀にはちがいがなくなるまでになるでしよう。

ジュネーブ會議を經て中共の國際的地位と發言力は著しく高まり、國內の經濟及び文化の近代化と共にその將來の發展は目ざましいものがあるでしよう。インドもインドネシアもＭＳＡはヒモを恐れてうけていません。

この際日本がもつぱら國內の民主化、經濟自立に力をそそいで再武裝の代りに中立を固くとつて動かなければ、中共はじめ東洋諸國を安心させ、スムースな友好關係を發展する上に役立ちますが、對立している一方の陣營に完全に屬してしまうことは自國のためにも東洋全體のためにも不安な空氣をかきたてます。私がカルカッタへ一寸寄つたとき、インドの社會黨員がこういいました。

「日本は曾て東洋のホープでした。明治維新以來僅かの間にあれだけすばらしい進步をとげた國民、東洋唯一の完全な獨立國として吾吾のホープでした。それがはからずも軍國主義のために大きくつまづいた。しかし吾々は心から日本の再起を祈る。どうか平和な民主的な國として復活し、再び吾々のホープとなつて下さい。吾々は必ずその日のくるのを信じます」こういう東洋の同志の期待に添うためにも私たちはほんとに平和と民主化を志す新しい政治勢力を强くしなければなりません何度となく、性こりもなく、保守派に政權を與えて東洋の友邦を失望させ、再軍備でその不安をあおる者に平和を語る資格があるでしようか。

離婚

—法律と實際—

田《た》邊《なべ》繁《しげ》子《こ》

こんどの平林たい子さんの不幸に關し、世には同じような問題に惱んでいる同性が少くないと存じましたので、そういう場合法律的にどうなるかを法律御專門の田邊さんに書いて頂きました。

世の中のことには、「法律では、こう書いてあるが實際はそう簡單ではない」というものがずい分澤山あります。離婚もやはりその一つで、法律で定めた裁判離婚の原因は

一、配偶者に不貞の行爲があつたとき、二、配偶者から惡意で遺棄されたとき、三、配偶者の生死が三年以上明かでないとき、四、配偶者が强度の精神病にかかり回復の見込みがないとき、五、その他婚姻を繼續しがたい重大な事由があるときの五つの原因の場合に離婚を認めることになつています。ですから平林さんの場合、平林さんが相手の不貞を原因として離婚の裁判を求められるのなら話はわかつていますが、不貞をした夫の方から裁判に訴えてでもと考えても平林さんに不貞その他の原因がなければ離婚の判決は下るわけがありません。

ところがわが國は離婚自由國であつて、裁判離婚以外に協議離婚という制度を規定しています。これでは二人の別れる協議が成立すれば原因は何であろうと離婚屆一つで成立するわけです。ですから、二人の人が對等な人格者として協力している結婚生活でなく、夫の專制下に妻が隷屬しているような家庭では、バランスの取れない協議、言いかえれば夫の氣ままから來る追い出し離婚が協議離婚の形でとゞけられてしまうのです。平林さんは、隷屬する妻ではなかつたから、「そんな離婚をきき入れることは出來ない」と反ぱつ出來たのです。

夫婦の愛情を基礎とした結婚生活の問題は非常に微妙ですから法律は杓子定規式の裁判にかける前に離婚問題は家庭裁判所の調停を求めるように定めています。これを調停前置主義といつています。調停では、家事審判官である判事と、調停委員二人とが委員會をつくり、當事者お互の言い分をよくきいて、裁判上の離婚原因はたとえ何一つなくても、二人が離婚の道をたどる方がよいと思えば離婚の調停を成立するよう努力するでしようし、また、裁判上から言えば離婚原因はハッキリあつても、お互が今後努力して結婚生活に再出發する方がよいと思えば離婚としないように話をまとめようとします。平林さんの場合でも平林さんはその主張を家庭裁判所に申し立てられるといいのではないでしようか。ここで話がきまらなければ裁判となるわけです。家庭裁判所の調停になる場合は、裁判離婚の原因などに拘束されず、實際のところ二人がはたして結婚生活を幸福にやつて行けるか否かという問題になりましよう。そうすると、二人の間に愛情が有るかないか、今はなくてもまた二人は今後はぐくんで行くよう努力出來るか否かが大きな問題となるので、法律上、書き立ててあるいろいろな原因は何一つなくても、夫婦の間に愛情が枯れていてはどうにもならないということにもなります。片方だけが執着していてもどうにもならぬことも多いのです。

一生不治の精神病者とまで行かなくとも、變質者でとうてい結婚生活を維持出來ないような夫や妻の場合も、家庭裁判所の調停では離婚とすることが出來るわけです。誰の問題にしても、法律よりも二人お互の間にある「愛情の有無」これが最後の決定點となるでしよう。

新版 井戸ばた會議

芹《せり》澤《ざわ》よし子《こ》

私達貧乏世帶のやりくり女房が何かにことよせて、時たま集まつて半日を過すことがあります。私達は心の洗濯、しわのばしともいつています。百圓のおすしを奮發して、鹽せんべいに、落花生といつた程度の出費で、時には旦那樣の晩酌の殘りが持ち出されたり、ビールがどこかの臺所から出てきたりすると「豪華版」だなどと手を打つて喜び合います。夫婦喧嘩の話もこんな席ではおもしろくさては旦那樣の棚下しも、ききようによつてはおのろけにもとれるといつた雰圍氣になつて、私達のおしやべりはいよいよ好調子になるというわけです。がそういう中にもいつも表になり裏になりして話題につきまとうのは暮しの辛さです。配給米は一月から値上されているし、電燈料も、四月から一—二割の値上になりそうですし、それにつれて、水道、ガスの値上り、しかも緊縮政策で收入の增加は期待できないし、主婦の心は暗くなるばかりです。

男のおつき合いというものが、いかに家庭經濟を無視したものかということをなげき合いますが、これは忘年會、新年會と散々よせられたシワがしこりを殘したまま、春を迎えての旅行シーズンに、會社もちの遊覽、宴會の名で旦那樣のお小遣いの膨張が豫想されるからです。でも何のかのと言いながら、私達は旦那樣からあずかつた月給袋を後生大事に、時にはてんでがいとしくなる程やり繰つています。しかしこうした私の狹いおつき合いのなかでも、闇米の御厄介にならない家庭は少いようです。

「私は闇米は買わないことにしてるのよ」と云うと聞く方が、ちよつとびつくりする樣子です。ひがんでとれば「闇米も買えない」と輕べつされているのかも知れません。「そのかわり外米を米やさんから足りない分わけてもらつて、麥も澤山入れるのよ」

「ところが、うちの人つたら、くさいつて外米を食べないのよ」と云われて今度は私がびつくりする番です。「そんなことつてあるもんですか、知らん顔して入れとけばいいのよ」

「そこはぬかりはありません」とクスリとくびをちぢめます。そうかと思うと、「私のところでは配給米を辭退してますの」とおつしやる奧さんは、小學生二人の四人家族で旦那樣は頭腦勞働者、お子さんも御飯と味噌汁の朝食よりパン食を喜ぶので、晩食、五合もたけば餘ると云います。バタは人造で結構、その代り一日に一人當り牛乳一本を奮發すれば大した榮養です。ちよつとぜい澤に聞えますが考えてみると、サケの切身、餅菓子一個と同じか、安いくらいの値段です。

しかし、主食に賴り過ぎた食生活の間違いと知つてはいても、とかく米食に賴りたがるのは、習慣とばかりはいえない點もあります。食料品店にはお茶漬向きのお菜ばかりが澤山並んでいるし、お金と暇のない者にとつては澤庵、梅干、さてはごま鹽かけてでもすませるお米の魅力は、切實と思われます、しかも腹もちの點でもパン麵類に比較にならないことは經驗ずみのことで、「貧乏人は麥を食え」は間違いで、御馳走をたべあきている金持こそ麥でも差つかえないので、米を食わなければならないのは、むしろ貧乏人かもしれません。

しかし、ガソリンさえ詰めこめば自動車は動くからといつても、それではやがてエンジンはガタガタになります、無理してガソリンを詰めこんだところで、エンジンに故障が出てはおしまいです。人間の身體にとつては米や麥などのでん粉質はガソリンに當るし、エンジンやボデーの機械は蛋白やミネラルだそうです。ガソリンの質は多少おとしてもエンジン其他に氣を配ろうというのが、私達に與えられたこれからの食生活の課題でしよう。

最小限のお金で最大の効果をあげようというのが、私達主婦の頭のつかいどころ、腕のみせどころだと思います。コマ切も肉ですしテキが欲しかつたら鯨肉の厚切をカレー粉でごまかしてラードで燒けば見た目も滿足な、鯨テキができます。

鰯、さんま、にしんの榮養價が上魚にまさるとも劣らないことは御存じの通りです。

たとえば、納豆など、同じ大豆を原料とした食糧の中でも豆腐に比べて榮養價も高く、その割に一番値段が安いとは專門家の內譯話です。

私の家は九人家族で「仕事は大勢で、食べる物は小勢で」という言葉で押しても、おいしい物は口にできないわけですが、「肉はコマ切、魚は鯨、粉茶のお茶漬、目ざしに干物子供はコロッケ大好物、歌の文句のようではありませんが、暮に多少無理して菜漬と、澤あんをたくさん漬けましたが、色付けしたサッカリン味のよりおいしいし榮養價もあり、經濟的でもあることがわかりました。前日のシチューの殘りがチャブスイになつて燒そばの上にのつたり、燗ざましも、糠味噌のこやしにはならないで次の日の晩酌の足し前になるといつた具合で。」

話がまたお米にもどりますが、先日ラジオを聞いていましたら、「日本の外米の輸入が年に百何十萬トンからで、ドルに換算すると……」あまり大きな數字で聞きのがしたので、あとから調べますと

二十七年度——六百六十五億圓　九十八萬トン

二十八年度——千億圓（今年三月までの豫定數）（一四五萬トン）

二十九年度の緊縮豫算によると、外米を百萬トンに止め、その不足分は小麥の輸入增加ををもつて、補うとあります。すると從來の內外あわせて十五—六日分のギリギリ配給からまた一日二日は減ることになります。

配給辭退が多いと思われる外米では早速痛ヨウを感じる家庭は少いかも知れませんが、外米依存の我家の食生活については考え直さなければならなくなりました。ちようどその頃店で大麥を二つに割つて、米粒の大きさにした麥を見つけたので早速ためしてみました。一キロ六十五圓の內地麥に比べて、八十圓のこの麥は高いと思われましたが、人造米に比べると二十圓安く、使つてみて十五圓の差は闇米からみれば比較にならないし、外米より十五圓高ですが、我家では外米より好評を得ています。

そこで考えることは、補給金付の外米などは最小限に止め、その分安い大麥を輸入加工して安價に出してくれたら、手數のかかるウドン臭い人造米より、喜ばれるのではないかしら。人造米は出た當初直ぐにためしてみましたが、その後の批判にある通り、結論はうどんを食べればいいではないかということになります。特許權をめぐつてのいざこざなどが表面に出て、莫大な金額が政府から業者に渡されたとか、請求されたとか噂になり、また善良な國民は利用されるのではないかといやな氣持ちになつたものでした。

人造米の熱も漸くさめたように思われる此頃はさだめて工場の機械がホコリをあびているのではないかと臺所の隅から案じております。

政府のお役人、お偉い方は本當に、國民の幸福を考えておられるのでしようか。「海ゆかば海軍汚職、陸ゆかば陸軍汚職、里ゆかば保全汚職」國民は「みづくかばね、草むすかばね」と朝日の天聲人語は言つています。國家經濟と家庭經濟とは違うかもしれませんが私達主婦が家庭經濟を守り拔く純スイさのチョッピリでも、お偉い方が持合せていたら、國民ももつと樂なくらしができるのではありませんでしようか。

私達のヘソクリは、ヘソクル時は內しよでも、家庭全員の幸福のためには惜しみなく投げ出します。旦那樣にしても、少しは內しよの樂しみくらいはあつても、家庭本位の旦那樣ばかりで、世間のおえらい方々より、良心的であり、愛すべき種族です。「將來の日本丸の船大工は私達旦那樣を大切にいたしましよう」ということで、私達やりくり女房の會議は閉會になりました。

婦人職業史
（1）

婦人の勞働の初め

三《さん》瓶《ぺい》孝《こう》子《こ》

日本で原始時代といえば現在考古學でわかつている範圍は西紀二世紀からさかのぼつて紀元前一千年くらいの間のことである。その古い方は縄《じょう》文式文化時代といわれ、土器の表面に縄で文がつけてある。紀元前百年から紀元後二百年にかけては彌生式文化時代といわれ、彌生式土器と呼ばれる壺や瓶やその他の土器が使われた時代である。

この原始時代に日本の島に住んでいた人たちはどんな生活をしていたであろうか。紀元前千年と紀元後二百年との間には大きな變化が起つたことはいうまでもないが、まず、一ばん最初のことから考えてみよう。

日本で一ばん古い時代といわれる縄文式文化時代には、住民の生活を維持する手段は山に行つて狩獵をすること、川や海で漁撈をすること、及び木の實、草の根を拾い集めること、などであつた。この時代は狩漁時代といわれている。凡ての人々が一日中山野をかけめぐり、川や海に漁《すな》どりして、その日その日を生きてゆかねばならなかつた。大きな獲物は多勢でとつて分け合つたのであろう。まだ食糧の貯藏法も考え出されていないし、貯藏するほどの獲物もなかつたから、物を多く持つたり、少く持つという差もなかつた。そのヤジリも石であれば双物も石をたたいたり、すつたりして作つたものであるから、鹿一匹を狩るにも相當骨の折れたことはよく理解できる。

こうした時代には男も女も凡てが同じく一日中山野をかけめぐり漁どりなどして過さねばならなかつたから、そこに何らの差別は生れなかつた。同じく働き、同じく食べた。強いて男女の差別をつけるならば、それは性別による天性の分業にすぎなかつた。女には出産と育兒とがあつた。出産と育兒のためどうしても女は住居（當時は土や石のホラ穴であつた）に止まらなければならなかつたろう。

このことから次第に、男子は狩漁に女子は農業へと分けるようになつた。女子は住居にあつて調理をする關係から、木や草の種子を周邊にすてた。ところが翌年春になつてそこから芽が出て、また實つた。このような經驗を數度經驗しているうちに、種子ということと、種子をまけば芽が出ること、さらに氣候の變化との關係を知るようになつた。こうして農業は婦人の手によつて發見された。

日本人の人類學上の問題や、日本の水稻の原産地はどこであるかなど、學問上いろいろの問題があるが、むずかしいことは別の機會にしても、婦人が農業を創意工夫するにこのような經過をたどつたことは間違いない。日本では穀物の神さま、肥料の神さまがほとんど、女神であつたことは、こうした原始時代のことを神話として傳えたものと考えられる。

農業についで婦人の重要な仕事は糸紡ぎとハタ織であつた。

日本ではこの時代には今日の綿はなかつた。和紙の原料となる楮（コウゾ）やそれと同じ科の植物や麻、葛、その他の革の纖維を紡いで糸にしてハタを織つた。ハタを織ることも男子の狩漁と比較すれば女子の仕事と考えられるし、また農業が發明された後は、當然、農業に從事する婦人が麻や楮などを栽培することとなつたであろう。ハタ織の神樣は女神であることはこうしたことを物語るのである。

こうして男女の性別による分業は最初に、男子の狩獵漁撈と女子の農業とハタ織とに分けた。といつてもこの分業は完全に分かれたのではない。年中農業やハタ織をするわけではないから、女子もやはり、狩獵を手傳つたり、漁をしたり、木の實草根を拾い集めたことであろう。ただ母性という特質と結びついて、農業とハタ織とが女子の仕事となつていつたことだけは考えられる。

農業も婦人が發明した程度の限りでは農業とはいえない幼稚なものであつた。第一この時代には石の鍬しかなかつたし、せいぜい棒ぎれで土をほつたり、かけたりした程度で、住居の周圍に自家用の小さい粗雜畑を作るにすぎなかつた。

ところが狩獵や漁撈による食物獲得は不定であり、農業による方が毎年確實に食物を得ることがわかつてきた。そして數百年もの經驗のち農業が發達してきた。支那大陸からも農業の技術が傳えられたし、農具も新しい便利なものがはいつてきた。また水田稲作の方法も傳えられた。こうなると、女子が家の周圍に作る程度のものではなく、本當の農業となつた。水田を作つたり溝や畔をつくり、池をほり、または肥料がなくなれば、山林原野を燒いて、そこを畑としたりするようになつた。これには男の手を必要としたし、數人が協力してしなければならなくなつた。數人協力して作業するには指揮者も必要だし、または一つの聚落（部落にならないもの）共同で溝を作り、池をほるには、その計畫者と指揮者を必要とした。この指揮者や計畫者は當然男子であつた。こうして農業は女子の手から男子の手へうつつた。そして女子は、相變らず農業に從事はするが、農業を支配するものではなくなつた。

男女の最初の性別から生じた分業は、農業とハタ織を婦人の仕事としたが、この二つの仕事はその後も連續として婦人の手にゆだねられた。ここからいろいろの婦人の仕事、勞働が分かれて行つた。

（一五頁からつづく）
醫療の社會性、公共性が要求されればされるほどそれに伴う勞働條件も引上げられなければならないのに、醫師會はこれとは逆にわたし達から基準法まで取り上げようというのです。これらの動きに對してわたし達看護婦は全力をあげて鬪つていますが、これはただわたし達だけにかかつてきた問題でなく、逆コースと共に有形無形で他の女性のあらゆる職場にもでていると思います。したがつて今こそ日本の全女性がめざめて團結せねばならないと思います。（全日本國立醫療勞働組合・婦人部長）

汚職事件に思う

中《なか》大《おお》路《じ》まき子《こ》

　まじめな何も知らない人々が、こつこつ働いて貯めたれい細なお金を「保全經濟會」なる街の金融機關にすつかり喰われてしまつたという事件をつついている中に次から次へと大掛りな汚職事件が現われてきました。大臣級の政治家、有名な會社の社長、重役など政界財界の一流人が皆自分の利益のために莫大なお金—私たちが一生働いても得られないような—のやり取りをしたというのです。中小企業の人たちが資金難でなやんでいても何んら暖い政治がほどこされないのに、大資本の造船會社は船を造る計畫をたてれば無利子同様な資金を政府が出してくれて、赤字になつても會社が損をしないように面倒をみてくれる。しかもそれは全部大衆から吸ひ上げた税金のお金で。そうしてその政治家と資本家との取引が料亭で藝者をはべらせ、酒をのみながら行われたのです。それは造船會社のみならず汽船會社も交通公社も鐵道弘濟會にまで關絡をもつて擴がつてきました。

　こんな國民を馬鹿にした政治があるでしょうか。いくら首相はじめ大臣連中が口ではうまいことを云つても、この事實は働くまじめな國民の生活を守るものではなく、資本家の利益を守る政治であり、また彼らが國民の道義の低下を歎いても、政界の上層部の有様は道義の低下どころか全く腐敗しているではありませんか。

　ただわたくしが殘念に思うことは保全經濟會がつぶれた時、その出資者たちは大勢おしかけて行き膝詰談判や告訴をして自分たちを守る手段をいろいろ講じたのですが、此の汚職事件には人々がそれほどの忿懣《ふんまん》や抗議のかたちが表われないように思うのです。もちろん國民の一人一人は非常ないきどおりを感じているでしょうが、どうしようもないというあきらめや、毎度のことで政治家とはそんなものだという慢性感、或は預けた金が返つて來ない時ほど自分の問題として痛切に感じないのかも知れません。そうであれば恐ろしいことです。

　國民に愛想をつかされ、國民が腐敗墮落になれ、憤りを内攻させているような政治には私たちの不幸や悲劇の芽がひそんでいるからです。もし誰かが一發の銃を爲政者に向ければその後に來るものが何んであろうと日頃の怒りのはけ口とばかり湧きたつてその人が英雄視される情景は過去の歴史にあつたことです。私たちは今憲法改正など重要な問題がおこりかけて、自分の子供や孫たちにまで影響を及ぼすわかれ路に立つているわけです。この時に汚職事件に名を連らねるような政治家の群に政權をゆだねてぼんやりしていることは耐え難いことなのです。

　何が本當に私たちを幸福にするか、どんな政治が私たちを守るのかをよく考えお互に話し合い、婦人の眼で政治を監視したいものです。私たちが參政權をもらつた記念日は毎年くり返されるのですがまだその有難味を感じない人もいると思います。選擧權こそ民主々義の武器として、よい政治家を出すために使わなければ全く無意味なもの、氣違いに刄物と悪口を云われても返す言葉もないのです。

随筆

ともかせぎの家庭

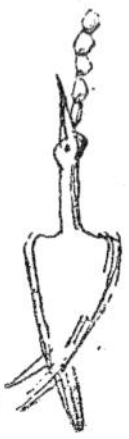

阿《あ》部《べ》艶《つや》子《こ》

此の頃若い女の人の會合などで、きまつて出る話題は、ともかせぎと家庭生活の問題である。まだ若くて私達から見ると子供のように思える人達まで、結婚してからも働きたいけれど、その場合の家庭生活はどういう形になるだろう、又どうすればうまく行くだろうか、というような質問を向けて來る。

昔の女の人だつたら、結婚とは振袖や角かくしや新婚旅行のことだけを考えていただろう。今でも若い人は新婚旅行にも夢は持つだろうが、それよりも現實の生活を打ち立てて行かなくてはならないと思つている。それに働くことの喜びと意義を、實際に我身につけて持つようになつた。それで、未婚の人の關心が、外に働きながら家庭を持つ、（そのかたちと心構えと）生活の設計に向いて來るのは、まことにもつともだと思う。

ところが實際に働く女性のぶつかる壁はそこいら中に澤山あつて、「こんな風に暮して行きたい」と私達が話して見たところで、それが空疎なことに聞えることが多い。壁の一番大きなものは、男の人の心の持ち方のようだ。隨分新しい考えを持ち、誠實に仕事をしている人でも、家庭のこととなると古い男らしい身勝手な振舞いを知らない間にしている。妻が働いている場合、その「知らない間の身勝手」というものが大きくひびいて女を苦しめることになる。例えば、夫が先に歸つて妻の歸りがおそい時、それがよく解つている筈のことでも、男はついいらいらしたり、情なく思つたりする。家にいて自分にだけ奉仕する女の人に憧れを持つようにもなる。女の方もそれを當り前のこととして、夫にひとときでも留守番をさせることをひどく濟まないことに思い勝ちだ。

誰でも疲れて歸つた時、家に自分のために食卓を用意し、部屋を溫めて待つていて呉れる人があれば幸福には違いない。それは男にだけ必要だということではない筈だ。しかし長い間の習慣から、妻にかかりきりで奉仕されることが夫の座だときめ込んでいるために、二人で働く家庭には冷い風が吹いているように思い勝ちなのだ。

溫い家庭の食卓、そういうものが要らないというのではない。むしろ、今までよりもつと家庭とは溫く愉しいものにならなくてはいけないと思う。ただ小さなことがら、おみおつけを誰が作るか、誰が留守番をするか、そんなところからだけ家庭の愉しさが出來るものではないということを、男の人に知つて貰いたいのと同時に、女が眞先によく知りたいものだ。女がもつと人間として獨立しても、女の持つ優しい女らしさが消えてしまう譯ではないだろう。

主婦のこえ

私は思います

原《はら》田《だ》初《はつ》代《よ》

好きな酒もやめ研究に必要な本もなるべく買わないようにして毎日よく働いてくれている主人が手をつけないで渡してくれる月給袋もどうやりくりしてもいつも足が出てしまう私の家計簿でした。そこで手あたり次第というくらいいろいろと手内職をしてみました。

ゾウキン作り・造花・菓子作り・通信テストの點つけ等々。どれもこれも一分をむだにしてもこれだけお金がすくなくなるという仕事です。

丈夫な體でもないので目はつかれ背骨は痛み、はては子供に八つあたりというようなことになり私は考えこみました。大きなことを望んでいるのではなく、體の弱い長男に一本のミルクでもと思う心から仕事をしてもそれが八つあたりになつてはどうしようかと。

その頃田舎の家を手離した友人が、すこしくらいなら金を廻してくれるとのことで、前前から考えていた家の改造をして貸間をすることに心を決めました。幸い良心的にしてくれる大工さんもあり床の間を止めてそこを私共の出入口にしたりして隨分思い切つた改造をして二間を貸間にしました。その部屋代は毎月友人への返金にしていました。

今度私は前とちがつたことでまた考えさせられています。それは部屋に入つてもらう人のことです。近所のお店に廣告を出してもらつたら、大勢の人がみえました。その中でこんな人が有つたのです。中國から戰後引揚げて來た人で兩親は田舎に住み、本人は育英資金・アルバイトなどで東大在學中。今居る育英寮は安いけれど勉强ができない。そこで四月からもう一つアルバイトを增すからぜひ部屋を借りたいというのです。大へん眞面目そうなその方と話ていて私はすぐにでも來てもらいたいと思つたのです。でも聞いてみましたら月はじめから入つても部屋代は月末アルバイトの代金をもらつてからでないと拂うことができないとのことです。待つことができればそれで問題はないのですが、部屋を一月も空けてはおかれませんし、それかと言つて後金の部屋代でまだよく知らない方を入れるのも私共としてはできないのです。いろいろと考え自分だけではどうしてよいかわからないで友人達にも相談して、とうとうおことわりしました。

その時はなんだか大變悪いことをしたようで、學生さんの顏を見ないで話しましたが、本當に悲しく思いました。親からの送金でコテコテと氣持の悪いほどポマードをつけたりいつも映畫を見たりできる學生さんに來てもらはないで、前のような學生さんに安くかすことができたらどんなにいいでしょう。そうするには自分の生活が今のようではできないのです。ちょうどその頃母子寮の中で、子供が十八になつた爲に出て行かねばならず困つている話を新聞で見て前の學生さんのことと一緒に幾日も頭から離れませんでした。これはすこしの人がどんなに考えたとてどうにもなりません。

汚職だの戰費だのとそんなところに税金を使うより先にもつと大勢の人の、人としての生活をよくするのに使つてもらつたら私共の世の中はどんなに樂しくなることでしよう。

國民の半分以上もいる私共婦人が、もうすこし自分で物事を考え判斷するようにしたら、きつと世の中は變つて來るでしよう。私は手近な所からもうすこし女の方にいろいろ知つてもらいたいと思い近所の人にも折あるごとに話したり、ＰＴＡの會合等にも出てなるべくそうして行くようつとめておりますが、力が足りなくてなかなかできません。

職場のこえ

看護婦の勞働條件について

今《いま》　長《なが》　久《ひさ》

看護婦という職業は女性特有の纎細な母性本能が技術と精神指導の兩面に生かされて、醫療の分野に絶對かくことのできない大きな地位をしめております。

しかし、長い封建社會の中で培われた男性中心の思想は、特に醫療の社會における獨特の非民主的封建思想と結びついて、女性として、また看護婦としての社會的地位の向上を根強くさまたげています。

口先だけでいかに女性の解放をさけんでも女性がその特質を生かして生活能力をもたないかぎり眞の女性解放は實現しないと思いますが、この意味で私達看護婦は充分な自信をもつて女性解放の第一線にたたねばならぬ使命をもつているといえましよう。

それもただ觀念的な過剰意識からでなく、考え方においても、闘いのすすめ方においてもあくまで知性にもとづいて、技術勞働者として社會連帶の中にその基礎をおかねばならぬと思います。

看護婦の指導的立場にある人の中で極く一部をのぞいては、本質的なものを理解せず、ただ愛や奉仕の精神を説いて、看護婦は他の一般勞働者とはちがう、勞働組合運動などに參加すべきではないというような考え方をもつて若い看護婦や生徒を指導しているようですが、外部からの壓迫と加えて、このような思想もまた看護婦の社會的な地位の向上を妨げている大きな原因になつています。

現在の醫療制度の中心をなしているのは家内勞働的な開業醫ですが、ここに働く看護婦は技術者でありながら、住込み千五百圓という考えられないような低賃金で女中子守までおしつけられています。愛や奉仕の精神はわたしたちが患者に接する場合の心がまえとしては絶對必要だとは思いますが、これが使用者から看護婦を低い給與で劣惡な勞働條件をおしつける方便に利用されてきたことは間違いない事實だと思います。

二六年以來、日本醫師會は看護婦を勞働基準法から除外しようとしてしつように運動を續けてまいりましたが、ＭＳＡ受入れに伴つて資本攻勢が一層はげしくなると共に、これに便剩して昨年十二月からいよいよはつきり表面化してきました。（以下一一頁につゞく）

よりよいくらしのために

末《すえ》松《まつ》壽《ひさ》子《こ》

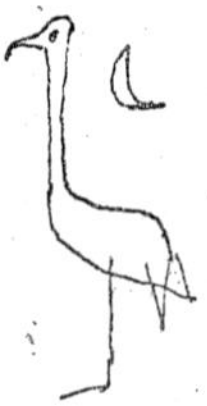

いつだつたか、ずつと以前、職員室のストーブのまわりでこんなことが話されたことがありました。「なぜですかねえ。子供たちは足洗い場で足を洗いますね、そして折角きれいな足になつといて、ふみ板までの五六歩あいだのあいてるタタキの上をですね、ちよつとつまだつたまま平氣で歩いて行くんですよ。足の裏にはまた砂がついてしまうんですがねえ。そのまま敎室に入るんですから敎室は一どで眞白ですよ。自分たちで精出して拭いたり磨いたりしといて、どうしてあんなことを――矛盾を感じんですかねえ。」「そう、私もそれには氣がついてました。」「足洗い水もですよ。足洗い場の水が夏などはずいぶん泥水になりましようが。それでも別に汲みかえもせんでやつぱりそれで足を洗つていますね。」「田舍の子で、衞生觀念つていうか、何か淸潔といつたものの感覺が鈍いんですかねえ。」「あそこは踏板を一メートルか一メートル半も足洗い場の方へ引寄せればいいんだがね。」「そうですよね、子供はそんなことは考えないんだろうか。」

それから、たつた一メートルほどふみ板を引寄せればよいのになぜそれをしないんだろうか、足が汚れて氣持がわるいとは思わないんだろうかということをみんな考えたわけでした。家でだつたらちやんと足をきれいにしてあがる子供が學校では砂のついた白い足の裏で敎室にペタペタ入つて來るのはどうしてなんでしよう。改めてそういうふうに考えてみると、そこにはいくつかの問題があるのでした。

まず、子供が毎日の掃除をどのように考えてやつているのかということ、自分が毎日勉强したり遊んだり食事をしたりする敎室を、氣持のよいように片づけたりごみを除けたり花を飾つたり成績物や圖畫をはつたり、その一つとしての掃除をやつているのか、または掃除ベルが鳴つたから機械的にきめられた日課としての掃除をしているのか。それに關連のあることだが、子供たちは學校や敎室に自分たちのものという愛情やみんなのものという公共性を感じたり理解できているのか。次ぎに、子供達は與えられた環境をおとなしくそのまま受け取るだけの受動的な姿勢しか持てないでいるのではないか。ちよつと工夫したり手足を使うことで自分たちのくらしがもつと氣持のよいものになつたり明かるくなつたりするんだということなんか氣もつかないし、與えられた條件を自分たちの工夫でよりよく變えていつていいんだということを考えてみたこともない、毎日のくらしに樣々な不滿を持つことがあつたつて、子供たちは、それをどうしたらいいかわからなかつたり、特にどうしようという意欲も感じないままでいるんじやないか、既成の事實は變えられないかのような意識が知らず知らずの中にあるんじやないか、(足洗い水は朝の掃除の時そこの掃除の受け持の者が汲むのだ)誰も、それ以外の者がそれ以外の時に汲んじやいかんと云う者もないのだけれど、子供達の様子をみていると暗黙にそう考えているとしか思われないのです。それ以上の事をするのはまるで分に過ぎているとでも考えているかのように。

この〃足洗い〃の問題は一つの例に過ぎませんが、このようにして子供の日常のいろいろな姿を見てゆくと、同じような問題はずいぶんたくさんあります。朝の時間の使い方にしてもそうでした。私の學校では、登校してから朝の掃除が始まるまでの時間は自習時間ということにいつからともなく、ずつと昔からの傳統(?)のように定められていました。それで週番の兒童が全校集會などで週の目標としてみんなに注文することにいつもいつも「朝の自習をしない人が多いのでしつかりやつて下さい。」ということが云われるのです。自習をしないということがあまりひんぱんに云われるので、私たちは寄り寄りに「朝來て必らず机について勉强をしなければならんものか、私たちの小學生の頃は朝來ると道具をしまつてすぐ、友だちと運動場に出て遊んだようだけど。」など云つたりしたのですが、學級でも幾度か子供たちの中で問題になつています。しかし、はじめのうちはたいていい「良夫さんや正さんやその他たいていの人が朝の自習をしていませんからよくするようにしたらよいと思います。」とか「朝の自習をしつかりするということが週番の人から云われている今週のめあてですから、みんな來たらすぐ勉强したらよいと思います。」というようなきまり文句で、みんなその時は「そうです。」と難なく同意する、だが相變らずちやんと席について帳面をひらく人の數は增えもしない、そういつた有様でした。また、毎年十一月の末から十二月にかけて出てくる上履の問題にしてもそうです。おと年の十二月十日の學級日誌をひらくと、「上履をはいていいか。・冷たいからよい・三年生もはいている・三年生と私たちはちがう、まねはいけない・學校ではいい。——時間不足で決論は明朝に持ちこすことになつた。學校できまつていればもうどうすることもできないのですか。——」と書いてあります。

このような問題をどう考えどう處置するかということが次第に組織的に職員會や社會科研究會で研究されるようになり、毎日の學習指導生活指導を、「自分たちのまわりの不合理や不滿について、なぜか、どうしてかというう見方、考え方のできるようにすること、自分たちのまわりのできごとが全部、もうどうにもされないことじやないんだ、自分たちの工夫や勉强や努力や協力でよりよく變えられるものが澤山あるんだということを敎えて、なんとかしようという意慾を燃やしてやることその仕方を學ばせること。」に、しなければならないと考えられて來ました。それから私たちはことごとに、子供の「……しなければならない」という既成の觀念を打ちこわすとともに、その時々の狀況をよく見させて、この場合どうすることがよいのか、とできるだけ自由に考えさせるようにしました。失敗をとりあげてはみんなで、どうして失敗したのかどうすればよかつたのかを考えさせるようにしました。その結果子供は生地そのままの考えを敎師の前やみんなの前でどしどし云えるようになつて來て、私の學級でも五年生の中頃から柔軟な、いかにも子供らしい考え方が表面にでてきました。おと年の九月の學級日誌には、朝の自習を「朝の自習——みんなできめたらいい、自分勝手にしてもらいたい、二派の意見が出てもめる。どのようなことがみんなできめなければならないのか、どのようなことは自分勝手にしてよいのか、みんなできめなければならないことがあるのはなぜか、問題を提起してみたが未解決――。」と書かれています。前に書いた上履の件も毎日少し時間をとつていろいろとついて、「みんなはいていいという意見になれば十二月からでもはいてよいではないか。」(桂子)「土間や便所などで足袋が汚れるのではきたい。」(洋子)という言葉が出たと學級日誌に書いてあります。そして「學校でのきまりと自分たちの希望や要求をどう處置してゆけばよいか、そこをもつとつついて考えさせたかつたができなかつた。一應きまりとしてあるものを修正する時にどんな手續きをとるか、それを學習させたかつた。」と書いています。こうして子供達は、きまりでも、必要なばあいは變えられるものだ、それが自分たちの力でやれるんだということまでは次第にわかつてきました。うまく書きあらわすことができませんが、子供たちは今まで彼等の行動や考え方をしばつていた何か重苦しい意識から解き放たれたとでもいうのですか、時にはずけずけと、または生き生きと物をいうようになるとともに、自分が主體なのだという喜びや責任感から、だんだん以前の無感覺無感動な消極性から脱してきたようでした。しかし子供の物の考え方はまだまだ浅く形式的なことが多く、やはりおと年の學級日誌の十一月に「むくろうじ(おはじき)をもつてきてよいかについて。男の人はラムネの玉をもつてきていけないことになつているので、女のほうもむくろうじをもつてきたらいけないことにきまつた」とあるようなのや、年が明けて一月十四日に朝冷たいので雑布を足で使つて手はポケットにいれていたからあんなものぐさな掃除はいけないということがいわれたときに「手がよごれない、手をポケットに入れて暖かいからよい、足の先きがぬくもります」という意見が主張されたり「ぞうきんかけは手でするのにきまつている、ひとりが足で拭いていると他の人もまねしたくなる、先生や週番の人から注意されようごたる」それだからいけないという意見がでているのなどでわかるとおもいます。二月にはいつてからの日誌にも「朝、温度五度半、山村さんが『みんな遊びよんなるけん、僕もいこうや』といつて外へ行つた。これだから困る。自分が判斷して自分のしたいことこうするのがよいのだということをやる子供にしたい」と書いています。

考えあぐむ教師におかまいなく、子供たちはぐんぐん伸びて六年生になりました。今、卒業を目の前にひかえた子供たちを眺めていると、平凡ないいかたですがやはり感慨無量なものがあります。自由にしかも正しく考えること、仲間との調和をはかること、すじ道をとおしてものごとをやること、そういうことを學習させようと私たちは四苦八苦しました。それが子供たちにどう受けとられているものか不安にもなりますが、六年生になつてからの學級日誌に「このごろ私たちの朝の會や歸りの會は大分時間がかかる。お願いがたくさんでる。その一つ一つをよく話合つて組がよくなるのでよいと思います。」とあるように子供がさまざまなことを共通問題をとりあげて話合い、まわりに積極的に働きかけるようになつてきたことは確かなようです。

子供にいいたいことしたいことを自覺させやつてみさせて、生地のままの子供の行動を學習や生活の指導の手がかりにしたい、良い意味でナマに人間性を出せる子供、失敗してもよいから自分でやる子供、體裁は悪くても眞實を持つている子供、自分が眞實の生活をすることによつて社會のギマンを見ぬき、ちようど學校で話合つて、やつたように、自分のくらしや社會の改善ができる人間になつてほしい、私は正しく平和な世界のために、これから育つていく子供たちに限りない希望をかけているのです。（昭二九・三・四）

（福岡縣・教員・二十四歳）

國際婦人團體の活動

編集部

民主的社會主義國際會議

世界には多くの婦人團體がある中で、特に政治的色彩のはつきりしているのはカトリック青年世界婦人連合、共産系の國際婦人民主連合、社會主義インタナショナルの民主的社會主義國際婦人會議ですが、この三つはいずれも國連の社會經濟委員會に加盟して同等の發言權をもつています。ローマ法王を中心とするカトリックの宗教的、政治的勢力は實に强大なもので、ヨーロッパ大陸ではその傘下に特殊の政黨や勞働組合等の政治組織をもち共産黨と對立しつつ、よく似た超國家的な中央集權的組織をもつています。英米は新教の國でカトリックは宗教的活動を主とし、政治勢力はそう强くありません。民主的社會主義の方は前二者とちがい、ゆるやかな連絡機關にすぎず、彈力性のある態度で互に自主的に協力し友交關係をもつだけで、コミンフォルムのような强い拘束力をもちません。その婦人部は國際年次大會を開き、事務局をもち、總會は少くとも二年に一回、各國の黨からの代表者は各三名以下、それ以上はオブザーヴァーとし、各代表國の投票は一國一票。戰後日本社會黨がこれに加入し、――一九五〇年には河崎なつ氏が、この翌々年には福田昌子氏が出席しました。英國ではインタの主催で國際夏期婦人學校等が開かれ諸國の婦人を集めて政治經濟等の研究をしたりしています。

アジア、アラブの諸民族は一九五三年一月ビルマで最初の社會主義大會を開き、その時婦人同志の連絡をとる申合せができ、將來の活動が期待されています。

國際民主婦人連合

國際民主婦人連合は一九四六年、ソ連を始め共産系諸國の提唱で一般婦人によびかけて成立した外廓團體で、その年次第一回大會がパリに、一九四八年第二回大會がブタペストに開かれ、第三回大會は五三年世界婦人會議としてコペンハーゲンに開かれました。一九四八年ユーゴとソ連の間に不和を生じ經濟斷交となるや、コミンフォルムはこれをユーゴをファシスト、共産主義の裏切者として除名し、國際婦人連合もこれにならつてユーゴの婦人團體を除名しました。連合の會員は七十カ國、十三萬五千と發表され、昨年の大會には約六百の代議員、千に餘るオブザーヴァーが列席、連合から各國出席者へ旅費の支給、高價な印刷物や裝飾慰安設備等金にあかした豪華版に人の肝を奪つたようです。會議は會長コント夫人（フランス人）始めの熱烈なアジ演說、ソ連とその同盟國とはいかに婦人と子供が理想的に守られ、完全に幸福であるが他の諸國ではいかに不幸にふみにじられているか、というに中心がおかれた様子で、この年自分の見た他の二つの國際婦人會議との著しいちがいの一つは、理性よりも感情に訴えることが多い點だつたと列席した婦人記者はかいていいます。何しろすばらしく華やかなもので、壇にのぼる者は誰かれなしに轟くような拍手をあび、美事な花束が次々と會長や大會に捧げられる、最後の夜のお祭り的行事には氷の鳩をいくつも入れた氷柱にろうそくをたて、それをのせたお盆をささげた制服の侍者が壇に近ずくと電灯は消えて壇上のお歴々がろうそくの灯にてらし出される感激に満ちた歌や喝采が響く。突然ペンキだらけのよごれた勞働服の男子三人が、白いカーネーションで作つた大きな鳩をささげ舞臺に近づいた。誰もかれも感きわまつて涙を流し、醉心地になり、劇的な演出効果百パーセントだつたようです。會議がダレないように數多くの演說の間には、ちよいちよい氣のきいた合の手がはいる。デンマークの兵士の徵兵制度反對の演說、子供たちの平和の歌の合唱、かわいらしいデンマークの赤ん坊が壇上にいならぶお歴々の婦人がたの手から手へ渡され、あやされるやら、寫眞をうつされるやらという工合に。他の國際會議の質素で冷靜なのとうつて變つた豪華版と昂奮のるつぼ、そして何事も筋書通りはこび、滿場一致一糸亂れぬ統制ぶりが目だつたそうです。日本のみでなく、どこの國でも旅費の捻出に苦しみ、三名の代表を送るのがやつとで、國際民主連合のような例はほかにありません。

俳句

星野《ほしの》立子《たつこ》選

新聞をよむのは後にふとん干す　防府　諏訪妙子
手つないで二人三人新學期　鹿児島　西村数子
二日はや子の洗濯に追はれたり　小樽　鎌倉　啓
本ばかり讀んで風ひきやすき子よ　濱寺　辛島フサ
春泥けつて勞組の旗の波　東京　大山みつ

無黨派婦人團體

このほかに非政治的な國際婦人團體で知られているのは、キリスト教女子青年會、大學婦人協會、婦人平和協會等、いずれも長い歷史をもつていますが、政治活動をしつつ不偏不黨を標榜しているものは、九一〇四年、英米の婦人參政權の高潮期にその先頭に立つ人々によつて組織された國際婦人同盟で、これは平和と婦人の地位向上、兒童及び母性保護を目標とする最も古くて有名なもので、加盟團體は各國を通じ全國的な規模をもつ婦人團體に限り、特定の政治的立場に立つものは加盟を許さず、個人は會友としてのみ加入することができます。

平和を求め、婦人や子供の幸福をめざす點ではどの團體も同じことなのですが、それが一つになれないのは結局立場がちがい、行き方がちがうからで、そこに各々の特徴もあるわけです。

農民よ目をさませ

大《おお》野《の》繁《しげ》子《こ》

私は昨年一月、ある農村の婦人會で「時局講演」を頼まれたので、「農村不況の原因について」と題して次のようなことを話した。

「……現在のような農業經營では農業が企業として成り立たないから、政府はこれを助成して採算のとれる農業經營にもつて行かなければなりません。そこで、農村振興と食糧自給の目的で十ケ年食糧自給計畫というものが出來上りました。政府は毎年三百萬トン以上の食糧輸入のため四億ドル五億ドルの外貨を拂い、その上、三百億圓から四百億圓の補給金を出していますので、これを早く輕くするためにもこのことは大切であります。この計畫を實現するためには今後十年間、政府は年一千億圓を投下しなければなりません。本年の豫算をみると四百億圓しか計上されていませんから、これでは皆さんの家庭も同樣で、どうしても一萬いるのに四千圓しかお金がなくては計畫通りに運ぶことはできません。食糧不足に惱まされたインド、中國などはいま國をあげて食糧增產に努めていますのに、日本の政府は實行いたしません。ところが他の產業部門には、一つの會社にでも二十億圓という大金がつぎこまれるほどですからその總額は大變なものです。今新聞をにぎわしている硫安の問題も、農家には一俵九五〇圓(會場の人の話では手數料を含めて千圓したそうだ)で賣りつけ、輸出の方は八百圓位にしてその差額は政府から補助金として出させている。しかも硫安のコストは分らないから八百圓でも會社はもうけているかも知れません。そこで國會でも農村委員と通產委員が對立していますが、こうした論爭はいつの場合も通產省が勝ちます。そこで皆さんになぜ農林省が負けるか、この點を考えていただきたいのです。大體、今の政府は自由黨で資本家の利益を代表する政黨であつて、農民の利益代表ではありません。これは今始まつたことではなく、日本の政治は長い間資本家によつて支配されています。そこで政治はいつも資本家中心となり、税金は都市にばらまかれ、農村にはほんの少ししか歸りません。自由黨と雖も農村を決して忘れた人ばかりはいませんが、貧農を代表するものではなく、都市農村を通じ、豫算という枠の中で大きな企業家に都合のよい政治が行われるのは自由黨の本質からいつて當然のことでありましよう。こうして國民の中の弱い部分にギセイが強いられ、さつき申上げましたように農林省が負けることになります。その皺は農民の上にかかり、農村不況の波がジリジリと押しよせて零細農がふえる一方です。大部分の農家は農業所得だけでは生活できなくなり、兼業又は出稼ぎで收入の不得を補うことになります。吉田內閣で一番よく變るものは農林大臣と厚生大臣だということでもこの間の事情がお分りになると思います。こう申上げますと自由黨

保健婦のなやみ

神奈川縣　時田《ときた》滿子《みつこ》

一、私は昭和十八年十二月一日に國民健康保險組合の保健婦として就職しました。昭和廿四年健保は村營になり現在に及んでいます。私は十年三ヵ月勤續していますが恩給組合に加入していません。その間口頭で加入を村長に願いましたがはつきりした返事がなく、二月廿三日文書で願いました。廿七日縣廳町村課の恩給組合係に會つて聞きましたら、保健婦が村役場の書記と同等のものならできるとのこと。私が就職當時の村長の話では書記と同等の資格で採用したといわれ、收入役によく話してやるといわれましたが村の實權を村長以上に握つている收入役にきいてみると考えておこうといつたきりそのままです。同郡のF村、K村の保健婦二人はいずれも廿四年にさかのぼつて加入したそうです。私の場合加入できないものでしょうか。

二、この頃は主として家族計畫のことについて仕事を致しています。農村婦人がいかに避姙についての指導をまち望んでいるか、乳幼兒の保健指導より以上に熱心にきき入れて實行にうつしています。しかし農村保健婦の私たちを指導して下さる確固たる指導機關のないことに大きな惱みを感じています。私たちがよりよい保健指導を行うためには役所にいる代りに保健所へ所屬をうつすべきだと思うのですが。

お答え

厚生省廣報課　山口《やまぐち》誠子《のぶこ》

こういう農村や國保の保健婦さん方のなやみはあちこちでよくきかされることです。もちろん國費なり縣費なりが十分にあつて保健婦が保健所に一本に統一されれば申分なく、それが最も望ましいことなのですが、今度の豫算でもごらんの通り、保健所費の補助が大幅に削減され、補助率が引下げられるような情勢では今のところこれはとても望めないこ

の悪口とおとりの方もあるかも知れませんが、決してそうではなく事實を申上げているのにすぎません……」

講演會のすんだ後で、座談會に入り、農村振興についていろいろ話し合い、相當考えたようにみえたが、三月選擧では相變らず、「あの人は人格が立派だ」「あの人は大臣級の人物だ」「あの方にはずいぶんお世話になつた」という考えで、或はほとんど習慣的に大半が自由黨に投票した。こうして農村の主婦の大方は苦しい苦しいといいながらも政治と生活を眞劍に結びつけて考えようとしない、また支配階級の人々はものを考えさせないようにする。村の多くの人々は今の政治はだめだ、だめだ」といいながら今の政府を自分のだいじな一票で支え、みずから農村の窮乏をまねいている。十重二十重にはりめぐらされた農漁村の封建的な網の中で、これを斷ち切ることのむつかしさもあろうが、最後は、自覺の缺如から來る「あきらめ」が民主化の流をせきとめているのではあるまいか。

附記

今年の豫算では食糧增産費も治山治水費もギセイにして軍事費のみふくらし、アメリカのもて餘している小麥を百八十億圓も買うことになつている。

とでしよう。確かに多くの農村の保健婦は、保健所の保健婦にくらべるといろんな點で不利な立場に立つておられるようです。この保健婦さんも、もう十年餘りも國民健康保險の保健婦として働いておられますのにまだ恩給組合にも加入できないとするときつと臨時の雇か何かで身分の保障がないのですね。この點についてはまず村長に強く要求することが第一でしようが、村長や村の有力者に頼んでもだめというのでしたら保健所長なり、縣當局なりに申出て、その方から村に働きかけてお貰いになればよろしいと存じます。保健所長や縣當局は保健所の保健婦だけでなく、地區保健婦(町村や國保事業所の保健婦等)についてもその人たちが働きやすいよう、保健婦をおいている團體の當事者との間に立つて直接調整の任にあたり、保健婦の身分の確立、待遇の改善策に盡力することもその責務に加えられています。もし縣や保健所も動いてくれないとならば直接本省へ御相談下さつてもよいと思います。

地區保健婦の身分の確立については雇用者側にもつと強く要求したいと存じます。殘念なことに保健婦を志す方は概して理想主義者で給料のことや身分のことを最初あまり頭におかれず、最初に要求すべきこと、きめてもらうべきことを遠慮される傾向にあることが後日にこうした不遇に導く原因かとも思われますので、今後保健婦としてスタートされる方は、最初からちやんと身分を保障して貰つて就職され、安心して十分働いて頂きたいと存じます。

二、保健婦のしごとの面についてはその地區を所管する保健所が指導に當ることになつておりまして、私のきいている限りでは、どこの府縣でも少くとも毎月一回は、保健所の所管地域内の全保健婦の連絡や研究のための會合が保健所で開かれており、國保の保健婦もこういう機會にいろいろ新しい知識や技術を身につけることができる筈です。

なお產制の件については本省ではすでに數年前から、母體保護の立場から積極的な受胎調節の指導に乘出し、保健所などが中心となつて一般家庭の婦人たちの相談や指導に當つておりましたが、一そうこれを普及徹底させるために、二十七年六月から都道府縣や政令市の義務として優生保護相談所を設置させて專らその指導に當らせております。

この相談所は現在公立のものが全國に六八二ヵ所で、このうち病院内に附置されている十八ヵ所を除いて、あとは全部保健所に附置されており、その職員もほとんど保健所の職員が兼任しております。そしてここでは來所者の相談に應じる他、縣の職員などと一しよに管內の町村へ出かけて積極的に働きかけて相當な成績をあげております。

相談所の職員の他に、受胎調節の實地指導をする醫師(指定醫)を指定し、また助產婦や保健婦、看護婦に一定の認定講習をやりまして、「受胎調節實地指導員」の資格を與えておりますが、現在すでに三萬以上の婦人(主に助產婦)が資格をとつて町や村で實地指導に當つております。そして、受胎調節普及に熱心な府縣では、受胎調節普及費を豫算に計上して、ペッサリーや藥劑を無料で配つて指導しているところもあり、モデル地區を設定してすばらしい成績をあげているところもございます。從つて實地指導員を通じて器具や藥劑を無料で配つたりはいたしておりますが、藥事法に抵しよくいたします關係で、これらの實費販賣や取次販賣というようなことは禁じております。

なお、優生保護相談所は、受胎調節指導のしごとがもつと軌道に乘つてきましたら、將來は保健所に吸收されることと存じます。

選擧權は何のため？

保健婦のなやみを訴えられた筆者は成績優秀、昭和二十三年に乳幼兒保健指導について厚生大臣賞を村及び保健婦が、二十八年には乳幼兒の死亡減少のため縣知事から村が表彰されたくらいなのにこういう待遇をうけており、村長に頼んで正式の辭令は貰えずに今に至つているのです。

數年前或女醫が便利な町で、もつと有利な地位が提供されたのをすてて、男の醫者は行き手のない山の中の不便な貧しい無醫村に村醫として住みました。山道を二里も歩かなければ保健所のある隣村へ出られないその村のお母さんたちは、急病人や子供が熱を出した時、途方にくれた以前にひきかえ、男の醫者はふりむきもしない淋しい寒村に來て、丈夫なからだでもないのに夜道も雨の中もいとわず、いざといえばすぐかけつけてくれる女醫さんの獻身的な活動に涙と共に感謝しました。けれども村議らのボスたちはこの人が女などというだけで正式に村醫として俸給を出すことに反對し、村長はかれらに氣兼して態度をあいまいにし、勞働基準監督署長は雇用契約が明白でないため不當勞働行爲として處置できぬとのことで、結局婦人と青年の壓倒的支持も大勢に對抗できず、代りもないのに女醫は涙をのんで村を去るほかありませんでした。この村では正式な村議會はいつ開かれるか誰も知らず、村に一軒の旅館兼料理屋で村長と村議が一杯やりながら村の問題をきめてしまい、議員は投票以前に家柄と年令できまり、青年の出る餘地がないとのこと。

この事件の中には現代日本のどこにもある大きな缺點がみな揃つています。一、國家の醫療政策の不備と豫算の不足とのため無醫村が放置されていること、二、雇う側でも雇われる側でも權利と義務の觀念がはつきりせず、從つて雇用契約が明確でないこと、三、女性への偏見、四、有權者の自覺がたりず、選擧が情實で左右されること。

婦人の日を機會に私たちはこんな事態を無くすることを考えましよう。この村でも青年や婦人が村の問題に發言力を强めるにつれ様子が變つてくるでしよう。その進み方も早くご報告できるようになりたいものです。

（山川）

いわゆる教育治安維持法への不安

——父兄の立場から——

桑《くわ》原《ばら》小《さ》枝《え》子《こ》

今衆議院に提出されている教育二法案は、さきの破防法以上の悪法といわれ、これが國會を通つたばあい、先生方の教育活動の上に非常な障害となることが考えられ、心配されています。私はこれを父兄の立場からいろいろ考えてみたいと思います。

政府がこの法案を出した目的は、先生方の團體である日本教職員組合——略して日教組の活動を封ずるためだと言われております。日教組の活動については世間にいろいろと批判もありましよう。私も今までの日教組の行き方を全面的に支持している者ではありません。此の頃よく言われております山口の小學生日記事件——私はその極一部を新聞で讀んだにすぎませんが、それが事實とすればたしかに行過ぎと言えましよう。いつかの天野文相宅の深夜訪問も、いささか穩當を缺くといわれても仕方ないでしようし、度々の先生方のストも、子供にばかり累を及ぼして、その効果は疑わしいと思つています。日教組の幹部は景氣のよいことばかり言つて、現場の空氣から遊離していると言われていますが、私もそう思います。

けれど一部の人たちに行きすぎがあつたからと言つて、直ちにそのすべてをいけないときめてしまう政府のやり方にも賛成できません。私がはじめ日教組に不滿だつたのは、その活動があまりにも待遇改善にかたよりすぎて、先生らしい教育の研究が全く缺けている點でしたが、それも近頃は全國教育研究大會——略して教研大會が度々開かれて、だんだんよい方向に向つてきました。一頃は組合にかまけてお教室をあける先生もかなりあつたように見受けましたが、近頃は組合活動に熱心な先生は授業にも熱心で、日教組もよくなつたと喜んでいたところでした。政府の今度のやり方は、そうした日教組の成長を全然みとめずに、いきなり猿ぐつわをかませる方法です。

もちろん教育豫算が充分あつて、先生方に政治活動をしていただく必要のない社會こそ私たちの理想とするところですが、現實の日本では、豫算の不足のために、二部授業は當り前である、危檢校舍もたくさんある、教材教具も不十分だ、先生も、事務職員も不足で待遇も悪い、というような狀態では、何もかも政治活動のタネばかりではないでしようか。もつともこの點については、私共PTAにも大いに責任があります。文部省のPTA參考規約の中に「PTAは公費による教育財政の確立に協力する」という一條がありますが、PTAが無力なためそこまで手が廻らず、その方面のことはすべて先生方にお任せしてしまつたことは、誠に申譯ないことだと思つております。

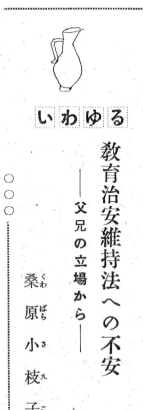

條文の一々については、私共素人にはよく分りませんが、この二法案のねらいとするところは、一つは今まで他の選擧區でなら可能だつた先生方の選擧活動を、突然禁止してしまうことと、もう一つは「何人も特定の政黨を支持し、又は反對させる敎育を敎唆、扇動してはならない」というアイマイな條文で、先生方の敎育活動をけん制しようとする、この二つだろうと思います。

日教組政治連盟の名のもとに、先生方の代表者が何人か國會や地方議會に送られて、少しでも敎育豫算がとれるように、子供たちの環境がよくなるように努力されたことは、皆さまも御承知の通りですが、今度の二法案が國會を通りますと、それが全然不可能になるばかりでなく、憲法に保證された市民としての政治活動の權利さえ、先生方にはなくなつてしまいます。たとえば選擧の時などに、「あの人は教育のことを心配して下さるからあの人に投票しよう」とうつかり人に話したばあいも、その候補者が與黨の人でなかつたばあいは、この法律をたてにとつてなんくせをつけることができますし、まして何等かの意味でその人を支持する行爲があれば、これはもう明瞭に禁止されてしまいます。勿論先生が教室をかえりみない選擧活動は、私も決して賛成ではありませんが、そうした例も餘りきかない今日、先生方を政治的準禁治産者にしてしまうのを、公正な處置と言えるでしょうか。

もう一つの心配は「敎唆　扇動」の條文ですが、これには冒頭に「何人も」となつていますので、私共ＰＴＡの者にとつても、これはゆだんのならない條文です。たとえば私たちＰＴＡのものが、教育豫算が少いからもつとふやしてもらおうと先生方と御相談したとする、それが社會科の時間あたりに子供達に話されたりすると、現在の政府は自由黨ですから、それは社會黨の政策だとか、共産黨を支持するものだとか言われて、父兄の方は一年以下の懲役又は三萬圓以下の罰金となり、先生は教壇を追われるということがおこりかねません。とにかく敎唆とか扇動とかいう文句は非常にアイマイですので、こじつけようによつてはどんな風にも言えるのですから。かつてのレッド・パージでも、共産黨員を追放すると云う名目で、何の關係もない若い熱心な先生方が、つまらないことから誤解をうけて教壇を追われた例をいくつかきいて居りますので、それにこりた先生たちは、さわらぬ神にたたりなしをきめこんで、無氣力な事なかれ主義が、教育界を支配しはしないかとそれが心配でたまりません。

すでに御承知のように、文部省から全國の敎育委員會への極秘の通達のために、青森、茨城、埼玉、靜岡、その他の各地で、警官による教員の思想調査がはじまつております。この法案が通ると、それは全國で當り前のことになつてしまいます。お巡りさんと言えば私たちはすぐ犯罪を連想します。そのお巡りさんが始終學校に出入りして、信頼している先生をうさん臭い目付で見たり、先生の敎え方をうるさくきいたりしては、子供たちはどんな氣がするでしょう。先生たちはそれにおびえていつも時の政府の御機嫌を損ねないように、おそるおそる敎えなければならないとしたら……。こうしたお敎室から明るい、健やかな、且つ自律性のある子供たちが生れるでしょうか。否々、いつも人の顔色ばかりうかがう、卑屈な、長いものにまかれる子供たちばかり生れるに違いありません。教育がこんなになつては、現在でさえ植民地といわれている日本を、思想的にも經濟的にも、一人立ちできる立派な國にして行く事はできません。

さきに參議院で大もめの末、とうとう成立してしまつた破壞活動防止法も、今のところ大したこともないように見えますが、こういうものができていると、政府の心次第でどんなことでもできるのです。あの國家總動員法のことを思い出して下さい。

今度の教育二法案もそれにつながる法律です。教組もＰＴＡもその他の人たちも、一體となつて反對し、何としてもこの法案を通さないようにしたいと思います。

座　談　會

ストは物價をつりあげるか

★ 春季闘爭を中心に勞組の御意見拜聽 ★

勞働組合の春季闘爭が問題になつているおりから、本社では去る三月十一日夜、全國三井炭鑛勞働組合連合會（三鑛連）事務局長灰原茂雄さんを圍んで、豐島區及び世田谷區の「くらしの會」の奥さんたちと共に、主婦の立場から、大企業勞組のストについて日頃疑問に思つていることを卒直に尋ねてみました。

出席者は都合によりアルファベットで代稱させていただきました。

司會者　今晩は勞組についてほとんど知識のない主婦の立場から、春季闘爭を中心に、ストライキについてお話をうかがいたいと存じます。始めに一般的な御說明を願つて、後で表題に關連して質問させていただきたいと存じます。

なぜストをするか

灰原　では、勞働組合がなぜストライキをするかということから申上げましよう。御存知のように昨年の秋から砂糖をはじめ日用品がジリジリ値上りしています。商人は別にストなどしなくても、仲間同志で話合つて値段を變えているわけです。われわれがストをするのもこれと同じわけです。つまり生活を守るために、勞働者は團結して賃金値上げ要求を資本家にもつて行くということになるだけですが、組合にはストライキを行うことを含めて團結權があるので特異なものに思われているようです。

石炭の場合、一トンにつき四千五百圓の山元原價であるとしますと、賃金はその內大體二千五百圓くらいです。その石炭を六千圓か八千圓に賣つたときの利潤は勞働者側にも廻るべきものなのです。（山元原價に運賃とか販賣店の利潤とかの經費が入りますが）しかし資本家は絕對そうしませんし却つて、賃上げをやれば炭價があがるといつてゴマ化しているのです。つまり資本家は利潤を据置いて炭價をあげたり、また賃上げを理由に利潤そのものをふやしたりする、獨占的な價格吊上げということが出來ます。ですから、賃上げ卽ち物價高というのはほんとうではなく、むしろ組合のストに對して批判するよりも、婦人が主となつた消費者の立場から組織的な運動、たとえばアメリカの婦人たちがやつているような「肉なしデー」なんかで、資本家の橫暴を押えてもらいたいものです。ですから、くり返すようですが、社會的弱者といつてよい貧乏な勞働者のストライキというものが、商人の玉葱や玉子の値上げと同じことだということを是非この際お考えになつて下さい。

組合活動は階級運動につながる

　つぎに組合活動を階級運動と見るか、否か、ということが問題にされていますからこの點ちよつとふれておきたいと思います。組合によつては、例えば「民勞連」などは階級鬪爭とみていません。炭鑛界は朝鮮事變が起つたとき、三十年來の好景氣だと言われました。それが休戰となると、忽ち不況になつたと言い、「平和恐慌だ」と宣傳し出し、それと同時に高炭價が問題にされ初め、さらに資本家はこれを理由として企業合理化（一方的な首切を主とした）を唱え出しました。一方政府は資本家の味方ぶりを發揮してスト規制法などを作り、――再軍備を進め、民主々義をどんどん押しつぶしつつあり、逆コースだと批判されています。

　また、再軍備はしないなどと答辯しながら着々と實行している吉田首相の心理的な狙いが相當効いて勞組側の抵抗は大抵不成功に終つたり不活潑になつています。このように、勞働者の生活を守るための鬪いは、結局、資本家と結托した反動政府との鬪いに發展しないではおれない必然性をもつているのです。組合のうちでは強いと言われている炭勞でさえ、昨年九月三十日で賃金協定が切れていましたが、こんどの炭勞のストはこの賃金協定から起つた問題です。

　次に、春秋鬪爭は相當幅のある鬪爭となることが特長だろうと思います。それにデフレその他の理由によつて受身の鬪いとなると思いますが、現實には物價が上つて苦しい生活なので要求は強いものとなるでしよう。

春季鬪爭について

　さて、春季鬪爭は、國鐵の遵法鬪爭（十八名幹部の首切りと、〇・五ヵ月の年末手當支給のため）、日教組の教育二法案反對鬪爭、それと炭勞のストが三つの柱といわれていました。炭勞は昨年は失敗の連續で下部に指令が充分届かなかつたといううらみもあります。昨年の失敗を省みて從來の戰法ではだめだということになり、本年は部分スト（原炭搬出拒否の戰術）を一月の大會で決定しました。これまでは勞働拒否と言つて、ストに入ると一せいに職場を放棄して資本家の反省を求めていたわけですが、そんな生易しいことではだめだということで考え出したのが部分ストです。炭鑛では坑内で一〇〇人働いているとすると坑外でも六〇人位は働いています。そのうち坑内で石炭を掘つている採炭夫は一〇〇人のうちの一〇パーセントくらいですこの一〇パーセントの人が掘つた石炭を坑外に運び出さなければならない。そこで運搬關係の人たちが、業務拒否をするのです。二日も運搬をとめると坑内は石炭で一杯になり、採炭夫も他の仕事をしなければならなくなりますし、出炭量は平均して半分くらいになるのです。しかし實際に業務拒否をしているのはごく少數の人ですから平常作業をしている多くの勞働者は當然賃金を貰えるはずです。ところが資本家は、その少數の人のために起つた損害を勞働者全體の上にかぶせ「賃金カット」をしようとしたのです。この「賃金カット」がベース・アップを押えた形となり、一人あたり五パーセントか六パーセントの賃金しかあがりませんでした。四千圓の要求に對して僅かに三百六十圓位のベース・アップをしただけです。

　僅か五パーセントの賃上げでもその意義は小さくはありません。ということは、第一には政治權力と結んだ資本家に對していくらかでも賃上げをさせたこと、つまり賃金ストップを打破つたことであり、第二は大衆闘爭にうつつたことで、これまで相手は會社だけだと思つていたのが、實は背後に政治權力があるのだ、という認識が高まり、家族を含めた大衆的な抗議をするようになつたことです。

要するに炭勞の春季闘爭は經濟的には大きな効果がなかつたが大きな意味としては、相當な効果を得たわけです。

家族組合について

最後に家族の組織についてお話申上げます。戰術が高度になり、永びきますと家族のことが問題になつてきます。三井炭鑛では從來、社員の夫人たちが牛耳つていた婦人會がありました。幹部は別格扱いで、この人たちににらまれたら、疊の張替えにしろ、家の修繕にしろまるでして貰えない。そういう環境に勞働者側の家族組合をつくるのは大變なことでした。で、始めは勞働者の社宅に何人か集めて話し合い、まず地域分會（主人たちの組織）というものをそちこちに作り組合員たる主人たちの團結を强化し、それから「炭婦協」へと育て上げていつたわけです。

一方會社側ではこれらに對して事々に妨害をしてきました。炭婦協の集會に社宅を使うなら屆出をしろ、とか會場を貸さない、とかあるいは家族組合に入つたものの夫は何れ企業整備があるので次の首きりの對象にされると言つたような卑怯な邪魔をしたわけです。いよいよ家族組合ができて發會式を上げようとすると、こんどは講堂を使つてはいけないという。それで町の映畫館を貸りることにしてバスを仕立てて一同を運ぶ段になると、社宅からの出口に勞務係たちがピケを張つたりカメラを向けたりしてこれまたひどい妨害をされました。しかも婦人たちはその中を縫つてバスに乘込んで發會式に向いました。こういう情勢の中からとにかく、六～七割の家族を組織したわけです。炭婦協が一昨年、及び昨年の三井のストにおいてどんなに勇敢に闘つたかは皆さん御存じのことと思います。

三井炭鑛は昨夏四千五百六十三名の指名解雇を强行しました。どういう人が解雇の對象にされたかと申しますと、五十三歲以上の人、公傷による不具者、傷病者、勞組の幹部、社會黨員、炭婦協會員の夫という人たちです。解雇通知を受けた人のうち二千七百四十八名があきらめましたが、そのほかの人達は今までにない徹底した闘爭となり一一三日もかかつてこれを徹回させ千八百餘名の人たちが元の職場にかえることができました。その時の炭婦協の人たちの闘いぶりは實に勇敢でした。なんと言つても妻の一ばん恐れているのはかく首です。生活問題ですから眞劍になつたわけですね。男より勇敢でねばり强いにはおどろきました。（記者註、炭婦協については本誌十二月號「炭婦協を語る」北幸子氏記事を御參照下さい）

この家族組合の組織に當つて感じたことは具體的なスローガンをかかげて、親切ていねいに指導することが必要だということです。大體以上で私の話を終ります、御質問がありましたらどうぞ。

A その「炭婦協」の正式の名稱は？

灰原 日本炭鑛主婦協議會といいます。

B ストの物價への影響について主婦には最も關心の深い問題ですからも少しくわしくおうかがいしたいと存じます。

灰原 物價の上げ下げを繰つているのは政府と獨占資本家で、ストによつて炭價が上るとか、運賃が上るとかいうのは先ほど申上げたように政府や資本家の宣傳です。勞賃は價格の中で三〇～五〇パーセントにすぎないのです。つまり資本家は、ストで減つたもうけを生産品にかけ、ストや賃上げの結果だと宣傳しているのです。この點よく理解していただきたいと存じます。たとえば砂糖も値上げばかりですが、これは輸入をした粗糖を一八社に獨占的に精製させ、輸入價格は一斤二三圓位、それに國內の消費稅二三圓五十錢を加えた四六圓〜四七圓が原價といえるのですが市場價格は一斤百圓近くもします。昔のように黑砂糖も黃ザラもなく全部白砂糖にして儲けているのです。（戰前は四〇パーセントだけが白砂糖でした）合計一〇〇萬トンの精製で十八社は一〇〇億圓も不當に儲けているといわれています。そして例の收賄や汚職があるのではないかと疑われています。

資本家と勞働者は對等ではない

C　今の大きな組合のストライキは相當科學的にやつていることと思われます。もちろん會社の經理內容なども御存知でしようし、賃上げ、手當の問題にしてもちやんとしたデーターにもとづいて要求を出すのではないかと思います。それだのに餘り要求が通らないというのはどういうわけでしようか。私たち素人には不思議な氣がします。

灰原　一般の方には當然の疑問と思いますしかし資本家と勞組の力は決して對等ではありません、皆さんがお考えになつているほどいまの勞組は橫車を勝手に押すほどに强いものではありません。止むに止まれぬ要求なのですが泣きね入り我まんをしているのです。それに會社側は絕體に勞組に經理內容など知らせません。經營權の侵害とかいいます。三井鑛山でさえ、實際にそれを知つているのは五、六人の重役に過ぎないと言われています。しかし、われわれは努力はしています。ですが、資本家と吉田內閣の結びつきは汚職事件でわかるように大變なものです。われわれの力はまだまだ弱い。

D　日本商品のコスト高ということが言われていますが、賃金とコストの關係はどうなのでしようか。

灰原　さきほど申した通り日本の勞賃が生產費にしめる割合は大體五〇パーセントくらいで、決して高いとは言われません。コストが高くつくのは、むしろ中間搾《さく》取、あるいは宣傳費が多すぎるからだと見られています。この間見たアメリカの雜誌によりますとある產業では宣傳費が十八パーセントに上るということでした。勞賃が高すぎるから日本の商品が割高になるというのは先のストによる諸物價の値上りという宣傳と全く同じです。また、高い原料を買わされているということもあります。

組合と政黨の關係について

A　組合と政黨の關係は？

灰原　組合と政黨は目的が別ですし、任務も異なります。しかし、世の中の矛盾を少くするために鬪う社會黨その他の階級政黨とは密接な關係にあります。資本家と結ぶ保守黨は進步をとめてしまいます。貧しい者の立場から、戰爭や不況や失業をなくすためには社會主義にならなければなりません。この意味で、勞働組合と階級政黨とは一體の面があります。そしてそれは支配されたりしたりする關係では困ります。しかし勞組も階級政黨もまだまだ弱體で、双方努力しなければならないと思つております。また、「全勞會議」とか「總評」とかに分れているため左、右社會黨の抗爭も生じていますし、「總評」內部にもいろいろ意見の相異があり、新聞は盛んに書き立てていますが、お互いに批判はしても分裂は不幸ですから愼重にしなければならないのは言うまでもありません。

C　勞組は自分たちのことで鬪つてばかり

いないで物價引下げ運動なども積極的にして頂きたいと思いますが。

物價のつり上げには主婦の奮起を

灰原　正直に申上げますと、消費規制をするほどの力を勞組はまだ持つていないのですよ、むしろ勞組としては資本家側が賃上げを利潤から出さないで物價にかぶせるということを婦人に知つて頂いて、物價が上つた時その實狀の公開をさせるようにして頂きたいと思います。

D　ある組合では汚職問題を餘り追及すると會社が潰れるというので經營者と一緒になつて歎願しているという噂がありますが？

灰原　現在の共產黨の戰術がそれと同じようなことをしていますね。例えば、中小企業における勞働者は生產過程において資本家と協力すべきである、というように。共產黨は反米感情一本にまとめるためと、黨勢擴張のためにしているのでしょう。

C　失禮ですが、鑛坑に働いている方の賃金はどのくらいですか。

灰原　部署によつてちがいますが、一番骨の折れる、また危險の多い採炭夫で公休出勤、殘業を含めて平均二萬三千五百圓あまり、扶養家族數は三人半くらいです。正確な數學はこの表を見て下さい。

三井炭鑛全體の實績

二十八年七月現在

職名	平均月收、公休出勤殘業を含めたもの（單位千）	在籍人員（含長缺）	扶養家族數	
採炭夫	二三、五二一	四、二九五	一四、九三七	三・四人強
坑内夫	一八、九五六	二七、九五四	八七、二一〇	三・一人強
成人坑外夫	一三、〇五四	一五、八三三	四七、二三一	三・〇人弱
保護坑夫（一八歳以下男子と婦人）	九、三〇四	二、九〇六	二、五七四	〇・九人弱
合計（平均）	一六、三一六（この内殘と公休出勤の分は約三三〇〇圓）	四六、六九三	一三七、〇一五	二・九人強

註　①在籍人員及び扶養家族數の採炭夫數は坑内夫數の内數。
②長缺者數は一七三四名（長缺者とは一カ月以上の休業者のこと）。
③炭勞は約二三萬人の組合員數。
④社宅入居は全體の約六〜七割。入居者は少額の家賃を拂つている（約十圓位）

勞資共倒れの場合は？

D　それなら共倒れの場合はどうしますか。

灰原　經營參加と鬪爭を外延させることだと思います。つまり弱肉強食の資本主義を叩きつぶすことをはつきり知ることなのです。

B　しかし、經驗を積んだ資本家がしてもだめな經營を未經驗な勞働者が參加してうまく行きますかしら、それに對外的な信用問題ということもありますでしょうし……

灰原　經營參加は困難な問題です。しかし一つの前進にしたいのです。信用問題云々は問題ではありません。銀行などは個人に融資するのではなく、事業の肩書にするのですから。

勞働貴族の非難について

A　もう一つおうかがいいたします。勞働貴族、組合横暴論といった非難を聞きます。例えば、勞働者は食えないからストをするのだと言いながら、大會は溫泉場で開いて、代表者は特二などで乘りつける。こんなことを新聞などでみますと、一生に一度も溫泉につかれない庶民の主婦は反感を持つのじアないかと思います。また、勞組は組織の力を持つて自分たちの要求を通す、しかし組織も力もない町工場に働いているものや小商人はもつとひどい條件に甘んじているのだ、という考えが少ないのではないかと思います。

灰原　大會場に溫泉地を選ぶということは一つは都會地では大きな設備がないという關係から來ていることで、私などはこの間の伊東大會では徹夜などをしてゆつくり溫泉につかる暇さえなく、物見遊山と見られるのは大變な誤解です。しかし、世間にそういう非難があるということからも大いに反省しなければならないと思つています。

次に組織の力を持つて云々という點については、資本家には政治權力もついていれば、お金も持つている、いろいろな有利な武器をもつているのです。勞働者には團結より他になんの力もないのです。金持と貧乏人が喧嘩をした場合、貧乏人のたつた一つの捧切れであるこの團結の力を取上げるということは、社會正義の問題としてでもどうでしょうか。これは當然認められるべきものだと思います中小企業、町工場の勞働者の生活にどう働きかけ協力するかということは、われわれの義務ですが、今後も努力したいと思います。

司會者　お忙がしいところをどうも長々とありがとうございました。ではこのへんで。

（文責・菅谷）

左派社會黨の政界淨化案

參議院無所屬婦人議員の市川房枝、長谷部ひろさんが提案した「選擧の連座制の强化」は底知れない政界の汚職事件に眉をひそめている世間にかなり反響を呼んでいますが、左派社會黨では政界淨化のため獨自の立場から**「公職選擧法改正要項」**をこのほど作成し、その要項の第一に同じく連座制の强化を主唱しています。

なお、この改正案の基本方針は左の三項からなつています。

一、選擧肅正のため、惡質なる選擧法違反の場合に候補者をこれに連座せしめて、その當選を無効とする制度（連座制）を强化し、更に一般に罰則の强化を行う。

二、候補者の選擧費用の節減及び選擧の公正を保持するため公營の範圍を可能なる限り擴大する。

三、大選擧區比例代表制を考慮する。

理由

（a）汚職等によりその信賴感の失わんとするとき、小選擧區制は既存政黨に對する不信から一躍して政黨政治、議會政治そのものに對する不信を起させる危險がある。

（b）……一選擧區に各々二以上の政黨の立候補を困難にする小選擧區制は多數の選擧人の投票を希望なきものとなし、政治意識の向上を妨げる。

（c）小選擧區制は買收饗應等が一層有効となり、選擧を一層腐敗墮落せしめるのみならず、全國民の利害に關心を有するよりも一地方の住民の利害に關心のみ存する小人物の當選を有利にする。

本誌・社友（五十音順）

淡谷のり子　阿部艶子
安部キミ子　磯野富士子
石井桃子　石垣綾子
圓地文子　大谷藤子
小川マリ　大内節子
川上喜久子　小倉麗子
桑原小枝子　神近市子
木村光江　久米愛
久保まち子　芝木好子
清水慶子　杉村春子
菅谷直子　田所芙美子
田邊繁子　高田なほ子
長岡輝子　新居好子
西清子　西尾くに子
萩元たけ子　深尾須磨子
古市ふみ子　福田昌子
宮崎白蓮　三岸節子
米山ヒサ

日本勞働組合總評議會傘下
各勞働組合婦人部
全國産業別勞働組合（新産別）
連合傘下各勞働組合婦人部

原稿募集

◇**婦人のこえ**　働く者、主婦の立場から、具體的に問題をとらえて建設的なご意見をおよせ下さい。

四百字詰
原稿用紙　三枚半以内

◇**短歌・俳句**　生活の歌を歡迎いたします。ご希望の方には選者が添削してお返しいたしますから返信料を添えてお申込み願います。

送り先　「婦人のこえ」編集部

お願い

誌代のお拂込みが近頃不活潑になりました。財政確立という段階にはまだほど遠いものがございます。御手數でも誌代は正確にお送り下さいますようお願いいたします。

編集後記

昭和廿一年四月十日、日本婦人は始めて議會に代表者を送り、その後何度も選擧をくり返しました。その成績をよく考えて一回毎によりよい議員を出し、よい政黨を育てましよう。

○「婦人の日」無用論者は「男子の日」がないのにと言います。たしかに實質的に男女が平等になれば、そんな日はいらないので、早くそういう時代を來させなければなりません。昔はなぜ婦人の日などがあつたかと笑えるように一日も早くなりたいものです。

○前號國際婦人デーの記事のうち「世界中に廣まつた」とあるのは「ヨーロッパの一部に」と訂正。

○京大東大におそまきながら婦人の助教授出現。いささか心を明るくするに足るものの、二三十年前に教育の男女差が撤廢されていたら今時分何百人の教授を見たでしように。今までどんなにすばらしい才能が空しく埋れて終つたことか。も一度戰前の日本に歸つては民族の破滅です。民法改正、家督制度復活の聲もきこえる今日、そういう意見をもつ議員は絶對再選しないことを言明し、實行しましよう。教育二法案その他あらゆる反動立法に投票する議員、汚職議員はご免こうむつて、正直に働く人々を幸福にし、教育と文化と平和を守る節操の固い人々だけを選びましよう。

編集委員（五十音順）

河崎なつ
榊原千代
鶴田勝子
藤原道子
山川菊榮

婦人のこえ　四月號
定價三〇圓（〒五圓）
半年分　一八〇圓（送共）
一年分　三六〇圓（送共）

昭和廿九年　三月廿五日印刷
昭和廿九年　四月　一日發行

編集發行人　菅谷直子
東京都千代田區神田三崎町二ノ三
印刷者　堀内文治郎
東京都新宿區四谷一ノ二
發行所　婦人のこえ社
電話四谷（35）〇八八九番
振替口座東京貳壹壹參四番

昭和二十八年十一月二十四日第三種郵便物認可
帯 へ つ こ え
（第二巻・第四號）
定價三〇圓

婦人のこえ

5月號

1954

婦人のこえ

1954年

5月號

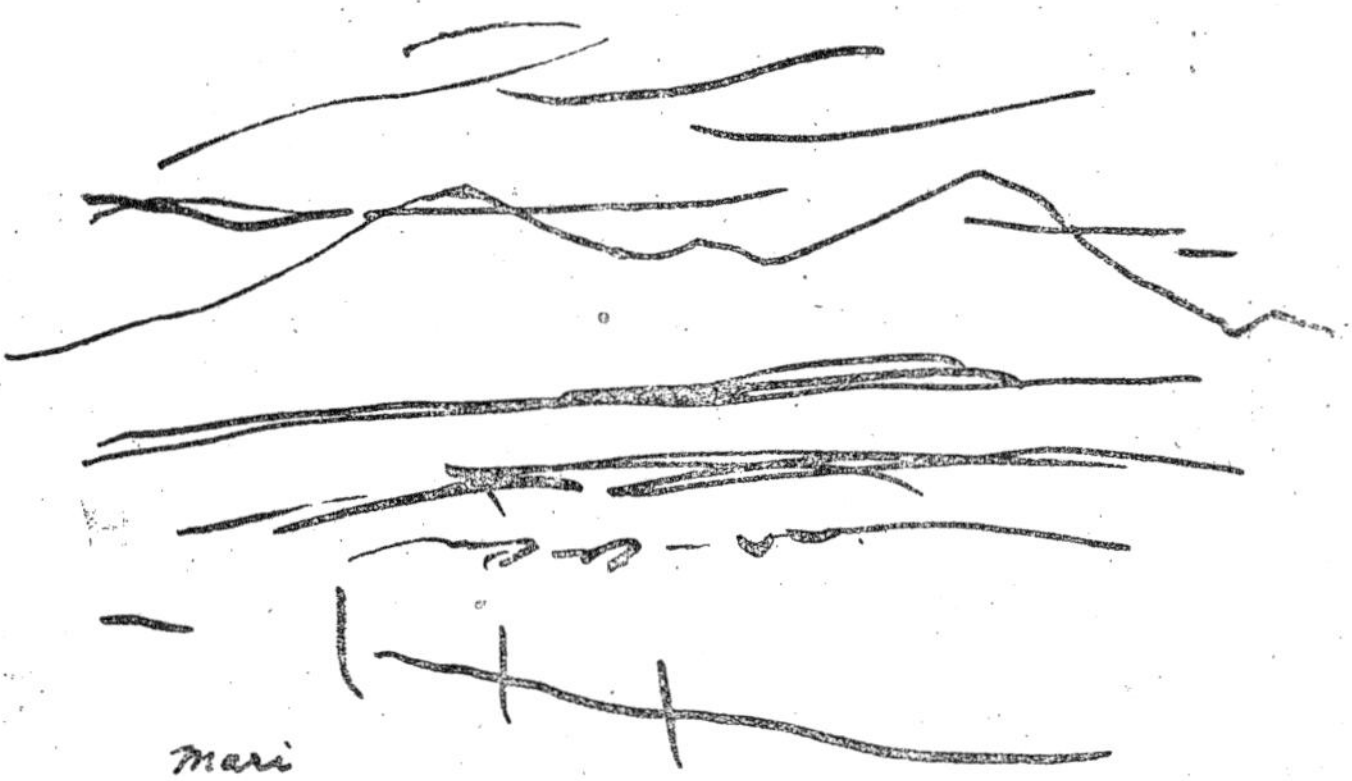

目次

ビキニの波紋……山川菊榮…(二)

常磐古川好間炭鑛を訪う……榊原千代…(四)

古代における婦人の勞働……三瓶孝子…(八)

職場のこえ　詩・職場のうた……岡崎時子…(七)

主婦のこえ　ビキニの灰と主婦…清水薊…(一〇)

職場婦人の實情……大野はる…(二〇)

原爆禁止陳情記……渡邊道子…(一三)

天國の垣のそと……志村信子…(一八)

夏休みのアルバイト……M・T…(二三)

讀者だより……阿部琴子…(二一)

「婦人の日」記念催し……(二四)

短歌……萩元たけ子選…(二五)

表紙・扉……小川マリ

カット……田所芙美子

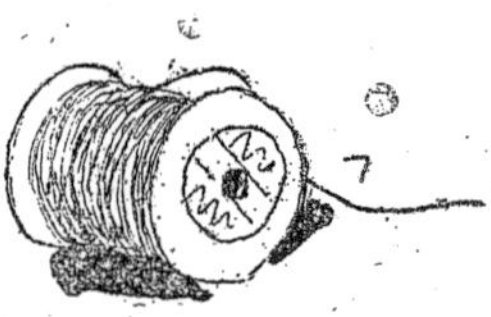

ビキニの波紋

山《やま》川《かわ》菊《きく》榮《え》

死の灰は東西から

三月一日ビキニで行われた水爆實驗の結果は、ご本尊の米國とそのでつち格の吉田内閣だけを別として、世界中の問題となり、日毎にその波紋が大きくなつています。世界最初の原爆被害者であつた日本は、いままた平和のさなかに罪なくして命をおびやかされる犠牲者となり、全人類のために訴える重大な役割をもつまわり合せとなりました。

公海をわがもの顔に危險水域を設けて他國の船の航行を禁止し、あまつさえその區域外における被害に對して申譯ないという顔一つせず、或は日本の報告が誇大にすぎたとか、漁夫にスパイの疑いがあるとか、被害者治療上の參考に求められた水爆の成分を明さぬとか、アメリカの態度は人道を云々する文明國としては解しかねることばかりです。そして世界の世論を無視して更に實驗をくり返し、これあるが故に世界平和が維持されるかのようにいう口ぶりは、正氣のさたとも思われません。驚異的な富と能率の國、最も進んだ科學の國アメリカが、その偉大な富と能率と科學の力を、人類を貧困から解放し、その平和と幸福を進めるためでなく、人類の不幸と滅亡のために使うことを許されていいものでしょうか。

ソ連でも水爆の實驗が行われ、その灰は日本に降つたのだそうです。世界の二大强國にはさまれた日本が、その双方の軍備競爭、原爆の實驗臺になるとはよくよくの宿命ですが、その灰が日本にだけ落ち、日本人にしか危害を與えなかつたとは誰にも證明できないことです。ソ連の灰は滿州や朝鮮にもふり、ソ連人にも、その他の國々の人や動植物にも、有害な影響を與えたのではないか。日本は經驗ずみであり、科學的知識も進んでおり、曲りなりにも獨立國で自由な立場にあるところから、問題になしえたものの、もしそうでない國々の場合には？　アメリカも現に自國や原住民の被害者についてのくわしい報告は發表していないではありませんか。も一つの問題はもし被害者が日本の漁夫でなく、英國の漁夫だつたら、アメリカはあえて同じような態度に出たかどうかという點です。アメリカの灰、ソ連の灰が日本でなく、ロンドンやパリにふつたとしたら？　世界はもつと湧きたつているにちがいないのです。こう考えてくると依然として劣等視し、動物視されているアジアとアジア人の立場を考えずにはいられず、そのためにも日本がしつかりした科學的知識にもとずいて世界に訴え、人類の危機を知らせなければならないのです。

アメリカは人命よりも水爆の秘密を重しとしてその成分を日本に明かさず、治療のための便宜を與えませんでしたが、日本の科學者が僅かの時日の後、獨力でその成分を明らかにし、一切の力をあげて患者と共に世界の科學に貢献し、何物をも私せぬ公明正大な態度をもつてこの問題に臨んでいることは誇つていいでしよう。研究費どころか生活費すら十分とはいえぬ逆境にいて、あらゆる不利益な條件のもとにこれだけの業績をあげると共に、水爆所有國が極秘にしている極めて重要な事實を世界の前に公開してその自由な研究にゆだね、これを破壞的な目的から建設的な目的にのみふりむけようとして貴重な寄與をしているものでありますす。人を殺すためでなく、人を生かすための、こういう科學の研究を私たち國民は全力をあげて支持し、そのためには乏しい中でも惜しみなく研究費を支出し、よつて日本を救い、世界を救わなければならないと考えます。或科學者の話では日本の國立大學の教授の科學研究費は一人あたり年二萬圓、英國ですら七十萬圓ということですから卅五倍、アメリカに至つては何百倍か何千倍でしよう。こうして日本の進歩を促す研究費を惜みながら、原爆の前には何の役にも立たず、ただ日本を原爆戰爭の仲間入りさせてその犧牲とするだけの再軍備に三千億を惜まぬ政府を私たちはいつまですてておくのでしよう？

四月一日、各黨間に一致を見た「原子力國際管理に關する決議案」が衆議院に上提され、全會一段で可決され、國際連合へ通達されました。

決議　本院は原子力の國際管理とその平和的利用ならびに原子兵器の使用禁止の實現を促進し、さらに原子兵器の實驗による被害防止を確保するため、國際連合が直ちに有效適切な措置をとることを要請する。

現在スウィスのジュネーヴで開かれている赤十字國際委員會主催の「原爆、水爆などの盲目的兵器から一般人を守るための專門家會議」にはすでに日本代表が出席してそれらの禁止を廣く世界の世論に訴えている上に、オスロ會議では別に日赤から原・水爆兵器の絶對禁止、原子力の平和的利用とその國際管理が提案されることになつていると新聞は傳えています。

別項のように私たち婦人も同樣の決議を國連及び各國の代表的婦人團體に送りました。（一二頁「原爆禁止陳情記」參照のこと）

世界の反響

平素あまり煮えきらない英國勞働黨の準機關誌デーリーヘラルドもビキニの問題についてはまつさきに聲をあげ、太平洋はアメリカの湖水でないといつてアメリカの傍若無人な態度を批判し、人類の重大な危機を警告し原爆の國際管理を主張し、アトリー黨首も四月五日下院で水爆の脅威を力說し次のような決議案を出しました。

「このほど行われた實驗によつて水爆は巨大な範圍に威力を發揮した。英下院はそれが文明に重大な脅威を及ぼすと共に、水爆を手段として依賴することが結局その使用を招くに至るものであることを認め、英國政府がイニシヤチブをとつて米英ソ三國巨頭會談を開き、國連を通じて軍縮および全世界の國民の恐怖を除去する方策を新たに考える道を開くことを望む」

この動議は表決に附することなく、滿場一致で承認されました。そこで水爆問題について英政府の提唱により三國會談を開くことについては原則として保守黨も同意したわけですが、そのあとが問題です。チャーチル首相は「わたしは米國に對し四月中に行われる豫定の一連の水爆實驗をやめるよう要求はしない」と言い、ジュネーヴ會議を前にした現在はその提案をする時期でないと言明したものの、勞働黨の一部には卽時會談開始への全國運動が始まり、世界の世論もようやく高まつているので、この問題について英國が米國と步調を揃えることは疑われます。折も折、英國がキューバ附近で行う細菌戰實驗が附近の諸國の抗議をよび起しています。大國による小國、小民族、とりわけ有色人種や後進國に對する橫暴と利己主義も、この際、原・水爆や細菌兵器と共に、國連によつて禁止されなければなりません。

戰時中、及び戰後にかけて勞働黨右派は外交に關する限り、保守黨と一心同體の政策をとり、左派は常に獨立の、卽ち第三勢力的立場に立つ外交政策を唱えて右派と對立してきました。最近にはドイツの再軍備問題について兩派の意見は對立し、左派はドイツ(及び日本)の非武裝中立化を支持し、右派はアメリカに同調しています。勞働黨の中央執行委員二七名中、六名は地方勞働黨代表ですが全部左派にしめられ、十二名が組合代表で今まで常に右派の立場でしたが、こんど始めてそのうちの五名が、當分ドイツ再軍備についての黨の決定を控えるという案を支持して左派と行動を共にしたのは大いに注目すべきことでしよう。

アメリカはまた太平洋沿岸に利害關係をもつ十カ國の結合という構想を發表しましたが、おつとり刀で走せ參ずる足輕國がどれだけあることでしようか。

インドのネール首相は四月二日、原水爆に反對し、人類の破滅を招くその恐るべき結果を警告し各國元首のうち始めて日本の被害漁夫に深い同情の言葉をよせるという、人情味ゆたかな聲明を發しました。四月十日から開かれる國連軍縮委員會に對し、インド國連代表は右ネール演說の寫しを軍縮委員會の十二カ國に配付するように事務總長に要請しましたが、その提案は原子兵器所有國に對して該兵器爆發實驗の中止を要求すること、その爆發について知られ得る限りの結果を完全に公表すること、原始兵器非所有國はその兵器實驗禁止のため「積極的諸措置」を講ずること、等です。まだ國連に加入していない日本については「インド國民と政府は日本國民が水爆實驗からうけた影響に心を痛め動かされている。それは委員會の特別の考慮に値するであろう。日本は國連に代表を送つていないし、この問題の主要當事國となつていない」とインド代表の國連事務總長への手紙は述べ、太平洋の水爆實驗が日本國民に及ぼした影響について「特別の考慮」を拂うことを求めています。

ソ連側は原子兵器禁止の必要が迫つたと言明しているところから、軍縮會議でこれを主張するでしよう。私たちは軍事力を駈引のたねにする冷たい戰爭の一部としての軍縮會議でなく、本當の軍縮を望む世界中の國々、全人類のために聰明で誠意ある國際協力の行われることを切に望まずにはいられません。

これほど重大な世界的問題の中心にある日本の外務大臣がその責任ある立場を忘れ、國會の決議を無視して水爆實驗の積極的援助をすると言明するとは、これも正氣のさたではありません。私たちは一日も早く日本を愛する者の手に、日本をとり返さなければなりません。

短歌　萩元たけ子選

わが過ぎし帝國至上主義二度と兒に踏ましめざれと署名のペン握る　清水　薊

二十世紀の賢き人のひと群の造りし原子に世ぞ滅びんか

潮灼けの男背負ひ來て砂若布を陽の滿面の井戸端に下ろす

すすぎゐるわが掌を抜けて砂若布斑をなす水に鰭ふる如く　鹽原モモ代

一聯の目刺あぶれば足るわれの晝餉の時間少しもの讀む　翁　たつ子

インドシナの危機

ダレス氏がインドシナでフランスの形勢が不利なのにごうを煮やして、自由諸國に對し、インドシナのフランス連合軍を援助せよとよびかけ、中共のインドシナ戰爭介入がますます積極化したという理由で、英、佛、オーストラリア、ニュージーランド、タイ、フィリピンに對し、中共に對する警告の共同宣言に加わることを求めました。これはまかりまちがえばこれらの諸國がインドシナの戰爭にまきこまれる危険を伴い、第三次大戰の導火線ともなりかねない重大なふくをみもつていることですから、仰せごもつともとばかり、響きの聲に應ずるが如くにはいきません。第一、肝心のフランス本國が迷惑がつている。フランスとしては何とか恰好をつけて一日も早く戰爭を切あげたいところです。アメリカとても朝鮮戰線でさんざん手こずつた上、一滴でも自國の靑年の血を流そうとは思つていない。そこでアジア人と戰うにはアジア人をというアイクの言葉が生きてくるわけです。MSAで作らせた日本の兵隊は、高い給料やスペイン美人でごきげんをとつてさえも逃げ足の早いほかにとりえのない、期限のくるのばかり待ちかねている年期奉公の外人部隊よりどんなに安くて使い好いか。こうして私たちの大事な息子や夫や、日本の未來を背負う靑年がねらわれているのです。もちろん米國が直接日本の靑年を誘かいして目かくしをして大陸へはこぶわけでなく、いざとなれば共同防衞の義務とかいう、立派な、合法的な名儀で、日本政府自身の責任で事がはこばれるにきまつています。こんどのビキニ事件でも分る通り、そこの點が吉田內閣では、そしてどの保守政權でも絕對に安心できない肝心かなめな所なのです。

フランスの植民地解放を阻んで共產勢力の進出を利したのは本國の保守勢力でした。曾て腐敗した反動的蔣介石政權と結んで中國を共產黨の手に渡した米國は、到るところで同じ過ちをくり返して悔いず、底しれぬ破滅の淵に向つて戰車を驅る盲目の馭者のよう。アイクは英語をしやべる東條、ダレスは米國版の松岡洋右という氣がするではありませんか。

インド、インドネシア、ビルマは第三勢力の立場にいてソ連、アメリカのどちらにも偏したくないのでダレスの呼びかけに應ずるか疑問ですから、東洋では乏しくアメリカの屬領だつたフィリピン、戰後も昔ながらの腐敗した保守政權が支配しているタイだけを味方と考えて名ざしたものでしよう。この呼びかけに感じない國には援助を控えるなど、いやがらせをいつて、英佛からいやな顏をされている。

スタッセン對外活動長官は四月六日米下院外交委員會で一九五五年度の對外軍事、經濟援助費計畫に關する證言を行い、援助總額卅四億九千萬ドル、そのうちインドシナ援助總額十一億三千三百萬ドルで總額の三分一にあたり、米國はインドシナの戰費の六五%を拂つており、フランスは「戰費の殘りと極めて高價な血を拂つていること」を明かにしました。フランスは產兒調節の極端な普及と二度の大戰で人口の減少になやみ、育兒手當が多いので子供が多ければ親は働かずに食えるほどに子供に保護を加えているのですが、そんなにまでしてふやした大事な虎の子の靑年を植民地戰爭の餌食にしているのです。フランス婦人はおしやれをして男に愛されることしか考えないといわれるほど政治意識が低調で保守的なことが、フランスの保守勢力を支えて、こういう國家的危機をまねいたことは私たちにとつて大に考えてみなければならないことでしよう。

MSAや汚職事件で世論がいかに湧きたつてもそ知らぬふりで一月も議會をさぼり、更にこの世界的な大事件、日本島全體が水爆の灰と共に吹とぶ危險にさらされている瞬間にも議會はそつちのけで外遊の準備にくらし、たまたま上京しても自黨の工作に專心して議會を忘れた形の吉田首相に日本の運命が任せておかれるでしようか。どの道吉田內閣の運命は迫り、それ故の政權たらい廻しで保守合同の工作が進められているわけです。次の總選擧には共に手をとつてこの日本の危機を救おうとする私たちの同志を一人でも多く議會に送りましよう。皆の力でそういう候補者をそだてましよう。（四月十日）

職場のこえ

（詩）

職場のうた

岡《おか》崎《ざき》時《とき》子《こ》

今朝も六時に起きて音をさせ食事の支度だ、
あまり進まぬ食欲をはげまし
頭をさつとなでて　乳液をつける
昨夜の本讀みがたたり　今朝も眠い
體がだるいので休みたいが
無斷缺勤は御法度だ　良心的なる私は
カバンに辨當をつめ光つていない黒靴をはく
朝は忙がしくて目を通さぬ新聞を
カバンに顔を半分のぞかせ　さげて行く

朝夕同じ道を通り　同じ人と顔を合わせ
同じ職場で同じ仕事をする　そしてまた
今朝も工場へ行く途中の考えは　昨日と同じ
讀んだ本の結末をつけるか
お晝休みの利用法を考えている
私はだまつて辨當をさげ　道を急ぐ、

職場に入るともうみなの元氣な顔と
聲が待つている　朝は誰もかれもほがらかだ
モーターの音に連がる車と車の下の臺に
私は今日一日の作業につく
みんなも持場について生産にいそしむ
やがてSさんとKさんの話し聲が耳に入る
『今日は殘業ないかしら』『さあ分らないわ』
『私　殘業やりたいわ　給料日はホクホクよ』
『私はやりたくない　つかれるから』
『それに稅金が多く殘業したつて同じことよ』
『でもやらないより　良いことよ』
二人はこんな會話を朝のあいさつにする
私は考える
殘業をやつた方が得と思う人と
つかれるからやり度くない人と
同じ仕事と生活で　こうも考え方が違てくる
のはどんな譯だろう　それよりも
餘計に仕事をしなければ暮せないこの社會に
對し　私は疑問を持つ
平和な世界で原子力を　平和生産に使う
モーターに利用すれば殘業などしなくても
良い日が容易にできる
舊式なベルトの中の機械では
私たちの會話の種はつきないのだ
皆　それが分らない　いや　皆知つている
知つていても面倒くさいのだ
小さな職場の會話が世界の職場の聲だと
考えるのは私ひとりではない
今日もみんな默つて仕事にとりつく
でも私は默つていられない
今こそ働く若者が固く手を結び　職場と職場
の聲をつながなければ　誰が
明るい職場を作つてくれるのだろうか
誰が殘業をやらずとも　樂しい給料日にして
くれる社會を作つてくれるのだろうか
みんな默つて仕事をしている
もうすぐ十時の休み時間になるようだ
私も默つて仕事をしている
モーターの音に陽ざしがからまつているよう
だ

（シチズン時計勞組・婦人部長）

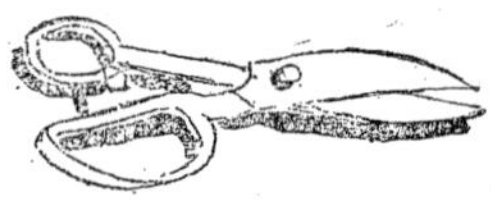

古代における婦人の勞働

……手末《てなすゑ》の調《ちよう》に關連して……

三《さん》瓶《ぺい》孝《こう》子《こ》

前號につづいて婦人の勞働の歴史をのべようと思う。

婦人の勞働の中で最も一般的で、最も大きい部分を占めるのは家事勞働である。その外に生産勞働、非生産勞働がある、私はここでは生産勞働についてのみ述べることを豫めおことわりしておく。

生産的勞働を大きく分ければ農業と工業と水産業と商業とに分かれる。農業勞働は古代より連綿として半分は婦人に擔われて來た。工業勞働に於ても、工業の内部のいろいろの發達のために婦人の勞働も變つてきた。

勞働の樣式や種類はその時代その社會と共に變るものであるから勞働の歴史はその國の社會の發達と結びつけて見なければならない。それで、ここでは日本の歴史と共に婦人の産業史上勞働の歴史を見るわけである。

この稿では、考古學上で古墳時代と稱されている時代、卽ち巨大な天皇の御陵が築造された時代のことを考えてみよう。

今日の說では、日本の國が、現在の四つの島全部を統一までには行かないが、ともかく國として形成されたのが大體西紀三五〇年前後といわれている。日本で一ばん古い本である古事記や日本書紀（これは奈良時代になつてから編纂されたもので、それまで言いつたえられたのを文字に書きつづつたのであるから、何處までが事實で、どこまでが作り話であるかはつきりしない）によると、崇神、垂仁、應神、仁德の四代に亘つて、國内が平安し、國威を海外に示した、とある。崇神、應神、仁德の三天皇の御陵が非常に大きなもので、エジプトのピラミットや奏の始皇帝の陵にも比敵するものであることは、これらの天皇が非常な勢力を持つていたことを物語つている。

この時代の國とは今日の國家とは全々違つている。勢力のある氏、（氏の說明はむづかしいからここでは割愛する）卽ち實際には武力と經濟力ある氏が、他の弱い者を支配し、その被支配者から一定の貢物を取つていた。貢物を取る代りに或る程度の統治を行つたろうが、この勢力ある氏のうちでも最も强大なものがやまと朝廷であり、朝廷が旣ち國家であつた。

やまと朝廷は崇神天皇の御世に凡ての男子には弓弭の調を、凡ての女子には手末の調を課した。弓弭《ゆはず》の調《ちよう》とは狩の獲物を稅として納めることであり、手末《てなすゑ》の調とは手で作つたものを稅として納めることである。稅とはいつても今日の稅とは違つて、みつぎ物のことである。

手末の調は、婦人の手で作つたものであるから、當時としては主として織物であつたと考えられる。當時日常生活は非常に簡單であつたろうから、婦人の手になるものと云えば、織物と土器くらいしか考えられない。男子が狩の獲物であつてみれば、あるいは婦人の手末の調には農作物も含まれたかも知れない。

當時織物は食物につぐ重要な財であつた。麻や楮のような原料を栽培し、それからセンイを取り、紡いで糸にし、機を織るのであるから、多くの勞働日時を必要としただけに貴重なものであつた。また逆に言えば織物が貴重であるだけに、その生産にたづさわる婦人の勞働も貴重と云わなければならない。

それまで婦人の織物生産の勞働即ち原料の栽培からハタ織などの勞働は、只自分達の家族の者（今日のような家族ではないが）の自給のためのものであつた。ところが、朝廷國家であろうとも、一つの國としての財源に織物が徴收されたということは、織物が個々の人々の生活必需品から、國という社會の財となつたことを意味し、それはひいては婦人の勞働が、個々の自給のための勞働より、社會の勞働となつたことを意味するものとも考えられる。尤も當時の婦人はこのために、どんなにか多くの勞働を織物生産のためにささげねばならなかつたことであろう。

織物は食料と共に生活の第一の必需品であることが稲と織物を重要なものにしたが、それだけではない。當時は自給自足の時代ではあつたが、少しは物々交換が行われたことも考えられる。眞僞のほどはわからないが應神朝には市もあつたと傳えられている。市で物物交換する時に最も高價な交換價値をもつものは、稲と織物であり、後の時代には稲と織物は貨幣の役割までもつたのであるから織物が重要であつたことがうかがわれる。

朝廷とそれを取り圍む貴族、これらの人々と人民との間には貧豊の差が大きくなり、貴族は奢侈になつていつた。大陸との交通も盛んになり、朝鮮半島からいろいろの人々が歸化して大陸の文化を傳えた。裁縫や機織をする婦人も來て、日本にその技術を傳えたと云われている。

養蠶についても、大陸から傳えられたのか、日本固有のものか、明かでないが、養蠶も盛んになつた。絹織の柔かい感觸が、貴族に喜ばれ養蠶が奬勵された。仁徳帝雄略帝時代に養蠶、絹織を奬勵されたと古事記、日本書紀には傳えられているが、これは古事記、日本書紀の編纂者が支那の古事を習つて創作した物語かも知れない。しかし、それにしても日本で養蠶が行われるようになつたであろうことは想像される。養蠶、絹織が奬勵されたからといつて、民衆の生活をよくするためではなく、貴族の奢侈を滿足させるためのものであつた。

こうして養蠶、絹織が起ることによつて、婦人達に、朝廷、貴族のために養蠶や絹織の仕事がふえたわけであつた。

朝廷のために、絹織をして奉仕する秦氏というのがあつたが、その部民はある學者の計算によること九十二部で一萬八千六百七十八人もあつたとのことである。絹織に從事した婦人も相當いたことであろう。

六世紀の初頃らしいが、繼體天皇の時代に天皇はおふれを出し、「男子が耕作をしなければ人民は飢えるし、女子が糸紡ぎをしなければ人民は寒さにこごえるから、男子は耕作し、女子は糸紡ぎをせよ」と云われたとあるが、この時代の二大産業は、農業と紡織であり、一方は男子の、他方は女子の勞働によるものであつた。狩獵は第一義の勞働ではなくなつた。

この時代にはまだいろいろの産業も起らなければ、勞働も單純であつた。

主婦のこえ

！！！！！！！！！ビキニの灰と主婦？？？？？？？？？

清《し》水《みず》薊《あざみ》

今日の日本は政治に經濟に全く不安の塊のような中に日々を返している處へ最近米國が南方の海上において原爆の實驗爆發を行つたことによる被害を受けて私達はますます焦慮するばかりである。わが國唯一の榮養資源の南方魚獲地域の立入禁止區域をさらに六倍の廣さにすると宣告され、一方日本海では李ライン問題が一向に解決の糸口さえも見せず、日本は四面楚歌の中心となり、おまけに風向きによつては何時どこから『死の灰が』降つてくるか解らないとなれば國民は神經衰弱になつてしまう。

偉い政治家や學者は日夜對策を種々練つていられるであろうが、家事の雜用と育兒と內職仕事に追われ、狹い暗い台所でうどんを茹でながらもひしひしと身邊に押し寄せる生活と生命の不安に怯えてばかりはおられなくなつた。眞劍に政治の是非を考えるようになつた。

大した學問もない主婦達は充分な意見の表現法や發表の機會にも惠れてないのでひとり胸の中での悲嘆悲願に終つてしまうが、最近ニュースを賑わしている汚職關係者や、黨利黨略のためには良心を失つた破廉恥な政治家よりも數十倍も眞劍に眞面目に日本の現狀を憂え悲しみ、憤りに堪えて一縷の希望でも見出そうと懸命に考えている。こうした主婦に新聞が呼びかけて月に一頁でも社會政治に對する主婦達の訴えや願望の記事を載せたら、墮落腐敗している國會の保守黨議員は顏色を失つて、次回の選擧のために大いに反省自肅するようになるのではないかと想うことがある。

ビキニ島原子爆彈の死の灰の被害者として福龍丸が歸つてくる數日前に國會で某代議士が日本も急ぎ原子爐を持つべしと豫算會議の席上に一石を投じて政界學界を啞然とさせたやがて世界が原子力を平和産業に移行した時に一人日本だけが時代に取り殘されないようにと、その日の準備の必要を說く說はご尤ではあるが、さてその爐を造るだけに十年を經るという話では國民はMSA再軍備のために血税の半を防衞豫算に廻されて生活の破綻に立たされている時、さらに莫大な費用を年々に絞られるのでは逆に振られても鼻血も出ないということに成つてしまつて、とても完全な原子爐の完成どころの話ではない。それに日本は米國の原子爆彈の被害をもう三回も受けている。そしてすぐ西隣のソ連にも强力なコバルト爆彈ができているらしい今日、貧乏國の日本がウラニウムを始め總てを外國から買入れて造る原子爐の半分もできない內に米ソを始め何處の國からまたも、原子爆彈が頭の上に落されるか解つたものではない。戰爭が起らずとも爆發實驗をされただけでも夏季は南方から台風により、多季はシベリヤから季節風により何時死の灰が降つてくるかもしれない地理的に極めて不利な國であることを考えて、この直面している危險に備えて原子の學理的研究をもつと深め、そして被害症臨床醫學の研究に專念することが我國の現狀に最も急務であると考える。かつての廣島長崎の原爆は一部地域の被害であつたが今日は遙か遠方まで放射能の灰を被つた物や人間は死の宣告に等しい病に倒れ食料品は口にすることを禁じられて、社會生活は混亂自滅にまで及ぶのではないか。今度ビキニの灰で私達主婦は魚類が捨値のように安くなつても不安に怯えて一本の竹輪さえ食膳に載せることができなかつた體驗を決して忘れてはならない。

今、日本の國會始め世界の國々の良識者は原子兵器の禁止を熱心に呼びかけているが歷史的に亙國の生存競走の政策として、莫大な費用と年月を投じて造つた原子兵器の使用を易々と廢棄するとは思えない。平和を叫ぶ者の理想を外に現實にはますますその性能の研究を續けてゆくことであろう。人類は元より地球までも粉碎する威力を持つ原子兵器の前に米國のセコハン兵器を持たされた自衞隊は一體何と戰こうというのであろうか。B29と竹槍の悲壯を通り越して餘りにも情けなく滑稽である。自衞隊とは國內保安と治山治水の活動とともに、再び降るであろう死の灰の備として一般國民の被害善處對策や手當法を敎育しておくことが現在の日本の自衞隊に實名ともにふさわしい任務ではなかろうか。

教育中立法案、警察改正法、秘察保護法、鐵道電氣を始め物價の値上り等々何一つとして家庭を守る主婦の兒を育てる母の生活に無關心でおられるものはない。國會で法案や政策が通過されると直に台所に育兒に保健に大きな威力を見せてノシ掛つてくるからである。

過勞な勞働に堪え疲れている夫を持つ優しい主婦達こそ、今日、眞劍に日本の現狀を正視し、明日を案じて苦悶し呼ぶのである。

政治家よ、學者よ、暗く貧しい台所でいらいらとして考えている主婦達の呼びにもつともつと耳を傾けて應えて欲しい。

（茨城主婦・三七歳）

讀者から

私と老父母と

阿《あ》部《べ》琴《こと》子《こ》

私は獨身で兩親をかかえている工場勞働者ですが、四月八日の讀賣講堂の「婦人のつどい」に、私をつれていつてくれないか、と夕飯のとき、ふいに母が言いだしました。私も初めそうは思つたのですが老人だから夜おそくなると惡いと思つて默つていたのでした。「私は平氣だよ、留守番してくれるお父さんにすまないだけだよ」なんて母はやはり父が一人で留守居することを案じているのです。今年七十二歳の父は戰時中、昭和十八年でしたか、お國のためにと二人の弟の出征したあと、老人だつてお役にたたなくてはといつて隣組の人々と軍需工場へ勤勞奉仕に出かけたわけです。そしてある雨の日、トラック事故のために背骨のチェーンがくだけてしまい、右の足くびもだめになる大けがをしてとうとう不具者になつてしまいました。そしてかがむと折りまがつたままのばせないからだをギブスでやつと支えていたのですが、そのギブスも三月九日の空襲の時はずして命びろいをした仕末でやけてしまい、それから約十年ギブスも作つてやることができませんでした。おいさき短い老人のからだにむりしてまでお金をかけないでもがまんできると父はあきらめていてくれるのですが、冬の寒い時など夜、背骨や足が痛むとこぼすこともあり、淋しくなります。こんな父の狀態ですから遠出は全然むりです。母は年に數回お寺まいりが氣晴しなので舊住居の方へつれていきますが、父はいつもひとりぼつちで留守番です。

原爆禁止陳情記

――原子兵器實驗に抗議して――

渡《わた》邊《なべ》道《みち》子《こ》

（日本社黨左派婦人對策部副部長）

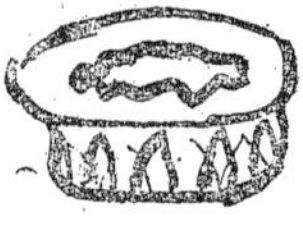

アメリカがビキニ環礁で行つた水爆實驗に依る燒津の漁夫たちの犧牲の悲報に日本人の誰しもが、古傷が急に痛み出したように、廣島と長崎の被爆を新な怒りと悲みを持つて思い出したと思う。

日本人の誰しもが、息をのんで二十三名の漁夫の病状を氣づかい、アメリカの出方を非常な關心を持つて注目したと思う。しかし、日本人の息づまるような不安と悲しみなぞ意に介せず、スパイの目的でわざと危險區域にこの二人が作業をしていたのではないかとさえいう意見がアメリカ國内にはあつたという。

左派社會黨婦對部では、三月三十一日に各婦人團體、勞組婦人部に廣く呼びかけて、理論物理學者の武谷三男氏を招いて原爆の説明を聞き懇談會を開いた。會場にぎつしりつまつた、十六團體代表約八〇名が武谷氏の説明にはだに粟を生じる思いで現代戰爭の恐ろしさを知り平和を守るための決意を强くした。このような恐ろしい、兵器を製造しそれを使用しようとする者へ惡魔に對するような憎しみを覺えるという一主婦の發言は、出席者全部の心であつたと思う。席上、直ちに、**原爆禁止促進婦人懇談會**をつくつて世界の婦人にアッピールすることになり次のような要望書を各國大使館と世界の婦人團體へ送ることにした。

アッピール

人類の幸福と平和のために、原子力の平和的利用ということを世界でどれだけ多くの人が願つていることでございましよう。またどれだけ多くの專門家たちが、その實現のために努力していることでしよう。

廣島、長崎において原子放射能の最初の犧牲者である私たち日本の婦人は、こうした世界の善意と良心に大きな期待と希望をいだいて、平和のためたたかいを續けてまいりました。

しかし私達日本婦人の悲願をよそに、原子兵器の效力は日毎に進歩し、その破壞力はビキニの實驗によつて明らかにされたように、アメリカが發表した危險區域を遠く十數マイルも離れた海上で操業していた日本漁船に放射能灰がふりかかり、漁夫二十三名が被害を受け、付近でとれたマグロその他の魚類は人體に害をおよぼすほど大きな放射能を持つにいたりました。私達日本人はこれで三度目の悲しい犧牲者となりました。そればかりではございません。その後陸上げされた數十萬貫の魚が放射能を受けていることが證明されました。

魚によつて動物性蛋白質を補給し、榮養をとりかろうじて愛する家族達の健康を維持している貧しい私たち日本の婦人は、今後も水爆實驗によつて常時死の恐怖にさらされ、また危險區域の擴大によつて數十萬の日本人漁夫および關係業者の生活權がおびやかされます。このような恐怖は私たち日本の婦人の悲しみと怒りだけでなく、人類の悲しみと怒りであると思います。

　私たちは日本の婦人の強い要望として、次の二點についてひろく世界の良心に訴えると共に、その實現にむかつて共に闘われることをおねがいするものであります。

（1）原子兵器の使用ならびに製造禁止

（2）原子力の國際管理と平和的利用

　同時に婦人懇談會の代表十名は各國大使館衆參兩院議長、總理、外務の兩大臣に陳情書を手交した。岡崎外相に對しては、燒津の漁民の生活保障と損害ばいしようはもちろんのこと、今後、實驗を中止するように日本の外相として、強くアメリカに交渉するよう陳情したが、外相は代表の手交した陳情書を少さくたたんだり、開いたりしながら「日本の醫師は怪しからない、被害者を、アメリカの醫者に見せない」と、實に不機嫌な顏でいつた。代表は、それはアメリカが、廣島で重態の患者さえも治療をしないで研究材料にした冷こくな態度をふたたびとられることがしのびないからではないかと云えば、外相は、廣島では廣島の醫師會が最初から、治療を拒否する決議文を持つて陳情をしたから研究だけしたのだと、全く、不安と恐怖におののいている日本の國の大臣とは思えない態度だつた。

　イギリス大使館では多忙を理由に面會を拒否されたがあくまでも逢つてくれという代表の言葉にようやく三等書記官が出てきて、ほとんど無言で代表からの陳情書を受け取つた。明るいしようしやな、アメリカ大使館には賣れない魚のために生活をおびやかされてる魚やさん達の代表が、實驗中止の陳情に來て、受付けで押問答をしている所だつたが、逢わないと斷わられて、ふんがいしながら歸つて行つた。懇談會の代表には「婦人だから」と云う理由で、それでもチュウインガムをしやぶりながら事務官が出てきて、言葉少なに陳情書を受け取つた。

　インド大使館では代理大使が應接間に通してくれて、煙草やコーヒーの接待をするなぞ歡待をし婦人の代表である皆さんと、日本語で語れないのが殘念だという前置きのもとに陳情の趣旨は早速本國へ傳えたい、どうか婦人の力で必ず實現出來るように今後もがんばつてくれと、げきれいするなぞ、人類の幸福のために、善意をつくすインド國の姿を見る思いがして、代表達の心はほのぼのと暖められた。なお代理大使は日本の勞働事情や、十人の代表達一人一人に支持政黨を質問するなぞ、和やかな會見だつた。

　ソ連代表部は、眞晝間と云うのに鐵の門が固くとざされ、不愛相な門衞が無言で門を開き、代表が入るとすぐにぎいと門を閉めるので何となく不氣味な感じがした。

　明るいモダンなアメリカ大使館とは正反對に、何となく暗い古典的な感じのする玄關を上りひつそりした應接間に通された。參事官が出てきて代表の陳情に達者な日本語で丁寧に應答し、代表と全く同意見だと何度もうなずいた。代表達はあなたの本國でもアメリカと同じように、原爆、水爆を持つておられるのだからどうか、平和的利用のために努力して下さるよう本國へ御傳へ願いたいと、強く要望して、外へ出た。代表部の庭に愛らしい、女の子が二人、代表達へなつかしそうに手をふつていた。

　原爆を使用し、實驗したのがアメリカであり、その後アメリカがこの問題について日本人に示した態度は、どんなにアメリカに好意を持つている人達でも反感を抱いたことは事實である。

　反米闘爭の具に供されては困るという意見がアメリカ國内にあつたと聞くが、困ることを率直に困ると云うだけのことであつて、反米闘爭なぞというものでは決してない。

ルポルタージュ

常盤古川好間炭鑛を訪う

★……餘りにひどい炭鑛夫の生活……★

榊《さかき》原《ばら》千《ち》代《よ》

平の町を出はずれる邊り、バスの正面の窓から田畑の向うの方に一連の山なみが見える。濃淡二列に見えるその山々の向う側のあの山が綴の炭鑛のボタを棄てる山です、と同行してくれた炭勞の事務の娘さんが教えてくれる。のどかな美しい景色だ。間もなく炭鑛の町好間の郵便局の前でバスが止る。バスをおりて、左の角を右手に曲つて登つていく道を辿つていく。坂道にかからない邊りに炭鑛の職員の住宅が道をはさんで南側に幾列にも並んでいる。正面の高い山の上に本造二階建の外來客や集會のための大きい建物が山際にポツンと一列にたち、そのやや左手後方斜に同じような建物がみえる。獨身鑛夫のための獨身寮ということだ。それらの建物の右手の奥の方に小さく頭を出しているのが炭鑛住宅の一部だそうだ。靑い木もなく全體の感じがわびしく殺風景な外觀である。

坂を登りつめたところから會社の事務所が大小いくつかあちこちに現われて來る。右手のややひつこんだ所に正面入口の壁を白や桃色にペイントした會社經營の映畫館があり、その左手を奥に入つていくと、勞組の事務所になつている割合に大きい建物がある。中へ入つていくと勞組の人々の元氣な顔が見える。前々からいろいろな運動をともにしてお世話になつたり關わりの深い方たちで誠になつかしい。一日前に例の部分ストが一應妥結したということで、まだ細部の交渉はこれからだというので、後仕末や、賃金の假立かえ拂いの通告を張り出すやらまだなかなか忙しそうだ。

「御苦勞さま隨分忙しかつたでしよう」「ええ、今度は末端まで統制をとつて、例えばふだんは仕事の區切りと見あつて割りあての場所場所で任意に休みをとるのですが、今度は一齊に一時間の休みをとる、という風に勞組の人々はそれぞれの場所を指導するので、忙しかつたと思います」「部分ストつてどんなやり方をしたのですか」「竪坑と斜坑の石炭が出てくる出口で搬出する坑夫十二三名がストをして石炭を出さないでピケをはつているのです。ですから坑内に空車のあるうちはほつた石炭を積みこむことは出來ても、それがなくなると石炭はただほられつぱなしです。そうして他の全員は平常通り働いている。例えば坑内では保安要員はポンプで水がたまれば水を上げ、ガスが充滿すれば扇風機をかけて排氣し、電氣の掛員は電線をみて廻つたりゲージで坑夫たちを運び、その他線路を、なおしたり、支柱を立てたりします。おかでは修理工場で機械の修理に精出し、厚生施設ではそれぞれ働き、大工は會館や事務所、住宅など修理して廻り、消費購買施設では精米したり、共炊所では炊事をしその他便所汲み、風呂わかしなど皆働いているのです。これを減炭ストといつて二ヵ前から會社へ通告してあつたのです」

部分スト十五日出炭率は大手八社平均二十二パーセント、ここ好間は嚴格にストをしたので出炭七パーセント、經營者は出炭率に應じて賃金をカットすると出て來た。小坂勞相などもそれが當然だと國會で答辯している。

しのぎを削るような爭議の結果は勞資遂に歩みよつて、爭議中の賃金全額三千百圓を勞働者は無期限で借りるつまり貰つたようなものだ。他に立ち上り資金のような形で千圓を支給され、そうして四千圓賃上げの要求に對してわづかに六百圓のベースアップをかちとつた。これで勞働者は勝つたといえるのであろうか。然し政府の最低賃金という打ち出しはいわば賃金ストップを意味していたのだからこれでも政府の意圖する勞働政策を破つたという意味で、他産業に對する影響も大きく、それらの今後の動きを刺戟し勵したと思う、と勞組の幹部はいつている。そうしてまた六百圓の賃上げはやがて時間外勞働、深夜業、保險金、退職手當、ボーナスなどにもひびくから、實質的には千圓以上獲得したといつてもいいかもしれない、ともいつている。

それにしてもストまたストと何故爭議をくり返さなければならないであろうか。私は炭坑施設のあれこれ、あちこちを案内して貰つた。斜坑や竪坑から鑛内をのぞいただけでもゾッとするように無氣味である。その坑内で働くのだ。長く坑内で働いた鑛夫たちはヨロケといつて廢人となつてしまつたということは最近まで續いた。炭婦協の主婦達は一昨年か坑内を見學したそうだが、斜坑から入つて竪坑へ出て來るだけで、恐しさや蒸し暑さで大部分の人が氣もちが惡くなつて家へ歸つて寢てしまつたり、御飯がたべられない人があつたという。この頃は排氣装置をして一頃のように一ほりしては夢中で水をかぶるというようなことはなくなつたというけれども、突然電燈が消えて眞くらがりになつた時の用意に一人一人がキャップ・ランプをつけて入るというようなことを聞くと、やはり恐しい。勞組の脇にある炭坑病院を見舞つた時、二日前落盤で大腿骨を折つてベッドに軀をくくられ脚を重量をかけてひつぱられている患者があつたことを思い出す。また仕事をおえてゲージに乘ろうとしている途端上からあやまつて鐵棒が落ちてきて即死した人のあるという話もきく。狹い坑内の道でトロッコが走つてきてどこへ逃げようもなく犧牲になつた人もあるということだ。おかでも怪我は多いという。道が上つたり、下つたり、狹かつたり廣かつたり、トロッコが走つていたり、レールが通つていたり、その邊にさびた大小の機械がころがつていたり、鐵柱やカッペが置かれていたり、杭木が投げ出してあつたり、釘のつき出た金棒や木切れがあつたり。殊に鐵の梯を上つたり下りたりして入る石炭を洗う工場など頭を下げてくぐつて入る頭の上や足の下に大きな機械が動いているし、室は薄暗かつたりするところもあつて一寸恐しい。そこで少數の女の人がコンヴェーヤーにのつて出てくる石炭から石をよりわけている。また一隅で十七八の可愛らしい娘さんから未亡人のような人迄七八人の女の人が選炭婦として働いていた。冷い水の中で石炭と石とをより分けている。機械のゴーゴー話聲もきき取り難い中でボンヤリ立つてみていると、そこはあぶないからこつちへ來なとその何愛らしい娘さんが注意してくれた。あとでその女の人たちは多くは親が怪我をして働けなくなつたり夫が病氣で寝ていたり、殉職したりした人たちの妻や娘さんたちだということが分つた。昨年の夏スト規制法が國會を通過するや、企業合理化の名の下に大量首切りが强行されて三井炭鑛などでは四千五百六十三名が解雇の指名を受けた。その際どういう人が解雇の對象にされたかというと、五十三歳以上の人、公傷による不具者、傷病者、勞組の幹部、炭婦協會員の夫、社會黨員という人たちだつたということを思い出す。人間としての値うち人權ということの片鱗さえも考慮されていない社會、資本主義社會の露骨な表われをここに見るではないか。ここ古川好間の炭鑛でも公傷による不具傷病に對して實にあわれにみすぼらしい涙金をめぐんでくれるだけで、決して人間に對する補償ではない。こうして家族や遺族が働かせて貰うだけでも有り難い會社の好意だと思わなければならないような狀態なのだ。

　案内役の勞組の方は親子二代この炭鑛で働いているということで、「これでも隨分よくなつたのです」ということであつた。「私たちの若い頃までは首切りでも配置轉換でも上の人の自由自在、鑛夫たちはそういう人たちの御機嫌をとるために、乏しい財布の中から常につけ屆けをしたものでした。勿論けがをしても殉職してもほんの涙金を貰つて追い出されてしまつたものです。勞組が出來てからすつかり變つて寧ろ反對になりました」

　團結することによつてまだまだ低い地位をだんだんにおし上げていく努力を今後も積みかさねていかなければならない。

　共炊所を見る。食堂と炊事場とから出來ていて主として獨身の鑛夫たちのためのものである。スクリーンが張りめぐらされて衞生的で殊に淸潔で見たことはないけれど所謂昔の飯場などと格段の相違いではなかろうか。炊事場の施設など殊に便利でよく出來ている。然し出來ている御馳走や献立をみるとこれで榮養は充分であろうかと一寸心配である。やはり低賃金と結びついている結果であろうか勞働環境はよほど改善されたといつても坑內は何千尺の暗黑の中での危險作業であつてみれば榮養と睡眠は最も重要な問題として考慮されなければならない事だと思うのだが。

　部落部落にある共同風呂も覗いてみたけれどもう少しどうにかならないものだろうか。粗末で殺風景で一寸わびしい。購買組合は相當な店をもつて買い易いように品物を見易く並べ、日用品は何でも一應ここで間に合いそうである。會社の經營という風に聞いたけれど、これは職域生活協同組合として勞組がやがて經營すべきものだと思う。

　炭鑛住宅は外部から眺めて廻つただけだが炭住資金によつて戰後建てられたものは少しはましだとしても、それ以前のものは隨分ひどい。氣の利いた鷄小屋や犬小屋ならこの程度のものはありそうな氣がする。東都の犬猫病院を視察した時の第一病棟第二病棟に住んでいるお犬さまの方が、萬物の長である人間よりもどんなに大切に扱われていることか、とその矛盾をつくづく思う。何十軒という長屋が壁一重で續いていて、狹い小さい窓には雜物が置いてあつたり、干し物がかけてあつたりする。住んでいる人たちがあわてたり迷惑に思つたりしてはと、どんな風に生活しているか知りたいとしきりに希いながら、家の中を見せてもらうことを、躊躇した。

　炭住について殊に問題なのは便所である。一つ長屋の一端に掘立小屋のような粗末な建て方で共同便所がたつている。窓硝子もこわれたままだつたりあぶなつかしい。冬の夜など寒い風に吹かれて出て來ると、寢床に入つてからも當分ねつかれない程からだが冷えこんでしまうという。そうして若い娘など夜中には一人で行かれないそうだ。ある晩など娘が追いかけられて大變だつたということだ。子供などは家の前で用をたしてしまうというから不衞生な話だ。西歐で炭鑛住宅をみて來た人が「我々がいくと遠くから來た旅人を觀迎し、家を開放して、私のうちを見て下さい、と、室々を案内し、臺所や物置まで見せてくれるのです」といつていた。スイスの農家を約束もなく突然訪ねた時、そこの主婦が親しみ深い態度で外國人である私たちに家中を見せてくれた時のことを思い出す。何と明るく清潔にまた合理的に整頓されていることか、日本の農家の雜然と非能率的で陰氣な樣子と比べて心から羨しく思つたことだつた。住宅問題が重要な社會問題、道德問題として早くから取り上げられた先進國のその根據となつている人權尊重の思想が、日本の社會でも、もつと神經質に重大に具體的に生活に現われてこなければならない。

炭住資金については政府資金が資本家の懷にころげ込んでしまつたり、利潤とみあつて會社の經營資金に化けてしまつたりしたという不明朗な話もきく。

その夜炭婦協の主婦と話す機會をもつことが出來てうれしかつた。そして炭鑛がもついろいろな問題について腹藏なく語り合つた。それらの問題の中には今日の日本の社會、家庭婦人に共通するものがやはり大きく浮び上つた。低賃金と主婦の內職の問題。部署によつて違うけれども一番骨の折れる危險作業に從事する採炭夫で二萬二三千圓、これは全體の一割足らずで、坑內夫一萬七・八千圓、坑外夫一萬三千圓位。しかもこれは殘業、公休出勤手當をも含めた額である。稅金をひかれるためか、主婦たちは一萬圓そこその月收だといつていた。三交代で働く夫が夜業の番にあたつて朝歸つて來た時などゆつくり眠らせたいと思つてもマッチ箱のような小さな家は壁一重のお隣の聲、枕下の人通りの音などでどうしても充分な休息がとらせられない。せめて豊富な榮養をとらせたいと思つたり、子供を敎育しようと希つたりすると、主婦の內職による收入は必要缺くことの出來ないものとなつて迫つてくるのである。それだのに割のいい內職は容易に探し當てられないし、またあつたとしても長續きがしなかつたり、そうしてまたそのような仕事をするためには是非子供を預つてくれる保育所が欲しいと思うのに、國家は私たちのために保育所などをもつと增設してくれることは出來ないでしようか、と働こうとする婦人に共通の惱みを訴えていた。

低賃金に基因する弱い家庭經濟、貧乏な暮しに夜晝惱み、身心をすりへらしながら、一方では封建的な形式にこだわる近所づき合い虛榮、虛禮が支配する友人知人の交わり、冠婚葬祭などといえば借金してまで大振まいする習慣からまだぬけ切れないでお互いに苦しんでいるという話し。炭婦協が出來て時々集會したり、自分たちの生活と政治の關係について啓蒙されたり、ストを通して鬪爭の相手は會社だけだと思つていたのが、實は背後に政治權力が動いているのだという認識が出來たりして、一日また一日と段々に前進し、成長していることは確かだけれど、尙一層團結を强めて、助け合い、話しあい、古い考え方、古いしきたりとたたかつていかなければならないと思う。そうして一かたまりとなつて同じ境遇、同じ職場の人が寄りあつて生活しているのだから、お互いの生活を組織化すことが出來ると、例えば共同洗濯場やそれに附屬する繕ろい仕事の職場、授產所、炭鑛夫の勞働服、婦人子供服の仕立——保育所など主婦のパートタイムの職場も生まれ、また家事勞働や育兒の負擔も輕減されるということも可能だと思う。私たちが努力しなければならないことは、實にこのように個々の小さな力を合わせて大きな力を生むことであり、それによつて少しづつでも現在の境遇をぬけ出て仕合わせになることだと思う。

天國の垣のそと

―年少者の人身賣買の近況―

志《し》村《むら》信《のぶ》子《こ》

海外旅行から歸つたある婦人が、
「……パリに行つたとき子供になにかお土産を買おうと思つて街に出て見たけど玩具屋がなかなか見つからないのよ。つまり玩具屋が少いのね。東京だつたらどこだつてすぐ見つかるのにね、つくづく日本は子供を可愛がる國だと思つたわ……」と話していた。

またある外人は、
「日本は子供の天國である。こんなに玩具の豊富な國、子供のための出版物が多種多様にそして多量にある國はほかに類がないだろう……」と書いている。

現象的な觀察として一應うなずける。しかし、日本の親が子供を可愛がる、ということに無條件に樂觀できないものがある。というのは單に日本人が愛情が豊かで、小さいもの、弱いものをいつくしむ優しさを持つているからだとばかりは思われないからである。つまり子供は親が可愛がつてやらなければ、國家も社會もみてはくれない、また親は子供の世話にでもならなければ野たれ死でもするほかはない、という社會に生きるものの本能的な自己保存の感情が無意識的に働いていないとは言い切れないものを感ずるからである。

もし、日本が子供の天國であるならば、それは條件付の天國で、決してすべての子供にとつての天國ではない。そしてその條件とは言うまでもなく親に惠まれることであろう。しかもこんな子供は全體から見ればそう多いとは思われない。愛情には惠まれても物質に惠まれない子供、またその反對の子供もあろう。

しかし問題なのはそのいずれにも惠まれない子供たちである。天國の垣の外にしめ出だされて、暗い家庭から冷たい、苛酷な社會へと放り出される子供たちである。

昭和二十六年五月五日の「子供の日」に發表された兒童憲章によると、

兒童は人として尊ばれ、社會の一員として育成される、ことになつている。

しかし、人間としての扱いをうけていない子供、品物のように賣買されている子供が大勢いるということを、せめて一年一度の子供の日にわが子の幸福を祝うかたわら思い浮べて貰いたい。

勞働省婦人少年局の「年少勞働者不當雇用に關する實態調査」(昭和二十七年七月―二十八年六月)によると、法網にかかつたもの、一、八八三名で前年度にくらべて一、二六倍の增加となつている。しかもこれは全くの一部分で潛在的にはこの幾倍、幾十倍という數字に達しているだろう、と同省でも言つている。また、一外國旅行者の日本見聞記によると「日本、それはふしぎな國である。年三十萬の人間が賣買されている文明國である」、と述べている。この三十萬という數字の出所を示していないので信を置くわけにはいかないが、前記の勞働省の調査に現われた數字のうち大部分、つまり一、八八三名のうち一、七五六名が女子であることと、係の人の話から推して相當數の女子が賣買されていることは事實であろう。

この官廳の統計の結果を見ると、年令は十七歳が四二%、十六歳二四・二%で、それ以上のものも被害當時はほとんど十六・七歳に屬しているので、これを合せると十六、七歳が約八〇%を占めることになる。十二歳以下四名の數字は、これらの女子がほとんど賣春のために賣買されていることは言うまでもない。

そしてこれを立證しているのは雇用先の調査である。特飲店・料理店、貸席、待合に藝妓置屋が一、一五七名で六一・四%、次に駐留軍相手、藝妓見習、女給、ダンサーなど賣春のおそれのあるものを加えると一、五一四で八〇・四%に達している。

親の職業は、農業三〇八、日雇一九五、無職一五六、漁業五八、工員五七、炭坑夫五四、商店四一、行商二八で、戰後農地改革によつて解放されたはずの農民の子女が壓倒的に多いこと、日雇、無職者など半失業者及び失業者の子女が三二%以上を占めていることは何を物語つているだろうか。結局資本主義制度内における改革や解放は庶民の生活問題を根本的に解決することは不可能である、という自白にほかならない。

そしてこれらの人身賣買の直接の原因は災害、あるいは家族の病氣などで、一時的にまとまつたお金が必要とされる場合が大部分である。關係官廳さえ、社會保障の充じゆつがまず第一と認めているほどで、これまた政治につながる問題であり社會保障費を削つて再軍備をしようとする政府の下においては、人身賣買は根絶しえないことは明らかである。

×　　×

最後にこれらの人々はどのくらいのお金で、いかなる科學の粹をもつても創りえない人體を賣買されているだろうか。

最高は十一萬圓、最低五千圓、一萬圓以上が四四%となつている。これに對して仲介者の手數料は最高五萬七千圓、最低千圓、一人當り千圓から二千圓が一番多く二〇九件、二千圓以上一三八、三千圓以上一〇一件で、すでに出發からひどい搾取が行われている。

しかもこれら仲介者のうち起訴されたもの五八六名、うち體刑七六、罰金五一、公判中のもの二九名でその他は不起訴、中止處分、處理不明などでその罪をあいまいにされている。體刑は最高二年が一名、四カ月から六カ月が大部分、罰金は最高三萬五千圓が一件、最低千圓で五千圓臺が一番多く、取つただけ全部取り戻されているわけではない。こういう點も政界や財界の汚職事件などとともに考えてみると、何か「惡」を働いても損することはないという印象を一般に與えるように思われる。

なお、被害兒童の出身地を縣別に見ると、群馬の一六三名を筆頭に、福岡一三九、秋田一二五、鹿兒島一〇八、熊本七二、新潟五九、宮崎五九、福島五八、北海道五四、大阪五〇で一體に九州地方に多いこと、北關東の群馬、東北の秋田、福島に依然としてこの蕃行がはびこつていることは考えさせられる。

人身賣買問題については、「いくら困つても子供を賣るような人ばかりはいない」と、これを一つの風習、あるいはモラルの問題と考える人もある。たしかにそれらは大きな要因ではあろう。しかし、その風習を生ましめたものはなにか。國家や社會から見放され、動物的な生存を維持するための手段として、生活の極限に追いやられたものの窮餘の方策であつてみれば、これは政治に對する消極的な抗議と見られないだろうか。

子供を賣ることは人道に反すると說敎する前に、まず賣らなくともすむような社會にする政治が行われなければならないはずである。しかし、そういう政治は保守政黨の待合政治には望むべくもない。

最近の職場婦人の實情をみて

大《おお》野《の》はる

毎年婦人の日を設けて婦人の地位向上につとめていたが、今年は總評を中心とする傘下組合の婦人（對策）部が婦人月間（三月八日から四月十六日）を設定して啓蒙に實踐活動に乗り出したものだから私もそちその職場へ臨むことができた。

去る二月十三、十四の兩日總評青年婦人全國代表者會議でも出されたことなのだが、各地方での日常の惱みや、どうすることも出來ない程からみ合つた問題の解快策をこの會議から求めようとしていたことが今もつて忘れられない。それなのに時間の不足と準備の不充分はこれらの期待を十分滿すことができない感があつた。その原因はいろいろあるとしても各人が自分の組合のことで忙しいことと內容に若さがあげられると思う。

當日出された例の中には、山形の女教師から「男女差別待遇反對には組合はもちろんのこと婦人部と最も密接な關係にある青年部が協力できないのは何故だろうか。規程では差別されてないが實際上は三十五六歳で退職せざるを得ない現狀にあるのでこの反對をやつたが、青年部は協力するどころかこの女教師一人の給料で青年教師二人が雇えるということだ。これは青年の給料が安いからだ」と訴えれば國鐵の青年から「そのためにわれわれは最低賃金制を主張して最低八千八百圓を要求して鬪つている。各組合でも最低の者を引上げる運動をやつてほしい」と、いえば京都の中小企業に働く婦人からは「私の會社では八千圓どころか五千圓も漸くの現狀だ、でもそれ以上要求すると會社はつぶれるかも知れない。會社がつぶれると今新らしく働くところはとてもみつからないので困つている。もちろん生活ができないので共稼ぎをしている。けれども子供が生れると保育所がないのでそれが心配だ」と叫んでいた。また大企業に働く青年からは、「私の方は最低額をもらつているが、その代り臨時が全從業員の三分の一強いる。從つて臨時の人が本採用の人よりずつと安く働いている。女子は賃金配分の時惡く査定されている」と實情を述べている。

この內容を見てもわかるように、現在の日本國內で働く人々は千差萬別の勞働條件で働いていて、その問題を一つ一つ解決しようとしても他の働く人の利害關係にぶつつかることが多い。男子と女子、大企業、臨時と本採用、役付者と平社員、事務員と作業員、都會と田舍等みなそうだ。けれどもこんなにむづかしい問題もその原因を一つ一つ解いていくと、その根本原因が資本主義社會からの矛盾であり外國からの支配からくる矛盾であることに氣づく。もちろんこれを解決するにはいろいろのむづかしいことがたくさんあつて簡單には解決しないとしても、お互が話し合い理解し合う努力がなされるならばその前途には光明が見出されることと思う。要は働く人々が今おかれている立場に目覚することが先決だと思う。大同小異かならずみんなが何かの悩みや苦しみをもつているはずなのだから。

　自由競争による最大限利潤を追及する現在社會であるからこそ、姙娠分娩、育兒等母體保護規程も無視して弱肉强食や人權を無視することが公然と行われ、この中で働く者は、失業者が在籍者の足を奪い、臨時が在籍者の賃金を引下げ、國家が小企業者の倒産を見ても大企業擁護本位の政策をかえない限り解決しないし、中小企業に働く婦人の多い女子の勞働條件や賃金の問題もこれらと無關係には解決できない。

　私が最近職場できいた中にも、娘をもつ父親がかろうじて生活できる賃金で娘の希望する敎育や結婚への諸準備費用はつくれないし因習の强い地方では結婚ヒロウも餘り簡略にできないしといつていた。未亡人は子供を一人前にするまででも働きたいが、職場では男性が年輩のしつかりした女性より若いアクセサリー的存在の親がかりの女性の方が好都合らしいと、女性の地位向上には幾多のむづかしさがあると涙を流していた。また未婚の女性の中には戰爭のため配偶者とする對象の男性が少いので自活の方法も考えているが、一生働くには餘りにも不安な、そして希望のない職場であるともいつているし、若い人々も一生働くには自信もないし、社會はまだまだ女性が社會人として生きるには不適當のところなので結局相手が好むと好まざるとにかかわらず、結婚を安住の場所として終うといつていた。男性側からも明るい家庭と既婚の男女の前途のため自由に語り合い話し合える環境がほしいと封建性の枠から逃れようとする聲も出された。また既婚婦人からは、夫が働いていればまずやめさせられるか、共かせぎの前提で賃金が査定されているし、中小企業に働く女性が多いので他と比較されて、正しい價値評價がなされないという。男性もまたそのことが當然としている人が大多數だといつていた。臨時で働いている人は本採用を夢みて働いているがその努力はむくいられないので將來への希望ももてず、本採用の人より劣等感がとかく生ずることさえあるといつていた。

　こんな中で働いているのは一職場だけでなく、おそらく全日本の女性に適用することと考えている。

　ましてやこんなに差別的條件で働いている中で同僚から役付者を出そうと働きかけても女性のおかれている根本原因が女性自身、組合幹部自身に徹底してなくて、利己的なものでもあるものなら絶對に問題が解決できないのは當然のことだ。そのほかにお互にお互を理解できるまでの話し合いも不充分であるのだからなおさらのことだ。

　ただ私が最近感じたことは婦人は公式の場所では餘り語らないが心の中には大分しつかりしたものをもつてきていること、惱んでいることをどうにかして解決しなければならないとの目ざめができつつあることだ。ただそれがばらばらに放り出されていることだと思つた。それは婦人月間中にアンケートを求めた中に「結婚前の腰かけ仕事的考え」や「企畫立案することに缺けている」ことなどについての五問に對して、男性からは解決のカギは女性にありという前提のものが多かつたがその反面社會機構等や封建性からくるものに對する眞面目な積極的な解決策は强調されない感があつたし、女性からは「社會保障制度の强調」や「職場と家庭の兩立の困難」や「男性の女性感をかえよ」とか、いろいろの意見が出されていたことだ。

そこで私はこれらの目ばえつつあるというより苦しめられた中から目覺めざるを得ない現狀にたたされている婦人が更に話し合い、例え雜談、井戸端會議でもいいから語りあつてその小さな問題の中からでも解決のいとぐちを見出しお互にお互の立場で素直に考える創造の訓練と一人の問題も社會人としてのつながりがあること、政治的な關連のあること、世の中の發展の段階に應じて私達の生活にも影響すること、その解決には常にその解決しようとするものの實情をしらべて根本問題がどこにあるかを見極めて行くことが大切だと考えた。餘りにもはげしく變動する現在でみんなが何物かを知るために考えているのだから。

二九、四、一二、

(全日通勞組・婦人部長)

夏休みのアルバイト

M・T

職業安定所を訪ねて

まだ痛々しいくらいな中學生が父親らしい人と出てきたのと入れ違いに、横須賀職業公共安定所に足をふみいれた。澤山の求職者の間を通つて職業課長のところへ案内され、早速逗子町教職員組合婦人部の調査資料「年少者勞働(アルバイト)の實態とそれに對する意見」をお目にかけて意見をうかがう。

今、アルバイトには二つの型があり、その一つは海岸關係とか大賣出しなどの季節的なもので長期休暇を私用するもの、もう一つは簡單な事務關係とか卒業間近の生徒を試驗的に使つてみるなどの理由で土曜・日曜の休暇を利用するものである。しかし、ここで扱うものはほとんどが〃さいか屋〃とか〃日魯漁業〃などの大口、大企業への斡旋であつて昨夏の海岸關係への斡旋はこの安定所の所轄管内全部で約十五名くらいという。高校生二百名だけを對象とした逗子教組の調査では海岸關係が三十四名となつているのであるから、全體にすれば遙かに多くなるであろう。このことからみても、このようなアルバイトはほとんど緣故關係か、所謂門前募集によるものが大部分であり、勞働時間、給料等の違約も生じ易いわけである。

安定所は事業所の内容を知つていて安心できるところのみへ斡旋するから殆んど問題は起らないし、たとえ違約があつても注意すれば大低は守るとのこと。しかもここでは高校生以下は全部學校を通じて學校の了解の下に斡旋し、長い期間にわたる時には學校の先生方にも職場を見廻つて頂くとのこと、また不満がある時には絶對に默つてやめないで安定

所に通知するようにいつてあるそうである。
求人側に對する種々の注文もあるが、安定所の性質としては求人側はお顧客でもあり、求職者の職業指導はできても求人者を敎育することはできないので、勞働條件上の問題が起つた時には安定所から勞働基準監督署へ連絡し、本人にも出むかせるとのことをうかがい、早速勞働基準監督署を訪ねて第一課長に御意見をうかがつた。ところが、これまでに年少者アルバイトについての問題が監督署に持ち込まれたことはないとのこと。そこで逗子敎組の調査には非常に雇用條件の不滿が多く、社會人となる前に既に勞働意欲を減退させているとの報告について御意見をうかがうと結局「アルバイトのように短期間でもありまたせいぜい小遣い程度を目的としたものだからというのでほとんどが泣寝入りするのではないだろうか。アルバイトといへども、ここで扱うのだからどんどん連絡してくれれば必ず調査して是正させるんですが監督に見廻つた際、勞働者に直接に勞働條件を尋ねてさえ、本當のことをなかなか言つてくれないんですから勞働者の自覺を促すことが第一ですね」とのこと。では訴えがないかぎり見逃されるわけでしょうか、と問うと、「ほんとうをいえばそれではいけないのだが、產業別に月毎に見廻る監督計畫というものがあつて、實は昨夏は逗子海岸の方は見廻らなかつた」と率直にいわれた。横須賀の監督署には監督官が三人しかいないということを伺えばそれも無理からぬこと思う。最後に「今度から季節的なものは重點的に監督するように計畫をたててみましよう、又、今度そういう問題があつたら是非しらせて下さい。」といわれた。

以上二者の意見をうかがつて、大企業には問題は少くなつているが、まだまだ中小企業には問題が多く、しかも監督の目がほとんどゆき屆いていない、いわば見落された場所が年少者のアルバイトの溜りとなつていることに問題があることを更めて考えさせられた。そこで私は、年少者のアルバイトは必ず職業安定所から學校を通じて斡旋されねばならないこと、そうして問題が生じた時は、被傭者が小人數であり、しかも年少者であつてはとうてい使用者との對等の立場を維持することはできないから學校で取纒めて監督署に提訴することにしたらどうであろうかと考える。

もちろん、年少者がアルバイトをしなくてもすむような理想的な社會を作ることが根本的な解決であるが、逗子敎組の「遠くを望みながら足もとから見つめる」という考え方からいつても、現在身近にある安定所なり監督署なりを充分に活用することを指導するのも解決への一歩たりうるのではなかろうか。

（葉山町・學生）

……○……○……

夏の江の島鎌倉は一年中の書入れ時だけに旅館や飲食店、娯樂物などで夏場だけの臨時雇いの需要が多く、安くてすなおに働く年少者のアルバイが歡迎されるのでいろいろの問題が起るわけです。藤澤安定所の話ではその所管區域の江の島片瀨邊のだけで毎年とる臨時雇いが五百人くらい。そのうち安定所を通ずるのが五十人見當。あとはみな縁故就職で、從つて逗子の例のように勞働時間、賃金等、契約がはつきりせず、一日十二時間ぐらい働かすのは普通だろうとのこと。一般に上級校へ入れるくらいの家庭の親は子供のことに熱心だが、子供を早く働かせなければならぬような家庭の親は、就職問題にも無關心で、何でもありつけさえすればよいという氣分。子供の將來とか、敎育上の影響とかいうことを眞劍に考えて職を選ぶという氣持がたりない。安定所でも機會があれば卒業前の生徒や父兄にも話をするが、學校の先生にも一層の協力を求めたい。五月ともなれば夏場の臨時雇いのにもそろそろかかつてくるが、安定所を通じての話なら、最初に双方納得のいく條件で雇用契約を結ばせ、安定所が責任をもつて雇主に約束を守らせます。臨時雇にしろ本採用にしろ、すべて就職は安定所を通じて、というのが一番安全ですからできるだけ安定所をご利用下さるように、とのことでした。

　この話を聞きにいつた時、藤澤の安定所は満員の盛況。失業者は毎日ふえる一方で、失業保險の拂出しがかさむ一方とのこと。求職者は一般に男も二十代から三十代の若い人が多く、中にはまだまだ髪をおさげにしている子供々々した娘さんまで交つている。求職者に對する求人の率は八〇%ぐらいあるのだが條件が折あわず、平均三〇%ぐらい就職する。進駐軍要員の人べらしも失業者漸增の一因だそうです。

　歸り道に授産所へよるとここもゲタのぬぎ場はいつぱい。作業場のミシンは一つ殘らず動いている。大抵は中年の細君連で、赤ちやんをおんぶしながら、指導員の机をかこんで内職の編物の手ほどきをうけている者、ヴィニールの細工物を敎わつている者など二組ばかり。同じ所にある別棟の哺育所に子供をあずけてきているお母さんも多いのです。

　失業者、内職者、そして子供のアルバイト。何とくらしにくい世の中でしよう。勞働能力のある者には必ず職業を與える完全雇用の原則、老人、子供、病廢者のような勞働能力のない者には生活費を與える社會保障制度確立のために私たちの參政權を活用しましようと集まつている人々によびかけたい氣持でした。まだ義務敎育をうけている十五歳未滿の子供は、基準法によつて、雇われて働くことを禁ぜられており、十八歳未滿の年少者は飲食店や旅館で働くことを禁ぜられており、十八歳未滿の年少者は飲食店や旅館で働くことを許されないのです。それがアルバイトとなるとおかまいなし、おまけに、十二時間も働かされては人道問題です。夏休みのアルバイトと雖も基準法は勵行すべし、十五歳未滿の勞働は禁止すべきです。(Y)

大盛會裡に行われた
「婦人の日」記念催し

本社は去る四月八日午後五時より讀賣ホールにおいて、左派社會黨本部及び同黨東京都婦人對策部と共催のもとに、婦人の日(四月十日)の前夜祭を開催した。參會者八百名に及び豫想外の大盛會であつた。

　まず定刻、司會者小畑マサエさんの開會のあいさつについで第一部として、藤原社會黨婦人對策部長藤原道子氏の「平和憲法擁護と婦人の力」、菊榮氏本社代表山川の「婦人と政治」についての講演、鈴木左派社會黨委員長のあいさつ、久布白落實さんのメッセージ朗讀があつた。

　第二部はコロンビア歌手岡本敦郎、奈良光枝さんの流行歌、人氣俳優大泉滉、ニューフェス宗方規子さんのあいさつでぐつとくつろぎ滿場破れるばかりの拍手喝采をまきおこした。

　第三部は　映畫「雨月物語」を上映、九時はじめての試みながら大成功裡に散會した。

　なお、當會場において左派社會黨婦人對策部ではビキニ水爆實驗被害者への救援カンパ、平和憲法擁護、水爆、原爆製造反對の署名運動を行つた。

平和憲法を守りましょう

本誌・社友（五十音順）

淡谷のり子　阿部艶子
安部キミ子　磯野富士子
石井桃子　石垣綾子
圓地文子　大谷藤子
小川マリ　大内節子
川上喜久子　小倉麗子
桑原小枝子　神近市子
木村光江　久米愛
久保まち子　芝木好子
清水慶子　杉村春子
菅谷直子　田所芙美子
田邊繁子　高田なほ子
長岡輝子　新居好子
西清子　西尾くに子
萩元たけ子　深尾須磨子
古市ふみ子　福田昌子
宮崎白蓮　三岸節子
米山ヒサ

日本勞働組合總評議會傘下各勞働組合婦人部
全國産業別勞働組合（新産別）連合傘下各勞働組合婦人部

原稿募集

◇**論文・隨筆・ルポルタージュ**　職場でも家庭でも婦人の立場から訴えたいこと、發言したいことはたくさんあると思います。

また政治や時事問題についてご意見やご批判をお持ちの方も多いと思います。

そうした皆さまのご意見、ご批判、ご感想あるいは職場や地域のルポルタージュなどをふるつてご投稿下さい。

四百字詰原稿用紙　七枚以内

◇**短歌・俳句**　生活の歌を歡迎いたします。ご希望の方には選者が添削してお返しいたしますから返信料を添えてお申込み願います。

送り先　「婦人のこえ」編集部

編集後記

五月はメーデー、憲法實施記念日、子供の日と祭日、休日の多い月です。

わが國最初のメーデーは一九二〇年に行われました。それから三十餘年、日本のメーデー史は烈しい浮沈をたどつてきました。働くものの祭典メーデーを再び沈ませないように、大いに盛大に祝いましょう。

◇

四七年、平和憲法が實施されてから僅かに七年、早くもその運命が氣づかわれています。

民主主義獨立國の國是は國民大多數の利益のために變えられることはあつても、一部少數者や外國の便宜のために變更さるべきものではありますまい。國民大衆がこれほど尊重している平和憲法を保守政黨は何故改變しようというのでしょう。その意圖をつきとめようではありませんか。そして、日本の平和を守り、自主性をとり戻すために、あくまで平和憲法を守りましょう。

編集委員（五十音順）

河崎なつ
榊原千代
鶴田勝子
藤原道子
山川菊榮

婦人のこえ　五月號
定價三〇圓（〒五圓）
半年分　一八〇圓（送共）
一年分　三六〇圓（送共）
昭和廿九年四月廿五日印刷
昭和廿九年五月一日發行
編集發行人　菅谷直子
東京都千代田區神田三崎町二ノ三
印刷者　堀内文治郎
東京都新宿區四谷一ノ二
發行所　婦人のこえ社
電話四谷（35）〇八八九番
振替口座東京貳壹壹參四番

婦人のこえ

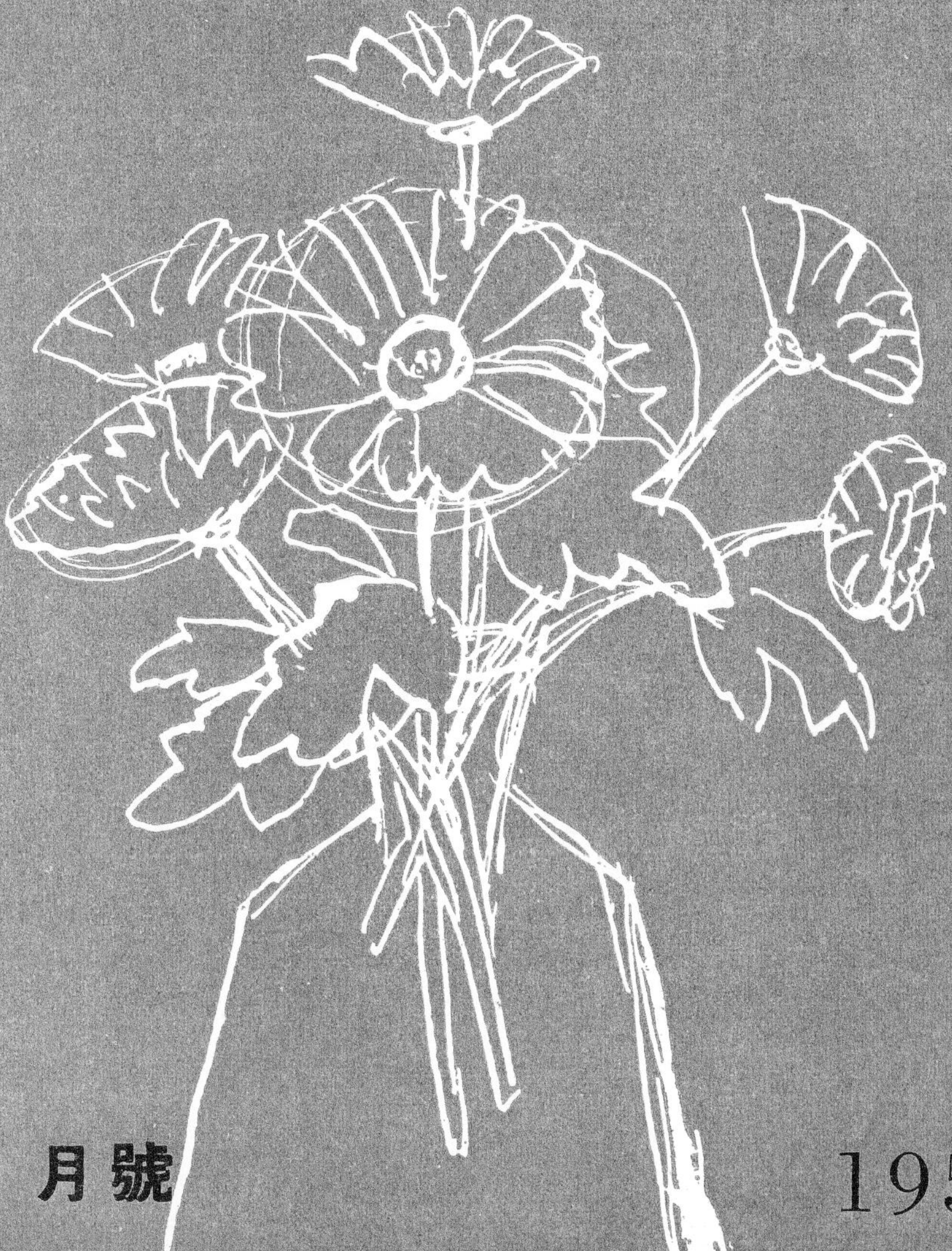

6月號

1954

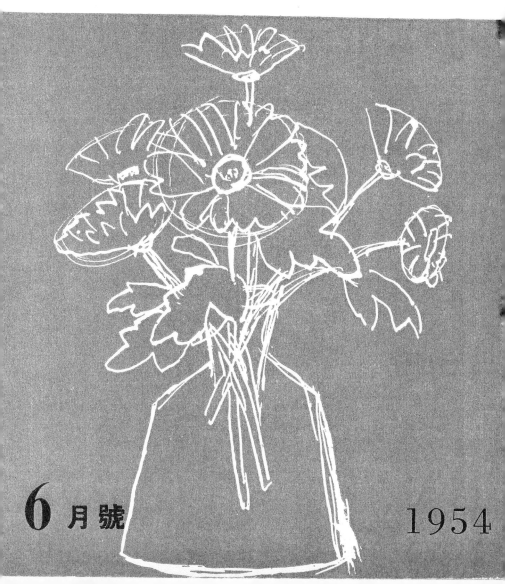

平和憲法を守りましょう

本誌・社友（五十音順）

淡谷のり子　阿部艶子
安部キミ子　磯野富士子
石井桃子　石垣綾子
圓地文子　大谷藤子
小川マリ　大内節子
川上喜久子　小倉麗子
桑原小枝子　神近市子
木村光江　久米愛
久保まち子　芝木好子
清水慶子　杉村春子
菅谷直子　田所芙美子
田邊繁子　高田なほ子
長岡輝子　新居好子
西清子　西尾くに子
萩元たけ子　深尾須磨子
古市ふみ子　福田昌子
宮崎白蓮　三岸節子
米山ヒサ

日本勞働組合總評議會傘下各勞働組合婦人部
全國産業別勞働組合（新産別）連合傘下各勞働組合婦人部

原稿募集

◇**論文・隨筆・ルポルタージュ** 職場でも家庭でも婦人の立場から訴えたいこと、發言したいことはたくさんあると思います。また政治や時事問題についてご意見やご批判をお持ちの方も多いと思います。そうした皆さまのご意見、ご批判、ご感想あるいは職場や地域のルポルタージュなどをふるつてご投稿下さい。

四百字詰原稿用紙　七枚以内

◇**短歌・俳句** 生活の歌を歡迎いたします。ご希望の方には選者が添削してお返しいたしますから返信料を添えてお申込み願います。

送り先　「婦人のこえ」編集部

婦人のこえ

1954年

6月號

目次

ランカシャイアの旅……山川菊榮…(三)
解說 不景氣の物價高……芹澤彪衞…(八)
ルポ・年かさの婦人の職場…杉眞子…(一九)
主婦のこえ ヒギンス演說……北田俊子…(一〇)
職場のこえ 寮母の生活から……大友一枝…(一一)
ある賣春婦の告白……横井みつる…(二一)
三原市長選擧を省みて……渡邊道子…(二三)
火の子はふりかかる……榊原千代…(二)
村八分を買つて出る……松平すず…(七)
「賣春等處罰法案」について……編集部…(二二)
詩 農村の女のうた……後藤まち子…(二四)
短歌……萩元たけ子選…(五)
俳句……星野立子選…(一五)
表紙・扉……小川マリ
カット……田所芙美子

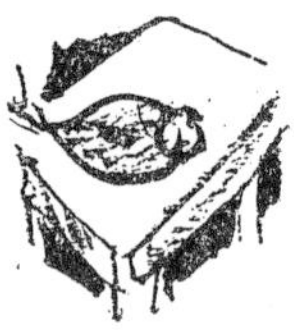

火の子はふりかかる

榊《さかき》原《ばら》千《ち》代《よ》

此の頃の新聞はくる日もくる日もジュネーヴ會議のことを報じています。今、世界中の人々はかたずをのんでこの會議の成り行を注目しています。なぜなら人々は一縷のしかし一生懸命な希望をこれにかけているからです。今日世界を重苦しくおおている暗雲を破つてそこから平和の曙光がさしてこないかと。私たちはともすると遠いヨーロッパの一隅で行われている會議、しかも議題は朝鮮やインドシナのこと、どうころんだところで大した關係はないというような氣でいるのではないでしょうか。しかしこの會議が一度不調に終つたとしたら、事態は現在よりも悪化し、第三次世界戰爭の導火線とならないと誰が斷言することが出來るでしよう。こういうと心の中でほくそ笑んでいる人があるかも知れません。戰爭というこえを聞くと株が上つて儲かる、景氣がよくなる。朝鮮戰爭の時のことをふり返つてみなさい。あぶなくなりかけた日本經濟が事實たて直されたではありませんかと。

ヒロポン注射で一時的な興奮をよびさますような不健全な經濟界の活況が、決して社會にプラスしないで却てどんなに多くの害毒を流したかは既に經驗ずみといつていいのではないでしょうか。戰爭經濟というものが正常經濟にとつて有害であつたばかりでなく、道徳的に精神的にどんなに人類を殊に青少年を痛めつけたか私たちは今もなおその痛苦から脱出しきれないで苦しんでいます。

インドシナのフランス、ホ・チミン軍の戰爭を對岸の火事と眺める間に火のこが身の廻りにふりかかる、それは水爆が現實の兵器として登場したというばかりでなく、話しあいが決裂すればどういうことが起るか、戰爭にまきこまれはしないか、不吉な豫想におののかないではいられません。

さて、それではジュネーヴ會議はどのようにして開かれ、どのように進行しているでしょう。世界の緊張を少しでも緩和するかもしれないと世界の期待のうちに四年ぶりで四ヵ國代表が話し合いをしようと開かれたベルリン會議は結局目に見えるような成果をあげることは出來ませんでしたけれども、四月二十六日からジュネーヴで朝鮮問題とインドシナ問題の解決のための會議を中國なども參加させて開くことにしようときめたことは何といつても一つの大きな收獲でした。このような決定をしたことについてアメリカではダレスに對しゴウゴウたる非難があつたということです。たとえダレスがモロトフ外相と膝づめ談判の結果、中國を承認して招請するのではないということを共同コミュニケに挿入させはしたけれども。しかし會議に先立つての世論はこの會議を成功させるためには中國を承認しなければならない。現に中國五億の國民を支配する政府としての北京政府の實在をアメリカはどう考えているのだろうか、とアメリカを批判していました。同時に世界最大の强國であるアメリカが、もつとアジア人の心理を理解して西歐帝國主義の壓迫や資本主義の搾取から解放されようと希つているアジア民族をアジア共產主義の側に追いやることのないようにしなければならないということでした。

日本軍閥の敗退を機としてアジア八ヵ國が獨立しました。それは實に思いもよらない日本軍閥の世界の歷史への貢献でありました。植民地としての長い間の苦惱から解放されて、數百年來始めて自分たち自身の政府をもち、幾度か企てて成功しなかつた獨立をかち得たこれらの民族は今こそアジアの獨立と自由と、平和と安全とをアジアの國同志で協議し助けあつて守つていかなければならないと感じています。東南アジア五ヵ國首相會議が五月二日閉幕に際してインドシナ卽時休戰、水爆實驗の中止とともに植民地主義の根絕ということを要求するコミュニケを發表したのも、アジアに共通するこの民族主義の抬頭の現われです。

戰後不幸にして獨立から取殘されたインドシナは、今この獨立をかちとろうとして戰つているのであり、ホ・チミン政權も本來は民族獨立の要求に過ぎなかつたのが、フランスの壓迫がはげしくなつてついに戰爭に追いこまれたのです。

五月七日北部インドシナの要衝ディエンビエンフーが陥落しました。フランス軍が最近になつてこの要害を築きあげたのは成果の上がらないジャングル戰に手をやいて、むしろ、ホ軍に攻擊をかけさせてこれに大打擊を與えるため、ホ軍に正面作戰を强要しようとしたもので、ジュネーヴ會議を前にしてフランス、ホ・チミン兩軍が同地の爭奪に大きな勝負をかけていただけにその戰いは相當激しいものであつたようです。インドシナに二年半滯在して戰亂の樣子をつぶさに見てきたフランス婦人記者マダム・エリザベート・フリヨは次のようにいつています。「フランス連合軍も戰鬪力はあり、フランス人將校がいればいいが、現地人部隊は全然ダメで、幹部將校が惡く、戰爭の意義を理解していない。このため脫走者が多く、軍の士氣は低い。バオダイ側は農地改革もやらず、社會政策もとつていないし、フランスが立派な戰爭目的を與えなかつたのも惡かつた。單に「民主主義」のために戰えといつても意味はないわけである。バオダイ主席自身は指導者としてダメでこれらが敗戰の原因だと思う」と。

要するにインドシナ戰爭は本質的には民族主義の戰爭であり、植民地解放戰爭だということです。フランスが立派な戰爭目的を與えなかつたのが惡かつたの、民主主義のために戰えのといつたところで、植民地を維持して古い政權を續け、現地民を搾取しようとするのでは、ヴェトナム人も何のために戰うのかわからなかつたのでしょう。そこで脫走して民族の獨立と自由のために戰つているホ・チミン軍に投じたものがたくさんあつたということは當然でしょう。現地人部隊も將校も戰爭の意義を理解していない、パオダイ主席自身はダメで、というのも、結局民族の利益を賣つても他國のお蔭を蒙つて自分たちだけよい生活が出來ればいい、虎の威を借りて威張る狐のように他國の力にすがつて自分だけ權力の座にすわろうとするような類の人たちではないのでしようか。ホ・チミン軍は共産陣營の援助もうけたでしようが、あれほど根強い底力をもつことが出來たというのは、自由と獨立を欲求する民族の希いを結集することが出來たからであり、このことがゲリラ戰を成功させ、急速に强力な軍隊となることが出來たのだと思います。

この婦人記者は今後の見通しについてこういつています。「ジュネーヴ會議で休戰が成立した場合、自由選擧が行われればホー側が勝つことは明らかである。ホー側には强い組織があり、一方バオダイ側は同陣營内でも反對者がいる。それでも休戰を欲しているところにフランスの悲劇がある」と。フランスは大戰後イギリスやオランダのように植民地の解放を斷行していたなら、このようにインドシナで莫大な犧牲をはろうこともなく、自國の復興を軌道にのせることが出來て、このフランスの悲劇をさけることが出來たでありましようのに。

今こそフランスは冷靜に反省し、世界もまたアジア人の心理を理解して、アジアの動きと運命に歴史的な意味を見出そうとしなければならないのではないでしようか。

二年前山川菊榮さんたちがパリで、フランス社會黨の國際部長を訪ねた時、その人は「吾々は植民地を一日も早く解放することを主張している。從つて今の政府のやり方には不滿だ。インドシナも一日おくれれば一日おくれるだけ双方のためにならぬ、解決がのびればのびるだけ無駄な犧牲が多くなるだけです」といつたということですが、一部の金利生活者を除く多くのフランス國民は膨大な戰費と貴重な人命を投げ入れている戰爭を一日も早く止めてインドシナを手放し、自國の復興經營に全力を傾倒したいと思つていたのではないでしようか。ですからこのジュネーヴ會議には大きな期待をかけて、是が非でも休戰の手がかりをつかもうと意氣ごんでいたのであります。

會議の進行をみていると、かならずしも絶望的でないにしても、双方に受入れえない難點があつて今では殆んど行詰りに至つたかのような樣子です。

中國の參加する會議にはじめから氣のり薄であつたアメリカはジュネーヴ會議で不利な立場に立つにつれて、東南アジア防衞機構（ＳＥＡＴＯ）の推進に力を入れてきましたが、五月十八日の外電はアメリカのある高官がインドシナを共産側の手から救う必要がある場合には參戰する用意があると示唆したとつたえています。そうしてついに米佛兩國は現在の極めて急迫している情勢に於てはたとえイギリスから警告されたところで集團安全保障條約は進めて行くべきだろうという同意に達したとつたえられています。こういうフランス代表團の動きに對して中立系のル・モンド紙はもちろん、フランス・ソワールなど保守系有力紙の記者まで「フランスがアメリカの意向を氣がねして獨自の政策を進めえない」ときびしく非難しています。フランス國民は歐州防衞軍の場合でも同樣ですが、作戰的意味で米國の犧牲になるのはいやだという氣もちが强いのです。フランス政府としては停戰するにしても、名譽ある立場に立とうとして、力のあるアメリカとＳＥＡＴ

Oなどについての協議を進めているのでしょう。然しそういう行き方はジュネーヴの方向と矛盾するものでチャーチルもSEATOの計畫はジュネーヴ會議の結論が出るまで待つべぎだといつています。インドのネールは議會の外交演說で「私は集團安全保障という概念を好まない。私は集團的平和を作り上げていきたい」と述べていますが、その意味はいわゆるSEATOに反對し平和地域の擴大を望んでいるので、それは自由共產いずれのブロックにも加わりたくない、殊に集團安全保障は武力をバックにしているということにあります。ネールとしては東南アジアの安全を保障するものは多角的な軍事同盟ではなく、インドシナ問題の平和的解決であり、インドシナ諸國に對する完全獨立宣言および列强の不干涉の保障がジュネーヴ會議で實現するのを待望しています。そしてアジアの意向を充分考慮に入れなければならないとして、アジア諸國と密接な連絡をとつているイーデン英外相の活躍に期待をかけていますが、今日の新聞（五月二十一日）は首相の特使としてメノン大使をジュネーヴに遣わしたと報じています。

さてイギリスの警告にもかかわらず米佛の秘密會議でSEATOを計畫する旨の同意が成立し、アイゼンハワー大統領も五月十九日の記者會見で「SEATO結成は米政府の基本政策であり、英國の參加を必ずしも必要としない」と述べています。そこでいよいよSEATOが出來て現實に東南アジアで兵力が必要となつた場合、どこからそれを持つてくるかということも問題であります。まず米國が地上兵力を送ることは國內世論からみてむつかしいことでしょう。現地人の兵力に期待をかけ得ないこともインドシナの經驗からみ

短歌

萩《はぎ》元《もと》たけ子《こ》選

清水薊

世界の眼いま日本に注ぐ時原子兵器の禁止叫ばん

井戸端に愚痴いふ主婦ら耐乏の生活《たつき》に倦《う》みし聲とがりゆく

村上千代子

物すこし貰ひし後に莫大なる支出が待つを人ら銘記せよ
（MSA締結の日に）

川澄やす

或る時は知らぬふりして或る時は耳そばだてて再軍備聽く

齊藤行子

男女平等はどこ吹く風か大學を巣立つ女にせまき職域

て既に明らかであるとすれば、米國の眼が自然と日本に向けられるに違いない。こう考えてくるとSEATOは遠い彼方のことではなく實はわれわれ自身の問題であるといわなければなりません。

アイゼンハワー大統領が四月二十七日インドシナ戰爭の重大性を強調するとともに、インドシナを失えば日本に重大な影響があるだろうといつたのは、日本がSEATOに參加することを望んでいるアメリカ政府の意向を示唆したものだと解されています。ディエンビエンフーが陷落し、インドシナ三國の行方も心もとなくなつた今日、いよいよ日本を頼りにするよりほかになく、出來るだけ近い機會に日本を同機構に引きいれようと全力をつくすものと思われます。

そこで問題になるのは吉田首相の外遊であります。吉田首相の外遊に對して國民は期待するよりも憂慮の念をもつているというのはほんとうです。百萬弗もなけなしの外貨を使つて、パンアメリカン機で出發し、二ヵ月近くも、留守にするという、そうして何しにいくのか、國會で聞いても返事をしない、なんて全くバカにしたことでしよう。内閣委員會での質問で首相は次のように答辯しています。

矢島氏　參院はいま海外派兵禁止の決議を國會に出そうとしているが、首相はそれに賛成か。**首相**　政府はいづれにせよ海外派兵は考えていないが、決議案の内容を見てからでなければ答えられない。

また**山下氏**　アメリカは東南アジア防衛機構（SEATO）の推進をしているが、首相はこれをどう考えるか、渡米の際日本の參加を要請されたらどうするか。**首相**　私には今何の知識もないので何ともいえない。

岡崎外相は外人記者會見でSEATOについて次のようにいつています。「一般的にいつて日本は反共アジア諸國の同盟に賛成である、集團防衛形式は安全と平和を維持するためにとりうる最善の手段で、出來れば日本は法的、經濟的能力の範圍内でこのような同盟に寄與したいと思つている」と。

フランスのル・モンド紙が指摘しているようにアジア防衛機構といつても、その實體は西歐諸國の植民地をおさえるための同盟にほかならないので、ディエンビエンフーの陷落で一段と勇氣づけられたアジアの民族主義的空氣がこうした機構に強い反撥を示すことはいうまでもありません。吉田首相が對日援助と引きかえにSEATO參加などの安請合いをしてきたら、日本は白人の手先と目されてアジアの孤兒となるばかりか、アジア全體を敵に廻わすような運命になり、それではアメリカの植民地にでもなるほか、生きるに道がなくなつてしまうでしよう。

自由共產どちらの陣營にも加わろうとしないインドがこれまで幾度か世界平和に對して價値ある貢献をしましたが、吾々日本もそのような足場から兩陣營が衝突しようとする時、權威ある決定的な影響力を加えることが出來るような政治を實現するために底力のある努力を重ねていきたいものです。

（二十ページより つづく）

一つの工場では輸出のために晝夜作業をすることになつたので、今日まで女子のやつていた仕事もほとんど男子に切りかえたが、この作業だけは男子にやらしてみても能率が上らなかつたので、女子の人數をふやしたという話であつた。かなり熟練のいる仕事だが賃金は會社によつて異うが、特に低いところでは日給一七〇圓、高いところで三〇〇圓位。

（筆者は公務員）

村八分を買つて出る

松《まつ》平《だいら》すず

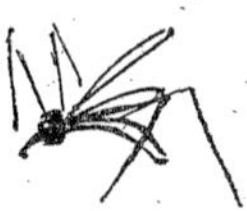

今は三年の前地方選擧で各候補者がわめきあるきました。私も村の掟に從つてメガホンを持つてなにとぞ、なにとぞ〇〇〇に淸き一票をお願いします、と叫びながら春たけなわなる田舍道を歩きました。彼方からも一隊の婦人連中が同じような狀態でやつてまいります。どこもここも男も女も仕事をしないでどなり歩いていたのです。候補者は多いので誰かは落選するに決つているのです。私の字から出た人はとうとう落ちました。村中の人を集めて會議を開いたのです。大字三十六戸全人口百五十三人、うち小兒や老人を除いて約七、八十人を集めての席上で「この落選は非常に殘念だ、とにかく村の中の住人で女のくせに女の候補者に應援したやつがある、その女のよそから來たやつが町の方へ行つて、自分の知つている女に、女の候補者に入れるようにしたにちがいない、どうもけしからん、なぐつてやりたいが年をとつている女だからよした。あんなやつは村を追放すべしだ」というわけ。選擧は自由なり、と信じていた私はこれが私に與えられた公衆の席上での挨拶です。すぐ發言して意見を述べようと思いましたが、まて！　こんなわからずやを相手にして傷でも受けては損だ、逃げるべし、とすぐ家に歸り駐在員に轉出を申出た。「行く先きはどこですか」「どこでもよい轉出證さえもらえばよい」自分の所有の土地に自分で住宅を作つて住んでいる者を大字から追放するということなら自分一戸獨立でよい、何も村つき合いの必要を感じない、結局村八分を自分から買つて出たわけです。

その後私は今まで道掃除に年二回出なければならなかつたがそれが無くなつた。村の祭りの供物（野菜やお米など）もなくなり、寺のお初穗（米や麥）も出なくなり、村費として毎月相當の金額を徴收されていた（男の人達の飲み料も含まれている）のも出さなくてよし、あれやこれやで年額につもると大きな金額が出なくて出費が少なくなりました。税金だけ納めればよいわけで大いに助りました。私にとつてはこの事件による村八分、まことに好都合で何も困りません。

また來年は地方選擧でどんな事が起るかわかりませんが、三年前落選した人もこんどこそはともう運動にとりかかつておられるとか村の人が私に知らせてくれました。まあこれが地方の田舍の風景でしよう。

田舍の人は淳朴でよろしい、正直でもありますがとにかく封建的で男の人には事のよしあしを問わず從順です。

この三十六戸で婦人會が結成され、行事として何をやるかの問題で多數決で次ぎのようにきめられたそうです。

一　**月のはじめに婦人會總出して村の神社の掃除をすること**

二　**十二月より三月まで夜、寺の僧侶をたのんでお經のけいこをすること**

三　**その他**

そのうちでもお經を知らない人があるから村の婦人會で是非おぼえておつとめするように、ということで大多數がそれに賛成したのです。目下婦人會長はこんど再び立候補する人の奥さんです。

（愛知縣・老婦人）

解説

不景氣の物價高

芹《せり》澤《ざわ》彪《ひょう》衞《え》（談）

なぜ物價は下らないか

デフレという言葉が盛んに使われ、不景氣の聲が高くなつて、卸賣物價は値下りを示していますが、小賣物價には大した變化がみられません。ものによつては纎維類、皮革製品などかなり安くなつていますし、その他季節的な値下りはありますが、全體的にみて物價は下つておりません。一般にデフレとか不景氣とかいうとお金の價値が上り、物價が下るというのが常識ですが、なぜこういう一見、變則的な現象が起つているかというと、次の三つの原因があげられます。

第一は卸賣物價と小賣物價の値下りの時間的なズレで、大體卸賣物價が先に下り、小賣はそれから半年乃至一年後にはじめて下つてきます。今小賣されているものは少くとも半年前に仕入れたものですから、その仕入時の値段で賣られているということが一つ。このほかにまた卸賣値と小賣値の開きがあります。卸賣で三〇%下がつても小賣では二〇%くらいしか下らないのが普通です。

第二には統制の關係があります。政府の援助によるカルテルで物價の値下りを喰止めているという事が大きな原因となつています。

第三には獨占價格の影響が數えられます。その代表的なものが綿糸で、織物は下つていますが綿糸は少しも下つておりません。つまり大企業が事業を獨占して同業者間で勝手に價格を決め値段を維持しているからです。

このほか、統制と獨占が結び合つた許可制による價格というものがあります。電氣料金鐵道運賃などがそれで、獨占事業ではありますが同時に公益的性格も持つているので企業體が勝手に値段を決めることができず政府の統制を受けています。従つて營利會社として自由に値段を動かすことができない。例えば戰前の割合で考えると、電氣料金は他の物價と比較すると確かに低い。しかし、國民生活からみると高い、と言つてこれを戰前の比率にされては堪らないというので大部分の人が反對しています。そのため一月の値上げが延期になり七月に持越されたわけですが、ちようど上四半期に四十億以上の利潤が上つたので、七月の値上げは認められないだろうとみられています。

賃金と物價は惡循環しない

次に賃金と物價の關係を一寸述べておきましよう。賃上げ要求のストライキが起りますと資本家やジャーナリズムは揃つて賃金と物價の惡循環ということを言い、賃上げするとそれだけ購買力が増え、インフレの原因となると書きたてます。しかしインフレというものはそういう原因から起るものではなく、むしろ資本家とそれを代表する政府によつて惹起されるもので、賃金値上げとは關係がありません。言うまでもなく賃上げストは、資本家の利潤を勞働者にも分配せよという要求の現われです。ところが資本家は賃上げをして減つた利潤を物價にかぶせ、大衆から吸上げて、従前通りの利潤を確保しようとしています。しかし、それが出來るのは獨占企業に限るわけです。だから獨占企業は賃上げをしなくとも値上げは出來るわけで、ただ機會的に賃上げが一番好都合の値上げ理由に使われるわけです。もし、賃上げをしたために經營がなり立たないというならば、それは賃上げのためではなく、企業そのものがすでに時代に合わなくなつている證據です。最近群馬縣のある私鐵ではバスに押されて潰れた會社がありますが、今日では經費のかかる鐵道は輕便なバスと競爭できなくなつてきています。それにもかかわらず勞賃が高いから經營がなりたたないとか、運賃を上げるとかいうのは資本家の一方的な言譯で、根本的な誤りと言えましよう。

溫泉、料理屋はなぜ繁昌するか

それから一般の方が妙にお思いになるのは不景氣だと言いながら、溫泉や旅館や料理屋が繁昌していることでしよう。どうしてこういう現象が起つているかと申しますと、一つは會社が春秋の慰安會を行うようになつたためです。賃上げするより安上りで、また恩惠的な意味を含くませて階級的な對立をぼやかすという、資本家のごまかし政策からきています。

また一方には家族客が多くなつていることも事實です。これは收入が中途半端なため、謂ゆる帶に短かし、襷に長しでまとまつたものを買うほどもないから家族中で樂しんでしまえ、というわけでこんなところで費つてしまうのでしよう。しかしこの心理は社會不安とインフレへの危念から來ているもので、個人的な反省の缺除もありますが、それよりも今日の政治のあり方に大きな責任があると思われます。

デフレもせいぜい今年一杯

最後に物價の見透しについて言えば、これから秋にかけて大體物價は下る見込みで、むしろ下りすぎて中小企業が潰れる恐れが充分あります。輸入割當が減つて物によつては上るのではないかと考える人もあるでしようが輸入量が二割減つたとしても諸買力が二割減れば同じことで、まず値上りの懸念はありません。

しかしこれも精々今年一杯くらいでその後はインフレになると思われます。というのは政府がデフレ政策を押し切れなくなる見込が大きいからです。資本主義社會は資本家を擁護する建前から成立つているもので、政策もまたそれを基調とし、本來的に國民生活の保障はしない。ところが國民の政府に生活の保障を要求する聲はますます强くなつてきています。この間にあつて政府はどうしたらいいか分らなくなつています。一時修正資本主義などという言葉が使われましたが、そんなごまかしではとうてい乘り切れるものではありません。根本的には社會改革迄行かなければ解決できない問題です。しかし、何とか現狀にかぢりつきたいというので、そこまで行く間にインフレを起して實質的な賃下げ運動を起すだろうと思われます。

日本を植民地化する吉田内閣

今日の日本は、ちようど家内中で浪費を行い赤字を借金で埋め合せているといつた狀態です。こんどの吉田首相の外遊の目的が一億二千萬ドルの借款にあると言われていますが、七億一千萬ドルの特需が五億ドル臺に減る見込みなのでその穴埋めの積りでしよう。しかし特需そのものが大半は軍需産業と武器貸與費に廻るので國民生活はそれだけ消費物資を減らされることになります。從つて政府の宣傳ほどは日本經濟の再建に役立つものとはなりません。それにもかかわらずアメリカから借金しなければ日本は立行かないという人は妾くらしか乞食生活を望むようなもので、獨立國の國民としての資格を缺いていると申すほかありません。吉田内閣の政策を押し進めて行けばちようどかつてのフイリピンと同じようになるのは火を見るより明らかで、自主獨立を願う國民のとうてい堪え得られないところです。（文責・菅谷）

主婦のこえ

ヒギンス演說はなにごと

北《きた》田《だ》俊《とし》子《こ》

五月十六日の讀賣朝刊を見て私は驚いた。

日本は軍事同盟國、再軍備を既定の事實と見る

アメリカ三軍記念日にヒギンス少將演說。威赫倒な特大號の活字が一面トップを飾っていた。もちろん私はヒギンス少將の演說なるものの原文を見る機會はない。譯語としてあるいは多少のニュアンスの相異があるかも知れないが、大新聞がトップに載せた記事である、おそらく意味を誤るようなことはないだろう。とすればこれほど奇妙な話はない。一體この國は誰のもの、政治は誰のために行われているだろうか。再軍備はいたしません、憲法改正については考えておりませんという吉田首相の言葉はその抑揚まで耳底に鮮かに響いている。その無軍備の國が外國と軍事同盟を結ぶというのはいかなる論理によるものか、しかも再軍備は既定の事實と外國軍人から發表されたのだ。私たち國民がぼんやりしているのか、政府が魔術使いなのか知らないが、いずれにしてもこんなおかしな民主主義獨立國家というものがあるだろうか。

汚職、保守合同のかけひき、謂ゆる重要法案と稱する數々の惡法の上提、通過。一々悲憤慷慨していたら憤死しそうなこの頃のありさま。そういう國民の怒りや歎きをまるで龍車の蟷螂を踏みつぶすようにして、政府は所定の方針を着々と進め、野黨の質問に對しては、「答辯の必要はない」、「答辯の段階ではない」と卑怯な遁辭を弄して逃れ、最後には數にものを言わせて押しまくるというやり方は、何か合法的な暴力という感じがしてならない。

民主政治というものは「話合いによる政治」と理解している私には吉田首相をはじめ閣僚の態度が解しかねる。時には面詰してやりたい怒りにも馳られるが、そんなことも無意味と悟れば、せめて革新派が三分の一の議席を占めていたならば、との歎きに變る。

「……日本をアメリカに賣り渡し、共產黨を育てあげた吉田內閣……」とある右翼團體の青年が叫んでいた。私はまたこんな人たちが飛び出してきて、とうそ寒いものを感じつつ、單純性急な青年を右か左かの兩極に走らせる政治のあり方に改めて腹を立てながら聞えていた。

考えてもみよう。選擧のたびに國民からとつくにあいそをつかされているはずの自由黨が大勝し、支配者は勝手放題なことをして無智とエゴイズムが正義を良識を壓迫している今日の日本、血氣にはやる青年ならずとも默してはいられない世狀である。

識者は言う、現代青年はスポーツ、映畫、パチンコに自己疎外をし、おそるべき政治的無關心に陷っている、と。果してそうだろうかと私は自家の息子を省みながら疑問に思う。鳴かない猫は鼠を取るとばかりはかぎらないかも知れないが、强いて政治に無關心を裝っているかに見えるこれらの青年の沈默がむしろ私には不氣味である。人間の忍耐にも限度があろうから。

ヒギンス少將よ、私は母の立場から敢えて申し上げましよう。吉田首相はあなたの國の政府とどんな約束をしているか知らないが、おそらく日本の青年はあなた方の自由にはなりますまい。吉田內閣の人々のみが日本人ではないのですから餘り身勝手なことは仰言らないように。

（板橋區・四四歲）

職場のこえ

寮母の生活から

大《おお》友《とも》一《かず》枝《え》

私は關西のある紡績工場の寮母として二棟二百名餘の相談相手をしています。九州は鹿兒島、東北では岩手を中心とした十五六の可愛い娘たちが背中に大家族の希望と貧乏を背負い、安定所の出張員に連られて團體でやつてきます。粗末ながら精いつぱいの晴れの洋服で、たいていズックの運動靴の買いたてをはいてきます。かの女たちは家でも一ぱしの働き手なのでしよう、みんなかたいてのひらをしています。

故郷は遠いし、働いたお金の大半は家に送金する娘たちは、時々ボンヤリとした氣持になつたり、特に生理日のあたりはなんとなく外出する先輩のパーマやハイヒールや一應の洋服が氣になつたりするようです。そうしたこころのゆるみが公休外出の時、こわごわ立寄つた飲食店のレコードや、氣のきいた會話に外國遊學でもしたような氣分になり、ほんのちよつとしたことから社會の「陽のあたる場所」から消えてしまうもろさに通じているので氣が氣ではありません。「みんな幸福になつてもらいたい」そのため娘たちのひとりひとりが自信と勇氣と賢さをもつてほしい、と一生けんめいです。しかし寮母の仕事は忙がしく、娘たちに充實した生活をさせたいと願いながら思いばかり先走つてヘトヘトに疲れてしまいます。それに娘たちも大人になつてきますしむつかしい問題です。

イライラするのは雨のないせい
だまりこむのは疲れのせい
なにもかもひどく遠い
ひきつめ髪の先生たちは
本物の生命だけを救えるのみ
オールドミスは爪をきり
未亡人はアクビして
夜更け女子寮の赤い電氣
その中でいねむりする動物の平和

そんな狀態のなかから變てこなことがたくさん生れてきます。病氣だといつて起床しない子がふとんをはがれると平氣で笑いながら仕事に出かけたり、腹痛の子がお粥の要求をしながらスルメをかぢつたり。

私は成績の上らない寮母でふとんをめくるようなこともできません。ある公休日私は前から寮生に連絡して外出しましたが、その日一寮に二十名の病人ができたと聞いて心配して早早に歸り、寮を見廻りました。僞病氣の娘たちはふとんの上でお菓子の袋を破り、流行歌の合唱をしていました。ねそべつて貸本を見ている娘もいました。それはまだ良いのですが、次の部屋には娘たちは一人もおらず、押入の中でクスクス笑つているのです。受持つて一年過ぎたのです。私のやり方は間違つていたのでしようか。主任は嘲い、同僚は私の仕方が惡いのだと言いました。その夜寢つかれないところに寮代表がきました。昨日からはみんなきつとよい生活をするというのです。三日ほどして寮はきれいになりました。娘たちのこんな素直さが、自分自身のほんとうの幸福のためにまた社會のために役立たせるようにするには一體どうしたらいいのでしよう。（投稿）

ランカシャイアの旅

山《やま》川《かわ》菊《きく》榮《え》

一月なかば、雪もよいのロンドンの空は暗くて、正午だというのに日の暮れ方のよう。汽車が市街を出はずれると目路の限り、びろうどをしきつめたような緑の牧場がつづく。ときわ木のない北の國の冬は、木という木は一枚の葉もつけず、灰色の空に裸の黒い幹がぶあいそうに突立ち、黒い枝をうねらせているだけで、まことに寒々とわびしい風景だがま冬にも色の變らぬこの緑の牧草地だけは、いつ見ても目のさめる思い。はてしなくひろがるその緑のもうせんの中に點々と散る赤まだらの牛、黒い馬、灰色の玉のような羊、そしてホワイトサセックス、ロードアイランドなど白や暗赤色の鷄の群は、いかにも平和なのびのびとした眺めである。

車窓の外は雪まじりの雨。四人づつ向い合せに乘るように坐席の備えてある三等車の室内には勞働者の妻と思われる五十がらみの婦人と、二三才のかわいい女の子をつれた、これも勞働階級の人らしい二十二三の若いお母さんと私だけ。肘枕をして坐席に長々とからだをのばしていた中老婦人は、食堂から歸つた私を見ると足をひつこめながらまだ寢たままで、

「どう？　食事はおいしかつた？」

と、あいさつぬきでいきなり聞いた。まるで昔から懇意な向う三軒兩隣のおかみさんにでも話しかけるように。見ず知らずの他人、殊に目色毛色の變つた外國人を相手とは思えない親しみのこもつた調子だつた。英國人はひどくしかつめらしいというが、やはり勞働者は氣さくらしい。

若いお母さんは大きなもめんの手さげ袋から出したサンドウィッチやビスケットを自分の娘と同じように、氣さくなおばさんや私にもわけてくれる。まるで一家のよう。大きな縫ぐるみの熊公テディ・ベヤは英國中の子供のお氣に入りで、親に手をひかれて散歩するよちよち歩きの子供も腕にかかえこんでいれば、乳母車の中の赤ちゃんもテディとご同乘が多い。アンとよばれるこの子も黄色い熊さんをテディ、テディとよんで坐席の上に寢せたり、起したりしてはキャッキャッとはしゃいでいる。

「どんなおもちゃよりもテディが好きなんですよ」と若いお母さんがほほえんでいる。二三才かと思つたその子はまだお誕生がすんだばかりという。すばらしい發育だ。例のおばさんはこの母子が郷里のお祖母さんの所へ遊びにいくと聞いて頬をほころばせ、

「おばあちゃんがさぞ喜んで待つてるだろ、いいねえ」

とこんな時日本人でもいうに違いない言葉をくり返しては子供をあやす。とても外國に來ているとは思われない。坐席をおりたり上つたり、室から廊下へ出たりはいつたり、さかんに活動していた子はいつかころがつてすやすや寢入り、お母さんは毛糸のショールをかけてやつた。やがて炭鑛地帶に入るとおばさんがあいさつしておりて行き、まもなくマンチェスターの一つ手前の驛で母子がおりる。お祖母さんが迎えに來、車窓の外で久しぶりで孫をつれて歸つてきた娘をだいてキスする。

四時半頃マンチェスターにつく。改札の所に出迎えてくれたのが織工協會副書記のバンクロフト氏。「ミセス山川ですね」とすぐ見つけてあいさつする。ここで支線にのりかえるのだが、日本より舊式で連絡が悪く、支線の驛まで五六丁はなれている。バスもあるが、町を見せて貰いたいので歩くことにする。

保守黨にだまされた！

建物はれんがで堂々としているものの、道幅は廣くなく、産業革命の古巣だけに町中煤けてどす黑い。綿取引所とある四角い大きなビルディングをふり仰ぐと、英國資本主義の記念碑を見る思い。たしかに世界史にのこるこの國の史跡の一つであろう。

支線の汽車に乘り窓際にさし向いに腰をおろすが早いか、バンクロフト氏の口から堰を切つたように勢こんだ言葉が流れだす。時は總選擧で保守黨に政權が移つてまもない頃だつた。

「ね、信ぜられますか、このランカシャィアで勞働黨がトリー(保守黨)に負けるなんて。勞働者がトリーに投票したんですよ」

全くがまんができないという調子。

「ほんとに勞働者がトリーに投票したんですか」

と私も熱心にきいた。かねて保守黨がそんな噂をまきちらして鬼の首でもとつたようにいつていると聞いたので。

「ほんとですとも。そのくせ先生たち、投票したすぐあとでもう後悔してるんだ、『ああおれはとんだことをしちやつた、トリーの奴にだまされた』とね。何というバカだ！　ね私は十二才から織機の前で働いて二十五年にもなる織工ですよ。だから勞働黨の政府になる前、この地方の勞働者の生活がどんなだつたかつてことはイヤというほど知りぬいてるんです。ちとばかり景氣がいいかと思うとすぐ不景氣だ、失業だ。子供の頃からこの方、年中氣の休まつたためしがなかつた。そのあげく、あの一九三二年の恐慌でさ。私はまる三年間失業したんです。その頃はまだ若造で女房子供はなかつたが年とつたおふくろをかかえていましてね。何でもする氣になつてもどこにいつたつて仕事はない。てんで働かしてくれる所がない。背に腹はかえられない、とうとう私は救貧事業にすがつた。どうです、あんた考えられますか、ランカシャィアの人間ときたら英國人の中でもとりわけ誇りが強く、獨立心が強いので通つてるんですよ。そのランカシャー人の私が慈善事業にすがるなんて、どんな氣持だつたと思います？　でもそうするよりほかに仕方がなかつた。でなければおふくろを飢死させなけりやならなかつたんですからね。それが、今はどうでしよう？　失業の苦勞はなくなつた。病氣しても年をとつても飢死する心配はない。もう慈善家の袖にすがらなくてもいいんです。これがみんな勞働黨のおかげなんです。それなのにトリーの口車にのせられる奴がいる。ランカシャーでわが黨がトリーに負けるなんて」

とバンクロフト氏は胸の中に一杯つまってるものをはきだすようにして、聲は低いが、熱をこめて一と息に話した。がそこでふとみずから嘲るようにニヤリとした。

「だがね、考えてみると吾々は金がないからどこへ行くんだつてテクでしよう。トリーときたら自由に車で走り廻るんだから叶いませんや」

しかし負けたとはいつても前年(一九五一年)の總選擧で勞働者の總得票數は千二百二十萬、保守黨より二十萬票多く、小選擧區制のため議員數に於ては小數の差で勝を讓つたが、捲土重來の日を期して待つことができそうに思われた。

WEAの討論會

二十分の後マンチェスターから北へ十五マイルのボールトンという町につく。驛前のレストランでバ氏と私、織工協會の書記長ミス・フォリーと織工のミセス・ウッドの四人で食卓をかこむ。ミス・フォリーは五十ぐらいか。病氣で病院に通つているので時間の都合がつかず、マンチエスターまでの出迎えをバ氏に代つてもらつたといつていたが、やせぎすでおもやつれはしているが美しく上品な人で、言葉にも珍しくなまりがない。一體に勞働者の言葉は分りにくいし、特に地方にいくとそれぞれなまりが强くて、只さえ耳が惡くて日本語さえ聞きとりにくい私のこと、外國語の、しかも田舍なまりと來てはもて餘したものだが、この人の言葉は實にきれいな標準語で助かつた。それによく行届く親切な人でこの人が傍にいるといろいろと先まわりして說明してくれるので一層助かつた。日本流に考えて大學出のインテリかと思うとどうして、これも十二才から働いたきつすいの織工で、早く父親に死別し、三人の弟妹をかかえて母と共に働いて一家を支え、正規の教育は六年間の義務教育だけ。あとはWEAの夜學で勉强したという。WEA—勞働者教育協會というのは一九〇五年にできた教育團體で勞働組合、協同組合その他進歩的な諸團體や個人の協力のもとに發展し、今では全國の都市に網の目のように支部をもち、夜學や講習會を組織し、機關誌やパンフレットを發行している。私はロンドンのその本部を訪うて幹部の人にも會つたが、經營には加盟團體の會費のほかに政府の財政的援助もあるという。では干渉をうけるだろうといつたら、そこがわが英國の他國とちがう所で(これは結婚指導協會という所でもきいたことだが)政府はこの事業の必要を認めて補助金を出すだけで、運營に加わらず仕事は一切吾々に任せきりだとのこと。しかし講師の名簿は文部省に提示する慣例になつており、必要に應じてその意見を參考にするだけだという。講師は大抵その地區の大學教授などの中から選ぶのだが、その人選にはその課目を學ぶ學生の同意を必要とし、學生には好まぬ教師を拒否する權利がある。課目は數學、物理學、化學、語學、經濟學、法律その他さまざま。私はロンドンで勞働法の講座を傍聽させてほしいと申込んでおいたがその機會を得なかつた。WEAの課目は必ずしも鬪士養成の目的だけでなく、一般的な教養講座から特殊なものにまで及んでいるが、TUC(總評)はじめ諸單產も相當多額の會費を拂いこんで組合員の一般的教養を高め、また勞働關係の特殊の講座を設けて幹部養成にも努めている。組合幹部といえば日本では大部分が大學出のインテリだが、英國の場合は職別又は作業別組合が基礎となり、更にそれらが産業別に大きく組織されているので、從つて幹部や代表者は直接にその職場から出てくる。ホワイトカラーは事務職員の組合に屬し、直接の生産者を代表しない。勞働者はまた組合幹部として必要な知識や技術を習得するためにWEAのような機關を利用する者が多く、ミス・フォリーなども實にりつぱなもので、人柄と言い、能力と言い、中央の最高指導者として恥かしくない人物という印象をうけた。勞働黨の議員の中にもWEAで學んだ人が多く、またここで、教師をした前歴のある人も少くない。

みぞれのふる寒い夜だつたが、この夜さつそく私はミス・フォリーの案内でWEAを見學した。ミス・フォリーは選ばれてボールトンのWEAの會長もしていた。

「今夜は討論會があるんですよ、『アジアの後進國にとつては東西いずれの民主主義が人民に幸福をもたらすか』という題でね。きつとあなたには面白かろうと思つてご案内したんです」

とミス・フォリーはいう。ついた時、會はもう始まつていた。建物は普通の校舍、晝間は中學校、夜はWEAが使つており、黒板の前には講師の机と椅子、それと向い合せに學生の机やベンチが並んでいる樣子も日本と全く同じ。ただ三十人くらいが定員らしく、机の數もその位、教室も小さかつた。學生といつても來ている人にあまり若いのはなく、二十五六人のうち女は十人にたりなかつたが、男女いずれも三十前後から四十代か。しらがの交つた人も少くなく、いかにもおちついたおやじさんや、おばさん級の人の多いの

俳句

星野《ほしの》立子《りつこ》選

高級車來る來る凶作視察とか　宮城　高橋　草子

いとけなく麥踏む母のあとやさき　明石　若林いち子

銀座とは毛皮とは我に遠きもの　東京　關口　まさ

背の子も母もほほかむりして急ぐ　山梨　奥野　とし

祭衣の縫ひ遲れたるミシン踏む　東京　安藤　幸子

死にし蟻抱えて蟻の穴に入る

胼(ひび)の手を重ね口答試問受く　大阪　富田　由紀

ばいばいと背の子悴(かじ)む手をふりて　筑後　池尾　佳子

內職の毛絲編む夜を遠蛙　東京　山本　まさ

入學の十日や帽子かけにかけ　京都　河本　花子

參考

こでまりに端居の頃となりしかな　東京　富安　風生

連翹にみえて居るなりかくれんぼ　鎌倉　高濱　虛子

が日本と著しくちがう點だつた。日本の場合、夜學といえば獨身の青少年に限られ、その目的は大抵何かの資格をとるとか、學歴をつけるとかいう手取早い實用的或は功利的なものが多く、男でも家庭をもつた中年以上の人がこういう所で勉强することは考えられない。近頃成人教育が唱えられても、成年男子は無關心である。そのくせ歡樂街はどこも、押すな、押すなの盛況なのだから暇がないとはいえまい。もつとも英國でも皆心がけのいい勉强家ではないにきまつているが。

「東西の民主主義」というのは西歐型の議會制度と東歐型の人民民主主義をいうので、もちろんこの夜の出席者の中では議會主義が絶對多數だが、その質問や反ばくを一人でうけとめて氣えんをあげているのが共產黨員。血色のいい丸顔の大男だつた。結局言論の自由のない所に人民の幸福も民主主義もある筈はないという意見に對し、彼はソ連やその同盟國には西歐よりはるかに大きな自由があると主張して讓らない。みな席についたまま、最後列の壁ぎわに陣どつている共產黨員の方にからだをねじむけて自由に發言する。熱心だし、どちらも讓らないが、興奮したり、どなつたりはしない。あくまで冷靜だ。座長もなし、發言の時間も制限されないが、ひとりで長廣舌を振う者はなく、要領よく簡潔に意見をのべる。ひとりわざわざ席を立つて講師の前に進み、皆の方を向いて話したのもいた。こんなことも銘々のすきなようにやつている。その人は卅五六か、日本人くらいせいの低い、顔もからだも丸い平凡な事務員か受付係でもやつていそうな人だつた。共產黨員をさして、「君はロシアには英國にないような大きな言論の自由、政治的自由があるという。ではなぜ政治的意見のちがう者の存在を許さないのか。政府を批判する者は生命をおびやかされる。いくら君が否定してもこれは事實だ。そんな國にどうして言論の自由があるといえるか。言論の自由のない所に、人民の本當の幸福はあり得ない。後進國の人民も先進國の國民と同樣自由がなくては幸福でない。自由を得てこそ彼らは彼らに最も適した政治、最も適した民主主義の型を發展させることができるのだ」と彼は主張した。雄辯でもなく、演說口調でもなく、ふし目がちにブツブツひとり言でもいうように、素朴な調子で話すのだが、いかにも借物でない、自分自身の言葉で卒直に語るという風だつた。ミス・フォリーは私にささやいて結局これは結論の出る問題じやありませんね、という。最後に講師の簡單な講評も同じようなことにおちついて散會した。私のうしろの席にいてたびたび活發に發言した人は、太いゆつたりした聲だが中氣の人のようにいささかふるえ氣味で、だいぶ年寄らしく思えた。歸る時紹介されたら、その人は八十五歲の老人だつた。この人はこの町にWEAが創立されてから五十年間、終始熱心な協者力で育ての親といつてもよく、今もああして出てくるのだという。見あげるような大男で、純勞働者、そのいうことは正々堂々、論理的で、若い者と議論してもひけをとらない。

織工の家で

ミセス・ウッドの家は赤れんが二階だての長いアパートの一角にあり、入口のドアから奥へ續く暗く狹い廊下の左手に二室、その奥に臺所、臺所のそとの空地を突切つた向うの端に便所、その外は塀をへだてて道路となつている。廊下の行留りは狹い急な階段で、二階には客用の寢室と夫婦の寢室、浴室がある。私のとまつた客用の寢室は十疊もあろうか、ダブルベッドに毛布に羽ぶとん、壁に大きな姿見鏡のはめこまれた下が煖爐、タンスやら書物机やら、なかなかよくととのつている。この家は七十萬圓で買つたのだという。便所が屋外で遠く不便なので、二階につけるためお金をためているのだが、その位のことでも十萬圓はかかる見込みで容易なことではないという。

主婦のエリザベスは、やはり十二歳から働いて今は四十五になる織工。ご亭主のジョンは四ッ年上のエンジニヤ（機械金屬工）。紡績會社に出てはいるのだが、仕事が機械の方なので纖維の組合ではなくエンジニヤの組合に屬している。エリザベスは中肉中ぜいのがつちりした體格、よく働き、よく語り、よく笑う、下町のおかみさん風の氣さくであけつ放しな人。私たち結婚して廿五年になるのにまだ子供がなくて、と一寸淋しそうな顔をした。英國では組合が企業別でなく、職別で横につながつており、組合費天引などの例はなく、任意に拂込むので、組合の中にコレクターという會費徴集人がある。多くは無給の奉仕だが、中には有給もあり、交通費だけ實費を支給されるのもある。勞働黨も同じこと。ところでわがエリザベス夫人は組合と黨と兩方のコレクターを無給でやつており、一週のうち二晩を組合に、あと二晩を黨の仕事に捧げている。このほかに月一回勞組地方評議會の定時集會があり、その役員もやつているし、州勞働委員會の委員でもあるからその方にも出なければならぬ。なかなか忙しい人だ。

ジョンは丈の高い、頰のうす赤い、無口なおとなしい人で、いつもにこにこしておかみさんが一人でにぎやかにしやべつたり動きまわつたりするのを、さも樂しそうに眺めている。非常な音樂ファンで器樂に凝り、WMA―勞働者音樂協會の一員。素人演奏會などには一役もつてちよいちよい出かけてゆく。音樂仲間のミスター・ミドルトンという丈の低いパンやき工が親友で夜はよく遊びにくる。これも無口な人で、大きいのと小さいのと、見すぼらしい服裝の二人の勞働者が、煖爐の前に腰かけて、別に何を話すでもなく、默々として、しかし樂しそうに、小鳥のさえずりでもきくようにエリザベスのおしやべりをきいて微笑している。英國人のような犬好きもあるまいが、ウッド家でも犬猫各一匹を飼つており、ミドルトン氏もいつも犬をつれて遊びにくる。或晩どうした拍子か、いつも仲のいいミドルトン氏の雌犬とウッド家の雄犬とがワンワンキャンキャンつかみあいの大げんかをやつた。南北朝鮮みたいなもので、どつちが先に手を出したのか、ほんとに惡いのはどつちか分らない。がジョンは自分の犬を抑えてひきはなし、おまえジェントルマンのくせにレディに對してそんな失禮なことをしてどうするのかね、とたしなめた。國連よりは押しがきいて二匹の犬はおとなしくなつた。「レディ」のご主人ミドルトン氏はお手製のお菓子などをおみやげにもつてきて皆にごちそうすることもあつた。

ウッド夫妻は幼なじみで、子供のうちから兄弟のように一つ家で育つたのだという。ジョンの父親は鑛夫で十八人の子福者。その多勢の子供をおいて母親が死んでしまつた。この邊は鑛業地帶なので代々父は鑛夫、母は纖維女工というのが大抵の勞働者の家庭の定石で、エリザベスの實家もそうだつた。近所同士で見ていられないので彼女の母親がジョンの世話をし、八歳の少年だつたジョンを引とつて自分の子供たちと一所に育てた。また子供たちの通う學校の女の先生が、母のない多勢の子供たちの目もあてられない姿を見るに忍びず、職をすてて進んで貧しい鑛夫の妻となり、子供の母となつてくれた。こういう女仲間の献身的な愛情で子供たちは無事に育つたのだつた。エリザベスの母親は七十近い年寄で今は一人ずまい。私の所は子供もないし、ちようどいいからここへおいで、一所に住もうといつても、達者な間は、一人の方がいいといつて來ようとしないという。

ミドルトン氏も、もう相當の年だから子供の二三人もいるものと思つて私は「お子さんはいく人？」ときいてみた。ミ氏は答えようともせずニコニコしている。エリザベスがそばから、

「ミドルトンさんはまだ獨身なんですよ」

という。

「なぜだか分ります？　それはね、私たち夫婦をみてるから、おかみさんなんかもつのまつぴらなんですとさ」

とミ氏の背中をたたいてハッハハハと笑いとばす。つりこまれて皆ふき出した。

學校も事業所も商店もユダヤ人の店のほかは――土曜日曜共に休みなので、金曜の晩から週末休暇といつていい。そういう金曜の夜、音もなしにドアがあいて十一二のかわいい女の子が現われた。金髪に空色の目、羽二重のようにきめのこまかな白い肌、まるい頰。チエックのスカート、綠のスウェーター、いかにも粗末なみなりで、挨拶なしで椅子に坐り、もつてきた新聞包みを開くと屋臺店で賣つてる精進あげのようなもの。英國にもこういうものがあるのかとなつかしい氣がする。

ジャンというこの子はエリザベスの妹の娘で、父親は戰時中兵隊にとられてアフリカで戰病死、母親は病氣しているし、あとには小さい妹が一人いるきり。家庭がさみしいので週末休暇を伯母さんの所ですごしにやつてくるのだそうで、子なしの家庭には全く娘同樣の存在だつた。私はすぐこの子と仲よしになつた。日本からもつてきた童謠の繪本をみせて繪の說明や童謠の反譯などをしてきかせる。「空にはキラキラ金の星」という文句をどう譯そうか、と思つたとたん、五十年の昔、女學校の一年にはいつた時に習つた「トゥィンクル、トゥィンクル、リツル、スター」の歌をおもいだして「トゥィンクル、トゥィンクル、ゴールヅン、スター」としてみた。そういう繪本や日本の切手をジャンにやつたらあとで學校にもつていき、日本のものは始めて見た者が多く先生も生徒も大喜びしたという。

ジョンの仕事は七時半に始まり、エリザベスの方は八時なので、ジョンの方が先に起きて一人で食事をすませて先に出かける。夫婦とも出かけたあとは犬と猫とが仲よくるす番を承る。石炭のチョロチョロもえている煖ろの前のボロだが大きな安樂椅子を一つずつ占領して。茶の間にあたる十疊ほどの廣さの食堂の隅にはピアノ一臺、眞中に大きな食卓、それをかこんで粗末な椅子が三ツ四ツ。この室には小さな窓が一つきりで日光は殆んどはいらず、廊下に通ずるドアはよくしまらない。隙風がひどいのでボロの上着を入口の隙間におしつけて風を防いでいる。いくら道がよくても外を歩いて濡れた靴のままで室にはいるのはいやなものだがみな平氣だ。善良そのものといいたいジョンは一日働いて歸ると煤だらけの作業服のまま食卓に向う。顏にも手にも煤がついたまま。日本人なら一寸手や顏を洗つてドテラにでもなるのになあと思う。食後エリザベスと雜談していると、

「私ジョンには全く腹をたててるの」

という。なぜかと聞くと、

「ごらんなさい、彼はまだ顏を洗つてない」

ほんとにジョンの顏は生地が白いのに煤がついてぶち猫のよう。しかしこのぶち猫氏は童心そのものといいたいような柔和な無邪氣な表情で人間と話す通りに犬と話している。ジェントルマンと呼んであがめてみたり、バッドボーイとけなしてみたり。

工場見學ルポ

年かさの婦人の職場

杉《すぎ》 眞《しん》 子《こ》

デパートでも、銀行でも、工場でも、若い婦人たちが多勢働いている。學校を出てから結婚するまで稼いで、貧しい家計を助けたり嫁入りの仕度をしたりしようとするのが、一般の働らく婦人の希望である。これが、元氣でやすい勞働力を熟練のいらない單純作業に利用しようという經營者の要望とぴつたり合致するわけである。三年位でお嫁に行つてくれれば、大して賃金もあげなくてすむ。

ところが、長い間、家庭の外に出たこともないのに急に働いて一家を養わなければならないという婦人は、——多くの未亡人はそうである——年令も高いし、手に技術はない、扶養家族はある、長く働きたいというので資本家から歡迎されない人たちである。これらの婦人たちは一體、どんな風にして働いているのだろうか。內職をしている人、かつぎ屋をしている人、屋臺を出している人など樣々であろうが、私はその人たちを工場の中に探してみた。

製紙工場

靜岡縣の富士川の河口に橫わる富士市には大小の製紙工場が幾つかある。私の訪ねたのは、從業員一二〇〇人位の近代的な工場と、四〇〇人位の古い工場だつたが、いずれも木材パルプからの一環作業をやつている。最近紙の賣行が不況で、製紙工場の賃金の遲配や人員整理も現れてきているそうである。晝夜三交替作業と危險作業が多いために、女子勞働者は少いが、どうしても女子でなければできない仕事もある。

一かかえも二かかえもあるような原木が皮むき機のうづまく水の中で、ごろごろごろとお芋のように皮をこすられ、ベルト・コンベアーにのつてドッドッと傾斜を落ちてくる。それを男たちが手かぎで受けとつている。騷音と濕氣の多い荒つぽい職場である。その一隅に中年の婦人が幾人か働いている。機械でとれない皮を道具でかきとる仕事である。一日中中腰で冷いぬれたコンクリートの上で働いても、日に二〇〇圓足らずの賃金しかもらえない。

紙の品質檢査。これも、製紙工場の中の數少い婦人の職場である。どこもかも、科學と機械の粹を集めたような大工場の中で、これだけは、どうしても纖細な婦人の手をわずらわさなければできない仕事である。左手で素早く紙をめくりながら、右手でさつと不合格品をぬきとる早わざはまことに見事である。ここにも四十に近い未亡人が働いていた。七年の熟練者である彼女は、もと洋裁の內職をしていたが、それでは生活が不安定なのでこの職場に入れてもらつた由、若い中に覺えれば何でもない仕事だが、年とつて新しい仕事についた時は辛かつたと入社當時の事を思出して、しかし、今は月に一萬圓以上になるし、生活が安定しているのでと語つた。子供二人あるが、もう上の子が中學を出て働いているから楽になつたとも云つていた。

罐詰工場

清水市の罐詰工場では、みかんとまぐろを扱つているところが多い。罐詰工場は、大きな臺所と云つた感じがするだけあつて、婦人が八〇%以上をしめている。みかんの罐詰作業の方は、ほとんどがやさしい仕事で、繁忙期には長野や山梨あたりから季節勞務者が多勢入るそうである。みたところ年令も雑多でちよつと來て働いていると云つた感じである。それに比べて、まぐろの罐詰の方はかなり熟練のいる仕事があり、そこには年長の婦人が多く働いている。頭を落し腸を出して、むしたまぐろの皮と中骨を包丁でとる仕事——あら造りと、血合やわるい身をこそげとるクリーニングは、臭いし汚い仕事なので、若い婦人はほとんどおらず、未亡人の多くはこうした職種についており、六、七年の熟練者が澤山働いている。賃金はその割に低く、月五、六千圓である。

私の訪ねたもう一つの罐詰工場では、みつ豆を作つているところだつた。りんごの心をとる、皮をむく、罐詰の桃を切る、かんてんを切断機で切る、櫻桃を煮る、豆を選る、はかりにかけ、罐に詰める、みつを入れる、これらの作業がほとんど女手で行われているが臺所さながらの光景である。みかんとまぐろの切目のつなぎとしてやつている仕事だそうだ。見ていて一つも難しそうなことはなく、家庭の仕事になれた女ならだれでもできそうだ。年かさの婦人がどのグループにも目立つて多い。もうじき、みかんが終り、まぐろの最盛期に入るので、人を集めておかなければならないので、こんな仕事をやらしているとのこと、こちらの工場は、二五〇人位の規模の工場でやはり、季節勞務者を多く使うけれども、將來は、新卒期に若い見習の婦人を雇入れるようにしたいと思つているような口ぶりだつた。しかし、當面は、この附近から若い婦人を集めることはなかなか難しいので、年長者でもよいから集めておくのだそうである。このような罐詰工場は低賃金の上に、作業環境もぬれたコンクリートの上に一日たちづめ、臭氣もあり、汚いので、近所に紡績などの大工場のあるこの土地では、若い人を集めるのはむづかしいのであろう。

ベニヤ（合板）工場

同じような事情で、若い學校出たての婦人を集めることができないために、年長者を澤山使つているのが合板《ベニヤ》工場である。合板工場では、全從業員中婦人の割合はあまり多くないが、どうしても婦人の方がよいという職場が幾つかある。單板——原木からけづつた張合せる前の一枚板——の天日乾燥もその一つで、三十から四十位の年長の婦人たちが眞黒になつて働いている。多は寒風にさらされ、夏は炎天下で、うすい板を割らないように注意しながら工場から戸外の乾燥場まで運び、し切りの間に板を立てる仕事である。陽にはやけるし、寒暑に耐えなければならないなかなか辛い仕事なので若い人は續かないらしい。名古屋のある工場では、ここの職場には常用でなく、職安からの日雇を使つている。雨天の日は仕事ができないためらしい。

もう一つ、年長の婦人の働いている職種では、テーピングというのがある。ベニヤ板はうすいので人手にふれる度に破れたり、割れたりする。そこに、糊のついたテープをあてアイロンで張りつける仕事であるが、落ちついて愼重にしなければならないので若い人より、二十七八歳をすぎた人の方がよいそうである。（以下六ページへつづく）

ある賣春婦の告白

横井《よこい》みつる

私は日本の國から賣春を放逐したいと希つているものです。賣春をなくしましようの運動に添えてこの記事を皆さまにお贈りいたします。これはたんなる物語りやまた聞きの話ではありません。私が實際にとり扱つたケースの一つです。賣春廢止に何らかのお役に立てばと筆をとりました。

かの女は、今年、三十六歳の女盛りです。けれども、二十九歳の時、寡婦となり、米や炭の闇屋をして、十歳と五歳の二兒の養育をしていたのです。

二人の子供を抱えて、買い出しは、容易なことではありませんでした。

そのうち、ふとしたことから、手ごめにされ、驚いている間に、相手は、何も言わずに七百圓のお金を握らせて、行つてしまいました。呆然と後姿を見て、米兵であることに氣付いたのです。言葉が通じないと思つての行動であると後でわかつたと言つていました。

その時のかの女の心境はその日まで、敗戰の原因となつた米兵を、毛虫のように嫌つていたが、七百圓を握らされた時は、有難いばかりであつたといつています。

二人の子供を連れて、買い出しに行つて、やつと汽車に乘れたと思うと、一齊檢査にあつて、留置場に送られたり、米を取りあげられたり、罪も無い子供にまでこんな思いをさせて、生きて行かなければならないか、と、そんな苦勞を思うと、たつた少しの時間で七百圓になれば……。

かの女は、それがきつかけとなつて、春を賣る身に成つてしまつたのです。

ところが、再三のパンパンがりで、家に歸れないことが多くなりました。

かの女に言わせると、一年の間に、六カ月は、留置場暮しだつたと述懐しています。

その間、二人の子供は近所の人の世話になり、子供のことで、胸が一ぱいになるのでした。最後に腹を定めて、やつぱり、身を賣ることは止そう。そう決心するのに、三日かかつたと言つています。

腹が決つて、再び、米の買い出しを初めたのです。それから間もなく、同じ仲間の男と戀愛をして、姙娠したのです、ところが、姙娠して、子供が生れると、男は、妻があつて、逃げてしまつたのです。

悲劇はまだ續きました。生れた子供は、男の子でしたが、生後三カ月程すると、その子供の顔や頭に、ブツブツができて、次第に膿を持ちはじめ、一カ月くらいすると、化け物のように、頭も顔もしつしんで手をつけられない状態となりました。眼と口と鼻の穴だけがあるだけです。どんなに塗り薬をつけても良くならないのです。いよいよ困つて、醫師に見せたが、醫師の方でも、どんな藥をつけても快方に向いません。

彼の女はある日、思い切つて、過去の自分の、賣春行爲を打明けたのです。

さつそく、血液検査をしたところ、すでに梅毒の三期であつたのです。そして子供はもちろん、先天性梅毒の診斷を下されてしまいました。

それから、彼の女に、サルバルサンと、水銀の注射がはじまつたのです。

すると、今迄お化のようになつていた、子供のふき出ものが、たちまち快方に向いました。

しかし、こうして、ふき出ものがなおつても、子供の先天性梅毒は、いぜんとして、殘つています。現在、滿二歳になりますが、時時、頭の一部分に、吹出物ができて、それが出たり、なおたりしているのです。

かの女は、言います『どんな重勞働をしても、疲勞は、休めば、恢復しますが、身を賣つた、體は、再びもとの體にはなりません、誰にでも言つて下さい、殊に若い人たちに、決して賣春は、自分のためにも、社會のためにも、よくありません。人間の幸福を根こそぎうばい去るものです。私は身を持つて、經驗しましたから、女性の幸福のためばかりでなく、將來の子供のためにも、賣春だけは止さなければなりません』と。

そしてまた言いました。

「それは、人のためではない、自分自身のためにもですよ」と。

（筆者は浦和授産所所長）

『賣春等處罰法案』について

長い間、懸案となつていた「賣春等處罰法案」が五月十日婦人議員によつて衆議院に提出されました。賣春禁止運動は婦人有權者同盟、婦人團體連絡協議會・ＹＷＣＡ・大學婦人協會・各政黨・勞組婦人部などからなる賣春禁止法制定促進委員會を中心に活發に、行われてきました。また一般の婦人もおそらくこれに反對な人はないでしょう。それにもかかわらずこの法案の成立が困難だということについては業者の激しい妨害だけではなく、政治的なものが含まれていたり、男子の偏見や、社會の悪習が相當根づよく殘つているためでもありましよう。しかし、どんな異論はあつても、社會のために、また婦人自身のために、この際是非とも成立させたい法律です。

今度の法案は、賣春の仲介をしたり、女を雇つたりするいわゆる業者にとくに重い罰を加えることが特長で、客引きや場所を提供したものには二年以下の懲役か五萬圓以下の罰金、溫泉マークの旅館は成り立たなくなりますし赤線區域の特飲業者のような商賣をすれば五年以下、あるいは二十萬圓以下の罰金をかせられます。また夜の女を相手にした男も女と同じに五千圓以下の罰金か、拘留・科料で罰せられます。

なお現在赤線區域の數は福島の五十三、栃木の四十六カ所をはじめ全國で六百三カ所、東京は十三カ所で數は少ないが業者二千八百八十六、接客婦七千五百五十五名で實質的には全國一。

しかもこれは營業の許可を受けた業者數で無許可の業者はこの倍はあると當局は言つています。（以上の統計は勞働省婦人少年局五二・六月現在調べ）

三原市長選擧を省みて

渡《わた》邊《なべ》道《みち》子《こ》

三原市は人口五萬五千に足りない小都市ではあるが約六千の從業員をようする。帝國人絹を始めとし、東洋織維、三菱造船等々、有名工場のある文字通りの工業都市であり、勞働者の街である。昭和二十六年の地方選擧には、勞働組合が一致して戸田氏を社會黨公認の市長候補として推し立て堂々と保守候補を破つて當選させた。ところがこのように勞働者の熱烈な支持の下に市長になつた戸田氏も何時の間にやら保守系の前市長の後をついで、土建業者との馴れあい入札や、それにからむけん金饗應等革新市長とはおよそ違う道を歩き出した。特に社會黨の不幸な分裂をも、戸田氏が右派を標榜するようになつてからはその行いも目に餘るものがあつた。

たまたま中央政界の汚職疑獄が明るみに出され國民の汚職追及の聲が高まるや、その聲にしげきされた三原市民の中からも市政淨化の聲がようやく高まつて來た、その聲は保守の中から革新の社會黨市長にむけられたのであるから中央とは正反對の皮肉なことである。一方市長はこのままずればリコールが成立するかも知れないと見るや、先手を打つて、知事（保守系）を中に立て、三月三十一日限り辭職するということで保守系と妥協し、リコールの火の手に水をかけて消した。

こうして、三原市の選擧は一年早く行われたのであるが、革新陣營の中ではふたたび戸田候補に推すということについては日夜活發な議論が戰わされて却々結論が出されなかつた。

保守系はいち早く山中氏を推し、また中立として富田氏がそれぞれ名乘りをあげて活發な事前活動を行つていたが革新の意見は却々まとまらず、結局は、「もう一度男にしてくれ」と云う戸田氏の泣き落しが遂いに有力組織である帝國人絹の勞組の幹部を動かし、ふたたび右派社會黨は、公認候補として、戸田氏を推すことに決定した。左派の方では、婦人層の支持の下に立候補した沖三保子氏（三十八歳）をすいせん候補として、選擧にのぞんだ。

何と云つても、右派勢力の强い所であり、ようやく支部の確立をしたばかりの左派に取つては、全く不利な戰いであるが、汚職追及の聲が高まつてるこの際、市民がどれだけ政治の淨化に關心を示すかということがこの戰いの足がかりであつた。

私は終ばん戰（投票日は二十七日）の二十二日應援のため現地へ行つた。眞黒く、日燒けした沖さんはトラックの上からほこりだらけになつて、市民に訴えていた、聽衆は黒山のようにトラックを取り卷いて沖さんの切々たる訴えに耳を傾け拍手を送つていた。

演說會場はどの會場も滿員で、人氣のあるのには驚いたくらいであつた。

特に三菱造船所の社長の奥さん達は毎日交替でトラックに同乗して、よくがんばつてくれた。しかし、戰いは敗れて、汚職の戸田氏が再び當選した。戸田氏の當選の原因は、氏の、政治的手腕が高く評價されたのでもなければ、人德が買われたのでも何でもない。「保守には市政が任されない、だからと云つて、婦人では頼りない」こうした感情が、最後のドタン場に戸田氏に集約されたのだ。勞働者の素朴な感情は、戸田氏の汚職に對しては革新陣營の公認ということで、寛大に目をつぶつて見逃したが、婦人輕視の感情は保守系の人達と同じようにきびしく、冷たかつた。他の候補者達は、口を揃え「どんな立派な人でも家事をおろそかにすることは感心出來ない。女に取つては政治よりも家庭が、子供が大切なはずだ」と云い、沖さんと沖さんを支持する婦人達を女らしくないと誹謗した。盲目的に男に從い、意見を持たない女を理想とする年老いた人達や、婦人會の奥樣達にはこの言葉は歡迎される。保守的な因習の強い土地ではこうした仕事をする婦人には致命傷になる場合さえある。この言葉がどんなに婦人達に勇氣を失わせることだろう。

農村の女のうた

後《ご》藤《とう》まち子《こ》

昨日も何枚かの勞組機關紙が
今朝は「婦人のこえ」が回章されきた
どの新聞をよんでも
「婦人のこえ」をよんでも
「職場」、「職場」、そしてたまたま
「主婦」の活字、しかし「農・山村」
「漁村」などの活字は見えない
「農村」「百姓」などの活字がよみたい

明日は男の黨員にかわつて
私たちは一日ポスターを帖ろう
男の人たちが山の仕事を一日休まなければ
ならないので
明日のポスター帖りを
婦人部の私たちが買つて出た
Kさんは赤ん坊をおんぶして行くという
Sさんは五つの女の兒を連れて
私は七つと四つの二人の兒を連れて
明日は村から村へ、ポスターを帖る

私たちはききたい
「農・山村」問題の講演を
また、去年きいた藤原道子さんの講演を
私たちはみたい
映畫「ひろしま」を
私たちはよみたい
新聞廣告のあの本、この本を
女は悲し、なべて農村の女は
たゞ、みるものは、そしてきくものは
あの山のみどり、この川のせゝらぎ

大會社の技師夫人として、静かに暮すこともできる沖さんが汚職の追放は婦人の手でと勇敢に起ち上つて敗北したけれど、この度の選擧で、三原市の婦人達は今後の市政を見つめる目をどんなに高いものにしたか知れない。婦人でも戰えるということに多くの婦人達が確信を持つたのは何と云つても、大きな收穫であつた。

全國にさきがけて、婦人候補を推し、困難な闘いをあくまで闘いぬき、因習を打破するために大きな役割を果した左派社會黨、三原支部に、心からの感謝と、尊敬をささげる。

（日本社會黨・婦人對策部副部長）

筆者紹介

山川菊榮氏　明治二三年東京生れ。津田英學塾卒。評論家、飜譯家、社會運動家。元勞働省婦人少年局局長。二十六年渡英、社會事情視察。

榊原千代氏　明治三一年福島生れ。青山學院英文科專門部卒。英獨に遊學。元「婦人の友」記者、自由學園教授、衆議院議員、司法政務次官。現青山學院理事、國際キリスト教大學評議員。

芹澤彪衞氏　東大卒。現武藏野大學教授、經濟學者。

（讀者の方から筆者紹介要望の聲が大分ありますので今月から記載いたすことになりました。ただし官廳その他お勤めの關係から匿名を希望なさる方もありますのでお差支えのない方に限定させて頂きます。）

編集後記

吉田首相の横紙破りにも呆れますが、ビキニの灰をかぶればかぶるでますます米國が强く、頼もしく見え、議會を足げにしても飛んでいこうとする狂氣じみた頑迷ぶりが、一部國民の間に英雄視されるとは何と救い難い奴隷根性でしょう。そういう人々はネロか始皇の時代に生れて、皇帝の御前で獅子にくわれたり、生き埋めにされたりしたらなお本望だつたでしょう。しかし八千萬國民がそんな氣ちがいのお相伴をさせられては叶いません。私たちは正しく强い政黨を育てて氣ちがいから刄物を保守政黨から權力をとり返しましよう。

◇

厚生省發表によると一九五三年の出生率は一・八六萬、人口千對の出生率二一・四で、過去五五年來の最低率を示し、出生率の高い國よりも低い國に近ずいている。同年乳兒死亡率は出生千に對し四九・一で、同じく五五年來の最低率。フランス、西ドイツより低いが、イギリス、スウェーデン、ニュージーランド等には遠く及びません。中でも高いのは岩手縣七六・六、青森縣七〇・〇、低いのは長野縣三七・六、東京都三八・〇、山梨縣三九・六。

◇

三號雜誌で終るだろうといわれた本誌もすでに半年餘り元氣に育つて來ましたのもひとえに愛讀者皆樣のおかげと感謝致します。がまだ授乳期でここで乳がきれては生きられません。ふるつて誌代お拂込みを切に切にお願い申上げます。

お知らせ

こんど左記に移轉いたしました。誌上をもつて御通知申上げます。

東京都港區本芝三ノ二〇
（硫勞連會館内）
婦人のこえ社
電話三田(45)〇三四〇番
交通・省線田町、都電三田下車

婦人のこえ　六月號
定價三〇圓（〒五圓）
半年分　一八〇圓（送共）
一年分　三六〇圓（送共）

昭和廿九年五月廿五日印刷
昭和廿九年六月一日發行

編集發行人　菅谷直子
東京都千代田區神田三崎町三ノ三
印刷者　堀内文治郎
東京都港區本芝三ノ二〇
（硫勞連會館内）
發行所　婦人のこえ社
電話三田（45）〇三四〇番
振替口座東京貳壹壹參四番

昭和二十八年十一月二十四日第三種郵便物認可

（第二卷・第六號）

定價三〇圓

婦人のこえ

7月號

1954

平和憲法を守りましょう

本誌・社友（五十音順）

淡谷のり子　阿部艶子
安部キミ子　磯野富士子
石井桃子　石垣綾子
圓地文子　大谷藤子
小川マリ　大内節子
川上喜久子　小倉麗子
桑原小枝子　神近市子
木村光江　久米愛
久保まち子　芝木好子
清水慶子　杉村春子
菅谷直子　田所芙美子
田邊繁子　高田なほ子
長岡輝子　新居好子
西清子　西尾くに子
萩元たけ子　深尾須磨子
古市ふみ子　福田昌子
宮崎白蓮　三岸節子
米山ヒサ

日本勞働組合總評議會傘下各勞働組合婦人部
全國產業別勞働組合（新產別）連合傘下各勞働組合婦人部

原稿募集

◇**論文・隨筆・ルポルタージュ** 職場でも家庭でも婦人の立場から訴えたいこと、發言したいことはたくさんあると思います。
また政治や時事問題についてご意見やご批判をお持ちの方も多いと思います。
そうした皆さまのご意見、ご批判、ご感想あるいは職場や地域のルポルタージュなどをふるつてご投稿下さい。

四百字詰原稿用紙　七枚以内

◇**短歌・俳句** 生活の歌を歡迎いたします。ご希望の方には選者が添削してお返しいたしますから返信料を添えてお申込み願います。

送り先　「婦人のこえ」編集部

婦人のこえ

1954年

7月號

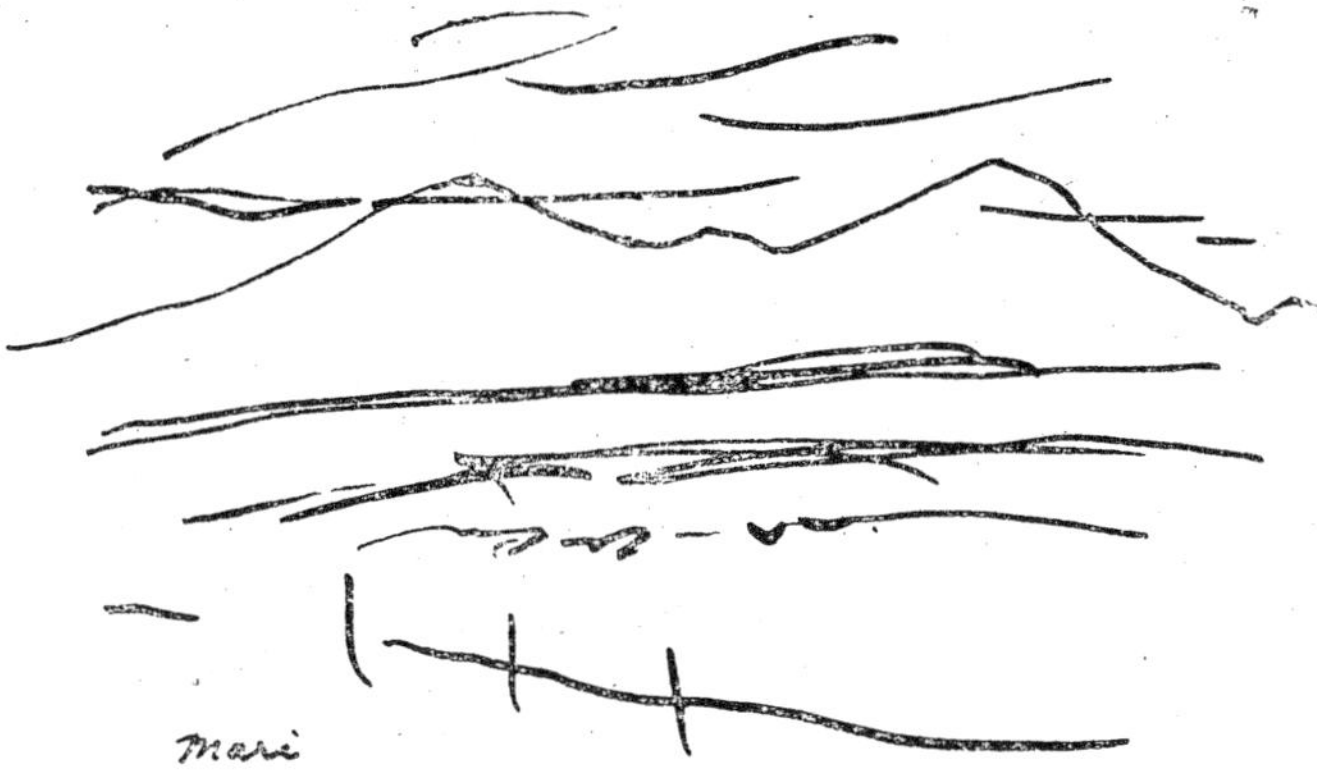

目次

時評・過去の お化けははびこる…榊原千代…(七)
お祖師さまは消えた……松平すゞ…(二)
渦にまかれて……萩元たけ子…(一八)
男ならでは夜のあけぬ國…山川菊榮…(一八)
隨筆
りんご畑で……淡谷のり子…(一三)
青い鳥……田所芙美子…(一三)
奈良時代における婦人の勞働…三瓶孝子…(一四)
最近の勞働問題から……佐藤紀奴…(三〇)
紡績工場の英國婦人……山川菊榮…(二三)
女子從業員と私の組合……紀ノ眞佐子…(四)
婦人のこえ
詩・若人……保川妙子…(一六)
修學旅行……増田多喜子…(一七)
婦人會長はなぜ落選したか……大野繁子…(一六)
近江絹糸の人權爭議……(二四)
署名運動……榎本光子…(六)
短歌……萩元たけ子選…(五)
俳句……星野立子選…(九)
表紙・扉……小川マリ
カット……田所芙美子

お祖師さまは消えた

松《まつ》平《だいら》すゞ

一

四月なかばののどかな日のことです。二時間おきにバスの來るいなか道のこと、乘りおくれないようにと少し早目に家を出て、停留場の札の下つている道ばたで、あたりの景色を眺めながらぼうつとして待つていました。するとすぐ傍の家からひとりの婦人が出てきて、

「今日はどちらへおでかけですか、まだ十分くらいありますから家にはいつてお休み下さい、それに少々あなたにお話したいこともあるので」

この婦人とは見知りごしの程度で深い交際はありません。田舍という所は二キロや三キロ隔つていても大ていは知つていて會えばあいさつするのが普通です。

「そうですね、お宅様にいればバスの來るのはすぐ分りますから」

と私はその家の軒さきに腰を下しました。

「實はねー、あなたの姿がとても氣にいつたからぜひお願いしていただきたいというのですがね――」

姿が氣に入つた、とはおかしなこと！若い人ならともかく、六十を越えた婆さんの姿が氣にいつたからお願いしたい？

「〇〇村の人ですがいつかあなたがバスから降りられたところを私の家で見ていて、姿がとてもいい、顔もいい、年頃もいい、ぜひお願いしてほしいとのことですがいかがでしょう」

いかがでしようと云われても返事のしようはない。

「何もしていただかなくてよいのですが私共が行く所に來ていただいて座つていて下さればよいのです。御禮は充分いたします。世の中には困つている人がたくさんありますから、その人たちを助けるのが目的です、ぜひお願いいたします」

バスの音が聞えて來たので、「一度私の家に來て委しいことを聞かして下さい、では失禮を」と私は外へ出た。

二、三日後の晝すぎでした。

「ああよかつた、ご在宅で、もしやお留守ではないかと心配して上りました」

と、先日の話の〇〇村の人が入つて來ました。

「私の家はご存じと思いますが〇〇村で、姉は斯々、二男は分家してご近所におります、あの温室をやつているのがそれです」

「パンジーの一面咲いている家ですね、私も花はとてもすきです」

實は私もその温室をやつている家をたずねたいと思つていた矢先ですから急に心安くなりました。ところがご本人様はそんなことにはいつこう無關心で話をつづけます。

「私は若い頃フランスの商會に勤めていて、外地を相當歩いた者です。私の同僚には今名古屋の〇〇大學の學長をしているものもあり何縣の××氏もいつしよでした」と知名の士を並べてまず私に信用させるつもりらしい。

「實は病氣で困つている人を助けたいと思つている。それについて私が南洋にいた時、土

地の人が病氣になると藥草を用いて治していた、ところがその藥草がこの附近の山に生えているのでそれを用いて病人を助けたいと考えている、そこでぜひあなたのご助力を願いたいのです」

「病氣によつては藥草もよいでしよう、病人がなおつて健康になればよいのですから」

「私の方は藥草を用いても醫者にかかつてもよいのだから、お光り樣や〇〇敎とは違います」

「病氣には精神作用も影響しますから信仰ということも効果がありますでしよう」

實は私も今まで病氣を治した經驗こそないものの、いろいろの相談に乘つて大いにその人たちの生活を明るくし、現在幸福に暮しているのを見ているので、他家にまで行つてお話することはできないが、私の家まで來て下さる方には喜んで相談に乘りましよう、病氣によつてはあなたの方へ行かれるようにおおすめします、というような話をすると、その人はまた改めて參上いたします。萬事よろしく、といつて歸つて行きました。

二

「先日はどうもありがとう、實はあれから東京に行き、歸りに熱海によつて土地を見てきたのですがとても高いです。けれどもなんといつても熱海はよい土地ですからぜひ手に入れたいと思いまして」

「はあ――、それでは別荘でも」

「いやいや、分敎會ですよ、こちらを本敎會として分敎會を熱海につくりたいと思いまして、宗敎は熱海にかぎりますよ、〇〇敎も××樣も大はやりです。ぜひ一つよろしく頼みます」

いつの間にやら私はお祖師樣に祭り上げられていたわけです。妾と年頃がよい！　なるほど新興宗敎のお祖師樣は若いご婦人ではいけないらしい。

「宗敎はいいですよ、もうかりますよ、〇〇敎だつて大きな財產を作りあげています、△△樣もつい二、三年前にはじめたばかりで今ではあんなに盛大になつています」

「はあ――、私は宗敎を否定するものではありませんがおかしな宗敎はいやなんです。お光り樣だつて肥料なしでお米がたくさんとれるとおおせになりますが私は信仰できません」「そんな宗敎とは違いますよ、第一醫者にかかつてもよいし、農家では肥料を使つてもよいのだから合理的宗敎ですよ」

ますますおかしな話になつてきた。私に白か黑かの特別の着物をきせ、神殿の奥に座らせ、遠くの拜殿にもろもろの人が集まつてきて何か唱え言をして太鼓をたたき、ぴーぴーと笛でも吹いて禮拜する、なるほど私は何もしないで座つていればよい、……ぼうとそんな樣子が頭の中にうかんできた。

「そこで宗敎の名前ですがね、名前が大切でそれによつて信者ができるのですからね――あの靈友會というのは、たしかによい名でした。昨日發起人會で、次のようにきめたのです、筆と紙をちよつとかして下さい」

達者でもない文字で「皇友會」と書いて、

「いい名でしよう、會則も大體きまりました

第一條　皇室を中心とする

第二條　祖先崇拜をもととする

第三條　……」

「ああ、待つて下さい、私は皇室を否定する者ではありませんが、天皇陛下の名のもとにあの悲慘な敗戰を經驗しました。皇室中心は感心できません。祖先崇拜、これも贊成できません。爲政者は忠孝の名のもとに私共を明治、大正、昭和とひつぱつてくれました。けれども私共が現在望んでいるものはそんなものではありません。世の中が平和で、水爆や原爆の心配がなく、働けば生活できる、つまり衣食住に安定があり、常に健康で文化生活ができればそれでよいではありませんか」

何も言わずにその人は歸つて行きました。それから二カ月餘りになりますが、なんの音沙汰もありません。私の妾のよさ！　お祖師樣はどこかに消えました。（一九五四・六）

女子従業員と私の組合

紀《き》ノ眞《ま》佐《さ》子《こ》

わたくしが現在働いている經營について簡單に紹介しますと、從業員はざつと八千人で企業としては大企業に屬しており、そのうち女子は全從業員の約四分の一。次にこの經營を産業別に見ると製造工業に分類され、これを更に小分類に分けると機械器具工業ということになります。

作業内容は全體としては比較的こぎれいで輕作業の部門が多く、女子に適した職場もたくさんあります。

むかしから製造工業部門にはかなりの女子年少者が働いていたものですが、この經營における女子從業員の果している役割もまた見逃すことのできないものがあります。この點については後にふれることにして、最初にわたくしがやはり一勞働者として感じている點から申上げて參考に供したいとおもいます。

一、運命づけられた勞働者の姿

わたくしが今の企業で働くようになつてから二年餘りになりますが、その間一番深く印象に殘つていることは、各勞働者が朝早くからタイムカードを押している姿です。このタイムカードを押すということはその日の勞働が始まる第一歩なのです。ここで一應みなさんにも知つて頂きたいのは、このタイムカードにもそれぞれの區分があることです。大體大ざつぱにわけると月給者、日給者、アルバイトとなる。しかし、以上の月給者の中でも本社と工場關係の從業員はまた區別されています。

一例を述べると本社關係の從業員は遲刻をしてもカードをもとの位置にさしておけばよいのですが、工場關係の從業員は監視の守衛にカードを渡していかなければならない。古くからこの經營で働いている從業員の話では月給者の方は、遲刻早退が餘り勤務成績には影響しないということです。しかし日給者の場合は一分の遲刻でも、また早退でもすべて勤務成績にはもちろん、一日の賃金の手取りにも影響してくるというのです。

ある日現場で機械ととりくんでいるYさんをたずねるとお休みだという。たぶん休暇をとつたか何かだろうと簡單に考えていたところ、翌日Yさんにきいてみると、「會社の前まできてみたら三分遲刻していたから歸つてしまつたんですよ」と事もなげにあつさりといつてのけたので驚いてしまいました。

そう言われてみるともよりの省線の驛を一歩外へ出るが早いか、ひとかたまりになつて一散にかけていく人々を見かけますが、この人たちはきまつて日給者で、それは時間に遲れまいと夢中で走る姿なのです。

同じ人間に生れ、同じ經營に働きながら、美しい身なりをして肉體的にも比較的らくをしている階級のものとくらべて何と不公平なことでしょう。

なぜこの人々は自分たちのうけているこの

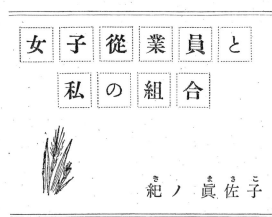

不當な取扱いに對して反ぱつしないのでしょうか。ところがこういう環境の中で數十年も働き續けてきた人々には、この差別は大して問題にはなつていないようです。これが單にわたくしのとりこし苦勞ならば幸ですが、しかしこの、問題にされていない差別待遇こそ實はまず第一に問題にされなければならないのではありませんか。

二、高度化された機械と女子勞働者

次に女子の作業內容について簡單に述べると、全く近代化された環境が與えられています。床はみがきあげられた木レンガ、室內の塗裝は下部をネヴィ・ブルー（濃靑）、上部は白、照明はすべて螢光灯といつたように、輝くばかりの美しさです。

ここの女子從業員は各職場毎に何人かづつ配置されており、作業內容に、手先きを使うことも多いせいか、男子從業員と全く同じことをやつている。流れ作業になつていて、席をはずせるのはトイレットに立つときだけ、あとは絕對に動けないという職場もある。女子が加わつていない職場というのは、男子でなければできないような重勞働の部門だけであとは大なり小なり女子勞働者にまつ所が多いのです。

この點むしろ事務系統の女子の方が遲れている印象を受ける。何年立つても約八割近くのものがお茶くみ。これは女子の平均勤續年數の短いというところにもよるのでしょうが、しかし、それればかりではなく、經營者側は女子はあくまで男子の補助的存在くらいにしか認めていないようです。

一般に女子從業員は專門的な技術もなく、また卒先して仕事を開拓して男子に伍していこうとしているような人はほんの少數のようです。

三、低い組合意識

しかし、ここで共通して言えることは勞働組合に對する意識は極めて低く、勞働組合には女子は一名の役員も出していないことと、婦人對策部という部があるのにかかわらず、すべて男子まかせであること、從つて婦人對策部といつても名ばかりで男子が兼任等の形でやつていて、女子自身の要求は何一つかちとつてないことです。最近では生理休暇をと

短歌

萩《はぎ》元《もと》たけ子《こ》選

山づみの安き大根買ひくれば青きつぼみを持ちたるもあり　虎岩久子

覆はんとするに吾が掌あまりにも小さし風に灯ゆらめく　清水よね

水淸き名栗の川邊そぞろ歩き心も澄める今日の旅路よ

水淸き流れに遊ぶ子供らの石投げし音高くひびきて　岩崎洋子

るものはごく少なくなつています。女子が一名でも組合役員に入つていたならば、例の流れ作業の場、一日中立業の職場ぐらいは有給の生休を合法的にかちとることもできるはずです。

あるとき經營者側の一幹部がわたくしに、女子が男子と同等の賃金を要求しようとするなら、生理休暇は返上すべきだといつていました。このことは同時に女子の生理休暇の亂用、また反面生理休暇に對する正しい認識と理解をもつてもらうための闘いがなされていないからでもありましよう。經營者側は女子のみに與えられている生理休暇は女子の怠慢ぐらいにしか考えていないようです。

さらに驚くべきことは今年の勞働組合の大會で、ある代議員の質問の中に「男子と女子が同じ高校を卒業して入社した場合の基本給に差別があるがこの點をどうみるか」という問題が出されたところ、わが勞組委員長は「女子は本質的に男子より劣るから仕方がない」と平然と言切つていたことです。しかもこの委員長は終戰以來一かんして勞働組合運動をやつてきた人でもあり、戰後勞働運動史上にも民主的な著名な一人として高く評價されていることをおもうとき、逆コースということでは簡單に許せないような憤りのこみ上げてくるのをどうすることもできません。

しかし女子從業員側でも反省しなければならない面がたくさんある。例えば重大な組合の決定事項を傳える地區會における態度一つをみてもひざの上に本をのせてよんでいるもの、編物などをしているもの、よそごとを考えていて聞こうともしない不まじめさ、意識の低さが以上の型に變形されてはね返つてくることを忘れてはならないのです。女子の役員が一人すら出ていない組合なればこそ、地區會における婦人勞働者の發言は重大な意義をもつてくるのです。いかにわれ關せずの兼任の役員であつても外部から婦人が組合に對してどんどん發言していつたならば、組合の幹部もだまつてはいられなくなるのではないかとおもいます。同時にわたくしたちは現在の勞働組合に對して限りなく、失望しつつも、何とかして女子從業員の力を結集し、團結していかなければならないということを痛感している者です。

署名運動

榎本光子

戰後の日本に一つの流行のようになつているものに署名運動がある。私たちの生活のために政府に、あるいは役所に私たちの意志を示すただ一つの方法である。軍事基地化反對、疑獄內閣打倒、學生の選擧地問題等々、今までずいぶん行われて來た。しかし私の知つている限り要求の通つたものはない。私の身近に起つた問題では進駐軍宿舍設立反對署名運動があつた。風紀その他の點から家庭の主婦たちまで積極的に參加して眞劍な反對をした。それなのに建築はどんどん進められてしまつた。私は疑いをもちたくなつてしまう私たちがいくら聲を高くして叫んでも政府の思つたことはがつちりと實行されていく。結局長いものには卷かれろなのだろうか、と。

今私たちをおびやかしている原爆・水爆の問題にしろ、勞働者や學生が實驗反對の署名運動に立上つている。けれども私たちの心からの願いはいつ届くのだろうか。梅雨空をながめながら不安はつのるばかりである。

（全國金屬横河電機勞組・青婦對部）

時評

過去のお化けははびこる

榊《さかき》原《ばら》千《ち》代《よ》

日本と同じように敗戰の苦杯をなめた西ドイツは、眼をみはるばかり目覺しい復興をなし遂げつつあつて、例えば西獨の自動車會社フォルクスワーゲンは今日ではアメリカの三大會社につづく世界第四の大會社になつて、その車は八十秒ごとに一臺の割で生產されているという。ところでこの會社の支配人は西ドイツ復興のモラルについて語り、「失われた過去とのすべてのキズナをたち切る時、未來が始まるのだ」といつているが、ここにこそ奇蹟的な西ドイツ復興のカギがあり、またここにこそ日本の社會の絶望的な原因がつかみとられるのではなかろうか。

最近の和歌山縣での參議院地方區の補缺選擧で野村吉三郎元海軍大將が、壓倒的多數で當選した。過去の經歷に加えてやがて新黨總裁となる人、總理大臣を約束されている人という殺し文句がきいたとか。「やつぱり野村なんて人が當選するのね」「全くね」何ともいいようのない絶望感が私たちを支配する。過去がまた大きな顏を出した。民主主義の社會からはぜひ消えてなくならなければならない封建的な事大主義が大きく浮び上がる。水爆原爆の世の中に正面切つて再軍備を主張する舊時代の立派な軍人とともに。フランスでは革新派のマンデス・フランス氏が一般の豫想に反して壓倒的支持を得て信任されたという時に。マンデス・フランス氏が多數票をもつて議會の承認を得たことはインドシナ戰爭にアメリカの介入することを希望していたラニエル＝ビドウ外交の敗北であり、ひいてはジュネーヴ會議でビドー外相と組んで會議對策を進めてきたアメリカの「力」の外交に對するフランス國民の批判にほかならないといわれる。インドシナ戰爭を四週間のうちに止め、ＥＤＣについてもアメリカに從屬しない立場から自主的な決定をし、軍備をできるだけ縮少して他國のお世話にならないように經濟復興に全力を盡そうという新首相の施策に、私たちは、はるかに聲援を送りたいほどの氣持ちである。

國會混亂と封建性

第十九回國會期末の亂鬪について國民は文字通りたまげている。汚職國會を飾るにふさわしい終幕だと皮肉つてみたり、怒りを越えて輕べつしたり。けれど、われわれはケンカするために選擧したのではないといつてみても、とにかくあのような結果を導き出す議員を選び出したのは私たち選擧民に違いない。國務大臣大野伴睦氏と彼を訪問した高等學校の女生徒との對談を思い起してみよう。「錦の御旗の下に喜んで死ぬべきだとか、人間の尊嚴、價値を辨えず、被支配者を手段として使役したり、または支配者に奉仕することを當然と考えた過去の亡靈のいうようなことばかり、この大臣はいつていたではないか」女生徒でさえ殘念なことにはさげすみをもつて反駁している。歴史の進みいく方向も理解せず、世界の情勢も摑みえず權勢や名利のために出ているこのような多くの議員が選出されている、どいう事實を私たちはよく考えてみなければならないと思う。例えば私たち婦人の場合でも町や村の婦人會長である某さんの奥さまに聲をかけられて大變光榮に思つたり、ましてお座敷に招じいれられて御馳走して頂いたことが無上に有難く、選擧の時に「今度は誰さんにね」など言われてフラフラと投票したりしなかつたか。個人的な恩義を受けて情實による選擧をしなかつたか。選擧演說さえできなくて一度もしたことのない人が金の力でチャンと當選している。

國會の混亂と關連して婦人議院が激しい非難の中に立つている。神近さんと中山マサさんの「見たまま」を讀んで、正直のところ私は神近さんの報告に信頼をおく。十六回國會の會期末におよそ考えられないような出來事、開會のベルが鳴るのを議場の入口で待つていてベルと同時にドッと入つたのに、與黨の全員は既にその前に入つていて、野黨の人達が入つたとたんに拍手がおこり、議長と事務總長が後のドアから逃げた。それが何回目かの會期延長の決議だつたそうで全くめちやな話である。

そんなことがあつたので二度とそのテツをふまないように、既に本會議開會の豫想も一時間以上ものびているので九時頃議場に入つたそうで、その時演じられたのが「女の議會」の笑劇で、議場内は和氣アイアイとして、傍聽人もカメラも大喜びだつたという。私自身の經驗からいつても議會運營委員會でいつ話しあいがつくともラチがあがず、待たされくたびれるとちよつと茶目でもしないとやりきれない氣もちが分る。そこへ與黨の議員が興奮して入つて來て荒々しく「何をふざけてやがる」などと、くり返しどなつた。衆人環視の中でもう少しいいようもあろう。あまりに無禮な、と思つているうちに、ドヤドヤと入り亂れて來たのだと思う。神近さんは「婦人議員」のまきぞえは次の背景によつて考えなくては理解できないと結論している。一、誰もあんな騷ぎに發展するとは豫想しなかつたこと。二、婦人議員には暴力は加えられないと思つていたこと。三議場内では場外の對立がわからなかつたこと。

私は以上が眞相だと思う。中山さんの見方は少しうがち過ぎていないか。そうして「お遊びで壇上にいたと聞いて餘りのことに驚いた。議長席は主權在民の建前から民主主義の王座であり」また他の場所では、昔の天皇の御座所にも比すべく、そこに座つたなどもつて外のことのようにいつている。然し、議場は教會でも寺院でもない。話しあいの場所であり、國民の運命に關わる話しあいがされるとしてもそんなに肩をいからせるにも及ばないと思う。殊に本會議が開かれていない時の出來事だし。ラフカディオ・ハーンが「日本人はツー・シリアスだ」といつたが、議會にももつと笑いがあつてもいいのではなかろうか。殊に問題が紛糾して場内が險しくなつた時など、爆笑によつて緊張をもみほごす程のウイットやユーモアが欲しいとさえ思う。女が議長席に座つた、女のくせにと、女なるが故に重大視する傾向を、アメリカの記者達はそこに日本の危険があると指摘している。「婦人は都合のよい時ばかり男女同權を稱えることをやめ、同權ならばいつでも同權と考える心構えを育成しなければ自滅であろう」と中山さんがいつているのは、婦人議員には暴力は加えられないと思つていた、ということを批判しているのであろうか。物理的な力の弱い婦人がいたわられるということは同權でないことだろうか。ともあれ女のくせに、とあのような場所で無抵抗な婦人に暴力を加えた日本の男の野蠻な行爲を世界はどうみるであろうか。過去のお化けが國會でも跳りようしている。それにしても婦人に參政權など與えて早まつたなど、いう聲がある時、反省は美德であるとしても婦人自身もつと平等な觀點に立つて男の亂暴には比較的鈍感で、婦人の努力は認めようとせず、おちどは酷評する過去の封建的習慣と闘おうとしなければ、憲法改正、民法改正にまで現われようとしている婦人の權利ハク奪という反動的勢力に立ち向うことができないのではなかろうか。

俳句

星野《ほしの》立子《たつこ》選

初蝶や名もなき草に來てまへる　前橋　笹澤わか子

煉炭の灰すてあふて路地住ひ　日田　首藤かんじ

日曜はわが洗濯日木瓜の花　東京　島田まや子

望みにはまだ程遠し卒業す　東京　前田ふみを

いつみても耕してをる女かな　播磨　一山　杭子

入學の窓に若草山ちかく　大和　加藤　かつ

紙漉女手をあたたむる湯桶あり　越中　宮　生孝

白百合を一もとのこし刈りすすむ　小高　半谷　光子

不機嫌の姑に立ち出で春の月　福岡　古河　志津

入學の出來ぬ店番して居りぬ　富士吉田　森田　遊子

再軍備を裏ずける諸法案

金と數の力で國會では民主的な話し合いの新時代は向うに追いやられて言論は無視され世論が眞ッ向から反對し、または根本的な修正を求めてやまない法律は、カスリ傷ぐらいで次々と國會をまかり通り、そうして人權や言論の自由は、制限され、生活は苦しくなつていく。

こうして戰爭にこりこりした國民を再軍備にかり立てるＭＳＡ協定は調印され、防衛廳設置法だの自衛隊法だのという法律は成立した。これによつて陸、海、空三軍の再建は緒につき「内閣總理大臣は外部からの武力攻撃

（またはそのおそれのある場合をふくむ）に際して、自衛隊の出動を命ずることができる」ことになつたので、例えば米ソの武力衝突があつた場合、米軍が日本の基地から大陸攻撃にとび立ち、從つて當然先方から反撃されるというような場合、海外出兵ということもはつきりと豫想される。「國連憲章研究會」で横田喜三郎氏は國聯軍は警察軍であるから、日本の自衛隊も國聯軍に參加して出動する場合には違憲でないと答申している。すべての武器を放棄した日本國憲法を堅持したいと希う私たち女性にはこれは納得しかねることだけれど。

そうしてまたこの防衛二法案による重大なことは最高幹部の「任用制限」がなくなつて、文官優位の原則がこわされたことで、戰爭を商賣とした舊軍人たちがやがておどり出す危險が大きい。彼らは國防會議にも入れろと動いている。

一方、豫備自衛官の制度が規定されて在鄕軍人ができ、一朝事ある時は赤紙の招集令が來ることになつたり、また自衛隊自體は自由な意志で退職できず、許可なくして止めた場合は刑罰に處せられるということになつたのだから、兵役の義務は芽生えていると見なければならない。改進黨の八木氏が裁判の結果この法案が違憲であると判決されたらどうするかと質問したのに對して、首相は違憲であるかどうかは國民が判斷することで、それは總選擧などによつて明かにされるだろう、といつていることを私たちはしつかりと心にとめなければならない。

恩給法改正と軍國主義の復活

また他方では軍國時代そのままのやり方を踏しゆうした恩給法が成立して、敗戰の最高責任者東條元大將未亡人の場合は五十六萬一千圓の恩給をうけることになり、その反面强制的にかり出されて一生の生活設計をメチヤクチヤにされた最大の被害者、あわれな兵やその遺族は普通扶助料の時よりマイナスとなつて路頭に迷わなければならない。

「奥さん、やつぱり軍人ていいですわね」恩給を貰うことになつた近所に住む將官夫人が私の友人に喜んで話しかけた時、友人は「奥さん、あなたがそんなことおつしやると私は共產黨になつてしまいたくなる」と、思わず返事してしまつたそうである。その將官はさる會社の重役で高給をはみ、子供たちは成人してそれぞれ獨立しているという。そのまた近所に軍輸送中戰死した商船の社長夫人があり、成長盛りの遺兒を育てるために派出婦などして苦勞しているという。戰爭被害を補償されなければならないのは、一體職業軍人であろうか、それともすべてを失つた國民であろうか。やつぱり軍人はいいといわせるこの法律は職業軍人である自衛隊を力づけ、未來の國軍組織を强化するために役立てようとしたのかも知れない。然しMSAによつて否應なしに造られた兵隊は政府でさえ「戰力なき軍隊」といわなければならない國民の信賴も支持もない軍隊でやがて「戰意なき軍隊」となつて何の役にも立たなくなるであろう。平和憲法の下、軍備を廢棄した日本に軍國の亡靈がはびこつている。

ごらんなさい、このように過去の指導者たちがどこの社會でも再び重要な地位についている日本を。吉田内閣の閣僚中の七、八名はかつて追放されていた人たちだ。例えば文部大臣大達茂雄氏は阿部内閣と小磯内閣の閣僚であつたし、また一九四二年にはシンガポールの市長として、権勢をふるうことに慣れていた。新時代の建設を阻害するような言葉を思わずすべらして、首まつり事件で國會で野黨から不信任案を出された人である。この大臣がその成立のために腕をふるつた教育二法案とはどんなものであろう。

アメリカから教育使節團が來た時敏感にも見ぬいたのは日本の教育が戰爭に一役買つていたということだつた。彼等の忠告に從つてアメリカの專門家達は教育制度の改革に乘り出し、一九四七年の教育基本法で教員の「中立」を確立した。そうしていずれの政黨にもかたよらない自由な立場から一さいの政治問題や社會問題を客觀的に取扱い、批判することができるようになつた。これによつて教員たちは新しい方向に自らを調整することができないで多少の行き過ぎもあつたにせよ、その顏は活き々々と生氣を取りもどし、行動は活潑になつた。政府及び保守黨はこの教育改革が占領政策の最大の行き過ぎの一つだと考えて、この法案によつて公立學校の教員に投票以外の一切の政治活動に從事することを禁止してしまつた。すなわち政治活動の面では人事院規則で國家公務員と同様に扱われ、今までのように自分の屬する學校の地區以外でもいかなる政黨にも屬して働くことを許されない。この人事院規則は國家公務員の政治活動を全面的に制限して、市民としての權利をほとんど奪い、憲法違反の疑いが濃いとされている。

教育の中立性確保に關する法律についても、戰時中治安維持法が「國體の變革」と「私有財產制度の否認」の二つの目的にしぼられていたにかかわらず、無制限に擴張解釋されてどんなに多くの人々が苦しめられたか、それがこんな漠然とした條文では實際の解釋適用が無限に廣げられて、義務教育諸學校の教職員だけでなく、全國民の政治活動を制限する結果を導き出す。例えば私たちが教員に國際情勢について正直に話し、平和的方向に國の政策を向けることがどんなに大切かということを訴える時、社會黨左派を支持させ自由黨に反對させる教育を教唆扇動したということになつて處罰されないと限らない。こうして教員は再び過去の政治のつんぼさじきにおかれて、權力者の不當な支配をうけ、文部省に迎合するような教員もふえよう。政治に無關心、無批判な先生がどうして教育基本法にうたわれる「良識ある公民たるに必要な政治的教養」を授けることができよう。權力に迎合する先生に學ぶ生徒が奴隷根性にならないとはいい切れない。恐しいことである。旭丘中學事件があつたとしても政府が主張するほど危險は決して大きくはないし、戰前戰時中の自由なき教育の國家統制がどんな不幸を國民にもたらしたか、日本の悲劇をくり返さないために私たちはこの次の投票の權利を賢く行使しなければならない。

國會混亂の突破口となつた警察法はまた昔の警察國家の再現を目ざしているものである。戰後なぜ自治體警察が出來たか。日本に民主化が根を下すためにはまず國民から恐れの眼で見られていた警察というものが民衆をしばるものではなくて、ブロンディの漫畫に現われるお巡りさんのように國民に親しまれる友とならなければならないということで、自治體の市民自らが選ぶ公安委員によつて統制される自分たちの警察力をもつことになつた。これがまだ充分機能を發揮出來る時もかさないで、非能率的だと政府は主張して全警察を總理大臣が直接統轄できるような仕組みにかえてしまつた。警官の任免權も中央官僚がにぎり、從つて警察官僚の「眼と耳」は上ばかりみて、國民の方はふりむこうともせず、（一三ページへつづく）

随筆

りんご畑で

淡谷《あわや》のり子《こ》

去年亡くなつた叔母の一周忌があるので一度郷里へ歸りたいと思つていたところへ、「週刊サンケイ」が郷里の知事さんとの對談を頼んで來たので歸ることにした。

知事さんとの對談は、縣廳の知事室で行われた。太宰治の兄さんにあたるというこの知事さんは、若い頃、自分でも小說を書いたことがあつて、今でも谷崎潤一郎など愛讀しているというだけに、郷里の自慢をしてくれというのに、禿げあたまをなでて「さあ、なんにもありませんな」と眼鏡の底の目を細めて笑いながら、てれることを知つている。

あたまは禿げているが、痩せて小柄でおどおどしているので、すこしも憎つたらしいところがない。

迎えに來てくれた叔父と、叔母の墓參りをする。山の中にひろくとつた墓地には櫻が咲いていた。

墓參りがすんでから叔父のりんご畑へ行く。りんごの花も咲いているとばかり思つていたのに、やつと芽がひらいて、蕾のさきがのぞきはじめたばかり。太い鳶色の樹肌をした幹や枝が入りまじつたりんご畑はそのうす綠の芽で煙つているように見える。

りんごの樹の下に牛が遊んで、七面鳥がケロケロと啼いている。叔母のもういないのが寂しい。

りんごの樹の下で……

ここへ來るときつと歌いたくなる。この歌をつい歌い出したら、シェパードがとびついてペロッと頰をなめられた。

りんご畑のシェパードは歌を悲鳴と聞き違えたらしい。

畑からとつて來たばかりのウドの白い芽とアスパラガスと、身欠鰊とが食卓にのつている。ガサエビとよばれているシャコがカラのまま赤く煮られて大きな皿に盛られている。

「なんで、ガサエビというんだろう」

とカラをむきながらきいたら、

「ガサガサと海の中を歩きまわるからだろう」

と叔父は云つた。ガサガサと海の中を歩きまわるガサエビには放射能はないでしようねと云つたことから、叔父はビキニ環礁の水爆實驗の話をし出した。太平洋の魚がみんな食えなくなつたら、どうしよう、いずれは川や湖の魚を食うより仕方がなくなるだろうが、アユやウナギはいいとして、ナマズなんどいやだなあと云つたら、

「心配するな、今にそれも食えなくなるぞ」

と叔父はいう。

雨の中にも放射能があつて、人のからだに害があるかないか、ほんとのところまだわからないんだという。その雨が降りかかつたら、りんごの花も、アスパラガスも駄目になるんじやないのと云つたら、

「そうかも知れないな」

と云う。

それぢや「雨よ降れ、降れ」なんて滅多に歌えない。何とかできないもんだろうか。

大臣も知らないんだそうだ。叔父が對策を議會で質問したら、雨の降るのを止めるわけにもゆかないんでねという答辯だつたそうだが、アメがとめられなくたつて、そ

んな水爆實驗なぞ、アメが止めたらいいのにと云つたら、叔父も「そうだよ」と云つた。

（筆者は聲樂家、本誌・社友）

青い鳥

田所《たどころ》　芙美子《ふみこ》

先頃、おほりの白鳥のことでの問答が新聞の投稿欄に出ていて、すがすがしい氣持になつたが、それから氣をつけてみていると、いろいろ動物の寫眞が出ている。もつともバード・ウイークでもあつたが――。何か少しでも明るい方へと考えている新聞の一面も解る氣がする。やつぱりこんな氣持になるのは私一人ではないんだなと思つた。

いろいろの人々の話を聞いてみると、

もうおこるのが厭になつてしまい、馬鹿々々しいという。正と邪とが反對になつた勝手にしろ、政治がこうで、おまけにビキニの灰が降る暗黒な世の中なんて、まじめに生きる方が馬鹿だよ――ともいう。

恐ろしい現象だな、と考え始めたら、むしろ何も考えない人、いや、氣付かない人の方が生きるのが樂だなアと羨望に似た氣持を、ひよつと持つことがある。

★

これはまた、汚ない話になつて恐縮だが、青年たちが話し合つているのを傍から聞いていたら、盛んに黄色いペンキの便所――という言葉が出てくる。それなあに――とよくよく聞き返したら黄色い便器の便所――だと云う。その意味は、アメリカのG・Iが日本のある種の女性を呼ぶ名だと聞いて二度びつくりした。

青年たちは眉をひそめて……

われわれは、日本の若い女性が、食うためとはいいながら、何も知らないでアメさんの腕にぶら下つているのを見ると、なさけないとも思い、嫉妬も感じる――と云うのだ。

特殊な女性だけではなく、日本人のすべてが、やつぱり、黄色の何とかの何とか……と云われているんではないかしらんなどと考えてみた。

★

流行歌を聞いていたら、女性の名前がたくさん出てくるのがあるので、幾つあるか、と數えているうちに哀切、せつせつと歌うメロデイの、その文句のリルと云う名前が、何とはなしに、人々が、無意識にでも求めている〃何ものか〃のような錯覺におちいつた。

――人の氣も知らないで――と男女の悲戀的なモチーフであるはずなのに、ここでも〃何物か〃を求めて哀訴している風に聞こえる。

おかしな現象だと思つて、聞いてみると、ほとんどの歌が、このように考えられて來る。これは私自身のこじつけかも知れないが、こうすべてが暗くなると、キレイなものにひかれてくるのが人間だし、求めて求められないものを渇仰するのが、眞理だが、しかし、よくよく考えてみれば、幸福とはそれをとらえるために籠を持つてさまようべきものではなく、お互いに自分自身の中に見出せるものではないか。求めて求められないものではないのだ。

（筆者は本誌・社友）

★　★　★

奈良時代における婦人の勞働

一、この時代の社會の狀態と
萬葉集に現われた婦人の勞働（その一）

三《さん》瓶《ぺい》孝《こう》子《こ》

西紀六四六年、孝德天皇大化二年に有名な大化の改新の詔書が出された。そして從來の氏族社會は崩壞して、新しい官僚的中央集權國家が編成された。これによつてすべての土地は氏族の所有から國有となり、氏の部（氏に隸屬する人々の集團）は廢止され、すべての人民は國家の公民となつた。その代り、貴族、良民、賤民という身分的差別が法律的に定められた。大きな氏であつた貴族、豪族は從來の土地に住みながら、そのまま國家の官吏となり、いままでの權力をそのまま保有した。ただ變つた點は、彼らが直接人民の賦役を受ける代りに國家の手を通して受けることとなつたことであつた。しかし、これは形式にすぎなかつた。

公民（のうち良民）は口分田として、六歳になれば男子田二段、女子はその三分の二、すなわち一段百二十歩が終身與えられた。良民より身分の低い雜戸、官戸、官奴婢（これは朝廷に屬する賤民）は良民と同じく與えられ、家人、私奴婢（朝廷以外に良民、實際には貴族、豪族に屬する賤民）は良民男女のそれぞれ三分の一の口分田が與えられた。

この田地は、六年ごとに人口を調べて改めることになつていた。これを班田收授法といわれた。この班田法は中國（當時の中國）の法を直接模倣したものであるから、實際にはうまくいかなかつた。六年はおろか、十年、十五年と間隔がのびて、實施上の困難も伴つて、平安朝半頃に廢止された。

良民に田地を與える（といつても使用させるだけであるが）代りに、租、庸《よう》、調の三つの納税の義務が課された。これは租税ではあるが、今日の租税とは違つて、強制的貢物であつて、良民はその重き負擔のために、年中駈使されることにおいては大化の改新以前と同じであつた。

租、庸、調の三つの義務について説明しておかなければ、當時の婦人の勞働は想像できない。

租とは田地に對する租税で、田一段につき稻束二把、卽ち男子は四束四把、女子はその三分の二を納めねばならなかつた。これは當時の稻の收穫の百分の三に相當した。當時は今日のように稻穗からモミを脱穀して計るのではなく、稻を刈つたまま束にして計つた。（刈り方も今日とは違うが）。

さらに右の稻束にその土地の産物によつて絹、絁（あしぎぬ）糸、綿のうち、その一つも添えて納めねばならなかつた。その率は田地一町歩につき絹ならば巾二尺半長さ一丈、絁ならば巾二尺半長さ二丈であつた。その外に戸別調といつて、今日の住民税のようなものであるが、貲布（さよみといつて麻布である）一丈二尺を課された。（以上尺は今日の曲尺）

以上は田地の收穫に對する課税であつたが、さらに、良民自身の勞働によつて得る收穫に對しても調と庸の二税が課された。

養老賦役令（ようろうぶえきれい、これは養老年間に出した以下述べるような勞役に關する法令のことである）によると調とは次のようであつた。

これは男子に課されたもので、二十一歳より六十歳以下の健康な男子を正丁（せいちよう）とし、六十歳以上六十五歳以下の男子を次丁として正丁の半額の税を、十六歳以上二十歳以下の男子を中男として正丁の四分の一の税を課した。

正丁は絹または施（あしぎぬ）巾二尺二寸長さ八尺五寸、或は糸八兩または綿一斤（綿は絹綿、今日の眞綿）、布（麻織物を布という）二丈六尺のうち、いずれか一つに郷土の産物を添えねばならなかつた。またその上に副調も加えられた。

庸は男子正丁（二十一歳以上六十歳以下）にのみ課されたもので、年十日間の徭役（ようえき）と三十日間の留役の勞働の義務である。十日間の徭役の代りに布二丈六尺を納めることができた。これは朝廷に對するものであつたが、さらに雜庸として地方國司（地方官吏）が自分の管内の公事に良民を年六十日使役することができた。これらを合計すると良民（百姓）は年に百日を公のためにただで働かねばならなかつたわけである。

貴族、豪族も大化の改新では公民となり班田をうけたが、彼等は租庸調の義務は自分達の奴隷（家人、私奴婢）をもつて代えた。そして家人、私奴婢の數が多いほど土地と勞働力を集めることができた。

この時代の人民はほとんど百姓であるが、彼らは田を耕し租稻を納め、また調・庸の義務のために奴隷のように働かねばならなかつた。調、庸は男子に課されたものであるが、納めるものの中には糸、織物類が多いために、實際は婦人がこれらの生産に從事したものと考えられる。大寶令（七〇一年）には、百姓には戸毎に園地を與え、桑、漆の栽培の義務を課したが、これによつて、婦人の勞働の收益に對する税が計算されたようなものであつた。

男子は調を納めるために遠路はるかに都まで旅をせねばならず、その上一年間百日の勞働の義務があり、女子にもまた納めるべき糸、織物の生産のために、その原料の栽培、養蠶より、糸を紡ぎ、ハタを織る勞働があり各々衣食住の自給の上に、このような重き負擔のために、この時代の人民はひまなく働きつづけたことであろう。

この時代の婦人の勞働をうかがい知ることのできる資料として萬葉集をあげることができる。萬葉集は飛鳥寧樂（なら）時代にわたる歌集であるが、天武天皇朝（西紀六七三〜八六年）の歌が最も多いところから、大體奈良時代の人々の生活の樣子をこれから想像されるものである。

婦人の衣食に關する日常の勞働は何も目あたらしいことではない。しかし時代が變り、產業が發達し、生産方法も變化すれば婦人の勞働の樣式も變化する。だからこの時代の婦人の勞働には、この時代にのみ見られるものもあるわけである。

この歌集に現われている婦人の勞働には食糧生産に關しては農業、即ち稻作、食糧拾集採取に關しては漁つり、藻刈、鹽やき、植物採集、衣料に關しては養蠶、麻うみ、はたおり、染色、晒、洗濯等がある。食糧に關する勞働のみを取り出しても、この時代がまだ採取拾集時代から、あまり遠ざかつていないことがうかがわれる。また稻作を取つてみても、この時代の稻作農業とその收穫の調整のしかたが、まだ發達せず、そのために、婦人の仕事もそれだけに後世と違つた仕事のあつたことが知られる。ただこれらの歌は直接生産者勞働當事者が歌つたもでないだけにただ勞働の種類をうかがい得るにすぎない。

職場のこえ

詩

若人

保《やす》川《かわ》妙《たえ》子《こ》

サイレンが鳴つた
一せいにとびだして行く若人たち
希望を胸に抱き
青春の血潮は高鳴る
みどりの芝生が目にしみる
廣い運動場で
テニスをするもの
バレーをするもの
乙女が投げれば若者が打つ
芝生に座つて
若者が語れば乙女がうなづく
向うから歌聲が流れて來る
職場の者がより集まつて歌つて
いるのだ
知らない聲を次から次に知る
樂しさ
私はソプラノよと得意になつて
歌つている
なごやかなふんいきだ
そこには重くるしい空氣はない
もちろん男女の差別もない
嫌な職制の氣兼ねもない
何をやつても誰も何もいわない

サイレンが鳴つている
さあ、仕事だ
こゝはこんなに明るく樂しいのに
だから私たちの職場はもつと明るく
しなくては
元氣な若人の力で

（全國全屬横河電機勞組・青婦對部）

婦人會長はなぜ落選したか

大野繁子

町村合併によつて新しく誕生した〇市で、去る四月行われた市議選に立候補した婦人會長が惜しくも慘敗しました。

有權者の約半數を占めている婦人會員は、なぜ婦人會の推薦した會長に投票しなかつたのか。それにはいろいろな原因があると思いますがおもな原因は「女なんか出しても仕事はできない、女は家事にいそしむものだ」という封建的な既成觀念が、知らずしらずのうちに女が女に投票しなかつた原因だと思います。男性本位にできている現在の社會構造の中で女が男よりも仕事のできない」ことも事實ですが、それは女自身が無能だというよりも長い間の女性輕視の觀念が女には仕事をさせないようにしている事實も、女同志で理解し合うことが大切と思います。もちろん私たちは謙虚でなければならないし、女だといつて甘えたり、できもしないのにできるような思いあがつたことは愼まねばなりません。しかし半面女なるがゆえに不利な取扱いをうけている現狀はあくまで排除しなければならない

主婦のこえ

修學旅行

増《ます》田《だ》多《た》喜《き》子《こ》

今年中學三年になつた長女が修學旅行で東京方面へ出かけた。二泊三日の後歸宅していろいろと旅先のことを聞かせてくれたなかに「上野公園にはあちらにもこちらにもルンペンが寢ていたりうろうろと辨當をほしがつたりするのでゆつくり辨當もつかつていられなかつた。地下鐵にもそんな人たちがたくさんいた。それなのに學習院の前には高級自家用車がズラーッとならんでいた。あんな事を吉田さんは全然知らないんでしようね」とこうである。私はこの話を聞いた時、ハッと何かに目をさまされた氣がした。

私自身はいつも氣の毒な人のことを考えていると自負していたのに、年中家もなく公園のベンチで過す人のいることをすつかり忘れはてていたのである。上野市というところは發展性もない代りまた都會ほど上下の差がひどくないため、ルンペン・乞食などは全然といつていいほど見られない。こんな土地柄に長年住みなれてしまつた心や目には戰爭でふえた氣の毒な人達も今では福祉施設に收容され、ある程度の生活の保障もあることとばかりうつつていたのである。

私は長女のこの言葉にハッとするとともに本當に世をうれえている一人であると思つていた自分が自分自身にどんなにはずかしく哀れに思えたことか。

私はもつともつと大きな目で世の中を見なければいけないんだ。

井の中の蛙であつてはならない。

私は時代におくれてはならない。

子供たちはどんどん時代と共に進んで行く。富士山を見、銀座を見て來ただけでなくこうした社會の裏を見て何かを感じ取つてきた修學旅行は私の長女にとつて何よりも意義深いものであつたと思うとともにその子たちの前途の多事を思つたことである。

（三重縣・未亡人）

と思います。そのためにはまず婦人が團結してその向上に努めるとともに、「女は男より劣つたもの」「女は家にいるもの」といつた封建的な考え方を改め、女でもできる人はどしどし社會に進出すべきであるという考え方に切替える運動を平素から行うことが大切と思います。

大物でなければならないという考えは英雄崇拜であつて、支配階級の人々には都合のよい考えですが、女や勤勞者など、支配されている者にはまことに不都合な考えです。こうした考えを改めないかぎり女性は永遠に支配されることになります。女性解放と人間解放は同時に行われるものなのに、女がいつまでも村のボスや利權屋に抑えられ大切な一票さえ自由に使えないとは實に情けない事です。

女の團結次第では利權屋やボスに牛耳られている市町村議會はもとより、汚職議員で占められている國會に至るまで議席の半數を變えることもできるし、女に都合のよい法律、例えば社會保障制度の確立などもできて、泣く未亡人もなくなり、不幸な子供たちも半減すると思います。このように女の團結によつて英雄崇拜の保守主義を排除し、平和で住みよい社會をつくる努力がなされるならば、男性が女性をみる目も隨分わかることと思います。（松江市會議員）

渦にまかれて

萩《はぎ》元《もと》たけ子《こ》(談)

六月三日夜の國會亂闘事件の渦中に婦人議員がいたということから、婦人議員一般に對してだいぶ世間から厳しい批判が浴せられ、あの事件全體が婦人議員の女らしくないふるまいから起つたかの印象をつよく與え、またそれが社會黨の計畫的な行動のようにもうわさされている。はたしてそうだろうか? 渦中にあつた一人、社會黨代議士萩元たけ子さんは事件前後の狀況を卒直にこう語つている。(編集部)

あの夜、事件のはじまる少し前、本會議が始まるという知らせがあつたので、私は戸叶里子さんと一緒に議場に入つて行つた。議場には與黨議員はほとんどおらず、野黨の方が少し着席していた。正面をみると堤ツルヨさんが議長席に、山口シヅエさんが事務總長席に座つて笑いながら手招きしたので、私は國務大臣席に、戸叶さんは總理大臣席に上つた。「婦人議員だけで内閣をつくつたら汚職事件など起らないわね」などと冗談半分で高いところから議場を眺めると、満員の傍聴席は大喜びで、カメラを向けたり、野次をとばしたりなごやかな空氣だつた。

こういうなかに突然與黨議員が二人飛び込むように議壇に近づき、口ぎたなくののしつた。うつて變つた荒々しいふんい氣に、馴れた人ならさつと身を替わして逃れたろうが、不馴れな私には臨機應變な處置がとれなかつた。とつさに野黨の議員に取りまかれ、身動きもできず、あとは無我夢中で机にしがみつき、辛うじて身を守るだけだつた。

與黨の人たちは社會黨が計畫的に婦人議員を使つて議壇を占領させたと宣傳しているようだが、少くも私はそんな計畫は全く知らなかつた。それははつきりと言つておく。

しかし、昨年の十六國會の會期末に、開會のベルが鳴る前に議長と與黨議員だけが議場に入つていて、野黨議員が入らないうち、ベルと同時に會期延長を決めてしまつた。こういうまことに卑怯な手段をとられた經驗があるので、こんども會期延長が重大な問題となつているだけに、その手を使われてはという考えは野黨議員のたれしもが持つていたことと思う。それで與黨のむり押しに抵抗する意味から期せずしてあゝいう形をとつたものではなかろうか。(文責・菅谷)

男ならでは夜のあけぬ國

山《やま》川《かわ》菊《きく》榮《え》

第十九議會で日本國民の運命にかかわる最大重要の議案といえば本格的な日本再軍備の

ＭＳＡであり、それを補足するものとしての防衛二法案、教育二法案、警察法案等の一連の反動立法であつた。そして半年にわたる會期の間、一月とは議場に顔を出さず、たまに顔を出しても野黨議員の質問にはろくに答えもせず、日本が破産しかけており、また國内に重大問題が山と積つている矢先、ぼう大な旅費をつかみ、多勢の家の子郎黨をめしつれて、いつたい何しに世界めぐりをしなければならないのか、いくらきかれても、そつぽをむいている首相の態度は、國民のサーヴァントとして許すべからざるものだつた。議會はおたがいに話しあいをする所で、大臣にとつては國民の前にその立場を訴えて理解を求め協力を願うための場所であり、進んで出席してできるだけ發言の機會を求めるのが本當なのに、その反對に逃げまわるのはよくよく口にしにくい、うしろぐらいところがあるにちがいないと思われても仕方があるまい。同じ保守主義者で頑固一てつの名をとつているチャーチルでさえ、三度の御飯より議會に出るのがすき、何でもむつかしい問題は矢おもてに立つて自分で答辯せずにはおかないというのとは大したちがいで、永らく英國大使もつとめ、英國を模範にしたがる吉田首相が、これだけは見習う氣がないらしいのはどうしたことか。

私たちは亂鬪とか婦人のまきぞえとかいう派生的な末端の事件だけが十九議會の中心問題であるかのごとくわめきたて、肝心の國運にかかわる重大議案の意義を忘れさせようとする意識的・無意識的な政府や反動の手先どもの手にのらないようにしよう。もちろん亂鬪は戒めたい。そのためには多數黨は多數をカサに着て横車をおさぬこと、政府は國民の主人ではなく、そのサーヴァントだということを心得ること、少數黨は質量ともに備わる強い組織をもつために全力をあげること。國民は、文化人を以て任ずると否とをとわず、吉田内閣の横暴に反對する以上、ふところ手、高見の見物で口先だけでやじる代りに社會黨の一兵卒として働き、必要とあれば鐵拳の雨をあびても警官の靴にふみにじられても正義の旗をまもりぬく覺悟をもつことである。

婦人議員は、筆まめ口まめで有名人になつただけで、進歩的勢力のために指一つ動かしたこともないひとびとのヒステリックな惡口なんか氣にする必要はない。どうせこの國に生れたからには、女は何かやつたらやつたで女のくせに、と惡くいわれ、何もやらなければやらないで、女は一體何していたんだ、と惡くいわれるにきまつている。戰術は考える必要があるが闘志を缺いては問題にならない。あの時議壇にいたのが惡いとすれば男でも惡いので、女だから特に惡い、男の十倍も百倍も惡いというような批判に對しては、私はあくまで反撃する。これが外國ならなぐられた婦人議員よりなぐつた男子を批判し懲罰に附するところだが日本はそのあべこべなのも、男ならでは夜のあけぬ國らしい。或外人にあの事件の感想を聞いたら「なぐりあいはどこの國にもよくある。珍しいことじやないがあやまるのは珍しい。外國ではあやまつた例はないだろう」とひどく驚いていた。

外人にもピンからキリまであるから一々その批評を氣にするには當らないが、少くとも日本では吉田首相が擧國一致で支持されている者でないことを世界に示したのは大成功だつた。私は英國にいた時、太平洋戰爭の間、英國人は日本人が一人殘らず東條と一身同體だと思つていたといつて、東條に對し、戰爭に對して國民の中に批判のあつたことを話すと、信じられないような顔をされたものだが反動内閣に對する國民の批判を明かにした點は、手段はまずくとも成功だつた。また吉田首相が米國でどんな危い約束をし、僅かの金でこの上完全に國を賣り渡し、アメリカの號令一下、大陸に雇兵として青年をも送りかねない樣子を見ては、首相が國民の前に語りえない秘密の目的をもつて渡米することを一應防いだだけでも、手段の巧拙を別として、少數黨の抵抗が無意義でなかつた感を與える。

さいきんの

勞働問題から

佐《さ》藤《とう》紀《き》奴《ぬ》

　このごろのように貿易は一向に振わず、國内でも消費需要が頭打ちしているような狀態では、中小メーカーや商社は相ついで倒產するし、失業者は増えるばかりです。政府の統計でも、失業保險金をもらつている人の數は一月から三月までのあいだに三萬人も増えているし(勞働省失業保險業務速報)、企業整備も四月には前月の約二倍の八百件を超え、三萬人の勞働者が整理の對象になりました(勞働省企業整備狀況報告による。この數字は傾向を知る程度にしか利用できませんが)。

　ちかごろ目立つているのは紡織關係企業の整理で、とくに戰後の好況の波にのつて各地に簇生した製糸業や中小機屋の打擊は大きく、休廢業の憂目をみるか、商社や大きなメーカーや問屋の下請(機屋では賃織)に轉落しています。

　このように小さな企業では、大企業との競爭や不況の重荷にたえかねて、經營者と勞働者が共だおれする場合も少くありません。しかし大きな資本をもついわゆる獨占資本とよばれる企業では、單に量的に資本が大きいというだけでなく、さいきんの汚職事件でもわかるように、政府や銀行ととくべつの關係を結んで、有利な條件で原料を買つたり物をつくつたり、あるいは賣込んだりするころが出來るのですから、ちよつとやそつとの不況にはびくともしません。むしろ不況乘切りやMSA援助を理由にますます私腹を肥やします。鐵、石炭、電力等の基幹產業をはじめ產業全般にわたつて昨年頃から合理化政策が着々とおしすすめられてきました。そして獨占資本といわれる大企業と中小企業のあいだには、昔の財閥支配をほうふつさせる新しい序列が生れつつあります。

　國際競爭にうちかつためにはぜひとも合理化が必要であり、また合理化の結果餘分な人間を整理することはやむをえないとうそぶいている資本家たちは、新しい機械をとり入れる場合にも、どうしたら勞働者の肉體から今までよりもつと多くの利潤をしぼり出そうかということに夢中です。機械が入れば勞働が樂になるのではなく、一そう苦しくなるのが資本主義社會の現實です。東京近邊のある製鐵所では、高爐を一基動かすために全然新規採用せずに千人を超える必要人員をはじき出しました。そのためにはあらかじめタイム・ウォッチをもつた勞務課員が現場をまわつて科學的と稱する方法で作業時間をはかり、とうとう要員制という無茶な基準をつくり上げたということです。この會社では、殘業しなければ食べてゆけない勞働者が身のほそるおもいで深夜作業も含めた一日十一時間をこえる高熱、重筋勞働に從事しており、その疲勞は一月に一人の割合で事故による死者を出しております。

　一人あたり一疊にみたない住宅に住む勞働者や、三年たつても四年たつても臨時工のままで放つておかれる勞働者が、その生活改善を要求してストライキをすれば、資本家たちは聲を揃えて企業の實態をかえりみぬ政治鬪爭だと宣傳する一方、多數の金をばらまいたり緣故關係でつつたりした、黃色い御用組合や民勞連の育成にやつきとなつております。このごろ資本家陣營でさかんに使われはじめた「勞使協力」という言葉は、總評系組合に對するえげつない攻撃や、さいきんの爭議にひんぴんとあらわれる工場閉鎖という强硬手段や、勞組のピケットを破るために雇われる暴力團の存在をかんがえるとき、誠意のなさをカバーしたり、何も知らない人をまどわしたりするための美辭麗句であるとしか思えません。

このような獨占資本と、政府の利害が全く一致していることは、自由黨政府の「國民經濟的立場にたつ」と自稱する資本優先の政策に歴然としていますが、なかでも政府の勞働政策は、大資本の利益を守ることに終始し、コスト引下げの責任を勞働者に肩替りさせる低賃金政策で貫かれています。勞働者の働く權利と生きてゆく權利を守るストライキまでも押しつぶそうとする破防法やスト規制法はここ一、二年の間に猛烈な反對を押切つてつぎつぎと國會を通りました。そして基準法の改惡がくわだてられている一方、日頃は人手不足を理由に監督行政をさぼつている勞働省の基準局が、秋の勞働攻勢に備えた賃金ストップ實施のための標準賃金調査（職種別等賃金調査）に全機構を動員され、上から下まで大臣賞をうばいあつて點數かせぎに汲々としていることは、お門ちがいもはなはだしいものです。

ではこのような世の中で、働く婦人たちはどのような扱いをうけているでしょうか。昨年行われた日經連の調査によれば、各會社の人員解雇基準の中に、①他に生計の道を有するもの、②業務能力低く熟達の見込なきもの③配置轉換困難なもの、④補助的業務に從事するもの、⑤扶養者なきもの、⑥夫婦にして勤めている一方のもの等が擧げられています。これらの項目のどれをとつてみても、何か言いがかりをつけてとくに婦人を職場から追い出そうとしている資本家の强引な意圖がよみとられます。安く使うこと以外に婦人を雇用する意味をみとめない資本家たちは、さいきん働く婦人の勤續年數が次第にのびる傾向にあることをひどく警戒しております。紡績の操短にかこつけた長年勤續者の解雇、結婚とか出産を退職の條件とする就業規則、二十五才停年制等はそうした資本攻勢の實例です。

しかし一方では、經濟的な理由から、またさらに積極的な職業意識から、結婚しても職場にとゞまる婦人、子供を生んでも退職しない婦人が、託兒所その他の社會施設がほとんど利用できない現狀にもかかわらず非常に增えてきました。資本と勞働の利害はここでも眞向から對立し、「既婚婦人は家庭に」という資本家の御都合主義の主張に對して、働く婦人たちの「はたらく權利」「同一勞働同一賃金」の要求が高まつてきております。

戰後かなり擴大されたとはいいながら、しかし男子に比べると壓倒的に狹い婦人の職場をこれ以上狹くしないことは、現在働いている婦人たちの大きな責任です。しかしこの問題をさらに根本的に解決するためには、同時に働きたくても働く機會のない婦人の問題、働きたくても家事勞働に追われて家をあけることの出來ない婦人の問題をも解決しなければならないのです。現在大事なことは、男子の勞働者と一つの職場をうばいあうことでもなく、性のちがいを資本家たちの分裂政策に利用されてチープ・レーバー（低賃金）を提供することでもないはずです。男子の勞働でもそれが資本にとつて高くつく勞働であるなら容赦なく臨時工なりあるいは婦人なりの安い勞働に代えられているのが現狀です。婦人は一人一人が能力をつけ、意識を高めてゆかなければならないと同時に、統一された勞働戰線の一員でなければとても手ごわい資本攻勢に耐えてゆけないでしょう。そして婦人の問題が單に婦人だけの問題でなく男子の問題、しんそこから勞働階級全體の問題となるためには、勞働組合員としての婦人が、それぞれの職場で自分たちの日常の要求を男子の組合員と一しょにどのように具體化しているかという點から反省しなければならないとおもいます。

（筆者は公務員）

紡績工場の英國婦人
——イギリス旅行記——

山《やま》川《かわ》菊《きく》榮《え》

組合費をあつめる

寒くて暗い雨の朝、私は宿の主婦エリザベスと一所に、英國名物の赤い大型の二階バスに乘つた。人口三萬のこの紡績町の紡績會館の二階の二室をしめる織工協會の一室にはきのう會つた副書記バンクロフト氏がこまかい數字の一杯書かれた大きな帳簿をのぞきこんでいる。「やあ、ごらんなさい、私は子供のうちから織機の前でしか働いたことのない男ですが、組合がやれというので、今ではこんな小面倒な机の仕事をすつかり身につけましたよ、勞働者にはめんどくさい事務は苦手でさあ。だがこれを自分の手でやるようでないと組合はのびませんや」

といささか得意そう。中央にはエリザベスほか三四人の男女が立つて何か話している。これはみなコレクター（集金係り）で、それぞれ受持の組合費を集め、報告しあつているのだつた。賃金が週給だから組合費も一週間拂いで、毎週工場では金曜日に集め、滯納は家庭までとりにゆく。組合費は普通一週一シリング（約五十圓）だが、パートタイムや年少見習工は特に安い。組合費の額によつてストライキや休業の時の手當の額にちがいがあり、また組合所屬の保養所に無料ではいつていられる期間もちがう。もちろん失業手當は失業保險の中から出るのではあるが、それとは別に平生拂つている組合費の中からもそういう目的のために或割合で基金がつみたてられているわけである。

書記のミス・フォリーは隣の一室で事務をとつている。そこには机の上にタイプライターがあり、老人がひとりいるきり。お茶の時刻にはミス・フォリーが自分で出してくれる。組合員五千五百人に對し、專任のコレクターが四人いる。別に片手間にやつて一週一シルの手當をもろうのもあり、いずれにせよコレクターは委員會の任命による。コレクターは毎週組合費を集めて、次の週の木曜日には必ず帳簿と現金とを揃えて組合事務所に引渡さねばならぬ。エリザベスは一人で七百五十人うけもつているという。大抵は文句なしに拂つてくれるが、中には拂わないのがあり、そんなのは家までたずねていつてうけとらねばならぬ。

「なぜ拂わないんでしようね」

というと、

「もう今じや昔のように失業の心配はなくなつた。勞働時間は短く、賃金は高い。もうこれでいい、組合なんかに用はない、というので拂つてくれないのがあるんですよ」とエリザベスは笑い笑いいう。まるであべこべの話で、組合があつたからこそ、そんなにらくにもなり、これからもつとよくなろうというのに、おかしな考え方をする勞働者もいるものだ。コレクターはそういう人たちに對してはわざわざ暇をさいて話しにいき、組合の大事なことを說いて引續き會費を拂つて組合に留まらせるので、集金係りでもあるが、同時に組織者をも兼ね、最も末端の、しかも極めて重要な土臺石をすえるような役割をしているわけである。組合員一人を獲得し、その人が八週間きちんと組合費を納めたならコレクターは一シル、一旦脱落したものを再び復歸させた場合は六ペンスを與えるという賞金に類する規定があることは、日本人の頭では異樣に思えるが、ただ一人でも獲得したり、脱落を防いだりする苦心がどれだけ大きいかを思う時、その勞に報いもし、はげましもする意味でこういう習慣ができたのもふしぎではない。企業單位で自動的に從業員が全部組合員となり、組合費が賃金の中から天引される國とはちがうのだから。

ゆとりのある職場の空氣

ミス・フォリーの案內でまずタオル工場を見る。從業員八百、九五%まで女子。ここは紡糸、染色、織布等の諸工程を一貫してやるので、作業場は幾部門にも別れ、リフト（エレヴェーター）で上つたりおりたり。圖案部では英國の繪本を見るような綠の牧場に美しい野花が咲きみだれ、小川が流れている中に、例のテディ・ベヤ、それについで英國の子供におなじみのバニー・ラビット(兎)、犬や猫も活動している、見るからに樂しく、大人でもほしくなるようなきれいな模樣色どりの見本がたくさんあり、工場の一部ではそういうものがどんどんできている。

しかしそれらは輸出向けで原價も高い上に六割六分の稅金がつくので、國內では誰も買わず、無稅の白無地のものばかり使つている。これが英國の耐乏生活の一面であつた。着る物も同じことで、戰時中から標準的な幾種類かの寸法によつて大衆的な既成品が安く、無稅で賣出され、大抵の人はそれでまに合せていた。後に保守黨は勞働黨の反對をおしきつて一割の稅金をかけたが、これにもごく粗末なのから相當の高級品まであり、イヴニング・ドレスまであるので贅澤をいわなければ結構まにあうわけである。

この工場は染色だけが男子で、ほかの作業場は殆んど女子だつた。産業革命の古巢だけに機械や設備のずいぶん古い工場もあつて、「ランカシャアときたら工場も時代おくれ雇主も時代おくれ、何もかもみな時代おくれですよ」といつたような點もありはするが、この工場はだいぶ新式でもあり、清潔でもあつた。

工場を見ていつも思うことは働く婦人の年令や體格のちがいで、日本ではせんい工場を見る毎に豆つぶのような少女が、魔物のように大きな機械が目のまわるような速度でそうぞうしく動きつずけるのにとりついて、一所懸命わき目もふらず、一〇〇パーセントの緊張ぶりを見せているのが餘りにもいたましく、胸が一杯にならずにいないが、ここでは丈の高い、胸のはつた、血色のいい一人前の大人がゆうゆうと働いている。日本では人間が機械を使つているのでなく、機械に使われている感じだが、ここでは人間が機械を使つている、人間の方が主人だという感じである。

（つづく）

（一一ページよりつづく）

上役の氣に入るためには反動法律をたてに國民の上にどんなにでも無慈悲な力をふるうかも知れない。

金融資本や獨占企業、軍需産業を背景とする政府保守黨は、こうしてあらゆ法律を用意して、國民大衆の利益を守る野黨には絕對に政權を渡すまいとし、汚職や疑獄にもゆるがない權力の座に永久に座つて自分たちの思うままにふるまおうとしている。

ああ、過去につながるすべてのキズナを斷ちきり、無氣味な過去のお化けを退治しなければ、明るく晴れた新時代は永久に來ない。伊勢神宮にお詣りして、「かたじけなさに淚こぼるる」ような人でなければ大臣になれないのでは永久に「未來は始まらない」。

近江絹糸の人權爭議

問題の多かつた議會の幕がしまつたとたん、近江絹糸の人權爭議が舞臺の正面を占領した。六月二日大阪の本社で新組合が結成され、全せん同盟に加入し、全國六工場でも第二組合支部ができて廿二條の要求を提出したことから問題は起つた。今日までですでに廿日餘り、新組合と舊組合及び會社側の雇つた臨時人夫との間の亂鬪事件、新舊兩組合の陳情團の入京、勞働省及び法務省が基準法と人權ようごの立場から關心をもち始めていること、などが女子年少者の女工哀史的日常生活と共に連日の新聞に報ぜられながら、爭議はまだ解決の緒についていない。

新組合の要求條項が、基本的人權と基準法のワク内に留まるものばかりで、何ら積極的な主張や經濟的要求にふれず、「佛敎の强制反對、結婚の自由、信書の開封廢止、外出の自由、月例首切反對、密告者報償制度、尾行等一切のスパイ活動及びその强制反對」というようなものばかりなのを見る時、目を見はらぬ者はあるまい。こういうことが公然と行われているのでは、憲法も基準法も兒童憲章も全く飾りもので、日本は半世紀の昔と少しも變らないといわれても仕方がない。

この會社の彥根工場は四五年前にも映寫機から引火して從業員に多くの死傷者を出したくらい設備の惡いので有名な工場であり、その當時も相當問題にされたことがある。今日までくさい物に蓋がされ續けてきたことは、狼のような獨裁的經營者と、その前にしつぽをふるたいこもち的御用組合に對して、遠い農村からかりだされてきた孤獨な少年少女が、どんなに無力な小羊にすぎないかを語つている。各地の基準局や監督官も長年にわたるこれほど極端な違反事項を知らぬ筈がなく、今まですてておいた理由があやしまれねばならない。

勞働省ができた時は、初代勞相米窪氏が勞働省は、勞働者のためのサーヴィス省であるということを機會ある每にくり返し、基準法の周知徹底とその勵行ということに相當力をいれた。しかし大臣はそれでも事務次官吉武氏の腹は、後に自由黨の大臣になつただけに全くちがつていた。吉武氏は日本みたいな中小企業の多いところで基準法なんてむりだよやれるもんかと省議の席上公言してはばからない有樣だつた。まだかけ聲ばかりで基準法が充分勞働者自身のものとなりきらないうちに片山内閣は倒れ、ついで七年餘り、基準法反對の保守内閣が續いているのだからそれが棚の上の飾り物になつてしまつたのもふしぎでない。監督官は下手に摘發すれば上司ににらまれて首があぶなく、たまたませつかく大骨おりで違反の事實の動かぬ資料をもつて抑えても、監督署長、基準局長と上になる每に骨ぬきにされてうやむやに葬られることが普通である。

要するに勞働者自身、および國民一般がもつと人權を尊重し、法律を守ることに眞劍でなければ問題は解決されようがない。近江絹糸の問題は遠からず勞働者の勝利となつて片づくにしても、なおそのあとに無數の同樣な問題が殘つており、今度は高見の見物の大手筋にも決して問題がないわけではなく、今後眞劍に組合と社會黨とが手をつないで組織を進め、農村でも都市でも職場でも地域でも、街頭でも議會でも力限り壓制と非合法と戰つて新しい社會を育ててゆかなければならない。私はバスの中で語りあつた近江絹糸の少年少女の健鬪をたたえ、その未來を祝福しつつ全無產階級の解放の爲の決意を固めた。(山川)

筆者紹介

三瓶孝子氏　福島縣出身。東京女子大學、早稻田大學經濟學部卒。專門、經濟史研究。勞働省最低賃金審議會委員。日東化學工業囑託

佐藤紀奴氏　東大經濟學部卒。公務員。

お知らせ

園部三郎著　和光社刊
愛と眞實の肖像
——ショパン評傳——
定價三二〇圓・〒三〇圓

草野心平著　和光社刊
詩と詩人
——詩と詩人に關するエッセイ集——
定價二五〇圓・〒三〇圓

月本赤十字社産院編
痛くないお産　蒼樹社刊
——無痛分娩法——
定價二三〇圓・〒三〇圓

右の圖書本社でお取次いたします。御希望の方は振替御利用の上お申込み下さい。

編集後記

○千早ふる神代もきかず民のこえきこえぬふりでタカくくるとは

なぐられむ身とも思わずさかれてし女史のきものの惜しくもあるかな

右二首よみ人しらずとして投稿あり、ごひろう申上げます。

○ある英國人からの手紙に英國では日本ではあと二年もすればファシスト的政權が成立すると悲觀しているとか。決して決して私たちの目の黑い間はと答えましよう。

×

○インフレの時は賃金が物價においつかず、デフレともなれば失業、半失業のうき目にさらされる働く階級の婦人は、どっちにころんでもふんだりけたりです。皆さんのお臺所はいかが。誌上で一つ井戸ばた會議でも開いて苦しい家計簿の内幕を話しあおうではありませんか。内職できりぬけた方、きりぬけられない方、母子貸付資金で助かった話、助からぬ話、何でも具體的な事實をご投稿願います。私たちおたがいや、政治家の參考にし、よい政策をつくる資料にしましよう。

×

○編集内容につきいろいろ御助言頂きまことに嬉しく、一同大にはりきつて御期待に添おうとしています。「それにつけても金のほしさよ」で毎度申かねますが代金お拂込みと一人でも購讀者をおふやし下されたくお願申上げます。

×

○本誌編集委員藤原道子は働きすぎて二週間ばかり病院のごやつかいとなりましたが、近日中退院の見こみ。めくらめつぽうに働いたり働かせたりするなという天の警告を議員でなくても日本の婦人は考えてみる必要がありますね。とりわけ、不順な昨今みなさまのご健康を祈ります。

婦人のこえ　七月號
定價三〇圓（〒五圓）
半年分　一八〇圓（送共）
一年分　三六〇圓（送共）
昭和廿九年六月廿五日印刷
昭和廿九年七月一日發行
編集發行人　菅谷直子
東京都千代田區神田三崎町二ノ三
印刷者　堀内文治郎
東京都港區本芝三ノ二〇
（硫勞連會館内）
發行所　婦人のこえ社
電話三田（45）〇三四〇番
振替口座東京貳壹壹參四番

昭和二十八年十一月二十四日第三種郵便物認可

昭和二十九年[illegible]

婦人のこえ

（第二巻・第七號）

定價三〇圓

婦人のこえ

8月號

1954

平和憲法を守りましょう

本誌・社友（五十音順）

淡谷のり子　阿部艶子
安部キミ子　磯野富士子
石井桃子　石垣綾子
圓地文子　大谷藤子
小川マリ　大内節子
川上喜久子　小倉麗子
桑原小枝子　神近市子
木村光江　久米愛
久保まち子　芝木好子
清水慶子　杉村春子
菅谷直子　田所芙美子
田邊繁子　高田なほ子
長岡輝子　新居好子
西清子　西尾くに子
秋元たけ子　深尾須磨子
古市ふみ子　福田昌子
宮崎白蓮　三岸節子
米山ヒサ

日本労働組合総評議會傘下
各労働組合婦人部
全國産業別労働組合（新産別）
連合傘下各労働組合婦人部

原稿募集

◇**論文・随筆・ルポルタージュ**
職場でも家庭でも婦人の立場から訴えたいこと、發言したいことはたくさんあると思います。

また政治や時事問題についてご意見やご批判をお持ちの方も多いと思います。

そうした皆さまのご意見、ご批判、ご感想あるいは職場や地域のルポルタージュなどをふるつてご投稿下さい。

四百字詰
原稿用紙　七枚以内

◇**短歌・俳句**　生活の歌を歓迎いたします。短歌にかぎりご希望の方には選者が添削してお返しいたしますから返信料を添えてお申込み願います。

送り先　「婦人のこえ」編集部

終戦記念日前夜祭

婦人平和のつどい

とき　八月十四日　午後六時
ところ　虎ノ門　共濟會館

第一部　討論會
平和と生活を守るために
講師　高橋正雄・神近市子

第二部　歌と舞踊
コーラス……………東京合唱團
アジア各國の舞踊……榊原舞踊團
バレー………………金松月・金皓月

主催　日本社會黨本部婦人對策部
同　東京都連婦人對策部
後援　婦人のこえ社

整理券を發行いたしましたからお申込は社會黨本部または本社にお早く

婦人のこえ

1954年

8月號

目次

火攻め・水ぜめ……山川菊榮…(四)
「空想より科學へ」……大内節子…(一〇)
時評・世界は變ってゆく……榊原千代…(一七)
隨筆 若い人たち……新居好子…(一六)
うたは世につれ……小倉麗子…(廿)
働く婦人の歴史……三瓶孝子…(一四)
シャガム女と白い足袋……河崎なつ…(八)
婦人のこえ
さゝやかなつどい……大野繁子…(一二)
〃私の職業はバスの車掌〃……濱 夏子…(一三)
國營開墾のうらおもて……松平すゞ…(二二)
「水爆」スライド雜感……篠田こしん…(二四)
短歌……萩元たけ子選…(二三)
俳句……星野立子選…(九)
表紙・扉……小川マリ
カット……田所芙美子

うたは世につれ

小《お》倉《ぐら》麗《れい》子《こ》

どこもかしこもジャズばやり、街を歩けば流行歌が耳に、廣告放送はのべつまくなしにガーガーと音をたて、大小幾多の宣傳カーは、道一杯にあふれている。雜音にあけ、喧噪に暮れ、世はまさにもの狂るおしいばかりの狂想曲をかなでている。

昔、ギリシヤの哲人は〝體育で身體をねり、良い音樂で人の心を美しく〟と言い、それを人間教育の重要なポイントにしていたという。また〝彼等に音樂を〟という映畫では、不良少年が、ヤッシヤ・ハイフェッツ（四月來朝した世界第一流ヴァイオリニスト）の彈く、ヴァイオリンのすばらしい音色に心うたれて、更生するという筋をあつかい、悲しいにつけ嬉しいにつけ、歌わずにはいられない心――音樂を愛する氣持――というものは、人間の本性であるということを示している。

ところで、大人のばあいでさえ音樂の良し悪しに左右されるくらいだから、ましてあどけない子供達に與える音樂の影響は、まことにおろそかにできぬものがある。戰後續出している少女流行歌手、恐らく當のレコード會社でも本心は首をひねつているのであろうが、これらの少女歌手は、みな、申しあわせたように、大人の物まねからはじまつている。まねをすることは、元來子供としては、本能的なもので、この傾向それ自體は不自然ではないが、それに陶醉したり、またそれを助長したりするのは、大人の變態心理ではないだろうか。日本舞踊などで、六つや七つの女の子が艶つぽい道行の踊をしたり、戀唄を歌つたり、試みにどういう意味か内容をきいてみてもわかつているはずがない。子供自身で歌いたいのでもないものを無理にやらせることは、いかにも慘酷であり、しかもいかがわしい歌詞を歌わせるに至つては、その無神經のほども甚しいと言えよう。

また最近のノド自慢やクイズばやりはどうであろうか？　多勢の前で歌つたり彈いたりすることは、場なれする、度胸をつける意味ではいいかも知れないが、多くは親の虚榮心のために、ステージに立たされている小さな犧牲者たちであり、あたかも、猿芝居の猿のような扱いは、いかにもかわいそうで、本當に子供がかわいいのかと親の氣持を疑いたくもなる。のびのびと心から樂しんで歌える健全な童謠を歌うべきである。とはいつても、ひつきりなしに聞えてくる流行歌やジャズを聞いてはいけない、歌つてはいけないということは、とてもできない相談であり、それよりも前に大人の變態心理を直すことが、先決問題だということになろう。これはまた大人たちが健全な音樂を認識することが必要だということにもなり、更には現在の頽廢的音樂が蔓延している社會のあり方に對する、正しい批判力が必要だということにもなる。

健康な生活の生むすぐれた民謠

ところで、ヨーロッパの諸國では、一日の勞働をおえた農夫たちが、夕べともなれば、手に手に樂器をたずさえて、戸外でベートーヴェンや、シューベルトを、合奏したり合唱したりしている。或る日本の音樂家がこんどの戰爭で一兵士として、シベリヤに抑留されていた折、ふとたちよつた農家の、七十歳近い一老婆が〃椿姫〃や〃バタフライ〃のオペラのさわりを實に上手に演つて見せてくれたのに全く驚いたということである。誰でも知つている有名な〃ヴォルガの舟唄〃は、ヴォルガ河を上下する水夫の歌であり、舟をこぎながら自然に口をついて出た歌が長い間にあのように洗練されて、遂に立派なロシャ民謡となり、今日では世界中誰も知らぬ人もないくらい有名になつたのである。

民謡といえば、〃私の太陽〃だとか、〃歸れソレントへ〃〃サンタルチア〃〃さらばナポリ〃など、さんさんとふりそそぐ南國の太陽のもと、紺ぺきの海、白い砂濱、そこで思いきり聲をはりあげて歌つている健康な人々を私たちは思わずにはいられない。このように自然と生活の中からにじみ出た歌は、何よりも健康で明るく、おのずからそれを歌う人に生きる力を與えてくれるものなのである。たとえ現實がどんなにつらく苦しくみじめな折でも、それを乘りこえて、明日への力を與えてくれるものであろう。

だが、健康な明るい歌を歌わねばならないといつても、私共の生きる現在の社會、そして政治はあまりにも暗く、陰うつなものといわねばならない。あの悲慘な戰爭が終つて、私共がともかくも精神的にのびのびとした開放感を味うことができたのは、今から考えればほんの短い一時期に過ぎず、またもや事態は悪くなつてきた。正直に善良に生きて行こうという人々は最近の事態の推移には、全く絶望的にならざるをえない。南海のはてや大陸の山河に無數の同胞の血潮をそそいでかち得た唯一のものともいうべき、平和憲法は事實上無視され、そこに保障された民主主義と自由は、次々に反動立法によつて奪われつつあり、私共の上には再び暗い蔭がさしてきている。そうした時に腐敗した政治をあくまでおし通して、ようやく目ざめてきた民衆の批判と怒りをそらし、眠らせておくためには、流行歌やジャズやクイズ、ノド自慢の流行は一層都合がよいことであろう。そうであればこそこうした頽廢音樂の流行は、ますます奬勵されることであろう。

或人がこんなことをいつた。〃いくら世の中が悪くなつてきても藝術家は政治や社會から、逃避できるからしあわせですね〃と。この人は羨やましい氣持でいつたのかもしれない。これに對して私は、〃日本一流のピアニストで自分が政治に關心を持とうともつまいと、自由黨の世界だろうが、社會黨が政治をしようが、どうせたいした變りはないから、自分は一切逃避している、という意味のことを言つている人もあるが、原爆や水爆の恐怖がすぐそばまできている今日、藝術の名によつて逃避できるほど安易な事態なのだろうか〃という意味の答えをせざるを得なかつた。勿論音樂も藝術も、その本質においては一切の現實の政治や、社會の次元を越えた永遠の相の下につらなるものがなければならないだろう。だが現實社會がかくも混亂、腐敗、墮落をきわめていればなおさらのこと、その中にあつてともすれば絶望的になりかねない人々に、眞に生きる力を與える、健康な音樂があくまでも生かさるべきであり、また生れてこなければならないだろう。音樂家もまた國を、政治を、社會を、充分認識して、音樂をもつてつくすべきであろう。そして、言い古された言葉ではあるが、「唄は世につれ世は唄につれ」という通り、古今東西を問わず人間生活には何らかの意味で歌があつたこと、それが時の世相を鋭く反映するものであると同時に、またそれが社會に及ぼす影響の大きいことをしみじみと感じさせずにはおかない。

火攻め・水ぜめ

山《やま》川《かわ》菊《きく》榮《え》

新兵器のうわさ

一九四五年八月六日、地球の上に最初の原爆がおとされた日、私は廣島縣の東北のはずれに近い農村にいた。その村にはさいわい被害はなかつたものの、動員や徴用で廣島市にいつていた村の者は多く、その大部分はついに歸らなかつた。運よくぶじに歸つた、命びろいをした、とよろこばれた者の中にも結局は同じ運命をまぬがれなかつた者が多いらしい。その頃私たち夫婦が世話になつていた親戚の分家のあるじで四十九歳、銀行勤めの人は、二週間ほど臨時に動員されて廣島市へ家屋の疎開作業をするために行つていた。平生は妻子と共に町に住んでいたが、廣島へ出かける直前、私たちのすぐ傍にいた兩親の所へ暇ごいに來、老母に見送られて門前に立つている所を通りかけに私は見かけた。その時の丈の高い軍服姿が、この世で私が彼を見た最初の、そして最後のものだつた。

村は廣島から汽車でわずか三時間の距離だつたが、何やら新兵器が使われて人も市も一瞬にもえたという話が私たちの耳にはいつたのは事件の翌日だつた。トラックで郷里へ運ばれてくる患者は髪はごつそり拔け、皮膚は火ぶくれ、袋をぬいだように垂れさがるとか一見何ともないようでも何か異常なことがからだの中に起つたらしく、害虫に根をかみきられた草花のように、見る見るいけなくなるという話も傳わつた。

その中で例の分家の主人はほんの一寸腰を打つただけで歸つてきたということだつた。彼はその朝、同じ村から一所に動員されていつた部下卅六名を兵舍に殘したまま、ひとりで市役所にいつて用談中だつた。突然白い光の物すごいひらめき、そして世界がくずれおちたかと思うような物音がして椅子からなげだされたきり、何もおぼえていない。氣がついて見ると自分は床にたたきつけられ、帽子も帶劍も書類入りのカバンもどこかへきえてしまつた。痛む腰をおさえながら、炎と煙と救いを求める叫びと斷末魔のうめきの中をどう這い出したか。とにかく彼はその瞬間を生きのびた多くの仲間と一所にトラックで自宅にはこばれたのだつた。

「腰をうつただけですからじきによくなりましよう。が、當人としては一所にいつた部下の人たちが一人も歸らないので、申譯ない、申譯ないとそればかりいつてるそうです」と本家の婦人の話だつた。四五日後、大いによくなつていることと思うとそれどころか、食慾がなく高熱と血尿が出てきたという。彼は日ましに惡くなる一方で、原因が分らず、お醫者も手當の方法がない、廣島から歸つた者はみなこんな風だ、というような話を誰も深い愁いの中にきくばかりだつた。そして原爆の日からわずか二週間の後、分家の當主は老いたる父母と妻と三人の子を殘して、一所に廣島にいつた人たちのあとを追つたのだつた。このさわぎの中に八月十五日がきた。村人も疎開者も、長い苦しい戰爭がやつとすんだという單純な喜びばかりでない深刻で複雜な表情を浮べた。

「アメリカはなぜこれをもつと早く東京へ落さなかつたんだ。そうすりや戰爭がもつと早くすんでうちの息子も死なずにすんだのに」

そういうつぶやきがいろいろの人の唇から洩れた。戰爭はすんだ！　その解放感と共に今更に永久に歸らぬ人々への思慕や、未來への不安や絶望感が、せきを切つたように老いたる父母や若い妻の胸に一時にあふれだし、悲しみと憤りにおぼれる者も少くなかつた。一方疎開生活をのろつて燒野原でもよく、乞食になつてもいいから都會へ歸りたいと常にいつていた連中は歸り仕度に忙しかつた。このあわただしい中で毎日のように、あつちの家、こつちの家でお經があげられ、お葬式が出た。原爆の犧牲者である。

私たちがはるばるとこんな所まで出かけて終戰を迎える運命になつたのは、米軍上陸の豫定地であるさがみ灣にのぞむ今のすまいをさけて、嫁の初産を安全な所でという息子の熱望やみがたく、要するに親ばかから出たことだつた。行つて見れば日本中どこにも安全な所などはある筈がなく、もし嫁が來る直前に戰爭の幕がとじられていなかつたなら、かの女もその初子もぶじにはすまなかつたろうとさえ思われる。戰爭が一日早くすめば助かつた命も多かろうが、おそまきながらあの時すんだおかげで助かつた命も少くはない筈である。

大水

荷が出ないので先に山川だけ東京へ返して私は數日のつもりであとに殘つた。八月末からひまなくふりつづく雨を、人々は原爆のせいだといつていた。九月十七日も雨に明け、雨に暮れた。

その夜中「おばちやん、山川のおばちやあん」と力いつぱい呼ぶ子供の聲に私は目をさまし、「はあい、何ですかあ」と答えながらかやの外に出た。足が疊にふれると水の中だつた。くらやみの中で私はとつさに敷ぶとんをかついで二階へはこび、すぐ引返そうとするともう階段の途中まで水が來ていておりられなかつた。はげしい雨足と風の荒れ狂う中に半鐘の音、かすかに遠く人の聲。しかしそれも忽ち雨風の中にきえてあとにはジャボン、ドブン、ガタンと水の流れる音、物のぶつかりあう音ばかり。何やら大きな固い物が家の横腹にぶつかる毎に障子もガラス戸もくだけるかと思うほどしなつてうめく。縣下で一番大きい芦田川とその支流と兩方の堤がきれて、間にはさまれたこの村は一瞬に泥海となつたのだ。その暗い泥海の中に大きな藁屋根が流れてゆく。ろうそくかランプでも倒れたのか、赤々と燃えながら流れてゆく家もある。ジャボン、ドブン、ザーッ、ザーッと流れうずまく水の音、どしんがたんと重い大きなもののぶつかりあい、家もメリメリ鳴る物凄いひびきの中にメー、メーと悲しげな山羊の聲。とびだしていつて助けたいにもこの泥海の中ではどうにもならない。私のいたのは先代の盛んな頃、泊り客用に作つたらしい近代的な明るい二階のはなれ家で、石どうろうや苔の美しい古雅な庭をへだてて母屋と向いあつていた。その母家は村中の目じるしになる大きな美しい瓦屋根の建物が淺草の觀音さま然とそびえたち、邸は四方厚い土塀にかこまれ、東北へかけて鍵の手に四つの白壁の倉が並んでいる。大門をはさんで一方には私の家、もう一方には供部屋といつて、昔は主人の外出のお供をする下男か門番でもいたらしい二三室の小家があり、そこに親戚の若い未亡人が七八歳と四五歳の二人の男の子をつれて疎開していた。「山川のおばちゃん」とよんだのはその子供たちにちがいないが、それきり、こちらから呼び返してもシーンとしてくらやみの中にただ水の音ばかり。

　母屋には十年以來、神經痛で關節が曲らず、板のようにピンとして仰のけに寢たきりのおばあさんと、その息子や娘、孫や孫嫁、曾孫たち、つまり四代にまたがつて一歳から八十代にいたる一族が住んでいた。これも平生は一所にいるわけでなく、戰爭のため疎開してきた人々で賑かなのだが、その母屋と私の家とはだいぶはなれてもいるし、何の聲もきこえてこない。

　私は二三度階段までいつてみたが、上から四段目の所で水はとまり、それ以上增してくる樣子はない。しかしドシン、ガタンと何やら物すごく大きなものが家のどてつぱらにぶつかる音はくり返され、そのつど今にもバラバラになつて流れ出しそうにグラグラゆれる。萬一の際、と私は考えた。大震災の時天井がぬけ、屋根がおちて來ても机や椅子やタンスがあればその蔭で危險を避けた例はある。とにかく何か支えになるものをと考えたが、がらんどの部屋でふとんのほか何もない。仕方がない。これでもないよりはましと私はありたけのふとんをからだのまわりに積み重ね、まん中の穴にはいつて橫になり、とにかく少しでも眠ることに腹をきめた。起きていた所で水がへるわけではなし、どうせ家が流れて溺れるならば、眠つている方が、氣を使わないだけ得だと考えたので。山羊のメーメーなく聲は胸をえぐるように迫つて來たが、いつかそれも靜かになつた。

　翌朝目がさめると私はまだ生きていた。空はどんより鉛色に曇つているが風はおさまり雨もやんだ。二階の廊下から見おろすと一面の泥海の中にまだ浮きつ沈みつ流れてゆく屋根があり、ふとんがあり、すだれや、たらいや、しよう油樽や、大きなカメやビンや、ありとあらゆる物がごみと共にただよつている。この屋敷をとりまいている厚い土塀も半ば倒れ、殊に私のいるこのはなれに接した部分は庭の內側の木や石どうろうで辛うじて支えられているだけ、傾いた下半分が泥の波に洗われている。家にぶつかる恐ろしい物音もふしぎではなかつた。こわれた橋ゲタや電柱や、そのほか大きな材木や雨戸などまで流れてきてこの家につき當り、今もなお凄まじい勢いでぶつかつている。土塀にさえぎられて水が勢をそがれ、家が頑丈な普請でなかつたならば、私も今頃はバラバラになつた家や、四斗樽や、たらいや、すだれの仲間入りをして、この泥んこの海に浮いたり沈んだりしていたにちがいない。

　塀の外側はそういう風で、さて內側を見るとしめきつた大門の中の空地も庭もやはり同じような泥海で、その上を鍋釜、ザル、マナイタその他ありとあらゆる臺所道具がナスやカボチャともども浮きつ沈みつしている。水ぶくれになつた白い山羊も橫倒しになつて浮いていた。藤澤の家で飼つた若い山羊が種つけの時期に空襲續き、雄が近所になくて困つているうちに急にこちらへくることになり、食料難のために方々さがしてやつとこの老いぼれ山羊を手に入れてから一ヵ月餘りにもなろうか。朝夕合せて二合ぐらいしか乳がとれず、飼うはりあいもなかつたが、それでもせいぜい大事にはしていたのに。あの溺れる間際の悲しいなき聲がいつまでも耳について忘れられなかつた。

　水は階下までおりられる程度にひいたが、家の外には泥水がうずまき、戸障子は泥にうずまつて動かず、外へは一歩も出られない。役場からたき出しのおむすびを、障子のやぶれから手をだしてうけとる。飲み水も顏を洗う水もない。
母屋ではピンと寝たきりのおばあさんを大人が總がかりでふとんごと物置の二階へはこびあげたのがやつとのこと、子供たちもみなぶじに二階に避難したが、品物は何一つもつてあがるひまがなく、みな泥水につかつてしまつた。何しろ何百年の舊家で、鄕土史記すところによれば戰國時代には何とかの守（かみ）となのつて戰つたこの地方のはばききで、德川時代には代々庄屋を勤めた村一番の家柄。「まるで神さまのようなお人じや」と昔の小作人たちに蔭でもほめられる善良な人人ではあつても、戰後の農地改革を待たずに沒落して細々と暮している村の斜陽族にすぎないが、平生はあけない部屋もいくつか、疊數は七十に餘るだだつ廣い家だつた。

供部屋の若い母子は夜中の水に驚き、私のいた二階にくるつもりで聲をかけたのだが、忽ち水かさが增して外へ出られず、押入のタナにあがり、だきあつて夜をあかしたという。この夜からその三人は私の二階に移つて一所に暮した。水がひくにつれて惡臭ふんぷん。脛を沒する泥と石ころの間にどこから流れてきたか水ぶくれになつた雞、兎、豚まで埋まつていた。米、麥あわせて何十俵も流した家があるかと思うと、流したのと入れ代りに何俵か拾つた家もあるとか。役場の掲示板には拾得物は屆け出ろとあるが、どれだけ屆け出たことか。さしひき流した物が何倍も多いにきまつているのだから。

雞、兎、何千羽、豚、牛何百頭などと動物の被害も掲示に書いてあつたが、人間の犧牲はこの村だけで六十名をこえていた。この家の三代前のおじいさんが庄屋だつた頃、大水が出て、そのおじいさんが財産をすてる氣で先頭に立つて堤を作つてこの方、この村には忘れたように水が出なかつたそうで、こんどの大水は天保以來、百年めという。その頃は人口も戶數も今より少くはあつたが、死者の數も何分の一。それを思うと前例のない被害だつたらしい。

堤防も天保時代のままではなく、高いりつぱなのが、二重にきずかれ、川は平生は石ころばかりの川原で、水はそう流れていないので水が出そうもないのにと思う。が、上流の山林は亂伐つづき、その上例の松根油の採取で松の根を掘りくずし、いたるところに大穴をあけて山をあらした。またこの地方は廣島縣の穀倉といわれる二毛作地帶で、麥と稻とを交る交る作り、畑というものは家のまわりに少々あるきり。主食に不自由しないのでさつま芋は作らず、作る餘地もない。ところが今年ばかりはどうでもこうでも芋を作れという命令で、芋苗も配給され、供出割當もきまつていた。お百姓はさつま芋のうえ方も知らないというので、山川が門の前の空地にうえるのを、多勢集まつてきて見學するという有樣だつた。適地な空地のない苦しまぎれに手をつけてはならない筈の芦田川の堤防に配給の芋苗をうえつけた。その上深刻な食料難のため、早期掘上げと供出を命ぜられ、大雨つづきの中で大急ぎで芋を掘り、堤防は荒したままですてておかれた。働きざかりの男は兵隊か徵用にとられ、年寄や女子供ばかりの農家ではそれも責められない成行だつた。こうしてみのりの秋をひかえ、晴れまをみて早稻には鎌を入れようという間際に、粒々辛苦の何千町歩が泥水と石ころにもまれ、流されてしまつたのだつた。

蓑笠に身をかため、わらじばきで長い息杖をついた男女老若の群れが幾組みも、土は流され、石ばかりで河原のようになつた道をとぼとぼと行くのをなぜかと思つたら、これは上流の村から流れた屍體をさがしにきた人々だつた。（一二ページへつづく）

シャガム女と白い足袋

河《かわ》崎《さき》なつ

世界の報道寫眞のヴェテラン、ロバート・キャパ氏が招かれてきて撮つた「日本の第一印象」の寫眞が、毎日カメラの創刊號の卷頭をかざつている。寫眞のよさについては、何にもいえぬ私であるが、そこに寫し出されている事柄についてヒドク心をひかれたのである。

問題は寫眞の中の初めの二枚であるが、その最初の一枚は中年婦人が赤ん坊を負つて上の子をかかえバスにのろうとしているもの。

キャパ氏は「日本に來て私の心をまずひいたのは、子供を背負つた母親の姿だつた、歐米から來てほんとうに珍らしいものの一つである……」と語つているが、子供へのいつくしみの心ずかいが動作の上にたくみに捕えられている。これに對しての私の意見はまえにニクソン米副大統領夫人への抗議の一文で書いたから、ここでは省くが子供を負つた母の姿はよほどやさしいものにうつたらしい。

ここで取りあげたいのはその次頁をかざる寫眞である。東京驛らしい驛のホームに四十才をこした二人の下町婦人が、いきな和服姿のすそから白足袋革草履の足もとをのぞかせて汽車まつ間を向いあつてシヤガンで話しているのである。

話はつつましやかにかわされているらしく靜かな表情の顔である。が、少い言葉で通じ合う、怜悧と教養を切れ長の澄んだ眼ざしで知られる——下町の中流生活の婦人たちであるらしい——大體としてどこででも見られる婦人のシヤガンだ姿である。

キャパ氏には、日本婦人のこうした姿が、珍らしいといつており、ことに白足袋と草履の足もとの美しさに、とくに心惹かれて撮つた、と語つている。シヤガンだからだを、足のつま先の一點に支えて均整を保つている、白足袋の足もとが、きものの裾から鮮やかに出ている美しさは、どこの國にもない。それを日本婦人は日常生活の中で、隨時、隨所に自覺しないで、シヤガミたいからしているので、何の變哲もないことながら、他國人からみれば、これはまことに珍しい姿態であり、しかも、きわめて美しいかたちであることであろう。言われてみれば正しくそうであるらしい。

だが、私はこれを別な面から眺めてみたい。この足もとの美しさを生み出した怪我の功名はたまたま婦人がシヤガンでえたのであるが、これは婦人がいつもその生活にシヤガミつけていたことを物語るもので、座る生活につづいて、シヤガム生活が男子よりも、青少年よりも、婦人に多いことを私達はよく知つている。

しかもこれは美しい姿態のためにシヤガムのではなくて立つてはいられなくなつて、シヤガミたくなつてシヤガムので、婦人の生理的要求である。

他國婦人は地上に土足を投げ出して腰を下すところを、きれいずきな日本婦人——それにきものの切地の關係もあつて和服の時には寫眞の姿にシヤガムのである。それがたまたまキャパ氏の審美眼にかなつたことである。

日本婦人——中年婦人は——なぜシヤガミたがるのであろう。汽車まつ間も、シヤガミたくなるなんて。しかも晴れかましい東京驛のホームで、しかも相當生活者の見榮もふりすてて、中年婦人が。

人あるいは座る習慣のあらわれだと、それも一つであろう。それよりももつと大きく日本婦人――主婦の日常生活が立つているに堪えず、またしてもシヤガミたいからじしてもうことを見のがしてはならない。

婦人少年局は、主婦の一日の生活調査をして、家事に十時一六分を、教養一時間八分、内職三四分、休息雑談交際に一時五六分、食事に一時三三分、その他に一時十分と報告している。

この家事の十時一六分はまた、炊事に三時間裁縫に二時二六分、育兒に一時三〇分、買物五八分、掃除五三分、洗濯に四六分、その他四二分とも語つている。

職業を持つている婦人―(農婦、女子教員、その他)はその勤勞をこの上に加重しているので、一日が二十四時間であるかぎり、古今東西を通じて、これをやり繰つている主婦―勤勞婦人は早く起きおそく寝て、睡る眼もねないで遣り繰り、男が一服吹かしている間を水汲んだり、洗つたりつぎ當てたりして生身を削り、しかも、女らしさに夫と子供にまずたつぷり食べさせて、身に榮養を詰めがちの日頃の生身の摺り減しがつもりつもつての早衰早老が、かくも相當生活者のきりツとした奧樣たちでさえ晴れがましい驛の歩廊にしやがみ込ませたのだと、私は言いたい。

五月三十一日の讀賣紙は鹽谷工大助教授に「働く種類を取り交え、手順を立てて、勞力をムダに使わぬように注意すべきだ」と語らせている。こんなところを、これから工夫してゆかねばならぬ、日本婦人のいまの姿があわれにさえなつてくる。

生産の仕事もうけにひびくのでいろいろ合理化されている、主婦の仕事は育兒も衣も食も住も考えられることが少い。「家政」というものは研究されているが、主婦が一人で何でも上手に出來るようにとばかり教えている。

個人の努力――金も能力もかぎりがある集團の協力、さらに國家の政治の面に考慮せられるものがあるはずである。先進國その出產國では政治も民衆もこれが實現につとめている。婦人を塗炭の苦しみから救つている。何といつても人間が尊いのである。

シヤガンだ白足袋の足もとの美しさもさることながら、シヤガミたがらない體力、――いつまでもシヤツキリと大地をふみ占めてゆける婦人――としての生活の方をより多くのぞみたい。

俳句

星野《ほしの》立子《たつこ》選

簞笥に子くくり鰊を背負に出る　北海道　鎌倉胡子

つぎつぎに穴出る蟻を見てをりぬ　岡山　泉敏子

指入れて甘藷の寢床の溫度みる　伊賀　水島立子

とどこほるもの縫ひ上げて髪洗ふ　宇佐　是永信子

春寒や子をしかと負ひ日傭女　別府　松本こいち

もめ事の心にかかり麥を踏む　千葉　武田正子

★名著案內★

『空想より科學へ』

大《おお》内《うち》節《せつ》子《こ》

エンゲルスによつて、およそ七十年ほど前に公刊されたこの本は『空想より科學への社會主義の發展』というその原題が示すとおりかつて空想的であつた社會主義がいかにして科學的社會主義にまで發展したか、科學的社會主義はなにゆえ科學的なのか、そしてそれは將來にたいしていかなる展望をもつものであるか、ということを、きわめて明快にといた書物である。その點で、これはまたとない社會主義の入門書であり、それゆえに、社會主義の文献中これほど普及しているものは、おそらく今日でもあまりないといつていいであろう。マルクシズムにはいろうとする人はだれでも、まず本書をひもとくのがふつうである。

しかし本書ははじめから入門書として書かれたものではない。當時マルクスの『資本論』の第一巻はすでに公刊されていたが、社會主義者のなかでもマルクシズムにたいする理解は淺薄であり、ドイツ社會民主黨も內部的に分裂抗爭をつづけていた。しかもマルクスは病氣がちであり、そのうえ『資本論』に沒頭していたから、マルクスの理解を正しく解說し、ようやく合同したばかりのドイツ社會民主黨を一本にまとめる仕事は、もつぱらエンゲルス——思想的にも生活的にもマルクスの生涯の友であつたエンゲルスの肩に落ちかかつたのである。エンゲルスが一八七八年にあらわした『反デューリング論』は、このような目的のために書かれたのであるが、エンゲルスはさらにこの『反デューリング論』の序說と第二編中の二章とを編集して、一八八〇年に一冊の本をつくりあげたのであつた。これが『空想より科學へ』である。それはしたがつていわばよせ集めともいうべきものであるが、それにもかかわらず、本書はじゆうぶん首尾一貫した獨立の書物となつているのである。

本書は全體が三章から成立つている。まず第一章においてエンゲルスはフランス革命から筆をおこし、ここでブルジョア社會が成立するとともに勞働者階級が發達しかれらの貧困が社會問題となつてきたことを說明する。社會におけるこの搾取者と被搾取者との存在いいかえれば富裕な遊惰者と勞働する貧困者との存在にたいしては、サン・シモン、フーリエ、オーウェンらの社會主義者が出現し、そのような矛盾のない理想社會を空想した。しかし當時なお勞働者と資本家との關係が未熟であつたように、これら社會主義者の理論もまた未熟であつた。かれらはみな社會主義を絕對的な眞理であると考え、理性と正義の表現であるとした。そしてそれを、人間の歷史的發展から必然に結果するものとしては理解しなかつた。ところでこの絕對的な眞理や理性や正義はそれぞれ主觀的なものであり、各人によつて異るものであつたから、したがつてかれらの空想する理想社會も、その人その人の主觀によつて色々異つた樣式をもつこととなり、それら異つた意見が互に論戰するだけで、すこしも現實性をもたないものとな

つたのである。そして結局實踐ということになれば、それは折衷的な中途半端なものたらざるをえない。それゆえ「社會主義を科學にするためには、それをまず現實的な基礎のうえにおく必要がある」こうエンゲルスは主張する。

　そこで第二章では、社會主義をはじめて科學たらしめたマルクスの「二大發見」が説明される。二大發見とはいうまでもなく唯物史觀と剩餘價値説である。エンゲルスはまずヘーゲルの辯證法からときおこす。ヘーゲルの辯證法は、事物をその靜態ではなく動態において把握する點で、事物の本質に正しくせまるものであるが、しかし他方、それは觀念論であつたために、事物とその發展とは世界發生以前にどこかに存在していた理念《イデー》の實現にほかならぬと考えられたから、これによつて世界の現實の關係はまつたく逆立ちした仕方で理解され、多くの點で混亂におちいつていた。このようにしてヘーゲルの體系は「巨大な流產」をとげているのであり、結局辯證法は唯物論と結合されて唯物辯證法になつたとき、はじめて現實を正しく把握しうることになるのである。これを歴史にあてはめたのが唯物史觀であるが、この立場からすれば、人間社會は相對立する二つの階級の對立鬪爭の過程であり、かくしてその社會の生產力が支配階級の設定する生產關係という殼をうちやぶつたとき、社會は發展するものであると考えられる。ところで現代の社會における對立は資本家階級と勞働者階級との對立であるが、その物質的基礎は剩餘價値の搾取にある。いいかえれば、勞働者のつくりだす新しい價値と勞働者にたいしてその勞働力の價値として支拂われるものとの差額を、資本家がすべて自己のものとして取得するのであるが、この點が資本家と勞働者との對立をかもしだすのである。このようにして、このマルクスの二大發見によつて、社會主義はもはや某々の天才的頭腦の偶然的發見ではなくなつて「歴史的に發生した二つの階級――プロレタリアートとブルジョアジーの鬪爭の必然的結果と考えられるようになり」、はじめてそれは科學となつたのである。

　このようにして空想より科學へと發展した社會主義は、それではどのようにして社會主義が必然であることを立證しうるのであろうか。それは第三章において簡潔に示されている。ここでエンゲルスは、資本主義社會における生產力の發達がいかにして資本家的生產關係と矛盾するか、そしてその矛盾がいかに失業、恐慌、資本の集中等となつて現象するかを説明する。そしてこのような矛盾の增大は階級鬪爭の激化をいみし、さらに資本の集中は同時にプロレタリアの團結の增大をいみするから、そのゆきつくところは社會革命をへて階級對立が止揚されることになる。階級的搾取の手段であつた國家もこれとともに止揚され、巨大な生產力は共同的生產者の社會的計畫的管理のもとに新たなる社會關係に奉仕するものとなるであろう。それはちようど雷として發する電氣の力が盲目的で破壞的であるにもかかわらず、われわれが一度それを認識し、その方向と結果とを把握するならばこれをわれわれの意思のままに、われわれの目的を達成する手段として用いることができるのとまつたく同樣である。

　ほぼ以上に要約したような內容をもつ本書は、これだけでマルクス主義の精髓を大體においてつくしているといえるであろう。もちろんマルクス主義を本當に學ぼうとするならば『資本論』をはじめ數多くの文獻をよむことが必要である。（二一頁へつづく）

主婦のこえ

さゝやかなつどい

大《おお》野《の》繁《しげ》子《こ》

ほんとうに氣のあつた近所隣りの奥さんが十人ばかり集つて、ささやかな、しかし樂しい、實のある會をした。この會は月一回集まることになつているが、旦那さんの支持もあつて全部が集まる。始めは一二文句を言う旦那もあつたが、今では夕食がおそくなつた時などは、旦那が代つてあと片づけをして、定刻に集まるようにさせている。會場は夫婦だけで子供のいないS夫婦の家にきまつている。人のいいS夫婦はこの集いを樂しみにして、何かとよく世話をしている。まず巡回圖書の批判から始る。時には新聞記事を話題にすることもある。次に各家庭の自慢話と失敗話がとびだす、そうしてこれを中心に批判が始まる。まとめ役はたいていSさんがする。Sさんは村會議員をしているので、村政と關係のあるものは、Sさんが村當局や村議會にもちだす場合が多い。一昨々年（昭和二十六年）農村が金ずまりになつて來たので、女の手で金もうけをする方法が話題になり、Tさんの提案で牛を飼うことになつた。さいわい公有地の草原があるので、老人のいるTさん方の敷地内に簡單な牛舎をたてることになつて、共同作業が始まつた。飼料は全員が出し合い、T家の老人が牛の世話をすることになつた。資金は農協から借りて始めは二頭買入れた。飼料は各人の持ちよりで充分まかなわれたので、濃厚飼料代と利子その他實費を除いた殘りが、五萬圓餘り農協に返濟できた。二頭の牛はもうすぐこの會の所有となる。子牛をいれる牛舎もできた。今年は二頭の子牛が生れる。來年からはこの金を、臺所その他生活改善の奬勵金として貸出すことになつている。今は會員も二十名近くなつたので牛をもう一頭ふやす計畫もたてている。毎月十五日の晩開かれる「十五夜會」は、こうして新しい村ずくりの基盤となり、その名の如く明かるく樂しい平和な光を村人に送つている。

★　☆

（七ページよりつづく）土の底深く埋もれた屍體は分らずじまいのことも多いという。この村の人々は、更に下流の村々に親や子の屍體を求めてさまようことであろう。原爆の患者をかかえ、その葬式に追われている時、重ねてこの災である。滿州歸りの或一家では、主人が全財產を身につけたまま流されて行方不明、家族は文なしで殘されたとか。或家では祖父母から孫まで一家十一人、家と共に流されたとか、若い母親が暗の中の水音をあやしみ赤ん坊をだいて閾を一足おりたとたん、泥水にのまれ、二三日後鎭守の森かげに流れよつた砂や板ぎれや、いろいろな屑の山の中から見出されたとか。哀れな話はつきなかつた。

あれからまる九年、大水の災は年ごとにはげしく、原爆、水爆のきよう威はいよいよ募つてくる。人間は文明と共に賢くなつたのか、その反對なのか。

お知らせ

俳句の選者星野先生の御都合で當分添削は中止いたします。ただし選句は從來どおりして頂きで、適當なものは誌上に發表いたしますからふるつて御投稿下さい。

職場のこえ

〝私の職業はバスの車掌です〟

濱《はま》　夏《なつ》　子《こ》

肉體勞働を卑しむ階級的な偏見をもつ人の目には、女性の職業の内でも最も重勞働と思われる私たちの職業は、最も下等にうつるかも知れないが、働くということ自體に、何の貴賤の別があろう。

が、實のところ私も最近までは、他人から職業をきかれると、眞正面から「バスの車掌です」と答えることはできなかつた。「交通局に務めております」と小さい聲で答え、それ以上問われることを恐れでもするかのように、話題をかえることに苦勞したものだ。

ところが最近ある友人に會い、やはり職業のことが話題になり、またかと内心腫物にさわられるように、ふれられたくないものをもちだされたことにひやひやし、バスの車掌であることをつげた後、云いわけのように、自分では職業に貴賤の別のないことを自覺しているが、他人の目には下等にうつるかのように思われ、先方で「ああバスの車掌さんですか」と何の氣なしにいう、それだけの言葉さえも人をばかにした態度のように思われる。そして慰められると「自分の職業は人から慰さめられる職業なのだろうか」と反撥もしたくなるということをつけたした。

するとその友人は「あなたは自分でほんとに自覺してない、口先ではそういうけれど、それが事實ならば、他人が慰めてくれた時は、有難う、今後も一生懸命に頑張りますとすなおに感謝することができるだろうし、他人に職業を問われた時も明確に答え、そのようないいわけめいたことは、いわない筈だ。實際は職業に差別をつける人種と何ら違わないではないか、自分の考えが他人の言動で動かされるようでは、あなたの考えは、こぢつけか、餘り徹底してないものだ」といつた。私は何かはつとするものを感じた。自分は正しい職場で働き、社會のために少くともある程度の貢献はしているのだ。國民が汗水流して働いても最低生活をするに足りない所得のうち何割かを税金という美名のもとに詐取し（實際現在の税金の使途を考えてみると、こうよりほかいいようがなかろう）私腹を肥やしてのほほんとしている汚職政治家や、不正な手段で巨利を得ている悪徳商人とは比較にならないほど、私の方が正しい生き方をしているのだ。それなのにふるい正しくない考え方が私のどこかにひそみ、常に私に不安を感じさせ、人々の間にある時は、劣等感になやまされるようにしたのだと氣がつくと、今更のように自分が恥しく、穴があつたら入りたいとは、このことをいうのだと思つた。

私はもつと大きな眼で世間を見なければならない。働きたくとも職業のない人々の群や充分に働く能力をそなえながら、失業の惱みに苦しむ人々を、新聞、ニュース映畫等で見聞きする時、自分の視野のせまいことを、くやむと共に、職業に就く喜び、即ち働く喜びを今更ながら感ずるのである。

「次は○○でございます。お降りの方は、ございませんか。次オーライ」と叫ぶこのような單調な毎日の生活にも、晴々とした力强さがこもるのである。現在の私は、「私は勞働者よ、この手を見てちようだい！」と勝利を得た勇者の如くに骨ぶとの手を擴げて見せるのである。（横濱市交通局鶴見營業所勤務）

働く婦人の歴史

……萬葉集を通して……

三《さん》瓶《ぺい》孝《こう》子《こ》

この前には、萬葉集の歌が讀まれた奈良時代の社會はどん制度であつたか、そして一般の人民は朝廷や貴族への租税（稲や織物その他の産物で納める）や徭役勞働などのため、どんな風に一年の大部はその勞働にとられたかを述べた。この歌集に集められた歌には、天皇、王子、王女その他貴族の戀愛の歌が非常に多い中に、あの有名な山上憶良の「貧窮問答」のような人民の貧しい生活と無慈悲な税吏とを眼の前に見るような歌もあるし、婦人がいろいろの勞働に明けくれている姿を想像させるものもある。尤も婦人の働くさまを讀んでいる歌はみな働く婦人を他から眺めて讀んだもので働く當人が讀んだものでないだけに、勞働のつらさはよく出ていないが、ただ、農業もその他の産業もあまり發達していない當時には、こんな仕事もあつたのかと思はせるものもある。

婦人の勞働は大別すると食糧生産のための農業と當時はまだ自然に存在する食糧を集めたので食糧の拾集、纖維原料の栽培と加工、即ち紡績とハタ織、染色、その他の洗濯等の衣、食の生活のための勞働に分けられる。

基礎産業は農業であり、稲栽培（水稲が廣く行われていたらしい）であつた。だから今日もそうだが、稲作には田植草とりと稲刈とが最も重要な勞働であつた。そしてそれらは婦人の仕事であつたらしい。

① 吾妹が赤裳ひづちて植えし田を
　刈りておさめん倉無の濱（巻九）

② ほととぎす鳴く聲聞くや卯の花の
　咲きちる丘に田草引くおとめ(巻十)

①は婦人の田植を、②は田の草取を歌つたものである。當時の服裝は裳といつて、今日のスカートのようなしかも裾のながいものをつけていたからそれをひきづりながら田植をしたことを讀んでいる。まだ作業衣（もんぺのような）が考え出されなかつたからである。②は丘とあるから、陸田かも知れないが、田の草とりは炎天下の勞働であるから陸田といつても樂な仕事ではない。早乙女という言葉があるように、田植作業は婦人の仕事であつた。

③春日すら田に立ち疲る君は哀しも　若草のつまなき君が田に立ち疲る（巻七）

④住吉の小田を刈らす子奴かも　なき奴あれとも妹のみためと私田刈る（巻七）

⑤をとめらが行相の早稲を刈る時に　成にけらしも萩の花咲く

③は妻がないために君（男子をさす）は稲刈をして疲れている、氣の毒なことだ、という意味であるし、④は奴（やつこ、奴隷のこと）がないから稲刈をしているのかいや、奴はあるが、妻のために稲刈をしているのだ、という意味で、これらの歌から考えられることは、妻のある男子は稲刈に手を出さない（田植もそうであろう）のが普通であつたと、いうことである。尤も、これは奴隷を持ちうる階級の男子のことであつて、奴隷と同じく働かねばならなかつた百姓階級の男子についてではないが、しかし、少くとも妻が稲刈をして夫が手を出

さないという當時の男女の社會的地位の相違が想像される。

日本では、この島々に人々が住むようになつてから、母系時代があつたのかどうかははつきりしないようだが、男子が支配し、女子が從屬するという思想はすでに存在して、こうした習慣をつくつていた。それに、自給自足の時代であるから、家族たち（男子及び子供）の衣と食とをつくり、彼らに食べさせ、着せることが婦人の仕事であつた原始時代の習慣が、また殘つていたし、必要でもあつた。そのこともまた衣と食とに關する婦人の仕事を多くしたわけである。また、男子の從屬的地位にありながら、衣と食に關する實權を握つていた、ということも考えられる。

この時代はまだ精米法も貯藏法も發達していなかつた。稲の根刈も行われたが、穗首刈といつて穗だけ刈取つて貯藏しておき食べるごとにそれを舂《つ》くのであつた。木杵と木臼で丁度兎の餅つきの臼と杵のような形を用いた。この仕事は婦人の一日のうちで重要な仕事であり、寒中などにはさぞあかぎれのきれる仕事であつたろう。

⑥稲つけばかがる吾手を今宵もか　殿の若子がとりてなげかん（巻十四）

これは戀の歌ではあるが、婢が寒い納屋で稲舂《つ》きをしている樣子が想像される。稲つきは婢にかぎらず、婢のない家では主婦など婦人の仕事であつた。富裕な家や貴族では、二三月の農閑期には稲つき女が雇われた。

今日でも山國地方では、秋のとり入れ期に猪などに畑を荒されることがたびたびあるがこの時代にはそうした被害も多くあつたろうその對策としては畑に小屋をつくり、そこに移り住んで畑を守らねばならなかつたが、これは年をとつた婦人の役目であつたらしい。

⑦靈合はば相宿むものを小山田の　鹿猪田禁るごと母し守らすも（巻十一）

當時は稲のような主食は栽培したが、副食物の方は栽培もしたが、山野沼澤の自生の植物を採取して食に供した。

⑧君がため浮沼の池の菱つむと　我か染めし袖ぬれにけるかも（巻七）

⑨君がため山田の澤のえぐ採むと　雪消の水に裳の裾ぬれぬ（巻十一）

婦人は植物性食物だけでなしに、海岸に住む場合には舟を出して、魚つりもしなければならなかつた。

⑩風と共によせくる浪に漁《いさり》する　あまのをめの裳の裾ぬれぬ（巻十五）

⑪あごの浦船のりすらんをとめらが　たま裳の裾に潮みつらんか（巻一）

この時代には伊勢にはあわび取りに海底にくぐる海女がすでにあつた。

⑫伊勢のあまの朝な夕なに潜といふ　あわびの貝のかたおもひして（巻十）

この歌は海女の勞働を讀んだものではないがこうした海女の存在を語るものである。

食鹽は生命に大切なものであつたから、海水から鹽を取ることは重要な仕事でありそれは海岸に住む婦人の仕事でもあつた。この時代には海草は干して、鹽分を含む食料として海に遠い地方にはこばれた。

⑬しかの海人はめ刈鹽やき暇なみ　くしげの小櫛取りてみなくに（巻三）

あまは櫛を取つて髮をすく暇もないほどに、藻刈りや鹽やきに忙しいという意であるが、海草は乾して燃料にもしたといわれている。

⑭淡路島松帆の浦に　朝なぎに玉藻かりつつ夕なぎに　藻鹽燒きつつをとめありと聞けと……（巻六）

おそらくは午前中波の靜かな引潮に舟を出して藻を刈り取り、午後に燒いて鹽をとつたのであろう、こういう歌はかなりある。（以下次號）

（随）（筆）

若い人たち

新《に》居《い》好《よし》子《こ》

むかし一緒に映畫の仕事をしていた三人の仲間が、幾年振りかで出會つて雜談した。一人は、大變活躍しているシナリオ作家である。當世若人談義が始つた。私たちは、もう既に中年である。

「映畫館で三本立てばやりだけど、あれを一本立てにしてやすくしないものかしら。觀たくもないものまで時間潰しはかなわない」

「いまの若い人たち、あれで疲れないのかしら、驚いてしまう」

すると作家は

「だつて、そんなら全部觀なくつたつていいのに……」

とまず笑つて

「そうなんだ。やつぱり若さなんだ。しかし考えたら、僕らだつて、まだ二十代の頃には午前中に一つの映畫館みて、お午御飯たべてまた一つみて、夕食濟ませてまた行つて、結局三館觀た時もあるもの。おまけに二十年前のその頃だつて結構三本立てだつたよ。紅茶一杯であつちでねばり、こつちで氣炎をあげ、十二時でなければ家に歸らなかつた。十時になつてやつと夜になつたという氣がした」

「だつて、私たちは、すこしは世間にも親にも遠慮してたと思うけど」

「それは身贔屓というものさ。いまの人たちだつて、はたから見ると隨分圖々しいようにみえるけど、御本人はまだまだ不滿だろうよ。僕たちの頃は、そりやあ、今ほど派手なハーフ・ジャパニーズは使わなかつたかもしれないけど、君たちだつて、ネクタイして、キミ、ボクと云つて、ヘップバーン・ヘヤ・スタイルより始末が惡かつたかもしれないな。當時の大人から見れば、氣ざつぽくて厭らしかつたと思うよ」

なるほど、そうかもしれなかつた。同じ年代なのに作家は悠容せまらずそう云つた。そういえば全くそうだ。

いまは遊ぶものも多いし、戰中戰後の混亂で大人は威嚴を失つてしまつたし、嵐の中で叩きのめされた若い人たちは、弱いものは消えてゆき、でなければ良きにしろ悪しきにしろ自分だけを力にしなければならない。アプレの種々相も仕方がないであろう。

私などが映畫の三本立てに、すこしブーブーいつている間に、若い人たちは、歌舞伎の晝夜興行など、晝だけの入場券でさつさと上手に夜までみているではないか。

頭は、知識をつめ込むのではなく、いまは持つている知恵を出して、いかに經濟的に要領よく暮すかということで一所懸命のようだ。

人から愛されるのを待つよりも、自分から進んで愛してゆく。零號夫人の氣樂なたくましさ。悲しくて泣くのではなくて、口惜しくて泣く、涙も一種類になつてしまつた。

日本の古典の人情がバカくさくて、姑にいじめられているお嫁さんの話など、お嫁さんに同情するより、じれつたがつてツバでも引つかけたいらしい。

許せないのではないけれど、なじまないので、私などはだんだん若い人との距離が出來るけれど、さすがにシナリオ作家は、一應何でも認めて、時代を知る故に、彼は今しも流行作家の一人になつている。何に對しても適宜の好意と寛容が大切らしい。いつまでも若々しい氣持ちでいられる一つの祕法のようである。

時評

世界はかわってゆく

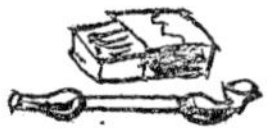

榊《さかき》原《ばら》千《ち》代《よ》

インドのネール首相は七月六日、周恩來中國首相のインド・ビルマ訪問後、デリー及びラングーンでそれぞれ發表された聲明について、これらは「アジアにおける力關係に歴史的變化が起つたことを示したものである」と次のように述べている。「過去數百年間アジアの問題は主としてアジアの外部で決められた。この傾向はいまも根强く續いている。しかし、これから先はアジア諸國が自國および隣國についてなにを考えているかを無視することは不可能であろう。世界には相互におそれを抱いている二大勢力がある。しかし一國が他國に干渉したり、政治的、經濟的思想を他におしつけるべきではないことがはつきり理解されるならば平和的共存が可能であることを、インドおよび他のアジア諸國民は信じている。インド・中國・ビルマに關しての最近の聲明はこうしたやり方を强調した點において重要である。われわれは平等、人類の搾取の絶滅、經濟的、社會的地位の向上という思想ははつきり受入れるが、共產主義思想を受入れるものではない」

何という、卒直な革新的な、勇敢な、高邁な、確信に充ちた聲明であろう。また何という世界の變り方であろう。その昔ガンジーが汽車に乘つていると、ある驛で一人の白人がドアーを開けて入りかけたが、ふとガンジーを見ると、サッと引き返してしまつた。入れ代りに驛員が入つて來て、ガンジーに「ここはお前たちの乘る車ではない、さつさと下りて貨車へ乘れ」といつた。ガンジーは切符を見せて「しかし私はこの通り一等切符を買つているのです」と抗辯したけれどききいれられなかつた。引きづり下ろされたガンジーは同じ人間でありながらとハラハラとホームに涙をこぼしたという話がある。つい十年位前までアジアの國々では、自分の國でありながら自分たちの入れない立派な區域や場所、例えば公園など立入り禁止の地區があつて、旅人の私達でさえ異樣に感じたものであつた。

アジアの地位が變つたということは、世界が變りつつあることの一つの最も明かな姿である。これに關聯して二つの會談について考えてみたいと思う。

アイゼンハウァー・チャーチル會談

國の最高機關である國會の亂闘事件はいろいろな意味で批判の對象となつたけれども、とにかく吉田首相の外國行を阻止したこと、また國內には反吉田的勢力があるということを內外に示したことは何といつても祝すべきことであつたと思う。首相は外國行を今でも斷念しておらず、寧ろ機をみて强行しようとしているけれど、變りつつある世界をみて考えている人たちは、日本の安定と世界の平和のためにふかい憂慮の念をもつてその中止を願つている。それにひきかえ、チャーチル英首相が老の身をもつてイーデン外相とともにアイゼンハウァー米大統領との會見に出かけると發表した時は、英下院で高い歡聲がわきあがり、反對黨のアトリー勞働黨首はこの機を逃さないようにと激勵を送つた。英國民が歡喜の聲援を送つたばかりでなしに、世界は彼に期待し、遠い日本の私たちでも「御苦勞さま」といいたい程の思いであつた。それはなぜであろうか。インドシナをめぐつて米英の政策はくい違い、アメリカが共產主義の侵略に對する東南アジア集團防衞について何とかして兩國間の了解に達しようとしている時に、イギリスは情勢の移り變りに眼を開き、アジアの心理を理解しようと努力している。そうして中國との正常な外交關係をもうちたてようとしている。これまで一應中華人民共和國を承認しながら中國側から相手にされなかつたのは、臺灣の國民政府との關係をあいまいにしていたからで、この關係を改める。卽ち臺灣ときつぱり手を切ろうとしている。このことはたとえアメリカと正面衝突しても、イギリスとしては中國を押しも押されもしない大國——五大國の一つにし上げたジュネーヴの現實を無視することが出來ない。フランスでも中國承認の氣運が高まつているという時に、アメリカにとつても頑固にこの現實に背を向けるのは決して得策ではない。つまりチャーチルにしてみればアメリカのやることは危かしく、アイク、ダレスに指導されるアメリカ政府の混亂はアイゼンハウァー大統領がアジアばかりかヨーロッパについても故ルーズヴェルト大統領ほどの見通しを持たないからだと考えているふしがあり、アメリカがもつと廣い立場から政策を立てるよう說得するだろうし、それがやがてはジュネーヴ會議以後の世界情勢に新しい影響を與えるかも知れない。またチャーチルにとつても政界引退を前に最後の歷史的役割を演ずることになるかも知れない、とこのように考えたからである。ニューヨーク・ヘラルド・トリビューンのロンドン特派員ニューマン記者によると、東南アジア問題に對し、一行は二提案をもつて出かけたという。その一つは、英佛兩國のインドシナ解決案に對するアメリカの反對を撤回するようアイゼンハウァー、ダレス兩首腦に要望することであり、他の一つは、東南アジア集團防衞體制設立の構想を當分、おそらく來年までのばすよう呼びかける提案であり、出發を前にして英下院でイーデンがその演說でアジア・ロカルノの構想に重點を置き、共產圈をも含めた相互不侵略條約の考え方を發表した事實からみても、イギリス首腦部が、これらの點について强い決意をもつてアメリカ側を說得しようとしたことがうかがえる。

老練な外交官として、また人情をかみわけた老人としてチャーチルがどんなにアメリカの感情をいたわり、その立場に同情しながら——例えば思いがけなくその日安保理事會で取り上げられることになつたグアテマラの問題に對しても、國連のイギリス常任代表がアメリカの立場に贊意を表さなかつたことをアメリカが氣にし、英佛から責められていると思つている樣子をみて、イギリスのディクソン代表にあまりアメリカを不愉快にさせるなと訓令したりして——お互の緊張をときながらおだやかに溫かく話しかけていることが理解される。

會談が終つて二十九日發表された共同宣言をみると、さすがに妥協のあとは見えるけれども、期待した收穫は得られず、具體的な主要政策の多くは依然として問題を殘したままだという印象が強く、アメリカの世論に氣がねしている氣配もある。しかし前日の記者團會見でチャーチル首相は次のようにいつている。

勝利者となつても廢きよの累積の上に殘るような戰爭の危險を最少限にするために、ソヴィエトとの平和的共存を圖るよう本氣で試みなければならない。ソヴィエトの意圖については根氣よく冷靜かつ友好的な態度で檢討しなければならず、ソヴィエトは信頼できずというようなアメリカ官邊の見解には同意できない。東南アジア安全保障條約については、フランスと共產側との平和會談の結果が分るまでは、待たなければならない。イーデン外相が東南アジア不侵略體制の形として提唱したロカルノ方式という名案を強く支持する。今日のロカルノ方式による保障體制と、ヒトラーの攻擊で崩壞したかつてのロカルノ體制との大きな差は、アメリカが新ロカルノ體制に加わるということである。アイゼンハウアー大統領、マレンコフ首相と私の三者會談が、役に立つという考えは捨てていない、と、イギリスが少しも自らの立場をゆづつていないことが分る。

アイゼンハウアーは次の日「私は相手に平和をのぞむ誠意があり、それが信用できるという十分な證據があれば誰とでも會う」また「共產勢力と共存する道を米國は見出さねばならない」と、イギリスに吹きこまれた共存の理想をいつているけれど、議會ではアジア不侵略條約に參加した國には援助をうちきると決議したことを見逃してはならない。

ネール、周恩來會談

米英首惱會談に表裏をなして開かれたのがネール・周恩來會談である。ニューデリーに中國首相周恩來を迎えたインドの民衆がどんなに狂喜したか、沿道に並ぶ群集の中の男の一人が「中國の首相だから見たいのか」とのロイ記者の質問に答えて卽座に「十何年か前にわれわれは白人種に挑む國家としての日本に期待した。日本は既にこのような舞臺から姿を潜め、伸び行くアジアの國家として今や新しい中國が出現した。われわれは新中國を誇りとし、その首相に敬意を表しに來た」と答えたという。白人の支配にあえいで來た民族にとつて中國が自分達の先頭に立つてその搾取と隷屬から脫し、獨立した大國として成長したということは、どんなに希望を與えられるであろう。共通した問題をもち、共通した利害に立ち、同じ苦惱に打ち勝つて來た兩國の會談は、米英のそれとは全く違つて、自信に充ちた確信と、友好的な協力とがあつた。二十八日發表された周、ネール共同聲明にしても米英のそれのように抽象的で廻りくどいものではなく、率直に具體的な問題をとり上げて具體的に話しあい、解決しようとする努力がみられる。例えば聲明の中で次のようにいつている。「兩國首相會談の目的は可能な方法を盡してジュネーヴとその他の地方で平和的解決のためになした努力に協力を與えるためであるといい、また「最近中國とインドはチベットをめぐつて一つの取決めを達成した。この取決めの中で規定された原則は、卽ち相互に領土を尊重する、また相互に侵犯しない、相互に內政に干涉しない、平等互惠、平和共存ということである。兩國首相はこの原則を重ねて明らかにし、かつ兩國がアジアと世界のその他の國家の關係においてもこれらの原則を適用すべきものと論斷した。こうして平和と安全の堅固な基礎を形づくり、現實に存在している恐怖と憂慮は、信頼と責任感に變わるものと觀じている。――世界には異つた社會制度、政治制度が存在しているが、これらの原則を受入れることによつて互に干渉せず、またどの國の領土主權も互に侵犯されないという保障があれば、各國は平和に共存でき、かつ友好的でありうる。――兩國首相は特にインドシナ問題の解決においてこの原則を適用することを望んでいる。――今度の會談の目的はアジア問題でさらに大きな理解に達するのを助け、かつ平和を促進し、合作するため努力することにあり、同一の目的をもつ世界の他の國と相呼應し、これと類似の問題を解決するにある」

周・ネール會談に關聯してインド在留の日本人たちが穴にも入りたい程の肩身狹い經驗をしたというが、それについて私たちもまた何ともいいようのない氣持ちである。ネール首相主催周相歡迎のリセプションにアメリカと日本だけが招かれなかつたというのは、プラサド大統領主催の歡迎宴に招かれた時日本大使はアメリカ大使館の意向をうかがつて無禮にも共に缺席したのだという。日本に何か交渉しようとする時はアメリカにいえばいいと世界でいつているのを國民はどう考えたらいいのか。インドも英國もアメリカの援助を受けているにもかかわらず、アメリカに對して自主的立場をゆづらず、英國は自らの經濟力に自信を抱き始め、インドはその平和政策に確固たる信念をもつている。日本の政府與黨の要人の中には日本はアメリカの妾であると公言している人もあるという。このような對米依存の精神、政策は變りつつある世界に取り殘され、ついにアメリカからも見放されて、やがてアジアの孤兒は世界の孤兒となるのではないだろうか。

インドシナ休戰

二十日を期してその日までに休戰に到らなければ總辭職すると約束していたマンデスフランス首相の超人的な努力は、ついに勝利の日をかちとつた。あと二百時間、あと百時間固づをのんで見つめていた世界は思わず「萬歳」と叫んだであろう。新聞には超大見出しでインドシナ休戰、諸協定に調印、九ヵ國全代表列席、米は獨自保障――新聞を眺めながら涙がこぼれそうな思いである。

政府がどう考えているか、常に國民に知つていて貰いたいから、非公式にラジオを通して話しかけるといつたフランス首相は、七月十日ジュネーヴに向う直前に次のような爐邊談話をしている。「――いまやジュネーヴで開かれようとしている新しい決定的な會談はわれわれのすべてが求めている平和をもたらすものと期待している。インドシナの長い戰いが終り、再び平和が訪れればフランスの青年は前途にみのり多い希望を見出すことが出來よう。困難な最初の仕事をなしとげたあかつきには再建の大事業にすぐとりかかるであろう」と。國民の上に思いをはせた政治、羨しい。

「名譽ある停戰」にこぎつけなければ單にマンデス首相か政府を投げ出すだけではすまず、紅河デルタの「ダンケルク」、ひいてはアメリカの參戰となつて大動亂にもなりかねない情勢の中で大奮闘するマンデス・フランスの活動ぶりは悲壯でもありまた見事で、敵も味方も驚きと同情をもつてその演技に見とれた形だつた。十日ジュネーヴにつくや四十八時間の間に敵味方あわせてそれも手ごわい十四人の大使外相などと次々會つている。こんなことは外交史にも記録破りだという話し合いも短刀直入誠意をもつてなされたことが、またその眞劍さが思いのほか事をスムースに運んだのだと思う。

自分のいい分をおしつけようとするアメリカの壓力をはね返しながら、しかもアメリカがついに協調せざるを得ないようにし向けながらここまで漕ぎつけたイーデン、マンデス・フランス首相の勇氣と行動、モロトフ、周恩來、ネールなど世界の指導者の平和に對する熱意と眞劍な努力に對して心から感謝の言葉を捧げたい。インドシナ三國の中立化が實現し、東南アジア防衞機構に參加しないということ、原則的には外國の基地を置かないということなど、私たち日本人からみると羨しい限りである。獨立と自由、名譽を恢復したこのアジアの國々はまた自ら自信と誇りが生れて來て、短時日の間に素晴しく成長し、變つていくであろう。

抵抗の歴史のない日本

最初は日本軍閥の暴虐に抵抗し、それからフランス政權の搾取に抵抗して闘つたホーチミンは、ついにその隷屬から解放されて獨立國としておどり出て、ひいては世界の情勢を變えてしまつた。こういう時に祖國日本はアメリカ一邊倒の政策をとりアメリカ依存の安易な道を行こうとしている。そうして最近はアメリカは勞働組合にまで干渉しようとするし、一方、天皇主權の復活までとび出して國民を御し易くしようとしている。

長いものにはまかれろ、觸らぬ神に祟りなしというようなものの考え方がどんなに日本人の自由と幸福への道を阻んできたか。近江絹絲の場合でもあの幸福一杯であるべき年頃の若い娘たちが病氣の時でも引きづり起されて職場にひかれていつたとか、母危とく、の電報も見せられないで働かされ、親の死目にもあえなかつたとか、食事も廊下を走つて食堂にとびこみかきこむだけというごめく動物のような生活を幾年續けて來たか。七年の長い年月指導者達が働きかけてやつと今日の立ち上がりに引きづつてきたのだという。

國電のプラットホームで妻の脊中を叩き「元氣に暮せよ」といつて家族の眼の前で線路に飛びこんだ人、子供を海に投げこんだ母、親子心中、私たち日本人には個人の自覺も人權の思想も撤底せず、このような政治に對して抵抗する術を知らない。

冷害でみのりの秋の食糧不足の恐怖におびえながら、その一つの原因かも知れないという水爆實驗に對する抗議もまだ弱く小さく、かくて國連でもアメリカでも水爆實驗は續ける、という決議をしている。そうして直接被害者の日本人よりもインドなどがそれに對して根強くレジスタンスを續けている。

世界とともに日本が變わるためには私たちは抵抗の闘いに立ち上がることを學ばなければならない。

(一一頁よりつづく)しかしそのまえに本書によつてマルクス主義についての概要を理解しておけばさらにすすんだ勉强をするのには大變役に立つであろう。それと同時に、すべてのすぐれた本がそうであるように、本書もたんに通り一邊の入門書ではなく、われわれがくりかえして讀めば讀むほど、そしてわれわれの知識が深くなればなるほど、ますます深い含蓄が讀みとられ、つねに新しい理解をわれわれにあたえてくれる書物である。そのいみで多少とも社會主義に關心をもつものは本書を何度もくりかえして讀むことがぜひ必要であろう。

國營開墾のうらおもて

松《まつ》平《だいら》すず

六月下旬、雨ふりつづきの午後、道なき山の私のわび住いに三人の紳士がたずねて來ました。

このあたりには古墳が所々にあり、私の畑からも石鏃が出るのでいつでしたか、豆畑でひろつた矢じりのことを人に話したことがあります。石材美術研究家として知名な池上年という方がそれを耳にして助手（縣立高等學校教官）と新聞記者をつれて近くの古墳を調査にきた歸りに、この日、私の宅へ立寄られたわけでした。池上さんは

「こりや、こりや、あなたのお宅に來る道がないね、この通り三人ともぬれねずみになつてしまつた」私はめづらしいお客樣に恐縮してとにかく上つていただきました。

「ほんとうに道がなくて雨のふる日はとても外出できません。私が昭和二十二年にこの住宅を作りました時には、トラックの通る道路があつたのですが、國營開墾でなくしてしまいました、ようこそこの雨ふりに」

それから私の拾い集めた石の矢じりをみせてこの邊にこんなに石鏃や石くずのあるのは、昔矢じりの製造場であつたかもしれぬなどと話し合い、池上氏は東京音羽の護國寺の石燈籠のことや、石材美術のことを語り、農村で昔の物といえば墓石のほかには何もないようなもので、墓石は村の歴史であると言われました。

「こんな所へ郵便をもつてくるのは大變ですね――」

「ほんとうにすまないと思つてありがとうございましたとあいさつしてうけとります、なおお茶でも召し上つて下さいと申します。問題なのは、電報です。發信人には特別配達料はいらぬというそうですが、こちらへ來ると配達料不足のため一通につき百三十五圓出さなければならないので、私あての電報は全部翌日郵便と一所に配達して下さいと電信局へ先日申しいれたところです。」（七月四日に電信局の人が來て平山の一部は特別配達料を要する旨全國電信受付局に傳達ずみとのことでした）

「それにしてもなぜトラックの通れる道をなくしたのですか」

「今お通りになつたところはどこもほとんど丈なす草山でしたろう。ああいう山地を國營開墾の美名のもとに一段二百圓の割で買い上げたのが、もうこの頃では坪二百圓ですよ、あのバスの停留所あたりは坪二千圓といつていますよ。山の大きな松の木を伐つて三尺ばかりの柿の木を植えたばかりで、耕作も何もしませんから、柿の木は一尺くらいに小さくなつたのや枯れてしまつたのが殆んどですよ代りに雜草や小松が生えているのです。これが國營開墾というものですね。もちろん私の山もとりあげるという通知が來たので、反對を申出ましたら「あなたは昔から農業をしていないから開墾者の仲間入りはできない、しかし住宅のある所だけなんとか除外してあげよう」とのこと。（住宅建築は申請の上許可をうけています）

數日後、係りの人が來て『除外はできないから一度國家にかえしてその上で話をつけてあげよう、ある程度のお金は出してもらわなければならないが』というのです。私は『そのお金はどこへ出すのですか。金を拂つて手

にいれたこの土地を國家にかえす、その上でその一部分を再び自分のものにするためにお金を出せとはいつたいどこへ』ときけば『とにかくあなたは國營開墾者として資格がないそれを特別になんとかするには特別になんとかしなれけば』というのです。私も道理のあることなら少しくらいお金を出してもよいが家のまわり一部分を自分のものとするために、金をだして自分のものにした土地をたくさんとられてその上贈賄せねばならぬとは、いくら敗戰日本の姿とは言え、承知できないのでことわりました。それから地方事務所に行き、その話をしましたら一度見に行く、なんだ、あんたがいたのか、というわけで、私は除外申請して別にお金も使わず、土地も取られずにすみました。從つて不平をいうにもあたりませんが、このあたりご覽のように大きい木を伐つてトラクターで起しただけですからあの通りです。上《かみ》の好む所、下《しも》これにならうで、大臣や議員さん達が旨い汁をお吸いになれば下の役人たちも見習うのですね。山の木を伐つて土地を分けどりして、もう二、三年もたてば坪五百圓、住宅地になりますよ。今さら畑にした所で骨がおれるだけ、ああしておけばひとりでに地價はあがる。土地を取られた人の身になつてみれば、もとのままの山林にしておいたら、今までに材木にする木だけでも成長したものをと思うことでしょうに」

こんなことを私が申しましたら池上さんは

短歌　萩元《はぎもと》たけ子《こ》選

小林代司子

浴《ゆあみ》よりほかにたのしみなきごとし年寄仲間ながばなしして

年寄ら湯ぶねに語るこえきけば孫のことなど自慢するらし

岡戸英子

この平安よいつ迄續く老二人額を寄せつつ春の種子撰る

北田トミ子

社會保障確立叫ぶ弱きものの切なき聲を徹らしめてよ

病む肺にさわりはせぬかかほり良きばらの匂ひをおもわず吸ひぬ

「少しづつでも悪い所は正してゆくのが道です、これは一つ新聞に取り上げるべきだ」

記者はペーパーに鉛筆を走らせていた。なお四方山の雜談をして夕方また腰のあたりまで雜草の生えているでこぼこ山を歸路につかれました。

翌日新聞記者一人だけ來られて、昨日記事をものにしなかつたから、本日はしつかり伺いたいということでした。私は「この狀況は見れば分る通りです。國營開墾は五カ年の中に畑にしなければもとの地主に返すのがきまりです。そのために三カ年ほど前にトラクターで起して柿の木や栗の木を所々に植えたのだから、法律上はいつさい文句のつけようがないでしょうが、增産にはなりませんね。お前には農業ができないからとりあげるといわれた私の持ち山では、この通り柿の木も大きくなり、小麥も今年は澤山とれました。西瓜もあの通りあと一カ月もしたらうんと食べに來て下さい。新聞はわる口を書かないでよい所を見つけてほめて下さい。ただこの狀態では增産はできない、せめて形だけなりと畑になつていたら舊地主が見てもあきらめがつくでしょうに」

記者はまた紙に書いてかえりました。二、三日後送附された新聞には國營開墾のことは一字もなく、出たのはただ私の電報料のことだけでした。成績のよい開墾者を取あげてこれをほめて記事にし、殘りの所を早く畑にして增産に努力するよう書いてほしかつたのに。

『水爆』スライド雑感

篠田《しのだ》こしん

私は最近、東京工大の田中實先生がつくられた「水爆」のスライドをみた。二十數名の主婦の間に交つて、ていねいな解說つきのスライドを一時間半ばかりみているうちに、私の心はたちまち、おどろきと恐怖につつまれそれはやがて燃えるような怒りの心にかわつた。感情的な怒りが、しずかな理性的な怒りにしずまつても、その夜、私はまんじりともできなかつた。そしていつのまにか、『どうかこんなおそろしいものを、兵器にだけはつかわないでほしい』と祈りつづけていた。廣島市の無慘な被爆のありさまや、被爆患者たちの目をおうような致命症に、いまさらのようにおどろいた私は、水爆のスライドのところへきて、氣も轉倒する思いがした。

水爆の偉力は原爆にくらべて、量的に大きいだけでなく、質的にもちがうという。ふつうの原爆による放射能は、外から、人間のからだを照射して原爆症をおこす。しかしその放射能症は、ある程度時間がたてばなおることもある。ところが水爆の放射能は、原爆と同じように外から照射するだけでなく、からだの中に入りこんで、二年、三年、ときには十年以上も原爆症の原因をつくるのだという。「死の灰」、「放射能雨」「原子マグロ」などが恐れられているのは言うまでもなくそのためである。しかもこの放射能元素が私たちの將來の健康にどれだけ被害をあたえるかは、これまで、たしかな實驗も理論もないのだ。どんな理由にもせよ、このようなおそろしい兵器は絶對につかつてはならない、と私は眞に深く感じた。

私は近所でこんな話をきいた。十二、三歳の少年がねごとに

『ソ連が原子力を平和産業につかうとさ』

と言つたという。ことの善悪は、こんな子供でも、本能的に知つているのだ。また、ある中學三年生は、友達との會話で、

『おれら、大人になつたら、又兵隊さんだとよ。いまのうちにうんと遊んでおこうよ』。

といつていたと云う。「ドルかせぎだ」と大見得をきつて、大道を濶歩する女性の姿。ほんのわずかな社會保障費をけずつて再軍備するこつけいな日本の悲しい姿。

水爆のスライドは私の頭の中でつぎつぎとこういう現實とむすびついていつた。愛する子供たちに、こんな社會を殘して行くのかと思うと、親としての自信は、こつぱみじんにくだかれてしまう。一夜のくるしみと失望ののちに、スライドの解說者の

『すべては、人間の問題だ』

というむすびの言葉が、あざやかに私の胸に浮び上つた。そして、

『アジア、アジア、アジアのことはアジアで』

というインドのネール首相のよび聲がかすかにきこえてきた。

いま日本はアジヤのどんな立場にたつているのだろう?

朝鮮はなぜ日本をきらうのだろう、また、中共はほんとうにどうなつているのだろう?つぎつぎに疑問がわいてくる。その瞬間、『隣人に僞りの證を立つなかれ』というバイブルのことばがうかんで、再び私の良心は、大きな責任と悔恨の重壓を感ずるのだつた。

(練馬區・主婦)

筆者紹介

大內節子氏　大正十三年生。津田塾專門學校、東京大學經濟學部卒。現在東京大學大學院在學中、津田塾大學講師。專攻經濟學、特に金融史。

小倉麗子氏　昭和二十二年東京音樂學校聲樂部卒。後ヴーハーペーニッヒ氏に師事、現在リャフォン・ヘッセルト氏に師事。N・H・K幼児の時間の歌の指導をはじめ放送、音樂會等に出演。

新居好子氏　明治四十年生。文化學院卒・飜譯家。

編集後記

○デフレと失業者、冷害と凶作凶悪犯罪と親子心中、まことに暗い世の中です。この暗さにまけないように、世の中を少しでも明るくし、よくするためにおたがいに手をとつて力強く進みましょう。東京では八月十四日夜、敗戰の日を記念し「婦人平和のつどい」が虎ノ門の共濟會館で催されます。ふるつてご來會下さい。

×

○三瓶さんの婦人勞働史は全く例のない新しい研究で、面白くもあれば有益でもあり、讀者もたいへん喜んで下さいますが、こんどは、二人のお子の若いお母さんである大內さんもマルクス主義の勉强について分りよく書いて下さいました。ろくなものをよまされなかつた女の頭はとかく榮養失調になりがちですからこういうものをよく味わいましょう。

○小倉さんは曾て平塚の神奈川縣立高校の先生時代反動的な校長のため不當解雇にされ勇敢に戰い、婦人少年室、敎育委員會、法務局に支持され新聞も味方して勝利をえました。働く婦人としての自覺と情熱にもえている若い藝術家。

婦人のこえ　八月號
定價三〇圓（〒五圓）
半年分　一八〇圓（送共）
一年分　三六〇圓（送共）
昭和廿九年七月廿五日印刷
昭和廿九年八月一日發行
編集發行人　菅谷直子
東京都千代田區神田三崎町二ノ三
印刷者　堀內文治郎
東京都港區本芝三ノ二〇
（硫勞連會館內）
發行所　婦人のこえ社
電話三田（45）〇三四〇番
振替口座東京貳壹壹參四番

昭和二十八年十一月二十四日第三種郵便物認可　昭和二十九年八月一日發行（毎月一回一日發行）

定價三〇圓

婦人のこえ

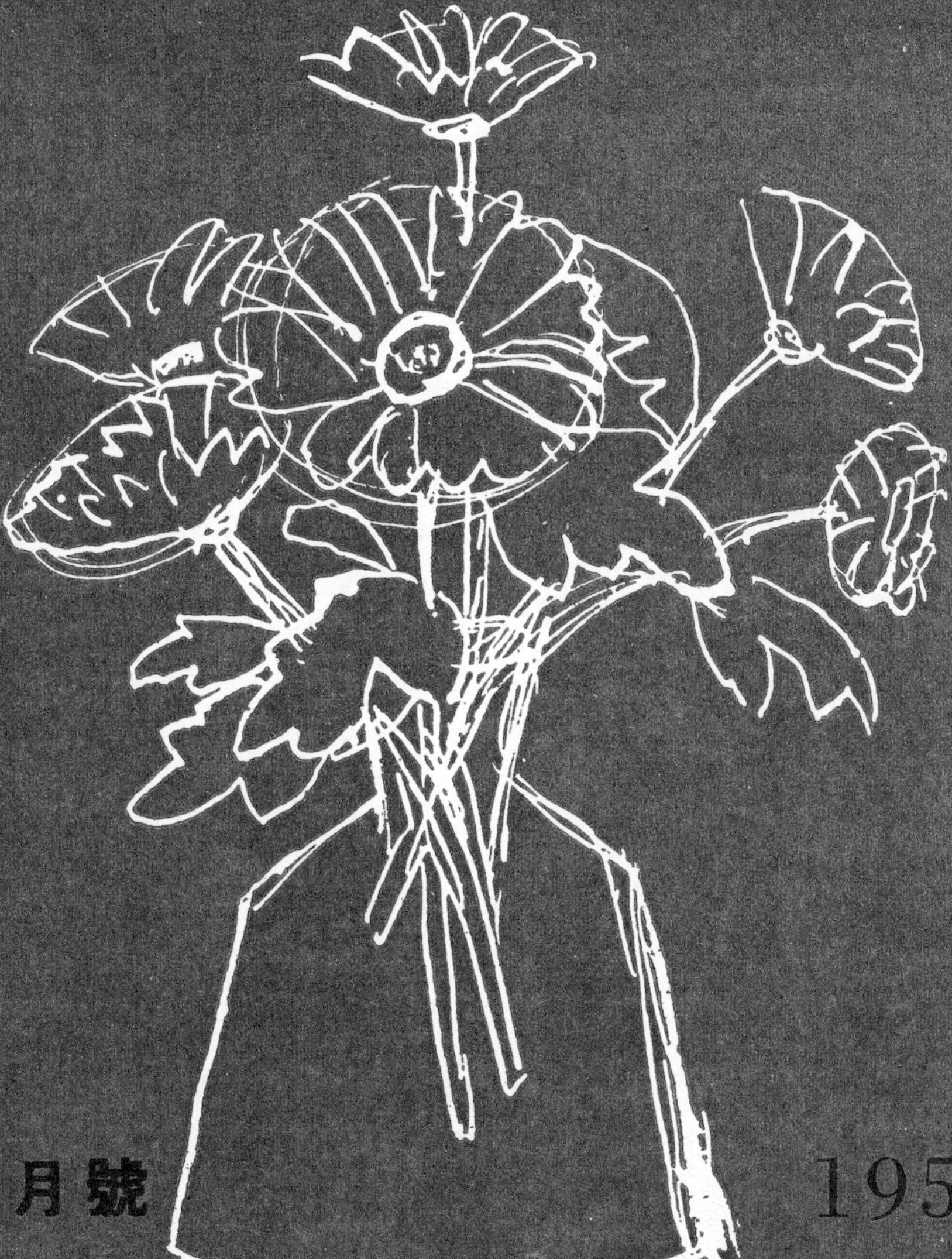

9月號

1954

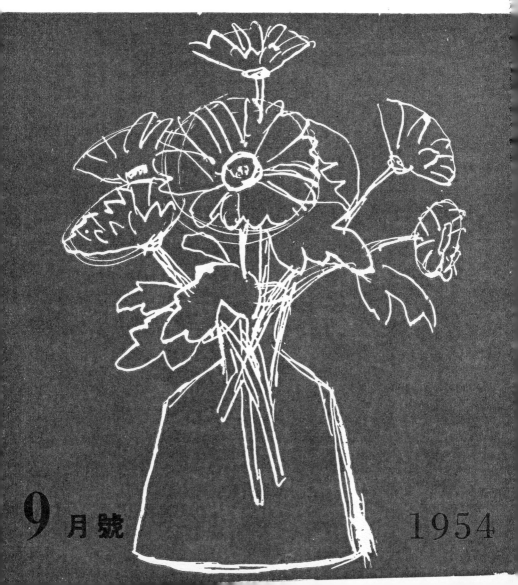

平和憲法を守りましょう

本誌・社友（五十音順）

淡谷のり子　阿部艶子
安部キミ子　磯野富士子
石井桃子　石垣綾子
圓地文子　大谷藤子
小川マリ　大内節子
川上喜久子　小倉麗子
桑原小枝子　神近市子
木村光江　久米愛
久保まち子　芝木好子
清水慶子　杉村春子
菅谷直子　田所芙美子
田邊繁子　高田なほ子
長岡輝子　新居好子
西清子　西尾くに子
萩元たけ子　深尾須磨子
古市ふみ子　福田昌子
宮崎白蓮　三岸節子
米山ヒサ

日本労働組合総評議會傘下各労働組合婦人部
全國産業別労働組合（新産別）連合傘下各労働組合婦人部

原稿募集

◇論文・隨筆・ルポルタージュ　職場でも家庭でも婦人の立場から訴えたいこと、發言したいことはたくさんあると思います。
また政治や時事問題についてご意見やご批判をお持ちの方も多いと思います。
そうした皆さまのご意見、ご批判、ご感想あるいは職場や地域のルポルタージュなどをふるつてご投稿下さい。

四百字詰原稿用紙　七枚以内

◇短歌・俳句　生活の歌を歡迎いたします。短歌にかぎりご希望の方には選者が添削してお返しいたしますから返信料を添えてお申込み願います。

送り先　「婦人のこえ」編集部

「平和を守る婦人大會」

第九回の終戰記念日を迎えるに際し、その前夜祭として催された社會黨婦人部及び同東京都連婦人對策部主催、本社後援の「平和を守る婦人大會」は去る八月十四日夜虎門共濟會館で各勞組婦人ならびに一般婦人約八百名の參會者を得て盛大に行われた。

第一部は社會黨婦人部長藤原道子、鈴木委員長、神近市子氏等の挨拶についで九大教授高橋正雄氏の「平和と生活を守るために」と題する講演があつた。

第二部は東京合唱團のコーラス、榊原舞踊團の多彩、華麗なアジア各國の舞踊、朝鮮舞踊家金松月、金皓月さんのバレなどで暑さも忘れて夏の宵を樂しみ第三部はヒトラーの野望を生生しく描出した第二次大戰の實戰記錄西獨映畫「世界を敵として」を上映、觀衆に戰爭忌避の念を新らたにさせた。

なお大會では次の決議を滿場の拍手をもつて可決した。

決議

九たびめぐりきたつた終戰記念日にあたり、私ども日本の婦人は、自ら體驗した戰爭の慘禍の思い出を新たにし、再び世界に戰爭をもたらさぬよう、心から願うものであります。

ことに原爆のため一擧に二十萬餘の同胞が犧牲となり、九年を經た今日でも、なお原子病によつてつぎつぎとたおれる人があとを絶たず、しかも本年三月にはビキニ環礁で行われた水爆實驗で、再び二十三名の漁民が放射能におかされ、再起不能の身を、ベットに横たえているという不幸にみまわれました。

そして、野菜や魚まで、放射能に汚染され、毎日不安な生活を送つています。私達はこれ以上、モルモットになりたくありません。また、他の國々の人達もモルモットにさせてはならないと思います。

私達は人類に幸福と繁榮をもたらすために、平和憲法をあくまで守り拔く決意のもとに、全世界の人々に左の點を強く訴えるものであります。

一、原水爆の製造と使用及び實驗の禁止
一、原子力の平和的利用と國際管理

一九五四年八月十四日
平和を守る婦人大會

婦人のこえ

1954年

9月號

目次

政治の盲點・國民の眼……榊原千代…(一〇)

随筆 ベヴァン氏の本から…高橋芳子…(一五)

勞働黨あれこれ……山川菊榮…(二)

袋をはりつつ……杉尾文子…(一四)

職場のこえ 近江絹糸の工場から…池田滿里子…(八)

梶子の村……渡邊道子…(四)

奈良時代における 婦人の勞働(三)……三瓶孝子…(六)

座談會 さがみの村々の女たち…神奈川縣生活改善普及員…(三〇)

患者は訴える……山田きん…(一六)

結核對策について……藤原道子…(一七)

ロンドンだより……OM・KS氏…(一九)

短歌……萩元たけ子選…(一八)

表紙・扉……小川マリ

カット……古瓦

勞働黨あれこれ

山《やま》川《かわ》菊《きく》榮《え》

近いうちに中共を訪問する英國勞働黨代表一行のうち、アトリー氏を除く七名が日本へ寄りますが、その中に執行委員の一人、前保健大臣エディス・サマスキル醫博もはいつています。同博士は醫師の妻、三人の子の母で地方議員を勤め、ベヴァン氏が勞働相に代つたあとをついで保健相を勤めた人です。

さて勞働黨の現勢は

一、團體加盟による黨員（間接黨員）（一九五一年十月）

A　勞働組合員（勞働黨のための政治基金年額六ペンス―二四圓―を負擔する者）四、九三七、四二七

B　社會主義諸團體及び協同組合員（負擔金同上）三五、〇〇〇

二、個人黨員　總數八七六、〇〇〇

（男　五一二、七五一）
（女　三六三、五二四）

右のように婦人は黨員總數の四〇%をしめその組織は極めて強く、活發で、會合は婦人部の方がさかんなくらい。バザーその他いろいろの方法で黨財政に寄與する所が多く、婦人部機關誌「レーボア・ウーマン」は五〇萬の發行部數をもつています。

黨の執行委員は團體代表（勞働組合十二名協組及び社會主義諸團體一名）個人黨員七名婦人五名の割で計二十五名、他に黨代議士會議長（アトリー氏）、財政部長が職權として參加することになつて計二十七名でしたが、元外相モリソン氏が黨の功勞者でありながら執行委員に落選したので、これも特に席を作つて加えられました。昨年の大會では個人黨員を代表する七名は全部左派で占められ、ベヴァン氏は連年最高點、その派の花形キャスル夫人も毎年出ています。これは婦人を代表する五名のほかで、選擧區勞働黨に屬する個人黨員の代表として選ばれたものです。

先日サマスキル博士は婦人界でどれだけ重きをなしているかと或新聞からきかれたのですが一般に婦人に限らず、男子でもそれぞれの分野で能力を發揮し、人氣はあつても大御所的、ワンマン的英雄や、鶴のひと聲的獨裁者のいない點が民主的な先進國とのちがいではないかと思います。大抵の後進國では血を流す革命がさけられず、政治家と同時に將軍である指導者が、いくたびも命をかける危險を冒してハラハラさせるような壯烈な、ロマンティクな經歷をもつことが多いのですが、先進國の場合、投票で物事がきまるので、いくら眞劍でも戰爭や内亂のような凄みがなく、どの指導者も特別な勢力はもたない代り、失敗しても斷頭臺には送られない。

英國でも昔はワンマン的國王や女王が出て斷頭臺で他人の血を流したり、自分の血を流させられたり、ずいぶんむごいこと、荒つぽいこともやりましたが、今は議會の話しあいでカタをつける一方の國になつています。チャーチル、アトリー、ベヴァンのうち、誰ひとり神さま扱いされる英雄がなく、自由に批判され、コキおろされ、漫畫にもされる。互に鋭い舌が武器でさかんに批評もし、反對もしあうが、血の肅正は思いもよらない。これが民主主義の特徴でしよう。

勞働黨には組織部、婦人部、國際部、調査部、財務部、出版及び公報部の六部門があり婦人部長ミス・サザランド、財務部長ミス・フィンチと婦人が二人、重要な地位についています。

一九五一年十月の總選擧の成績

	立候補者	當選者	%
勞働黨	六一七	二九五	四八
保守黨	六一七	三二一	五〇
自由黨	一〇九	六	〇・五
他	三三	三	〇・九

この時の總得票數は勞働黨約千三百九十五萬、保守黨千三百七十二萬で、勞働黨の方が二十三萬多かつたのですが、小選區制のため、議員數では二十六名の差で敗れ、その後補缺選擧で兩派とも各九名の當選者を出し、勢力に變りはありません。

保守黨閣員十六名はチャーチル始め一流の名門の出で只一名を除くほか揃つてオクスフォードかケンブリジ大學の出身。その一名も學歷では劣る代り、大臣就任まで、六十いくつの一流大會社銀行等の社長や重役を兼ね、その點では閣員中第一位。他の人々も少くとも十以上そういう肩書が並び、イーデン外相の如きも指おりの大銀行の頭取重役等をいくつか兼ねていたそうで、保守黨の性格が金融資本の代辯であることを物語つています。一九五一年ベヴァン氏ら勞働黨左派は、米國の要望通りに再軍備計畫を進めては、英國の機械工業の全設備をあげて軍需産業にささげることとなり、輸出工業をぎせいにし、經濟自立を不可能にし、それを破壞するというので再軍備計畫の變更、一部の延期を主張し、アトリー派はこれをいれず、ベヴァン派三名の閣員の辭職となつたのですが、翌年チャーチル内閣はベヴァン派の意見通り、軍備計畫を變更して輸出工業に力を入れ、英國の經濟は一應安定の姿を見せています。最近には歐州軍の問題で、ベヴァン派はドイツ再軍備に反對、その中立化を主張し、アトリー派は再軍備を支持して對立しています。日本の再軍備中立化についても兩派は反對の意見をもつています。左派は第三勢力の立場をとつて常に右派が保守黨と外交政策で提携することを批判し、獨自の立場をとることを主張してきましたが、最近には右派及び保守黨がそれに近ずき、アメリカをけん制して戰爭氣分に水をかけ、ソ連中共との貿易發展に努めています。資本主義の社會に大きなクサビをうちこんだものだとベヴァン氏らのいう現在のイギリスの状態、福祉國家は完全雇用によつて失業をなくし、あすのかてを思い煩ろう必要をなくし、人の子は枕する所なしというような住宅難もほぼ解決し、「ゆりかごから墓場」まで生活を保障し、多くの勞働者がテレヴィを樂しみ、追々自動車も手に入ろうという所まできましたが、これから先をどうするかが問題で、これから社會保障、生活安定を考えようという日本とはだいぶ問題がちがいます。保守黨と雖もこれだけ國民の生活と結びついて英國の社會に根をおろした政策をぶちこわす勇氣はなくそれをあえてすれば自滅ですから、既成の事實は、ある程度やむをえないとしておくにしても、すでに鐵鋼業、陸上運輸は私有に戻し、これ以上銀行や重要産業の國有化をすすめ、必要にしたがい農地の一部國有化も聲明している勞働黨の政策には正面から反對し、金融資本の指導のもとに農民や小ブルジョアの保守的要素をひきいてそのとりでを固めているので、勞働黨は必死になつて組織を强化し、次の總選擧に備えています。

世界各國いろいろの姿で、それぞれ自國に適した形の新しい社會を作ろうと骨をおつています。ヒトラーの「指導國民」という思想自分の國は神州だとひとりぎめしていた過去の日本の軍部官僚のものの考え方は、もはや地球の上には通用しません。またどこの國でも、社會主義はおれの國の專賣特許だ、よその國のはにせものだといばることはできず、各國獨自の行き方を尊重するのがほんとの民主主義であり、民族の獨立を認めるゆえんです。勞働黨内閣がインド、ビルマの獨立を認めたのは賢いやり方でした。民族の解放は平和の夜明けです。どんなに小さい後れた民族も大國の壓迫をうけず、自由にその好む政治形體を選び、世界各國相たずさえて幸福な社會を建設する日を早く來させたいものです。

梶子の村

渡《わた》邊《なべ》道《みち》子《こ》

本庄しげ子さんの「人身賣買」を讀んだ。

この世に生きることを誰からも喜ばれない少年達が、もらわれたり、屑やが古新聞を買うのとまるで同じ氣持ちでたたき値で買われたりして梶子《かじこ》として運ばれて來た瀬戸内海の小島で、梶子を人間とは考えていない大人達に暗いうちから暗くなるまでどなられ、打たれ、けられながらろくに食事もあたえられないでこき使われ、夜は一年中洗つたこともない魚臭のしみた作業衣を着たまま、ぶたのようにごろりと寢床につく少年達。さけられない宿命として何の疑問も持たず、いもでも鰯でも腹一杯喰べることと、ぐつすりねむることを、最大の願いとして生きている「瀬戸の梶子」は、私の故郷近くであるため、實感を持つて切ないまでに胸をつかれた。

島の人達から伊豫っ子と呼ばれるこの子達の故郷は、伊豫でも南の果ての、高知との境に近い、平地というものの全くない、なだらかな傾斜がいきなり波打際に續いている海岸の村々である。入口にむしろがぶら下り、窓もない小屋の中から力ない泣き聲が聞えるので、暗い土間に、いきなりおなべやお釜がころがつていて始めて人が住んでいると氣がつく程の小屋が谷あいの僅かな平地を利用して七八軒位づつ建てられている。どの家も、肥料にするために、大きな桶に鰯を入れて土間の隅に置いてあるので、鼻をつく惡臭は家々に立ちこめている。

村人とは違つた少しでも變つた人が部落へ入つて來ると、人々はおどおどと小屋の中からのぞき、小屋のかげからはだしの子供達が出たり入つたりささやきあい、しまいにはがやがやと一團となつて後を追つて歩く。

村には自轉車一臺なく、子供達は小學校の五六年生になつて、遠足で町に出て、始めて牛や馬の大きさに目を見はり、自轉車に驚き自動車にたまげる。そして水田を見て首をかしげるのである。山に續く傾斜はほとんどたがやされて村人達の常食の甘藷畑と麥畑になつている。岩石をつみあげ、僅かな平地を造り、また石を積みあげて平地を造り、上へ上へと段々畠はのびていつたが、そうして造られた平地の面積よりも、平地を造るために積まれた石垣の面積の方が三倍も廣い所さえある。

こうして、人工に依つて造られた僅かな平地による作面積は一戸あたり三反くらいにしかならない。人工三千近い三机村なぞ農村青壯年會議の調査によると、年間合せて配給以外に村全體で消費された白米は二俵に足りなかつた。明けても暮れても、鰯と麥と、さつまいもが常食である。戰時中から終戰後にかけて、さつまいもが主食であつた當時はこれらの村々にいくばくかのまとまつた金が流れて來たが、今は僅な煮干で得るもの以外は現金の收入は全くなく、口べらしができてその上いくらかの金になれば、とびつくような氣もちで子供達を人買いに渡してしまうのだ。

女の子は紡績へ行くのは上の部類で、別府から關西方面の特飲街に前借でうられてゆくし、男の子は梶子を始めとして、都會地へ住み込みでやられるのである、ほとんどが出稼いだ後、段々畠を耕すのはおかみさん達の仕事であつて山のてつぺんの猫の額のような畑に下肥でも何でも背中に背つて行かなければならない。

重いものを負つて坂道をのぼりおりするおかみさん達の足はふくらはぎが大きく、かたくはつていて、足くびのところで急に細くなり、くるぶしは大きく、男の足と少しも變らないし、村の老母の腰がほとんど曲つているのも、村の運命を物語つている。

（「人身賣買」同光社刊　一五〇圓）

随筆

ベヴァン氏の本から

高《たか》橋《はし》芳《よし》子《こ》

今度イギリス勞働黨の人々が日本に來ることになつた。その中にA・ベヴァン氏がいる。そのベヴァン氏はどんな考え方の人だろうかと思つて山川菊榮譯「恐怖に代えて」(岩波書店)をところどころ讀んでみた。

拾いよみではあるが私の心を打つたところを二・三紹介したいと思う。

「一九四八年にイタリーへいつた時、私は輸入鋼材を使つて映畫劇場が建築されているのを見た。イギリスでは工場、發電所および機械の輸出に鋼をありつたけ使わなければならないので、住宅にすらそれを使うことをを禁じた。イタリーでは映畫劇場に貴重な鋼材と熟練した勞働者とを使つている間に、戰時中灰燼に歸したまま、住宅をたてるためにただ一つの煉瓦もまだ積まれていない村や町がいくらもある。少數者の貪欲に對して人民大衆の必要を滿たすことを怠るこういう狀態が、傳統的に保守的な南歐にさえ共產黨を發展させるであろう。當時私はイタリー政府の大臣たちにそういつたが、實際その通りになつた」

(一九三頁註三)

私は日本が鋼材を輸入しているかどうか知らないけれども、今度ベヴァン氏が來て日本の各地をみて歩くとしたらどんな印象を受けるであろうか。映畫館はたしかに戰前よりも多くなつた筈である。數だけではない。質の點では素晴らしいものがあるのではないかと思う。冷房だの暖房だの照明だの坐席だのに使われている資材は鋼材に限らず大したものではないかと思う。私の住んでいる近くに今度東京都體育館ができたが建設費五億圓とかいう話である。これなど見た目にも鋼鐵とセメントと照明と音響設備のための資材がフンダンに使われているようである。最近近江絹糸の夏川社長の立場に同情したことばをある實業家が口にしているということを聞いたがその實業家は、自分のところまで勞働組合員の八割までが寫眞機を持つている。こうみんながぜいたくしてはとても日本經濟はやつてゆけない、といつているそうである。そういうことを言う實業家自身がどういう生活をしているか私は知らないが、日本の人口と寫眞機の數との割合をきいたら、ベヴァン氏は何と言うだろうか。

ベヴァン氏などを迎える一つの意義は、右のようなお客さんがやつて來てどう思い、どう言うであろうかということを考えてみ、そして私達自身がこれで良いのかと自問するキッカケとすることにあるのではなかろうか。

○

ベヴァン氏の本には次のような事も書かれている。

「アメリカ・イギリス及びある程度大抵のヨーロッパ諸國では、今日、人類史上今までにまだ例を見なかつた程に、工業都市と農村との關係のバランスがとれるようになつた。」我々は古代文化を亡した問題の解決に相當成功しかけている。都市の生活は、堪えがたい農村の搾取を背景として榮えているわけではない。なるほどもつとやらなければならないことは澤山(六ページにつづく)

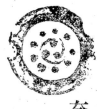

奈良時代における婦人の労働（その三）

——萬葉集に現われた——

三《さん》瓶《ぺい》孝《こう》子《こ》

前號では稲作や食糧採取に關する婦人の勞働の歌（といつても勞働の種類を見るだけであるが）を取りあげたが、この號では、衣服に關するものを見ることにする。

婦人が衣生活の主なる擔い手であつたことは誰でも知つていることである。しかし時代が變り、産業が發達してゆくに從つて、その擔う部分が變つていく。今日の家庭の主婦は裁縫、洗濯等の仕事はするが、もはや昔のように、原料を栽培したり、糸を紡いだり、染めたり、織つたりはしない。それぞれ專門化されて、家庭の仕事から分かれているからである。

奈良時代には、こうした分業が行われず、婦人は原料の栽培から機織にいたる凡ての工程を家庭においてしなければならなかつた。もつともこうした事情は明治の始めまで千年以上も連綿としてつづいたことではあるが。

奈良時代で衣料の原料といえば、絹と麻が主であつた。その他にもあつたが、この二種類が最も多く用いられた。しかし絹は貴族のゼイタクな衣料であつて、一般には麻を用いていた。

養蠶は古くから婦人の仕事であつたと傳えられている。この時代の養蠶が今日のようなものではなかつたが、かいこを飼つたことは事實である。そして、前號にのべたように魚釣や、玉藻刈、鹽燒、田植、稲刈の歌によまれている婦人はみな、おとめか、妹（いも—妻のこと、恐らく若い妻のことであろうが）であるに比べて養蠶によまれている婦人は「たらちねの母」である。これから察するに、魚釣や田植、稲刈、等の屋外の仕事に比べて養蠶は屋内の仕事であり、力を必要としない輕い仕事の代りに細かい注意を必要とするところから、年を取つた婦人が從事したのではな

ある。農村、特に奥地の農村は都會地方には珍しくない便宜を多く缺いている。けれども都市と農村との開きが少くなつてきている。もう一と押しで都市對農村の有利な點と不利な點とをざつと比較できるまでにならうとしている。けれどもこのことは世界の諸民族のうちのほんの一小部分にしかまだあてはまらない。インド、パキスタン、ビルマ、シャム、中國、中東、及びエジプトをも含むアフリカの大部分には、これはあてはまらない」（一五三—四頁）

ベヴァン氏は日本の農村を見る機會があるかどうか知らないが、もし見たとしたら日本をヨーロッパ諸國と、インド以下の諸國とどちらのグループに入れるであろうか。

讀者便り

秋立ちて急にお暑くなりました。婦人のこえ八月號本日いただきました、大變お骨折のあとがめにしみるのであります。御奮闘のだん感謝いたします、どうぞ今後もよろしく願い上げます。

◇貧農にしわよせらるゝデフレ豫算
◇わが三九郎もありがたくなし
（愛知四區、當地選出、小笠原三九郎）

御一同樣の御健康を祈ります

かしこ

八月九日　松平すゞ

いかと考えられる。これは私一人の見方かも知れないが。

たらちねの母のこふこの桑すらに　願へば衣《きぬ》に著るといふもの（巻七）

足常の母が養ふ蠶の眉隠《こも》りこもれる妹を見むよしもかな（巻十六）

後の方の歌は、戀愛の歌であつて、蠶がまゆにこもつているように家に引籠つている彼女に會いたいが、會えそうもないという意味であるが、蠶の枕言葉には必ず「たらちねの母」という言葉が用いられているところからも、養蠶は年を取つた婦人の仕事ではなかつたかと思われる。

前にものべたように、この時代の一船の衣料は麻であつたので、婦人は麻の栽培や麻績み（ウミと讀む、紡ぐこと）に從事した。次の歌も戀愛の歌であるが、婦人が麻を栽培したことを想像させる。

庭に立ち麻手刈り干し布曝す
東女《あずま》を忘れたまふな（巻四）

夏麻引く海上潟の沖つ洲に
鳥はすたけど君は音せず（巻七）

麻は春に種子をまき、夏から秋にかけて刈り取り、干して、蒸して皮をはぎ、織維として、それを紡ぐのであつた。

をとめらが績亭繫くといふ鹿背の山
時し往けは京師となりぬ（巻六）

この歌はをとめらが麻を紡いでいた鹿背山が、しばらくして往つて見ると町となつていた、という意味であるが、麻を紡ぐことは老若をとわず婦人の仕事であつた。ここに亭とあるのは、からむしのことで、今日上布にする麻のことである。

こうして絲を紡いだ上に、婦人は家族達の着物を織らなければならなかつた。

をとめらが織る機の上に眞櫛もて
かかけ栲《タク》島波の間に見ゆ（巻七）

君かため手力疲れ織りたる衣を春さらば
いかなる色に摺りては好けん（巻七）

後の方の歌にもあるように、織り上げた織物の染色もまた婦人の家事作業の一つであつた。この歌の意は、君のために骨折つて織つた衣を、どんな色に染めたらよかろうというもので、これも愛の歌である。

この時代の染色はまた發達せず、せいぜい摺衣といつて、染料になる草を布地の上に置いて摺りつける程度のもので、最も多くは生地のままで用いられた。赤裳の裾や橡《とう》の衣という言葉があるから、茜で赤を染め、橡の木の枝を煮て黒つぽい色を染めたようである。

染めるだけでなく、織り上げた麻布を河水で晒して白くしても用いたが、前の庭に立ち……という歌にもある通りこの布晒も婦人の仕事であつた。

橘の島にし居れば河遠み
さらさず縫ひし吾が下衣（巻七）

この歌は妻が宮仕えして、河から離れているので下衣は河晒をしないで縫つて了つたという意であるがこれからみても河晒は男子でなく婦人であつたということができる。婦人は家の衣生活の擔當者であつたからである。

春から秋にかけて、養蠶や麻の栽培に、糸紡ぎや機織にいそがしい婦人は、秋も深くなると、來るべき冬の用意に着物の洗濯や裁縫に忙しいことは今日と同じである。

夕されば秋風寒し吾妹が
解濯衣行きて早著む（巻十）

以上のような種類の歌はこの他にも多くある。この時代の婦人は食物と衣料の生産や採集だけでも一日中忙しかつたことがこれらの歌からほぼ想像されるが、それ以外に重い租税負擔にあえぐ百姓の女達は、寺社、權門の家に雇われても働いた。この時代特有の婢が奴隷勞働として賣買されたことについても、あとにのべることにしよう。

職場のこえ

近江絹糸の工場から

池《いけ》田《だ》満《ま》里《り》子《こ》

私がこの近江絹糸の一女工員として小さなからだに大望をいだいて入社したのは昨年の五月だつた。私の郷里は小さな田舎町なので彦根にはめづらしいものが多かつた。近江絹糸についた時、「よかつた、こんな大きな會社に入社できて」と私はすぐ自分を幸福だと考えた。ところが一番おどろいたのは自治會のことだつた。ほんとうに何一つとして私たちの意見で決めたことはない。私は何か悪い夢をみているように、〃自治會〃という字を頭の中にくりかえして考えてみた。

自治會＝自分達の手でつくる會。

私はどうしてもこうしか考えられない。こんなことを書いたら笑う人があるかも知れないが。でも皆さん笑う前に悲しんでください。今までの近江絹糸の中には、自治會を自分たちの手でつくりあげることができなかつたのです。だからこそ、私たちは今まで人間としてみとめられていなかつたということが起つてくるのです。私たちは動物だつたのです。いや、動物でも動物たちの世界には自由があるでしょう。私は、私の同志たちは何のために働き、何のためにこの世の中に生れてきたかがわからないくらいです。

この會社の宗教では「私達は生きているうちは幸福でなくても死んであの世でらくができたならよい」と教えております。社長さんたちからこの教えを信じてくれるのならまだしもとして……。それなのに私たちのあせと血でできた澤山のお金を會社は一體何につかつてきたのだろう？　全部とはいわないけれど、その中の一部のお金はつまらない遊びのために使つているだろう。世の中には貧しい中にも眞劍に正しい道を强く生きてゆく人たちが澤山いるのに……。

こんなインチキな教えを使つて私たちを苦しめてきたのだと思うとたまらなく社長さんを怒つてみたくなる。

ある日のことだつた。この日も例の木曜日で佛間に全員上つた。もちろん私もその中の一人で皆といつしよにいやいやながら上つていつた。静まりかえつた頃、ある男の先生が前に出て來て「今日はお經の練習をしましよう」と言つてピアノの前にこしかけた。私はへんだなあ、と思つていた。そして次の言葉を待つていた。「このお經ではダンスでもなんでもできるんだ」といつて一所懸命ひいている。果してこれが朝から晩まで騒いでいる佛の教えであるだろうか？　大きなうたがいをいだいた。

會社では「絶對佛教を强制しない」と言つておるかも知れないけれど、木曜日はいつも外出ドメになる。もし、外出したりするとその人はあとで事務室に呼ばれてしかられるのです。工場長さんも「この會社に入つた以上佛間に上つて佛をあがめるのがあたりまえだ、女の人はあまり意見なんか言わずに女らしくしている方がよい」と言つた。もしこんな上の人に少しでも悪い感じを與えたら、全體の生活に悪い影響をおよぼします。へたにいつたらクビ、轉勤になつてしまう。

今までの私たちは變な面で自分を可愛がつていた。闘爭日記にも書いたように今はもう自分だけの立場を考えている時ではない。私も六月七日にたち上るまでは苦しかつた。社員（會社側）の人からいろいろ恩とか義理とか言われ、死ぬ時よりも苦しい氣持だつた。でも私は眞實をどうしても見捨てることができなかつた。今の新組合の人々はみな私の氣持といつしよだと思う。

暗かつた昨日までの生活を今この紙上に想い出してみて悲しい氣持でいつぱいです。外出は八時まで。一分でもおくれたら一週間の外出ドメ。軍隊よりもひどいやり方だと思います。勉强がしたくともできない。學校に入りたくても入れない。それどころか人生雜誌（人生手帖、婦人公論、葦）を讀むのでさえも自由にできなかつた。

これで私達は現代人の價値があるだろうか？社會の一員となつた喜びがあるだろうか？

ある日の詩《うた》

ピケをはりつつ……

二時から十時までピケだつた
體がくたくたに疲れて、倒れそうだつた
とつぷりと暮れた彦根の夜空
美しく星が輝いている
ああ故里が戀しくなる
「歸りたい」心の中で叫んでうつむいた
前日の雨でできた水たまりの石が
きらきら月の光に輝いている
私は夜が好きになつた
何となく、誰にも見ることのできない
美しさを感じたからである

昨日もたたかい、今日も斗い、明日もまた
斗いで暮れるだろう
私の考えが昔から今日に變るように
地球にも大きな變化をもたらしている
眞實の中に生きる、それが
この世の中に生れてきた私の願いなのだ
つかれていた體もふたたび元氣になる
斗いはそれからだ、がんばろう
苦しみの中にはかならず喜びがある

「闘爭詩集」より

私たちは何も全織におどらされているのではない。それだけははつきりと斷言したい。

これからの世の中は眞の勞働者の手によつて作られると思う。

私たちはこの誌上をかりて最後まで闘うことを皆樣に約束します。そしてかならず勝ちます。「春遠からじ」私たちにも春は遠くないのです。全勞働者の闘いを代表して正義のために最後まで闘います。「正しい者はかならず勝つ！」この言葉を信じつつ……

（近江絹糸彦根工場第二組合員）

政治の盲點・國民の眼

榊《さかき》原《ばら》千《ち》代《よ》

イギリス一流の物理學者キャザリン・ロンズデール女史がオーストラリへ向う途次日本へ寄られました。女性として初めて英國王立協會々員に選ばれ、またロンドン大學教授としてマダム・キューリーと並び稱される程の學者でありながら、家庭ではよい妻、よい母であるということも、私たちの尊敬してやまないところですが、更にまたクェーカー教徒として、またFOR會員或は國際自由平和婦人協會の英國支部長として徹底した平和主義者であり、第二次大戰中その平和主義のために投獄されたりしたという夫人から「どうして戰爭の原因をとり除くか」という平和論と軍備撤廢論を聞くことは、まことに勵まされることでした。私はふと四月に世界平和者會議に出席するために日本に來られたウイリアムソン夫人を思い出しました。會議間際に到着されたウィリアムソン夫人は會期中實に忠實、熱心に會議のために働かれ、會議が終るや家族が待つているからと、すぐに飛行機で歸國されましたが、夫人はイギリスで最初の婦人市長、しかも保守的だといわれるキャンタベリーの町の市長となられた方で、二人のお子さんの優しいお母さんであり、毛皮商の奥さまでした。この二人が二人とも强調されたことは民主主義と政治に關心をもち、政治によつて社會を住みよいものとし、母の希いを實現し、國際間に平和を築きあげるように努力するということでした。このような人々によつて代表されるイギリスの婦人たちは、自分や自分の家庭とその周圍にばかりこだわつていないで、廣い社會に眼を開き、國の政治、世界の情勢に興味をもつて活き活きと暮しているのではないでしょうか。

　イギリスの政治のよさ、見通しのたしかさ、ジュネーヴ會議の成功もイギリスの演じた役割の見事さに負うところが大であつたということは凡ての人の認めるところですが、そういう政治はどこから生まれるのでしょう。たまたま私のお會いすることの出來たイギリスの婦人、この二人の婦人が同じように私たちに注意されたことは次のようなことでした。「私たちは正しい事實を掴まなければならない。眞實を求める努力をしなければならない。新聞、雜誌、ラジオによる報道は必ずしも正確ではない。現場の記者の記事がデスクで書きかえられることもあるということを知らなければならない」と忠告されました。一九五一年七月ロンズデール夫人がソ連を訪問したのも、ソ連の眞實を自分の眼で見たかつたからでしよう。こういうイギリスの世論によつて叩かれ、或は支えられるイギリの政治が自然舵をあやまることが少く、行き過ぎないで世界に重きをなす所謂も理解されます。

翻つて日本の現實をみましよう。吉田首相の外遊が新聞に發表されました。九月初め出發の豫定が、フィリピンでのSEATOの結成に關する會議、國連總會、國際通貨基金總會、米國の中間選擧、更にアデナウァー西獨首相はじめ各國代表の訪問などで九月十月は吉田首相が來ても會談することは困難だとアメリカからいわれて延期されそうにみえました。そこで國民は一寸ばかり安堵したと思います。そうなれば十一月を待たないで臨時國會は開かれるでしようと。そうしてもしかすると首相としての吉田さんの外遊は出來なくなるかも知れないと。然し首相の外遊はついに强行されることになりました。九月末出發カナダからニューヨークに出て、ここではアメリカの都合で要人に會わず、直にイギリスに向い、チャーチル、イーデンと會談してから大陸に渡つてマンデス・フランス、アデナウァーなどにあつて、またアメリカに引き返しアイゼン・ハウァー、ダレスと話しあつて歸國するのだそうです。隨行は佐藤榮作氏、滯米中に池田勇人氏を呼び寄せたい意向だということです。

何ということでしよう。ここに日本の現實の姿がみられないでしようか。ここに國民の恥辱が形をとつて現われていないでしようか、日本の悲劇が象徴されていないでしようか。

亂鬪國會はどうして現われたでしよう。社會黨の暴力が、社會黨はあれで信用を落したという人は眞實をみようとしない人です。權力者に都合のいいような、そうして國民の人權を傷つけ、民主化の芽を摘みとるような法律が數の力によつて次々まかり通つたではありませんか。選擧になつてもどんなに悪いことをしてもゆるがない自黨にとつて絶對不敗の法律をどんどん通したではありませんか。造船疑獄、保全經濟、日殖金庫などの汚職が糾明された時、吉田首相は、司直の調査によつて結果が出たら責任をとると逃げていて、自黨の幹部が逮捕されようとした時、指揮權を發動して檢察廳の調査活動を封じてしまつたではありませんか。地方へ行きましたら人々が「人を殺してマンホールへ投げこんだ大津の犯罪なんて輕いものじやありませんか。今の悪らつな政治家をみて御覧なさい」といつていました。七千八百人にも上る人員を召喚し、トラックで押收した關係帳簿、書類を入れるに場所なく倉庫を建てましたり、一億もの國費を使つて夜の目もねずに檢事たちが取調べ捜査した大疑獄事件が、一片の檢事總長談で一まつの泡のように消え去つてしまつたことは、何としても割り切れない疑惑を國民の心にきざみつけたことは否定出來ません。しかも法相も檢事總長も「このような事件が發生したのは綱紀の亂れと道義のたいはいとともに選擧に膨大な金がかかるためだと思う」と、不祥事件があつたことは認めています。權力の座にあるものはどんな悪事を働いても逮捕されることなく大手をふつて國民に君臨することが出來、無力な庶民は生きるに道なく思いあまつて闇屋に落ちこめば忽ち捕えられてたたきのめされる。法は何のためにあるのだろう、と庶民としては首をかしげざるを得ないでしよう。

政府が検察當局を彈壓して逮捕を免かれたと想像される人が佐藤榮作氏や池田勇人氏です。これらの人が大役を負つてヌケヌケとのし歩いていられるというのは、國民の恥辱ではないでしようか。吉田首相は最近になつて逮捕しなければ取調べが出來ないなどいうのは検察陣が無能なのだといつたり、また汚職は新聞が面白半分に騒ぎたてて、それに検察廳が乘つたのだ、などと放言しています。國民をなめきつているではありませんか。亂闘國會で國會會期の延張が可決されたとか、いや議長は議長席につくことも出來ずやつと議場の入口に入りかけただけで開會さえも宣し得なかつたのだから第十九回國會は終幕となつたのだと延期無効を主張して社會黨、勞農黨は勿論、無所屬、緑風會の中にも多くの議員が出席を拒否し、保守黨だけの國會の中で、國民に重要な法案が反對討論もなく、バカみたように通つてしまつています。こうして出來た警察法などによる警察に逮捕されても文句をいつた國民もなく、裁判にかけた事件もないところを見ると、それらの法律はやはり効力があるというのでしようか。

それからさんざんにスッタモンダの結果、國會でもない全員協議會とやら、そこで社會黨だけが陣謝したという、あれは一體何のことでしよう。八月五日の毎日新聞は「吉田首相訪米を重視、米、政權補强を援護?」という見出しで、次のように報じています。「三日ダレス米國務長官は米國と日本、韓國、國府の四國間に極東集團防衛體制を作りたいと米國の政策のハラのうちを明らかにし、四日付ニューヨーク・タイムス紙もダレス言明について記事をかかげ注目を浴びているが、このダレス言明にはさきの米韓會談の成果と吉田首相の渡米が背景ずけられているといわれ、米國は米韓會談で李大統領の說得にほぼ成功したといわれる」と。

インドシナ停戰以來世界の動きは平和に向つて大きく歩み出し、SEATOもイギリスなどの考え方によつて初めの構想とは大きく開いてくるだろうといわれています。中國の大國としての發言權は無視出來なくなり、國連加入も時期の問題だと考えられるようになつた時、アメリカのカイライ政權または地方政權に過ぎないとしてイギリスなどでもハッキリしたふみ切りをつけようとしている國民政府や、アメリカの銃砲、飛行機、艦船の支給を受けて二百萬以上のアジア軍を編成して中國に反撃を加え、韓國の統一を實現するなどとアメリカを說き廻つた李承晩大統領などと一緒に軍事同盟を結ぶことを秘かに引き受けてきたりしたら日本はどんなことになるでしよう。アメリカの力の政策は不變であり、世界の狀勢が話合いによる平和解決への氣運に向いて來たのは、むしろ平和攻勢の謀略であるという見地に立つて從來にもまして武裝强化の體勢を固めようとしています。

インドシナで一歩後退したアメリカは日本をアジアの兵器庫としアジア人部隊の中心勢力としてもりたてようと一所懸命です。ウィルソン米國防相は十日の記者會見で「日本、韓國、台灣、フィリピンに對する軍事援助は疑いもなく增大するであろう」と述べています。SEATOが軍事援助と平行して經濟援助にも重點を置くようになつたということについてさえ、インドではこういつています。「コロンボ諸國はみずからの力を信じ、潛在力、技術、資源を集中的に利用し、無條件で提供される外國援助のみ利用すべきだとインドは考える」と。

アメリカの援助がヒモつきで日本の自主性を奪い去り、岡崎外相などが水爆實驗のあおりをくつて生きるに望み失えさつてしまつたあわれな被害者を目の前にして「水爆實驗には協力する」などいつたり、日本國憲法を無視してどんどん再軍備が進められたりすることは悲しいことです。

インド、セイロン、ビルマ、インドネシヤなど東南アジアの主要國が、六月ネール、周恩來會談で打ち出された領土主權尊重、平和共存など五原則を歡迎し、SEATOについては中共を對象とした軍事ブロックであるとして警戒的な眼で見ている。アジア人口の八、九割を占める國々がSEATOに冷淡な態度を示しているということはどういうことでしよう。

日本人をも含めてアジア人が求めていることは共産主義の脅威にたいする軍備よりも、當面は完全な獨立であり、植民地主義からの解放と生活水準の向上であり、平和であります。今インドでポルトガルの植民地ゴアの解放運動がインドの民衆によつて行われているのは、インドがそれによつて植民地主義反對の氣運を廣め、ひいては植民地を軍事基地化して東と西の對立を深めるような動きをけんせいし、インドが戰爭にまきこまれるような危險をなくそうとしているのです。

こういう世界の情勢の中で軍備に供えるように緒方副總理は國家機密保護法を出すといつたり、大達文相は教育二法案の精神を撤底するために改正案を出して刑罰を强化するといつたりしています。そうして國民生活安定の方はお留守にして失業者半失業者は巷に溢れ、自殺他殺は日常のこと、結核患者は命をとしてデモを敢行し、國民には黄變米をたべさせようとしています。厚生大臣や政務次官が試食した、なんて何と子供だましのようなバカにしたことではありませんか。大臣は一日一回思いつきのように一週たべて止めることが出來るかも知れませんけれど、國民は配給される間は何年でもたべなければなりません。猛毒だといわれながら、毒性を決定するには數年かかると學者は證言しています。ビルマの人が「ビルマ人が捨てるような米を買つてくるんですよ」といつてましたが、買いつける商人や役人、政黨人との間に驚くべき不正があるのではないか、黄變米だといつて捨て値位で拂い下げるについても由々しいスキャンダルがある。檢事が調べようとすると、そういう檢事は皆轉任させられてしまうという噂があります。こういう政治はどうして行われるのでしよう。

私たち婦人は、家庭の主婦は生活の苦勞を身一つに背負つて骨身をけずつて働き、夫のこと子供のことのほか眼が届かないのではないでしようか。そうしてまた男も女も貧乏人は自分と自分の家族の暮しが精一杯で自分たちの人間なみの生活の出來ない原因を深く廣くみつめる餘裕がないのではないでしようか。平和は有りがたいけれど、兵器會社が倒産して失業することは早速困つてしまうと、毎日の生活に追いまくられているのではないでしようか。國民の眼が自分と自分の家族だけにそそがれている。だがそれではいけないのです。そこにこそ中小企業者を倒産に追いこみ、勤勞者を失業に泣かせ、青年を希望のない不良に育て娘を賣春婦に賣り夫婦を離婚させ、家族心中をさせたりして大衆の不幸と悲慘の上にアグラをかいて我世の春をうたつて得意になつている特權階級のはびこる政治の盲點があるのです。

【内職者の手記】

袋をはりつつ

杉尾《すぎを》文子《ふみこ》

もう四年も前になるが、授産場通いをしていたあの頃のことが、ついこの間のことのように思えてならない。というのも私は今日もなお内職の袋張りに一日の生活の大半をさいて忙がしい思いをしているからであろう。明日もまた私は同じような變化のない生活の中に、しかもいつも何かにおびやかされるような不安な氣持に追い立てられながらこの袋張りに指先を糊でこわばらせるのかと思うと、つい嘆息から愚痴に發展してしまうのだけれど、でも私は希望を捨てずになお、明後日という日を信じよう。

當時、まだ村であつたG町に始めて授産場ができるということで、主婦達の間ではその話題が次第に活發になつてきた。その頃、私自身は都心からこの半農村に移住してきたばかりだつたので、なんとなくなじみ憎い毎日を送つていた。誰でも、移住した最初に感じるとまどいを、都會に住みなれた私は人一倍强く感じながら、それでも何かしらしなければ到底支えていけない家計のことに頭を惱ましていたので、そうした主婦達の話題に積極的に乘り出し、少しでも餘裕のある生活を生み出そうと懸命であつた。

内職という始めての仕事、未知なだけに、そこに何かしらほのぼのとした希望さえわいてくるのだつた。最初の私の氣持はほんとうにそんな、他愛ないものだけだつたのだ。

いよいよ授産場發會式の當日、私は子供を二人つれて、ほとんど勇んで家を出た。中年の主婦、若い主婦、それに娘さん達や、老婆まで交えて會場はもう一杯の人だつた。そのうち小さな子供達の人數は、その半數くらいを占めているのだつた。

大人達の間をすりぬけるようにしてかけづり廻りながら、室を我がもの顏に遊びたわむれている子供達……この子供達をこのままに放つておいて、果して滿足な仕事ができるだろうか？　瞬間、私は最初の困難をそこに見出したような氣がした。

やがて、村長始めお歴々の型通りの挨拶がすむとその日から早速講習にとりかかつた。外國へ輸出する造花だそうで、檢査がきびしいから、そのつもりでていねいに、二、三日を講習のつもりで、あせらずにゆつくりやつて欲しいという注意を受け、しなしなと細い針金にテープを卷く練習から始まつた。そして、その日一日そんな事をして、どうやら夕方に近い頃になつてやつと眞直に曲がらずに卷けるようになつた。

こんなふうにして一日の仕事を夢中で終えた歸途、私の最初の經驗である內職というものに對する考え方が、何か根本からくつがえされたようなわびしい氣持におそわれた。今日一日という日をむだにして——何となく無意味なことをしたようにしか私には感じられなかつた——あの細い針金にテープを卷きつけただけではないか、果してこれから一日どのくらいの仕事ができるというのだろうか。仕事の合間には子供達が泣きわめく、それでなくても私の神經はいらだつているのに。それに、今感じているこの疲勞のはげしさ、家についたときには私は子供達に優しい言葉をかけてやる氣力も失つている自分に氣がついて、それではいけないと思つた。

それでも朝になると、私にはまた新しい希

望がわいてきた。今日はきつともう少しうまくいくだろう、もしかしたら今日あたりから自分の仕事としてできるかも知れない。私はまた二人の子供を連れて、家を出たときには昨日と同じような新鮮な氣持をとりもどしていた。

　會場につくと、昨日集つた人達が殆どもう揃つていて、すでに仕事にとりかかつていた。今日の仕事は、小指の先ほどの小さな花を配置よく針金に卷きつけながら、胸につけられる程度の大きさにするのである。なかなか花の位置が決まらず、葉の位置が重なつたりして一つのものに造り上げるまでには大變な仕事であつた。でもひる頃からはだんだんに仕事に慣れてきて、なんとかかつこうよくできるようになつた。さすがにまとまつた仕事ができると嬉しい。

　どうやら練習期間も經て、それからの毎日はせつせと數を增やすことにけんめいになつた。そして小さなとりどりの美しい造花を自分の手でこしらえ上げてゆくことに興味もわいてきた。もし、この仕事が私の趣味として家事の合間に樂しめるものだつたら、どんなに樂しく豊かな氣持であろうか。だが、私は追われるようにこの仕事に取組んでいる。せかせかと、慘めな氣持で、どんな人が、どんなドレスに、私の造花を飾るのであろうか。

　造花を造る者と飾る人と。世の中は矛盾に滿ちているような氣がする。一體、不合理な世の中がこの社會機構を造るのか、それとも現代の政治の貧困さというものが、このような不條理な世の中に導くのだろうか？　なぜ私たちの生活はこんなに追いつめられていくのだろう。

　ともあれ、私はいま不平をいつてはいられないのだ。一家の主婦としてまた、子供達の母として家事をきりもらなければならない。とにかく、現在自分のおかれた境遇の中で最大の努力を盡さなければならない。私は造花をつくる手をせわしく動かしながら考えに沈んだり、また沈んだ氣持を自らひき立てたりしてこの仕事にはげんだ。そしてこのようにして製品となつた花の代金は十日毎に受けることになつていた。

　さて、あれほど私が期待していた十日目の代金はたちまち私の期待を裏切つたのみか、幻滅というおまけまでついていた。でき上つた花一つに對しての賃金は僅かに一圓、一日平均四十個造り上げた計算で、十日目に私の受け取つた代金が何と四百圓也、それはその間の子供の飴代より遥かに小い額なのだ。だが、そんなに失望したにもかかわらず、私はすぐに、その仕事を止めることはできなかつた。私は子供の飴代を節約して、そして今まででよりももつと時間をつめて花の數をふやすためにけんめいに努力をした。しかし、それでもこの內職をとうとう現實生活にプラスすることはできなかつた。結局一カ月目に私はあきらめて、この仕事をすててしまつた。

　現在では私は袋張りの內職をしている。これは直接個人が市場なり、商店なりに持込むので、授產場の仕事よりはいくらかましである。上質の紙で千枚の袋をこさえて受けとる代金が二百八十圓、最低で一二五圓になる。どうやら一日に千枚の仕事はできる。ただし一貫目の紙の仕入れ値に三十圓かかるから平均して一日の賃金が百五、六十圓となるわけだ。

　だが一體、どうしたら私達の生活を少しでも樂にすることができるだろうか。皆で眞劍に考えなければならない問題だ。そしてまずそうした根本の問題を解決すべく、お互いに現在の政治の在り方というものを究明しなければならないと私は思うのだ。

患者は訴える

群馬縣群馬郡金島村國立療養所
大日向莊　山田《やまだ》きん

　この世の中に誰一人として平和を愛さない者はいないでしよう。毎日が平和であれば、それだけでも私は幸福だと、感謝の氣持で生てゆきたいと思います。が、そのささやかな幸福がいつおとずれてくるのでしようか、病氣を治すがための私達の療養所さえ、午後一時からの安靜時間も休みなく、うるさい爆音が轟いてくる。近くの相馬ヶ原で時どき行われる軍事演習の爆音です。

　私の隣りのベッドにいる重症患者は、六十の坂を越して働けない兩親を抱えた娘です。兩親はこの一人娘にあらん限りの愛を注いでおります。實子ではなく貰い子だそうですが。この家では最近、やつと生活保護がうけられるようになり、喜んだお母さんがある日、そのお金を受取りに福祉事務所へ行くと、係りの者からいきなり『お前の娘は普通の肺病と違つてな、腐る肺だぞ！』

　と、おどかされたそうです。その時のお母さんのくやしさつたら、想像するだけでも私の手がふるえます。しかもそれだけではなく、

『今日はだめだ、明日來い。』

　と、突つぱねられたので、お母さんはその場に泣き崩れたそうです。次の日ゆくとまた、

『そこに立つていては邪魔だ、あつちへ行つてくれ』

と、じやけんに當られたそうです。

　この話を聞くと、私はそばにいた療友の肩を抱いて泣いてしまいました。生活保護を受けるというだけで、どれだけか肩身の狹い思いをしたお母さん。娘の病氣を治したいばかりに下げなくてもすむ頭を下げたお母さん。その心を打ちのめすとはあんまりです。

　しかしよく考えて見ると、そうした人達ばかりが惡いのではありません。うち續く社會保障費の削減や、行きづまつた政治の惡い面が、彼らを試驗官のような人間に作り變えてしまうのではないでしようか。

　幸い私は輕い病狀で手術を受け、五ヵ月を經て現在に至り、あと一年もすれば自分の身の廻りのことはできると思つていますが、かわいそうなのは前記のような境遇に喘ぐ患者たちです。彼女たちはそうしたことを心配すればするほど病勢も進み、醫師の手の施しようもなくなるのです。だからせめて病狀のおちつくまで安心して、療養ができるよう、設備に惠まれた療養所においてあげたいと願わずにはおられません。厚生省の退院基準のうち「微量排菌者又は漫性良性結核患者であつて、當分の間積極的な治療法を期待することができないと認められるもの」という項目には院長先生、醫師をはじめ全員が反對しています。

　再軍備をやめて社會保償制度を強化すればよいと言う人もありますが、現在の保守政權ではそれも望めず、と言つてただいたずらにわめき散してもせんないことで、身近なところから問題を解決して行かねばなりません。それにはこの入退所基準の反對運動とか、その他私たち患者を壓迫するような法令規則を制定させぬように、縣會・國會に對して陳情したり、世の人にも廣く呼びかけて、不幸な

結核をなくすように協力していただくとか、具體的な手段を考えております。たとえこれがか弱い小さな力でも、一つに團結すればやがてはそれが大きな力となるに違いありません。

　この療養所にも醫療券の打ち切りが續出してきました。見るに忍びぬ人びとには、私達の自治會である患者厚生會でできる限りの力をつくしてはいますが、その結果が思わしくない場合もあります。

　私はこのつたない手紙が、少しでもお役に立てばと思い、また一つにはこうしたことを書けない患者達のために變つてお知らせしたくて書きました。

結核對策について

參議院議員
更生委員　藤《ふじ》原《わら》道《みち》子《こ》

　厚生省が全國都道府縣に對して行つた二通達、即ち入退院基準、付添看護婦制限がキッカケとなつて、全國各地ではその通達撤回のため結核患者の座込みや、デモが行われ、七月二十七日の東京都廳での座込みでは終に一名の犠牲者を出すという事態をひきおこすに至つた。これはあげて政治を擔當するものの責任であり、政府の再軍備政策と一兆圓緊縮財政强行のためには他をかえりみない、最底生活をやつと維持するため、生活保護を最後のよりどころとたのむ一番よわい面へのしわ寄せの端約な現れで、政府の社會保障に對する認識の不足と政治の貧困に由來するものである、と存じます。

　私はかつて今年度豫算編成にあたり、『大砲よりバター』『再軍備費を社會保障費へ』と主張し、又醫療國營の立場から、自衛隊の増强より結核病院の増加とアフタ・ケヤーの確立等について豫算委員會並に厚生委員會に於てしばしばその根本的對策の樹立を叫んで參り、社會保障費の削減をはからんとした政府にその責任を追及したのであります。

　社會保障關係費は、當時の世論と社會保障費復活の國民運動の展開等によつて、大巾な削減をはかろうとした政府の意圖は完全に失敗し、不滿足ながらやつと昨年同樣の復活を見るに至つたが、何らの進歩は見られず、結核對策についてもその誠意は見る由もない。從つて政府の最高責任者である總理大臣を始め厚生、大藏の各大臣に鋭く結核對策について追及したのであります。そのとき各大臣も結核對策については萬全を期しておりますとの答辯でありましたが、その後厚生省の調査結果の發表によりますと、結核患者は二百九十二萬人、そのうち入院を必要とする患者は百三十七萬人いるとなつているのに、病床は僅か十七萬二千で要入院治療患者の約一割に過ぎない、この事實をもつてしても政府の結核對策が萬全を期していると云えるでしょか？

　緊急を要する入院患者百三十七萬人に對して十七萬二千分のベットしかない、このことが問題で、今日問題になつている通達の基準によつて早期に退所させられた患者が再び入院する様なことになるのではベッドの回轉丈では緊急の解決にさえならないし、こうして無理を重ねることは、結核を社會に蔓延させる以外の何ものでもなく、緊急對策でもない。從つて問題解決のためにはベッドを增設する以外にその策はない。

打つつぐ社會保障關係費の削減や、決定した豫算をなおきりつめ、行政費の一割削減等によつて、生活保護の適正實施の名のもと生活保護の適用についても又同樣で、末端の行政面では如何にその保護を打切るかと云うことに日夜頭をなやましているのが偽らざる實狀でありましよう。

私達の進歩的な意見も容れず、世論も無視して、保守三黨による僅かな修正によつて成立した今年度豫算は、いわゆる一兆圓豫算のうち、再軍備のための費用としては實に二、四三五億圓の巨額に上り、二四%を占めているのに對し社會保障費はわづか七七六億圓で豫算總額の僅か七・七%に過ぎない。このうち生活保護費は二八七億圓で昨年と同額のものである。

こうしたいわゆる一兆圓の再軍備のためのデフレ豫算のあおりを食つて、そのしわ寄せは一番よわい面に、生活力の低い貧乏人に持ちこまれ、その窮乏は一層深刻化している。毎日をなんとかやりくりしている勤勞大衆の生活、中小企業の倒産は甚だしく、一家心中、親子心中は毎日の新聞がその社會面をにぎわしている現狀である。

このとき『中小企業が倒産しても、五人や十人死んでもやむを得ない』と放言し、政府の要職を辭せざるを得なくなつた池田氏が再び自由黨の幹事長と云う重職につき政治の局に當つたことは、私達にとつて、否日本にとつてまことに不幸であると云わなければならない。

參院厚生委員會ではいち早く、入退院基準や、付添看護婦制限や、また結核の拔本的對策の樹立等々のため、『醫療關係諸問題に關する小委員會』を作り、この暑さの中に連日審議を重ね、今後も實狀にそくした醫療方針を打ち出すために努力いたしております。

打ちつぐ生活保護の打切り、とりわけ醫療券の打切り等によつて、じつとしていられない、安心して療養の出來ない多くの方々のお心中は察するに餘りあるものがあります。

これらの不安を一日も早く一掃するため、安んじて療養のできる社會の建設のため、今後なお一層努力いたす覺悟であります。

短歌

萩《はぎ》元《もと》たけ子《こ》選

磯野ひろ子

一應はまあよからうと二ケ月ぶり食べし刺身も滿喫はせず

てのひらにとりし卵は雞の體溫ふくみてまだ暖かき

小松悅子

蠶室の爐火にあたりて宿命と言ひてあきらめ切れぬ事のみ

美容院に二時間すわりて二十代の女の心理をまざまざ吸ひぬ

毛呂みゆき

ねばり濃きにほひは沈めどくだみの花びら白く雨にうきたつ

ロンドンだより

M.S, O.K氏の私信から

國會の亂闘事件は當地のニュース映畫で大石、提兩女史の大映しを見ましたが、一體何が原因でこのような醜態を演じなければならなかつたのか判斷に苦しみました。その後日本の新聞雜誌でワンマンのわがままに起因することがのみこめました。ロンドン・タイムズなどにも造船汚職問題、首相外遊の延期、不信任案の不通過、亂闘問題なども掲載されましたがイギリス人がみな呆れて日本の現政治の腐敗を眺めています。貿易の不振と日本の經濟恐慌は、商魂のたくましい英人のつけこむ所で、この後日本の商品はますます締出しをくうのではないかと思います。

今日（八月十一日）の新聞ではダレス長官がやつきになつて「アメリカはこれ以上日本品を輸入する餘裕はないが、日本の經濟現狀を打開するため、諸國へもつと日本品を入れて貰いたい」と訴えています。いかにアメリカが勢力のある國にもせよ、自國に入れないものを他國に入れてくれというのは餘り虫のよすぎる注文と思います。それでなくても世界の市場に關しては目の敵にされている日本、イギリス人がうなずく道理がありません。みな餘計なおせわだという顔をしています。外國にいる同胞はいつになつたらわがまま一點ばりのワンマン政府が倒れ、眞の民主的な政治が日本にできるかと心配しています。

先日こちらで國際運輸連盟の大會が開かれたので一寸顔を出して傍聽しました。各國の參加組合が顔を出していましたが例の近江絹糸問題も取あげられ近江ストに對する日本海員組合の後援ぶりが滿場一致で稱讃されました。それにしてもこちらの組合が、組合運動に關する理解のあるのには感心しました。これは一つには各組合員の教育問題が根本的必須條件であるとつくづく感じた次第です。

アトリー、ベヴァン兩氏は中共訪問のため一昨日當地發、途上モスコウにたちよつて二三日滯在の後、北京へのりこむ予定だそうですが主要目的は中共及び中共等をよく理解するためと公表しました。しかし眞の目的は、先般から計畫されている對中共貿易促進にあると察せられます。ジュネーヴ會議の際、イーデン外相は中共代表を英國へ招待し業者商社の一團の連中は、工場に、鑛山に、陳列場にと案內して歡待これつくし、莫大な貿易を兩國間で行うことに內定した旨報道されています。これが實現すれば日本の對中共貿易に一大脅威となるでしよう。徒らにアメリカに遠慮して、何とかしてくれるだろうという氣でウッかりしていると、イギリスというトビにあぶらげをさらわれてしまいそうです。

戰後最初のストが目下ドイツで行われています。右についてイギリスでは早く解決されればよいがと口でこそいつていますが、內心は喜んでいるのが本當でしよう。ドイツ産業はイギリスのそれにとつて、あなどり難い世界進出の競爭相手になつています。敗戰後、「ドイツの復興はドイツ勞働者の手で」というモットーでここまでこぎつけた氣魄は大したものと頭が下ります。今度のは戰後最初のストとて各國注目の焦點となつています。

O・K氏の私信から

勞働黨の中のベヴァン派といわれるものは分裂しつつあるかに見えます。これは人々が

（二四頁へつづく）

座談會

さがみの村々の女たち

神奈川縣生活改善普及員

神奈川南部の湘南地方といわれる地帶は相模灣を抱いて氣候も景色も、交通の便利もよく、江の島鎌倉などのはでな遊覽地で知られていますが、一歩農村にはいればどうか。村々に綠の自轉車を走らせる普及員の方々のお話を伺つてみました。

兼業農家の女たち

編集部　皆さん大變お忙しい中をありがとうございます。今日は農地改革や相續法の變化、そのほか戰後の社會事情が、この邊の村の婦人たちにどんな影響を與えているか、讀者に代つて伺いたいと思います。

A　農地改革では全國的に土地が細分化されて零細農がふえましたが、中でも神奈川縣は零細農が多く、兼業農家の多い點で全國有數の縣なんです。

編集部　一旦細分化された土地が富農の手に吸收される傾向は？

B　今のところまだ出ていません。零細農はどうせ五反や六反の土地ではくえないのでそれは家族に任せて外へ稼ぎに行く。ですから割に現金收入はあるのです。土地を手放す時、相手は農家ではなく、その邊が都市化されて工場や商店や住宅がたつために買手がつくので、買つた時の何十倍にもなるのですから喜ぶわけです。

編集部　都市化するにつれて兼業もやりやすく仕事口もふえますね。藤澤附近のこの村なども純農は土着戸數三百の二割あるかなし。男は戰爭前から役場、郵便局、學校、鐵道、工場などへ勤め、戰後は女も勤める者がふえました。

C　横濱、横須賀のような都市の周邊の農村はもとよりですが、山梨縣と接する縣北の津久井、愛甲のような山や谷ばかりで平地の農業の營めない地方でも兼業の割合が高いのです。その仕事は炭やき、運搬業、土木その他の賃勞者で、第二種兼業農家に入るものが三二・五％に達している。割に純農の多いのが藤澤周邊の高座郡でしよう。

專業農家と兼業農家の割合

	全國(%)	神奈川縣(%)
專農	四〇・九	三七・二
兼農	五九・一	六二・八
一種兼業	三六・三	三〇・三
二種兼業	二二・八	三二・五

D　兼農の家では男手はあつてもあてにならず、いくら少い耕地でも女手だけではむりで、女の重勞働は見ている方がつらいくらい。純農以上に苦しくともらくとはいえませんね

B　らくどころではありません。家事も農業もいつさい嫁がひきうけるんですから。寢る間もろくにないし、ごはんもゆつくりたべてはいられない。お百姓のおばさん達は卅七八になるとみな胃が惡い、肩や腰が、痛むといつて老いこんでしまいますよ。その上姑や夫にあごで使われるばかり、だから、若い娘で百姓の嫁に喜んでなろうという者がいないんです。ほかに行き所がなければ、しまいには仕方なく行きますが。

嫁入まではただばたらき

編集部　東海道沿線に纖維工場はあつても近所の娘はいかない。長野縣や新潟縣や、生活程度の低い東北地方から募集してきます。近所の娘たちは通勤の機械金屬などの工場には行つても纖維にはいきません。

D　しかし縣北の貧農の娘は近所や八王寺邊の小さなハタ屋へ住みこみで働きに出ます

編集部　あの邊の小さなハタ屋では二三人か四五人そういう娘さんをおき、時には親類や自分の家の女も一所になつてハタを織る。基準法なんかないも同樣。賣れる間は一日十何時間も働かせ、不景氣風がふくとすぐひまを出す。中には親許からたべさせるだけでいいからといつてくるといつて、給料なしで女中代りに働かせているのもあります。

B　多少らくな農家の娘は中學を出ると家事手傳いのかたわら洋裁でも習います。そういう人は追々にひとのものまで賴まれて縫いその收入は自分のものになるので、嫁入までに着物も一と通りできますが中學を出てから何一つ習いもせず、工場にも出ず、ただ農業と雜用に使われる一方の娘さん達は全く着る物がない。何年もの間ただ働きですから嫁入仕度で一時に拂つてもろうようなものです。

C　嫁入まで着のみ着のままで、あれで嫁入の時、何も貰わなかつたらあまり悲慘です。ただ何を買つて貰うかが問題で、多くは、親のみえになるものに金をかけたがつています、もつとお金の使い方に工夫が必要ですね。

編集部　均分相續は行われていますか。

C　殆んど棄權です。分割したら農業が成立たないような零細經營が多いのですから。三四反から七八反程度の農地を五六人の子供でわけても貰つた方でもどうにもならない。

編集部　女の方では嫁入仕度が相續分となるわけでしようか。

A　それもありますし、親としては何年も只働きさせだし、娘はかわいい、みえもある。そこで結婚のために何をどう用意するかについて若い者との間によく意見が衝突します。

まに合せの賃勞働

編集部　靜岡縣の或村では婦人會で嫁に小づかい三百圓ずつ每月與える決議をして實行しているそうです。女がどんなに働いても一錢の金も自由にならない家庭ばかりですか。

D　三百圓では少いですね。私の家も農家ですが、小づかいはめいめい貰つています。そういう家も少しづつできました。私は娘でも自分で職業をもつていますから、その收入の中から家へ生活費を入れ、豫算をたてて計畫的に使つています。私の弟は養雞をやつているので、これも收支決算をして自分の收入をもち、必要なものはその中で買います。

A　ある農家の主婦で五十ばかりの人ですが每年初生ビナを何百羽か買つて育てて、五六十日になると賣る。それを何回かくり返すと一期に一萬いくらの收入になる。それを五六萬圓ためて、かまどや風呂の改善をし、こんどは井戸にモーターのポンプをとりつける計畫をしているのがあります。女學校ぐらいは出ているようですが。近くを訪ねて見ますと外にも同樣なのが何軒かあつて卵も共同出荷をしています。

D　家族が副業の收入を自分のものにできるのはだいぶらくな農家ですね。普通には何もかも家計に入れて小づかいも貰えない。

編集部　そんなに働いていて、農業經營の上に女が發言力をもつてるでしようか。

B　普通にはもちませんね。何もかも男がきめて、女は機械的に使われてるばかり。だから農業に關心もなく、執着もない。勤め人の嫁になりたいとしか考えない。

C その勤め人というのも鐵道や工場に出ているだけであまり技術のない、整理とでもいえばまつさきに首になる、不安定な仕事に從つてる人でかまわない。とにかく百姓でなければいいので、本當の生活の安定ということまでは考えていないようです。

編集部 娘さんたちが工場などに働きに出るのもほんとに職業として安定性のあるものは少いでしょうね。

A どのみちまに合せです。工場でなければ所から駐留軍に働きに出るのも多い。或部落で今年中學を出た十三人の娘のうち、家庭に殘つたのは一人きり、あとは全部働きに出た。駐留軍のキャムプに雇われたんです。

たべものはよくなつたか

B 農林省の發表では戰前には國民一人當り一年の米消費量一石一斗の割だつたのが、現在では八升となつています。陸稻の作つけ面積はふえていますが。昨今は米の代りに小麥の消費量がふえています。多くはうどんにしてたべますね。

編集部 武藏、相模一帶は昔から米の生産地でなく雜穀を主食にしていた所ですね。藤澤附近の相當大きい農家でも大正の末まで粟や丸麥が主食で、米は一割ぐらいまぜた程度だつたといいます。金肥を使つて米の收量がふえ、朝鮮臺灣の產米が內地に多く移入されるようになつて農家でも前より米を多く使うようになつたのは昭和の初め頃からです。水田の少い相模原の方の人の話では今でも米は一日一回、昔からの習慣で夕飯はうどんでないと年寄が承知しないといいますが。

A うどんはよくたべますね、うどんばかり山みたいに。

編集部 それでは榮養の點で問題が殘りますね。ほかに何もたべずにうどん一方では。

C 乾田で裏作に菜種を作る地方など油もよく使いますが、濕田で菜種を作らない所では買つてまでは使おうとしない。榮養攝取の面からいうと油脂の標準消費量は一人當り一日二五グラム。魚や肉からもとるとして一日少くとも一〇ないし一三グラムはとらねばならぬ。そうすると一戸當り七八人の家族で月に一升八合から二升使わなければならないのですが、現在では一升でいい方でしょう。それだけ不足している。日本の農家の古い調理法では、天ぷらにでもする以外に油を使わないのでなかなか必要量だけ油がとれません。

A それでも戰後は男が外食する機會が多くなり、特に若い人がうちでも新しいものをほしがるので、農家でも洋食風のものや中華料理をたべる傾向が出てきました。相變らず年寄が文句をいうので困りますが。また目分量の代りに、調理に一合カップと大サジだけは使い初めました。

B 農繁期用の保存食の作り方の印刷物を農繁期前に上げて、後で聞いたら農繁期は忙しいから作らない、いずれひまな時に、というのでがつかりしたこともあります。(笑聲)

編集部 かまどの改良は?

C 一つ村で三%から最高五%ぐらいですね。一軒でやると軒なみやる傾向がある。しかしいろいろの既成品のかまどの賣込み競爭もさかんでそう進みません。どの道かまどを變えることだけが目的ではないので、そこで足ぶみされては困ると思います。ところが成人學級でも生花茶の湯、洋裁料理のほかは出席率がわるい。

A 娘には生花茶の湯などよりも養雞養豚など家畜を飼う技術や、商品として價値のある蔬菜栽培の技術などをしこむことが必要ですね。今のところ、女は農業勞働に從事しながら農民としての技術も自覺もない。そういうものをもつて經營上に意見を出せるようになれば農業にも興味が出るし、家庭生活も、農業經營の方もよくなりましようがね。

C　養鷄はさかんで二百羽ぐらい飼つてる家は多い。玉子の集荷は組合でやり、その所得が世話をする者自身のものになれば、張合もありそれを資金にして暮し方の改良にのりだせる。

A　ヤミ屋が玉子をもつていつてしまう。顔なじみのヤミ屋に渡すのが多い。

編集部　今は玉子の値がいいので養鷄もいいでしようが、昭和六七年頃の農業恐慌の時代には、玉子が百匁十錢になつて養鷄家は根こそぎやられましたね。都會で失業したために田舍で養鷄をはじめた人が、養鷄がだめになつてまた都會に職を求めるという、二重三重の深刻な失業時代を來したものです。こんどは內地の玉子消費量が昔よりふえているので幾分いいかと思いますが、農家では？

C　たしかに戰爭前よりはふえています。しかしそれも子供がおもで。乳牛は戰後新しくふえたのが多いのですが、これもこの頃よくなつて子供にのませるだけが精々でしようみな金にかえるばかりで。

編集部　都會でも牛乳や玉子はまだ子供か病人だけで贅澤品ですね。先ごろ東大の農學部の教授のラジオのお話では、日本の一人當り牛乳消費量はヨーロッパの百分一、牛肉は四〇分一、玉子は一〇の一ということでした。

D　農家では自家用に山羊を飼うことですね。一日一升から二升ぐらい乳を出しますから。大和には山羊組合ができていて二〇戸ばかりはいつています。これなら婦人や子供でも樂に世話が出來ます。

安定した生活を

編集部　昭和二八年には兼業農家は廿一年と比べて二七％增し三百六十萬戶をこえているのにひきかえ、專業農家は同じ期間に五十四萬五千へつて二百五十一萬になりました。學校の先生も過半數が兼業農家だそうですし役所、鐵道、工場などに働く日本中の雇用男子勞働者一千萬人のうち三〇％以上が兼業農家だとするとずいぶん大きな問題ですね。この人たちは農業でも食えず、他の職業でもくえず。結局兩方にまたがつて兩方のはんぱな收入でその日を危くすごしている。賃下げ首きりにも全く無抵抗だつたり、希望退職には進んで應じる。その點でハタ屋で働く若い娘さんとあまりちがわず、雇主には大へん便利です。つまり日本資本主義の安全辨で同時にその弱みですね。

A　淵野邊のT會社なんか、日本一の自動車修理工場で七千人雇つていたのが特需の減少で千三百名の大量首きり、希望退職で片をつけて、ほんとの熟練工は首にせず、土曜を休日とし、時間給にして實收入をうんとへらしました。

編集部　まだそのほかにも駐留軍の減員やデフレによる失業者で縣の安定所はどこも連日滿員、悲鳴をあげていますが、結局は農村がそれをしよいこんで全國の潛在失業者が三百萬となるわけです。兼業農家は飯米さえとれればいいので、女をこき使うばかり、多少でも投資するとか技術や經營の進歩向上に努力するとかはしないので、日本の農業の發達にも生活水準のひきあげにも、いい影響は與えませんね。

A　農業なら農業だけで食えるようにする、ほかの職業につくならそれだけで食えるようにするといいと思います。

編集部　日本全體から見ると今のままでは只さえ狹いこの國で、できるだけ不經濟な土地の使い方をしているわけですね。この上女がどんなにがむしやらに働いてもこの大きなむだのつぐないはできません。農地改革の時土地の交換分合を同時にやる筈でやらなかつた、耕地整理もまだの所が多い。それは一人一人の小さな欲が、これを遮つているからでしよう。

C　米國からだいぶいろいろの農器具や農業機械をもつて來ましたが、このこちやこちやしたせまい畑では使えないでしよう。相模原の方は廣い平地でも養蠶地帶で、畑のしきりには桑がうえてありますから、機械がはいりません。

B　機械ばかりでやればどうしても二三年の間には土壤が固まつて荒れる。從つて收量がへる、地力をたくわえる點で日本には畜力の方が適しているといいますね。

編集部　いま日本の反當收量は世界で一番多い方でしよう。一人當りとなるとずつと低いでしようが。骨身を惜しまずという言ば通り、まるで箱庭のように畑の草を一本一本手でとる、あんなやり方で文字通り粒々辛苦している農民はほかの國にないのじやありませんか。どんなにひどい勞働でもいとわない。それでも生活の安定がないのですから生きがいがないでしよう。勤めた所でいつ首がとぶか分らない。農村の次、三男は農地にはありつけぬ、安定した職業もないとなると……

A　一つのはけ口として養子にいくこと。農家の息子はやはり土からはなれるのは不安なんです。できれば土を相手に暮したい。一方、娘しかない家では農業を續けるには養子がいるというわけです。A村のKさんの家なんか、息子ばかり七人で、そのうち長男のほかはみな養子にいきました。

C　農家の人は土と縁をきらず、米俵を眺めて暮せるような生活に愛着がありますね。だから本格的な都市の勞働者になりきろうとせず、あつさり希望退職にも應じるし、養子の口も歡迎するわけです。クワ、カマは使いなれているが、都市の職業に對しては何の技術もしこまれていない、土と米俵の方がひきつける力があるんです。

編集部　要するに土地改革も家族制度の改正も、働けば食える生活を保障しない點で失敗だつたわけですね。都市でも戰前にくらべて零細農業の割合がうんとふえてるだけ、基準法なんか無視した低賃金、長時間の勞働が多く、不安定の度合も增しているわけです。村の娘さんもせつかく勤め人の嫁になつても赤ん坊をおぶつて内職しても追つかず、その上いつ首がとぶか分らないのでは叶いませんね。村でも町でもまじめに働けば食える世の中に早くしたいものです。いろいろ有益なお話をありがとうございました。

（一九頁からつづく）

その意見をかえたからではなく、ベヴァンがもはや嘗てのような强力な指導力をもたなくなつたからです。ある意味ではこれは健全な兆候だと私は考えます。主義原則を明確にするよりも權力を獲得することを目ざす組織的なグループがあるよりは指導部に對する獨立の、個人的な批判者の多勢あつた方がよいと私は考えます。勞働黨の中の左翼の思想が死んだのではなく、それは健在で、ベヴァンがその主たる代表者ではなくなりつつあるだけなのです。コール教授の新著は、戰前、勞働黨にあれほど强力な支持者をもたらし、あの燃えるが如き感激と情熱を與えた不公正、不平等、及び失業は大體消えてしまつたこの福祉國家での社會主義はどうあるべきか、完全雇用のイギリスでその大部分がテレヴィジョンをもち自動車さえ遠からず手に入れることのできそうな勞働階級に對して、生活の安定とか失業問題の解決とかいう過去の目標に代つて訴え得ると同じような大衆的理想は一體何かを檢討しています。が、どの道これは日本の社會主義者にとつてはまだ當分の間問題になりますまい。

筆者紹介

高橋芳子氏　九大教授經濟學者高橋正雄氏夫人、兵庫縣生れ、奈良女子大學卒、專門生物學。

渡邊道子氏　大正二年生れ、靜岡縣富士高女中退、昭和六年より舊總同盟婦人部に入り社會運動に挺身、五一年婦人勞働事情視察のため渡米、五二年より松山放送局婦人の時間担當、現社會黨左派婦人對策部副部長。

讀者倍加運動の提唱

中野　松補加代子

「婦人のこえ」の第一回の誕生日を間もなく迎えるに際して私共誌友が橫の連絡をとり、たまにはどこかに集つて、婦人の問題について研究しあつたり直接先生方のお話しも伺つたり、お互に誌友である自覺とよろこびとを味わいながら、お互の向上のために勉强したり、職場の苦しいこと、たのしいこと等を語り合つて、共々よろこび共々悲しみ、切角のこの機關をもつともつと有效に使うことができたら、どんなにうれしいことだろうかと、私はいつも考へています。

そしてこのよろこびの波をだんだんと大きく大きくひろげてゆく！　思つただけでもたのしいことです。

私は大變潛越ですが心ある誌友の方々に御相談いたしたいと思います、誌友をもつと增すこと、つまり一人が二人を紹介すること、これは誰れにでもできるのではないでしようか、よいことのためにはもつと大膽にやろうではありませんか。どうせ後ではよろこんで頂けるにきまつていますもの。現に私は十二人を紹介しましたが、みんな月月の配本を待ちかねています。せめて三萬册は出したいものです。そしてもつとスペースも增してもらい、もつと多くの方々の御意見や御體驗も伺い、眞の自分達のものとしての認識を更にしたいものだと思います。もつと豐富な内容をもつ素晴しいものにお互の手で育て上げ、よりよい成長のために、みんなで祈り、みんなで、御協力申上げようではありませんか。

一誌友の立場から

編集後記

○九月一日、早くも大震災の三一週年です。あの頃はまだきものが多く、長い裾やたもとやとけた帶がくずれおちた家や道具にはさまり、逃げおくれて生きながら燒かれた人も多い。災害の多い國柄を忘れずに國の設計、生活の設計を考えましよう。

○あれほど違法行爲のはつきりした近江絹糸の社長らはつかまりもせず、爭議開始以來三カ月に近づいて解決の見込なしとは。それに力をえたが、デフレ下の中小企業の苦境は勞働者にシワよせされ、會社がつぶれるからとの口實で基準法無視は普通、何のための監督か。婦人監督官は虐待冷遇至らざるなく、昭和廿四五年ごろ五十名餘だつたのが今では半分。遠からず姿を消す見こみ。飲むのが役得の役所なら私たちの稅を返してもらいましよう。

○本誌も來月滿一週年の誕生日を迎えます。今もつて每月危機突破に頭をなやませます、よろしく御支援を。

婦人のこえ　九月號

定價三〇圓（〒五圓）
半年分　一八〇圓（送共）
一年分　三六〇圓（送共）

昭和廿九年八月廿五日印刷
昭和廿九年九月一日發行

編集發行人　菅谷直子
東京都千代田區神田三崎町二ノ三

印刷者　堀内文治郎
東京都港區本芝三ノ二〇
（硫勞連會館內）

發行所　婦人のこえ社
電話三田（45）〇三四〇番
振替口座東京貳壹壹參四番

昭和二十八年十一月二十四日第三種郵便物認可
婦人のこえ
（第二巻・第九號）
定價三〇圓

婦人のこえ

昭和二十八年[illegible]月二十[illegible]日[illegible]届　昭和二十九年十月一日發行　第二巻・第十號

10月號

1954

祝創刊一周年

全國電氣通信勞働組合
中央本部（全電通）
闘根はる子
武内シン
港區青山北町四の一
電(45)三一二一

全遞信從業員組合
婦人對策部（全遞）
部長　井上ヤス
新宿區信濃町三一、四谷郵便局內
電(35)二四〇〇、二四六〇

日本教職員組合婦人部
（日教組）
部長　千葉千代世
千代田區神田一ツ橋教育會館內
電(33)八一〇一、六〇二九

國鐵勞働組合婦人部
部長　丸澤美千代
千代田區丸ノ內二ノ一國鐵勞働會館
電(23)四〇四四―六

片倉勞働組合
中央執行委員長　林清登
中央區京橋三の二片倉ビル
電(28)三一六一―九

合成化學産業勞働組合
連合會（合化勞連）
委員長　太田薰
港區本芝三の二〇（硫勞連會館）
電(45)五七〇〇、五七三〇

全國三井炭鑛勞働組合
連合會（三鑛連）
執行委員長　畠山義之助
中央區日本橋室町二の一三井ビル
中三號館
電(24)二九七四

東京交通勞働組合
執行委員長　飯塚愛之助
港區芝三田四國町一八
電(45)三五二八、四七九二

東京急行勞働組合
委員長　角田光正
目黑區上目黑六の一三二九
電(46)〇七四四

東京都勞働組合連合會
執行委員長　河野平次
千代田區丸の內三の一（都廳內）
電(20)一一〇一―一〇

全日本自治團體勞働組合
青年婦人協議會
千代田區丸の內三の一（都廳內）
電(20)一〇〇一―一〇（內三一四〇）

全日通勞働組合婦人部
部長　大野はる
千代田區三年町一
電(56)〇六二八、〇八二四

全日本電機機器勞働組合
連合會
中央執行委員長　山村晃郎
港區本芝三の二〇（硫勞連會館）
電(45)四九六八、三一八八

東武交通勞働組合
婦人部
部長　高木洋子
墨田區小梅一の一三
電(63)二一一―一〇

東洋製罐東京工場
勞働組合婦人部有志
品川區北品川五の四八八
電(49)〇三一九―八

婦人のこえ

1954年
10月號

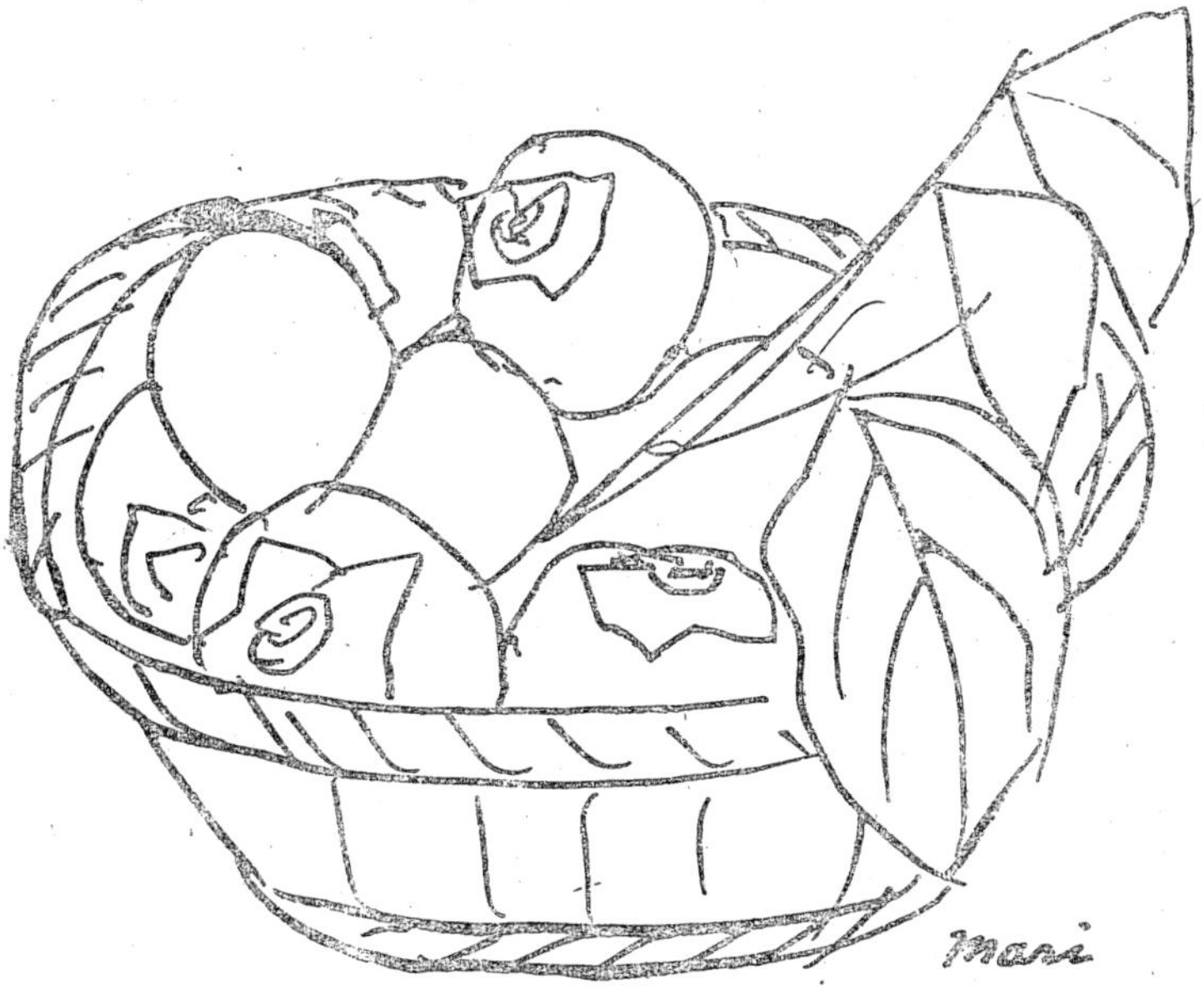

目次

一周年をむかえて……(二)
時評・吉田首相の外遊……榊原千代…(一六)
ビルマ使節夫人のお話……編集部…(三)
働く婦人と家族制度……杉眞子…(四)
勞働黨のひとびと……山川菊榮…(一三)
サマースキル夫人の講演から……編集部…(一四)
隨筆・草切ぶし……古市ふみ子…(九)
婦人のこえ 職場
男だけの都……芹澤よし子…(六)
一年生のつぶやき……藤山輝子…(七)
殘業をどう考えるか……編集委員…(七)
奈良時代における奴隷及び雇傭勞働について……三瓶孝子…(一〇)
大臣樣を迎えて……松平すず…(二四)
遠來の友……丸澤美千代…(二五)
天皇・首相の國費旅行……川合美千子…(八)
二人の退職者……中大路まき子…(二八)
犬と人間―イギリス旅行記―……山川菊榮…(二〇)
一縣議の報告……前川とみえ…(三〇)
三池炭婦協一周年を省みて……江田シメ子…(二六)
短歌……萩元たけ子選…(一五)
俳句……星野立子選…(二九)
表紙・扉……小川マリ　カット……田所英美子

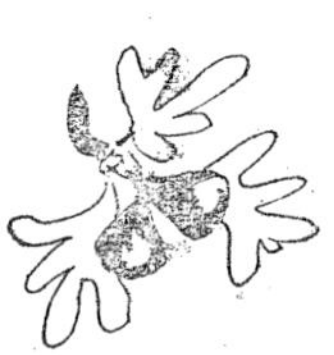

一周年をむかえて

早くも本誌誕生滿一周年を迎えることとなりました。微力な私たちが、辛うじて創刊號を出せる程度のお金をもちより、めくらめつぽうささやかな旗あげをいたし、毎月創刊號の時とおなじ意氣で、同じ苦勞を續けながら、どうやらここまでぶじにこぎつけることができたのは、ひとえに皆さまがたの熱烈なご支持によるものと感激にたえません。再軍備の進行、教育二法案の成立、水爆の犧牲、憲法、民法、勞働基準法改惡の企て、汚職事件、貿易の失調、デフレ政策と失業の增大、近江絹糸の人權爭議。何と暗い國内の事情でしよう。こういう逆コースをほしいままにはびこらせておく私たち自身の無力の何という歯がゆさ。

　しかし國外では朝鮮の休戰も成立し、インドシナの戰火もおさまり、各國それぞれ國内の改革と建設、國際平和と貿易の擴大に力を注いでいないものはありません。第一次大戰後はロシアが唯一の社會主義國でしたが、第二次大戰後は、ロシアの指導のもとに人民民主主義國となつた國も多いが、また英國や東南アジアのように民主社會主義をとつて國をたて直そうというのもあり、ユーゴのように兩者の長をとつて獨自の社會主義をたてる自負をもつて進んでいる國もあります。いずれにせよ、國の内外ともに火と劍によらず、話しあいによる問題の解決、平和的改革の方向をとろうとする國々がふえて來ました。スターリンの死後、ソ連の政策も變つて國際的緊張はゆるみ、平和の希望が出てきました。中國の地位の向上が世界平和にプラスとなるかマイナスとなるかは、中國自身に内在するものと共に、世界がこの國をどう扱うかによつてきまります。隣國や、その他の國々を、敵とするか友達とするか、一獨立國としての日本はよく考えて腹をきめ、どこの國の奴隸ともならず、どこの國とも親しくして、經濟的に活路を開き、國内の改革を斷行して國民生活の安定を期するという、根本の方針をきめ、着々とその方針を實行しなければなりません。

「婦人のこえ」はこういう形勢の中に、婦人がもつと活潑に積極的に日本を作り直す運動に參加し、それによつて自分を救い、家族を救い、日本を救う力をつけたいという大きな望みをもつて生れ出たものです。職場で働く者も、家庭で働く者もみなこの大きな運動に利害關係をもたない者はなく、雇用勞働者の三割、有權者の過半數をしめ、働く農民の過半數をも制し、子供を育て、生産にも消費にも、政治にも文化にも重要な役割をになつている私たち婦人が、家畜同樣、啞の動物であつてはなりません。

　私たちは私たちの力を自覺しましよう。日本人として、女としての劣等感にとらわれることなく、もちろん優越感にもふけることなく、勇敢に、謙遜に、外國にも、男性にも學ぶべきところは學び、卑屈な追隨はさけて、自分たちの人權をまもり、もつて生れた力をのばして住みよい社會を作りましよう。「婦人のこえ」は婦人同士おたがいに話しあい、世間へもよびかけて、それ以外にほんとの平和はありえない革新的勢力を育ててゆくために生れたもので、その使命のためにあらん限りの情熱をもつて働くつもりです。どうぞ讀者になつて下さい。一部を何人でもよみまわして下さい。そして皆さま自身のものとして、皆さまの聲も誌上でおきかせ下さい。

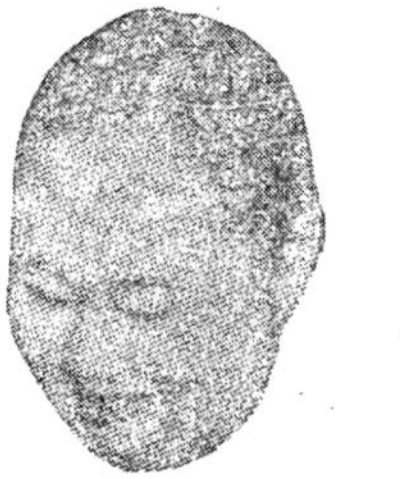

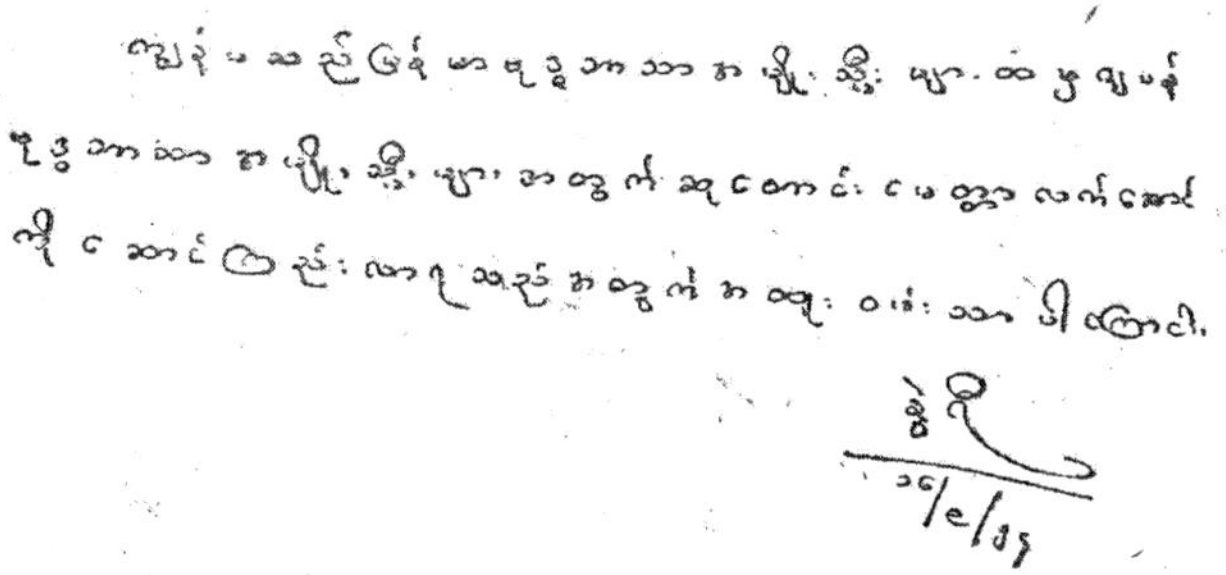

ビルマ使節夫人のお話

長いこと英國の屬領であつたビルマ共和國は、一九四七年獨立し、今日では社會主義政府のもとに新しい國家の建設を急いでいます。ウ・チヤウ・ニェン使節の夫人ヌウェ・ジさんを帝國ホテルにおたずねして僅かの時間でしたが同國の事情を一寸きかせて頂きました。ビルマでは國民の九割以上が佛教徒なそうです。私たち日本人は佛教では男女の差別、女子の劣等視がひどいものと考えていましたが、ビルマではそうでなく、昔から男女平等で、婦人は自由だつたそうで、夫人のお話ではインドの女性の地位の低いのはヒンヅー教のせいで、佛教では女を卑しめないのだとのこと。昔からの習慣で結婚しても女子は夫の苗字をなのらず、ヌウェ・ジという夫人の氏名も結婚前のまま。女は姓名の前に「マ」男は「マン」をつけるのが、日本の何々さんに當る敬稱だそうです。

英領時代にはもちろん、獨立後まだ義務教育の制度がなく、政府はその準備中です。何分日本の侵略に荒された後、獨立後も共産黨の内亂に悩み、平和的建設を困難にさせられていたわけですが、ようやく事態が改善されかけてきたので、今後はもつと建設的方面に力がいれられることでしょう。

植民地時代の學校の先生は英國人で、數學も地理も歴史も理科もみな英語。ビルマ語で習うものはビルマ文學一課目だけでした。獨立後の小學校（五年）では英語を正課から除き、學課はすべてビルマ語。中學（四年）で英語が正課に入る。大學は四年制。屬領時代の大學では英國やヨーロッパの歴史は研究できても東洋史やビルマの歴史の研究はできなかつたのが、今ではもちろんそれも大に研究されています。國號は「バーマ」とよぶのが正しく、ビルマとは日本でよみちがえたもの。

夫人は六人のお子持ですが、ラングーン大學で文科をやり、次で法科を卒業。今は大家族の世話と夫の内助で手いつぱい。將來は社會的に大に働きたいというお話でした。別項寫眞のようなビルマの文字で「私はバーマの佛教婦人から日本の佛教婦人へのごあいさつを申上げることをまことに嬉しく存じます」というメッセージと署名とを下さいました。

（編集部）

働く婦人と家族制度

杉　眞子

農繁期には二本の手として野良仕事によびかえされるせんい工場の婦人勞働者、農閑期には口べらしと出稼ぎをかねてパチンコ屋へ奉行に出される農家の娘たち、工場が不景氣で人べらしをする時には、一、二萬の退職金ほしさに希望退職に應ぼし、景氣がよくて急に人員をふやす時はミシンやタンスをおとりに村からつり出される農村の若い婦人たち、年々歳々人は變るけれども、經濟狀勢の動きにつれて、たえず動いているのが働く婦人の特徴です。デフレ政策が進行して企業整備の波がようやくひろがつてこようとしている時、雇いやすく、解雇しやすい婦人の上に、最も敏感にその影響が反映されてくることが豫想されます。

戦後の實情からみても、昭和二四年から二五年にかけて經濟九原則による「企業合理化」の影響をもつとも手ひどくうけたのは男子よりも婦人であつて、働く婦人の數はその時期にずつと減つていますが（圖）その後、朝鮮動亂の波にのつた特需景氣によつて、婦人の雇用は男子をしのいで回復しました。この樣に時勢に應じて動きやすい婦人の雇用からみて、今後、景氣が後退すれば再び、多くの婦人が職場から掃出されていくこととおもわれます。

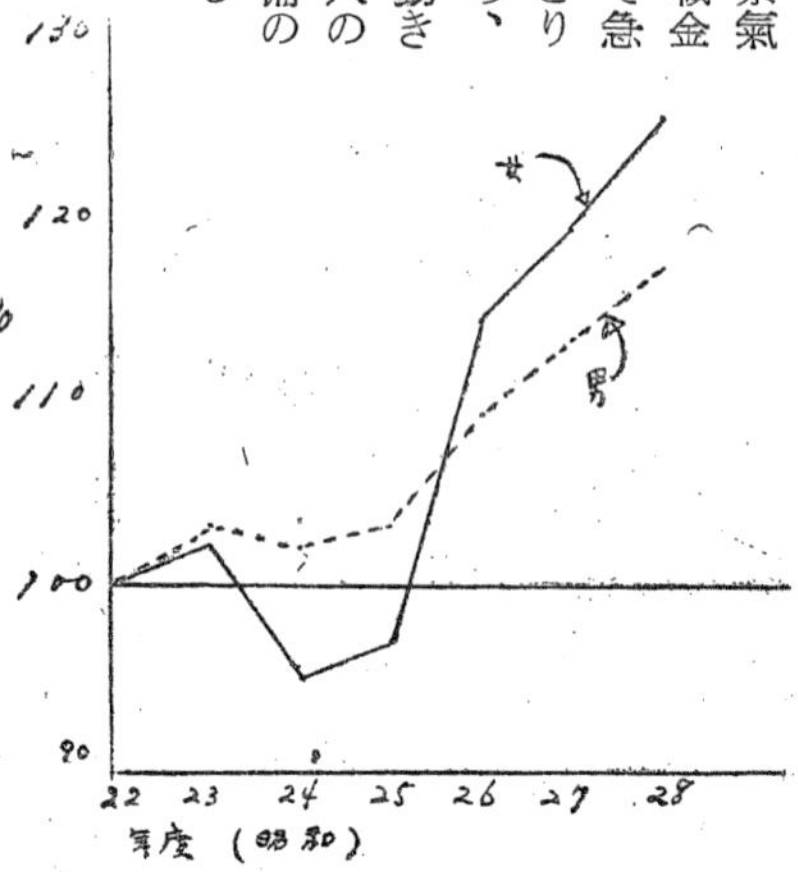

（圖）男女別雇用者數のうごき（指數）
（昭和22年基準）

「婦人は安全辨だ」という使用者さえあります。仕事の忙しい時はたくさん入れ、閑になつたらたやすく解雇できる。また解雇しないでも、新規採用さえひかえておけば、ひとりで減つていくのです。男子の場合はそうはいきません。不景氣の時に自分からやめる人はほとんどないし、少し位の退職金では希望退職する人もない。だから、職場が男子ばかりだと給與が高くつくし、人員整理が必要な時、使用者は頭をなやまさなければなりません。

現に不況のため人員整理をしようとした尼崎製鋼や日本製鋼はストライキで重大なことになつています。それにひきかえて、昭和二七年に紡績が繰短を決定した時には、どの工場も表面は無事平穏に人員整理がかたづいています。最近も東京都内の某製菓會社で希望退職をつのつたところ、退職金ほしさからこれに應募したものが、經營者の豫定をはかるかにこえて、ひきとめるのに苦勞したということです。平常、賃金の低い彼女たちにとつて、たとえ、二萬、三萬のお金でもまとまつて入るということは大したことなのですから、あながち、この人たちばかり責めるわけにはいきません。ミシンも買いたい、スーツも、靴も、オーバーも、誰が買うのか街のショーウィンドーには美しいものがあふれているのです。「女は美しく従順であればよい、生意氣になるな」親までがこう考えている世の中であれば、若い働く婦人が目先の退職金にさそわれてやめるのも無理もないと云えるかも知れません。

又、貧しく現金に困つている農家の娘たちの中には前述の紡績繰短を機に轉落したものもあるようです。希望退職はしたけれど失業保険金もきれ、ぶらぶらと村にもいられず、前の紡績工場よりもつと條件の悪い機屋《ハタヤ》に住込んでみたものの、あまり給料が少いので嫌氣がさしているところへ、近所のパン屋の口ききで宿屋へ友達と二人で轉職したが、そこがとんだ宿屋で友だちは逃げ歸つたが一人はとうとう賣春婦になつてしまつたなどの話もきいています。そんなに働くことが必要な娘が何故希望退職などしたか不思議に思われますが、萬とまとまつた金は貧農の一家にとつては、先のことは先のこととして、さしせまつて必要な場合が多いので、娘より親の方がまず會社の勸誘の手紙に引つかかつてしまうのでしよう。娘は親のものという家族制度のくさりが、親の家をはなれて寄宿舎とはいいながら、まがりなりにも獨立して生活している娘の進退やかせいだ金までをしつかりと親にしばりつけているのです。無知で封建的な貧しい農村の親たちを利用して、娘の雇入れも解雇もかなり自由にできるところに、せんい工場の女子勞働者の解放のむづかしさがあると云えましよう。埼玉縣の松崎製糸の例でも、會社の電報で呼出された親がスト中の娘を連出して暴行したり、最近、問題になつている近江絹糸でも「ムスメシンダ」と電報を打つて親を呼びよせて娘を說得させようとしたり、男子の組合活動にはみられない親の介入を經營者が利用しようとしているところに婦人の組合活動の一つの問題があります。これは、せんい工場に限りません。「A子さんの手紙」で話題にのぼつた事件は、某銀行のタイピストがはつきりした理由もないのに父をよび出されて退職を勸告され、彼女の抗議文が全銀連機關紙にのせられたことから銀行の組合員の間に大きな反響をよび、女子組合員が團結して鬪爭しようとしたところが、途中から銀行側と本人の親の間に行われた裏面交渉の結果、あくまで頑張ると云つていた彼女が退職を納得したために、乘出した組合側もひようしぬけという結末になつたということがありました。これなども職業を持つて獨立しているはずの婦人の生活のひもがしつかりと親ににぎられており、使用者が親を壓迫して組合の團結を破らせた一つの例だということができましよう。

法律の上では成年に達した娘は息子と同樣、獨立した人格を認められているのですが、娘は職業を持つて獨立しようと思えばできる場合でも――多くの場合は低賃金のため獨立もなかなかできないので――いつまでたつても親の監督の下におかれ、嫁にいくまでは親に依存しているものと考えられています。息子の方は幼い時から、職を身につけて獨立すべきものということを口に出さなくとも自他ともしつかりと覺悟をきめるように教育されていくのに、娘の方は職業などは二の次に、まず、嫁としての商品價値をたかめるために容姿をみがき、現實の生活とは緣のとおい茶の湯、生花のけいこや洋裁のけいこを奬勵する。

ところが、實際は父親のかせぐものだけでは娘の嫁入仕度はおろか、結婚までに必要な

主婦のこえ

男だけの都

芹《せり》澤《ざわ》よし子《こ》

男の亂暴と、我ままには、大昔の神樣も、あきれ、恐れて、天の岩戸を固くとざし、かくれてしまわれたことがありました。

すさのをの命が泣いただけで、靑山は枯山となり、海も河もことごとくひあがり〃よろずのもの、わざわひ、ことごとに起りき〃(古事記)。この男性が天に昇ろうとすれば、天地が大震動を起したと云いますから、暴れだしたら、女性はかくれるより方法がなかつたかも知れません。このため世の中は夜になつたまま、わざわいは果てしもなく續くことになりました。八百よろづの神樣の智惠で、やつと大みかみ樣を岩戸からお出し申して、朝が來たというお話ですが、それ以來男の人は、この國を「女ならでは世の明けぬ國」などとからかい半分に言つているようです。

こういう古事を知つてか、知らないでか、英國勞働黨婦人代表サマースキル夫人が、日比谷の演說會で「日本の婦人は、どこに行つてしまつたのでありましょうか」(朝日)とよびかけたのを、この國の男の人は何と聞いたでしょうか。

私はその夜おそく、この錄音全部をきいたのでしたが、夫人の聲は、多くの出られない家庭の主婦の胸を强く打つたことでしょう。次の日豫定されている共濟會館の女だけの會合で、夫人は何といわれるかと大變たのしみにしていました。がここでも、なお一層訪問以來數多い會合に婦人の少ないことを繰返しつづけました。

出し度がらない旦那樣に、出度がらない奥樣のあることはたしかだとしても、出度いのに出られないのは一主婦の發言のように私達家庭の貧しさが原因ではありましょう。けれどお金と暇のある女もまた澤山いて出歩いている事も事實だと思います、つまり行く先きが問題で、歌舞伎に案内されたサマースキル夫人はそこで何を見たでしょう。

私達主婦は自分の手で岩やのトビラを開けて外に出ましょう〃よろづのわざわい〃ことごとに〃おこつたのも、あんまり男に外のことをまかせきつたからではないでしょうか。

衣裝や化粧代まではとてもまわらない、仕方がないから、何でもよいから娘を結婚まで働きに出すという次第です。たとえ、娘自身が眞面目に職業にはげむ氣であつても、親の方ではやれ病人だ、やれ祝事だと家の都合次第で勝手に職場を休ませたり、退職させたりできるものと思いこんでいる。息子には洗濯はおろか靴までみがいて拜むようにしてつとめ第一と出してやる親が、娘は家にいさえすればお使いに炊事にと使いまわす。このように働くものの周圍の心がまえがちがうのだから男女の職業意識にもそれが自然とひびいてくるのは當然ではないでしょうか。

やれ、職業意識が低い、能率が低い、勤續が短いなど働く婦人の缺點を數えあげて同一賃金の實施に反對する使用者が、現在、婦人を使用するのをやめずに、ますますその數がふえるのは、この勤續の短い、年令の若いという婦人の特徵を利用しているからなのです。働く婦人がなお、家族制度に足をしばられ、自分自身も心身ともに家に依存して、何かと云えば家庭の中に逃げこもうという態勢でいる間は、働く婦人の解放もむづかしく、經濟的地位もなかなかあがらないのではないでしょうか。

職場のこえ

職場一年生のつぶやき

藤《ふじ》山《やま》輝《てる》子《こ》

「ジリジリ」という電話のベル。もうみなな れつこになつてしまつてしばらくなり續けるまでは受話器をとりあげようともしない。それに聲高にしやべる誰かの聲。こんな騒音の中で仕事をするようになつてから一年餘り、いつの間にか毎晩床に入つてから「今日は一體何をしたのだろうか」と考えて見る習慣がついてしまつた。そしていつも自分をつかむことさえもできずに動いている自分を見出して考え込んでしまう。

學生時代に學生らしいまじめさで、言論の自由、又男女同權などと論じてきたことが單なるうたい文句に過ぎないと悟らされるような機會に出あうと、社會に出たらああもしよう、こうもしようと抱いていたいろんな理想がツルハシで崩すように一つ一つ破壞されてしまうような氣がして何とも言えない淋しさにおそわれる。

「日本じや、まだまだ男女同權なんて程遠いんですからね。女はすべて控え目にふるまうんですよ」職場でぶつかる矛盾を執拗につきとめようとする私に、母はこう言つて聞かせてくれた。もちろん、女性は女性らしくという考え方にはいささかの矛盾も感ずるものではないが、そんな大和撫子的な考え方では解決できない問題がたくさんあることを否定することはできない。

先日、學生時代の友達に出あつた。その友達の勤めている會社では女も殘業をさせられるのでと、ぐちをこぼしていた。私は、それで良いのだと思う。むしろ、その會社の女にも責任のある仕事をさせているらしい樣子がうかがえて、そのやり方に好感をもつた。こんな考え方の人がいるかぎり、女性の職場での地位の向上は望めないのではあるまいか。

ともあれ、今の私は自分に與えられた範圍内での最大の幸福をつかもうと努力するのに一所けんめいだ。

（全國金屬横河電機勞組青婦對部）

殘業をどう考えるか

編集部

藤山さんの學生時代のお友達が會社で女にも殘業をさせるとこぼしている。藤山さんは女にも殘業をさせる會社は、女にも責任のある仕事をさせていると解して、そのやり方に好感をもち、殘業をやらされるといつてこぼすような人がいる限り、女性の職場での地位向上は望めない、と考えておいでです。

これは今の世の中で働く婦人のぶつかつている實にむつかしい問題なので、ここにとりあげてみることにしました。そのお友達の職業は何か。またその殘業が基準法の規定内で行われているかどうか、その邊のことが分りませんが、左記の點をよく考えて頂きたいのです。

（一）殘業は勞働時間の延長と勞働强化を意味するので原則としていいことでなく、一日最長八時間の勞働は、文明國の現狀として、決して勞働時間の短い方ではないのですからその上の殘業はなるべく避けなければなりません。もし無條件に殘業を認めれば勞働時間の制限はないも同樣になり、勞働者の地位の向上どころか、奴隷化となりますので、特に年少者には禁じ、女子には制限つきで許可してあるのです。男子とて同じことなので、將來は男子も殘業をせずにすむような方向に運動を進めなければなりません。その第一の理由は健康の保護、特に女子の場合は母性の保護です。

(二)勞働者が殘業を喜ぶのは、殘業そのものを歡迎するのではなく、割增賃金を歡迎するのです。賃金が十分なら殘業は望む筈がなくその時間を休息や教養や社會的活動にあてる氣になるでしょう。その方が人間として有意義なことであり、社會のためにも役にたつとお思いになりませんか。殘業を望ませるような低賃金と戰いましょう。

(三)ここに十人の勞働者がいて、一日八時間づつ働く上に、更に一時間づつ殘業をするとしましょう。つまり九時間勞働ですが、そうすると全部で八十時間の代りに九十時間の勞働となる。十人がその一時間の殘業をやめれば新たに一人勞働者が職にありつく譯です。なるべく多くの人に職をわりあて、失業をなくすには、長時間勞働は禁物です。社會から失業をなくし、完全雇用を實現するためにも、殘業はやめるべきです。少くとも基準法の規定以内に留めなければなりません。

(四)藤山さんのお友達の場合、殘業をすることによつて果して地位の向上、具體的には賃金の引上げ、昇進等のハッキリした約束が雇主との間にできているのでしようか。組合と雇主との間の團體交渉によつて、どれだけ殘業すればどれだけの期間に必ずこれこれの約束をはたすということが、はつきりした文書として兩者の間に交換されていない限り、口約束ぐらいではあてになりません。そういう勞働條件については組合とよく話しあい、個人的にかつてに雇主と話しあわぬだけの階級意識が必要です。組合運動の經驗のある藤山さんにはよくお分りの筈ですが、うかうかとあまい夢につられて殘業をすることは、ますます勞働者同士の間の競爭をはげしくし、仲間われを招き、勞働を强化し、しかも失業者をふやすこととなるのです。英國でも保守黨の政權下に物價が上り、收入不足を補うために國鐵で殘業の問題が起つていますが、組合はこれを拒絕し、賃あげ要求を出しています。これは男子の場合ですが。

(基準法は滿十八歲以上の女子については一日二時間、一週六時間、一年につき一五〇時間をこえて時間外勞働をさせ、又は休日に勞働させることを許さない。但し決算期の書類作成などのためには二週間につき十二時間まで許される。割增賃金は二割五分以上)

天皇・首相の國費旅行

川合《かわい》美《み》千《ち》子《こ》

日共が天皇の北海道行幸を「北海道を原爆基地にするものだ」として反對しているとの記事を見た。

敗戰後七、八、年の間に世の中がそれ程までに天皇に重みをつけてしまつたとしたらその原因は何によるのか。日共の當を得ぬ運動も原因の中の一つであるかもしれぬ。

もちろん私にしても天皇の國内旅行、皇太子の外國旅行、吉田首相のアメリカ行には大反對だがそれにはそれぞれに好ましくない理由があつての事である。

天皇自身、自分の費用で個人的な旅行を樂しみ、見聞をひろめることはよいとして、あまりに政治的な、しかも莫大な經費のかかる旅行はして貰いたくないと思うのは私に限つたことではあるまい。

随筆　草切ぶし

古市《ふるいち》ふみ子《こ》

台風十二號は、刻々に日本列島に近づいています。南の國種子ヶ島では、海邊に近い人々は、家を釘付けにして、山手に避難しました……

と、ラジオが報じたのは昨朝のことであつた。

戰爭の終りの頃、『敵の飛行機は種子ヶ島上空を旋回中』と毎日のようにきいて以來、何かと種子ヶ島も話題に上るようになつた。

むかしは、火縄銃が唯一の島の象徴であつた。種子ヶ島と云えば、鐵砲のことだと思う人さえあつた。わたくしが、はじめて種子ヶ島へ行つた時、留守見舞にきて『お孃さまのおいでになつたところは、鬼ヶ島でございましたかしら』とまじめくさつて挨拶した人があつたと母が笑つて話したことがあつた。

戰爭でクローズアップされた種子ヶ島は、その後、黑ザトウのために、闇屋の巣窟となつて、島へゆききする人々は、一人殘らず一つ一つ持物を調べられるうき目を見た。やみのために、素朴な島人は、その素朴さの故に、一たまりもなく、都會近くのお百姓と同じに物慾のとりことなつてしまつた。

あれから十年近い時が、島は島なりに、明暗、哀歡、さまざまな人の姿を送り迎えたと人づてにきいている。久しく島の土をふまないわたくしが、台風十二號におびえて、家を釘付けにして避難したというラジオを聞いてすぐ目の前に浮ぶ種子ヶ島の人々は、やはり闇を知らない、夕餉の芋ジョウチウと哀調をおびた俚謡とに一日の勞苦を忘れているむかしの農民の姿であつた。それはメン（カッパ）とすもうをとつた人であり、釣りの上手がメンに水を濁されて、空かごをさげて歸つたりするという人々であつた。

私の胸底に浮ぶだれかれの姿は、そのまま、餘韻じようじようと島のうたをうたう老人たちである。そのうたの一つ二つを拾つて見よう。「よその人」のわたくしにでも眞似が出來る程單純なふしのためか一番多くうたわれているのが草切ぶしである。常春の島であれば、馬に乾草はやらず、馬草切りは女の仕事の一つである。草切ぶしは彼の女たちの間から生れたものであろうか。

アヨー　けつしいよ（けさという女名の愛稱）
ゆこうやよ　草切りゆこうや
もんぱ（門入）畑のみぎひだり
アヨー　けつしいよ　何把きつたおら今
九把よ
わが（おまへ）も九把かよおれ
も九把
アヨー　九把は切つてもたばり（束）が
細うてかんめ（頭にのせて運ぶ）
もどりのはづかしさ

この一連のうたは、草切ぶしの代表的な文句であるが、はじめ女たちによつてうたわれた草切ぶしは、次第に二才（靑年）たちにもうたわれるようになつて、聲のたつ若者たちの相聞歌の役をしたのではあるまいか。

はるか彼方の土手で若草を切る乙女の美しいしらべは、こちらの谷間の若者のうた聲をさそう。かくて次の朝は、風に送られるその哀調によつて、同じ場所に、或は程遠き山かげに、おもい人を見出した事であろう。わたくしの老人達は多くうたを彼等なりに上手にうたう。とう然とうたう靜かな、ひなぶりのそのうたは、かれらの若き日の形見ではあるまいか。たくまざる哀調は彼等のありし日の夢をのせて、生涯をかけていつくしみ、そだてた、見わたすかぎりの田の面を餘韻じようじようと流れてゆく。

（本誌・社友）

奈良時代における 奴隷及び 雇傭勞働について（その四）

三《さん》瓶《ぺい》孝《こう》子《こ》

大化の改新（西紀六四五年に初まる）は五五年の長い間のいろいろの困難を經て大寶元年（七〇一）に完成した。大寶律令がこれである。この律令制下にある時代を、律令國家の時代といわれている。

この律令によつて部民（氏の民）は解放されて公民となつたが、朝廷及び諸大氏に屬していた部民は解放されずに品部《ともべ》、雜戶《ざつこ》となつて相變らず隷屬をつづけていた。この品部、雜戶は身分的には朝廷に屬し、一定の官司のために技藝品の製作に從事する義務を課されていた。なお、改新による身分制たる貴族、良民、賤民のうち、更に賤民の最下層に屬する奴婢があつた。彼等は本當の奴隷であつて、朝廷に屬するを官奴婢といい、私に屬するのを私奴婢とよばれた。

このようにして、この律令時代には、重要勞働力として良民、品部、雜戶の半自由民、また奴隷の奴婢があつた。婦人の勞働者も、良民、半自由民、奴隷たる婢に分けられた。

良民たる當時の百姓における婦人の勞働は租、庸、調を納めるために如何に重きものであつたかは、前述したところである。ここでは奴隷たる奴婢についてのべることとする。奴は男、婢は女であるが、それとは別なものでなく、同じく奴隷として奴婢と總稱されるが故に、ここでも特に婢だけをとりあげずに奴婢とする。

この時代に奴婢は勞働力であると同時に財產でもあつた。奴婢にも口分田をわけたが（前に述べた如く）その用益權は奴婢の所有者にあつた。從つて奴婢を多く所有すればする程、土地と勞働力とを多く支配し得ることになつた。大寶令の戶令にも、養老の戶令にも田宅資財と並べて奴婢が財產の中に算えられていた。從つて財產として、物として奴婢には法定價格があつた。和銅八年（七一五）五月十九日の格（當時の法令のようなもの）によると奴一人六百文、婢一人四百文でありこの法定價格によれば、男女の比は三對二であつた。

當時は自給自足の時代で、貴族豪族は生活必需品より奢侈品に至るまで一切が自給されねばならなかつたので、多くの勞働力を必要とした。また、口分田に對する徭役義務（既述）を奴婢を代役として果したので、このためにも奴婢は需要された。奴婢に對する需要の增大は奴婢の賣買價格を生じさせた。奴婢は既に財產として物品扱されていたから、その賣買は公然と認められていた。養老關市令によると奴婢の賣買には一定の手續があつて、本部官司にとどけ、保證人の署名をもつて公正の賣買證文が取り交わされた。

養老年間（七一七―二三）以後は種々の名目によつて奴婢は解放されて減少した。その上天平十五年（七四三）に墾田の永私有が認められてからは奴婢に對する需要が一そう增大したので、その結果、奴婢の賣買價格は騰貴した。天平九年より寶字十二年に至る二十二年間に、京、近江、美濃、丹後、但馬、筑前の六ヶ國の奴婢の價格は、平均して稻八百束五把一分强で、錢高に換算して二十貫三十七匁七分五厘であつた。中等の品質の婢一人の標準價格は稻六百束（錢にして十五貫）に相當した。容姿端麗なものは遊藝などに使用されて價格も高くなつた。稻一束は舂米五升で（當時の一升は今日の約四合）、米一升の價格は五文、稻一束二十五文であつた。奴婢の平均價格稻八百束または錢二十貫を、當時他の價格に比較すると、次のようであつた。即ち右の奴婢の價格は銀十六兩、または上等の銅三百七十斤、但馬の布八十端、美濃施《あしぎね》三十四、伊勢墾田三町六段、駿河の中等の馬二匹鍬二百六十六本、炭六萬斤、薪二千二百二十二荷の、いづれか一つを買い得る價格に相當した。

奴婢は奴隷であるから衣食住を給與された。官奴（朝廷官司の奴）の場合一日の食糧は穀一升七合五勺（今日の桝にして七合）官婢は一日穀一升二合（同じく四合八勺）、衣服には庸布（これは租末な麻布である）が與えられ、また十日一日の休暇が與えられることになつていたが、實行されたか否かは不明である。私奴婢も官奴婢に準じていたことであろう。

奴婢の仕事の主なるものは農業、手工業、雜役であつた。特に技能をもつものはそれに應じて諸司に配隷させられたし、また專門的手工業者たる造司工の家には工作に手傳う工業奴婢もあつた。一般に婢は米つき、裁縫、糸つむぎ、機織、家事の雜務及び農業に從事した。養老律令には徒役（一定の期間奴隷となる刑罰をいう）の女囚は裁縫、または米つき勞働に從事させることが規定されていた。天平勝寶九年（七五七）東大寺寫經所解には婢六人厨子綵帛、十三人繝纈、卅八人厨子覆を縫つたことが記録されており、寶龜二年（七七二）三月三十日の奉寫一切經所解には寺婢九十人が經師の淨衣の裁縫に從事したことが記されているが、寺社、權門にはこうした染色や裁縫に從事する婢が多くいたことであろう。今日保存されている奈良時代の錦繡工藝品の、すばらしい美術品の中にはこうした婢の手になるものもあることと思われる。

奴婢は主として寺社、權門に集中されていた。全體の人口からみれば奴婢人口の割合は約一割程度であつたから、この時代に生產に從事する良民（百姓）が人口の七〜八割を占めていたといわれているところからみると、一割の奴婢の全體に對する生產力の比重は、大したものではなかつたといわれている。

この時代の貴族、寺社、權門は奢侈品の生產や墾田の開發に、徭役や奴婢のみではなお不十分で、良民（百姓）を自由勞働者として雇用した。これを養老營繕令によつて和雇（わこ）といわれ、官において雇う場合にも民間の標準賃金が給された。

和雇が長期で、官が雇主の場合には國家の官吏と同じ地位が與えられたが、それは特別の技倆者であつて、短期の場合には賃錢が支拂われた。被雇者は約束した勞務を提供した後に報しゆうを請求することができ、賃錢は月末勘定であつた。

賃錢は功といわれ、錢の場合には功錢、布で支拂われるときは功布、稻の場合は功稻といわれた。普通の賃錢は天平寶字年間平均して男子一人一日十文、または稻一束、女子は五文であつた。錢十文では米二升五合（今日の一升）を買い得た。特別の技能をもつものは高く、縫女が七文、陶工（女）で三十文も取るものがあつた。

賃錢以外に食稻が給された。男の場合一日一升六合乃至三升、女子は一升二合（當時の升目）であるであつた。これは民間のものではないが、民間と同じものであつた。食稻は主食であるが、この外に副食物として鹽、酢、みそ、もろみ等の調味料、菜、靑菜、瓜、茄子、椒子、蕨、芥子等の野菜、海藻類が給された。

和雇の場合にも奴婢と同じく各種の勞働に從事したのであろう。ただ和雇は身分的に隷屬せず、賃錢を得る點において奴婢に相違するが、勞働においては同じようなものであつたろうと考えられる。

勞働黨のひとびと

山《やま》川《かわ》菊《きく》榮《え》

日比谷公園でのサマースキル夫人の機知に富んだ、當意即妙の演說は、日本人の理窟ぽくて、單調で感情的なのとの對照が著しく、珍しいだけでも大いに聽衆を喜ばせた。開口一番高びしやに出てまず目の前の寫眞班を皮肉り、つづいて息もつかせず、日本は女のいない國かとたたみかけて聽衆のドギモをひしぐあたり、いかにも場なれのしたくろうと藝で終始一貫ハデで面白くはきかせたが、內容はとりたてて印象に殘るほどのこともなかつた。それに比べると、翌日、共濟會館での婦人のみの會では具體的な點についての質疑應答が行われ、日本側の出席者も勞組婦人界各方面の代表者が多かつただけに、活發で互に得るところがあつたと思う。

サマースキル氏は日比谷の大會で聽衆二百五十人に女一人と言い、翌日共濟會館でわざわざ三百五十人に女一人と訂正した。本氣か冗談か、十倍はおまけがあろう。三百五十人に一人なら日比谷の來會者總數三千五百人に對し、女子十人となるが、私の顏見知りだけでもその何倍か居たし、全都では百五十人や二百人くらいはいたらしく、二五人―三〇人に對し女一人と見てよかろう。また日本は人口の年令構成からいつても英國と比べて靑少年が多く、特に勞働運動に關心のある者は靑年に多いのではあるが、サマ氏のいつたように日比谷の聽衆の大部分が一八歳―二五歳というのはあまり大げさで、大抵の日本人は體格の小さいせいもあり、白人の目に一〇歳や二〇歳は若く見られることから起つたまちがいであろう。

サマースキル氏の質問でも分るように、一般に英國人が、東洋の植民地のおかげで大をなしながら、東洋の事情に暗いことは驚くばかりで、日本もインドも一所くたにしていたり、中國も日本も同じに考えたりという程度である。彼らにとつて地球はヨーロッパを中心に回轉しているもののようで、ヨーロッパ以外のことや、有色人種に關心をもつたり、研究したりしているのは、特に進步的な人と思えばまちがいない。私が英國で一番よくきかれたことは字のよめる者はどの位いるか、兒童結婚と兒童勞働はどうか、ということだつた。つまり日本にはまだ義務教育もなく、大部分の國民が文盲で、昔のインドのように八歳か九歳で結婚したり、五〇年前の英國と同樣、十歳で工場で働いたりしている程度の野蠻國と思つているのが普通で、そのほかは侵略主義と不正競爭の相手として反感をもたれている程度であろう。殊に保守系の人ほど、それが甚しい。左派では單に賃金だけを比べるならアメリカとイギリスとの賃金の開きの方が、イギリスと日本との賃金の開きより大きいじゃないかといつている位である。近江絹糸のような例があるので、英國の資本家と保守系に凱歌をあげさせるのは何と情ないことであろう。

勞働黨の右と左

演說の內容はさすがにベヴァン氏が水ぎわたつていた。原水爆が平和的共存のために役に立つものでないとか、思想的立場がちがうために戰うことは必要でない、吾々社會主義者は資本主義のアメリカと戰おうとはしていないと、ソヴィエト共產主義とも戰わずにやつていくことの可能なことを說き、一邊倒を排して、自主獨立の平和主義をのべると當然のことながら感激の拍手が鳴りもやまなかつた。英國の社會保障制度を作りあげたのはこのベヴァン氏で、彼が保健大臣をしていた五年間に醫療の無料國營の原則を强く主張し保守黨の猛烈な反對をおしきつて實施したのだつた。ところが彼が勞働大臣になり、サマースキル氏が保健相となると、忽ち再軍備のために社會保障をぎせいとし、いれ歯とめがねの代金半額を徵集することとなり、ベヴァン氏はこれに絕對反對したが、主管大臣たるサマースキル氏がおしきつてしまつた。その後まもなく保守黨の天下となり、勞働黨がすでに無料國營の原則を破つているので仕事はやりよく、初診料を徵集することにして國民の負擔を增した。が勞働黨幹部派も野黨になると政策を改め、次に政權をとつた時は、醫療はベヴァン氏の保健相時代の通り、一切無料に返すと公約した。また男女の同一勞働、同一賃金は一九一八年、勞働黨が始めて社會主義を旗じるしとした時から綱領の中に加えていたにもかかわらず、戰前二回の組閣にもこれを實行せず、絕對多數を占めた第二次大戰後の內閣でもついにとりあげなかつた。もつともベヴァン氏は勞働大臣として强く實施を主張したのだが、藏相ゲイチケルが豫算措置が困難だとして承知しなかつた。サマースキル氏も大藏大臣を支持し、ベヴァン氏に反對した一人だつた。そこで政府の吏員（敎員共に）たる女子の俸給は男子の八〇％と規定され、これが全國の勤勞婦人の賃金を抑えているので、婦人側は强く反對し、同一賃金の運動は年每にさかんになつている。當時、婦人たちは、勞働黨の婦人大臣も婦人議員も男子と同一俸給を受けながら、勤勞婦人には八〇％に甘んぜよというかと憤り、特にサマースキル氏は大金持で、外人の間でも評判のすばらしい邸宅にいるので、とかく噂の種となりがちだつた。が、野黨となると幹部派も態度をかえ、保守黨內閣に對して强硬に同一賃金の實施を迫り、內閣はすでに一昨年その原則を認めはしたが、勞働黨內閣と同じく財政難にことよせて實施期日を言明しない。サマースキル氏は野黨側に立つと同時に醫療の無料化、同一賃金の實施をかかげて運動の先頭に立つている。

　英國の福祉國家というものを、ベヴァン氏ははつきり社會主義と區別し、ただ資本主義に大きくクサビをうちこんだものとその性格を說明している。同一賃金を除けば、勞働黨の戰前の公約は實行されたが、これ以上どうするか、その點で左右兩派の社會主義の考え方にちがいが出てくる。ベヴァン派ももちろん流血革命には反對だが、人による人の搾取階級の撤廢に向ってどう進むかという點で、單なる社會保障制度、資本主義下の最低生活の保障に滿足する側と對立している。

　サマースキル氏は日比谷で現在の英國のことを「社會主義國家」といつたが、現に大資本を代表する保守政權のもとに自由經濟への復歸が行われ、植民地解放政策は進行を止め表面の景氣回復にもかかわらず、裏面に於て勞働者の生活不安はつのり、それ故にこそ勞働黨內閣の政權回復が必要だといわれながら必ずしも總選擧の結果は樂觀を許さぬという現狀で、英國を社會主義國家とはいわれない。サマースキル氏自身も同じ演說の中で、勞働黨內閣は僅かに改革の基礎を作つたにすぎな

マサースキル夫人との懇談會から

編集部

去る九月二日來日したイギリス勞働黨代表の一人エディス・キマースキル夫人（前國民保健相・醫博）と日本婦人との懇談會は四日午後三時半から、虎ノ門の共濟會館で行われた。この日集つたのは左右兩派社會黨婦人議員をはじめ、勞組、婦人團體の代表、官廳職員、家庭婦人など約五百名に及ぶ盛會で、年令もまたさまざまであつた。

席上夫人は松岡洋子氏の通譯で大要次のような講演をした。

私は婦人に對して深い信頼をもつている。婦人は現在まで多くの貢献をしてきたが、今後はより大きな貢献をしなければならない。

今日皆さんとこうした會合を持つことのできたのは大變喜しい。日本に來てはじめてくつろげたような氣がする。日本の婦人は多くの美點を持つている、しかし全く缺點がないわけではない。そのうちでも最大の缺點は自分を過少に評價していることではないかと思う。婦人の解放は闘いとるべきもので、正しいことには勇氣をもつて立向わなければならない、つまり道德的な力をもたなければならないのである。

昨日の歡迎會（三日日比谷公會堂で行われた國民大會）に出席した婦人は極めて少數であつたが、その夜開かれたリセプションでは更に婦人の出席者は少なかつた。ところが次に催された會合では女は私一人という有樣であつた。これは一體どういうわけだろうか。日本の婦人は强盗を防ぐために晝間からカギをかけて家に引込んでいるということを聞いたが、果してそのためだろうか。今日私は皆さんから何が眞相なのかお伺いしたいと思つている。

ロンドンでは働いている人のうち五割は婦人である。國の進歩は婦人の進歩より決して早くはない。世界始まつて以來男が支配し、戰爭が續けられて來た。私たちは默つてそれを運命とあきらめ、次の戰爭のために子供を生む必要はない。大事なことは道德的な勇氣を持つことで、まず家庭から性別の差をなく

（前頁より）

いという意味のことをいつたし、共濟會館の會でも主婦の負擔の重いことを述べたから、英國がまだ理想の社會に遠いことは認めているわけである。活動的政治家にはこういう理論的不明確さもままあることだが、演說の內容が社會主義にふれず、中間層的女權論一本槍だつたことは矢が的に屆かぬ恨みを感じさせた。それでさえも自分たちに代つて男どもをやつつけてくれたと感激している女性もいくらかあつたことは、日本の男性を反省させる好材料となろう。但し英國でも社交的な集會こそは女性が多いものの、政治集會に參加する婦人はそう多いわけでなく、男子の二三割だろうか。勞働黨の第二次代表團として中共を訪問する筈の左派の花形議員、黨執行委員のひとりカースル夫人の演說をロンドンで二度ほど私は聞く機會があつたが、同じく雄辯ではあつても、サマースキル氏のそれのようにウィットの一手でおしまくるのとはちがつて眞劍すぎるほど眞劍で、とぎすまされた刀のような鋭さを感じた。

勞働黨の中にはいろいろの思想や人物が共存しているわけで、議員外にもすぐれた婦人が多い。サマースキル夫人も數多い星の一つではあるが、唯一の星ではない。私はそこに勞働黨の强みがあると感じている。

さなければならない。

昨日見學した紡績工場では八割までが女子工員であるにもかかわらず、勞働組合の幹部は男ばかりであつた。

そこで私は次のことについてお尋ねしたい

一、家庭の主婦の地位はどうなつているかまた日本の婦人が家庭以外の場所に出歩かないのは男が厭がるためか、どうか。

一、母親は男の子を女の子より優越的に考えているようであるがこれは日本の習慣か。

一、社會的に、例えば教育、職業等の面において、女はどの程度平等の機會を與えられているか。

一、持參金制度は今でもあるか。

一、人身賣買の狀態について。

一、協議離婚は贊成か否か。

一、女子工員の平均給料はどのくらいか、また組合に入っているか、どうか、勤勞婦人は快適に働いているか。

以上の質問に對して勞働組合の婦人、勞働省婦人少年局長、及び主婦側からそれぞれ回答があつた。また出席者側からも英國の社會保障狀態について種々質問があつた。

それについて夫人は左のように語られた。

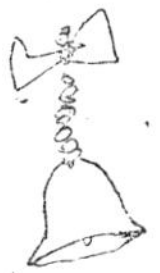

短歌

萩元《はぎもと》たけ子《こ》選

からたちの葉がくれの葉に蝶の出しぬけがらひとつ風に吹かるる
竹中時子

室貸しし人去りたればはばからず開け放ちたりひろびろとせる
中村みねを

今日よりは一人をらるる室ありて心氣まゝの夢もみるべく
賀來靜子

吾子のため生きねばならぬ命なり今宵あらしの音をききつつ
さだめなりどあきらめつつも尙悲し忍苦の果てに身は病みてをり
北田トミ子

イギリス本年度の豫算は四十億ポンドで、その內防衛費十六億ポンド、教育費、保健費、食糧補助費等が、各々四億ポンド。教育はケンブリッヂ、オクスフォード等以前は殆んど上流階級の子弟のみに限られていたものが今日では全學生の八割が國庫補助をうけて就學している。

失業者は約一％。しかも失業中は本人はもとより、家族まで補助される。男は六十五歲女は六十歲まで働くとその後は養老年金で生活を保障される。未亡人は子がある場合は補助金が出るが、五十歲以下で子供のない場合はそれがなく働かなければならない。しかし五十歲になると補助金が出、六十歲になると養老年金が貰える。そしてこれらに使う豫算はすべて働いている人々から同一額づつ納められている。

【時】【評】

吉田首相の外遊

榊《さかき》原《ばら》千《ち》代《よ》

「吉田首相は外遊するだろうか」と一人のアメリカ人から聞かれました。私は「分らない」と答えたものです。ある會議中、隣り合わせた時の私語、どういう意味で聞いたのか分りませんが、特別な關心をもつていることは否まれません。吉田首相が勝つか、國民が敗けるかと。衆議院の外務委員會は吉田首相に幾度か出席を求めて外遊目的についての說明を要求しています。それにも關わらず首相は公務多忙という口實の下に應じないので、十七日の外務委員會は遂に委員長不信任案が上程されて可決、つづいて吉田首相外遊中止勸告案が上程され可決されてしまいました。自由黨ではしかしその決議の無効を議長に申し入れ、議長は種々檢討の上同決議の無効を裁定したということです。自由黨の外務委員長が逃げまわつていて約束の時間になつても現われないので、止むを得ず衆議院規則三十八條に從つて委員長事故ありとみなして、野黨理事が代行して委員會を開いたので、委員長をぬきにしたから無効だというのらしい。

吉田首相はまた衆議院決算委員會の國政調査の證人喚問に承諾を與えておきながら、あとは口實をつけて十五日にも出席しない、十八日にも出頭を拒否したので、同委員會は首相外遊中止要求決議、並びに委員會聲明發表の決定をし、國會對策委員會は早急に首相告發の手續きをとるべきだという意向で進んでいます。一億圓からの金が政黨に流れたという佐藤檢事總長の證言に基づいて、造船疑獄の眞相を糾明しようとする衆議院、參議院の法務委員會や、外遊目的を說明せよという參議院の議會運營委員會の出席要求にも應じない樣子です。

フランスのマンデス・フランス首相はインドシナ休戰を公約して政權をとつた時、「政府の希うこと、考えること、すること凡てを私は國民に分つていて貰いたいから、出來るだけ何でも話す」といつて例の爐邊談話を行つている。それは國民の理解と支持と協力を求めることであり、また同時に國民の希いや要求を實現しようと努力することであります。インドシナ休戰の約束の時間が迫つた時、確信にみちた態度で「これでフランスの青年たちも希望がもてるようになるだろう」といつた樣子など私たちの胸にこたえます。

吉田首相は國民に何にも語ろうとしません。汚職に始まり亂鬪に終つた第十九國會に於ても外遊について說明しようとせず、財界人や各國、外交使節など招待して送別の宴などはりながら、國會では「その豫定であつてまだきまつていない」などと答辯しています。「吉田さんは何のために外國へ行くのでしよう？」その當時會う人毎挨拶のように首をかしげたものですが、この頃の私達の心にも失業者は巷にみち、自殺、殺人は毎日五件も六件もあるというこのような國家多端の秋に、一國の總理が二ヵ月近くも國を留守にして外國へ行かなければならない理由は何だろうと合點がいかない感じです。解散もしない、臨時國會も開かないし、亂鬪國會のあと始末が出來ていないではありませんか。あの混亂の樣子から會期延張決議の有効か無効かについても多くの國民は疑いの思いをもつて決して納得していないと思います。殊に左派社會黨は勿論、勞農黨、無所屬、綠風會の中の幾人かの議員たちは延長國會の無効を主張して出席を拒否している、そのような變則議會の中で與黨的議員ばかりで反對討論もなく、警察法など重要法案がどんどん通つたのです。まるで國民とはかけ離れた場所で、國民とは關係なくことが運ばれたようなたよりなさで早く臨時國會でも開かれて結末をつけて貰わなければならないような氣もちだつたと思います。それだのに選擧の肅正案がまた出來ないからという口實で、政府は今だに臨時國會を開こうとしません。これは政府が惡いのでしょうか、主權者である國民に氣魄がかけているのでしょうか。

衆議院の決算委員會はついに吉田首相を喚問することになりました。「とに角總理大臣だつて國民の總理大臣なんだから、殊更泥だらけにして外國へやるこたないでしょう」と國會の議長というよりも、與黨的議長のように自由黨のために盡す堤議長も、ついに世論の壓力の前に首相喚問をにぎりつぶすことは出來なかつたのです。なけなしの財布から、時には泣きたい位の思いで納める私たちの税金が心なく使われて、景氣よく支配階級の人たちに藝者を總上げさせたり、造船會社や船會社の資本家達の腹を肥したり、政治家や高級官吏の豪奢な生活を保障したりするのでは、いくらお人よしの主權者でも默つてはいられないではありませんか。檢察廳の捜査が進んで、ついに自由黨幹事長だつた佐藤榮作氏にまで疑が及び逮捕されようとして時、政府が指揮權を發動して檢察廳の活動を封じてしまつたことは、どんなに深い疑惑を國民の心に印象したでしょう。

佐藤檢事總長は十八日の參議院法務委員會で、「法相も佐藤榮作氏の逮捕を豫定していた筈で、よもや、法相からあのような指示をうけようとは夢想だにしなかつた。また國會も許諾しないようなことはなかろうと考えていた」と證言しています。全く突如として指揮權が發動されたことや、決算委員會の喚問に對して與黨や政府が必死になつて阻止しようと試みたこと、また「總理大臣を殊更泥だらけにして外國へやるこたないでしょう」という堤議長の言葉や吉田首相が口實を設けて決算委員會に出頭することを外遊後にのばそうとしているのをみていると、やはり噂のように疑獄は吉田首相にまで及ぶのかも知れないなど思います。

何故吉田首相は進んで所信を陳べようとしないのか、指揮權發動によつてその獨裁的横暴に齒が立たず、一時は鳴りをひそめたかに見えた國民の聲がまた燃え上つたのも、尨大な國費と人力をつかつて捜査した疑獄の眞相をどうしても明かにして貰いたい國民の强い希いのためです。

毎日の大森特派員は安藤國務相のビキニ賠償が國務省の記者室で話題となつた時「安藤にリベートしたらまけてくれぬか」と皮肉つた。彼の非禮を怒る前に日本政府の腐敗がここまで彼らに徹底している事實にリツ然とした、と報じています。

それにしても「天皇ハ國ノ元首ニシテ統治權ヲ總攬シ」という舊憲法時代にあつては、親任官である總理大臣をこのような一般國民の代表の前に證人として呼び出し得たでしょうか、殊に公務員の枠の中に小さく萎縮して無氣力、低調な證言しかなし得ない官僚に比べて國民の代表の委員長や野黨の委員たちが、いかに堂々としていたか、主權者としての誇りを私達も少しは味い得たかと思います。

外遊を眼の前にひかえて公務多端ということはうなづけます。しかし首相としての公務の中で何が一番重いでしょう。首相主催の宴會で私的か公的かわからない挨拶をしたり、外人へ暫くのお別れの挨拶したりするヒマに、正當に選擧された國民の代表者の前で國民に代つて聞きただそうとするその質問に納得いくまで答辯したり、外遊目的について十分說明して國民の理解と一致した支持とを受けようと努力することこそ重大ではないのでしょうか。

外遊費用についても緒方副總理は外務委員會での質問に答えて「二千萬圓か三千萬圓でしよう」といつています。何というづさんさ、一千萬圓という開きは國民個人にとつては容易ならない額です。決して多いの少いのミミッチイことをいうわけではないのですが、何事もハッキリしたことを知らされないで、「いや、そんな額ではないそうだ」などとお互いに話し合わなければならないことが淋しいと思います。學者たちが吉田首相に外貨を使われて留學の順番が廻つてこなくなつたり、或は費用をへらされて外地で書物も買えなくなるのではないかと恐慌を來しています。

野黨四派は「吉田首相の外遊については何ら責任を負わない」と共同聲明を出しています。それぞれ意味は違うかも知れませんが、多くの國民も首相の外遊について責任を負いたくない氣もちではないでしようか。

武者小路實篤氏は「吉田首相を送る言葉」の中でこんなことをいつています。「吉田さんの國內の評判はますますよくない。僕の友人の吉田さんびいきだつた人まで、愛想をつかしたといつている。しかし僕は吉田さんをまだ人間として信用している。國家のため最後の御奉公をしたい氣で重くみている人とは思えない。國家より自分を重くみている人とは思えない。」

……

はなくなつていないと思つている。それは天皇に對する御奉公で、國民に對する御奉公でないというのが事實かと思うが、このさい、吉田さんにとつて天皇卽國民という考え方はあり得ることを認める。ただしその國民が、實際の國民と少しちがつたものであることは考えられる」と。

つまり吉田さんはやはり過去の人なのであります。臣茂という言葉が現わしているように、主權在國民の今日の世の中の人ではないので、吉田さんの中に生きている國民は今日の實在する國民ではなく、新憲法以前の治められた國民であり、ですから「知らしめず、倚らしむべし」という考え方で、次から次と反動律法を制定しても主權者である國民の前にオドオドもせず、英雄のように平然としていられるのです。國民をなめている、國會を輕視している、と怒る國民が一寸相撲にならないすもうをとつているようなものではないでしようか。

今の世の中にいて過去に生きている人、從つて今の世の中を眞實には見ていない、また見る力のない吉田さんが、國のためになることだと思つてしていることが、果して國のためになるか、萬骨枯れて一將功成るような政治を行つて不思議でなく、それが世界政策に憂き身をやつしているアメリカに利用されないかと心配です。

インドシナ休戰、ブラッセル會議の失敗から世界の狀勢はまた變りつつあります。というのはEDCが破産してから、アメリカの歐州政策は一大轉換點に立たされています。西歐內部ではドイツの再軍備問題が正面に出てきて、政治勢力の交替が起つてきて、西獨のアデナウアが落ちめになり、イニシアチブは次第にフランスのマンデス・フランスに移つてきていると人々はみています。ドイツの民衆は再軍備よりも「東西ドイツの統一」という悲願に息を殺しています。どういう名目にしろ生木をさくような分割統治はまつぴらだし、分割したままの再軍備はドイツの統一をいよいよ困難にし、朝鮮の二の舞を演じないとはいえない、と極度に恐れています。そうして中立と引かえに統一を得ることは御免だというアデナウア1首相の考え方や、武力によつて裏づけされた外交だけでやつて行こうとする米國の考えに警戒の眼をむけています。EDCが失敗したすぐあと歐州の一部ではこう批評しています——米國がワシントン製の共産主義の脅威を歐州に押しつけようとしたこと、しかもその代辯者としてアデナウアー首相を選んだこと、これがEDC失敗の原因である——と。ドイツ問題をめぐつて米國の再軍備政策、ソ連の全歐州安全保障條約案と二つの世界の力が張りあつており、その間を英國の獨自の動きが東西のバランス・シートを變えているというような世界の現狀ですけれども、ジュネーヴ會議以後の大勢は動かし難いものがあり、曲折はあつてもドイツ問題も會議外交によつてだんだんに解決に向うのではないかという印象が强まつています。

九月八日調印された東南アジア防衞條約にしても米國の後退は目立ち、英佛の主張に押されてアジア國民の自決原則や經濟協力をかかげています。しかしコロンボ諸國などアジアの主要國は力を背景とする軍事同盟に間違いないと警戒して參加せず、インドのネール首相は「國連憲章は植民地解放その他歷史の必然的な流れをある程度代表している筈なのに、SEATOはその精神に逆行し、侵略阻止の名の下に植民地主義の存續をはかり、アジア人の望む〝平和的〟形成を防害している。また東南アジアの大部分の國が不參加を表明し、他の遠い地域の國が加つていることは、國連憲章で認められた平和維持のための地域組織という規定に反する」と、國連總會に提議するといつています。

このような世界の狀勢の中で吉田首相は何のため外遊しようとしているのでしよう。

この頃防衞廳、自衞隊首腦者のワシントン訪問がひんぱんとなり、統帥權、共同作戰の諸問題をめぐつて日米間の見解の調整に迫られてきているといわれます。遠からず日米防衞合同會議が開かれるでしようが、アメリカの軍事專門家はまづはじめに憲法を改正して正式の防衞軍とし、軍事協定を結ぼうとしているようです。そうしてアイゼンハウアー大統領とダレスは吉田首相の訪米を非常に心待ちしていて、大歡迎するといつています。

吉田首相は、高價なしょ**うこう**の錦や西陣などのお土產に加えて、もつとアメリカ人が喜ぶであろう、しかしそれはまた日本人の言論や思想の自由を壓殺してしまう前提ともみられる反民主々義活動對策協議會の設立や、中央調査社の發足というお土產を持つていこうとして、十五日の閣議で早急にきめてしまいました。防衞力增强を裏づけするお土產です。防衞力增强については防衞五カ年計畫第八次B案（陸軍十八萬、海軍十五萬五千トン、空軍千五百機、總人員二十六萬餘）に幾分の修正を加え、第九次案をたづさえていくものと見られています。池田・ロバートソン會談で示された米國側の意向からすれば、この程度で果して滿足するか、吉田首相は極力日本の經濟力を說明し、追々に軍備を增强しますと力說するでしようが、ウッカリするとアメリカから「もつと援助するからもつと軍備を充實しなさい」といわれて、憲法改正の約束までさせられる危險はないか。ヒモつきの援助でも强引におねだりするのではないか。外遊目的が不明確であればある程國民は心配なわけです。そしてあちらからのお土產については國民が喜びそうな面だけ披露し、宣傳し、都合の悪いところは默つて知らぬ顏してかくしていて、旣成事實となつて二進も三進も出來なくしてしまうのではないか。

武者小路實篤氏は首相を送る言葉の中で「それにしても日本の首相が、外遊するのを國民が一致して歡送する氣になれないのは殘念なことであり、日本の不幸ともいえる。皆で喜んで送れたらと思うのである」といつてるが、これは國民の誰もが同感だと思います。

—イギリス旅行記—

犬と人間

山《やま》川《かわ》菊《きく》榮《え》

日本では一月ごろ咲く黄いろい大輪のシナ水仙が、家々の軒下や窓ワクにそうてはめこまれたクリームや緑色の細長い箱の中に美しく咲きほこり、淡く芽を吹きだした街路樹の中に桃かと見まごうアルモンドの花が散りかけて、ようやく四月にはいろうとする時、ロンドンはこの冬から始めての大吹雪におそわれました。この雪になる前、二、三日は恐ろしく冷えこみましたが、その中で相變らず、犬と一緒に散歩する人の姿をよく見うけました。イギリス人はスコットランドのお國風か何にでも實によく格子縞をつかいますが、ワン公のおしきせにも格子縞が多く、アゴの四角いスコッチ・テリヤ、黒いしし鼻のさきにふといシワを一杯よせたブルテリヤ、その他さまざまのお犬さまが格子縞の洋服をスマートに着こなし、ついでに山高帽にステッキでももたせてみたくなるような紳士ぶりです。もつとも毛の深いのや、大型の犬は寒くないのか、きものなしですが、毛の短い小型の犬は肩の邊からしつぽに近いところまで氣のきいた格子縞の服を着てとくいそうに歩いています。無地のもありますが、赤地に黒い縞や、いろいろの色あい、あらいの、こまかいの、格子縞が多いようです。誰も犬を追つたり、いじめたりする者はないので、安心しきつた風で、ご主人をお供につれて、又はひとりでゆうゆうご散歩です。但し公園では犬を放すと罰金をとるという立札をみました。

のんびりしているのはほかの動物も同じことで、自動車がとぶように走る忙しい大都市のまん中に、足にもじやもじや毛のはえたのや毛のないのや、日本では動物園でしか見られない小馬やロバが、牛乳の車をひいて、五百年も昔の田舎町を歩いた通りののんきそうな恰好で歩いていますが、それらも決して人を恐れず、道ゆく子供や誰の手からでもニンジンやキャベツをもらつてたべますし、そういう動物を見てこわがる子供もいません。子供の方でも、初對面でもまるで自分の家で飼いならした家畜のように友達づきあいをしている感じです。

いつぞやロンドンの目ぬきの通りで横斷歩道の手前にとまつた美しい自家用車の窓ガラスの奥に、パイプをくわえさせたらチャーチル氏以上に首相の貫祿たつぷりといいたいシェパードが、座席をひとり占めにし、運轉臺にはイーデン外相そつくりの上品な老紳士がハンドルをにぎつていました。たぶんご主人でしょう。

犬さんもバスや地下鐵にも一人前の顏をして乗つていますが、料金は子供なみに半額。タバコを吸う人と同様、バスは二階でなければのれません。きちんと座席に坐り、二階の窓からすましこんでロンドンの町々をながめているワン公の横顔のなまいきなことといつたら。でもちやんとお金を拂つているのですから文句はいえません。

バスでも地下鐵でも日本とちがつてこみあわず、バスは座席のふさがるのが滿員なのでラッシュアワーに二、三人は車掌の考えで立つのを許してもそれ以上はのせません。ステップに足をかける人があつても車掌が手をふればすぐおります。犬も人間もしつけがよくすぐ何をッとか、バカヤロウとかいうことなしに物事が萬事おだやかにすむようなしきたりが守られているので、車掌さんもどんなに仕事がらくかと思います。道路はよし、車はよし、ゆれることも少く、座席はゆつたりとしてかけ心地がよい。車内にかかげてある車掌募集の廣告を見たら賃金は手當とも一週間七ポンド（七千圓）でした。これでは腹もたたないわけです。

日本では電車やバスにのるが早いか、窓ぎわを占領して外を見なければ承知しない子が多く、子供の泥靴に平氣でいたり、氣をもんだりするお母さんもよく見かけるものですが英國では一度もそういう風景を見たことがなく、のりものの中ではいつもチャンと正面をむいて腰をかけている、犬に劣らず行儀のいい子ばかりでした。子供といえばよちよち歩きの子供は、胴まわりに革の環をまわし、それに一メートルほどの革紐がついたタズナを親がもつて歩きます。これも手をひかれるよりらくでしょうが、赤ちやんを、赤ちやん用のフタのない淺いカバンに寢せたままぶらさげてゆくお父さんもあり、これもだいたりおぶつたりするよりよさそうにみえました。乳母車は横たて共に日本の二倍はあり、ゆつくり横になれる赤ちやんはしあわせです。

バーミンガムのホテルのリフト（エレヴェーター）の中でまつしろな絹のような毛につつまれたサモイド孃ご同伴の紳士と一緒になりました。三階か四階かでそのふたりづれはおりましたが、どうもホテルに同居しているらしく、いつたい英國の犬はほえたりさわいだりせず、ホテルの中も、何百人の人がとまり合せていても、人つ子ひとりいない山の中のように靜かなので、この犬と紳士のふたりづれがどの室にとまつているのか分らずじまいでした。

その後ノッティンガムでもホテルの食堂からまつしろな白髮のおばあさんが、それとお揃いのようにまつしろな毛のふさふさしたサモイドとふたりづれで出てくるのを見かけましたから、これも一緒に仲よく食事をすませたものでしょう。ホテルではとまる手續きをすませたお客にすぐ注意書を渡す例ですが、或ホテルの注意書の中には、

「犬をおつれになることはどうぞご遠慮下さい。この注意をお守りにならぬ際、犬のために生じた一切の損害をご賠償なさることをお承知おき下さい」

という箇條もありました。シェークスピアの誕生地ストラットフォード・アポン・アヴォンといえば英國にゆく限り、世界中のおのぼりさんがおまいりする靈場の一つですがこの市長さんときたら――一體に市長さんはどこでもそういう傾向がありますが――觀光地のご主人らしい、實にあいそのいい商賣人の感じでした。その町のシェークスピア・ホテルというホテルの客室には、番號の代りに「ロミオとジュリエット」、「テムペスト」、「マクベス」などと沙翁の作品の名をつけてありましたが、その食堂の入口にも「犬さんはご遠慮下さい」という札がかかつていました。ランカシャーのボールトン市の圖書館の入口でも同じような注意書を見かけたところを見ると、英國の犬は人なみに着物を着、バスや地下鐵にのり、ホテルに泊り、その食堂

で食事をするばかりか、ご主人と一緒に圖書館へ本まで讀みにいくと見えます。

道ばたでいろいろの種類の犬にあうことは私のロンドンずまいの樂しみの一つでした。日本では犬の本でしか見たことのないような珍しい犬、美しい犬が、或はご主人に革紐をもたせてお供をさせ、或はひとりでのんびりとご散歩です。狂犬病根だやしの國の氣らくさでもあります。あの角刈みたいな顏をしたスコッチテリヤなども、お里だけによく見かけました。

「あんなすばらしい犬、とられやしないかしら」

と氣になるほど堂々たる名犬もひとり歩きをやつています。警察の前を通りかかつた時掲示板に懸賞つきたずね犬の廣告を二つ三つ見かけたこともあるので、そういう心配はないでもないらしいのです。これも早く根だやしにしたいものですが。

ある日のこと、町の食堂で簡單なお晝をすませて出ようとする所へ犬さんご同伴の老紳士がはいつてきました。その犬が何とまあ三十年近くも昔、震災のあとで暫く私たち一家が神戸の垂水海岸に住んでいた頃、拾つてきて育てたポチにそつくりではありませんか。うす茶色の細い長い毛に包まれた小さなからだそのたれさがつた毛の奥からわずかにのぞくショボンョボした目、おばあさんじみた顏つき。死んだあとまで、いつも思い出話がつきず、あれは一體何種であつたろうと一家の問題になつている、あのポチに生きうつしの犬です。何度かためらつたあげく、私は思いきつて紳士のそばへいきました。

「先禮ですが、その犬の種類をおきかせ下さいませんか」

「さあ何種でしようか。私にも分りませんな」

紳士は見知らぬ外國人のぶしつけな問にいやな顏もせず、にこにこして答えました。

「エヤデールの一種ではないでしようか」

「ちがいます。エアデールもいくらかまじつてはいるでしようが」

日本での噂では、英國人ときたら恐ろしく氣位の高い貴族主義で、だから犬でも氏素性のわからないような雜種は飼わない。從つて英國には、たとえていえば淸和天皇何代のコウインとかいつたような、源家の嫡流みたいに由緒正しい犬しかいないのだということでしたが、あのランカシャーのジョンの飼つていたパディでも、この紳士の愛犬でも、そうもつたいぶつた名門の出ではないらしい。英國人でも平民なら平民らしく、血筋家柄よりも犬そのものをかわいがる點で、日本の平民と變りはないとみていいでしよう。

けれども何といつてもえたいの知れぬボロ犬は少く、ましてやせおとろえたこじき犬、赤はげの病氣犬などは全く見られません。もつとも日本では人間でさえそういうのがすてておかれるのですが。英國では何かというと動物愛護會の婦人たちが默つていない。が犬をかわいがるのも度を越して、不自然な遊戲に陷るのは感心できません。

歸りにフランスへ寄るため、その大使館にたのんだ書類ができるまでの二時間を、そのすぐそばのハイド・パークで待つことにしました。色とりどり大輪のみごとなテュリーップの畑を一とまわりして、芝生のイスで休みながら新聞を讀んでいると、ひつそりした晝間の公園にふと人の足音。見ると三十餘りかと思う、ユティリティつまり安物の既成品とは一と目で見わけのつく氣のきいた衣裳の婦人が、ふつたり、やんだりでぬれた芝生の上にしやがんで、黑いのや白いのや、おもちやのようなものを二つ三つおろしたかと思うとそれがチョロチョロところげるように喜んで走りまわる。動作を見れば犬らしいが、それにしてはあんまり小さい。何だろうとそばへいつて見るとたしかに犬にちがいないが、まるでヒナ型です。どれも片手の上にのるほど小く、それぞれ違つた種類で小さいなりに仔犬ではなく、ちやんとでき上つたおとな犬の恰好をしています。中の一匹などはグレイ・ハウンドのようにすらりとしてきやしやなことしかも大きさときたらその十分の一もない。何をたべて生きてるのか、よくまあこんなにやせて生きてると思うほどいたいたしい。飼う手間も大變だろうと思いながら驚きもし、感心もしている私の方を方を見て、飼主の婦人は得意そうな微笑をなげかけます。

「いつたいこの犬はそれぞれ何という種類ですか」

　と聞くと、婦人はもつたいぶつて聲をひそめ、首を横にふつて話すわけにいかないという。大變高貴な身分の犬なのか、それとも單なるキケイなのか。名前をきくとこの方は敎えてくれました。こんなのは明らかに有閑マダムの道樂で、金にあかして珍しいものを手に入れておもちやにしているだけの話で愛犬家としては邪道におちたものと思いました。

　ある日、町を歩いていて、ふと本屋の店先で目にとまつた動物愛護會發行の「あなたとあなたの犬」というパンフレットを買つてみる。これは子供たちのために、繪入りで犬を飼う心得をやさしく書いたものでした。

「あなたが犬を飼う氣なら、ちやんとそれだけの責任を考えてお飼いなさい。でたらめに氣まぐれに飼つてはいけません。始めのうち珍しいうちだけ大さわぎをして、すぐケロリとしてうつちやつておくようでは、犬を飼う資格はありません。その位なら始めから犬を飼わないこと。」

「犬を飼うとすればまず第一に、どんな種類どの位の大きさの犬を飼うか、それから考えてかからなければならない」とそのパンフレットには繪入で、いろいろの種類の犬の姿と特徴をあげ、次に犬小屋、犬の食物についての注意、犬の生理衞生、屆け方、鑑札のことなど要領よく書いて、なお犬を飼うからには決してひとの迷惑にならないよう、人間のいい仲間になるよう、また犬にさみしい思いをさせないようにと、子供にもよくのみこめるようにゆき屆いた注意が書いてありました。英國の犬という犬がまことにおとなしく、どこの家でも人間や猫と一緒に暮しながら、少しも人に迷惑がられないのもなるほどとうなずかれました。そのパンフレトのブルドッグの項にはこう書いてありました。

「ブルドッグは英國人の代表的な性質をもつているような氣がする。かれはお人よしでめつたに腹をたてない。けれども一旦ふるいたつや、勇敢な鬪士である」

　ただ一つ、英國で私の腑におちないことは日本と反對に猫のしつぽは長く、犬のしつぽは日本の猫みたいに殆んどないも同然にしてあることです。私はこれには不賛成で、やはり犬は犬らしく、嬉しい時は長いしつぽをちぎれるほどふつてご主人にとびついたり、あいさつしたりできなければ、第一、本人が不便だろうと思いました。それを英國人にいうと向うの人はびつくりするのです。

「オイ君。この人の話じや日本では猫のしつぽが短くて、犬のしつぽが長いんだとさ、變だね、妙なこともあるもんじやないか、まるであべこべな話だ」

　たしかにあべこべです。そして日本人である私は、犬のしつぽは日本流に長くしておいてやりたいのですが、英國人が日本流をいいと思つてくれないらしいのが殘念なのです。犬さん自身にとつて、本當はどつちがいいのでしょうか。

大臣様を迎えて

松《まつ》平《だいら》すず

七月の末、大臣様がお出になるとのことで何はおいてもと、今日の會場である鎮守の森に朝早くから大勢集りました。拝殿には會長や郡部の町村長、町村會議長という主催者側のおえら方が着席され、大臣の御光來をお待ち申しているとやがて自動車が社前に止り、秘書を從えた大臣はまず敬ケンな態度で神前に禮拜し、それから主催者側のいる拜殿に上りました。マイクの前に立つた大臣は群集に挨拶し、並みいる人達は感激の涙に眼をうるませています。何分現職の大臣様から直接お言葉を頂き、自分の眼前にその人が立つておらるるのであるから有り難いに違いない。遠い所から百圓餘のバス代を拂つて朝早く出掛けてこの席に列した人もあるのです。お話はごく簡單でじき終り續いて懇談會ということで公會堂に集りました。會長、副會長、其他知名の人々が入り代り立ち代り大臣を稱讃し本日の會を慶祝しました。大臣は、

「私は皆さんを親と思つている。私を選出して下さつたのは皆さんである、皆さんは私を生んで下さつたのだ、息子の所へ行くのに何の遠慮もいらない。私は正しいことならそれがどんな小さいことでも取り上げて相談しましよう。皆様にお困りのことがあつたらなんでも伺いましよう、官邸は〇〇驛から十分位で歩いて來られます、バスもあります、どうぞ息子の所へ行くと思つて心安く來て下さい。自分は〇〇縣〇〇郡〇〇町なり村の者だがと申して下されば心よく取り次いでくれます。」

「こんど軍人恩給が僅かばかり御手元に屆くようになりました、ほんの少しで申譯ないが、今日の日本の財政では何んともなりません。日本がよくなつたら、もつともつと多くの金額をお渡しすることができるようになります、又そうしなければなりません、日本の國は日本の人で建て直さなければなりません、外國をたよつたり外國に助けられていてはいつまで經つても獨立國というわけにはまいりません、自立しなければなりません。我々一人一人がその氣になつて毎日の生活を引きしめて日本の國をよくするようにしなければなりません、自立經濟でなければならない日本をよくするのは我々である。決して他人をたよつてはならない。外國にたよるようではいけない。そして正しい生活をしなければならない。」

八月のある日伊藤よし子さん（社會黨代議士夫人）にこの話をしたら、

「そりやまるで社會黨左派のスローガンのようだわ、我が黨はとおつしやらなかつたの」政黨はなんでもよろしい、正しい政治であれば、といつたことを私は附け加えました。

純眞な地方人は時に社會黨左派の應援に寝食を忘れて活動するかと思えば、自由黨現職大臣を感激の涙で迎え、さらに議會亂鬪のニュースに憤慨し、納税の多いのを不平言いながら、日本の財政については文句を言わな

い。自分も自分の子も軍人になることはいやだが、再軍備に賛成する。どうも矛盾が多い。

昨今デフレ經濟とやらで失業者がふえて來ました。私の知人某は昨年まで町工場に働きながら大きい工場に入りたいと思つていた矢先、臨時工の募集があつたので、まじめに働けばいずれ本工になれるものと思つて大工場にはいつたところ、六月限り整理されました。また大學を出て國家の命に依り北支にいた人が昨今中共から引揚げて來ましたが、現在その人に與えられた地位はお話になりません。失業者、就職を希望してもできない人が、この有様ではふえる一方でしょう。世の中になさねばならぬ仕事は澤山あります、橋が昨年の台風十三號で落ちてもまだできません。治水も必要なら、道路も改修しなければならず、電源開發も必要です。だのに失業者が澤山ある。いくら働きたくても働かせてもらえない。資本主義下では利潤によつて事業が起される。從つてすぐ利益が上らなければ手をつけない。だから口で百年の計を云う人も、なさねばならぬ仕事に手をつけません。時の爲政者は自分に都合のよいように人をひつぱつて行くことが上手です。いつも、一ばん搾取される人が、一ばん搾取する人を支持します。工場を追われた人は言いたいことがあつても發言しません。それはその日の生活をおびやかされるからです。なんとか今一度使つてもらいたい、そうでないと生きて行くことができなくなる。どの工場でもよろしい、どんな條件にでも從います、と約束するようになる。でも私は希望を失いません。資本主義はだんだんうけいれられなくなり、世界は追々社會主義になりつつあることを信じます。（一九五四・八・一一）

遠來の友

丸《まる》澤《さわ》美《み》千《ち》代《よ》

思いがけない訪問であつた。七年前、彼女が東京を離れてからは、絶えず仕事に追われている私とは、誰かからその名を云われるか、何かの機會でなければ思い出すこともない程の間がらであつた。

プクプクと肥つた、やわらかな手足をした坊やを抱いた彼女は、昔のままの可愛いい笑顔で、違つているのは坊やをつれていることだけのように思えた。二人の共通の話題をみつけるのには七年の年月のへだたりがあつた。彼女は急に、自分の夫が失業していることをポツンとした調子で云つた。これを私に云うのに彼女はかなりの努力をしていたにちがいない。明るいすがたと、可愛いい坊やをみただけでは彼女がどれ程、不安と苦勞しているかを想像することができない。現在、失業保險で生活していること夫の就職口を毎日さがしていること自分も働きたいが就職口がないこと、細々と内職をしているがそれもあまりないことなどを、遠慮しいしいの調子でつづけた。

彼女だけではなく、私の周圍には、勞働婦人といわず、未亡人といわず、親子心中の手前というところまでの問題が數限りない。そして、それは個人的な解決ではどうにもならぬ問題ばかりである。

政府は、更に、これに追打ちをかけているのである。

（國鐵勞働組合婦人部長）

三池炭婦協
一周年を省みて

江《え》田《だ》シメ子《こ》

私たち炭鑛の主婦が、自分たちの幸福と經濟生活の安定を希うために、「勞働組合に協力し夫と共に闘います」とのスローガンのもとに、昨年七月二十日、三池炭婦協を結成致しましてから満一年を迎えました。この一年の間に、どのような思い出を殘していることでしようか。それはあまりにも苦しい血みどろな闘いの連續でした。會社側の猛烈な妨害、切崩し、あらゆる迫害をおしきつて、私たちは炭婦協を結成しました。

大牟田大天地で、三池炭婦協の結成早々、企業整備の問題につき、大地評を始め、各單産の組合も應援して大牟田の驛前に、勞組執行部と共に反對の座りこみをし、私たち炭婦協は、本部を始め、各支部、各分會毎に、それぞれ陣中見舞をして、その勞をねぎらつて參りました。八月七日は、その座り込みの効もなく、遂に十二項目に及ぶ首切り案と、二千七百一名の首切りが無造作に發表され、餘りにも一方的な、冷酷極まる會社の仕打に、私たち主婦の怒りはどうすることもできませんでした。また、昨年八月三十日、首切反對の總けつ起大會が開かれ、二萬の組合員、並びに、炭婦協が集結し、笹林公園は人の波で埋まり、大會終了後、本社裏にデモをかけ、疲れた足で歸宅すると、そこには冷い首切りの通告書が待つていたという、忘れようと思つても忘れられない記念すべき大會であつたのです。私たち炭婦協は、組合員と共に、疲れも忘れ、猛暑の中を、あるいはどしやぶりの雨の中を、夜となく、晝となく、食を取ることすら忘れて、最後まで闘つてきたのです。昨年十一月二十七日、私たちの試金石であつた。あの激しい闘爭も、百十三日目に組合の勝利となつて終了したのでした。首切案は撤回され、拒否者は復職でき、三池炭婦協の名聲は全國になりひびいたのです。

これにより、職場と、家庭とは、一丸となつて闘わねばならぬという氣運を作りあげたのです。

昨年十二月七日勝利の喜びが絶頂に達し、拒否者の入坑を歡迎することになり、送る人も送られる人も、ただただ感激あるのみ。拒否者の眼にも炭婦協の眼にも、熱い涙が宿つていました。まして家族の喜びはどんなだつたでしよう。こうして過し日の行動をたどり、闘爭闘爭に明け暮れながら、よくも女の力で闘つてきたと思うと、誠に感慨無量です。しかし、闘爭に對する心構えと自信は、身について來、どんな困難な闘いにも皆が團結すれば必ず勝てることを長い間の闘いから身を以つて體驗した思いです。もう私たちは何ものにも恐れない度胸ができ、闘爭の間には平和の運動にも心を向けております。また過去一年間を通じて、私たちの成果を収めたと思うことを二、三申し述べてみたいと思います。

一、私たちの主たる目標である經濟的地位の向上は、勞働組合を理解することによつて、その目的が達成されることを知り、階級意識に目ざめたこと。

二、會員一人一人が如何に組織活動が必要であり、團結の力が勝利をもたらすものであるかを確信したこと。

三、組合、會社、社會に炭婦協の組織を認めさせ、政治への關心をたかめたこと。

以上の成果により、具体的には、企業整備、賃金闘爭に對しては全面的な協力を惜しまず、台所から悲鳴をあげることなく最後まで闘い續けることができ、社宅でも直接に、また組合を通じて積極的な衣食住の改善と、合理化につとめ、社會的には全國の民主的婦人團体と連携して、平和を愛する運動をしたこと、などがあげられます。

三池炭婦協は結成一周年を迎え、七月二十日好天氣に惠まれて、記念祝賀大會を、大牟田市民館の大ホールで盛大に行いました。正面に掲げた三池炭婦協結成一周年記念式の額は、會旗と共に祝意を象徴している。過去の嵐の中を、敢然と闘つた思い出をこめた會衆も早朝より押しかけて、何れも明るい顔。定刻前には、はやくも四千人を突破し、立すいの餘地もない盛況ぶりでした。司會者の挨拶が終り、三池炭婦協、五島會長の挨拶に引き續き、三池勞組、宮川組合長ほか、各地各人のメッセージが贈られ、今日の佳き日に拍車をかけられ、主客共に、祝賀氣分を盛り上げたのです。ついで待望の演藝會、四十三種目のプログラムの中から、點々拾つて御招介申あげますと、まず第一番目の仕舞で緊張を與え、思い出の劇は、一一三日の闘爭を回想せしめ、三番そうの妙技は一段とさえ、おてもやんでは爆笑の連發というように、その一藝、一能の特徴は素人離れ、音頭や流行歌の振付けも見事な手さばきで、實にすばらしい演出ぶりでした。最後に、「腕をかえせ」の劇は闘爭の思い出を餘すところなく發揮し、當事の實況そのままの感が起り、會衆の胸をつくものがありました。こうした明朗な樂しい一日を過し、三池炭婦協七千名の會員はみな笑顔、笑顔。これからの毎日の暮しに、この笑いを忘れず勵むことをちかいながらたのしい演劇の幕を閉じたわけです。

最後に、私たち三池炭婦協は、國民の反對を押のけ、憲法をふみにじつて再軍備を進めている、吉田政府に對し、母として、妻として、女性として、命をかけても闘う決意をもつております。アメリカのいうままになつている政府があるかぎり、私達の不安はきえることがないのです。にくんでもあまりあるこの國民の敵、平和の敵に對し、日本社會黨婦人部の皆さまがたの懸命なる努力をお願いします。

（三池炭婦協宮浦支部）

筆者紹介

杉眞子氏 明治四五年東京生れ。昭和九年東京女子大英文科卒。現在 公務員。

松平すず氏 明治二四年愛知縣生れ。中京裁縫女學校中退。前愛知縣立岩津高等學校講師。專攻家庭科食物。現在農業に從事

芹澤よし子氏 武藏大學教授經濟學者芹澤彪衛氏夫人。明治三十七年靜岡縣生れ。三島市北高等女學校卒。

前川とみえ氏 香川縣縣會議員

二人の退職者

中《なか》大《おお》路《じ》まき子《こ》

先日、私の職場で婦人の退職者が二人出ました。

その一人、Aさんは私たちの職場の看護婦でしたが、二年前、ちよつとした不注意から會社の歸途オートバイにはねとばされて大たい部骨折の重傷を負いました。幾回か手術をして、どうにかびつこをひきながら歩けるようになつたのですが、最近レントゲンで診てもらつたらまだ悪いので何度目かの手術を受けるため、又日赤へ入院しました。私の會社では業務外の傷病の場合は二年間休んで、なお就業の見込がなければ退職する規程になつているのでAさんは病院のベットの上で退職の通知を受け取る身となつたのです。交通事故を起した相手から取つた幾らかの損害賠償と健康保険から出る僅かのお金では彼女が働けるようになるまで安心して生活することはできません。

Aさんは兩親はすでに亡く、弟妹たちはそれぞれ家庭を持つているのですが、みな自分たちの生活が精一ぱいで、姉の面倒を見るとなるとお互に顔を見合わせている樣子です。

もう一人のBさんは終戰後から私たちの工場で働いていたのですが今度五十五歳の停年で退職になりました。この人はずつと獨りで身内も少いらしいのです。AさんもBさんも勤續年數は六年くらいで、その退職金は一萬圓餘り（二萬圓に足りない）の金額でした。六年という勤續年數は女子の勤續年數の平均から見て短いという程ではないと思います。殊にBさんは臨時工であつた期間があるので實際には十年近く働いていたわけです。

「それつぽつち？　少いわ！」という聲が方々で起りました。

私のところの賃金ベースは二萬圓を越えているのですが、基本給の平均は四千五百圓くらいです。〇〇手當、××能率給、といつたものが澤山ついている複雜な給與體系です。その中で基本給を非常に低くおさえていますから、基本給を基礎に計算する退職金はいきおい少額になるのです。

「ベースアップもいいけれど、うちみたいな場合は給與體系を變える要求をしなければだめね」

「休職期間の二年をもう少し延長してほしいわ、勞働協約を結ぶ時にもつと組合が頑張らなければね」晝休みには職場の隅でこんな話しが交わされています。

また私の會社は、この頃あちらこちらへ投資をして傍系會社を方々につくりました。そして課長級の人たちが次々とその會社の重役になるので、それらの人々には停年退職という心配はないのですが、一般の人は五十五歳近くなると暗い顔になるのです。何か特殊な技術を持つていれば停年後も臨時傭員として工場に殘ります。或は今までよりずつと低い賃金で會社の下請工場に職を紹介して貰うのです。しかしそれにもありつけない人は氣の毒です。とくに女子の場合は停年退職という例が少いだけにふだん餘り問題にならないのですが、たまにそうした人があつた場合、そしてその人が生活を支える立場の人である場合にはBさんのようにみじめなことになります。

私たちはAさんを病床に慰め、二人の退職に當つて、全組合員がカンパをして贈りました。それは美しいことであり、有難いことかもしれませんが、個人々々の同情や親切には限りがあります。ですから勞働組合として退職金の問題を根本的に取り上げ、更に日本の今の政治がどういうものかを考えなければならないと思います。

私は退職金制度そのものがよいものとは考えません。日本の社會保障制度の未發達と、遅れた勞資關係の上に殘されている制度だと思います。しかし今の段階ではやはり基本給の擴大とからみ合わせて退職金の增額を要求すべきだと思うのです。そうすることはやがて資本家を强要して社會保障制度の確立へと向わせるのではないでしようか。現在の厚生年金などは、どのくらい私たちの役に立つているのでしよう。二人の退職者に關して私たちは、今日の政治が働く人々にとつていかに冷いものであるか、同時に勞働組合が强くならなければ、ということをつくづく感じたのです。うちよりもつと惡い勞働條件で働く人々、勞働組合もない中小企業の人達はディフレといわれる現在どんな氣持で毎日を送つていることでしよう。

生活俳句

星《ほし》野《の》立《たつ》子《こ》選

宿題をはげみし子等と苺はむ　倉敷　島田はつえ
立ちて掃きかがみては又草むしる　東京　今井千鶴子
一人子の健やかにして柏餅　東京　平野木守
田植唄われも小聲に縫ひながら　島根　藤井佐保
啞の子を仕草で叱り耕せる　阿蘇　丹部葉末
夕涼み汽車みたき子と線路まで　ナゴヤ　室石瀬
孤兒抱いて門にみ送る保母に蝶　長崎　鍬先あさ

一◇縣◇議◇の◇報◇告

前《まえ》川《かわ》とみえ

地方の聲を、という御注文に、さて書いて見ようとするとこんな問題は日本中どこにでも散らばつているのに……といささか筆の重さを感じます。すでに表沙汰になつた汚職などを書き立てる必要もないと思いますので身邊の事など二三御報告させて頂きましよう。

――○――

抽象的ですが吉田政府を筆頭にどこの社會にも大なり小なり割り切れない問題がありましようし私の縣も御多聞にもれません。縣の條例を新しく作るとか、又二字か三字の訂正に、直接利害關係のある業者と結託して運動費をとつたとか、土木事業や、土地改良事業等も必要度よりも多數に物を言わせて自分の地盤强化に有利なように理事者に無理を言つたり、補助金のリベートを要求したりというような一般的なことはゆるし難いことながらザラにあることだろうと思います。それから×××協力會というような外廓團體がよくありますが、これが合法的な闇取引の温床で、つつくと何がとび出すかわからない程問題をはらんでいる場合が多い。でもその道の人達には必要なので臭い物に蓋という意味とはちがつた急には改めることの出來ないガンとなつております。勿論私などはこんなあいまいな機構には不信を抱いていますけれども――

――○――

話があとになりましたが、さぬきの國香川縣は隱岐の島と共に遠島の代名詞、餘程田舍だと思つていられる方も少くないかも知れませんが汽車、電車、バスもよく發達した四國の玄關、美しい景色を誇ると同時に山のてつぺんまで耕作された日本一狹い、東京大阪に次ぐ人口密度を持つ貧乏縣です。議員定數は四四人、議長中心の保守系三三、革新八、中立三という偏つた構成で、婦人議員は私一人。でも年のせいか女だからといつてひけ目を感じたことも、輕蔑されたこともなく、從つて特に强がつて肩をいからせたこともなく坦々と思つたことはズバリと發言しています。ただ感覺的に宴會を追つかけたり、ワイ談の仲間入りをあまり嬉しいと思わないのが、多くの男性議員とちがう點でしようか。

――○――

六月の縣會には原水爆の禁止とその損害補償を加害國に要求する決議案を提出して他縣にさきがけて議決し、その意見書を提出致しました。八月の縣會には例の黄變米輸入禁止決議をしたかつたのですが何分こちらは米作地なので一般配給には外米は一粒も入りません。ただ勞務加配に三三％外米がまじるのですが南米の上質物を十月末迄確保しているという好條件が表面の理由で議運が否決しましたので如何ともしようがありませんでした。

――○――

それから私としてどうもシャク然としない問題は母子對策費の財源です。他縣はどうしていられるかわかりませんが私の縣の母子福祉貸付金は、その半額の縣費負擔千三百萬圓の捻出に寶くじと縣營競輪の利益金をあてがつております。問題はこんな射倖的事業を國や縣がすること自体にありますが、この收益を母子對策費に持つて行くというのはなおさらうなづけかねます。好んで後家になる人はないでしように、何となく母子對策を恩恵的に考え、厄介者扱いにしていようでとにかく不快です。當然これらの利益金は縣收入としていれ、母子對策費は健全な一般縣費から充當すべきだと主張しても、まあまあと握り潰されてしまいます。何分未亡人會長を知事夫人が四年越しやつているというような縣で會員が積極的に動きにくいのは事實です。私一人闘つてもなかなか世論にまでもり上げるまでにはいかず、力不足のさびしさを感じています。でも競輪の特別委員會が特に收支の點に注意して一圓のむだ使いもしていないということがせめてものすくいと思つています。

─○─

來年四月には地方議員の改選があります。現在香川縣には一八人の婦人議員と七七人の地教委があります。兩方とも組織をもつていて議員の會では時々例會をもち、研究會や座談會を開いています。先ごろそのうちの七人が一緒に上京して、藤原先生の御案内で都下の厚生施設などを見せて頂き、みんな大へんよろこんで歸りました。

またこの夏、町村合併で新しい町會議員の選擧が行われました時には、婦人會推薦で二人立候補し、郡をへだてた遠方からも婦人議員が應援に行きまして街頭演説會を三十回も開きました。今まで村會の選擧になど街頭どころか、會場演説もロクにしたことがないので、新しい町制とはこんなことかとみんなあわて出し二三時間後れて男の候補者もマイクを持ち出すという騒ぎでした。村會に政策などかかげて闘つたことが無く、今度が初めてで、大いに氣勢をあげると同時に町民を啓蒙するところも少くなかつたと思います。もちろん二人とも當選致しました。これには婦人團體が自主的に選擧運動をしたのでその後婦人會活動がしやすくなり、活發にもなりました。これに氣をよくしたというわけでもありませんが地域婦人團體や農協の婦人部等とも連絡をとつて、來春は各郡市から一名の縣議、市町村からも一名以上の立候補者を出そうと相談しています。いよいよとなつたら何人立つかはわかりませんがよほどふえるのではないかと思います。

中には保守につながる人もありますし、革新を喰わず嫌いして人もありますが女性同志という廣い立場から出來るだけ巾廣く手をつないで協力して行き度いと思つています。おくれた地方はおくれたように無理のない歩みをすべきではないでしょうか。婦人議員としてというよりも婦人團體の役員としていつもそのことを考えています。孤高とならないように、かといつて徒らに大衆への追隨はできないし、いつもその間の調節に心を配つています。

─○─

今でもなお婦人の幸福、婦人の使命はあんまり世間のことを識らずに、夫に從屬して愛ぶされることだと本氣で思つている人が澤山あるのですから幹部たる者骨が折れる次第です。ほんとの男女の平等、女の幸福は今の政治機構ではダメだということを平易にやさしく話をすすめるために社會保障制度が一番ピンと來るようです。とにかく地方で直接大衆の中にいる者は中央とはまた違つた苦勞がたくさんございます。時々中央部の刺戟を期待して講演會なども計畫します。七月の初めには藤原、加藤、紅露（自由黨の西岡議員は缺席）の三人の婦人參議員を迎えて各黨の政見發表、政治研究會を開きましたが大へんな盛會でした。その後末端の婦人層が政治に對して非常に關心が高まつたこと、各黨の政策のちがいがおぼろげながらわかつたことを最後に御報告して、筆をおきましょう。

創刊一周年を祝つて

毎日御苦勞樣です。編集部の御努力により「婦人のこえ」もこのように一周年を迎える事になりました事を讀者の一人としてよろこびにたえません、「婦人のこえ」がますます發展するためにも全電通の婦對部として今後も讀者の倍加運動を續けるつもりでおります。

全電通勞働組合中央本部　關根はる子　武内シン

平和憲法を守りましょう

本誌・社友（五十音順）

淡谷のり子　阿部艶子
安部キミ子　磯野富士子
石井桃子　石垣綾子
圓地文子　大谷藤子
小川マリ　大内節子
川上喜久子　小倉麗子
桑原小枝子　神近市子
木村光江　久米愛
久保まち子　芝木好子
清水慶子　杉村春子
菅谷直子　田所英美子
田邊繁子　高田なほ子
長岡輝子　新居好子
西清子　西尾くに子
萩元たけ子　深尾須磨子
古市ふみ子　福田昌子
宮崎白蓮　三岸節子
米山ヒサ

日本労働組合総評議会傘下各労働組合婦人部
全國産業別労働組合（新産別）連合傘下各労働組合婦人部

原稿募集

◇論文・随筆・ルポルタージュ
職場でも家庭でも婦人の立場から訴えたいこと、發言したいことはたくさんあると思います。

また政治や時事問題についてご意見やご批判をお持ちの方も多いと思います。

そうした皆さまのご意見、ご批判、ご感想あるいは職場や地域のルポルタージュなどをふるつてご投稿下さい。

四百字詰原稿用紙　七枚以内

◇短歌・俳句　生活の歌を歓迎いたします。短歌にかぎりご希望の方には選者が添削してお返しいたしますから返信料を添えてお申込み願います。

送り先　「婦人のこえ」編集部

編集後記

○十月號は一周年記念として定價はいつものままで八ページふやしました。労働組合その他ご援助を頂きました向に對しあつく御禮上げます。

○近江絹糸の争議やつと解決。組合の皆さまご苦労様でした。なお今後のご健闘に期待すると共に、この種の事實を日本の事業場から、一掃するために、私たちも働きましょう。英國のニューズ・クロニクル紙は近江絹糸の社長を評して百年前の英國の社長のようだと書きました。だからこそ今の日本を百年前の英國同様、字のよめない者が多いように思うので、口で何といつてもだめ、振袖を着てみせてもだめ、事實の上で労働者や婦人の地位を高めなければ相手にされない今の世界なのです。

○來年は地方選擧です。地方政治の具體的な事實についてご報告、ご意見をおよせ下さい。

編集委員（五十音順）

河崎なつ
榊原千代
鶴田勝子
藤原道子
山川菊榮

婦人のこえ　十月號
・定價三〇圓（〒五圓）
半年分　一八〇圓（送共）
一年分　三六〇圓（送共）
昭和廿九年九月廿五日印刷
昭和廿九年十月一日發行
編集發行人　菅谷直子
東京都千代田區神田三崎町二ノ三
印刷者　堀内文治郎
東京都港區本芝三ノ二〇
（硫労連會館内）
發行所　婦人のこえ社
電話三田（45）〇三四〇番
振替口座東京貳壹壹参四番

昭和二十八年十一月二十四日第三種郵便物認可
昭和二十九年十一月一日發行（毎月一回一日發行）

婦人のこえ　（第二卷・第十號）

定價三〇圓

婦人のこえ

11月號

1954

平和憲法を守りましょう

本誌・社友

（五十音順）

淡谷のり子　阿部艶子
安部キミ子　磯野富士子
石井桃子　石垣綾子
圓地文子　大谷藤子
小川マリ　大内節子
川上喜久子　小倉麗子
桑原小枝子　神近市子
木村光江　久米愛
久保まち子　芝木好子
清水慶子　杉村春子
菅谷直子　田所芙美子
田邊繁子　高田なほ子
長岡輝子　新居好子
西清子　西尾くに子
萩元たけ子　深尾須磨子
古市ふみ子　福田昌子
宮崎白蓮　三岸節子
米山ヒサ

日本勞働組合總評議會傘下各勞働組合婦人部
全國產業別勞働組合（新產別）
連合傘下各勞働組合婦人部

原稿募集

◇**論文・隨筆・ルポルタージュ**　職場でも家庭でも婦人の立場から訴えたいこと、發言したいことはたくさんあると思います。

また政治や時事問題についてご意見やご批判をお持ちの方も多いと思います。

そうした皆さまのご意見、ご批判、ご感想あるいは職場や地域のルポルタージュなどをふるつてご投稿下さい。

四百字詰原稿用紙　七枚以内

◇**短歌・俳句**　生活の歌を歡迎いたします。短歌にかぎりご希望の方には選者が添削してお返しいたしますから返信料を添えてお申込み願います。

送り先「婦人のこえ」編集部

ニュース

家族制度復活反對連絡協議會創立

自由黨の憲法調査會をはじめ保守、反動派の人々によつて家族制度復活の叫びが高まつてきました。これに對し婦人側では婦人人權擁護同盟（代表者田邊繁子氏）が中心となり各種婦人團體、勞組婦人部が結集して左のような趣旨に基づいた「**家族制度復活反對連絡協議會**」を作つて全國的な反對運動を起すことになりました。（希望者はどなたでも入會できます。）

趣意書（案）

新憲法の制度によつて私たち女性は家庭生活において個人の尊嚴と男女の本質的平等の地位を保障されました。その結果、永年國民道德の美名の下に女性にのみ忍從と不利益を强要し、その犠牲の上に築かれて來た家族制度は全廢され、女性も人間として公私共に自由で平等の地位を獲得することができたのです。

社會の半分を占める女性が男性と平等の地位を認められることなしに健全な民主的な社會が發達する道理はありません。

それにもかかわらず、わが國が獨立すると同時に家族制度復活の必要が再び緊急の要務の如くに云われはじめました。私たち女性は自分たちで憲法で保障された權利をあくまで守るためにどんな意味の家族制度の復活に反對し、これを阻止するため今こそ互に手をつなぎすべての力を結集しなければなりません。

以上の趣旨に基づいて各方面多數の婦人團體の參加を得て昭和二十九年十一月「家族制度復活反對連絡協議會」が結成されました。

今後もこの趣旨に從つて運動を續けてゆきたいと存じますので、御贊同、御參加をお願いいたします。

連絡事務所
澁谷區千駄ヵ谷五の六八四
婦選會館内
電話（37）一六七四

なお發會式及びデモ行進を左の通りに行います。當日は婦人團體、勞組婦人部等約一千名が參加する豫定ですが一般の婦人の參加も歡迎します。

とき　**十一月十三日（土）**
ところ　**午前九時半新橋驛前廣場集合**それよりデモ行進を行う。午後一時より**永田町小學校**で發會式開催。

婦人のこえ

1954年
11月號

目次

舊家族制度復活と
―民法への關心―……木下雪江…(二)
時評・人命輕視の政治……榊原千代…(一〇)
アジアのお客様を迎えて……山川菊榮…(四)
隨筆 未亡人への挨拶……戸川エマ…(九)
平安朝における 働く婦人たち……三瓶孝子…(六)
婦人のこえ 最低の社會保障を……吉田まち子…(一四)
大工さんと住宅政策……山川菊榮…(一五)
飲み喰いに荒される地方行政……四谷信子…(一八)
軍人恩給・次の總選擧……松平すず…(二四)
療養所の悲劇……大野繁子…(二一)
詩 母の手に……古賀斗始子…(五)
いがぐり頭と下駄と……大山喜久子…(二〇)
結核豫防週間におもう……新沼靜…(二三)
短歌……萩元たけ子選…(七)
ニュース 家族制度復活反對運動……表紙ノ二
表紙・扉……小川マリ
カット……田所芙美子

旧家族制度復活と「民法への關心」

木《きの》下《した》雪《ゆき》江《え》

憲法が變り、民法が改められて、私たちの生活にもようやくほんとうの人間としての目覺めと息吹きをとり返せたと思つたのもツカの間で、あれからまだわずか七年餘、民主化の若芽も出そろつたばかり、否、まだ新民法のほんとうの意義さえ日本のすみずみまでゆきわたつたと思えないのに、早くもこの若芽をつみとつて民法を改正し、民主主義の精神とはおよそかけはなれた家族制度を復活しようとの動きがみられます。私たちの意向とは全くかかわりなく進められるこのような動きに對して、私たちはしつかりと目をみはるとともに、ほんとうの民法の精神がどこにあるかをもう一度深く考えてみたいと思います。

一體、新しい民法の主旨はどのくらい普及したのでしょうか。戰後、いくつか行われた世論調査の結果によつて、家族制度復活論者がくり返し説く扶養や相續についての一般の世論をみたいと思います。

一、扶養について

「家族制度は、家族の者達がたがいに助け合う美しい、人情味豊かな制度だ、それなのに民主主義の世の中になつたらみんなが個人主義になつて、お互に助け合うという美風がなくなるのではないか」ということは、家族制度を復活しようとする人達がまず第一にあげている點です。そして一般にもこのようなことを本氣に心配している人がかなりあるようです。昭和二十八年八月から九月にかけて、國立世論調査所が行つた「老後の生活についての世論調査」のなかに「子供が親を養う義務は法律できめられているか」ということをきいていますが、その回答をみると、そのような義務は法律できめられていないと誤解している者が非常に多く、「義務がない」と思つている一九％の者と、「はつきりは分らないがないだろう」と思つている一三％を合せると、全體の約三分の一は扶養の義務について誤つた考えを持つています。そしてこの考え方は學歷の高い者にかえつて多いのです。新民法でも扶養の義務は決してなくなつたのではなく、かえつて長男ばかりでなく、すべての子供は平等に親を養う義務があり、特別の事情があれば、家庭裁判所の審判により三親等内の親族間にもこの義務を負わせることになつていて、世界でも珍しいほど幅の廣い扶養義務を定めています。しかし、ここでもう一つ考えてみたいことは、法律で扶養の義務さえ認めれば、誰もが生活に窮乏することがなくなるかということです。今のような日本の狀態では、ほとんどの人が自分の生活を維持するのに精一ぱいなのですから、親族の扶養はとうていあてにできないのが實情です。こういう實現の困難な、あるいは不可能な親族間の扶養義務を法律が强制することの不都合は、私たちが日常いつもまわりにみていることです。例えば、生活保護法には民法の扶養は生活保護に優先すると規定してあるために、病氣で収入もなく、子供を抱えて食うや食わずの者が、何十年も生活を別にしているきようだいがいるというだけの理由で生活扶助をことわられたりしています。こういうことから考えますと、扶養の義務を云々す

扶養の義務について（%）

項目 / 學歴別	計	ある あると思うもの	ない ないと思うもの	わからない
總數	100	58	32	10
小卒	100	61	23	16
中卒	100	51	43	6
高專卒	100	48	47	5

國立世論調査所「老後の生活についての世論調査」（昭和28年8〜9月）

る前に、まず扶養を必要とする状態をなくすこと、國家による社會保障制度を確立することこそ先決問題だと言わなければならないと思います。

二、相續について

從來の相續制度では、家を維持し、存續する建前から家督相續者としての長男の地位は他のきようだいにくらべてはるかに高かつたのですが、戰後は家督相續がなくなり、財産の均分相續が定められ、家に對する考え方や長男の地位についても大きい變化がありました。けれども昭和二十七年の國立世論調査所の調査によれば、財産は長男が相續したほうがよいという者が六六%を占め、長男はたてておいた方がよいという意見も半數近く見られます。これを對象別にみますと、男女間には大差ないのですが、年令層によつてはかなりのひらきがあり、三十歳以上の者では過半數が長男はたてておいた方がよいと言つていますが、若い世代では約三分の二が否定しています。また市部にくらべて郡部の方が長男の地位を肯定する者が多いのですが、これは郡部には農家が多いためで、事實農家では長男が財産を相續した方がよいという考えが七七%を占めています。これは農村にはまだ、長子尊重の封建的な考えが濃く殘つているためと、均分相續によつて農地が細分化し、經營が苦しくなることを懸念するためで、均分相續に對する世論でも、跡取りだけ別にするとか、實際問題としてできないとか、ともかく均分をよくないと言う者が六七%に達しています。新民法に反對する人もみなこのことを引合いに出して、日本のように狹い土地では多くの子供に平等に分けたら、農業が成りたたなくなるから、新民法は日本の農村の實情に合わないというのです。このような意見を裏付けるように、農村では實際に、土地を多くのきようだいに分けることをしないで、相續放棄やその他の方法によつて一人の子供それも多くは長男に土地を相續させることが多いのです。けれども、このことによつて直ちに民法を改正して、昔通りの長子單獨相續にした方がいいといえるでしようか。長男が全農地を相續して、あとのきようだいが長男の恩惠にすがつて自己の道を探すというのと次三男が兄のために自分の權利を提供するというのでは、考え方の上になんと大きな開きがあるではありませんか。現在、農村では長男が土地をもらい、次三男は分家のとき、就學や就職のとき、娘は結婚のときなどにいろいろの形で財産を分けてもらう場合が廣く行われていますが、このことをみますと均分相續が現實に矛盾しているとは云えないでしよう。人間はすべて個人として尊ばれるという民主主義の根本原則の上に立つて、民法はこのような農村の事實上の財産分與をはつきりとした權利の關係として、その原則をうちたてていることを心に銘記して、今後の家族制度復活、民法改正の動きに注目してゆきたいと思います。

アジアのお客さまを迎えて

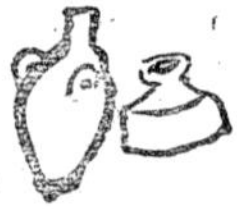

山《やま》川《かわ》菊《きく》榮《え》

　九月英國のサマースキル夫人を迎えたあとに、十月はインドのパンディット夫人、中國の李德全女史という珍客つづき。十一月はアジア社會主義大會の幹事會が東京で開かれるはずで、東南アジア諸國の婦人たちも見えることと思います。百年、二百年、三百年にもわたつて白人の植民地として忍び難い屈辱と貧困と無智の中にあえいできたアジア諸民族が解放されて、互に誰にも頭をさげず、また誰をも壓迫することなく、平等の立場で話しあう時がきたのです。

　日本はアジアにおける唯一の純然たる獨立國、先進國として期待されていましたが、誤まつた政策のため、他國を傷つけ、自國を亡ぼしました。そのあやまち、その罪をよくかえりみてみずから戒めることは、今後日本がアジアの一國として生きかえる上に重要なことです。その點で反省と注意とが足りず、ふるい軍國主義日本の氣分そつくり、そして吉田首相の發言そのまま、日本をアジアの「盟主」や「指導者」だなどと考えたりしたならば、再びアジアの憎まれ者となり、相手にされなくなることはたしかです。つい二年前、藤原道子さんがヨーロッパへの途中、ビルマに寄つた時、ちようど一年一度の抗日デーに出あつたそうです。首相みずから先頭に立つた一大デモ行進が行われ、會場正面には、日本兵がビルマ人を殘殺する血まみれの繪が張られ、その前で次々と日本帝國主義に對する熱烈な抗議の演說が續いたそうです。

　私は曾て或ビルマ婦人に「日本人はビルマとの關係をあまく見てはいけない。あなたは終戰の時、日本兵がなぜあんなに多くビルマで命を失わなければならなかつたか、知つているか」ときかれました。私は全然知らないと答えるとその婦人はこう語りました。

「ビルマは英國の植民地としてその壓迫にたえず、何とかして獨立したいともがいていました。そこへ日本から誘いの手がさしのべられ、一所に戰つて英國を追い、ビルマの獨立を助けようというのです。ビルマはその手にのりました。ところがいよいよ日本軍がはいつてきたのを見ると英國人よりずつと惡かつた。私たちはだまされたのです。

「平和なビルマ人の住宅はめちゃくちゃに荒され、あらゆる物が略奪されました。ビルマ人はココアの木を神聖な寶のように大切にしており、木は切らずに實だけ利用するのに日本人はそれを知らず、實をとるために大事な木を片はしから切つてしまつた。私の家にも十二本あつたのを二本にしてしまつた。物を奪つたばかりか、婦人をも奪つた。或日若い娘を數人の兵隊が奪つていくのを老父が何やら叫び叫び追いかけてゆくのを私は見た。兵隊はふりむくと銃をとつてその老人をうち殺してしまつた。私の兄は英語ができたので日本軍に通譯としてつれていかれたきり、今まで消息が分りません。若い兄嫁は再婚し殘された赤ん坊は七十にもなる私の父母が育てています。ビルマを侵略した日本軍は悪魔でした。

「戦争の終りに英國人とビルマ人が一所になつて日本軍と戦つたのは偶然ではありません。それを恐れた多くの日本兵は山にひそみました。そしてビルマ人が信心深い佛教徒で、僧を敬つて絶對に害を加えず托鉢の僧には必ず食物をささげることを知つて、黄色いもめんの僧衣をまとうてビルマの家を訪うた。顔つきも着ているものもビルマ人とちがわないので、心を許して戸をあけ、食物をささげると、忽ち强盗に早變りしてやにわに人を襲い、物を奪つた。この敗残兵の暴行は何年もビルマの治安を亂したものです。ビルマにいる私の母は、日本にきた私がぶじかどうか、本國の日本人もビルマにいた日本人と同じではないかと、たいへん心配しています。私は本國の日本人は、ビルマを侵略した日本人とは全くちがつて、やさしく親切だといつてやりました。しかし日本人はビルマ人をあまり甘く考えたら、友交關係はむつかしいと思わなければなりませんよ」

この若いビルマ婦人の正直な言葉はそのままアジア諸國の思いを代表しているものではないでしょうか。日本人は相手を强大とみれば自主性を失つて卑屈におちいり、弱小と見れば見下して尊大にかまえるという持前の癖を反省しましよう。

相手がどこの國のお客さまでも同じ敬意と自主性とをもつて迎え平等の國際關係を發展させることによつて世界の平和、人類の幸福のためにつくすことを學びましよう。

母の手に

古《こ》賀《が》斗《と》始《し》子《こ》

五十をいくつか越したばかりで
はやくも老《おい》のしみを持ちはじめた
あなたの二つの手

後家というい ばらを頭に卷かれ
三人の子を背に負うて
はづかしめられ
いやしめられ
時には人の恩愛に
ほおも心もぬらしながら
はがみして三十年を働きぬいてきた
このあなたの二つの手を
しつかりとあつく握りしめて

わたしは
あなたの娘であることを誇りとします

けれど　お母さん
かりそめにも
今のひと達は甘やかされて
ラクをしすぎる
とはおつしやらないでください

あなたにこそ
いち番によろこんでほしいのです
いくらかでも守られている母と子のことを
あなたにこそ
まつ先に叫んでもらいたいのです
母と子は
もつともつと守られねばならないということを
あなたのこの二つの手にかけて

平安朝における働く婦人たち

三《さん》瓶《ぺい》孝《こう》子《こ》

平安朝は藤原氏が政權を取つた時代で、大體八世紀の終り頃から一三世紀の初頃までにあたる。

前の時代の初め、大化の改新で、人民が六歳になれば田が一定面積だけ與えられるという班田收授法が實施されたことを話した。しかし、この法は支那の唐の制度を模倣したので、日本では實施が困難であつた。それに人口が年々增大するために田地が不足し、その面からも班田收授は、六年每に人口と年令とによつて改めることが出來ずに、のびのびになり、ますます有名無實になつていつた。

このために土地の開墾が奬勵された。しかし初めは開墾した土地を三代だけ私有することが許されただけであつたために、開墾は進まず、ついに、子々孫々永久に私有してよいことにきめられた。そこで權門、勢家の有力者は競うて開墾した。この外にも名田とか職田とか、官吏や親王の階位によつて與えられた土地も、いつの間にやら私有されて了つた。

このようにして私有された土地を莊園といわれた。權門、勢家は競うて土地を開墾して自分の經濟力を强めた。前の時代には班田時代であつたので奴隷を多く持つ方が經濟的强大ということであつたが、この時代には土地を多く持つ者が經濟的强力ということになつた。

藤原氏のような强大な政治權力はこうした廣大な土地、卽ち廣大な莊園を土臺としたものであつたし、平安朝の貴族文學も、こうした莊園經濟の上に咲いた花であつた。

土地の開墾というのは、卽ち農作物の生産の增大であつた。その農作物の中で最も重きをなしていたのは前時代通り稻作であつた。稻作も主として水稻だが、開墾の發達と共に農業の規模も大きくなり、大きな土地所有者の田植になると數十人の早乙女が出された。

枕草紙（淸少納言）には「いと多くの早乙女」が田植をしていることが書かれてあるしまた當時の文書《モンジョ》によると藤原道長の所有地の田植には五、六十人もの早乙女が出ており、また八條殿という貴族の所有地の田植には植女二十人とあるが、こうして多數の早乙女が田植をするほどに農業の規模も多くなつたしこうして貴族のために勞働にかり出される民衆、ここでは女性が多くあつた。一方では花に月に歌をよみ戀愛を遊戯していた貴族の女性があり、他方には田植にかり出され、勞働を奉仕させられる女性が多數存在した。これらの働く女性の田植勞働が、貴族達の榮華をささえたのであつた。

前の時代に和雇があつたことを話したが、この時代にもそうした人達があつた。今昔物語には、ある下衆《ゲス》（この時代には身分の低い者をこう呼んだ）が田植に行くとき植え人を雇いに行くという話があるが、植人とはおそらく早乙女のことであつたろうと思われる。

田植は女の仕事であつたが、稻刈の方は女子も從事したであろうが、男子の從事する者も多くなつたらしい。枕の草紙に「穗に出でたる田に、人いと多くて騒ぐ、稲刈るなりけり、是には女もまじらず」とある。穗のみのりそろつた田に多くの男達が出で、稲刈しているという意味である。萬葉集には田植稲刈すべて女子が從事した有様を讀まれていたのに比べて、平安朝の稲刈に「女もまじらず」ということはそれだけ農業が女子だけの手に負えなくなく發達したことを示しているものと云えるだろう。

收穫後の脱穀調整には女が從事した。枕の草紙に「稲といふべきもの取りいでて、若き下衆女ども汚げならぬ其邊の家の娘おんななどひきゐて、五、六人して扱《こ》かせ、見も知らぬくるべきもの二人して引かせ、歌謡はせなどするを、珍らしく笑ふに、郭公の歌詠まんなどしつる忘れぬべし」とあつて、百姓娘達が五、六人して歌をうたいながら、ひきうす（ぐるべきもの）をひき籾ずりをしているさまをスケッチしている。おそらく籾ずり歌でも歌つていたのだろう。前時代にも稲舂は女子の仕事であつたから、この時代にも籾ずりは、やはり、女子の仕事であつた。この時代にはまた稲のままで貯藏して、使用する時に籾ずりをしたので五月に籾ずりをしたりするのであつた。

稲を穗から脱穀するにはコキ箸というのが用いられたが、これは二本にさけた箸のようなもので穗から稲の粒を扱《こ》く道具であつてこれを「後家たおし」と後世呼ばれていたほどであるから、この脱穀作業は恐らく年長の婦人の仕事であつたろうと想像される。

時間がかかり、根氣のいる作業のせいではないだろうか。今日、脱穀機で稲束から脱穀するあの作業をコキ箸で一穗一穗づつ扱くこ

短歌

萩《はぎ》元《もと》たけ子《こ》選

岩田廣枝

釣りてゐる鮎もとめ來て焼きて出す河邊の家は吹き通しなり

奥谷泰子

戰争に父母を死なせし子の叫び紙芝居見る瞳よ亂るるなかれ

入道雲を子に教へ居る白光に死の微粒子を含みてはゐまじ

伊藤清子

円念に米粒選ぶ配給米信賴出來ぬ主婦のひとりにて

關ふさ子

一圓札円念に數へて年老いし乞食は店にて煙草購ひ行く

とは相當骨の折れる作業であつたろう。

　この時代に精白して食べるようになつた。精白するには臼で米をついたが、それも女子の仕事であつた。富裕な家では數人の女子が雇われて、いくつもの臼をそろえて稲つき(この場合は精白のこと)がなされたことがこの時代の文書にもみえている。德川時代から明治にかけて、「越後の米つき」といつて新潟縣から多期に男子が米つきに出稼いたが、平安朝ころは米つきは女子の仕事であつた。臼も杵もまだ元の餅つきのようなものであつた。

　この時代には織物も發達し、特に絹は高價なものとして、貨幣の役割もしたので、養蠶、絲取りは婦人の仕事としても有利となつた。今昔物語には參河國(今の愛知縣)の國司(その地方を治める役人)が妻二人に養蠶をさせて糸を多く儲けた話がある。この時代には關東から四國、九州、更に東北まで絹織が發達し、中央には調、庸(朝廷に納めるもの)として絹織物が納められたから、養蠶、絹織は婦人の仕事として廣められた。機織には自分の家の者が織るだけでなく、裕福な家では貧しい百姓女を機織女として雇つた話も今昔物語に見られる。

　この時代は奈良時代のように奴隷經濟時代でないとはいえ、やはり朝廷などには身分的に隷屬する階級、品部(ともべ)が存在した。彼等は主として朝廷隷屬の手工業者であつて朝廷の織物、染物などがこうした人の手によつて作られた。朝廷の使用する織物及び官位によつて俸祿として官吏に與える織物を作るところが織部司(オンベノツカサ)という官司であつて、延喜時代(九〇一〜九一四)の官制によると、ここには織手四十人、絡糸《カラミ》女三人がいて、織手は一日黒米(玄米)二升四合、絡糸女は一日米一升五合(當時の一升は今日の約四合である)支給された。この織手は恐らく男子であつたと考えられる。染色についても、朝廷直轄の地にある染戸から年に三人の女が徭役に出されて、染色作業に從事させられた。前時代に官奴婢(朝廷の奴隷)はこの時代には今良女という形で殘り、裁縫などの仕事を奉仕した。

　この時代は一般には自給自足であつたから一般の婦人は前時代と同じく、朝廷に納める調、庸のために、また自分達の生活のために農業を營み、機を織つたわけである。

　紫式部の源氏物語に花散里を語つて「ものたちなどするねびごたち、おまへに(花散里の前に)あまたして、ほそびつめく物に綿ひきかけて、まさぐるわか人どもあり」とある。花散里(女性の名前)の前で多數の女達が裁縫などして、ほそびつ(米びつのような形の入れ物)に眞綿を引きかけて、糸を紡いでいるということであるが、こうした官女たちも裁縫する糸を自分で眞綿から紡いだ時代であるから、一般女子が、糸を紡ぎ、機を織り、それを着物にすることは並大抵な仕事ではなかつた。それだけにこの時代の大きな仕事、或は勞働といえば、農業と織物(衣物につくるまでを含めて)の二つにつきるわけである。

　この時代にも凡てのものは各自の家庭で作られたので獨立した工業などは發達していなかつたからそうした勞働者もないわけである

(一七ページよりつづく)　ハンマーを握り、それぞれの力でできるだけのことをして、全國にこんなにきれいな家をたてたのだそうです。再建のついでに狹い通りは廣くし、燒けあとには多くの小公園を作り、建物も立派になつたが、道路や都市の美しくなつたことは、戰前のユーゴを知るすべての人を驚かせています。田舍の隅々まできれいな家ばかりで、草ぶき、木造の小屋は腐れかけた物置のほかに見られませんでした。日本人も同じ人間です。負けずに早く人間が人間らしく、鷄小屋や物置の代りに家らしい家に住むようにしようではありませんか。

隨筆

未亡人への挨拶

戸《と》川《がわ》エマ

つい最近のこと、同じつとめ先で親しくしているMさんが突然御良人をなくされた。まだ四十そこそこの働き盛りの方が、脳溢血でアッという間もなく亡くなり、三時頃家から送り出した奥さんが急報でかけつけた時は、もう意識がなかつたそうである。五年生を頭に三人の坊ちゃんを従えて喪服姿の若い未亡人を見て、告別式で泣かない人はなかつた。

Mさんと大變親しい中年の夫人であるAさんはまるで自分の妹のことのように眼に涙をたたえて私達にMさんのその後のことを話して下さつた。

「可哀いそうなのよ、普段元氣のよい人なので、時々ニコニコ笑うかと思うと急に又しおれてしまうので、餘計お氣の毒なの『……ねえ、子供達が可哀いそうだつていうけど一番可哀いそうなのは私じゃないかしら、……私は死んだわけじゃないでしょう？』つておつしやるの。だから私、『そうよ、それは子供を育てる義務はあるけれど、そうかといつて、あなた自身の生活がなくなつたわけじゃないことよ』つてはげましたんだけど」

その話をきいて、私はぎつとお悔みにいらした方々が口々に「でもお子樣が賴りですわ」とか「これからはお子樣を育てることにせめて……」など云つて、Mさんを慰めた情景が眼に見えるように浮んできた。そして私自身も經驗のあることだが、そんな時Mさんはきつと「じゃあ、私は子供のためにだけこれから生きろと云うのか」と小さな反抗を感じられたに違いないと思つた。

親として特に母親として誰れが子供のために生きないわけがあろうか。そんな事はあたりまえのことである。しかし未亡人は、女として人間として生きる權利を失つたのではない。長い年月がたつた後、ただ子供のためにのみ半ば自己を失つて生きてきた母親と、立派に子供を育てながらも、尙かつ自分の生活を生き拔いた母親と、どちらが成長した子供たちにとつて幸せかと考える時、私は躊躇なく後者の方が幸せだと云えると思う。

又Mさんの話では一番下の坊ちゃんまでが「お父さんの話は一日一回にしようよ、お母さんが又泣くから」と云つたという。

人の死は悲しい。しかしその悲しさから再出發へと健げに立ち上る勇氣を持たなくてはならない。もしかしてそれは神のその人に對する試練かも知れない。私は告別式以來Mさんにはまだ會わないけれど、Aさんの話から泣きたい時には思い切り泣き、旦那樣の生きている人が時には憎らしく感じたり、「私が一番可哀いそう」と素直に思つたりするMさんが一層好きになつた。夫を失つた妻のいつわらない氣持を率直に表現しているからである。きつとMさんなら、日がたてば又ニコニコして立ち上れると思う。「これからは子供たちのために生きます」という言葉よりどんなに眞實味のある人間らしい言葉であろう。それにしても私たちが氣をつけなくてはならないのは、こうした夫を失つた妻を慰める時「お子樣のために……」とあまり云わないことである。Mさんのような性質の人なら大丈夫だが、ただでさえ自己を失いがちな女性にとつては、この慰めが案外呪文のようにその人の一生を縛りつけないとも限らないのである。

時評

人命輕視の政治

榊《さかき》原《ばら》千《ち》代《よ》

水爆實驗中止要求には反對——外相

APのサンフランシスコ特電は、サンポーロ四百年祭に出席のためブラジルに向かう途中、サンフランシスコに到着した岡崎外相が飛行場で記者會見を行つた際、水爆實驗について次のように語つたと報じています。

「久保山氏の死去は、日本に〃大きな不安〃を巻き起したが、太平洋でのアメリカの實驗を中止せよという要求には反對する。ソヴェトが實驗を續ける限り、アメリカは續けてよいはずだ」と。岡崎外務大臣は一體どこの國の大臣だつたでしょう。アメリカ人、またはアメリカの大臣の言葉としてなら、私たちは「怪しからん」と憤がいしながらも、いいそうなことだと納得できます。しかしこれは實にわが日本國外務大臣の言葉であり、そしてこの言葉をもつと分り易くいい換えれば「日本國民よ、お前たちは死んでもいい、悶死してもいい」ということです。

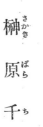

日本最高醫學陣の總力をあげての必死の努力にも關わらず、善良で平和な一人の國民久保山さんは水爆實驗のあおりをくつて、遂に死んでしまいました。死の灰は正直に眞面目に働いていた何の罪もない漁師たちの頭の上に惡魔のいたずらの様に降つて來ました。久保山さんは死に直面し、その苦痛と闘いつつある苦しみの中から自分の苦しさを訴えるよりも、二十二人の同僚のこれからのことを思い、「ほかの人はどうしている」と心配していたそうです。その同僚たちは久保山さんの重態になられた頃からだまつて新聞をむさぼるように讀みふけつていたのが、いよいよ危險が傳えられるや、新聞を讀むことさえやめ、いままでのように醫師に久保山さんの病状をたづねることもしなくなつたといいます。東一病院から久保山危篤の電話があつた時東大の患者たちはテレビの前で相撲を見ていたそうですが、ハッと顔を見合わせてスイッチを切つて默々とベッドへもぐりこんでしまつたそうです。やがて悲報が傳えられ、久保山さんの臨終に立會つた三好主治醫が、久保山さんの死因について、ていねいに説明し、「久保山さんは年とつていたから病氣に勝てなかつたが、諸君たちは若さで絶對に勝つことが出來る」と激勵しましたが、いつもは活發な質問をするのにこの日ばかりはみんなうつ向いたままおしだまつていたといいます。

久保山さんの治療に當つた一人の熊取主治醫は、「こんなむごいことが再びあつていいだろうか」とくり返しています。八月頃一時黄疸の調子のよくなつた時、久保山さんは主治醫に「これでよくなつて退院したら、先生ぜひ私の家へ奥さんと子供さんをつれて遊びに來て下さい。私のところは夏は涼しく冬は暖かくて氣もちのいいところですよ」といつていたとか。早く治つてなつかしい故郷の家で妻や家族たちとまた平和に暮す日のくることをどんなに願つていたのでしようか。死亡當日までガンバリ續けてついに敗れて白骨になつて我家へ歸つて來ようとは。

久保山さんの死は私たち日本人に死の灰の恐怖をあらためて強くよみがえらせました。死の灰をかぶることによつて起る放射能病がどんなに恐ろしいものであるか、久保山さんの死と解剖の結果が證明しています。それは同時に殘る二十二名の運命をも暗示しているといえないでしようか。「あのようなただの灰がそんなに恐しいものだとは思いませんでした」と燒津に歸つて來た時、久保山さんはいつていたそうですが、放射能症の悲慘さは患者自身がその重大さを自覺しないところにあり、その間に毒即ち放射能物質は着々と臟器や骨髓に沈着してその機能を緩慢に破壞して、遂に死にいたらしめるということです。しかも治療法は今日のところ全くないのです。

八月末ソ連では北極圏のウランゲル島附近で空中投下による水爆實驗を行つたことが傳えられ、これに對し九月二十三日アメリカ原子力委員會は、明春ネバダ州に於て侵入水爆敵機を迎えうつ對空誘導原爆彈の實驗を行うと發表しました。

こん度のソ連の水爆實驗では今迄比較的放射能については安全だといわれていた裏日本に何萬カウントという強い放射能雨が降り、その地方から取れた稻にまた強い放射能の反應が現われたと報じられています。久保山さんの解剖の結果は南方水域でとれる魚類や果實、野菜に對する恐怖も再び新しく剋明に檢討される必要があるとされた矢先、今や全日本人の食糧について人命にはかり知れない影響のある重大問題に私たちはぶつかつているのです。

東西兩陣營の谷間に位置して、北からも南からも水爆實驗による死の灰が舞い落ちてこの國土がだんだんに汚染されていくのでは、魚類はもちろん農作物も安心しては食べられなくなり、國民は放射能の恐怖の前におののいていなければならないでしよう。

廣島の原爆犧牲者の碑には『安らかに眠つて下さい。あやまりは再びくり返しません』と彫られてあるとか。

これはアメリカ人の言葉でなければならないと國際裁判所の法廷でA級戰犯の無罪を主張したパール博士はいつたそうですが、これはまた實に全人類の不幸な犧牲者に捧げる心からの眞實な、率直な決心の言葉でもあります。廣島、長崎とそうしてまた福龍丸の船員達と三度もの受難の經驗をもつた私たち日本人は原水爆の惡魔の眞相を世界の人に聲を限りに傳えるべきです。戰後九年もたつている今日、なおケロイドの言語に絶する悲慘な苦痛の中に悶え苦しんでいる人々、久保山さんの同僚で生き殘って今も病院で放射能症と鬪っている人々、そうしてそれらの家族たち、アメリカの人々が我々日本人から見れば呑氣とも思われる見方しかしていないのは何にもほんとうのことを知らないからで、世界中どこの國の人も眞實を知つていないのです。善良な國民の一人でさえも不當な苦惱にあえぐことを防ごうとして、そしてそれはやがて人類を救う道であり、同時に日本の世界に對する義務でもあることにも思い到つて、吉田首相が國家的な精確な豊富な資料をひつさげて、イギリスやフランスやドイツやその他の國々の援助や協力を懇願しながらアメリカやソ連とも話し合おうとする外遊であつたなら、國民はどんなに拍手喝采し、全力をあげての應援をしたでしよう。そうしてそれは世界の國々に一寸止まつて考えさせ、かくして世界の行き方をいくらでも變えるに役立つたでしように。人の命の貴重さ、人間の尊嚴に氣づかないで、治められるものとして國民を輕視し、權力の座にいつまでもしがみついていようとするはかない夢はいつまで續くことでしよう。原水爆禁止の署名は既に千二百萬をこえ、その聲は西に東に世界中に擴がろうとしています。

十月二十三日岡崎外相はロバートソン次官補との會談で、水爆實驗中止について「國裁司法裁判に提訴しない」代りに遠廻しに遠慮深く中止を要求した、と新聞は傳えている。アメリカ側は中止要求に對して何らの公約も與えず、ただ當分實驗はあるまいといわれる。

相模湖の悲劇

「ラジオを聞きながら泣きました」地方へ行つたら、地方のお友達がそういいました。どこへ行つてもこのところ話題は相模湖事件ばかり、湖底から引き上げれた今はものいわぬ可憐な我が子と對面し涙を流して死んだ子供に話しかける親の言葉を聞いては泣き、お葬式に同級生の語る弔辭を聞いては泣き、今、日本の母親たちは泣いてばかりいます。元氣に喜び勇んで今朝出かけた子が今やなし、今はの際にどんなに親を呼び求めたことか。

どうしてこのような不祥事が次から次と起るのか、責任は、何處に、誰にあるのでしょう。二十二名の麻布中學生のいたいけな命を奪つた遊覽船轉覆の原因が、定員十九名の小型船に七十八名ものせた非常識さにあるとすれば、責任は船主にも先生にもあるといわれています。先生は船にのる時大丈夫かと念を押したそうですが、船長はいつも八十人位のせていると答えています。湖畔の茶屋のおかみさんも百人位いつものせていたといつています。

洞爺丸の場合といい、この相模湖の慘劇といい私たちが眞劍に問題にしなければならないのは、我國に見られる怖るべき人間輕視の思想です。「私たちは人間とは考えられていない。一箇の肉彈です」と、戰時中友人の兵隊は自らを嘲けるようにいつていましたが、軍國々家が產めよ、ふやせよと、人間を國家の道具とみなし、人間一個人という貴重な單値を無視したその人間輕視の思想が、今も過去に生きる舊體制の政治家達によつて引きつがれ、それが普遍的なものとなつて、不幸な事件を次々と生んでいると言えないでしょうか。

相模湖事件の遊覽船内鄉丸（三・五トン）は法律の基準（乘客一人當り〇・二五平方メートル）では四十五人乘れることになりますが關東海運局檢査官が去る三月檢査の結果、復元力が少ないのを理由に十九名にけづつた事實があります。この規定を無視して定員以上の客をのせものは罰金一萬以下の刑に處することなつています。（船舶安全法第十八條）が、實際にはあらゆる船舶について定員はほとんど守られていない實狀です。定員ということが反省されてみれば、利潤をあげるために常識はずれの數の客を乘船させるのは相模湖だけではなくて、通學出勤時間の朝夕の國鐵、國電、バスなどもりこぼれそうなスシ詰めにのるのに死にもの狂い、一旦事故が起つたら、どんな慘狀を呈するか、考えただけでもゾッとします。經營のためには人の命のことなど考えている餘裕はないというのでしようか。それにしても交通公社の財閥や國鐵の高級退官官吏その他政治家によつて經營される國鐵會館など國鐵所有の財産にまつわる汚職や疑獄の行くえはどうなつたのでしょうか。少數支配者のためには國の身分不相應な豪華な車を逐つて威ばつてみたりしながら、三等客の一般庶民をつめ込んで荷物同様な運び方をする。といつの間にか國民は荷物の水準にまで自他をひきさげてしまつて、自殺他殺も簡單にやつてのけてしまうし、ヤクザ學生のけんかや右翼暴力團の恐喝事件など跡を絶たないのです。

公共企業體である民間企業に先がけて朝夕の殺人列車、電車をどう改善していくか、遠距離旅客が立ち續けで疲れきつた表情でなくゆつくり座席にかけて旅を樂しむにはどうしたらいいか、もつと心を配り、努力をすれば必ずもつとよくなる道は見出せます。

一切に先だつて人命を尊重することこそ一切の施策の出發點であり、根本であるので、主權を手にもつた國民はこのような立場に立つ政府をつくるために、一所懸命になりましよう。

新黨と政局安定

此の頃毎日新聞紙上を賑わしている新黨問題はどうして起つたのでしよう。吉田總理に國民があいそがつきた以上に憤りをさえ感じて、この上政權維持が困難になつたことを悟るや、緒方副總理が吉田さんとどういう連絡があつたか新黨ということをポツンといい出しました。老獪な吉田さんはあやつり方によつてはどうにでもなりそうな改進黨に目をつけ、殊に芦田氏など改進黨の不平分子の吸收を考えたもののようです。初めは總理側近にも、多少意見の食い違いはあつたものの、このままではつぶれかかつた難局をどうにも打開出來ないことは明瞭だし、また一方政權にありつきたい連中にとつては絶好なチャンスなのでこの動きはとうとう今日のような大問題らしい樣相を呈してきました。「强力清新な新黨をつくつて政局を安定させる」という言葉の魔術に、國民の中には日本の事情が少しはよくなるかも知れない、と淡い希望を抱いている人もあるようですが、彼等のいう政局安定とは何か、國民の生活が安定して、從つて國の政治が安定するというのとは凡そ異なる、利權に結びあう自分達の黨が少しでも數がふえて思うままの政治が出來るということ、そしてその背景をなすおかかえの主人筋である日經連や經濟同友會などという經濟團體が異常な關心をもつて、その動きを見守り、「小黨分立排斥、保守大同團結を促進せよ」など時にとつて重要な發言をします。要するに新黨運動は我々庶民とは關係のない少數支配階級の政權爭奪をめぐる、そうして誰が指導者になるか、吉田か鳩山かという權力の座をめざしてまことに愚劣で私的なかけひきに過ぎません。そうしてもし吉田が勝てば後目相續が緒方か池田に廻つてくるなどという國民を馬鹿にしきつた利權爭いでしかありません。醜いそのような爭いに狂奔するそれらの人々には「御勝手に」と見向きもしないで、國民我らは「わが道を行く」確信をもつて獨自の道をどんどんと進み、庶民の政治を實現しなければなりません。新黨の揭げる政策の何と新味も興味もない言葉の羅列のようなものか。殊に重要な政策として力を入れている憲法改正は原案として自由黨や改進黨の改正案を取りいれるであろうことは間違いなく、そうすれば人命輕視は更に押し進められて人權は制限され、再軍備は明文化され、人間の平等はくづされて家族制度は復活し、天皇元首の機構の下にこん龍の袖にかくれて支配者の横暴はまた、どんなに國民を苦しめるでしよう。日本の國がこういう反動の方向へ權力によつて向けていかれようとする時、國民はどうレジストしたらいいでしょうか。近くまた行われることはたしかな今度の總選擧には私たちは自分と國の運命をかけて眞劍に投票しなければならないと思います。

主婦のこえ

最低の社會保障を

吉田《よしだ》まち子《こ》

今年三月結婚した妻として、夫の職業的立場を廣く世の人々に知つていただきたくペンをとりました。

私達は知り合つてから三年ほど交際し、兩方の親の快い許しを得て、昨年資金を借り受け、小さな家を造り、今春結婚しました。

夫の職業は大工さん。今日も朝早く大きな重たそうな道具箱を自轉車に乘せて出かけて行きました。はて、今日はどこへとも言わずにでかけたがどこへ行つたのかしら？　昨日も一昨日も朝早く出ては夕方しよんぼりと歸宅して「今日もアブレだ、ひどいデフレだ」と、いつたきりだまつて考え込んでいる。私はなんといつて夫をなぐさめてよいのやらただ「くよくよするのは止めなさいね、私が何とか食べることぐらい心配するわ」と言つてはみるが、これといつてあてがあるわけではない。私の心まで暗くなりそうになるので、「ああ私まで暗くなつてはいけない。せめて家庭の中だけは夫を暖く迎えてあげなくては」と、心をとりなおすのです。

夫の話によると、今は全般的に仕事がなく、やつと仕事にありつけた時は入札工事で業者にみつちりたたかれて安くて話にならないとのこと、それでも遊んでいるより多少でも金になればと、きめられた工事を早く仕上げようと、朝早くから夕方おそくまで仕事をしてくるのだそうです。

何年もかかつて技術を習得し、たくさんの道具を使つて賃金は一日三百圓そこそこ。それも一ヵ月續いて仕事があれば、何とか食べてもいかれましようが、平均二十五日しか働けない、年間を通じてみれば二月と入梅の季節と八月はさつぱり仕事がないとの話。萬一病氣やけがでもしたらと思うと、考えただけでも末が案じられ、何だかこわくなつてきます。

仕事がなくても何とか安心していられるような、または代りの仕事にすぐにつけるような保障ができないものでしようか。それとも今失業者のたくさんいる世の中に安心していようなどとはとんでもない考えなのでしようか。せめて病氣をしたり、けがをしたりして働けなくなつた場合には、醫者にみてもらう費用と、たべて行くだけの食費を、最低で良いから社會的に保障して戴きたいと思つております。もし財源がないというなら國民の一人として、「政府は私たちの頼みもしない軍隊（あえて軍隊と云います）にたくさんのお金をかけているではないか。軍隊など今すぐにでも解散してもらいたいもの。政府がわからなければ、私達主婦が立ち上つて税金滯納國民運動でも起して政府をゆすぶり、その力で一つ氣に反戰運動にでも伸ばしたら政府も少しは、私たち婦人のこえに耳を傾むけるのではないかと思う。

（群馬縣　主婦）

パンディット夫人

前國連總會議長パンディット夫人はこんど駐英高等辯務官兼エール大使に新任されたのでインドに歸國する途中、日本にたちより、十月十四日から十一月初旬まで滯在されます。夫人は一九〇一年生れ、インドの獨立運動に令兄ネール首相と共に參加、三度投獄されました。獨立後は駐ソ大使、駐英大使を歴任、またこのほど國連協會世界連盟會長にも就任されました。

大工さんと住宅政策

山《やま》川《かわ》菊《きく》榮《え》

大工さんも組合を

　群馬縣の吉田まち子さんの寄稿は二つの問題を私に考えさせました。その一つは勞働者としての大工さんの問題、も一つは日本の建築業の問題です。まず勞働者としての大工さんは先進諸國では工場その他の勞働者と同じく、同じ仕事仲間の左官やレンガ積み工と共にすでに十九世紀から組合を作つて賃銀や勞働時間等の問題について戰つてきました。日本では住み込みの徒弟と親方職人との間に、師弟というより半ば主從のような封建的關係が長く續いていたため、建築勞働者の中に近代的勞働者としての自覺がおくれ、そのために團結も進みませんでした。しかし請負業者はますます强大な資本家となり、個々の職人が獨立自營の機會をもつことが少くなり、單なる賃銀勞働者、しかも最も不利益な臨時工の形で雇われている狀態が普通になりかけている今日、今までのように孤立してはいられません。自分たちの力で最低生活を守るために團結することです。

　現在世間一般にデフレのために仕事がへつていることは事實ですが、企業によつてムラがあり、中には決して損はせず、かえつてもうけながら、デフレに名をかりて勞働を强化し、賃下げを强行し、しぼれるだけしぼろうとする業者もあるので、この際、働く人々が强く團結してこれに對抗する必要があります。これは何十年も前から外國ではやつてきたことで、そういう運動があつたからこそ、社會保障制度も發達したのです。主婦たちも互に話しあい、建築勞働者の團結のために働いて頂きたいものです。

　不十分とはいえ、現在すでにできている社會保障制度も十分活用することです。もし五人以上の人を雇つている建築業者なら失業保險も勞災保險もつけている筈ですが、吉田さんのご良人の場合は雇用關係はどうなのか、縣の勞働組合地方評議會なり、もよりの勞働基準監督署なりで法律上のことをよくお調べになるのが第一です。權利の上に眠ることなく、自分たちの拂つている税金で補助されている社會保險をできるだけ利用しましよう。先日私は千葉縣の或る漁村で、熱心でまじめな勞働監督官が、病氣や災害に備えるため、自營の漁夫や海女にすすめて健康保險組合を作らせることに成功した例を見ました。地域の國保を利用することも考えましよう。また大工さん同士で協同組合を作り、搾取されずに働くことはどうでしよう？　資本が問題ではありましようが。

土建屋にくわれる國民

　しかし根本的には建築のように重要な產業を金もうけが目的の業者の手にゆだねておく代りに、國みずから管理し、國民全體のため、公益優先の原則に從つて運營するよりほか、大工さんの失業も、國民の住宅難も解決する道はないのです。一體今の日本には家があり餘り、そのために大工さんの仕事が少く、賃金が安いのでしようか。

　建設省の調査では敗戰直後の住宅不足數は

三百八十萬戸、戰後たてられた住宅も約三百八十萬戸ですが人口はふえ、火事その他でへる家も多いので不足戸數は變らず、建つた家のうち公營住宅三十四萬戸。これによつて借金にせよ、何にせよ、金の都合のつく者がともかくも家をたてて、公營住宅の恩惠に浴したものは僅かに一割にすぎず、それさえ條件がむつかしいので、貧しい者ほど住宅難になやまされている有樣です。

現在住宅に困つている世帶數三百十六萬。そのうち、一、非住宅（物置や家畜小屋などに住む者）および同居世帶數百六十萬。二、三坪以下の狹い住宅に一人當り二疊半以下の過密居住をしている世帶數八十四萬。三、老朽で危い家に住む世帶數百六十三萬。

一年間には、一、普通世帶增による住宅の需要增二四萬戸。二、災害によつて失われる住宅の需要增三萬戸。三、老朽自然消耗による需要增五萬戸。計三二萬戸。

大震災で都市の住宅は鐵筋コンクリートに限るという結論が出てから後も、政府は住宅政策に無關心で軍備に金と資材をつぎこみ、住宅は相變らずマッチ箱式のものばかりふえてゆき、その結果戰災で燒野が原になつたのです。そして政府に恒久的な住宅政策がなく、早く建築の統制をはずしたので、土地や資材の値上りは天井しらず、住宅難はますます深刻を極めることになりました。個人の零細な資金ではとても耐震耐火の永久的建築は思いもよらず、勢いマッチ箱が軒をならべ、ために火事や風水害で失われる家も多く、じきに住めないようなボロ家にもなりがちで、住宅問題はサイの川原の石つみのように永久のゴウをくり返しているわけです。

私は先日茨城縣のある大會社の社宅を見ましたが、會社側の話では、木造住宅では十年するとボロになり、月百萬圓の修繕費を見ておかなければならず、コンクリートブロックの方はたてる時は坪二萬圓ほど高くつくが、長い目で見ればずつと經濟なので、會社のふところが許す限り、木造のボロ社宅をブロックのアパートにかえる計畫だとのことでした。零細な個人の資金で吹けばとぶような木造の小住宅を作るほど、土建屋の方ではふところが溫まるわけです。

土建屋といえばボロいもうけの代名詞のよう。戰爭や災害のために家を失つた國民の不幸につけこみ、その骨までしやぶる非道ぶりをとがめもせず、彼らの上にあぐらをかいている保守政黨に投票することをやめない限り、いい腕をもつ大工さんは飢におびやかされ、御殿のような役所や待合や溫泉宿ばかりふえて、國民はいつまでも宿なしでいなければなりません。

全國の小中學校の校舍も不足が甚しく、滿員すしづめやら、少し强い風には危くて生徒をおいておかれぬボロ校舍も何千とあります。腕のいい大工さんには大いに働いてもらつて家も學校もたてなければならないのにこの仕末とは、要するに金もうけ一點ばりの事業や政治の罪というほかはありません。

外國の住宅事情

戰後の住宅難は各國に共通の問題です。それは一つには戰災の結果、多くの家を失つたため、二つには、燒けない場合も勞働者の地位向上のため、戰前とはくらべものにならない近代的な住宅をたてて、古い不良住宅を一掃する政策がたてられたからでした。英國でも三軒に一軒の被害だつたといいますが、どの都市もどこに空襲があつたか分らぬくらい、建物は復興しており、まだ燒跡がそのままなのは、ロンドンの有名な細民街イーストエンドだけでした。というのが、こういう人口の密集した細民街はもはや復舊せず、別に新しい小都市をたてて、經濟力も人口も文化も大都市に集中する代りに小都市に分散させ、中央と地方、都市と農村との間の開きをへらし、國全體が平均して文化の恩恵に浴するようにと遠大な國土計畫を實施しているからなのです。そういう新しい都市が全國に二十餘り、二十年計畫で着手されましたが、會社や工場の誘致にも成功し、文化地帶、住宅地帶、農場地帶、工場地帶と、それぞれそのために必要な建物がたち、もう人が住みつき、事業が始まつている所もありました。

建築は勞働黨内閣の時代から今日まで統制がはずされず、第一に、住宅、第二に工場、學校という風に、社會的に必要な方に資材勞力を優先的にまわしています。住宅は一戸あたり勞働黨内閣の初めには五十坪のものを一年二〇萬戸、その終りには四十坪とし、保守黨はこれを年間三〇萬戸づつたてています。但し勞働黨の時代には住宅難に苦しんでいる人から申込順に安い家賃で貸していたのを、保守黨になつてから、建つた家の五割は金のある者に拂さげをすることにしたので、家は多くたちながら貧乏人の住宅難は前よりひどくなりました。住宅のほか學校の新築補修などもぎせいにし、教育費、社會保障費を削つて軍事費にいれるという保守黨の政策が、勞働黨に反對されています。勞働組合會議（TUC）といえば全國の勞働組合の連合體で八百萬の組合員をもち、勞働黨の基礎となつているものですが、今は借家ずまいなので新築するため、資金も敷地も用意しているが許可が出ないということでした。これは勞働黨内閣以來住宅、工場、學校、病院等が他の建築に優先する原則が守られているからです。

單に都市のみならず、農業勞働者や坑夫の住宅の新築や修繕も國の住宅政策の中にはいつており、年々そのために豫算がとられています。保守黨内閣でさえ建築の統制をまだやめてはおらず勞働黨は單なる統制に滿足せず土木建築業を國有化することを、次に政權を擔當した場合の政策として公約しています。

敗戰國のドイツやイタリーでも同じく徹底的な住宅政策が行われ、優良住宅のできていることは他國に劣らず、この點は日本だけ敗戰國だから、貧乏國だからという言譯はたちません。戰前は半植民地、戰時中は四年に近く、ドイツ、イタリーの大軍に國を侵略され、男女老若をとわず戰つて國をとり返したバルカンの小國ユーゴスラヴィアは、戰爭の被害も産業の後れも日本よりはるかにひどく、着物などは見すぼらしいにもかかわらず、道路や住宅は世界の一流國に劣りません。私の見た所ではわずかに一軒、田舎の村で無數の彈痕を家の外壁に留め、その大きくはげおちたところに赤レンガのシンの出ている、むざんにくずれかけた家を見たほかは、はげしい戰場だつた數年前を忍ぶよすがもないほど平和な美しい風景で、どこでも赤屋根、白壁が村々をいろどつていました。都市は灰白色やクリーム色の三四階のビルディングが並び、明るい心持のいい新しいアパートの家賃は、所得の五%が基準だということでした。寒い國だけにどこにもペチカが備わり、窓はガラスの二重窓で防寒の設備は行屆いていました。社會主義のこの國では、建築も公營で營利のための事業は許されていませんから、いいものがやすくたつわけです。國全體としては貧乏な後進國ですが、それだけにできるだけ人も物も經濟的に使う必要があり、腕のいい大工さんを遊ばせておくどころではありません。「住宅なくして人心の安定なし」というスローガンのもとに戰爭直後の二年間は國をあげて住宅の復興にかかり、大工さんだけにたよつていられないので、大人も子供も、男も女もレンガを運び、（八ページへつづく）

飲み食いに荒される

地方行政

四谷《よつや》信子《のぶこ》

衆議院や參議院でとり上げたり、議論したりしていることは、大體どの新聞でもラヂオでも、ことこまかに報道されるから、一家そろつての團らんの一ときにも、電車の中でも話題になることが多い。從つてたとえ新聞を讀まない人でも、こんなことが今議論になつているということぐらいわかる。ところが地方議會のことになるとめつたに新聞ダネにならないから一日一回は政治のはなしをしないと御飯がまずいという政治好きの街の小父さんも、いわゆる學識經驗者という人たちでもほとんどそのようすを知らないことが多い。まして一般の住民においておやというところである。しかし地方議會の動きがそのままに住民の生活にひびいてくることを考えたら、けつして無關心ではあり得ないし、その實態をよくよくみきわめれば、腹にすえかねることが余りにも多いことに氣のつくはずである。この地方議會を運營する議員の數は壓倒的に保守が多く、その意のままに動かされているところが多い。まず都道府縣會議員では今年の七月現在で總數二、五六〇名中社會黨左派は一五一名で全體のわずか五・九%にすぎない。また社會黨右派は一四九名で全體の五・八二%でこの外兩派に屬さず社會黨と名のつているもの四〇名である。また市會議員にしても總數一七、〇一八名中社會黨左派は三〇三名で全體の一・七六%、社會黨右派は三一八名で全體の一・八六%、兩派に屬さず社會黨と名のつているもの九四名である。ところが衆、參兩議員の比率をみると、社會黨左派は全體の一六・三%、右派は一二・三%でいづれも一〇%を突破している。地方議員に數が少く、國會議員に多いという形は、組織政黨としては決して正常な姿ではない。

そこでこのように、壓倒的に多い保守黨のなかで、わずかの革新勢力しかない地方議會での闘いは、いかにも力弱く、ここではどのように妥當な正しい主張がのべられても保守黨の反對をうければ、たちどころにほおむり去られてしまう。だから革新勢力は、自分の主張を通すことよりも、單に言論による宣傳闘爭にとどまつてしまう。

そこで地方議會の一面をさぐるために、東京某區議會を豫算面から解剖してみよう。この區は總人口三十三萬餘で、議員定數四十四名、うち二名が社會黨左派で、この外に共產黨一名、あとは全部保守系である。少し古いが昭和二十七年度の豫算報告を中心に、その内容を檢討してみると、歲入六億六百二五萬、歲出五億二千二百八五萬であるが、著しい特徵として、食糧費とか旅費は、全部使い果され、しかも豫備費その他から相當流用している半面、事業費は使いきれずにいることである。

一例をあげると區役所費中の食糧費は二十六萬圓の豫算に對し、實際の使用額は九十六萬七千圓となり、約六十萬七千圓が豫備費或・は他から流用して飲み食いにつかわれているのである。しかも豫算執行に對する監視機關であるところの監查委員會の食糧費も四萬圓の豫算に對し十二萬圓を使い、不足分は他から流用して消費しているということである。

大體この監査委員會も、區議から一名、學識經驗者から二名というぐあいにでているが、いずれも保守系であつて、監査などというしかめつらしい役目はただ名目上のことだけで會を開いて飲み食いしている、むしろ監査委員會を監査する委員會が必要なくらいである。

また區長の交際費は百六十萬圓であるが、やはり十萬八千圓だけ他から流用されている。このような交際費、食糧費などの豫算合計は約七百七十萬圓であつたのが、結局決算では九百三十萬近くになつており、うち八十六萬圓が豫備費から充當されている。この合計は區税收入の四分にあたり、出張所費、建築事業費、積立金をぬいて、民生事業費、農林費、商工費の合計よりも七十萬圓も多いということになつている。

一方民生事業費（應急保護費、生業資金貸付、未歸還留守家族慰問など）は五百九十七萬四千圓の豫算がくまれたのが、額は僅少だとはいえ約二十萬圓使い殘りとなつている。

つぎに學事諸費（學童の身體檢査、體育奬勵費、備品などの費用）は豫算總計が二百十一萬圓が、決算では三百四十四萬圓と約百三十三萬圓增となつているが、この學事諸費中當初十五萬圓と計上された食糧費が實にその約五倍、七十八萬圓も消費されている。從つて學事諸費の實行豫算でふえた百三十三萬圓中の半分弱、六十三萬圓は、食糧費にくわれたものである。更に六・三整備費の豫算ではその總額の約二割にあたる一千九百萬圓が使い殘され、その費用が食糧費を含む他の支出に流用されている。このように事業面の費用は使いきれずにいるのに、食糧費はすべて使い切り、增額されていることは何を語つているのであろうか。この區でも區立小學校三十三校中六校、三十三學級が相かわらず二部敎授をやつているし、PTAの會費も學童一人につき、百五十圓位拂いこみ、給食費約三百圓を合わせると、一ヵ月一人四、五百圓を父兄が負擔しなければならないのに、六・三整備費が使いのこされ、食糧費がどんどんふえていることは區民の納得できないことである。この區役所の附近にある、とんかつ屋で名高い某飲食店と、料理屋は區のお役人や區議の飲み食いだけで、他のお客をとらなくても結構採算がとれるという。區役所さまさまというところで、區民も汗水流して收めた税金が、彼らの腹を滿腹させていることを考えると、決してこのまま默つてはいられないはずである。

も一つ土木費をみると、掘さく復舊費（道路整備費）は三千五百萬圓計上されたうち、執行は二千二百萬圓であり約一千三百萬圓を使い殘している。それでは區內の道路はちやんと舗裝されきれいになつているかというとどうして。ちよつと露路に入ると道はデコボコ、雨が降ると家の前が洪水のようになるところは珍しくない。故意か偶然か知らないが社會黨の參議院議員がこの區に引越してきたが、その家の道路が掘り返されたまま、また下水がつまつて汚水があふれるまま、いくら頼んでも直しにきてくれないということもあつた。ともかく、この區の例一つとつてみても、地方議會ではいかにむだなところに金がつかわれているかがわかると思う。この區では約三十三萬の人口があるが保育所は都立のものがたつた二つ、區立のものはゼロである。飲んだり食つたりする金があるなら、このような民生事業に、區民の生活に利益を與えるところにどしどし使うのが當然で、そのためには區民の利益を最もよく代表するものが、來年四月の地方議會選擧に多く出るに限る。すでに來年をめざして保守黨の人々は方々で區議の選擧に一千萬圓使うと豪語しているそうである。うそか本當か、ある候補のごときは、金にものを云わせてあくどい事前運動をやつている。情實や金にまどわされないで眞實をみつめることこそ、區民の生活を高めるゆえんであり、これを大衆に納得してもらう必要を痛感せずにはいられない。

詩

いがくり頭と下駄と

大山《おおやま》喜久子《きくこ》

いがくり頭だと
誰かが云つていた

コチンコチンと
頭をうちつけて
生きて來たんだもの
赤い血潮が滔々と流れている間
黒い髮が
氷柱のようにつつたつていたが
わたしが
力なく
兩腕をたらし
心臟のため息を聞いたとき
白い枯れた毛が
一本　二本
と
とび出していた

〃拔いてあげる〃
小麥色のままの
乙女が立つていた
わたしは
白い歯の隙間から
急に
新しい空氣の
通うのを知つていた

〃これ？〃
わたしは
會社の半田付の時間や
混沌とした委員會の席で
たよりない
頭腦をも
閃めかせてくれた一本の
髮が
わたしのために
身をけづつてくれたのを
感謝し
ソッと
おいておきたかつたのだ

カンナの花の
白と
赤が
結び合う乙女のかん高い笑い聲も
晝間落ちて行く
流れ星としかおもわれない
花と
戰いの人生に
ウスベつたい
下駄で
わたしはやつぱり
コッコッと歩いて行く
いがぐり頭で
下駄つぱきで
原爆のない天國への
道を
出來るだけ遠まわりに
出來るだけ多くの仲間達と
コッコッと
歩いて行くのだ
未來の
明るいほほえみのために

（横川電機勞働組合青婦對部）

療養所の悲劇

大野《おおの》繁子《しげこ》

全國でも珍らしいケースだと思う。今回S療養所で患者自治會と看護勞組が、賃上げ問題ですごい紛爭をつづけた。事件のもつれは

「三百圓頂かねば私達は看護しません、他から雇つて下さい」

と、看護勞組が切り出したため、患者自治會も意地になつて全部ことわり、有料斡旋所から二八〇圓で雇い入れてしまつた。その上、組合を脱退すれば雇つてやると、組合の切りくずしもやり始めた。そこであわてた看勞は組合を解散してしまつた。丁度その時、全看勞から應援が來て、組合解散の方法が規約違反であることを指摘して、組合を再確認させ地勞委にもちこんだ。

徹底的に患者をおこらせた看勞幹部六名を除名しなければ、絶對に交涉に應じないと言いはる患者自治會と、勞働組合の何ものなるかもろくろく知らない、五六十歳の組合員をかかえた看勞の斡旋には、私もほとほと手をやいた。しかしこの問題を通して私が學んだことは、長い間娑婆との交涉を絶つている結核患者の異常性と、生保や健保の給付が不充分なため、患者も負擔にたえかね、そのとばつちりが一番下積みの附添婦に來ているということであつた。何という悲劇であろうか。共に手をたずさえ療養生活の支えともなるべき附添婦の、わづか五六十圓の賃上げに、このような憎みと怒りをばくはつさせなければならなかつた患者。しかもその九〇%近くは公費患者で、自費患者はわずか一〇%しかない現狀で、このような紛爭をおこすことがまちがつているということを、自覺する餘裕すらない患者。またこのことをよく理解させ、よき支えとなり得なかつた看勞の組合員。更にMSA再軍備體制は、この氣の毒な患者と附添婦の上に一層のしわよせをもたらすことであろう。せめて造船疑獄に流された血税の半分でも、結核對策に廻されていたら、こんな悲劇もおこらずにすんだであろう。私は言いようのない悲しみの中に、吉田內閣に對して限りなき憤りを覺えた。

弱肉强食を社會の攝理としてはばからぬ、自由黨の諸侯が政權を握る限り、こうした悲劇はつづくであろう。私達はこうした不幸な人々とともに「生きる」ということをもつと眞劍に考え、何者がこうして私達を不幸にしているかを見極め共に立ち上らなければならない。（一九五四、九、一二）

（二四頁よりつづく）

にと思います。社會黨として立候補して下さる人々にお願いします、どんな無學文盲の者にも納得できるように話して下さい。

先日ベヴァン氏のお話を新聞で讀みました。ユーモアたつぷり、誰れにでも分り易くて理窟ぽくない。社會黨の人達の話はどうも、年よりや、田舍者の、知識のない人には耳に入りにくい、近よりにくい所がある。もちろん國家の政治を議する人ですから、理論的であるのが當然でしようけれども、普通選擧です、ぢぢも、ばばも、博士も、社長も一票は一票です。だから第一誰れにでも分り易く、そしてその人達の身になつて話をしてもらいたい。女の方ももつと進出して下さることをお願いします。

結核豫防週間におもう

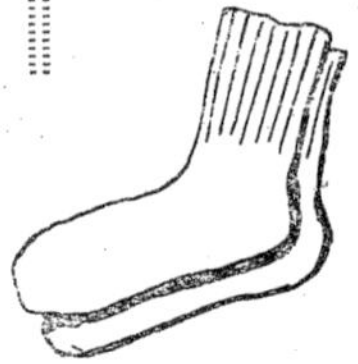

新沼《にいぬま》　靜《しずか》

一、薄幸な人の多い結核

ある秋雨のそぼ降る日であつた。一人の老婆が私の働いている事務所に入つてきた。一見して、何か困惑している出來ごとを訴えにきたことだけは、その老婆の沈みきつた顔が何よりも證明していた。

入院患者の問題を扱つている係官の前に腰をおろすと、こらえていた悲しみのために何から話したらよいかわからないようだつた。ただ膝の上の小さな風呂敷包の中から一通の手紙を係官の前に差出すと、涙は瀧のように流れおちた。それでも老婆は冷靜にかえつて話そうと努めている樣子なのだが、涙にむせんで何を訴えようとしているのかさつぱりわからない。たまりかねて私もその老婆の差出した手紙を係官のA氏と一緒に讀んでみた。

話はこうである。この老婆の孫は現在結核で療養所に入つているが、この孫は（兩親はなくこの老婆の世話になつていた）不幸にも入社後間もなく發病し、相當長く休んだために、會社の方は休職となり、間もなく自然退職となつた。ただ健康保險が一年延長になつたため保險給付だけが殘されていた。

ところが困つたことには、この孫が近い中に手術を受けることになつた。手術の一切については健康保險が使えるので、このほうでみてもらえるが、手術をする準備として、從來までは二、三萬のお金を用意しておかなければならなかつた。(現在はこの點も改善されている）これは手術の當日多量の輸血を行うこのときに患者が一時立替えて支拂つていたことがある。この金の工面を老婆に依頼してきたのである。しかし、この老婆にしてみればこの二、三萬という金は滅相もない大金なのである。三日三晩夜もろくにねないで思案してみたがどうにもならないので相談にきたというのである。

もちろんこの話については、健保の方から手術の當日輸血の代金を届けることにして一切が心配のないように解決された。

このように結核患者の家族の中には立替えさえすれば後で必ず支拂つてもらえるはつきりした金の工面さえできないものがある。

二、結核對策の限界

といえばいかにも經營者が苛酷なようにもとれるかも知れない。しかしこの企業における結核對策は貧困なわが國の社會保障制度下におかれているにもかかわらず、相當高いところに屬しているのではないかとおもう。

年に二回の集檢、もし發病の心配があればいつでも企業の中の診療所でX線の檢査を受けることができる。入院についても殆んど待つことなくして入院を世話してもらえる。また早期發見者に對しては働きながら治療を受けることもできる。一週に一度は結研の醫師が派遣されている。このようにして働くものには至れり盡せりの措置がこうじられている

もちろんこれらの成果は新しい結核治療法の進歩と共に良い結果を示している。早いものでは一年間で職場に復職している。遲いものでも健保のきれないうちに出てくるものが多くなつた。これらはやはり結核對策が効果をもたらした一例であろう。

しかし、このように恵まれた條件のもとでも若干の犠牲者は防げない。中には不幸にして手遅れになつたりするものもあるが、この病氣はその人によつて病氣の性質も異なり必ず三年間でなおるとも限らない。ここに結核特有の恐しさがある。

さりとて、一方これ以上經營者や健康保險の方にみてくれといつても財政的に限度がある。また企業自體が生産を主にしている場合消極的な生産力のほうまでは、手の屆かないままにすえおかれてしまうことが多い。

三、主婦と結核

以上は從業員の結核について述べたが、次に從業員の家族の結核についても見逃せないケースがたくさんある。とくに一家の主婦が結核におかされた場合悲慘なものである。

勤勞婦人等は働いている企業の中で年に一度は健康診斷を受けているが、主婦の場合は餘程自覺症狀が現れないと健康診斷等は受けない。私の友人の保健婦さんは歎いていた。「よく診療所に從業員の家族がやつてきますが、『先生どうもへんなんですよ』といつて胸をひらいたときには全くやせおとろえて洗濯板の樣にアバラ骨が見えるんですよ、もつといていた。早くなんとかならないものでしょか」こうして發見されたときはどうにもならないほど惡化している例が意外なほど多い。

ここにまた問題がある。從業員が病氣になつた場合は健康保險の方で三年間無料で見てもらえる。しかし家族においては半額を負擔しなければならない。入院費は手術をしなくても最低一萬圓以上はかかる（半額負擔）手術を受けるとすれば大體五、六萬圓はみなければならない。その上一家の主婦が入院するとなると、子供のいる家庭では誰かを主婦がわりに雇わなければならない。こうした二重の負擔にたえられるものは何人あるだろう。しかしこれらはまだ半額負擔してもらえるから不幸中でもまだ幸の方で、全く健康保險の恩惠に浴しない人々にとつてはこれらに倍加した負擔をおわなければならない。

また一家の主婦は一番多く家庭のものに接している。乳兒をもつている母親は授乳もしなければならない、その上子供の世話もしなければならない。こうして大切な家庭の務を果す主婦が結核におかされていた場合家族感染は免がれない。幼ない子供は抵抗力が弱いので、何時も感染の機會にさらされていることを忘れてはならない。

だから私は罹病者の中で最も恐るべきは主婦の結核ではないかとおもつている。

四、社會保障の前進のため

今年は厚生省の「結核調査」の發表があつた。患者總數二九二萬人、要注意者二六一萬人という尨大な數字である。

この八月には入院患者が「入退所基準」に反對して座りこみが行われた。これも結局は療養所のベッドが足りないために要療養患者を收容することが出來ずそのため、まだ治らない患者を治らないままに出ていけという樣な結果になつてしまつた。これは何といつても悲しい事實といわなければならない。

また一方では、お醫者さんたちが診療費引下げの厚生省の告示に對して座りこみを行つた。これはわが國の社會保障制度の貧困が、日増しに大きな社會不安となつて大きく波打つてきていることを語つている。

これは「保險同人」の大渡先生のいつているように「今後いく度かの選擧を經て人間の命を大切にするいい政黨が一日も早く天下をとつてほしい。天下をとるまでなくともだんだんと力を增してほしい。同時にまた人間の命を大切にする個人の議員が一人でも多く出てほしい」（保險同人28年4月號）といつていますが全く同感です。私はここで言いたいのである。一人でも多の人たちが大渡先生のような考えをもつてくれたら社會保障への途はより前進していくものを、とおもつている。

（日本電氣健康保險組合）

軍人恩給・次の總選擧

松平《まつだいら》すず

私は少額ながら軍人恩給のおかげをうける者ですが、どう考えても過去の職業軍人、殊に高級將校だつた人たちが特に澤山の恩給をうけることは國民に對して申譯ないこととしか思えません。かれらが道を誤まつた結果、敗戰後十年を經ても、日本がまだ外國軍隊の駐留しているような悲慘な境遇に陷つたのではありませんか。その戰爭の責任者であつた上層軍人が、この苦しい中で國民のかせぎ出した稅金の中から、莫大な恩給を平氣でうけていいものでしょうか。戰爭責任の重い將官の恩給は高く、應召でやむなく職業をすて、家族を殘して出征し、戰死した人々の恩給は雀の淚ほどです。軍人恩給があらましゆきわたつた今日、これが平和のためになるのか、またはその反對の目的のためなのか。デフレ政策で失業者の日毎にふえる折から、秋風の身にしむ思いです。

　昨年衆參兩院の選擧が始まつた時、近所のおやじさんが私に、「うちは有權者が六人あるからよく手紙が來る、それでどの人にも顏を立てるつもりで票は分けるつもりだ、わしとお母あは自由黨の○○○○氏に入れる。むすこ夫婦は會社へいつているから社會黨の××氏に、それから娘は美容院の關係で改進黨の△△氏にそれから、ばばあは棄權するかな——」と、私は早速そのおやじさんにまあまあお上りなさい、お茶一つどうぞとお菓子を出しました。

「自由黨もいいでしよう、改進黨もいいでしよう、しかし現在自由黨は再軍備でないといつていつのまにやら軍隊をつくつてしまつているだろう、いつまで經つてもアメリカの兵隊が日本がいるだろう、自由黨や改進黨の議員ばかりできてしまつたら、また徵兵になるよ。そればかりじやないよ、知らんうちによその國へ戰爭に行かなくちやならないようになるかもしれないよ、一けんのうちだつて、おやじワンマンだとよいようだけれど、そこにばばあやおつかあがいて、チクリ、チクリ注意するからうちの財産もふえていくのさ。國會だつて保守黨が絕對多數じやいけない。社會黨はまだとても政府を作ることはできまい。でも一人でも多く選擧して、せめて政府が勝手放題できぬよう、見はつてもらわなきやいけないよ。だからこんどの選擧は社會黨を一人でも多くすることだね」

「なるほどそれもそうだなあ」

　二三日たつて私にそのおやじさん、

「やつぱりあんたの言つた通りにすることにきめちやつた、むすこが、そこだ、そこだと言うのでさ。」

　世の中の一般の人々はその場かぎりでむづかしい理窟はきらいだ。稅金だつて自分が出す時思つたより少ければそれでいいのだ。そのお金が何に使用されようとかまわない。再軍備だつてそうだ。軍人ができたとて、戰爭がはじまつたとて、自分に召集がこなければよい。空襲だつて自分の家が燃えなかつたらよい、そんな人が多いのです。いずれまた近いうちに選擧のあることと思います。年よりや、女の人にもよく分るように、そしてその人達もなるほどあの人のいうことはもつともだと思わせるように話して下さい。この前の選擧にもつと多く社會黨の人が當選していたら、軍人恩給だつてもつと違つていただろう

(二一頁へつづく)

筆者紹介

木下雪江氏 大正四年東京生れ。津田塾大學英文科卒。勞働省婦人少年局婦人課勤務。婦人人權擁護同盟、日本婦人有權者同盟に參加。

戸川エマ氏 明治四十四年東京生れ。文化學院、文科卒。文化學院主事。著者「おんなの部屋」

大野繁子氏 明治四十一年島根縣生れ。東京家政專門學校卒、松江市市會議員、島根縣勞働組合協議會、松江市職場協議會に參加。

新刊取次

右の新刊書を本社でお取次いたします。振替御利用の上御申込み下さい。

山川菊榮編 有斐閣刊
婦　人　二三〇圓

山川菊榮著 慶友社刊
平和革命の國　一八〇圓
—イギリス—

野上彌生子著 和光社刊
若き世代の友へ　一六〇圓

日本女詩人會篇 和光社刊
星　宴　三〇〇圓

編集後記

○デフレでどこもむつかしい中に、滿一周年を迎え、どうやらぶじに危機をのりこえることができましたのもひとえに讀者のおかげと厚くお禮申上げます。この次の一年間にはいつも三四ページが出せるようにしたいと願つております。そうなれば寫眞もはいり、記事もゆとりがつきますので。この上ともよろしくお願申上げます。

○別項群馬縣の吉田さん御一家のような場合、地域の國保を第一に促進し、それがだめな時、同業者の健保組織の道もあることをご承知下さい。

○洞爺丸、相模湖と大きな災害事件がつづいている中に集團中毒だ、理科實驗のための爆發だとひきもきらぬ暗いニュースに、せつかくの秋空も曇る思いです。謹んでご遺族たちにおくやみ申上げ、今後こういうことの絶對ないように氣をつけたいと思います。

○大阪の中學校で多數の被害者を出した爆發事件は理科室がなく、普通教室で實驗をしたためとのこと。今、世界中の國々が科學教育に力をいれている時、日本ではまだ理科教室のない學校が多いと聞きます。小中學の科學教育が戰前よりはるかに落ちるのも道理です。科學教育の不足も、乘物の責任者や乘客が、定員をこえて人をのせる危險に無關心になつている原因の一つとなつてはいませんか。

○食料品を扱う人が不潔な手や着物を氣にしないのも同じことで、調理人のみならず、肉屋魚屋、その仕事を手傳う家族にも衛生教育を徹底させて災を防ぎましょう。これは政黨婦人部でもとりあげるべき問題で、英國勞働黨婦人部の大會では每年食品衛生の問題が議事に出ているのもいい例です。

婦人のこえ 十一月號
定價三〇圓（〒五圓）
半年分　一八〇圓（送共）
一年分　三六〇圓（送共）
昭和廿九年十月廿五日印刷
昭和廿九年十一月一日發行
編集發行人　菅谷直子
東京都千代田區神田三崎町二ノ三
印刷者　堀內文治郎
東京都港區本芝三ノ二〇
（硫勞連會館內）
發行所　婦人のこえ社
電話三田（45）〇三四〇番
振替口座東京貳壹壹參四番

婦人のこえ

12月號

1954

平和憲法を守りましょう

本誌・社友

（五十音順）

淡谷のり子　阿部艶子
安部キミ子　磯野富士子
石井桃子　石垣綾子
圓地文子　大谷藤子
小川マリ　大内節子
川上喜久子　小倉麗子
桑原小枝子　神近市子
木村光江　久米愛
久保まち子　芝木好子
淸水慶子　杉村春子
菅谷直子　田所芙美子
田邊繁子　高田なほ子
戸川エマ　長岡輝子
新居好子　西清子
西尾くに子　萩元たけ子
深尾須磨子　古市ふみ子
福田昌子　宮崎白蓮
三岸節子　米山ヒサ

日本勞働組合總評議會傘下
各勞働組合婦人部
全國產業別勞働組合（新產別）
連合傘下各勞働組合婦人部

原稿募集

◇論文・隨筆・ルポルタージュ　職場でも家庭でも婦人の立場から訴えたいこと、發言したいことはたくさんあると思います。

また政治や時事問題についてご意見やご批判をお持ちの方も多いと思います。

そうした皆さまのご意見、ご批判、ご感想あるいは職場や地域のルポルタージュなどをふるつてご投稿下さい。

四百字詰原稿用紙　七枚以內

◇短歌・俳句　生活の歌を歡迎いたします。短歌にかぎりご希望の方には選者が添削してお返しいたしますから返信料を添えてお申込み願います。

送り先　「婦人のこえ」編集部

國連の婦人職員

國連の全職員のうち女子一七%。但し五種の高級職員のうちでは僅かに二%、殘る四種の下級職員のうち二〇%。一九五三年一月から十一月までの間に高級職員に任命され又は昇進したもののうち女子九%、下級職員の方は一九%。

ユネスコー全職員のうち女子二五人。五%、五種高級職員の五%。四種の下級職員の二九・三%。

FAO（國連食糧農業機構）女子一六人—八%

WHO（世界保健機構）女子四四人—五五%以上の數字は國連事務局長が婦人の地位委員會の要請に應じて發表したもの。

この數字は以上の如く甚だ不滿足なものだが、これを改めるには各國の婦人が自國の政府に壓力を加えて、國連へ職員を送る時に婦人の適格者をさがすことを忘れないようにさせなければならない。國際連合及びその專門委員は二重の責任を負う。一、婦人職員に公平な昇進の機會を與えること、二、種々の職務に對し、男子と等しく女子をも推せんする必要につき各國政府に注意をうながすこと。

（國際婦人ニュース）

英國のパートタイム勞働狀況

餘つた時間を働くという家庭婦人向のパートタイム勞働は日本でも種々の部門で試みられていますし、現にデパートなどでは好評を博しているようです。

次に英國婦人のパートタイム勞働狀態を御紹介いたしましょう。

英國では第二次世界大戰中に九〇萬以上の人がパートタイム勞働についていましたが、戰後も人手不足のため引續き奬勵されています。パートタイム勞働はいづれの業種でも既婚者が獨身者を上廻つていますが、特に多いのは纎維工業（既婚者三萬六千、獨身者二千）、商業＝販賣＝（既婚者七萬五千、獨身者七千）書記的職業（既婚者六萬九千、獨身者六千五百）となつています。婦人就業者中パートタイム勞働者は全國平均一一%です、（六九一萬六千に對し七五萬四千）土地によつて高低があります。賃金は時間給で常備者のそれと同額です。（勞働省婦人少年局海外婦人勞働資料第三九號より）

婦人のこえ

1954年
12月號

(元氣な新中國の子供たち)

十二月號 目次

危機に曝された男女共學……千葉千代世…(四)
アジア社會主義會議と日本…山川菊榮…(六)
中國を視察して……神近市子…(一一)
李徳全女史の來日と
中日親善……榊原千代…(八)
隨筆
わだつみ會……宮崎白蓮…(一二)
忘れられないこと……葉上完子…(一三)
働く婦人の歴史(十一)……三瓶孝子…(一四)
婦人事務員と勞働組合……アンヌ・ゴドウィン…(一六)
米・パン・牛乳……澤田さかえ…(一八)
主婦のこえ 恐ろしい人たち……町田たみ子…(二〇)
選擧と私たちの婦人會……永瀬清子…(二一)
詩・土曜日の外交員……大山喜久…(一〇)
短歌……萩元たけ子選…(一二)
國連の婦人職員……表紙二
表紙……小川マリ
カット……田所芙美子

随筆

わだつみ會

宮《みや》崎《ざき》白《びやく》蓮《れん》

つい先日新潟縣の長岡という處に行つた。そこの大學生達が「わだつみ會」というのを持つている。私に何か東京の話でもということになつた。

さいきん、家の應接間に來客二三人。いずれも夫の友人、皆六十歳以上の――が話あつてるのを側で聞いていると、何とも近頃の學生達は元氣がない、意氣地がない、おれ達の學生時代は、やれ新人會の、やれ何のかのと、ともかくも僕等がしつかりしなけりや日本はつぶれるぞ、と、云つた具合に大いに己惚れと理想が自分等にはあつた。今の若い學生達は何を考えているのだろう、女の子をつれてお茶をのみに行く、パチンコをやる。一體何をしてるんだ！

こんな話をきいていたので、この通りのことを「わだつみ會」の席上で話をした。そこには男の學生もいたが女の學生もいた。そこで獨立前の印度の話をした。私の家に五六年居候をしていた印度の亡命者からきいた話を。

その頃印度で織物の原料をただみたいにして英國へ持つて行つた。そして見事な織物にして再び印度へ、しかも高い値段をつけて。こうして印度の金を英國へ持ち去ろうというこんたんだつた。ガンジーはこれに對して、「たとえ一尺の布たりとも身につけることを恥と思え」と。その時若い女學生達は街頭に進出した。一人の娘が店の前に立つている。そこへ買物に來る人があると、じつと樣子を見ている。そのうちに例の英國製品に手がふれると、靜かにその人の側へより、丁寧な言葉で行儀よく、「お客樣それをお買いになるのは止して下さい、今お拂いになるお金はみんな海外に出てしまつて、我國は一層貧乏しなければなりません。」そこで大ていの客は小娘にそういうことを聞かされて顏を紅くしながら、「そうでした、氣がつきませんでした」と、詫まるように行つて出てしまう。處が中にはそれでも買うという人がたまにはある。そうすると娘は、少しばかり暴力に訴えるというわけで、その客の袖をとらえて街頭に引張り出す。すると、忽ち飛んで來るのが英國の兵隊だかお巡りさんだかでこの娘を捕えて引立てる。「お前は商賣の防害をするではないか」と牢舍に引かれることも娘は覺悟の前。ちやんともう次には友達がリレー式に店やの前に立つている。その友達に向つて「それじや行つて來ます、ガンジースクールへ」「行つていらつしやい、私もすぐ後から行きます」互いに手を振り合つて別れてゆく。彼女達は獄舍とはいわない、ガンジースクールといつていた。女學生達がこんな風だつたから男の學生はましてこのガンジーの指令の故に港の船の荷物を一品たりとも國内に入れまいとして、時にトラックの前に身を横たえたこともあつた。これらは皆若い男女學生の愛國の熱情だつた。遂に英國はこの織物の印度への輸出の思わくは失敗したという話。

こんな話をしたら「わだつみ會」の學生達は、涙ぐんだ顔をして、僕等だつて――とそれから現代の學生達の目にうつる世相というものを話たりした。彼等にはアルバイトと勉強それだけで精も根もつきはてる話。私が歸る車の窓にとりすがつて別れを惜しんだその姿が今も目に浮び上るのがいとしくも悲しい。

忘れられないこと

葉《は》上《がみ》完《かん》子《こ》

闇、ということをその頃よく耳にした。そしてこの闇値をとりしまる筈の警官を父にもつ私の家でも、母が、「闇米を買わなければ死んでしまいますよ」と云つてよく父といさかつた。

私達は空地が少しでもあればくわを持つて家庭菜園を作つた。お花畑なんぞ探そうとしても見つからなかつた。學校の運動場にも農園ができた。

私の尊敬した南方先生はよく赤いおいもを掘りながら、「子供がこれを好きでネ」と笑つておられたものだつた……。そしてリュックにその手作りのいもを詰めて歸つて行かれる後姿を見送つて私達は、「スマートネ」などとささやき合つていた。

それは私がまだ女學校五年生の新年、始業式の式場で私は南方先生の急死を知らされたのであつた。

月の十日にも滿たない生活費で打ち續く食糧事情の悪化に、闇米も買えず、先生は晝は米拔きの野菜汁しか食べておられなかつたこと、生徒おもいの一念から、そんなに困つておられた先生が内職もせず、市立高女の校長にという話にも耳をかさず、ひたすら民主教育に生き拔いておられたこと。

南方先生にとつてたつた一つの、生活物資補給源であつた學校農園にも立てないほど最近は疲勞しておられたのに、年末手當獲得闘爭のデモ行進に參加され、それがもとで發熱入院された時はすでに過勞と榮養失調で應急處置の方法もなく遂に私達の名前を口ばしりながら今は歸らぬ人になつてしまわれたこと……など……。

私には全く意外なことばかりであつた。夢のようだということをこの時ほど痛切に感じたことはなかつたが、私が一番ふしぎにおもい、いつまでも深いなぞになつたのは、

「正しいことを實行した人が、一番信じられる人が、なぜ、死ななければならなかつたのか」

ということだつた。

私達は卒業を間近にひかえてたつた一つの支えを亡くしたかなしみに呆然としながら今は先生の最後の教訓になつてしまつた寄せ書きの「單純生活」と書かれた意味を考え續けたものだつた。

今から丁度七年前の出來ごとである。

世の罪、第二の山口判事の死

「大きな社會問題として、働くものの手でとりあげるべきだ」

新聞記事に出た誰かのことばを私は今でもはつきりとおぼえている。生涯忘れることの出來ない、はげしいいきどほりをさえおぼえるおもい出である。

危機に曝された男女共學

千《ち》葉《ば》千《ち》代《と》世《せ》

民族の危機を語りつぐ南原氏に
　六千の教師まなこをあつむ
雪の富士みはるかしつつ今日も亦
　教育を阻むものえぐり出されたり

全國二千萬の學徒をお相手に日々の教育活動を續けている幼稚園から大學にいたるまで日教組に結集された五十萬の教師たちはその教育實踐の場を通して得た經驗の交流の中から、さらによりよいものを生み出すために、毎年全國の教育研究大會をもつていますが、この二つの歌は世紀の悪法とまで世論の反げきをうけた、いわゆる教育二法案審議のさなかに靜岡で開かれた大會に參加した一人である、新潟縣三島郡寺泊中學校長の杉本幸作氏が詠まれたものですが、いとしい子らの幸福と日本の眞の獨立を希う全日本の教師たちのひたむきな姿であります。

私共二十四萬の婦人教師もまたつみ重ねた運動の中から、特にお母さんと手をつなぐことの急務なことを教えられました。

お母さん方は子供たちが幸福に育つためにはどんな犧牲をも拂いたいとおつしやるでしよう。子供を愛する氣持はどのお母さんも同じです。このお母さんたちの願いがすなおに生かされるような環境が出來つつあるでしようか、そういう方向に社會は進展しているでしようか。

勉强のことや、映畫のことや、讀物のことでこのままでよいのか、まず心配になります。貧しくて給食費の出せない子、學校へもゆけない子が澤山います。就職や入學試驗がどんなに子供を蝕んでいることでしよう。また折角大きくした子供たちが再び徴兵制度の前に立たされはしないか不安でなりません。

日本の國の政治の貧困は弱い者、幼いものにいろいろの形でしわよせされています。

とりわけ教育政策について大きなあやまちが侵されようとしています。その一つに、男女共學が實質的にくづされ、社會科が解體されて、いわゆる修身科の復活の意圖がなされつつあるということがあります。御承知のように長い間、日本の支配體制は、横の道德よりも上下の道德による强制的な秩序でしたから、お金のあるものはないものの上に、權力のあるものは弱いものの上に、男子は女子より優位にの社會のしくみの中で、いわゆる一旦緩急あれば一枚の羽よりも輕い命の評價がされて來ました。新しい憲法によつて個の確立は横の道德を築き、一人の權力者よりも多ぜいの力の尊さを、あらゆる活動の場で示して來ました。男女同等の權利についてもまた然りです。いわゆる男女の特質を生かした、眞の平等の權利を守るための前提は、何といつても人間の基本的なものを培う教育の場でこれを實現することであります。

それ故に新學制完全實施の大きな目標として一生懸命にその推進をはかつて來ました。

ところが政府は最近一連の反動政策として社會科の解體、高等學校教育課程再編にからんで、實質的に男女共學がくずされようとしています。家庭科必修にからんで進學コース優先の入學試驗地獄が目の前にきています。

去る十月二十二日文部省との交渉の折、緒方初等中等局長は「男女共學は原則的に變える意志はない」といわれたが、社會科改訂も、高校敎育課程再編も同じ目的をもつた、同ケースの問題であつたわけで、わり切つて云うなら〝平和と民主々義を基底とする憲法、敎育基本法の精神を無視して、日本の敎育全體をMSA再軍備にレイ屬させる意圖の下にすすめられた敎育再編で、家族制度を復活して家父長制をしこう〟という、いわゆる民法改正も、憲法改正の動きも共に、日本の復古制につらなる問題であります。

私はここで心配になるのは母親たちのこえであります。勿論一部ではありますが「昔は女學校を出れば曲りなりにも一通りの裁縫料理は出來た、ところが今の女の子たちは高等學校を出ても満足に縫物も出來ないくせに理くつばかり達者になつてこまる。やつぱり、家庭科の時間をもつと增してもらわなくては……男の子は大學にゆくので試驗勉强も必要だ……女の子はおき嫁にゆくのだから……」この大變危險な言葉がともすれば男女共學を内からくづす原動力になりがちであります。

嫁にゆくことのみが唯一、無二の女の生き方とすがりつくのではなく、一人の人間として、また獨立した人格をもつものとしてお互に力を合わせて、幸福な生活をきづき上げる結婚の前提を考えるにしろ、職につくにしろ、他の生き方をするにしろ、その根本に横たわるものは一人の社會人としての完成が大切であると思います。

男女共學についての、抹消的な批判に目を覆われてはならない、敎育の機會均等は貧富の差のみでなく、男女の機會均等を實踐することが社會の進展の要素であることを忘れてはならないと思います。またこの間、ある婦人會に招れてゆきましたところ、年寄りの方たちが口を揃えて「この頃の子供はお行儀が惡くなつた、年長の人におじぎをしなくてこまる、やつぱり昔のように修身があつて、目上の人に會つたら、ていねいにおじぎをすることと、學校の先生が云つてくれなくてはこまる」と云われました。過去の敎育勅語に基く修身敎育によつて絶對的な順應を强制された弊害は、太平洋戰爭の末路によつて、あまりにもみぢめなものであることが證明されました。

やつぱり人間の正しい生き方を明らかにしてゆくのが目的である社會科の充實は一番大切であると思います。社會に對する知識を學び、それと共に社會に對する正しい見方、考え方、感じ方を學んでゆく、そして一人前の人間に成長し、社會の缺陥や矛盾を改めて、一そうよい社會に改めてゆくのは國民としての當然の任務であります。

そのためにはいつも個の尊重がなくてはならない、人間性のふれ合いの中からいたわりが生れなくてはならない、おじぎをしろと書いてあつたから、親孝行しろと書いてあつたからするのではなく、なぜ人間はいたわり合わなくてはならないか、共に成長するために、共に幸福になるために自分は何をしたらよいかを考え合うことが大切であると思います。私は昨年北歐から西歐とまわつていくつかの學校のしつけの狀態を見て來ましたが、『何何してはいけない』の禁語はほとんどありませんし、『何々をすべし』との命令語もありませんでした。それでいてヒューマニズムに徹した敎育のあり方は自然の中に極くすなおに學校、家庭、社會の秩序が美しくたてられていました。「他人の自由を尊重をすることが眞の自由のはじまりである」というデンマークの學校の敎育方針は學ぶところが多く、日本の現實は修身科を復活したからといつて、決して民主主義は發達するものではなく、むしろ逆行する危險性を含んでいるので、私たちは社會科解體に反對しています。

（日本敎職員組合婦人部長）

アジア社會主義會議と日本

☆★☆★

山《やま》川《かわ》　菊《きく》榮《え》

十一月十六日から日本の兩社會黨の主催で東京にアジア社會黨の幹事會が開かれ、ビルマ、インドネシア、イスラエル、インド、パキスタン、ネパール等の代表者に、オブザーヴァーとしての資格でユーゴ代表も加わるそうです。これらの國々は第二次大戰前には西歐の植民地だつたのが戰後獨立し、ビルマの如きははつきりした社會主義政權を確立して重要產業の國有等を實行しその他の國でも多かれ少かれ社會主義勢力の著しい進出を見ました。

一九一四年、第一次大戰の始まる前の世界では、社會主義運動は資本主義の高度に發達したヨーロッパだけのもので、アジアの後進國では僅かに芽ばえた程度で問題外でした。

一九一七年、ヨーロッパとアジアにまたがる後進國のロシアで革命が起り、社會主義的改革が行われたことと、西歐資本主義の弱體化は、東洋の被壓迫民族に大きな刺戟を與え、そういう國々では外國資本に反撥し、民族獨立運動と共に社會主義勢力が發達しました。

第一次大戰中から國際社會黨はすでに結束が失われていたものの、ロシア革命に對しては西歐でも日本でも社會主義者はこれを支持しその健全な成長を助けようとしたに反し、各國の保守勢力はこれに武力干渉を試み、ロシアの舊勢力を支持して內亂を助けたためにロシアは軍備の强化に努め、同時に他の國々の味方を結合するために、コミンテルン（國際共產黨―第三インタナショナル）を作り、獨裁的權力と武力革命の理論と細胞の組織を全世界に網の目ようにはりめぐらしました。しかし生活水準が高く、民主主義の發達している西歐諸國ではその力はさほど强くなく、最も後れ、最も貧しく、そして帝國主義の壓迫に惱んでいる民族の間ほど、それをうけ入れる傾向が强かつたのでした。コミンテルンはその指導に服せぬ者、議會制度を重く見る社會民主主義勢力を裏切者、ファシストと呼んで敵視し、兩者の間の溝は深まりました。

第二次大戰の初めに、ソ連はドイツと不侵略條約を結び、同盟國として協力しましたが、一九四一年ドイツが突如兩面策戰に出てソ連を侵略するや、ソ連は西歐と同盟し、その援助をうけてドイツと戰い、その間に西歐の同盟國との關係を妨げるコミンテルンを解散しました。が、戰後ソ連は新たにその陣營に加わつた東歐諸國と共に一九四八年コミンフォルムを組織し、冷たい戰爭に臨み、自由世界との間にははげしい外交戰が展開されました。

ヨーロッパの社會黨及び英國勞働黨は戰後また社會主義インターナショナルを組織してお互の連絡協力に努めています。コミンフォルムの方は、歐亞にまたがる强大なソ連が中心となり、東歐の諸後進國が衞星國となり、一糸亂れぬ統制を保つ强力な中央集權的組織ですが、社會主義インターの方は、いずれも獨自の古い文化と、自由の傳統と、强い經濟力とを誇る國々であり、それだけに或一國が中心となり指導者となるわけにはいかず、緩やかな連合體にすぎないものの、ドイツが二分され、大陸の政情が困難を極めている戦後は、昔に變つて、英國勞働黨が重きをなしていることは否めません。ソ連を主權侵害として憤つた對ソ關係のもつれからコミンフォルムを除名されたユーゴ共産黨は、社會主義インターにはオブザーヴァーとして會議に臨むだけで、現政權と相いれぬユーゴ亡命政權が、他の東歐亡命政權と共に正式にこれに參加しています。

アジア、アラブの社會黨の中では日本だけがこれに加わり、他の諸國の社會黨は今なお植民地を領有するヨーロッパ諸國との歴史的條件のちがいからこれに參加せず、一九五二年一月インド、インドネシア、ビルマの三國がアジア社會黨大會の準備會議を開き、他の諸國及び日本も參加して五三年一月ラングーンでその第一回大會を開きました。その後六ヵ月に一回ずつ幹事會を開くことになつており、今回はそれが東京で開かれたわけです。ヨーロッパの社會主義インターには婦人委員會ができており、大會の度毎に各國婦人の會も開かれ、情報や意見を交換していますが、アジアではまだ婦人の活動がおくれています。

こんどの幹事會に先だち、經濟專門家が集まつて三日間アジア經濟開發に關する會議を開きますが、過去二三百年にわたり、西歐の植民地として極端な搾取になやみ、今なお國民の大部分が貧困と無智のどん底にあえいでいるアジア諸國にとつて、經濟開發は何よりもの急務です。

そういう諸國としては民族の獨立と同時に社會的改革を必要とし、インドもビルマも平和五原則を強く主張していますが、インドのように反動的な土着資本が有力で、その改革が進まず、社會主義によるほか、國を救う道はないとネールが最近言明したような國もあります。どの道これらの國々は共産黨には同調せず、國內ではあくまで平和的に改革を進め、國際的には對立する二大勢力のどちらにもまきこまれず、一邊倒をさけて平和地域を擴大するという立場をとつています。

こういう經濟問題と共にアジアの大國である新中國との關係をどうするか、も大きな問題です。インドは疾に新中國を承認し、周恩來首相とネール首相とは互にその本國を訪問し、平和五原則を認めて友交關係を確立していますが、他の諸國はそれぞれ事情を異にしているので、今すぐ全く同じ態度に出ることはむずかしい。しかし相互の關係が將來好い方へ向い、アジア社會主義大會が、アジアの諸國民を救うと共に世界平和に大きな寄與をすることはまちがいありません。

「それにつけても日本もまた國內にしつかりした民主的政權を確立し、社會的、經濟的な改革を行うことが必要です。アジアの進歩的勢力が何百年の暗黒時代を蹴やぶつて力強く前進しつつある時、日本だけいつまでも半獨立の姿で光に背をそむけ、腐敗した泥沼の中に浮き沈みしていていいものでしょうか。

（一九ページより）

價格は基本價格一本とし、早期供出米にのみ報賞金を出す。生産費を償う米價をモットーとし、エンゲル計數（生活費全體に對する食糧費の割合）三七％とする。將來の方向としては勞働者農民を主とする食糧管理委員會を作り、統制を行う。當面の措置としては生産者代表をいれた監理委員會を作り、生産者が自主的に供出する方法をとる。豫約買付によつて三千萬石を確保し、現在より三分一配給を增加する。

A　自由黨は統制撤廢論ですね。そうすると內地米は一ッブも貧乏人の口にははいるまい、非常な不滿と不安が起ると見る人も多い。日本の農業のあり方や食生活の習慣を改めることと共に、できるだけ公平な米の分配ということは、勞働者も農民も私たち主婦も、みんなで眞劍に考えましょう。

時評

李德全女史の來日と日中親善

榊《さかき》原《ばら》千《ち》代《よ》

「遠い親類より近い他人」という言葉がありますが、隣近所親しみ合えず、疑惑を持ち、不信の思いをもつて、時には憎しみさえ抱いて暮さなければならないとしたら、どんなに辛く、不愉快で不幸なことでしよう。日本と中華人民共和國との間の關係が例えばこのような狀態ではなかつたでしようか。戰爭が終結して五年たつても六年たつても捕虜も返してくれない。人道上の問題ではないかといつて、國連に提訴してみたり、萬國赤十字社を通して幾度か訴えてみたりしました。

突如として中共から戰犯、捕虜、在留民を送還しようといつて來ました。國交が恢復していないので日本赤十字社、平和連絡協議會、日中友好協會など民間團體によびかけてきたのです。窓打つ雨の音にも、戶を叩く風の聲にも待つてる人の足音ではないかと、ハッと胸騒ぎする程の留守家族の身にしてみれば夢ではないかと驚く程の喜びで、數しれない多くのそういう人々の悲しみを分けあつている國民としても他人事とは思われない音づれでした。

赤十字社はとにかく、赤の團體は困ると、外務省は面倒臭くゴテていましたけれども、赤でも靑でもいいではないか、旅券は一日も早くそれらの代表者に下附されなければならないと、いう國民の聲に壓倒されて、戰後始めて中國への公の旅券は晴れて下附され、高良富子女史をも加えてそれらの人々は使者として中共入りをしました。

重大な使命をもつた彼等が接衝に當る中共當局の責任者は、實に中國女性の一人、紅十字會會長の李德全女史でした。故馮玉祥夫人として夫君とともに將介石に反對してアメリカに亡命したり、苦難の道を步いて來ました。結婚前はクリスチャンとしてYWCAの幹事をしたりして婦人の向上と解放のために働いていました。

日本の使節に對して女史は親切と好意をもつて接し、引き上げについては細心の配慮と注意を與え、そうして引きあげ者が持つて歸る荷物についてもかなりの大量迄輸送は無料、港への集結から乘船までの宿泊も無賃、金は殆ど持ち歸ることを許すなど、凡てが想像を越えた寬大さでありました。

お使いの人々とすれば嬉しくて有り難くて、李德全女史に「どうぞ日本へお出で下さい」とお願いすると、女史も喜んで「お訪ねします」と答えられたそうです。

李德全女史の招待ということがこうして日本の世論の中に浮び上がりました。そうして殊に留守家族の人達の强い要望にも關わらず外務省がウンといわないままに空しく半年一年と月日は流れていきました。國會でも度々問題になり、また藤原道子さんが取り上げて「どうしてお招きすることが出來ないのか」と質問すると、岡崎外務大臣は「感謝する方法は招待しなくても、ほかにもある」と答え「それならばどういう方法があるか」と聞くと、大臣は「例えば物を贈るということも出來る」など答辯しています。

然しついに世論に勝てず、李德全女史來日が決定した時は國民はどんなに安堵したでしよう。こうして女史は日本赤十字社のお客として十月廿八日羽田に着きました。空港に下り立つた女史は次のようなメッセージを述べました。「私たち中國紅十字會の代表團は日本赤十字社島津先生のお招きではじめて日本を友好的に訪問する機會を得ましたことを非常にうれしく思います。私たちのこんどの訪問は中日兩國のお互の新しい發展をなすばかりでなく、友好的な氣持と中日兩國人民の間の理解を深め、新しい交際がはじまるわけであります。そこで私は日本赤十字社の工作員、さらに東京都民、全日本人民に心からのごあいさつを送ります」と。

翌日李德全女史が携えてきたうれしいおみやげ、殘留戰犯者名簿は島津日赤社長に手渡されました。名簿にのせられた約千名のなかには生死不明だつた數多くの人たちが含まれ、しかもその大部分は年内か明春に歸國できることまで明らかになり、名前は日赤からラジオで刻々に放送されて、喜びに泣きくずれるもの、思わず家族抱き合うものなど全國に感激の渦がまき起つたかと思われました。

全國民が示したこれまでのどの外國のお客さまに對するよりももつと大きな、そうして熱誠溢れる歡迎は、女史がヒューマニティーの上に立つた使命をもつて訪れたというばかりでなく、更に政府の方針によつて心にもなくいがみ合つていたような狀態におかれたお隣の國との交際のきつかけが出來、交通の道が開けかかつたということに、國民が何かしら安心したほのぼのとした氣持の嬉しさのためではなかつたでしようか。行くところどころに現われるその盛んな歡待の樣子をみて、「これは壓えようとしても壓えきれない日中親善ということについての全國民の强い要望の現われですな」と、ある人は私にいいました。交通、交際ということがどんなにお互の理解を助け、お互の理解ということが世界平和のためにどんなに必要缺くことのできないものであるか、開かれかかつた道を私たちは二度と閉ざすことのないよう努力しなければならないでしよう。

ところで外遊した吉田首相が隣國中國との交通の道、有無相通ずる貿易の道を少しでも廣く開くために西歐の國々を說得する代りに行く先々で反共反中國の演說をぶつて步いたということは一體正氣の沙汰でしようか。讀賣新聞の特派員は二十七日ロンドンからの報道で、「吉田首相の二十六日午前の記者會見や午後の英議會國際議員同盟での演說の反響はあまり芳しくない」。また「イギリス國民の半分は勞働黨員だということを考えると吉田首相が單純な反共論だけでイギリスの同情を得ようとするのはあまりに古すぎると指摘されてもいる」と傳えています。

かつて「我に二百萬の軍隊をつくる援助をしてくれるならば、北鮮に攻め入り、滿州を攻擊して朝鮮を統一してみせる」など、アメリカ中を演說して廻つた、あの馬鹿な李承晩にどこか一脈相通じるものがありそうな氣がするではありませんか。

新中國建設途上私たちが到底納得することの出來ない多くの面のあることも想像されます。心を合わせて働かなければならない時に蔭で批評ばかりして協力しないのでは困るので、そんな意味からも批判の自由などが制限されているであろうことも事實だろうと考えられます。

それにしても李德全女史とその一行の言動は見事でした。打ちとけた態度でおだやかで平和共存など主張するところは熱心でした。そうして在留の華僑に對しても日本にいる間は日本の法律風習に從わなければならないと注意したということも聞きました。紅十字會長として衞生部長（厚生大臣）として李德全女史の自信に充ちたその樣子の堂々としていたこと、しかもいつもにこやかに、國民歡迎大會の時など「手をつないで平和を進めていきましよう」と話しながらうれしそうに拍手するなど天眞爛漫とも見える程でした。

パンディット女史にしろ、李德全女史にせよ、どうしてこのような優れた女性が現われることが出來たか。それは個人としての女性の有能有力なことによることは勿論ですが、そういう女性の力を伸したり阻んだりする環境の力を無視することは出來ません。

十一月十三日婦人團體勞組婦人部などの家族制度復活反對の總ケッキ大會とデモ行進が行われました。

アジアの婦人に步調を合せて進むために、この弱い聲を日本の全婦人の聲に迄組織することが出來る迄努力したいものです。

詩

土曜日の外交員

大《おお》山《やま》喜《き》久《く》

街はスクーターの騒音が
ヘップバーンのほほえみを交叉させ
靴下は靴の中で
ギシギシと
油つぽい音をたてていた

明るい灯の前に來たとき
彼は素早く名刺をとり出した
〃明治生命です
　生命保險に入つて下さい〃
日燒けした顏に幾度くりかえしたであろう
あの
演技の
白い齒を出してニッと笑つた
〃ダメなの
　そんな餘裕はないんです〃

彼は目をふせた
〃あなたの家も
〃私もやつぱり
生きて行かなきやならないんですもの〃
彼の目が
急に黄色つぽくゆがんで
白く光つていた齒も
見えなくなつていた

アシタは動物園へ行くんダヨ
インデラさんにリボン上げるんだ
朝
子供が出がけに云つてたッケ

土曜日の午後八時が
ボーンと音をたてた

妻のこぼれそうな
三人の子供の涼しい
黑い瞳

彼は自分の五尺餘りの身體が
急に小さく見えて來た
こんなに歩かないでも
みんなに
やあ　いらつしやいと笑顏で迎えられ
歩合制でなく
ハトロン紙の月給袋を
肩のつまつた
背廣にしまつてみたかつた

彼は思いきり强く
石を蹴つた

暗い夜の空には
詩人の〃戀〃とか云う
星が
屈託なさそうにかがやいていた

〃何もかも
暗い　重い　土曜日なんだ〃

（横河電機勞働組合　青婦對部）

中國を視察して

神《かみ》近《ちか》市《いち》子《こ》

(新中國の農民・背後トウモロコシの堆積)

やく三十日間中國を歩き廻つて主に婦人・子供のための福利施設、革命後の施政の狀態を視察した結果、私は勞働者農民の問題が少くとも解決の緒だけはシッカリとつかまれたという印象をえて歸つてきた。

中國の政治狀態については誤解されている點が多いのではないかと思う。つまり竹のカーテンの內側は共産主義一本で行われているように思つている人が多いのではないだろうか。しかし、實際は非常に多面的な流通性のある政治が行われているのであつて、中國が今世界的に注目されているのは實にこの多面的な政治のせいであろうと思う。

近代になつてから中國には一八四八—六五年の大平天国の亂、一九〇〇年の義和團事件等の爭亂が起つたが、最も大きな變化をもたらしたのは一九一一年の辛亥革命で、孫文と軍閥が組んだこの革命によつて、淸朝は倒れ、近代的民主化へ一歩入つたのであるが、孫文自身は軍閥と合わず、間もなく失脚して日本に亡命し、次の革命の準備中一九二五年に惜しくも亡くなつた。

この革命後、一九二七年頃から廣東省には小さな解放地區がつくられていた。どんな軍閥の勢力も及ばない區域が四、五ヵ所でき、自らの法律と政府をつくり、勞働者、農民が教育され、指導されていた。毛澤東は一九二三年には廣東の農民運動講習所の主任講師であつたが、その後この解放地區の教育育成にはおそらく一役買つた人であろう。當時二十七八歳で、以來革命の指導者として三十余年人民と共に生きて來た人である。この解放地區の經驗は非帶に高く評價されているところをみると、この經驗が全國的につたはり、今次の革命の基盤となつたのではないかと思う。それによつて新中國共和國ができたのであるから、政府と人民との間に隙がない。また毛澤東はこの解放地區の經驗と先進國ソ連の經驗を考量して政治を行つているので勞働者・農民から壓倒的な支持を受けている。

中國革命を見て感じたことは無理が少ないということであつた。つまり、古いものの一切を否定し破壞して全く新しいものに改えたのではなく、從來あつたものを一〇〇%利用しているのである。廢物利用を巧みにやつてのけているということである。例えば八千萬の會員をもつ全國的な婦人團體である民主婦女連合會(會長蔡暢、副會長毛澤東夫人、李德全、魯迅夫人)は新政府の下に集つた勞組や公務員、革命に參加した人々と共に、國民政府治下にあつた婦女連誼會やYWCAや少數民族の婦人たちまで糾合したものである。しかし幹部は解放戰によく闘つた人たちがなつている。組織は最少十人から三十人を一單位とし、これを郷、縣でまとめ、更に省でまとめ、最後に全國的な連合會としているもので横從の連絡を保つている。全國で五百人の委員が選ばれ、その中からまた執行委員や常任委員が選出される。婦女連合會は第一に婦人と子供の問題を取上げている。どんな男もこの會の監視を逃れて勝手なことはできない。人民代表の婦人の中には婦女連合會の幹部が大分いるので官製的な匂があるかと思われるが、それよりは連合會自身が政府の方針と理想を全面的に支持しているような印象がつよかつた。しかし政府もまた支持されるほどのことを婦人と子供のためにしている。

政府の無理のないやり方の適例として農業問題を上げることができる。地主側の苦しい狀態は「私は中國の地主だつた」という本もでているので周知のことと思う。しかし政治をする人はあでもしなければ幾千年來の封建性を打破することはできなかつたのではないかと考えられる節もある。

どういう段階をとつて農民を成長させ、社會主義的思想へと導いて行つたかというと、

第一は大地主の場合、これは問題は簡單で、土地を耕作農民に均等に分けた。第一は富農の場合、富農とは百町歩もつていても、五十町歩持つていても自ら耕作している人たちのことで、これは小作に出している分はとられたが自分で耕作に當つている分はその儘所有をゆるされた。小作米で遊んで食べている人ではないので、こういう人はそのまま土地所有を認め、耕作をつづけさせた。中農もこれと同樣である。第三の貧農の場合は大體その土地の狀態に應じて土地を分配されている。そして、第一に互助會を作つて土地も農機具も各々持主が監理して共同耕作をする、次の段階は農業生産協同組合の形で、各自の所有地に應じて持株を持たせる。つまり土地を株とし、持株と勞働力に從つて收穫を分配する。するとすべて計畫的に衆智をあつめて行うので、個人個人でしていた時より生産がずつと上る。個人が自分の力でやつていた時を百とすれば、それが

短歌

萩《はぎ》元《もと》たけ子《こ》選

小關哲子

無人島にあらざりしなりビキニをば信託統治領と明らかに知る

白き布黄に染まりゆく井戸水を嘆きつつ主婦らその井戸を去らず

齋藤ひで子

隣室に瘠せ型の女棲み良き聲で炊事の時にアベ・マリヤ歌ふ(アパート)

天羽貞子

勤め終へて歸りし暗き我が部屋にほほゑみかけるマスコットあり

中村坦子

われらにも反抗權ありこの一票正しく美しく行使すべけれ

三百にも五百にもなる。こうして所有の價値と勞働の價値が次第に離れ、勞働こそ根本的なものと考えるようになり、自然と社會主義的な考えを持つようになつていく。

このやり方がどこでも用いられていて、最後に就勞日數により收獲物を分配する段階にくると考えられている。これが第三の段階で、大地主の所有地であつたところでは、イキナリこの形體をとつている。

私たちが一番ひけ目を感じたのは教育と子供の施設であつた。と言つて中國の子供が全部立派な施設に惠まれて天國のような生活をしているわけではない。まだまだ放つておかれる子供は至るところに見られたし、裸足でボロを着ている子供も少くなかつた。

子供の施設で一番立派なものは上海の「少年宮」で完全な設備のもとに全市から推薦された子供が繪畫や音樂や工作などのグループに分れて指導されていた。この子供たちはまた自分の學校に歸つてゆくと、こんどは自分の學校の友だちの指導に當るものであるが、社交的で、人なつこくつて視察者にまつわりついて離れない。よくこれほど訓練したと驚くばかりである。ここには勞働者たちが作つておくつた船、飛行機、機重機、自動車などの模型がたくさん寄附されてあつた。子供たちに大きくなつたらなにになるか、と尋ねたら、こういうものを作る人になると答えていた。このような兒童施設は主に都會にあつて僻地にはないが、將來は末端まで及ぼすという話であつた。

教育は骨の折れないようにしてある。小學校の親の負擔は教科書程度で年二萬元（邦貨三百圓）くらい。大學は被服と小遣だけ自辨、その他は全て國庫負擔である。入學は勞農優先で八〇％が勞働者、農民の子弟である。教育も生産技術も知識階級を非常に必要としていて養成を急いでいるのでこういう處置をとつているようだ。

托兒所は家庭と職場が兩立するように、工場や勞働者住宅地區には親切な施設がある。大體子供五人につき保母一人がついている。母親が遠くの工場で働いている場合は月曜から土曜まで托けられる。全托で一カ月個人負擔二十萬元（普通月收百萬元）、國家補助二十萬元となつている。

勞働者住宅は七八家族で十丈、八丈の二間に隣家と共同の臺所、水洗便所というところ。私たちが非常に羨ましく思つたのは、一番困つている人、住宅事狀の悪い人が最優先的に入居できるということであつた。お金があるとか役が上だからということは一切認められない。これは私たち社會主義者が常に理想としているところである。

姙婦の勞働時間は一時間短縮される（通常人實働七時間半）。姙婦の休憩室は質素で、無痛分娩の圖や、全裸の出産狀況を描いたものが周圍に貼りめぐらしてある。出産手當は八萬元（夫婦いずれが働いている場合も同じ）、産休八週間、難産は七十日、早産三十日が貰える。難症のつわりには十五日の休暇がとれる。

以上のように婦人・子供のために、深い配慮がなされ、親切に取扱われているのであるから婦人が政府に協力するのもむしろ當然ではないだろうか。（談）

◇

この記事は十一月八日午後二時から參議院會館において行われた神近先生の「中國視察報告」の要約に、先生の御加筆を願つて掲載させていただきました。

（編集部）

◇――◇

働く婦人の歴史（十一）

平安朝の働く婦人

…商業の初め…

三《さん》瓶《ぺい》孝《こう》子《こ》

平安朝（八世紀の終りから一二世紀の後半迄）には、前にも述べたように農業が相當に發達し、農產物の加工も盛んになつた。平安朝の前半の延喜時代(九〇一〜九一四年)に地方から中央の朝廷に納められた調、庸（前にも述べたが、租稅のようなもので、品物で納める）を見ると、稻のほかに織物、糸、綿（眞綿）紙、筥（ハコ）海草類、染料（染草）その他いろいろの農民（當時は人民は官吏や豪族を除けばみな百姓であつた）の生產物があるが、それだけに、いろいろのものが生產されたことが想像される。

いろいろの品物が生產されるようになると人々の慾望も大きくなるし、また人々の慾望が起きるとその慾望を滿足さるような品物が作られるようになる。これは「必要は發明の母」と云われることと共通することである。が、こうしていろいろの品物が作られるような時代になると、人々の慾望も大きくなり、完全な自給自足出來なくなつて、人の作つたものを物々交換したり、お金で買つたりしなければならなくなる。この場合、大てい人の集まるところで物々交換が行われたので、そこを市《いち》と呼ぶようになつた。

市は前の奈良時代にも人の集まるところに開かれ、ここでは主に物々交換されたり、稻が貨幣の代りに用いられた。平安時代にも物物交換が行われたが、平安京(いまの京都)のような中央では錢貨(貨幣)が流通したので、お金でも品物が賣買されるようになつた。

清少納言（一一世紀の始の人）の枕草紙という本によると、辰《タツ》のいち、つばいち、おふの市、かまの市、あすかのいち、など、今の京都、兵庫、奈良にかけて有名な市のあつたことが書かれてある。平安京(京都)には東、西に市が立てられた。東市の店は五十一、西市の店は三十三と定められた、各々市を開く時が定められていた。市門があつて、取締の役人がその門の開閉にあたつた。

この市では糸、織物、着物、油、鹽、菓子筆、墨、藥、太刀、弓、香、金器、漆、木器馬、海草、蓑笠、未醬、糖など、一店で一品づつ賣ることになつていた。朝廷や貴族は不用の品物をこの市に拂下げたし、農民は自分の作つたものを持つて來て交易した。

この市の商人は市人(いちびと)と呼ばれ、女子の場合は市女(いちめ)と呼ばれた。彼等は市以外の場所に住んでいて、東西市に定まつた時刻に集まり（午の刻というから今日の晝に集る）、日の沒するまで店で賣買を行う特權を有つていた。彼等の住居は九條あたりにあつたらしく、源氏物語に「はかばかしき人も住まぬ九條あたり」とあるが、この邊は當時、こうした身分の低い人の住む場所であつたのであろう。

市人、市女を普通の人と區別するために籍《セキ》帳《チヨウ》（市人、市女の登錄名簿帳のこと）に登錄されていて市司(いちのつかさ、市を監督する役人）の命令に從い、地子（いまの營業稅の如きもの）を免除された。彼等は市での賣買で利益を得るばかりでなく、租稅免除という特權を持つていたために、富裕になる者もあつた。この東西市に店を一つ持てば立派な家屋敷を立てることもできたようであつた。

平安京の東西市は官營市であつたが、この市に市籍をもたない商人もあつた。これを座商といつたが、座商が女子の場合、町女と呼ばれた。この外に家々を訪問して商賣する商人があり、男子を稗販夫、女子を稗販女（ひさめ）或は販婦と呼ばれた。今日の行商である。販女は農作物や魚類の直賣で近距離を賣り歩いた。

この頃につくられた本朝無題詩という詩の「物賣り女を見る」という中に、こんなのがある。

田舍びた服裝の疲れた女が、夕日の沈む時、物を賣つて歩いている。人の家の門前をさまよつているが、貧しい家では買はうともしないし、富んでいる家でも呼ばうともしない、と。

販女《ヒサメ》のあわれつぽい姿が見えるようである。また京都の大原山に住む女が炭を賣つて歩いている様なども讀まれているが、京都のような消費地にはこうした物賣女が山村や漁村から出てきたのであろう。

源氏物語には、三條あたりの朝ぼらけを群れてゆく販女は「物載きたる鬼のやうな」とあるが、大原あたりから出てくる販女は、朝早く朝もやの中を群をなして商賣に出かけた。頭に賣物をのせているので、もやを通して見ると、鬼のように見えたのであろう。この時代には物資を流通させる大きな機關がこの行商であり、そして女子であつた。

販女の中には性質のよくない者もあつたらしく――これは今日でも同じことだが――今《こん》昔《じゃく》物語《ものがたり》(平安朝の後期に書かれたもの)に反《へ》吐《ど》をかけた鮨鮎（鮎に酢をかけたもの）を賣り歩いた悪い販女の話が書かれてあるし、またこんな物語ものつている。

三條院の天皇が東宮でおいでの當時、御所の役所に魚を賣りに來る販女があつた。役人たちは味もよいのでこの魚を買つて食べた。それは魚を切つて干したものであつた。ところが或る日、その販女が蛇を打ち殺しているのを買つて食べた者たちが見つけた。それで、この販女は魚の干物と言つて蛇の干物を賣りつけていたことがわかつた、と。

今昔物語というのは、物語を集めたものであるから、この話は事實ではないであろうが、販女がいろいろゴマカシをしたことは事實であつたろう。源氏物語には「顏は猿の如く、心は販婦にてあり」とあるところをみると、當時の販女には、あとは野となれ山となれで、その時限りのニセものを賣りつけることも可なり多くあつたかも知れない。

商業道德などのない時代であるから、惡い販女もあつたろうが、女子が商業という一つの獨立の仕事をもつたことは女子の勞働の歷史の上で注目されることと思う。市女ももちろんそうであつて、彼女達は家事勞働から離れて、一つの獨立職業人となつた最初の女性であつた。市女は男子の市人と並んで登錄してあるのだから單なる手傳でなく、商賣の權利をもつた獨立商人としての婦人であつたろうし、販女の方も零細な仕事ではあるが自分の計算で商賣する獨立職業人であつた。

この時代は男子の支配時代ではあるが、また、家とか、職業の世襲（親子代々職業を傳えること、日本では特に長男によつて受けつがれることをいう）などはなかつた。勿論工業にも專門的な職業的職人が漸く生れようとしたばかりであつた。工業が發達し、職人という一つの階級が確立され、他方では父家長制が民間にも確立するようになり、その職人の世襲が男子に限られるように、ハッキリと男尊女卑の思想が出來上つたのはこの後の封建時代である。

婦人事務員と勞働組合

英國事務及び管理勞働者組合副書記長

アンヌ・ゴドウィン

婦人事務員の前進

全國を通じて事務勞働に從う婦人は六十年前卽ち一八九一年には總數五十萬のうち女子三三萬、一九一一年には八四萬三千人のうち女子一六萬六千、一九三一年には一五〇萬のうち五〇萬だつた。一九五一年には總數二百萬のうち男子七五萬、女子一二五萬となり男女の割合が逆になつてしまつた。（英國の總人口五千萬、女子は男子より二〇萬多い）といつて女子が男子の職を奪つたわけではなく現代の事業にはますます多くの事務職員を要し、その需要増が、婦人勞働で補われたにすぎない。

事務勞働の方法の革命

婦人事務員の增加はタイプライターや電話の發達に伴つている。更に計算器初めさまざまの機械の發達がつづき、そういう新しい機械を操縦する者はおもに婦人だつた。こういう事務勞働の機械化が婦人の進出を助けた。

勞働組合の發達

この間に一般産業界にも一つの革命が進んでいた。それは久しく熟練勞働に限られていた勞働組合運動が、不熟練勞働にもその手をのばし、次から次と續くはげしい闘爭の中に港灣勞働者及び一般勞働者までその中にだきこんでしまつた。こういうできごとの與えた刺戟と興奮とは今までお高くとまつていた事務職員の大軍の中にも影響せずにはいなかつた。十九世紀の終りには、事務職員の中に最初の組合が組織された。

それは微々たるもので始めは誰も氣にとめず、とりわけ雇主は何とも思わなかつた。にもかかわらず、活動的で賑やかで、中でも一九〇三年に婦人事務員の作つた小さな團體「婦人事務員及び秘書連盟」は、新聞ではでに扱われたおかげで實力の何倍にも買われた。實際初期には、ひとり女子のみならず、男子に對しても、事務勞働者と筋肉勞働者の共通の利害を說き、仕事を求め、合理的な賃金を求め、合理的な保障を求める必要をあくまで辛棒強くたたきこむ宣傳活動が、この組合の主要な仕務だつた。

今日の地位

上にも述べたように今日では事務勞働者の大軍は二百萬にも達している。この大軍の中で勞働組合の意義と必要とが十分徹底しているとはいえないが、多くの重要な部門にはすでに組合が確立され、つい數年前までは不可能と思われたような、俸給や勞働條件についての交渉機關や團體契約をもつようになつたのである。年々組織は進んでいる。

婦人はこの中でどういう役割を演じているか。私は女性は男性よりよくもなし、悪くもない、というのがその答えだと思う。私の組合では五〇％以上が婦人で、委員長も婦人だし、七つの地域支部のうち、三つまでが婦人を代表として執行委員に選んでいる。私たちの支部には婦人の役員が多く、婦人組合員は地方評議會でも勞働黨の問題にもよく働いている。が、そういうのは特に進んだ人々で、一般大衆はどうか、という問がかけられるだろう。

無組織の婦人事務員

事務員組合が婦人を組織するには二つの難關がある。その一つは、どの組合でも當面する問題、即ち大多數の婦人の勤續年數が短いことで、そのために次々と年中新しい組合員を養成していかなければならないこと、も一つは事務勞働者特有のもので、たぶんその仕事に個人的な關係のつきやすい結果でもあろうか。

婦人は速記やタイプのような、雇主又は經營者側と個人的な接觸をもちやすい仕事に雇われている場合が非常に多い。婦人たちは自分たちの仕えている人々に對しては極めて忠實であり、それ故にこそ秘書や個人的な事務員としてすぐれているのである。この忠實さのために往々にして組合を支持することに不熱心となる。

婦人の監督者

雇主に忠實なことを求めるあまり、最惡の行きすぎを犯すことも婦人の監督者にはありがちのことである。彼女たちは單に當然自分の權限に屬することのみならず、全く權限外のことについてまで、部下の娘たちに干渉したがる。個々の監督者は部下に對して親切で思慮深くはあろうが、外部の勞働組合の與えるような保護は與えることができないにもかかわらず、組合活動が監督者への忠誠の問題にふれることとなる。長い目で見れば、冷酷な資本主義の不正から部下を守り通すことのできない溫情的な婦人の監督者こそは、何よりも事務所の若い婦人たちの間に勞働組合の發達することを妨げた力であつたろう。

既婚婦人と組合活動

今日の職場には既婚婦人という新しい要素が加わつてきた。既婚者は未婚者よりも組合にはいりたがらないとは私はあえていわないけれども未婚者よりも既婚者の方が組合の中で積極的に働くとはいえない。家庭の務めが重く、のしかかつているので、職場と家庭とで一日の勞働時間が餘り長すぎ、その結果、既婚婦人は外部のことに關心をもつ餘裕がないほど、視野が狹められてしまうのである。

どういう職場に働くにせよ、今のところ組合に參加するということが働く婦人にとつて代々傳わつてきた良い習慣であり、自動的な過程だというまでにはなつていない。事務所に働く婦人たちに對する宣傳は大に必要であり、機會ある每に組織をすすめる努力を怠つてはならない。

牛乳 パン 米

――主婦の立話――

澤田さかえ

◎ヤミ米の洪水

A 今年は四五月頃から七月末までうすら寒く梅雨が長びいて、お米はどうかと心配しましたが、幸い一般的には惡くなかつたようですね。デフレの上に凶作では大變でしたが。

B 政府の發表でも六千四百萬石となつています。世間の常識では平年作七千萬石は動かぬといわれ、農民の中にも、政府が六千萬石という年は八千萬石は確かだという人さえあります。去年でさえ一律に惡くはなかつたのに、極端に惡い所を基準にして義務供出量をへらしたから、ヤミに流れるお米がいくらでもあるんですよ。

A 去年のお米を賣惜んで値上りを待つていた所へ、今年は作柄がよく、ヤミ値が下つてあわてている農家が多いようですね。もちろん飯米がやつとの零細農ではなくて、餘裕のある農家にきまつてますが。

B 麥も公表してある數字よりはずつと澤山とれそうなのに、なぜ高いお金をだして黄變米を買つたり、アメリカのもて餘しものの小麥を高く賣りつけられたりしなければならないのでしようね。

C 全體としての食生活の習慣を變えるとか、乳製品がもつと安く出まわるとかするには時間がかかり、穀類、殊にお米にたよる度合の強い今では、やはり輸入は必要でしよう。それにしても、六千四百萬石に對して千八百萬石の義務供出量。知事さんたちが選擧を前にして農村の投票めあてに供出量をへらすのに奮闘したそうですね。

A 新聞でみると毎日東京でつかまるヤミ米だけでも何百俵。日本中に流れているのが年に一千萬石とも二千萬石ともいいます。先日私がいつたお米の産地の栃木縣の小都市でお米の話が出て、いつたいどうしたらいいとお思いですか、と勸め人の主人に聞いたら笑つて、統制なんかあつてもなくても同じですよ、この邊ではヤミが一升百圓、配給米が百十圓だから配給米なんか買う者がなくて米屋さん大困りです、というんです。中には一升百二十圓の割で二三十俵も買いためて端境期にもうけるつもりだつたのが、百圓に下つて大損したのもあるそうです。

C 東京では一升百五六十圓しますが、注文すれば米屋が配給米と一所に公然配達してくれます。ヤミ屋・米屋幾人もの手を經て百五六十圓になるので、恐らく産地では配給米とどつちこつちでしようね。

B その百五六十圓もするヤミ米をぜひ買わなければならないというのは？

◎牛乳、乳製品を安く

C パンやうどんもたべますけれども結局若い者、働きざかりの者にはおなかにもたない。牛乳もバターも肉類も高い、パンにあうような脂肪に富んだ副食物は高い。ヤミ米が一番安いという經濟的理由からです。

A せつかく發達しかけた酪農も飼料が高くて牛乳が安いので割にあわず、農家はふやした乳牛や子牛を現金にかえてるそうじやありませんか。

C 牛乳は生産者の手を一升四十圓ではな

れて、東京市内では十五圓、汽車では廿五圓です、生産者と消費者をぎせいにして獨占的な大資本がもうけている。バターも安くはなつたがまだまだ。英國では保守黨の食糧統制廢止で肉や乳製品など値上り。そのために大きなストライキが起つてますが、その上つた値段というのが、日本の値下りしたのより安いのですから。所得は向うがずつと多く、免税點もはるかに高い。

B　厚生省の調査では、東北地方の單作地帶のお米ばかり多くたべる地方の人が短命で、文化の高い關西や、一般に雜穀を多くたべる地方や海岸などが長生きですね。東北の貧乏という、短命の要因もありましようが。昔徴兵檢査の時代にも、米を偏食する山形縣の農村の青年は體位が劣つていました。

C　食生活の習慣をかえるには、日本の農業の性格も變える必要がある。これは都會の消費者の食生活の習慣ばかりでは解決できないので、酪農が生産者にとつて割にあうようにし、消費者としての農村の家庭でもそれを利用するようにならなければね。

A　先日私の會つた北海道の農協の婦人は、私の家ではお米は作らない、酪農でパン食です。だから冷害の心配なしです。お米を作つてる家は去年も今年も冷害で目もあてられないといつてました。明治の初め、屯田兵の頃には北海道では米作りは禁じていたのですがね。

B　米を「主食」、パンを「代用食」として一段劣るものとして扱つたり、「貧乏人は麥を食え」などと雜穀を輕蔑したりしては、米偏重の習慣は改まりませんよ。

◇農民も新しく進歩的に

C　それにしてもヤミ米の洪水の中で高いお金を拂つて黄變米を買いこむことは防ぎようないものでしようか。もつともデフレで農村の次三男は失業し、それがカツギ屋になつて一時凌ぎをしているのも多いし、長い間には専門家になつたのもありましようが小學校の校長さんが給料が高いのでやめさせられまだ勉強盛りの子供を抱えて遊んではいられないといつてヤミ屋になつた話も聞きました。

A　米の買上げねだんをもつと高くしたらヤミがなくなり、外國から買わずにすんでその方が得ではないかといいましたら、ナニいくら高くしたつて農民は滿足しない。米が高くなれば賃金が高くなり、工業品も高くなる、インフレと惡循環で危險ですよ、という人も多いですね。

C　統制をやめるか、徹底的にやるかですね。勿論農民の欲ばりと利己主義は抑えなければならず、教育で改めることも必要ですが、生産費はわらないようにしなければならない。それには、新しい技術をいれてコストを安くすることも考えなければならないし、農村の文化や教育水準を高めて偏狹な我利我利盲者のボスに指導權を與えないようにすることですね。金權萬能の保守勢力の代りに、進歩的な若い世代が農村の指導權をとれば變るでしよう。良心的な婦人もいい。社會黨あたりはお米の問題をどうするつもりでしよう?

◇どんな統制が適當か

B　左派の人に聞いてみたらこういつてました。

一、米價問題——生産費を償う價格、俵代を含めて石一、三〇〇〇圓程度とする。（農民の日當五九二圓と見て）これは肥料、農機具等、生産資材の値下げによつて實質的にその位とする所をめざす。二重米價政策は基本的には不賛成だが、當面の措置としてはこれを認める。現在の政府豫算はすべて再軍備的性格をおびているので、これを検討すれば、そのための補給金は増税せずとも捻出できる。

二、統制問題——統制は廢止せず。生産者

（七ページへつづく）

主婦のこえ

おそろしい人たち!!!

町《まち》田《だ》たみ子《こ》

私は公務員として働いている一主婦です。去る九月十一日、前橋市の新黨演説會で自由黨、改進黨の岸信介、芦田均氏らが盛んに吉田内閣を批判していました。彼らが自由黨員でなければその話もわかりますが、しかしいづれ脱黨して新黨を結成しようとする者がまだ自由黨に席を置いて、現内閣を批判している、その話を聞くと批判のための批判であつて何ら建設的な内容を持つていませんでした。

口先ではりつぱな理窟を並べていても彼等の政治節操が疑われ絶對に信じてはいけないと痛切に感じました。再軍備論にしても『青年よ銃をとるなということは、布團をかむつて寝ておれというに等しい、實になげかわしい亡國の民である』と云う。それを聞いて私は言いようのない口惜しさが込み上げてきた。この會場にいる大半の青年は何と感じたでしょうか。青年達の美しい正義感に對し何と彼らは破廉恥な考えを持つているのでしょう。私は知らず知らずにじみでる涙をどうしてもとめることができませんでした。いきり立つた青年達は、「また戰爭へやる氣か!!」と後の方から、大きな聲でやり返しました。それと同時に數十人の青年達も「もう止めろ」「俺達はいかねえぞ」「手前達だけで軍隊作れ」など猛烈な聲が上りました。すると改進黨代議士は、『一度や二度戰に負けたからといつて何もそれほど骨ぬきの亡國の民になることはないではないか、フランスを見よ、ドイツを見よ、彼らは何度負けたとてあの通り一等國ではないか。我々は武力なくして一等國になることはできぬ。聞くのがいやな奴はさつさと退場したらよかろう』と恥ずる氣色もなく、とうとうとしやべりまくつておりました。一體この人は、民主政治を何と心得ているのでしょうか。少くとも私たちは主權者であるべき者、また彼等も『國民のための國民政黨であるために、あらゆる階級の人達の意見を政治に反映して行きたい』と言つたばかりですのに。少しでも進歩的なことを言う人達をさしては左翼だ、赤だ、と決めつけてしまい、私達のような、力の弱い者の考えや、青年層の正しい平和的な考えまで痛めつけ、果ては、出て行けなどと言いきる代議士を選んだものは國民自身であることを私は考えざるを得ませんでした。しかし、ああいう人達は、二度とふたたび國會へ送つてはならない。

世の青年の方々、あなた方は、今の社會で大事な人々なのです。言葉に迷わされて正しい心を失つてはいけない。心を強くもち、保守黨の甘言に乘せられず、良識を持つて將來再び今の苦しみをくりかえさぬような社會を造りましょう。

（群馬縣・一主婦「公務員」）

選擧と私たちの婦人會

永《なが》瀬《せ》清《きよ》子《こ》

農村は一般的に云つていまだに封建的であり、婦人の地位が低いということは通念となつていますが、しかしすこしづつ動き、進歩しつつあることは否みがたいと思います。むしろある點では都會の婦人以上に團體としての行動に慣れ、また自發的に考える力を增して來ているところも多いのではないかと思いすま。

私の住んでいる所は山陽線の沿線で岡山から三十キロ足らずの所ですが、全國的にいつて經濟狀態のいい方に屬し、それだけに婦人の地位もかなり尊重され、知能も高いと考えられます。今私は熊山町婦人會の會長をしていますが、その分會の一つ可眞地區は社會教育のモデル地區になつており、かなり長い間つづけて自發的な活動をしています。一年十回の講演會や發表會を持つこと七八年に及んでいることをみても、その一パンはうかがわれるでしよう。また、出席者は三百人の會員中二百人くらいは常に集つています。

殆どの人々が純農家である所としては全國でもめづらしいのではないかと思います、その會合の內容についての御紹介はいづれまた他の日に書きたいと思いますが、決して一人の統率者が萬事切りまわすのではなくて、順ぐりの體驗發表などでも、すこしも憶せず、むしろ司會者の紹介さえ不必要として豫定された順にしたがつて自發的に演壇にのぼつてゆく姿をみて、雄々しく新らしい美しささえ感じます。

しかし、この可眞地區をもふくめての熊山婦人會がことある每に底力のある判斷力や團結力を示している一例として、選擧の時のことを御紹介しましよう。

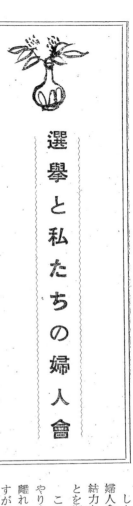

この前の總選擧の時には仲々面白いことをやりました。それは男性たちは十數キロほど離れた瀬戶町の立合演說會を聽きにいくのですが、都會のそれとちがつて（都會の空席の多いがらあきの立合演說會の寫眞が同じ頃、新聞紙上に出ていました）そこは大入滿員の盛況です。とにかく選擧ともなればこのへんの男性たちは國民の義務と政治への關心、我黨の支持と、よそへの張り合い、娛樂の一種、賭、いろいろな意識無意識から演說をききに集つてきます。しかし、さすがに夫婦揃つて出かけて行くということは農村の實狀からいつて無理なのでしよう。ここから瀬戶へ聽きにいく女性はかなり少いようです。

でも女性も總選擧に、一票の義務と權利を持つ以上、ムダに行使してはならないというので、演說を自分たちの所でもやつて貰いたいと考えました。しかし實地にあたつて見ますと立合演說會には色々な規定があるのでおいそれと開けないことが判りました。しかし街頭演說ならば何回やつてもかまわないというので、可眞、小野田、豊田の三ヵ村の婦人會が合同して、ちようど三ヵ村の中央にある磐梨中學校の校庭にたむろしており、瀬戸町で立合演說のすんだあと、各候補者が順々にトラックを廻して一席づつぶつていくという仕組にしました。

　候補者たちも三ヵ村（その頃はまだ合併していませんでした）の婦人といえば全部で千人を超す人數なので、大變よい機會ですから皆よろこんで參加しました。もつとも貴重な時間をそれぞれフルに使つている時ですから、他への約束からどうしても來られないという候補者も二人ほどありましたが、とにかくこうした女性本位の演說會には十數名の候補者たちもかなり力が入つたようでした。

　幸い天氣もよかつたので校庭にムシロをしいたり、椅子をだしたりして女性たちは待つていました。百姓のおじさん達や若い衆も一緒に聽きに來ています。時刻ともなれば瀬戸からつづく縣道にまず共產黨K女史のトラックが來ました。さすが女らしくそのトラックには平和の鳩がかざつてあり、また自動車からおりた彼女は砂埃を用意のブラッシですつかりはらつてからはじめました。次々と來るトラックにはそれぞれの特長があり、背景が本物の山だの田園なのでこの舞臺はなかなか立派です。聽衆の女性たちは演說のあと拍手をしますが、要領がよく、勘のいいのに驚きます。ある候補が、

「私は今度が最後の立候補でございます。全く死の立候補でございます。どうぞ皆様、今回は、Yを男にしてやると思つて御投票願います」とゼスチュアたつぷりでやつた時には「浪花節！」というささやきが起き、ぐすくす笑いでむくい、全然拍手はありませんでした。女性には泣き落しでかかればすむと思つていたこの候補は全く見込みちがいをしていたものでしよう。和田博雄氏には絶對支持のある地盤であり、米價や肥料、軍備に關する適切な意見はさすが堂々たる貫錄、女性たちの拍手も一きわ賑やかでした。一人二十分くらいの短い時間ですが、それぞれここを先途と眞劍に演說していきます。しかし自由黨のA氏は政策にはちつともふれず、ただ自分のやつている引揚後援會の手前みそばかり。そのうえ彼が前の選擧で贈ワイ事件を部下になすりつけて、自分は平氣でいたことを婦人たちは皆知つているので、せせら笑つて拍手一つしませんでした。

　前の選擧の時あまり安心の結果和田氏を危險な瀬戸際に追いこんだのに責任を感じ、この二十八年春の選擧ではこの地方の人々はみなよく自重していました。それでもフタをあけてみればやはり自由黨もあり、改進黨もありますが、他の地區にくらべて革新政黨がずばぬけて多いのです。

　こうした婦人本位の立合街頭演說會などは全くめづらしいものだつたと思いますし、その時のみんなの聲援にあらわれた政治的關心の高さや判斷力の公正さに、私は大きなよろこびを感じました。

　こうした婦人の集りが正々堂々と行われた裏には、もちろん男の人も劃策し奔走してくれたのですが、それが婦人會の組織を利用せずにいられないところに、婦人の團結の力を大きく評價され、またされるべきことを見出します。

　男性はこうしたいろいろ横の組識をもつていません。それでことある毎に婦人會の力を借りようとします。しかし婦人會はそれに乘ぜられるのではなしに、むしろそのことでこそ新らしく勉强の機會を持ち、かつその實力をしめしていくのです。

　選擧についてのもう一つの例は私のいる部落でのことでした。この三ヵ村のほか去年の

暮に熊山村を加え、四ヵ村が合併して熊山町になつたので、新らしく町會議員を選擧しなければなりませんでした。豊田地區では七人の議員を選ぶ割當なので大體各部落から一人の割合で出すようになります。それで私たちの部落でも票が割れては一人も出られなくなるから大體誰を推すか相談しようじやないか、ということになり、夜分總寄り（部落の一戸から必ず一人づつ出席する集會）がありました。部落代表員のTが事情の報告をして皆の意見をききました。意中の人をそれぞれあげて、その中で考えてみることになり、名前が數人あげられました。一番有力なのはU氏でありましたがTがいうには、U氏には自分が内意を當つてみたところ、もうすでに長らく村會議長もつとめ、ほかに農協の要職ももつているので、いつまでも兼任ということもはばかられ、すでに年もとつているので出馬するのは辭退したい、と云われた由。では他の人をと名をあげられた人々を檢討したのですがいろいろ一致しない點があり、遂に結論を得ませんでした。それで部落を構成している四つの組でそれぞれ二人の委員を出し明晩までに大體組の意向をまとめてくることになりました。するとSが、「女子《おなご》の人も一票づつ權利があるのじやから女子の意見も聞こうじやないか」と云いだしました。女性は私とY子とが出席していたのですが、それでは明晩までに女性側でも四組それぞれに委員をつくり、意見もまとめて來ましよう、ということになりました。

　私たちの中組は十五軒ありますが、次の日早速連絡がとられ、Y子の藁仕事の小屋へみなモンペ地下足袋のまま集りました。二人で一應説明すると、皆異句同音に淸廉で達識の人U氏に再出馬して貰いたい。はじめての町會には自分たちの代表として氏の他は誰も考えられないから、出て貰うよう再要請してみるほかはない、と意見が一致しました。委員はY子と私にきまりました。

　他の三つの組の婦人たちもそれぞれ集つて相談が出來ました。男の人の動向を見にいくと、中組の男性は中見世に集つて懇談中です。しかし、女性のそれとちがつて委員を出すにしても押したり押されたり仲々ラチがあきません。やつと決まつてさて候補は誰を推すかということになると、皆宣ろしきようにと委員さんに萬事委任しているのでした。

　さて委員會へ出ると、女性委員も八人顏をそろえています。順々に推せん後補の名をあげてみると、女性の四組はそろつてU氏にとのことでした。男性の方は二組がU氏一組がT、一組が大勢に一任でした。すると部落代表のTはとても怒りはじめ眞赤になりました。それはU氏には自分がすでにU氏にお伺いを立てたところ出馬の意志なし、ここで自分を潔く散らしてほしい。といわれたということを昨夜説明したではないか、それなのにみんながなおもU氏を推すというのは俺の仕方が物足らんという意味じや。そんな代表なら俺はここで辭任する、とどなりはじめたのです。Tの氣持はU氏が出馬しないとすれば、部落が一致して自分を推してくれるだろうということにあつたのです。彼は以前の議員選擧にも皆が支持してくれなかつたので大變怒つたことがあります。今度こそU氏が出なければ自分を推すと思つていたのは明かですから、みんな困つてしまいました。

　私は、平氣で「中組の婦人はU氏を推します。ほかの人は考えられないと云つています」と率直に發表したので風當りがひどく、Tは無茶苦茶に凄文句をならべてどなりはじめました。なだめる人があつたり、どりなす者があつたりして、それではU氏をのけて、彼以外の人からえらび、誰にしてもきまつた

その人を全部歩調を合せて支持することにしよう、というところまで折り合いがつきました。すると西組のF子さんが、

「私はUさんを推すということで委員になつて來たのだじやから、誰にでも歩調を合せたり判をついたり出來んわ。そんな話ならこれから歸つてもう一ぺん皆に相談して來ます」とねんねこで子供を負ぶつた姿でサツと歸つてしまいました。そこで又ワヤワヤになり、とうとう會議不能に陷り、婦人會長をせめるものもあり、混亂して、次ぎの夜集ることになりました。

こうして三夜つづけて會議が持たれ、最後の晩の委員會で投票してみますと、又もやU氏が最高點でした。これは女性たちが、我無しやらな性質で横紙やぶりのTを議員に推せんすまいと暗默のうちに一致しているのですからどうしようもありません。Tが烈火のごとく怒つたのはいうまでもありません。農業委員で供出をきめる役目のTを持ちあげておけば、何かと便宜があろう、彼を怒らすのも考えものだと思つていた男の人も、敷の上で女性の敵ではありません。

屆出の日を目の前にして第三夜の會合が割れて收集つかなくなりそうになつたところに事態をきいて村長が內々U氏の飜意をはかつて下すつたと云うことも傳わり、とにかく皆そろつて一應U氏に出馬を願うことに大勢がきまりました。Tもなだめられ、やつと折れてくれたのでTを先頭に十六人の男女の委員が打そろつてU氏を訪れ、M部落の全體のために今一度の粉骨を、とみんなでおたのみしました。たのんでいる最中に私の言葉尻をつかまえてT方の男の人がからんで來ました。あはや口論になろうとした瞬間、U氏がそれを止めるように

「それでは不肖ながら私がお引きうけいたします」ときつぱり云われました。

すぐ翌日の立候補屆出にも女性委員男性委員十六人でいきました。今度の件は全く女性に牛耳られた形でした。TといえどU氏に一目置いているのでU氏が出られればもう文句のつけようはありません。私らも部落代表のTに花を持たせ彼に率いられた形で行つたのです。そして皆にこにこしていきました。

今度の選擧で、私は委員になつてここの女性たちのえらさをつくづく知りました。すべての女性が一致して理想的な人を推すことに熱意をもつていたこと、酒のみの横紙やぶりの人を見やぶり、排斥したこと、藁小屋に集つた女連中も、ねんねこの袖をはらつて歸つてしまつたF子も、すべて委員を動かした原動力であり、私が主ではなく彼女らが主であつたのです。私は彼女らの熱意に打たれ、「みんなの意向」をたてに動いたのにすぎませんでした。男の人がそれでも從兄であることにバツの惡さを感じたり、Tを可哀想に思つたり、供出の便宜を考えたりして躊躇していた時、女の人がてきぱきと目的に進んだ見事さ、力强さ。義理だの面子だのを、より以上に尊重する男性ばかりでしたら、多分第二日目あたりでしぶしぶTにきまつていたかもしれません。しかし、はじめ男の人の中に、

「女子も一票もつているのじやから、意見をきこうじやないか」と云いだした人がいたこと、これは本當にありがたいうれしいことでした。それはこのへんの女性が、それだけ尊敬をはらわれていることを意味し、また男性がのつぴきならぬ事態に陷つた時女性たちが切りぬけてくれるという信頼感をもち、又あるいは御機嫌とりの意味もあつたかも知れませんが、とにかく、全く自然なスムーズな氣持でこれらがなされたのでした。そして女性はいかにその尊敬や信頼に足るだけの力量を見せたか、本當に誇らしいことでした。日本全體の女性のあり方からいつて小さい狹い地域のこととは云えこれはたしかに書いて置くべきことではないでしようか。そしてあくせく勞働しているにしても女性がふと目をみはるほど個人的にも社會的にも進步して來ていることの一つの證據にはならないでしようか。

筆者紹介

神近市子氏　明治二十二年長崎縣生れ。津田英學塾卒。評論家、元弘前高女教諭、現衆議員議員、婦人タイムス社長。

千葉千代世氏　明治四十年千葉縣生れ。東京文化女學校専門部卒、専攻家事及び生理衞生學。職業、教員、日本教職員組合所屬、現在同婦人部長。

永瀬清子氏　明治三十九年岡山縣生れ。愛知縣立第一高女高等科英語部卒。詩人、「現代詩人會」「日本女詩人會」會員、女流詩誌「黄薔薇」主宰、「平和を守る會」岡山代表委員、主要著書、詩集「焔について」「山上の死者」、隨筆「女詩人の手帳」

葉上完子氏　昭和六年大阪市生れ。大阪府立大津高女卒。地方公務員、現在組合專從。

新刊取次

右の新刊書を本社でお取次いたします。振替御利用の上御申込み下さい。

山川菊榮編　有斐閣刊
婦　人　二三〇圓

山川菊榮著　慶友社刊
平和革命の國　一八〇圓
―イギリス―

野上彌生子著　和光社刊
若き世代の友へ　一六〇圓

日本女詩人會篇　和光社刊
星　宴　三〇〇圓

井上濤著　三一書房刊
日本女性史　二七〇圓

編集後記

◇今年もあと一と月。デフレはいよいよ深刻に、生活はますます苦しく、國内はあまり明るい見通しもてなかつたものの、インドシナの戰爭がおさまり、戰爭の危機が遠のいたことは實にありがたいことでした。そのかげにビキニ患者の被害、特に久保山さんの死には何ともいいようのない悲しみと憤りを感じます。外國からの珍しいお客様にもそれぞれいい刺戟を與えられ、日本も大いに勉强する必要を切に感じました。

☆　☆

◇世界至る所婦人に新しい機會が與えられている時、日本では勞働者が「有閑令孃の就職は控えよ」という。財産や地位のある家庭の娘は寄生者に留まれというのでしようか。そういう家庭の息子たちも就職するなというのですか。事實はその反對に本人の能力によらず兩親の揃つた、富める家庭の子女ほど採用され易いのではありませんか。私たちは男女貧富をとわず、能力本位で公平な選擇の行われることを主張し、女性に對する差別には絶對に反對します。

☆　☆

◇來年は軍縮や原子力の平和利用に大國間の話あいがいくらか進むのではないか、數では壓倒的に多數を占める小國の力、その中での婦人の力も大きく物をいわなければならない。そのために働くことを樂しみに、皆様よい年を迎えましよう。

婦人のこえ　十二月號
定價三〇圓（〒五圓）
半年分　一八〇圓（送共）
一年分　三六〇圓（送共）

昭和廿九年十一月廿五日印刷
昭和廿九年十二月　一日發行

編集發行人　菅谷直子
東京都千代田區神田三崎町二ノ三

印刷者　堀内文治郎
東京都港區本芝三ノ二〇
（硫勞連會館内）

發行所　婦人のこえ社
電話三田（45）〇三四〇番
振替口座東京貳壹壹參四番

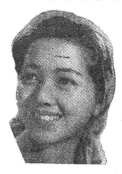

●──解説者紹介

鈴木裕子（すずき・ゆうこ）

一九四九年生まれ

女性史研究家

主要編著書

『新装増補　山川菊栄集　評論篇』全八巻別巻一巻（編　二〇一一―一二年、岩波書店）

『自由に考え、自由に学ぶ　山川菊栄の生涯』（二〇〇六年、労働大学）

『忘れられた思想家・山川菊栄――フェミニズムと戦時下の抵抗』（二〇二二年、梨の木舎）

復刻版

婦人《ふじん》のこえ

第1巻　ISBN978-4-86617-253-8
第1回配本［第1巻～第4巻］分売不可　セットコード ISBN978-4-86617-252-1
2024年11月28日発行
揃定価　本体80、000円+税
発行者　山本有紀乃
発行所　六花出版
〒101-0051　東京都千代田区神田神保町1-28
電話 03-3293-8787　ファクシミリ 03-3293-8788
e-mail : info@rikka-press.jp

組版　昴印刷
印刷所　栄光
製本所　青木製本
装丁　臼井弘志